2005年1月17日，北京市工业工作会议召开

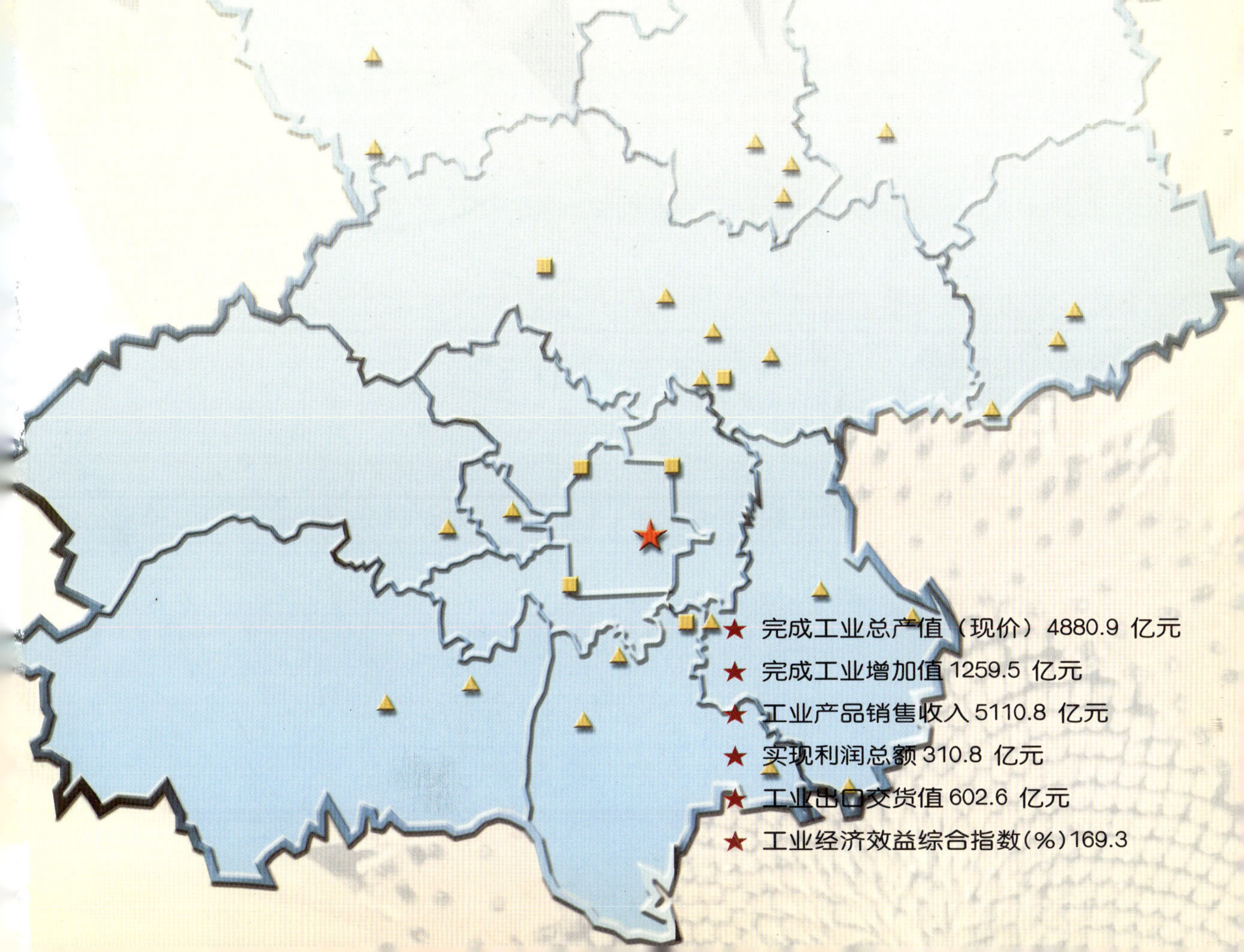

2004 年 6 月 17 日，全国政协主席贾庆林在北京人民大会堂参观同仁堂创建 335 周年文化展

2004 年 12 月 6 日，北京奔驰－戴姆勒·克莱斯勒汽车有限公司奠基仪式

2004年7月1日，中共北京市委书记刘淇到京东方科技集团调研

首届北京工业专家顾问聘任大会

2004 年 7 月 29 日，北京市市长王岐山到中芯国际调研

北京中科信电子装备有限公司离子注入机研发及产业化
基地奠基仪式

2005年3月26日，北京市人大副主任林文漪、金生官、政协副主席黄承祥出席2005“奥运风采”礼仪之星大赛暨“英超杯”礼仪服饰品牌展示颁奖晚会

2004年6月17日，北京市老干部在光机电基地参观

北京市工业促进局局长程连元在听取拜耳研发中心介绍情况

2004年11月17日，北京市副市长陆昊为落实推进北京时装之都建设规划进行调研

2005年3月17日，北京市工业促进局副局长常青出席纺织系统科技创新工作会议观看新产品

2004年8月18日，北京市工业促进局副局长冯海出席北京石油化工和新材料产业基地建设工作协调领导小组成立大会

2005年4月28日，北京市工业促进局局长程连元出席服装纺织国际经贸洽谈会

2005年4月5日，北京市工业促进局副局长李树藩出席利乐包包装盒回收利用座谈会

2004年10月19日，首创轮胎厂搬迁项目入区签字仪式举行

2005 年《北京工业年鉴》工作会召开

北京市工业促进局副局长常青与出席《北京工业年鉴》工作会的全体代表合影

北京工业年鉴

北京市工业促进局　编

IYB

2005

BEIJING INDUSTRY YEAR BOOK

北京燕山出版社

图书在版编目(CIP)数据

北京工业年鉴·2005/北京市工业促进局编.—北京:北京燕山出版社,2005.9

ISBN 7-5402-1726-X

Ⅰ.北... Ⅱ.北... Ⅲ.工业经济—北京市—2005—年鉴 Ⅳ.F427.1-54

中国版本图书馆 CIP 数据核字(2005)第 075376 号

北京工业年鉴——2005

作　　者:北京市工业促进局
责任编辑:李剑波
通信地址:北京市朝阳区工体北路6号凯富大厦507室
邮政编码:100027
电　　话:(010) 85235624、85235643、85235913
E-mail　:bjgynjbjb@sohu.com
责任校对:赵荣菁、张瑞武
装帧设计:李秋平
英文翻译:张宗岱
出版发行:北京燕山出版社
通信地址:北京市东城区灯市口大街100号
邮政编码:100006
排　　版:北京骏驰文化发展有限责任公司
印　　制:北京纪元彩艺印刷有限公司
经　　销:新华书店
开　　本:787×1092毫米　1/16
字　　数:930千字
图　　幅:169
彩　　印:3.25
印　　张:41
印　　数:1—2000
版　　别:2005年9月第1版
版　　次:2005年9月北京第1次印刷
书　　号:ISBN 7-5402-1726-X
定　　价:180.00元

本书附同版本 CD-ROM 一张，光盘内容以书面文字为准。
如有印装错误，编辑部负责调换。

《北京工业年鉴》编纂委员会

顾　问

陆　昊

主　任

程连元

副主任

冯　海　常　青　李树藩

委　员

（按姓氏笔画排序）

丁茂战　于新华　万新恒　马士华　王　佐
王　新　王永健　王东升　王东明　王青海
龙云泽　任鹏举　庄虎卿　刘凤才　刘福林
孙燕昌　李一凡　李书深　李燕平　吴建国
何燕卿　吕振清　宋治贵　张世民　张庆伍
张宝珍　张春秀　陈天宝　陈志达　陈国庆
林抚生　项大北　赵　军　赵北亭　赵恒山
贺　旋　姜　博　党　良　高颖维　高增明
晏志和　梅　群　鲁　勇　彭福旺　雷占泉
董　扬　解铁疆　缪国平　樊　健　戴　卫
端木玉林

《北京工业年鉴》编辑部

编辑说明

一、《北京工业年鉴》由北京市工业促进局主管，北京市工业经济研究所主办，各区县和工业各有关单位供稿，每年出版。

二、本年鉴以马列主义、毛泽东思想、邓小平理论为指导，遵循党的基本路线和方针政策，贯彻落实“三个代表”重要思想，实事求是、全面系统地反映北京工业发展的基本情况，为社会各界了解北京工业提供重要资料。

三、本年鉴所载内容均经过各级领导审定和有关部门的认真核实。其中文选基本保持原貌。有关数字以北京市统计局公布的全国第一次经济普查北京工业数据为准。

四、本年鉴采用文章和条目两种体裁，以条目体为主，并辅以必要的图表和图片。文字力求简明、扼要、规范。

五、本年鉴按职能要素和工业单位两种分类方法分类。职能要素反映北京工业发展情况，工业单位如实记载各方面的具体情况。

六、本年鉴2005年版辟有文选、工业大事记、工作概况、工业数据、工业分述、开发区、产业基地、协会组织、重点项目、企业、产品、工业专利、人物、法规政策文件、附录15个一级栏目。

七、本年鉴“人物”栏目主要领导干部名单中，各区县和其他工业只列主管工业的领导，其他单位只记载党政正副职领导。“文选”栏目的文章作者一般署行政职务。

八、本年鉴选用的资料从2004年1月1日到2004年12月31日（“文选”中部分文章例外）。

目　录

文　选

工业大事记

工 作 概 况

工 业 数 据

工业分述

开 发 区

产业基地

协会组织

重点项目

企　业

产　　品

工业专利

人　　物

法规政策文件

附　　录

彩色插页目录

5 燕山石化

6 北京北广电子集团有限责任公司

7 2004年北京国际微电子论坛会、2004年第一届中日电子信息发展论坛会、中芯国际（北京）12英寸集成电路生产线投产仪式、中芯国际（北京）有限责任公司

8 北京光学仪器厂

9 北京京仪椿树整流器有限责任公司

10 北京汽车工业控股有限责任公司

11 北京汽车工业控股有限责任公司

12 中国南车集团北京二七车辆厂

13 中国北车集团北京南口机车车辆机械厂

14 北京天彩纺织服装有限公司

15 北京大华天坛服装有限公司

16 北京龙徽酿酒有限公司

17 北京北人羽新胶印有限责任公司

18 京煤集团公司液压支架厂

19 北京市西达房地产开发有限责任公司

20 北京电力公司

21 北京电力公司

22 北京送变电公司

23 国防科工委副主任张广钦到北京国防科工办调研、市国防科工办召开民爆工作会议、北京军工经济发展现场座谈会

24 北京名优产品展示展览会开幕式、利乐（中国）有限公司生产车间、北京顺美服装股份有限公司生产车间、龙徽荣誉馆

第三辑

1 北京市女企业家协会第四次会员代表大会暨表彰大会、北京工业经济联合会第三届第四次理事会、2004年北京企业100强发布会

2 中国北京同仁堂创建335周年

3 北京中融安全印务公司

4 北京大千金属装饰有限公司

5 北京工艺美术大师王庆珍琢玉工作室

6 北京市工业促进局与图特林根市签订合作意向书、生物工程及医疗器械产业

7 北京市工业促进局领导向市委老干部汇报情况、首届中日医疗器械洽谈会、市工业促进局与美国强生公司高层官员会谈

8 北京世纪金工有限公司

9 北人生产车间、机械手在操作电子琴、北一大隈（北京）机床有限公司

10 北京月盛斋清真食品有限公司

11 上海工业博览会北京展区、市两会代表咨询、北京恩布拉科雪花压缩机新厂奠基仪式

12 北京宏福集团

13 北京宏福集团

14 北京市房山区工业总公司

15 广东蓝带集团北京蓝宝酒业有限公司

16 北京富泰革基布股份有限公司

17 密云冶金矿山公司

18 北京四环医药科技股份有限公司

19 北人集团公司

20 第二代0.5吨级军用越野汽车研制合同签字仪式、总装备部领导察看第二代0.5吨级军用越野汽车底盘、北汽福田欧曼重卡现代化的总装生产线

Contents

Article

Chronicle Events of Industry

Overview of Work

Industry Data

Introductions on the Developments of Industry Separately

Development Zones

Industry Base

Association

Major Projects

Enterprises

Products

Industrial Patent

Personages

Documents of Policy and Regulation

Appendix

Catalog of Color Inserts

文 选

切实抓好结构调整　加快推进经济增长方式转变

北京市市长　王岐山

2005年是实施“十五”计划的最后一年，是筹办奥运的关键之年。现在距离举办北京奥运会仅有三年多的时间，搞好各项筹办工作，加快首都改革开放和现代化建设，任务艰巨，时不我待。今年市政府工作总的要求是：以邓小平理论和“三个代表”重要思想为指导，认真贯彻党的十六大、十六届三中、四中全会和中央对北京市工作的一系列重要指示精神，全面落实市委九届九次全会部署，以科学发展观统领全局，协调城乡发展，推进体制创新，提高开放水平，调整经济结构，转变增长方式，发展首都经济，强化城市管理，构建社会主义和谐社会，推进精神文明建设和民主法制建设，为实现“新北京、新奥运”的战略构想奠定更加坚实的基础。

认真贯彻中央宏观调控的政策措施，保持固定资产投资的合理规模，增强消费对经济增长的拉动作用，着力解决经济发展中存在的重外延轻内涵、重增量轻存量、重数量轻质量、重速度轻效益、重引资轻服务等问题，进一步提高经济增长的质量和效益。

加快拥有自主知识产权的核心技术产业化步伐，提升高新技术产业和现代制造业发展水平。加大扶持力度，全面完成“五年上台阶”各项任务，进一步发挥中关村科技园区综合改革和创新示范的作用。完善智力要素参与分配的企业产权激励机制，抓紧解决中小科技企业融资难的问题。巩固软件和集成电路设计产业的国内领先地位，加快中关村软件园等产业基地建设。促进制造业集群化、集约化发展，加快北京经济技术开发区等重点产业基地建设，推动新增和搬迁改造的工业项目按产业类别和技术层次向开发区集中。抓好优势产业重点项目建设，促进汽车、电子等产业群和产业链的发展。制定并实施时装、食品、包装印刷行业发展纲要，扶持都市型工业的发展。

加快第三产业结构升级。抓住人民币业务对外资银行放开的机遇，加快商务中心区和金融街建设，积极吸引国内外各类金融机构及业务中心来京落户。推进地方性金融机构重组改革，在农村信用社基础上筹建市农村商业银行。按照支柱产业的目标要求，制定文化产业发展规划和支持政策，把文艺演出、出版发行和版权贸易、影视节目制作交易、动漫和互联网游戏研发制作、文化会展、古玩艺术品交易等优势行业做大、做强。积极推进国有文化企事业单位改革，鼓励社会资本兴办文化企业。促进高新技术产业和服务业融合，大力发展电子商务、信息增值服务、综合技术服务等新型服务业。全方位优化旅游环境，以高端产品带动旅游业、会展业快速发展。将影响交通和环境、存在重大安全隐患的小商品批发市场逐步调整出市中心区。加快连锁超市、便利店向郊区和新建社区延伸，鼓励和扶持社区服务业发展，满足城乡居民消费需求。

促进开放型经济发展。切实抓住并利用好当前有利的机遇，把扩大开放与加快优势产业发展、转变经济增长方式有机结合起来，吸引境内外资本向北京聚集，提高利用外资的质量。加快金融、文化、教育、旅游等领域对外开放，积极承接国际服务业的外包转移，促进服务贸易发展。充分发挥北京产权交易所的平台作用，制定相关政策，促进跨国公司以多种方式参与国有企业改组改造。完善和落实城市基础设施对外开放的政策措施，加快吸引外资步伐。从体制机制创新入手，依托重大工程项目，引进先进技术，提高消化、吸收和创新水平。对重点高新技术产品生产企业给予政策扶持和定期跟踪服务，提高产品技术含量和附加值，优化出口产品结构。建立健全以市和区县两级政府为主、相关中介机构配合的贸易促进工作机制，为中小企业开拓国际市场提供支持和帮助。创新对外经济合作方式，支持企业发展海外投资业务。

大力发展循环经济，建设节约型城市。坚持最严格的土地和水资源管理制度。完成全市土地利用总体规划修编，编制土地利用和供应计划，推行土地储备和开发，节约和集约用地，新上项目优先利用存量土地。加强用水总量控制和定额管理，充分运用水价机制，推动节水工作，万元生产总值水耗下降9%。建设亦庄节水示范区。加快推进平房区水、电一户一表改造。城区新建70公里再生水管线，推进园林绿化、道路降尘、景观用水、洗车等利用再生水工作，建设再生水灌区，全市再生水利用率达到30%。严格执行新的建筑节能标准，制定节约型居住区指标并开展试点工作。加大资金投入，加快推广资源节约利用新技术、新材料、新器具。加强宣传教育，增强全社会的节约意识。探索建立有利于循环经济发展的体制和规划，抓紧制定实施产业用地、水耗、能耗、环保、就业容量、带动效应等方面的标准，建立产业筛选和综合评价机制，使消耗高、污染大的产业和企业逐步退出。制定清洁生产审核强制性产品目录和实施细则，在医药等行业的典型企业做好试点示范工作。

加强经济运行调节。根据首都经济社会发展的能源需求，研究制定重点能源战略平衡规划，推进区域开发与合作。统筹协调能源结构调整与环境保护的关系，把握总量，优化结构，提高能源需求侧管理水平，完善应急预案，做好储备工作，缓解煤、电、油、气、运紧张状况，保证能源供应。搞好粮食、食用油等重要商品的储备、调运和供应调节，保障市场稳定。

精心编制好《北京市国民经济和社会发展第十一个五年规划》。继续做好第一次经济普查工作。积极参与国家京津冀地区战略规划的编制工作。

推进国有企业和国有资产管理体制改革，促进非公有制经济发展。以“调整、改制、剥离、破产”为手段，加快调整国有经济布局和结构。以基础设施领域为重点，继续推进市属国有控股公司和企业集团重组整合。加快股份制改造步伐，促进混合所有制经济发展，力争年内完成国有企业全部改制任务的50%。基本完成国有大中型企业主辅分离、辅业改制任务。稳步实施扭亏无望企业的破产工作。完善国有资产监管经营体系，完成清产核资工作，规范企业负责人业绩考核和薪酬管理，全面实行国有资本收益收缴，扩大经营预算试点。开展董事会用人权改革试点，扩大企业负责人公开选聘范围。认真执行“非禁即入”政策，鼓励非公有制经济参与国有企业改组改造，进入城市基础设施、公用事业和社会事业领域，依法实现内资外资、国有民营平等待遇。进一步完善社会化服务体系和信用担保体系，建立中小企业发展资金，为具有发展潜力和示范作用的中小企业提供财政支持。

（摘自2005年1月23日在北京市第十二届人民代表大会第三次会议上的政府工作报告，题目为编者所加）

肯定成绩 查找差距
努力实现北京工业的可持续发展

北京市副市长 陆 昊

一、充分肯定2004年全市工业取得的成绩

2004年全市规模以上工业增加值的增速达到了19.9%，实现利润同比增长了39.7%，全部工业投入同比增长了53.7%，工业对全市经济增长的贡献率达到43.4%。应该说，我们的工业的增速、投入的增幅和对全市经济增长的贡献率都达到了过去10年来的最高水平。与此同时，多点支撑的局面初步形成，高端产品的发展取得突破。

两年前，我在工业大会上说，我们工业增速位居全国42个中心城市和31个省市自治区倒数一二名的状态，一定要改变。这个目标也有很大的变化，全年数字没有出来，但是我们有把握是在全国的中上水平。2004年的工作成绩可喜，来之不易。这些成绩的取得，主要得益于市委市政府大力发展高新技术产业、振兴现代制造业的正确决策，得益于中央有关部委、有关全国性行业组织、各金融机构给予的宝贵支持，得益于市委市政府各有关部门和区县坚决贯彻市委市政府部署、高度重视、相互配合、真抓实干，也得益于工业战线各类所有制企业的管理人员和广大职工奋力拼搏。

当然，按照科学发展观提出的要求，按照中央领导同志在中央经济工作会议上明确提出的新要求，北京工业的差距和问题也是清晰的。主要还是在节水、节地、节能方面有需要大力改进的方面，在培育、形成有自主知识产权的大品牌和大企业方面还有很大的差距。我们要思考在产业促进方面的差距，比如对企业的服务、优化环境的工作还有什么不足，我们产业促进的手段、方法是不是得体和科学，我们还有哪些需要向兄弟省

市认真学习和借鉴的经验。我们要始终保持谦虚谨慎的态度来反省我们的工作。

在全市利用外资工作大会上，我们提出了12条不断地扩大利用外资的方法，其中有几条我们认为还是有创新的好办法。比如说，我们请普华永道作为我们的合作伙伴，帮助我们进行战略性的引资活动，大家听完很肯定，去年经过实验也确实有效，因为它的客户绝大多数是全球500强，我们出国的时候可以高密度地会见它的客户、推介北京。后来跟普华永道交流的时候知道，这个方法上海市在朱镕基总理当市长的时候就用了。当时普华永道在香港设地区总部，上海派了一位厅局级的干部在那里设了一个"上海DESK"，普华走到哪儿，他们就到哪儿推介上海。我想至少在这个具体的工作方法上，我们比上海落后了十年，当然，我们也有一些新的办法别人没用过。

我们还策划了一个对日本的专业化、分领域、专门的对口交流活动，促进日资企业在北京的发展，因为通过对日本企业各项统计分析判断，日资在北京有重要地位。大企业的数量、研发机构、盈利能力、投资水平、地区总部等等，都是绝对位居前列的，仅次于香港地区或者和美国有一拼。去年这场活动收效很好，日本媒体反映也很好。我去佛山考察安全生产工作，发现佛山市刚把第二届对日本的引资洽谈会开完。

再比如说，我们系统地在海外推介北京的工作，刚要全面推开，但我在有关材料上看到，青岛到日本的交流活动已经连续五年了。关键是怎么把重要的工作目标用合理的技术方法来实现，这是很值得我们在座的政府部门的同志认真总结和思考的。

各个部门要思考自己的不足，要用高标准找差距，通过对别人的经验学习和借鉴找差距，这样才比较实事求是。

当然企业也要认真找差距，每个企业存在的差距是不同的。我市一个知名的酒类企业在广交会上用的展示台，用了几块最一般的白色展板横在墙上，水平地放了几瓶酒。这样的营销没有一点智慧，就不能把展板斜着放一放、或者交叉设计一下，把最好最贵的酒放在最醒目的位置，把其他的顺着摆开吗？广交会摊位很珍贵，很多企业要，离这家企业几米之远的地方，很多酒类企业高水平地设计了他们的品牌形象。我们政府要反省政府的不足，企业也要思考企业的差距。一些大的知名企业的公共关系活动设计，要好好总结。很多大项目没有国家有关部门的支持，很难顺利进行。要善于获得方方面面的支持，不管是外资企业、非常有自信心和地位的民营企业，还是我们传统国有企业，都要善于调动各种社会资源，支持自己企业的发展。所以说，我们工业战线要冷静下来，既要充分看到成绩，又要看到总体上有差距，反省政府工作和企业工作中存在的不足。不少知名的好企业存在硬伤，特别是在营销方面问题比较明显，在调动社会资源支持企业发展方面有差距。

二、对北京发展工业的认识

我认真看了我自己在去年和前年工业会上的讲话，我觉得在工业发展目标上没有问题。当时我们提出，第一是要有一定量的工业经济总量，不是无限大；第二是有比较优势的产业结构；第三是一批国际国内市场上有竞争力的大企业；第四要品牌。四个目标叠加，是我们工业的总目标。去年强调的是工业发展要充分认识到它的必要性、适度性、约束性的统一。所以，在工业发展的目标上我今天再次重申，我们不追求无限大的工业经济总量，而是追求合理适度的工业经济总量。

当前我们的问题不是发不发展工业的问题，而是发展什么、怎么发展和在全北京市16800平方公里土地面积上哪个区域发展的问题。关于工业发展，我曾经讲了四点内容，现在看还要根据不同的认识来完善，这四点理由我认为都是对的。第一，直接为GDP增长作出贡献；第二，增加就业；第三增加税收；第四促进第三产业的发展。我最近有一些新的思考，有四点新的理由，想跟大家讨论一下。

第一，中央为首都确定的四个服务的主要功能和高度繁荣的现代服务业能够在多大的区域面积上实现？我们委托了一些北京市社科联、中国社科院工经所等重要的学术机构等，对一个课题进行不同课题组的研究，而且不对它作任何启发，完全让他们自由研究，他们提供了多份研究报告。我在报告中发现，一些世界最著名的大都市现代服务业的繁荣，基本上是在最繁荣的地区，基本上是在两千到四千平方公里的区域内集中，从纽约到伦敦、巴黎、东京、香港、新加坡等都是这样。大家千万要注意，我们搞工业的同志不能说我们就是最重要的，这样不科学。不管是在市政府工作还是在部门工作，都要有一个全局概念，这是一个重要的判断。高度繁荣的现代服务业必定是我们的追求，而且在北京经济结构当中的比例也一定会逐步提高，这是毫无疑问的。但是要搞清楚，现代服务业很难完全复制到北京的远郊区，北京是16800平方公里，农业占1%多，我们的城市化靠什么呢？完全靠现代服务业恐怕是不够的。

第二，我们不再特意强调率先基本实现现代化的目标。但是北京不会放弃建设一个全球范围内的国际化大都市的目标。我在各种研究报告上发现，现在全球最公认的一些国际大都市在上个世纪60年代前后，人均GDP水平基本上都在12000美元以上。而北京不论怎么强调经济社会协调发展，唯GDP是完全错误的，但完全否定GDP也是不全面的、不准确的。

我认为要考虑一个地区的经济结构。如果不按投资和需求来看，主要从生产能力增加的角度，考虑新增加的一些经济总量的因素，所以工业有重要的任务。请统计局帮助分析，如果我们人均GDP到10000或者12000，假如按照第三产业70%的目标，或者按2020年全国都已经全面小康的时候，北京的人均GDP不能比全国还低吧，到那个时候给我们工业定一个目标，应该说比现在差得远了。我们从来没有说过，未来的经济结构第三产业99%，第一产业1%，所以任务还是很重的。对全市的经济总量作贡献，仍然是工业战线的重要任务，现在关键要考虑作什么样的贡献，怎么作贡献，什么方式增长。

第三，我曾经讲过，一个地区的经济总量和经济增长不是一回事。全世界有很多国家和地区现在总量很大，增长很难，如日本、香港每年GDP都很大，但是增长很慢。我去年提过一个假说，一个地区合理的经济结构和经济持续增长之间，有某种技术联系的。而主要考虑的是，要有一批不受所在地区经济繁荣程度所形成的需求约束的产业。需求约束是主流经济学最关注的经济增长的拉动问题，也是多年来宏观调控的主要理论依据。而工业就是这样的一种产业，不受所在区域所形成的经济繁荣程度形成的需求约束。

第四，我的一个基本判断是，北京今天的经济总量和经济结构的形成，既有计划经济留给北京的一些重要因素所带来的，也包括了改革开放20多年里，各类市场主体对北京作出的选择和判断。为什么现在工业还有30%以上的份额？为什么人家投资者作出这种选择判断？我相信这些投资者并不比我们在座的人在产业区域选择判断上弱。如果我们认真研究一下过去20年来，或者过去10年、5年当中的数据，我们会发现，仅仅靠政府就能把投资者拉来吗？如果不符合它的战略判断和选择，就能把它拉来吗？应该说，投资者有它的判断，很多的外资企业到北京，不外乎市场要素，要么城市综合环境。

归根结底，我们不追求无限大的总量，追求合理适度的总量，强调工业发展的必要性、适度性、约束性的统一，当前不是发展不发展的问题，而是发展什么？怎么发展和在北京16800平方公里上哪个区域发展的问题。

三、对2005年工作的几点要求

总目标是全面贯彻落实科学发展观。全面贯彻落实，就是要落实在具体的工作方法、工作措施上和工作指标上。2004年出台的开发区建设的指导意见就是具体体现。

第一，扩大工业经济总量四个途径不变。从外部引入、合资合作、高新技术成果产业化、非经营方式扩张，要通过这四个途径扩大经济总量。实际上在这四个方面都有很好的例子，例如京东方、联想，都是典型的非经营方式扩张的结果。一轻、机电等控股公司在合资合作方面，不断把发展和改革结合起来，把引入新的要求和构建新的合理的产权治理结构结合起来，都有非常大的成效。很多区县从外部引入新企业方面也做了很多的努力。

第二，要高举节水、节地、节能的旗帜。首先政府要出台硬标准，这个文件已经出来了，四个部门联合发了，我们这个文件的标准在全国是最高的，变化幅度也是最大的。这是基于对北京工业发展的高要求提出的。其次，一定要分行业分类别地推广节水、节能技术。在工业工作的同志都知道，每个行业的具体情况差别很大，工艺技术、工艺标准都有很大的差别，所以一定要分行业推广重要的节能、节水技术，工业发展资金要往这方面倾斜，要支持企业采用节能、节水技术。2005年分行业推广，年中要开技术成果交流会，各个行业要进行交流。我们也做了一些调研，分行业的标准要全部定出来。再次，要淘汰高耗水耗能的五小企业。今年工业促进局要列出要淘汰的企业名单。房山区这几年消灭了500多家，还要再消灭。规模以上的工业企业的耗水是有限的，很多水耗在很小的一些企业上，要作产业结构调整。

第三，要发展高端产业。高端是指高技术、高品质、大品牌、竞争力强。例如奔驰相对来讲就是高端，至少在汽车领域是高端，这从品质角度讲的；中芯国际、TFT也是高端，这是从技术角度讲的；我看二锅头也是高端，这么多白酒里，这个白酒品牌强，也是高端；雪莲羊绒衫品质高，比别人卖得贵，也是高端。不能说高端全是高技术，在同行业当中你是领先的，或者同样一个产品，我卖得比你贵，品牌比你强，影响力比你大。

首先是引入的问题。其次通过合资、合作、搬迁和技术改造，提升原有企业的技术水平、竞争力和品牌的影响力。这是我们当前一个很重要的工作。再次高端有高技术的含义。高新技术成果产业化的工作还是要狠狠地抓。发展高端还有一个做法，就是要提淘汰的问题。现在有些明显认为是低端的，也没竞争力的产品要下决心调整。

第四，关于培育发展有自主知识产权有竞争力的工业企业，发展现代制造业、高新技术产业的问题。

一是要高度重视这一问题的重要性、战略性和紧迫性。我们提的是培育发展有自主知识产权、有竞争力的企业。我去韩国，是深有体会的。20世纪70年代开始，我们就提出市场换技术的战略。70年代的时候亚洲四小龙的腾飞对我们有很大的影响。韩国现在有核心技术的自主知识产权的企业有不少，像三星、LG、现代等。就从汽车生产的制造过程来看，做汽车并不难，因为只要有钱把设备买来就可以了，都是一样的，关键是制造汽车的设备是谁的。到现代汽车我一看，所有做汽车的全部设备不管是机械手、车床，全部是现代自己做的。

二是自主知识产权最终要体现在企业的竞争力上，体现在企业的规模上，体现在企业的品牌上。自主知识产权可不是空的，高新技术企业一定要善于从这个角度考虑。如果没有竞争力，光有自主知识产权，那是没有用的。

三是已有自主知识产权的一些有发展潜力的企业如何做大做强。这方面我们有潜力。像时代公司的产品在行业中的份额里做得很大，亚都加湿器在加湿器品牌当中也是最有影响力的，还有一个桑普空气净化器都是不错的，都是高技术、是高端，但现在规模还不是很大，我们怎么支持它？包括中芯国际这样的企业如何做大做强，已经有一定基础了，我们要支持，企业要努力。工业促进局和几个部门把这样的企业名单列出来，要把目标明确。在不同的阶段，政府支持属地企业竞争力的方法是不一样的。国家竞争力很大程度体现在国家的大企业竞争力上。要把这张单子列出来，不一定都给你钱，但是政府可以集中社会各界的智慧影响力帮助企业发展，支持企业发展。顺义工业就有几个大牌子在那儿摆着，例如燕京啤酒，顺义区委区政府下了很大力气，很多年才有今天的成绩，不只是一届的区委区政府的支持，我们不能急功近利。对于中星微我记得很清楚，当年什么都没有，也是在信息产业部、科技部和市政府的支持下，经过几年的努力做到现在几个亿的规模了，许多中央领导同志批示，把中星微当做重大工程来看待。看看美国早期政府支持美国硅谷高新企业发展的案例就很清楚，最有利的一招我们并没有给，定单的支持、采购的支持。我们没用。财政局的同志在政府采购角度可以帮着出点主意。

四是高新技术成果在产业化过程当中政府部门要有明确分工。产业化过程当中，中后期阶段像发改委、工业促进局要更多地注意，略有侧重，共同关注。

五是各控股公司、工业促进局一定要注意处理好引入和自主消化的关系。我看了一个重要的文献，比较权威的一个机构的调查报告提出，在过去30年里，日本、韩国这些地方，引入一个新技术和消化方面比例是1∶5，研究中国过去改革开放20年，比例是1∶0.07，这个数据很好说明这个问题。请大家关注这个问题，一定要把引入和消化吸收结合起来，北京在引入和消化吸收方面要多做一些工作。如京东方的TFT项目，从企业产权制度来讲，TFT的知识产权是咱们的，从韩国买下来的，如何让我们的人能够在未来一段时间内把它消化吸收了，变成自己的技术。中芯国际也应该有这样的追求，要把引入和消化做好。

六是高度重视民营高科技企业在北京工业中的独特地位。民营高科技企业是北京的一支重要力量和一大特色，有独特地位。

最后，关于循环经济的探索，我们2005年主要干几件事。一是能源的再利用问题。像恒有源公司，我希望市里各个部门关注和支持它。二是今年一定要把一些重要的、有共性的废旧物资再生产、再利用这个问题落实了。在这上面我们大有文章可以做，纸张、废旧的报纸、杂志、纸质包装物、废旧电池，要在现有基础上扩大或者再建新点，商务局管回收体系，工业促进局管新点建设，进行技改或者新建，今年一定要完成这个任务。

（摘自2005年1月17日在北京市工业工作会议上的讲话）

发展高端产业　推进集约经营
努力提高北京工业综合竞争力

北京市工业促进局局长　程连元

北京市工业促进局
局长　程连元

一、关于2004年工作总结

（一）工业呈现出增速高、效益好的态势

2004年，规模以上工业企业实现增加值1259.5亿元，累计增长19.9%，创十年最高水平。高新技术产业完成增加值377.7亿元，同比增长17.7%。全年完成现价工业总产值4880.9亿元，同比增长26%。实现销售收入5110.8亿元，同比增长31.7%；实现利润310.8亿元，同比增长32%；产销率97.8%，同比提高0.3个百分点。规模以上工业企业经济效益综合指数为169.3%，同比提高18.4个百分点。全市工业整体运行健康，工业以占全市经济30.1%的比重，对全市经济增长的贡献率达到了43.4%，成为2004年拉动全市经济增长的最主要力量。

（二）多点支撑局面初步形成，产业结构进一步优化

现代制造业各重点产业均实现快速增长，以电子信息、汽车、机电、生物医药产业为代表的现代制造业在全部工业中的比重逐步提高。2004年，电子信息产业占工业增加值的比重为16.1%，对工业增长的贡献率为4.2%；交通运输设备制造业占工业增加值的比重为9.8%，对工业增长的贡献率达到18.5%；机电产业占工业增加值的比重为19.2%，对工业增长的贡献率达到23.1%；生物医药产业占工业增加值的比重为4.6%，

对工业增长的贡献率达到8.1%。全市工业呈现出多点支撑的产业格局，四大产业对工业增长的贡献率达到53.9%。

（三）工业投资快速增长，发展后劲明显增强

2004年，全市工业完成固定资产投资254.5亿元，同比增长54.6%，达到十年来最高水平；累计实际利用外资金额11.4亿美元，占全市37%，同比增长56.9%；全市工业累计新批设立外商投资企业572户，占全市的31.7%，同比增长10.9%。

一批重点投产项目开始发挥作用，已成为北京工业新的亮点；一批在建项目正在顺利实施，成为新的经济增长点；一批重点洽谈项目正在积极推进，将成为新的后劲所在。

——电子信息产业中投资12.5亿美元的中芯国际北京项目正式投产，预计今年一季度可实现盈利；京东方TFT—LCD第五代生产线项目去年底已建成投产。

——汽车产业中的北京现代汽车三期技改项目进入审批程序；吉普汽车奥兰德技术改造项目将采用欧Ⅲ标准，目前正在推进，今年可形成2.5万辆生产能力；奔驰轿车项目去年12月6日新厂正式奠基，预计今年将投入生产。

——机电产业中的北重阿尔斯通合资项目建议书已获批复，合资公司今年1月正式挂牌运营；北起多田野去年9月开始试生产。

——医药产业中的同仁堂亦庄生产基地全部工程现基本竣工，近期将试生产；紫竹药业计划生育、生殖健康系列用药技术改造项目今年1月份竣工投产。

——基础产业中的重大结构调整项目首钢150万吨冷轧项目和燕化1000万吨炼油改造工程项目均在报批中。

（四）努力在增量中发展高端，产业水平逐步提高

随着一批具有世界水平的重大项目建设，工业部分领域进入产业高端。于2004年9月25日建成投产的中芯国际超大规模集成电路生产线，是国内第一条12英寸0.11微米集成电路生产线，代表了当今国际集成电路制造的最高水平。京东方科技集团TFT—LCD（薄膜晶体管液晶显示器件）生产的首批17英寸液晶显示屏已于去年12月28日成功下线。这是中国企业拥有自主知识产权的第一条TFT—LCD五代线，填补了该领域的国内空白。奔驰项目在经济技术开发区的建设，将对提高北京汽车产业的技术含量、塑造新的品牌形象产生重要影响。

（五）以节地、节水、节能为重点，指导工业集约化发展

按照中央提出的科学发展观的要求，工业发展的思路进一步得到明确。在具体工作中，一是狠抓基础工作，编制完成了电子、汽车、光机电、医药、基础和都市等六大产业发展方案，明确产业发展的方向和重点。二是加强规划突出指导，空间布局进一步优化。结合全市建设规划和总体规划的修编工作，进一步修订了工业布局调整规划。三是加强对开发区建设的指导协调。为落实科学发展观，率先转变增长方式，节约资源，保护环境，特别是节约北京最宝贵的土地和水资源，在各开发区的密切配合下，我们联合市发改委、国土局、市规委、环保局等部门，研究制定了《关于北京工业开发区（基地）建设项目节约土地和资源的意见》，并经第35次市政府常务会议审议通过。该《意

见》提出了我市工业开发区在土地利用和资源消耗方面的控制指标，并将国家级开发区土地的建筑密度从目前的40%提高到大于55%，市级开发区从目前的30.8%提高到大于50%；国家级开发区和市级开发区的容积率由目前的0.43提高到大于0.8。同时，对我市电子、汽车、机电、生物医药等重点发展产业的水耗、能耗制定了更为严格的准入标准，并设定了工业总产值、税收、就业等参考性指标。这些指标不仅高于国家规定的相应标准，同时也高于上海、苏州、天津等地的准入标准。作为国内第一个针对开发区工业项目节约土地和资源的标准，将对实现工业开发区的集约化经营起重要的指导和推进作用。

二、关于2005年的工作安排

2005年，全市工业工作的总体要求是：坚持以“三个代表”重要思想为指导，用科学发展观统领工作大局，以提高企业的自主创新能力为中心环节，着力推进产业结构的调整；以节约土地和资源为重点，提高工业集约化水平；以发展高端优势产业为方向，努力提高工业的整体竞争力，实现北京工业的持续、健康、协调发展。

2005年，全市工业主要预期目标是：工业增加值比上年增长10%；工业总投入比上年增长10%；能耗、水耗持续下降；土地利用效率明显提升。

（一）以自主创新为中心环节，继续调整产业结构

产业结构既是一个地区工业发展水平的标志，又是经济持续发展的保证，要以发展高端、高效、高辐射力、低消耗、低污染产业为方向，进一步促进产业结构的优化升级。

1．推进自主创新，提高北京工业的核心竞争力。提高自主创新能力是提高国家、区域和企业竞争力的根本途径，北京丰富的科技资源优势为推进自主创新创造了条件。推进自主创新，要充分整合北京现有的资源优势，进一步加强与科研院所、重点高校以及军工经济的合作，发挥政府在自主创新过程中的引导、促进和保护作用，推动以市场为导向、以企业为主体产学研、协会、中介、金融机构互动的自主创新体系的建立，提升企业自主创新的能力，提高北京工业竞争力。今年要力争在以下重点产业、关键领域取得突破：

——电子信息产业：推进国家信息产业基地建设，支持集成电路设计、制造、材料三大领域占领技术制高点，加大对微电子专用设备制造关键技术的攻关；支持新一代网络技术和计算机核心芯片技术的开发；加速第三代移动通信技术的产业化；加速数字高清晰电视核心技术的开发。

——汽车产业：重点以研制二代军车为契机，提升整车自主创新能力，同时推动汽车电子等高技术含量零部件产业的发展。

——光机电一体化产业：加速推进现代流程自动控制与数控机床技术的吸收、消化和创新；加速环保和新能源技术及专用设备的开发；加强先进电力设备研发；支持激光加工器和工业机器人的产业化。

——生物工程与医药产业：支持药物筛选关键技术应用；推动中药现代化进程；加速数字健康关键技术吸收与创新；继续推进生物芯片、基因治疗技术等领域的研发。

——基础产业：重点要在新型材料的研发与产业化上有明显进展。

通过完善重点企业技术中心，建设地区技术成果转化平台，组织和支持一批关键技术的研发，推动一批科技成果的转化，促进一批引进技术的消化、吸收和创新，形成一批有自主知识产权的产品，壮大一批自主创新能力强的企业。

2. 加快高新技术成果产业化。高新技术产业是北京工业的发展方向，推进高新技术成果产业化是提高自主创新能力和做大工业总量的重要途径。

一是建立北京工业与中国科学院及首都各大学间的战略合作关系，鼓励和支持各产业高新技术成果转化平台的建设，打通成果转化的关键环节；二是促进对产业发展和提升产业技术层次有重要影响的转化项目，加大政策支持力度；三是加强企业与科研院所双向技术交流，系统征集企业难题，组织面向科研院所的定向难题招标，系统收集科研院所技术成果，组织面向企业的定向成果推广。四是探索多种方法，加强企业与科研院所双向人才交流。借助社会各类科技资源力量，解决企业在技术创新中面临的实际问题，加速技术升级。

3. 推进重大项目建设，发展首都优势产业。项目是结构调整的载体，结构调整最终要落实在项目上。我们要重点支持对产业结构升级和区域经济发展有重要影响的重点技术改造和技术引进、合资合作项目，进一步巩固全市工业已形成的多点支撑的产业发展格局。要坚持重点企业和项目跟踪服务和分析制度，加强对重大问题、共性问题的分析研究，及时协调解决项目建设中出现的重大问题。

一是抓好一批竣工投产项目的服务。中芯国际、京东方 TFT—LCD、北一大限、北起多田野等一批对北京工业今后发展有较大影响的项目已经建成，今年的工作重点是要促成上述项目尽快达产。

二是推进一批在建项目尽快建成投产。吉普汽车奥兰德技术改造项目、奔驰轿车项目、北重阿尔斯通合资项目、同仁堂生产基地建设、紫竹药业生殖健康系列用药技术改造项目等，对今后全市工业发展有重要影响，今年要全力做好项目的协调工作，确保早日建成投产，不断培育工业新的增长点。

三是引入培育一批技术高端新项目。按照我市重点产业发展领域的要求，充分把握国际产业技术转移的机遇，加大引入力度，争取引入和培育一批在各产业领域技术上居前沿地位的新的工业项目。

要总结企业在引进基础上进行技术创新的成功经验，引导本市企业加快自主创新步伐，并采取必要措施在关键环节给予支持。

4. 实施名牌战略，提升北京工业形象。名牌是市场公认的具有一流质量水平的企业和产品，表现为同一竞争领域中高市场占有率和较高的产品价值。本质是企业先进质量保证与技术创新机制的体现，是按科学规律积淀的优秀企业文化的反映。名牌的多少是一个国家、地区、城市国际竞争力的重要体现。推进名牌战略要与产业结构调整相结合，要鼓励技术创新，发展传统名牌；要推广新技术，宣传优秀企业文化，扶持更多高新技术企业成长为新兴品牌；要发挥比较优势，支持有国际竞争力企业走向世界，创造世界级品牌。

在培育品牌，做强名牌上，企业、社会、政府都负有重要责任。企业是创造名牌的主体，要树立强烈的市场竞争意识，确立以消费者为中心的营销战略；坚持技术创新，加快培育拥有自主知识产权的核心技术；提升产品标准，完善企业质量保证体系；营造人才成长氛围，吸引各类人才集聚发展；坚持以人为本，发展优秀企业文化。政府要创造有利于品牌成长的环境。我们要制订《支持北京工业名牌发展的工作方案》，明确指导思想，工作目标和具体措施，指导企业提升品牌；继续采取举办名优产品展示、展销会，宣传媒体推介等形式，加强对名牌宣传和市场推广；研究制定政策，加大对名牌企业支持力度；组织社会中介和行业协会，围绕名牌企业的需要，开展各种有针对性的服务。

5. 推进信息化，以信息化带动工业结构优化。信息化是当今世界经济和社会发展的大趋势，是推动产业结构优化升级和实现现代化的关键环节。要紧紧围绕产业结构优化的需求，切实提高企业信息化的应用水平。重点要通过利用信息技术，促进企业以财务管理为基础的管理创新，以产品开发为龙头的技术创新，以生产过程自动化为特征的生产方式创新和以电子商务为高级形式的营销方式创新，带动产业结构优化升级。

6. 加强调查研究，明确工作方向。今年要按照市委、市政府的统一安排，做好“十一五”规划的前期调研，明确各产业发展方向，完善汽车、电子、机电、生物工程和医药产业等重点产业工作方案。编制《北京市产业结构和工业布局调整规划》，制定北京市 2005～2006 年“鼓励发展的产业、产品和技术目录”，出台食品、包装印刷等行业发展纲要，强化政府的产业发展导向功能。

在充分调查研究的基础上，依据北京市关于构建节约型产业结构的要求和国家产业政策，专题研究制定北京严格限制发展的产业、产品政策，采取切实措施，淘汰落后生产力。

（二）以资源节约再利用为重点，促进循环经济发展

北京是一个资源短缺城市。水资源短缺、土地资源有限，电力、煤炭、天然气等能源主要靠外部供给，环境保护要求非常高。发展北京工业，必须注重资源节约和再利用，形成以低消耗、低排放、高效率为基本特征，符合可持续发展理念的经济增长方式，大力促进循环经济发展。

1. 狠抓资源减量化。抓住生产性消费这一关键环节，狠抓节能降耗节约资源。研究编制《工业投资项目能效指南》，明确各产业能源消耗和水资源利用标准，引导工业企业提高资源使用效益。推广节能降耗的先进技术，鼓励和支持企业实施技术改造，从节能降耗中求得发展空间和经济效益。

2. 促进资源再利用。突出抓好废弃物生产、再生资源产生等重要环节，狠抓资源综合利用效率和水平，加强对各种废旧资源的回收和循环利用。今年重点是抓好废旧纸张、废物综合处理和石化新材料产业链等示范项目建设，以此推动我市循环经济的发展。

3. 降低工业污染。围绕生产制造这一关键环节，加大污水、废气和固体废弃物的环保治理。企业要严格依照法规，保证资金投入，建设必要配套项目，降低污染排放。

重点抓好污水的处理和再利用，提高对气体、固体废弃物的综合处理，提高技术水平和环境效益。

4．强化政策导向。借鉴国内外的成功经验，研究制定节能降耗、资源再利用及相关环保产业的鼓励政策和支持措施，调动企业在发展循环经济方面的积极性。

（三）优化工业空间布局，推动区域经济协调发展

优化郊区的工业空间布局，明确区县产业定位，有利于城市核心区强化首都四项服务职能，有利于郊区产业发展，实现城乡协调发展，有利于加快城市化进程。要按照市委九次全会提出的工作要求，加速推进郊区工业化进程，重点推进开发区建设，促进区域经济协调发展。

1．加强对区域经济的指导。一是制定布局调整规划。依据北京城市总体规划、土地利用总体规划和环境保护规划，配合“十一五”工业发展规划编制，加快完成北京工业布局调整规划。二是突出区域发展的分类指导。根据各区县不同的工业基础、发展阶段、功能定位和资源环境约束条件情况，联合各区县共同研究确定产业发展的目标、方向和途径。三是加强区域协调。依据北京城市空间发展战略和区域功能定位，针对四类功能区域，组织调查研究，发现共性规律，加强分类指导。

2．推进开发区（基地）建设。开发区建设要坚持集中、集聚、集约原则，在加强基础设施建设的同时，高度重视软环境建设。

坚持集中集聚。依据工业发展规划，结合区域经济与社会发展需要、资源和环境承载能力及综合开发能力，明确各开发区主导产业方向，科学制定开发区的近期建设规划和中远期发展战略。支持和鼓励符合区域产业发展特点的龙头骨干项目向开发区集中，支持鼓励符合国家产业政策、技术先进、能形成规模效益的工业投资项目向开发区集中，支持和鼓励中央在京和本市搬迁工业企业向开发区集中，实现产业集聚。

推进集约发展。建立引进项目筛选机制。落实开发区建设项目《关于北京工业开发区（基地）建设项目节约土地和资源的意见》和《关于北京工业开发区（基地）建设和发展的意见》，组织相关部门，对开发区引入项目进行评价，提出指导性意见。围绕产业集聚、产出效益、资源消耗和环境保护等，建立综合评价指标体系和日常统计体系，定期公布评价结果。

加强环境建设。鼓励多渠道、多元化解决建设资金，建设功能适当、布局集中的开发区生产、生活、商务等配套服务设施，鼓励开发区建设标准化厂房。加强和完善开发区软环境建设。建立以企业为核心的高效优质服务体系，强化服务功能，提高服务效率，提升服务的市场化、社会化、专业化水平。围绕入区企业共性需要，依托首都的科研院所、金融机构、中介组织等社会资源，逐步建立开发区投融资、技术支持、人力资源、信息服务等公共服务平台。

3．研究区域经济发展重大问题。联合区县和企业共同对事关区域经济发展所面临的重大问题展开研究。重点要加强对石景山区未来产业支撑问题，房山区淘汰产业的置换问题，各区域工业发展资源的研究，组织全市水资源情况调查。通过调查研究，形成有关专题的意见和建议，为推动区域经济发展奠定基础。

（四）围绕经济发展，进一步壮大工业经济总量

2005年后，随着我国经济的逐步全面放开，北京工业必须加强对外开放与合作的力度，抓住国际产业转移机遇，加速发展。按照扩大总量的四条途径，继续着力抓好跨国公司和优势企业引入工作，同时扩大对外合作领域，拓展新的合作空间。

一要积极请进来。要利用去年建立的国际交流渠道，组织本市企业与国际中小高科技型企业技术合作，提高企业技术创新能力；针对有比较优势的国家和地区，组织本市开发区展开专业化招商活动，加速提升开发区专业化建设水平；推进本市重点发展产业领域的龙头企业与国际上优势企业的合作，迅速提高企业竞争能力；针对重点发展领域中，技术差距明显的产业，加强有针对性的引入工作，加速占领技术制高点，弥补战略空白。

二要鼓励走出去。总结京东方TFT、联想收购IBM公司PC业务等成功经验，研究支持性措施，鼓励北京有比较优势、有一定实力的工业企业走向国际，扩大资本输出，开拓国际市场中的发展空间，提升国际市场竞争力。

三要加强交流合作。针对北京工业情况，针对重点国家和地区，加强双向技术交流与商务合作，加大智力引进力度，促进全市工业持续发展。

（五）以服务创新为重点，为工业发展创造外部条件

按照北京市关于优化发展环境的总体要求，结合工业促进局具体职能，继续完善服务平台，突出服务创新，为工业发展创造较好的外部条件。

1. 完善服务平台。围绕企业在资金、市场、技术、人才、信息等方面的共性需求，继续建立和完善工业投融资、人才培训和交流、市场促进、技术成果转化和信息服务等平台，搭建工业企业与奥运嫁接平台，建立专业组织招商引资业务的国内外咨询机构信息资源库，完善招商投资网站，进一步提高政府部门为企业提供有针对性服务的手段和工作水平。

2. 强化服务体系。进一步强化市工业促进局与区县工业主管部门的交流沟通，加强对区县工作的业务指导；进一步加强与政府职能部门之间的协调配合，强化解决重大问题的经常性协调合作机制。根据开发区建设存在的突出问题，主动协调各部门，改进服务，提高行政效率，降低企业投资成本。

3. 强化基础工作。围绕全年重点工作，针对工业能耗、水耗情况、各开发区资源状况、名牌产品动态情况等展开深入调研，摸清底数，使各项工作建立在扎实的基础之上。贯彻中央和市委有关精神，以开展保持党员先进性教育活动为重点开展系列活动和培训，全面加强机关思想、组织、作风和业务建设，为做好工作打好基础。

安全生产工作绝不能掉以轻心。各行业、各企业要认真吸取事故教训，引以为诫，以确保首都稳定大局的高度责任感，狠抓安全生产工作，千方百计把各类生产事故降到最低点，努力为全市工业发展创造一个良好的环境。

（摘自2005年1月17日在北京市工业工作会上的讲话）

大力发展都市工业
加快北京建设现代化国际大都市的进程

北京市工业促进局副局长 常 青

北京市工业促进局
副局长 常 青

一、关于都市工业的概念和特征

所谓都市工业，应当是指“适应大都市可持续发展要求，能充分利用大都市的生产要素，提供较多的就业岗位，满足都市居民消费和特有的市场需求，并与城市环境相协调的制造业”。

根据这样一个概念，都市工业应当具有以下几个明显的特征：

第一，应当是与城市功能紧密联系、以满足人们日益增长的物质生活和文化生活需要为市场目标的产业；

第二，应当是充分体现大都市信息密集、智力密集、人口集中等特点，以产品设计、技术开发、轻型加工制造和技术服务为主体的劳动密集型或技术密集型产业；

第三，应当是低污染、低能耗、低物耗的资源节约型和环境友好型产业；

第四，应当是以非公经济的中小企业为主体、市场竞争机制和活力体现最为充分的产业。

按照首都经济发展要求，我们把适应北京发展的都市工业概括为衣、食、住、用、文化产品五大领域。具体涵盖了食品饮料、服装纺织、印刷包装、工艺美术、家具家装、洗涤化妆、文体用品、塑料制品以及家电照明等9个产业。

二、北京发展都市工业的意义

第一，是发挥首都城市功能，不断提高人民生活质量，实现小康目标的产业基础。都市工业的发展不仅满足了首都物质文明建设的需要，提供人们生活所需的消费品，同时不断丰富人们的精神文化生活，是全面建设小康社会，提升首都服务功能所必须。

第二，是发展首都经济、做大北京经济总量的客观需要。2003年，北京都市工业完成增加值181亿元，占18.4%，是全市工业的重要组成部分。都市工业的发展，在引导市场、拉动需求方面发挥着积极的作用，作为连结一、二、三产的纽带，也对全市经济总量的增长作出特有的贡献。

第三，是吸纳劳动力，解决城镇人口就业的现实选择。2003年，北京都市工业从业人数为31万人，占全市工业就业人数总量的31%。其中服装业每亿元固定资产的就业人数为2600多人，远远高于交通运输制造业（900人）、医药制造业（750人）、电子信息业（640人）的就业人数。

第四，是吸引国内外资金和民间资本的重要领域。从2003年的统计数据分析，都市工业总资本中，国有比重仅占23%，大大低于工业总资本中国有经济的比重。大力发展都市工业，有利于充分发挥非公经济的积极性，实现所有制结构的优化。

第五，是解决“三农”问题，改变城乡“二元”结构的有效途径。解决“三农”问题是当前我国经济和社会发展中的重中之重，也是北京建设现代化国际大都市的紧迫任务。而加快乡村的城镇化步伐是必由之路。大力发展都市工业，如食品饮料业、服装纺织业等，发展农产品深加工，延长农业产业链，正是加速农村工业化，进而实现城镇化的现实途径。

三、北京发展都市工业的优势

一是具有一定的产业基础。北京都市工业经过多年的发展，已经形成了相当的经济规模和产业优势。2003年，都市工业总产值达到561亿元，占北京工业总量的15%。食品饮料业形成了以燕京啤酒、三元牛奶为代表的现代食品品牌；王致和、张一元等老字号品牌稳步成长；以腾氏、白领、爱慕为代表的服装品牌在北京以及全国市场上有相当的知名度；印刷包装业快速增长，显示出巨大的发展潜力；工艺美术业正在以京城百工坊、房山石雕园等为新的亮点，在继承与发展中得到振兴。

二是巨大的市场优势。北京在全国处于市场中心的重要地位，拥有巨大的社会需求，保持着相当规模的消费总量（2003年全市社会消费品零售额1916.7亿元中，吃穿用等都市工业产品占到95%以上），汇集了丰富密集的市场信息，并对内陆地区的消费行为和趋势具有重要的示范作用，对中部、东北、华北、西北等地也有广泛影响。北京作为全国市场中心的地位，形成了北京工业、尤其是都市工业发展的特定优势。

三是深厚的文化底蕴。北京是凝聚着中国五千年悠久文化的历史古都，积淀着包括服装文化、饮食文化和民间艺术等在内的具有东方神韵和民族特色的深厚文化。服装服饰、工艺美术、特色食品等产品，集中体现了中华民族以及千年古都的历史和文化，具有鲜明的人文特征和独特风格。不仅满足了人们吃、穿、用的物质消费需要，同时也适应了人们日益增长的文化需求，还承担着国内外、地域间文化交流的载体，是宣传、树立城市形象的“名片”。

四是丰富的人力资源。北京集中了大批的大专院校、科研院所，拥有清华大学、北京大学等一大批世界知名的学府，是培育人才基地。同时，中国服装协会、中国食品工业协会、中国印刷包装协会和中国工艺美术行业协会等全国性行业中介机构，将都市工业中的各类专业人才汇集北京，具有人力资源丰富的突出优势。

五是广阔的发展空间。北京不仅有历史悠久的皇城、现代化的CBD和繁华的商业街，而且还有幅员广阔的郊区县。北京市城市空间发展战略布局把北京的东部规划为发展带，以通州、顺义、平谷、怀柔、密云为代表的东部及东北部区域，都把发展都市工业作为繁荣区域经济的重点，建立了工业开发区和特色产业基地，并制定了发展规划和政策措施，为北京都市工业的发展提供了广阔的空间。

六是难得的奥运商机。2008年奥运会在北京的举办，对北京都市工业的发展提出了新的要求，也提供了难得的商机。无论是奥运会筹备过程中绿色、科技和人文奥运理念的体现，还是奥运会期间上亿人次的国内外游客的需求，都为北京都市工业的发展创造了巨大的市场机遇。

四、北京发展都市工业的措施

一是发挥比较优势，突出发展重点。要紧紧依托北京的产业基础和资源优势，明确产业发展的重点和方向。如：服装行业要努力把北京建设成为集时装设计、服装加工、品牌营销、贸易展示、信息集散、趋势引导于一体的世界时装之都；食品行业要采用现代科学技术提升传统产品，重点发展饮料业、乳品业和保健食品，加快实现食品的方便化、功能化、绿色化和多样化；包装印刷业要重点发展高档包装印刷、出版物印刷、商业印刷和新兴的数码网络印刷，大力发展新型包装材料、包装设计，提高北京包装、印刷业水平；工艺美术行业要在保护和继承传统工艺美术技艺的基础上大胆创新，大力发展高精艺术珍品、精品、实用工艺品、旅游纪念品以及环境艺术。

二是引进和培育品牌。要凭借首都的信息、人才、资金、技术、市场等综合优势，大力支持已有的名牌进一步做大做强，同时积极吸引国内外的著名品牌进入北京，用名牌吸引人才，以精品引导消费，以市场带动产业，提高整个都市工业档次和水平。

三是加大招商引资力度，扩大都市工业总量。要加强与有关部门配合，不断优化北京的投资环境，大力吸引外来资本，争取中央各部门，兄弟省市、外资、民间资本来京投资，鼓励跨国公司、金融机构、大企业、大集团来京设立地区总部、研发中心和营运中心。

四是搭建和培育服务平台，为企业发展营造良好的环境。要针对企业发展的需求，整合社会资源，积极建立和完善投融资平台、技术交易平台、人力资源开发平台、信息交流平台和市场开发平台等，为产业发展提供全方位服务。

五是充分发挥中介组织的作用。作为实施行业自律和提供行业服务的主体，行业协会等中介组织的作用已越来越突出地显现出来，如北京的服装行业协会、工艺美术协会等，在凝聚企业、服务企业和促进发展方面积极开展工作，取得明显成效，得到企业的认可和欢迎。还要加强与国内外行业组织的联系和沟通，建立更加紧密的合作关系，共同为促进产业的发展而努力。

（摘自2004年5月24日在北京科技博览会重点项目推介会上的讲话）

学习贯彻“三个代表”重要思想
提高各级干部素质

首钢总公司董事长　朱继民

兴起学习贯彻“三个代表”重要思想新高潮，是十六大提出的一个战略举措。首钢作为国有企业，兴起学习贯彻“三个代表”重要思想新高潮，就要通过系统学习，在思想上有新认识，在实践上取得新成效。下面，结合首钢实际，谈一下我个人的学习体会。

一、学习贯彻“三个代表”重要思想要做到“四个把握”

首钢总公司董事长　朱继民

*一是要把握“三个代表”重要思想的时代背景和实践基础。*我理解可以概括为这样几句话：马克思列宁主义、毛泽东思想、邓小平理论是“三个代表”重要思想的理论基础；“三个代表”重要思想是在科学判断党的历史地位的基础上提出来的，是在对当今国际局势科学判断，对当代中国发展变化的科学认识，对党的现状科学分析的基础上形成的。

二是要把握“三个代表”重要思想的科学内涵。“三个代表”重要思想的集中概括是“中国共产党必须始终代表中国先进生产力的发展要求，代表中国先进文化的前进方向，代表中国最广大人民的根本利益”。同时，“三个代表”重要思想是一个科学的理论体系，这一科学理论在建设中国特色社会主义的思想路线、发展道路、发展阶段和发展战略、根本任务、发展动力、依靠力量、国际战略、领导力量和根本目的等重大问题上都取得了丰硕成果。而且在怎样建设这个党，怎样建设现代化的军队，怎样建设国防，怎样提高我们全民族的创新能力，涉及到党政军各个方面，都提出了一系列的新思想、新理论，而且用一系列紧密联系、相互贯通的新思想、新观点、新论断，回答了什么是社会主义、怎样建设社会主义的问题，创造性地回答了建设什么样的党、怎样建设党的问题。我们必须通过深入理解，精心研读，才能掌握科学内涵。

三是把握“三个代表”重要思想的历史地位。“三个代表”重要思想是对马克思列宁主义、毛泽东思想、邓小平理论的继承和发展，反映了当代世界和中国的发展变化对党和国家工作的新要求，是加强和改进党的建设，推进我国社会主义制度自我完善和发展的强大理论武器，是全党智慧的结晶和必须长期坚持的指导思想。始终做到“三个代表”，是我们党的立党之本、执政之基、力量之源。首钢各级党组织要把“三个代表”重要思想作为统领首钢各项实际工作的根本指导思想。

*四是把握“三个代表”重要思想的精神实质和根本要求。*贯彻“三个代表”重要思想，关键在坚持与时俱进，核心在坚持党的先进性，本质在坚持执政为民。坚持与时俱进，就要求我们根据新形势、新任务的要求，解放思想、实事求是，不断开拓创新；坚持党的先进性，就是通过与时俱进，保持党的理论和实践的先进性，始终代表先进生产力、先进文化和最广大人民的根本利益；本质在执政为民，就是把最广大人民的根本利益作为我们执政党的根本出发点和落脚点。

二、进一步认清兴起学习贯彻“三个代表”重要思想新高潮的重要意义

胡锦涛总书记在“七一”讲话中指出：“三个代表”重要思想反映了我国最广大人民的共同意愿，体现了当今世界和中国发展的时代精神，显示了马克思主义科学理论的强大力量，是全党全国人民在新世纪、新阶段继续团结奋斗的共同思想基础。要实现全面建设小康社会的宏伟目标，必须把学习贯彻“三个代表”重要思想不断引向深入。

从首钢来看，兴起学习贯彻“三个代表”重要思想的新高潮，不仅是党中央对我们的要求，也是首钢加快改革、创新发展、创造新的辉煌的迫切要求。首钢当前正处于战略性结构调整极为关键的时期。首钢地处首都北京，面临着其他企业所没有的特殊的环境保护的压力，面临着要分步压缩钢产量、安置富余人员、转移钢铁生产能力等一系列繁重的结构调整任务。首钢当前在思想观念、体制机制、技术改造、企业管理、发展速度上，与先进企业相比都存在着很大差距。如果我们不采取超常的努力、超常的措施，加快改革创新发展，就必然被市场竞争所淘汰。

首钢的实践表明，只有按照“三个代表”关键在坚持与时俱进的要求，才能不断解放思想，更新观念，通过思想的大解放，推动首钢的制度创新、技术创新和管理创新；才能抓住机遇，敢于突破传统思维，敢于以比别人更快的速度、更高的效率实现新的发展。

全面加快首钢的改革创新发展是学习贯彻“三个代表”重要思想的最好实践，也是学习贯彻“三个代表”重要思想成效的最好检验。首钢兴起学习贯彻“三个代表”重要思想新高潮的目的，就是要加快企业的改革创新发展，为国家、为人民创造更多的财富，为首钢广大职工谋取更多的利益，从而实现立党为公、执政为民。

首钢坚持通过党内争优创先，党委“六好”班子建设、党支部“达晋创”活动、“三个代表”进班组、进机关活动、“学习、创新、发展”主题教育活动等各种有效载体，学习贯彻“三个代表”重要思想，在实践中取得了新的成效。

三、以“三个代表”重要思想为指导，不断提高各级干部的素质

十六大报告要求各级党委和领导干部要提高科学判断形势的能力、驾驭市场经济的能力、应对复杂局面的能力、依法执政的能力和总揽全局的能力。这是对全党的要求。结合实际，我以为首钢各级党委和领导干部在学习贯彻“三个代表”中，应当做到“五个学出”、“五个善于”，切实提高“五个能力”。

*一是学出境界，善于进行理论思维和战略思维，以宽广的眼界观察世界，不断提高科学判断形势的能力，树立适应首钢大调整、大发展的新思维、新观念。*学出境界就是看我们对“三个代表”重要思想的精神实质是不是真正学懂了，在理论结合实际上是不是融会贯通了，做不到这一点，不可能学出境界，只能学出教条。我们要学出境界，就必须善于运用马列主义、毛泽东思想、邓小平理论和“三个代表”重要思想的立场、观点和方法观察世界，分析形势，要透过现象看到本质，立足现实，着眼未来，从战略上思考和认识首钢改革发展的重大问题；要冲破狭隘的视野，看到外面不断发展变化的精彩世界。通过对形势的科学判断，提出适应首钢和本单位大调整、大发展的新思维、新观念。

*二是学出思路，善于按照客观经济规律办事，不断提高解决改革发展中新情况、新问题的能力，做到融会贯通，形成指导本单位改革发展的新思路、新谋略。*理论联系实际、融会贯通，形成结合实际的工作思路。首钢面对的主要是市场经济和科技发展这两个重大发展变化，以及国家不断出台的宏观改革措施、宏观调控政策给首钢带来的影

响。我们要善于运用市场机制，来解决企业自身存在的问题，这样才能实实在在地做到理论联系实际，形成自己的学习思路，不断用先进的思维观念来解决我们现存的问题。

三是学出胸怀，善于正确认识和处理前进中面临的各种困难和矛盾，协调各方面利益关系，不断提高应对复杂问题的能力，总揽全局，着眼未来，敢于做改革创新的排头兵、领头人。“三个代表”重要思想，是站在当今世界不断发展变化的大背景下，着眼未来，指明了我们党、我们国家的前进方向，体现了博大的胸怀。作为国有企业的领导干部，要学出胸怀。学出胸怀的标志，就是不可安于现状、满足于当前，不能只因眼前的小事患得患失，也不能陷入大量的日常事务之中。我们必须要以党的事业和人民利益为重，做到精心谋事、潜心干事、坦荡处事，以宽广的胸怀，着眼未来向前看，义无反顾谋发展。要以平常之心对待自己，视事业重如山，看名利淡如水，自觉地为党和人民的事业去奋斗。

四是学出目标，善于科学分析市场，抓住机遇，加快发展，不断提高驾驭市场经济的能力，切实找准发展定位，明确加快发展的方向、目标和措施。今年首钢职代会和党委扩大会确定了首钢的发展目标。首钢各级领导干部要学出目标，就是要以“三个代表”重要思想为指导，学习掌握市场经济的基本知识，全面认识市场经济的特点，努力掌握市场经济运行的基本规律，自觉运用市场经济的规则和要求，提高驾驭市场经济的能力。当前，首钢面临着结构调整的严峻挑战，也面临重大的发展机遇。这种形势下，要认真研究市场定位、发展定位、找准突破口，打造自己的产业优势和产品优势，依靠市场谋求新的发展。

五是学出动力，善于创造性地开展工作，不断提高创新发展能力，用“三个代表”重要思想凝聚人心，鼓舞士气，促进企业改革发展。首钢能不能创新，是一个至关重要的问题；当一个企业没有创新动力的时候，处在维持局面、因循守旧的时候，就意味着它灵魂上已经死亡。我们不能用落后的思维，解决在落后的状态下反复出现的问题，否则就可能使我们在落后的状态下不能自拔。如果思路开阔了，能用创新的办法解决问题了，层次站得高了，很多复杂的问题都会简单化，都能处理好。如果总是患得患失、瞻前顾后、左顾右盼，就不可能有大的作为，也干不出大的事业。首钢要创造一个敢于讲真话、讲实话的氛围，力戒讲空话、套话。对干部不求全责备，要善于鼓励干部创新，善于抓住主要优点给予鼓励，而不能采取拍桌子、瞪眼睛的做法，不能采取事无巨细、求全责备的办法。

首钢各级领导干部要做到“五个学出”、“五个善于”、提高“五个能力”。就要不断掌握新知识，积累新经验，增长新本领。要勤于学习，善于学习，学以致用，指导实践。要不断发现问题、解决矛盾，在解决问题当中，不断提高认识规律的能力和解决问题的能力。

（摘自《企业改革与管理》杂志2004年3期）

用科学的理念和方法实现人力资源的市场化运作

北京京城机电控股有限责任公司总经理　林抚生

北京京城机电控股有限责任公司
总经理　林抚生

经济优势取决于科技优势，科技优势又源于人才优势。21世纪，人力资源作为组织发展的第一大资源在战略管理中占有十分重要的地位，引起越来越多业内人士的高度重视与极大关注。正如诺贝尔经济学奖获得者舒尔茨，在评述美国本世纪以来经济与工业的高速发展时所指出的那样，“90%的产品更新依靠人才的智力而不是传统的劳动力或资本，人才资本已占据了当代美国经济发展的显著地位”。一个依靠开发人力资源掌握科技、经济竞争的主动权，从而使组织赢得发展的新优势，已日益成为国际竞争的焦点。

按照市场化原则，用科学的理念和方法，破解这一现代企业管理中的重要课题，实现组织的高效、合作，是做好人力资源开发与管理工作的基础。围绕京城控股人力资源工作，我从七个方面谈谈想法。

一、深刻理解组织战略

战略是组织实现发展的长远、全局的目标，以及为实现目标在不同阶段实施的不同方针和对策。因此必须深刻理解京城控股的战略意图和目的，按照市场化的原则和规律，建立起紧扣组织发展战略，符合市场化、国际化原则，具有竞争激励、公正规范和科学高效特点的人力资源开发管理体系，才能为京城控股高速发展提供鲜活的人力资源。

首先，了解人力资源的历史和现状。2000年，作为市政府授权的国有资产经营公司，京城控股从政府职能部门转变为市场竞争的主体，其转型期承担着确定产业定位、制定发展战略、资源合理配置、主业竞争提升、企业改制到位、员工合理安置、国有资本安全、保持社会稳定的繁重职能。如何成功地实现组织的重大转型，寻找、使用一批能够确保国有企业平稳地实现战略性退出的人才，是这一特殊的历史阶段，京城控股人力资源思考和解决的课题。应该说，这样的人才，对于有着几十年发展史的北京机械行业，人力资源十分丰富，压力不大。事实证明，在结构调整中，京城控股系统涌现了一批富有国企管理经验、敢于承担责任、在企业平稳退出时发挥中流砥柱作用的干部。使京城控股在实施“十五”规划的前三年，成功地退出、转让了十几亿元国有资产，全系统人员总数从6.4万人减至2.6万人，提前一年进入高速发展阶段。然而，当京城控股收缩、退出、精干战略已经成为历史，开足马力启动新一轮扩张战略时，高素质人力资源的匮乏，却制约了组织依据市场规律实施发展规划，实现新跨越的步伐。

其次，围绕战略内涵与公司功能定位寻觅优秀人才。以股权作为连接舰队的纽带，发挥协同作用，旗舰统一指挥与战舰独立战斗相结合，整体参与竞争，实现高速发展的旗舰战略，是京城控股公司治理构架的核心。为此必须明确五个方面的功能定位，任何环节出现偏颇都会影响组织的力量。第一，高瞻远瞩制定未来战略规划；第二，确保信息通道的准确、完整、及时、高效；第三，搭建最直接的能进能退的投资平台；第四，保证舰队高速运转的鲜活的人力资源；第五，完善的监督控制体系，正确指挥旗舰扬帆远航。只有深刻理解了组织的战略意图和目的，明确了组织的功能定位和未来发展构架，才能依据不同阶段的战略、方针与对策制定推动组织向前发展的人力资源开发战略与长远规划，才能拓宽视野，以全球化的眼光为京城控股即将国际化的产业寻觅最优秀的人才，完成组织赋予的使命。

二、人员配置

准确盘点组织的人才储备及预测人才需求，构建企业岗位任职资格标准体系，及时把合适的人配置到合适的岗位，是京城控股人力资源管理的重要内容。主要有：界定京城控股的人力资源，按照京城控股价值理念设计选人用人标准，明晰岗位要求，建立开放的、全球化的选人用人机制。

首先要认清形势，明确职责。作为股东代表的京城控股，一要管理产权代表和董监事；二要根据企业的特点，通过董事会选聘好经营者；三要通过监事会监督董事和经理班子。这就决定了京城控股的人力资源以及选人用人的标准。而为组织服务必须遵从组织的理念，服从京城控股价值理念则成为选人用人的否决性指标。其次，在激烈的市场竞争中，京城控股的人力资源应具备相对优秀的个人素质，包括职业能力、经历、健康状况和心理素质等等，使得人才与职位相匹配，尽最大可能地实现能力的发挥。同时，在建立系统的评价标准和岗位描述的基础上，京城控股必须拓宽挖掘人力资源的视野，站在全国以至全球的角度按照组织的实际需要选用相匹配的人才。

三、绩效考核

绩效考核是员工管理的核心内容，不仅对组织至关重要，也是实施薪酬体系的基础。其原则有两条。一是注重结果；二是团队合作精神。京城控股应该尽快建立一套符合公司特点，简单透明、量化的绩效考核办法，实现员工的立体管理。

四、激励机制

目标、荣誉、表扬、奖励、休假、晋升提职、参与决策等等，是人力资源管理中不同的激励方式，其目的就是让组织鲜活地动起来，但是必须强调两点。一是激励员工的办法必须提前明示，绝不能事后评比；二是各类先进的评选标准要简单、量化、差别明显，人数少而精；三是正负结合，既有奖励又有惩罚。即激励最优秀的 10%，淘汰出局落后的 10%，带动中间力量，推动整个组织的不断发展。

五、组织成长

(一) 管理制度化。

目标已经明确，如何确保实现目标？京城控股要借鉴国外抽屉式管理的经验。即“职务分析”。就是要让每个员工办公室的抽屉里都有一份明确的职务工作规范，使得每个人的责、权、利相统一。通过管理制度化解决公司流程设计等深层次问题，实现员工的高效工作。

（二）员工培训。

团队的目标是要造就一批人才，因而员工培训是组织众多工作中的重要组成部分。必须围绕组织战略，重点解决培训设计中的问题。如，怎样结合组织的战略目标开展员工培训，如何及时反馈员工培训的学习成果，开辟哪些具有方向性的、连续性的培训项目，培训结束后怎样将知识付诸实践等。

六、薪酬设计

人力资源是一种商品。而薪酬作为调和各种人际关系的重要方式，与员工的荣誉、职位、责任紧密联系在一起。当薪酬体系的设计成为个人成长的阶梯时，员工就有了努力工作的力量源泉，其成就感、责任感由此产生。薪酬设计要注重三点。一要具有人文色彩，即商品加感情；二要成为员工个人不断成长的阶梯；三要充分体现员工与组织共同成长的伙伴关系。

七、创造文化

文化是一系列习俗、规范和准则的总和。京城控股的企业文化在人力资源上应包括两个方面：

1．团队精神。强调遵从"追随者至上"原理。即优秀员工必须具备追随组织文化，崇尚团队精神的基本素质。同时，领导者要懂得"箍桶原理"。不仅要做到没有明显的短板，还要保证每块木板结实，整个系统坚固，各环节结合部紧密无缝隙，减少桶缝的疏漏，不断提高组织的市场竞争力。

2．员工流动创造价值。正向、逆向流动均有利于组织的效率增长，要树立科学的员工流动观念，鼓励员工流动，为优秀员工创造成长机会。

京城控股人力资源管理必须正确把握三条原则。第一，一定要在组织的战略目的下进行；第二，一定要与人性的需要相结合；第三，一定要坚持管理的市场化原则。

（摘自2004年京城控股公司第二季度总经理述评文章）

在科学发展观的指引下推动北京电控发展

北京电子控股有限责任公司董事长　鲍玉桐

树立和落实以人为本、全面协调可持续的科学发展观，是以胡锦涛为总书记的党中央在坚持毛泽东、邓小平、江泽民关于发展的重要思想的基础上提出来的。它大大丰富了发展内涵、创新了发展理念、开拓了发展思路、破除了发展难题，它正确揭示和把握了发展的内在规律，是全面建设小康社会的重大战略举措。推动北京电子工业的发展，要切实学习、贯彻、落实好科学发展观。

一、建设一支掌握辩证唯物主义世界观、方法论的领导班子，发挥好科学决策作用

（一）加强理论学习，提高理性思维水平是增强科学分析能力的基础

北京电子控股有限责任公司
董事长　鲍玉桐

要正确认识、深刻领会、准确把握和切实贯彻落实好科学发展观。处在关键位置的领导干部必须加强理论学习，提高理性思维水平和科学分析能力。要学习和掌握辩证唯物主义关于事物相互联系和不断发展的观点、关于抓主要矛盾、矛盾的主要方面和兼顾次要矛盾和矛盾次要方面的观点、关于理论联系实际具体问题具体分析、求真务实和一切从实际出发的观点等等。掌握了这些基本观点，就能时刻保持清醒的头脑，正确处理局部与全局的关系，思考问题就能从大局出发，分析情况就能从本单位实际着眼，做出的决策既符合党和国家的利益，又符合本系统、本单位的实际情况。只有这样，才能成为紧跟时代、开拓进取、大有作为的领导者，才能有效地贯彻和落实科学发展观。

（二）深刻领会党和国家的路线、方针和政策，是准确全面地理解和把握科学发展观的客观要求

作为一个领导干部，要组织和带领群众贯彻和落实科学发展观，首先必须深刻领会党和国家的路线、方针和政策，全面准确地理解和把握科学发展观的深刻内涵和基本要求。科学发展观，是我们党和国家全面建设小康社会必须长期坚持的既定方针。其基本要义是：坚持以人为本，全面、协调可持续的发展。具体来说，就是要以人的全面发展为目标，从人民群众的根本利益出发，谋发展、促发展，不断满足人民群众日益增长的物质文化需要，切实保障人民群众的经济、政治和文化权益，让发展的成果惠及全体人民；就是要以经济建设为中心，全面推进经济、政治、文化建设，实现经济发展和社会全面进步；就是要统筹城乡发展、统筹区域发展、统筹经济和社会发展、统筹人与自然的和谐发展、统筹国内发展和对外开放，推进生产力和生产关系、经济基础和上层建筑相协调，推进经济、政治、文化建设的各个环节、各个方面相协调；就是要促进人与自然的和谐，实现经济发展和人口、资源、环境相协调，坚持走生产发展、生活富裕、生态良好的文明发展道路，保证一代接一代的永续发展。

（三）对本行业情况要有深刻的了解和正确分析，准确把握贯彻科学发展观

科学发展观所规定的基本要求和具体内容，是对全国范围的各个地区、各个部门和各个行业提出的共同要求，不同地区、部门、行业乃至不同单位的贯彻落实，必须从自己的具体情况出发，确定既符合科学发展观基本要求，又适合本地区、本部门、本单位的实际情况，也就是说，贯彻科学发展观要找准自己单位的结合点和切入点。这就要求我们对本单位情况要有深刻了解和正确分析。以北京电子控股公司为例，我们的体制与机制是否符合企业发展的客观要求，三个文明是否符合以人为本的要求，产品结构与社会效益状况如何，在同行业中所占位置和发展后劲如何，发展和效益是否与员工的切身利益实现有机结合，员工在企业发展中是否得到了实实在在的实惠，等等。对于这些情况有了真实的、准确的了解和掌握，才有可能找到科学发展观在本行业贯彻落实的结合点和切入点，才有可能制定出科学有效的贯彻落实科学发展观的规划和方案，才有可能

保证本单位改革发展的正确方向和强劲动力。

（四）牢固树立正确的政绩观，求真务实，真抓实干，推动科学发展观的落实

要贯彻落实好科学发展观，领导干部是否树立了正确的政绩观，是至关重要的问题。在贯彻落实科学发展观过程中，领导干部的正确政绩观应体现在以下几个方面：

1．落实科学发展观的以人为本要求。就是说在落实科学发展观的过程中，必须坚持全心全意为人民服务的唯一宗旨和根本出发点，在想问题、作决策和开展工作时，必须坚持立党为公、执政为民，“为官一任、造福一方”，把实现好、维护好、发展好人民群众的根本利益作为出发点和落脚点。

2．落实科学发展观的全面协调发展要求。在论证和确定改革方针和实施方案时，既要看经济指标，更要看社会指标、人文指标和环境指标；既要看眼前获得的效益，更要看项目发展的后劲和持续性；既要看实施后产生的经济增长率，更要看员工从中得到的实惠状况。

3．落实科学发展观的可持续发展要求。经济发展是一个历史的范畴和动态的过程，它只能不断进步和提高而永远也不会到达终点。我们在确定发展内容和采取发展措施时不仅要充分考虑到对持续发展创造条件和提供基础，同时必须牢记毛泽东同志关于“两个务必”的告诫，不论取得多大的成绩、获得多好的效益，也不论达到多么高的水平，都不能有丝毫的满足，都不能停步不前。一个处于发展中的国家和民族，忽视了不断革命和持续发展，就难以追赶世界先进水平，难以立于世界民族之林。一个行业如果忽视了继续努力和不断进步，必然在激烈的市场竞争中落伍，甚至被淘汰出局。这种客观规律和严酷现实警示我们，在任何时期和阶段都不能歇脚、停步。必须时刻保持清醒头脑，居安思危，注重查找前进中的问题和不足，不断修正和完善；必须始终保持求真务实、与时俱进、开拓创新，寻求新的发展方向和增长点，不断把企业的规模、效益提升到新的水平和新的高度，促进科学发展观的真正落实。

二、培养一支人才队伍，发扬好骨干作用

（一）充分认识人才对于落实科学发展观的极端重要性，把培养人才放在战略位置

市场经济的竞争，在很大程度上是科学技术水平和科技力量的竞争；世界范围内国家之间的竞争，看起来是经济实力的竞争，但事实上，在很大程度上也是科学技术水平和科技力量的竞争。落实科学发展观，推动事业不断发展和进步，就必须把科学技术的发展和进步放在极其重要的位置，以科学技术的发展和进步，带动和促进北京电子行业和经济的发展和提高。要提高科学技术就必须抓紧科技人才的培养和储备，只有造就大批在本行业、在国内乃至国际领先的科技人才，发挥骨干和带头作用，才能有效地保证科学发展观的落实和经济跨越式发展目标的实现。

近年来，在实施人才战略方面，我们加大了干部人事制度改革的力度，努力实现人才管理的市场化改造。按照培育10名知名总裁、50名知名总经理、300名科技带头人的目标，造就适应市场化、国际化、高新技术产业发展要求的职业经理人与专业技术领头人队伍。按照“三个留人”（用事业留人、用感情留人、也用适当的待遇留人）的指导方针及“市场准则和政治准则相统一”的原则，我们大力营造并创立适合IT产业发展的

事业平台、企业氛围与激励机制，积极吸引一大批具有“诚信、进取、创新”特质的专业技术、经理人才，加盟BEHC的各核心事业群。在有条件的优势企业还实施了以创业团队持股为重点的改制工作，力争主要优势企业的内部机制环境能与国内一流民营企业联想、TCL等接轨。

（二）对科技人才予以高度信任、充分尊重，发挥智囊作用

要发挥科技人才在落实科学发展观中的骨干作用，首先是要高度信任。一是相信他们的觉悟。科技工作者也是工人阶级的一部分，他们对于发展祖国的科技事业、推动全面建设小康社会发展，提高国家的综合国力，使我们的国家早日立于世界先进民族之林，具有强烈的愿望和紧迫感，在工作实践中是会以科学的态度、严谨的作风和只争朝夕的精神，争取最佳成绩。二是要充分尊重他们的意见和建议。要给他们交任务、压担子，要求他们在生产优质名牌产品上发挥技术骨干作用，同时要运用他们的知识和经验，包括掌握国外的先进经验，对企业的体制结构、管理模式、产品改进开发等方面，提出意见和建议，在企业的改革创新中发挥智囊作用。

三、落实科学发展观，充分调动群众的积极性和创造精神

（一）充分认识人民群众的主人翁地位，重视和尊重他们对于改革创新的意见和建议

我们的国家是人民民主专政的社会主义国家，人民是国家的主人，党和国家所从事的一切都是为了不断满足人们日益增长的物质文化需要，为了不断改善人民群众的生活。同时，党和国家所进行的各项活动和事业都离不开人民群众的支持和参与。要坚持和落实科学发展观这一关系全国人民根本利益的伟大事业，必然受到全体人民的关注和重视。只有在全体人民的衷心拥护、大力支持和积极参与下，才能顺利实施并取得成功。各级领导要充分相信人民群众的积极性和创造精神，广泛宣传和深入动员群众投身于落实科学发展观的事业当中，发挥智慧和作用。

（二）努力让广大职工在实践中感受到改革的成果，增强支持和参与落实科学发展观的积极性

我们要教育和引导广大职工正确处理个人利益与集体利益和国家利益、眼前利益和长远利益的关系，从全局利益和长远利益出发，拥护、支持并积极参与落实科学发展观的实践活动。作为领导干部要时时刻刻把群众的利益得失挂在心上，尽最大可能使他们在牺牲个人利益、支持调整改革的时候所付出的代价减少到最低限度，并且能够迟早感受到改革的成果，自觉投身于企业的改革、发展、稳定工作中去。这是推进国有企业改革，维护社会稳定的需要，是全面建设小康社会的需要。

（摘自2004年市国资委企事业单位领导人员理论学习文章）

全面实现“十五”规划目标
为“十一五”更快发展奠定基础

北京京仪控股有限责任公司董事长　马士华

一、统筹安排突出重点把握关键，确保圆满实现“十五”目标

北京京仪控股有限责任公司董事长　马士华

2004年，京仪控股公司全系统坚持发展是硬道理，克服了原材料涨价、产品降价、资金紧张等许多困难，实现了连续第十三年产销两位数增长，为2005年全面实现“十五”发展目标，打下了较好的基础。但要完成“十五”目标，2005年销售收入要比2004年实际完成数增长20%以上，任务依然很艰巨。如何确保发展目标的实现，作为一个企业的主要经营者，应该善于抓住关键环节。这个关键环节就是全面预算管理。扎实推进全面预算管理，是我们实现2005年各项经济工作任务的重要保证和重要举措。

全面预算管理是跨国公司管理现代企业的先进经验和通行办法，也是国家财政部要求国有企业推广实施的重要管理。三年来，我们系统学习国内外先进经验，紧密结合京仪改革发展的实际，逐步推进全面预算管理，取得了很好的效果。2005年，全系统要全面实施预算管理。扎实开展工作，把本单位的预算编制好，执行好，确保预算目标的实现。

2005年全面推进预算管理的“全面”有两层含义。

一是指全系统所有工业企业都要实施全面预算管理。转制院所要继续按照《基本规范》的要求，突出管理体系和成本核算等重点，扎扎实实地进行企业化管理基础的补课，进行预算试编制，争取2006年进入全面预算管理的行列。

二是指要全面提升预算管理水平。全面提升预算管理水平，必须处理好三个关键问题。

第一，必须加强领导、健全组织机构、完善预算管理制度。这是全面提升全面预算管理水平的前提。由于全面预算管理是全面的、全员的、全过程的管理，企业主要领导必须亲自抓，班子中可以有副职专门负责具体工作，但任何一个副职都不可能取代主要领导的作用。企业要设立一个得力的全面预算管理办事机构，做到有专人进行管理。企业必须从实施全面预算管理的需要出发，建立一套包括工作程序和工作职责，规范、严谨、适用的全面预算管理规章制度，要在实践中不断健全和完善。

第二，认真对待反馈意见，切实做好整改。这是全面提升预算管理水平的基础。各单位要对照控股公司下发的全面预算管理反馈意见逐条整改、逐条落实，以便有针对性地克服不足，改进工作，不断提升管理水平。

第三，从企业实际出发，切实抓好关键环节。这是全面提升预算管理水平的关键。全面预算管理有编制、执行、监控、调整、决算、分析、考核七个环节。每个环节都很

重要，都要抓好。其中预算的编制、分解、监控、考核奖惩四个环节非常关键。

一是预算编制要科学。各单位要围绕全年目标，通过客观的分析和预测市场形势，制定出经过主观努力可以达到的预算目标，在此基础上进行预算编制，预算才可能科学。预算编制科学，才能坚持预算的刚性原则，降低预算与决算特别是经营性预算指标的差异率。

二是必须提高编制环节中分解下达的水平。企业要将各项预算指标真正分解落实到每个责任主体和每个员工。分解、下达的过程也是健全完善管理基础工作的过程。分解是否科学，下达能否到位，也是对管理基础工作能否满足预算管理要求的检验。

三是必须提升预算执行中的监控水平。企业主要领导要在每个报告期，亲自主持预算执行的监控分析。分析的目的，是要找准与预算离差造成的原因，制定并采取有效的纠偏措施，做到不仅要“监”，而且要“控”，并且是卓有成效的“控”。

四是必须提升考核奖惩水平。要把对预算执行结果的考核，作为推进和提升全面预算管理的突破口，认真严肃地进行考核奖惩。因为只有考核敢于“较真”、奖惩敢于到位，才能真正调动起各部门、全体员工的积极性，形成实现预算目标的强大动力。

2005年要圆满完成“十五”目标，各单位在扎扎实实抓好全面预算管理的同时，还要高度重视三个方面的工作。一是高度重视经营性现金流量的管理。在生产经营过程中，要突出抓好开源节流增加经营性现金流量，要保证经营性现金流量好于2004年的水平。二是高度重视主营利润的提高。主营利润是企业主业发展的重要体现，是衡量企业核心竞争能力的重要标志，是国有资产保值增值的根本。各单位必须保证本单位主营利润目标的实现。三是高度重视清产核资后续工作。清产核资的目的非常明确，就是要摸清家底、为考核企业和经营者业绩提供依据、为实施新会计制度做好准备。要针对清产核资中发现的问题，扎实做好整章建制工作，切实提高经济运行和资产质量，控股公司将把这次清产核资结果作为严格考核企业和主要经营者今后经营业绩的基础。要严格按照控股公司全面预算重点任务提示的要求，扎实做好清产核资后的账销案存工作，做到目标明确、责任落实，切实完成好账销案存的有关指标。要做好实施新会计制度的准备工作。在认真学习理解好新会计制度的基础上，本着有利于提高企业资产质量和抵御经营风险能力的原则，切实搞好本企业实施新会计制度的分析测算，认真制定好本单位新会计制度的实施办法。

二、编制好“十一五”发展规划，为实现新的腾飞奠定基础

做好这项工作，意义重大，影响长远。能否编制好“十一五”规划，是对我们学习贯彻党的十六届三中、四中全会精神是否深入的重大检验，是对我们贯彻落实科学发展观、领导经济持续快速发展能力的实际考验。是关系到我们能否长久保持经济持续快速发展的良好态势，实现经济发展新跨越的长远大事，是关系到各单位在经济全球化、市场充分竞争年代，能否生存与发展的重大问题，是关系到建设特色产业集团战略目标能否顺利实现的大事。

切实加强发展战略研究，为编制好“十一五”规划做好准备。坚持术业有专攻，实施以“CIE”为基础的“两高”发展思路。我们提出到2008年营销规模力争实现100亿元，要把京仪建设成为国家仪器仪表工业重要的科研生产基地，建设成为全国仪器仪表行业技术水平和经济规模第一的产业集团，建设成为北京现代制造业的特色产业。要实现这个大目标，“十一五”要实现跨越式大发展。

第一，编制“十一五”规划，必须加强领导。进行发展战略研究，编制好发展规划，主要经营者责无旁贷。控股公司及各单位在搞好发展战略研究的基础上编制“十一五”规划，都要建立以主要经营者为首的领导班子，设立工作机构，制定工作计划，明确工作质量与工作进度的要求。

第二，要把理清发展思路作为重点。全系统产业发展方向十分明确，“CIE”是我们的特色与优势，仍然要坚持和发展。各单位发展战略研究的重点，是以“CIE”为基础，认真研究如何强化优势，如何提高核心竞争力，如何拓宽市场领域，理清发展思路，明确发展项目。

能否圆满实现“十五”目标，编制好“十一五”规划，使京仪在新的起点上实现新的腾飞，取决于企业领导者的素质、能力和水平。在新形势下，我们必须牢固树立和落实科学发展观，紧密结合企业改革发展实际，以理论建设为根本、能力建设为重点、作风建设为基础、制度建设为保证，努力把企业领导班子建设成为政治素质好、经营业绩好、团结协作好、作风形象好的坚强领导集体，为实现改革发展宏伟目标，建设京仪特色产业集团，振兴北京现代制造业作贡献。

（摘自在京仪控股公司2005年工作会议上的讲话）

坚持科学发展观　全力做大做强做优
实现北京汽车工业可持续发展

北京汽车工业控股有限责任公司董事长　安庆衡

一、北京汽车工业进入发展新阶段

一是产销保持了持续增长。2004年北京汽车产销汽车首次突破53万辆，并成功占居全国汽车产销第四的位置。北京汽车的增速、增量在行业中保持了领先水平。

二是市场占有率明显提高。截止到2004年10月，北汽控股公司累计产销汽车突破300万辆，北京汽车的市场占有率突破了10%。

三是对外合作取得重大进展。与韩国现代公司合作，使北京现代公司的发展迅速。去年北京现代公司累计产销20万辆、全年产销15万辆。以北汽控股公司与戴姆勒·克莱斯勒签订合资合作协议和北京奔驰—戴姆勒·克莱斯勒汽车有限公司奠基为标志，世界汽车的第一品牌——奔驰轿车落户北京。

四是改革调整工作取得进展。一些长期困扰北京汽车工业发展的关键问题开始得到解决，被调整企业的企业转型和自主发展的思路进一步明确，一批零部件企业开始寻求

北京汽车工业控股有限责任公司董事长　安庆衡

新的合作，特别是调整后新设立的几个零部件企业飞速发展，增强了大家的信心。

北京汽车工业进入发展新阶段标志是：

一是北京汽车工业在全国汽车行业中的地位得到进一步确立。2003年北京汽车产销规模在全国排名第五，2004年排名第四，排名上升了一位。如果剔除长安公司和江铃公司合并报表的因素，北京汽车的排名为全国第三。

二是北京汽车工业的产业和产品资源优势开始发挥。北京汽车有轿车、越野车和商用车；有进口车，有自主开发的车；有高档车、有经济型车，也有低端的车，门类齐全，资源丰富。轻卡产销规模继续保持第一，SUV产销规模排位第一，轿车产销规模排位第五，零部件企业实现快速增长。

三是北京汽车工业的整体优势明显，经济总量有效做大。去年在全国汽车销售增长中，产销增速高于全行业平均水平，销售增长绝对量第一，市场占有率达到10.47%；国有资本保值增值率、利润和对全市工业增长的贡献率均名列前茅。

二、北京汽车工业在新发展中存在诸多挑战

一是宏观调控的影响。宏观调控涉及了与汽车有关的产业，比如：钢铁、住房等行业，都是汽车行业的高关联度产业。尤其是稳健的货币政策，对需要有足够资金支撑的汽车经销商来说，还贷压力增大，贷款受阻，现金流量受到限制，加之车贷政策的改变，私人购车受到一定抑制，这些对经销商的影响也对汽车制造企业产生了直接影响。要保证经销商的利益，在企业自身可以控制的情况下尽可能减少宏观调控带来的影响。

二是市场低迷的影响。从2004年5月份以来，汽车市场总体上是持续低迷，“买涨不买落”的心理导致消费者的观望态度。

三是企业竞争的影响。2004年轿车企业库存的大量增加，部分企业出现亏损，WTO对中国汽车企业的考验开始，企业竞争加剧。北京汽车企业要克服自满的倾向，克服盲目乐观和自信，冷静地看待市场，认真地研究竞争对手。

四是政策层面的影响。2004年，汽车产业发布了9大新政策和法规，其中《乘用车燃料消耗量限制》、《节能中长期专项规划》都对北京生产的汽车产生了很大的影响。2005年关税降到30%、进口配额取消、进口汽车实行自动进口许可证、北京市实行欧洲Ⅲ汽车尾气排放标准等一系列政策将要实行，要认真研究好这些政策。

三、坚持科学发展观，实现北京汽车工业持续发展

北京汽车业制定了到2008年实现产销汽车100万辆，销售收入1000亿元的“百万千亿”的目标，产销汽车每年以平均18%的速度增长。

实现“百万千亿”目标，要坚持调整产业结构、用高新技术改造传统产业，实现北京汽车工业经济结构的再造，用新的经济发展模式来带动北京汽车工业的可持续发展。北京汽车工业新的经济模式应该包括四个方面：

一是资本经济。要通过控股公司整体改制、融资上市等方式，改变资本运作状况，强化控股公司资本运作的功能，为发展资金密集型的汽车产业提供资金支持，实现资本经济和产业经济的有机结合，确保国有资产保值增值，做大资本经济。

二是人才经济。要把对人才的认识从思想层面上升到经济层面。人才有价，人才创造价值，是人才经济的最核心的理念。做大人才经济，首先要坚持党管人才，要搞好“三支”人才队伍建设，把人才经济的基础做大。既要完善人才的引进、使用、激励机制，又要尽最大的可能，把现有人才队伍使用好、保护好。要从全系统范围内整合人才资源。

三是创新经济。通过创新体制，深化国有企业改革，建立现代企业制度，使企业增强活力。通过管理创新，加强企业管理，提高效益。通过技术创新，自主开发能力得到提升。要通过体制创新、机制创新、制度创新、技术创新以及文化创新，形成新的经济增长点，形成创新经济。要着眼于长远发展，从提高企业竞争力入手，提高企业自主开发能力，形成一批具有自主知识产权的产品，这是创新经济的核心。

四是产业经济。依靠整体优势，解决好“三大板块”企业之间的协调发展，解决好整车企业和零部件企业的协调发展，解决好汽车制造和汽车服务贸易企业的协调发展。要在强化内功上下功夫，做大经济总量。要处理好发展和调整的关系，坚持以发展带动调整，以调整促进发展。要有足够大的产业规模，增大北京汽车工业的 GDP，同时保持一定增长速度，提高增加值。为社会发展作贡献，增加就业人数。

（摘自在北汽控股公司 2005 年工作会上的讲话）

正确把握控股公司职能定位
加强资本运作　促进一轻发展

北京一轻控股有限责任公司总经理　陈天宝

北京一轻控股有限责任公司自 2000 年 9 月经市政府二次授权以来，认真转变角色，正确把握职能定位，积极进行体制改革创新，通过资本运营拉动经济发展，连续四年主要经济指标持续保持了两位数的增长，五年来所实现的利税相当于收回了 3 个一轻控股公司。在经营规模、发展速度和经济效益方面突破了历史最好水平。

一、转换角色，把握好职能定位

从 1994 年起，一轻集团公司作为全国现代企业制度百户试点单位，着手进行现代企业制度改革。2000 年 9 月作为北京市第二批资本运营授权改革单位，市政府对一轻集团公司进行了二次授权。北京一轻集团有限责任公司更名为北京一轻控股有限责任公司。一轻作为“控股”公司意味着不再是市政府派出的行政单位，而是商业性的资产经营机构，享有国有资产运营的完全自主权，具有法人主体地位，一轻控股公司必须由行政职能向资本运营职能转变。我们认为，控股公司不能是“翻牌公司”，授权经营也不能是

北京一轻控股有限责任公司总经理　陈天宝

"换汤不换药"，而是要从根本上进行脱胎换骨的转变，必须依据建立现代企业制度的客观要求行使控股公司的职责，把握好"控股"公司职能的定位。第一，主要抓好资本运营工作，不直接干预企业的生产经营，不越权干涉企业内部的具体事务；第二，按照市场要求，资本运营必须以发展重大项目为载体，做强做大优势企业，而不脱离主业求发展；第三，发挥控股公司和企业两个积极性，在增强企业的市场综合竞争力上下功夫；第四，运用市场经济规则，以产权为纽带来协调好控股公司与企业的经济关系，不以行政命令维系母子公司关系。

控股公司的主要任务是：从宏观上搞好轻工业发展战略的研究，引导并且明确行业发展思路及行业发展重要措施，形成行业优势、企业优势；通过加快经济结构调整、资源优化配置，实现企业优化升级和做强做大；提升北京轻工业产品及相关产品的市场竞争力，扩大国有资本吸纳力；重点强调运用资本经营手段实现北京轻工业发展战略，提高资本经营效果。具体做法主要为：

（一）坚持以资本为纽带，组建产权清晰、责权利明确的两级母子公司，清产核资，为缩短国有资本链奠定基础

一轻控股公司由原有的行政总公司——行业二级公司——分厂管理体制，改变为以资产为纽带的母子公司体制。一轻控股公司系统90%的企业按照现代企业制度进行了改制，初步理顺了管理体制。按照产权划分，上层为控股公司，下面设置控股公司出资的独资子公司、控股子公司、参股子公司，不再沿用二级行政公司和分厂的体制。在全系统开展了清产核资工作，基本摸清了国有各级投资关系的企业户数，为缩短国有资本链，企业改制重组奠定了重要的基础，为新会计制度的执行做好了前期准备。

（二）坚持以大项目为基础，以合资合作、股份制改造为手段，实现投资主体或产权主体多元化改造，促进母子公司建设

通过改制，资本结构发生了深刻的变化，在净资产结构中，外资占有很大比重，国有资产一统天下的格局被打破，融入了外资和其他所有制资产。在总资产中，外资排位第一，国有资产排位第二，其他所有制资产排位第三。实现了90%以上的资产在改制企业中运行，90%以上的职工在改制企业中就业，90%以上的销售收入在改制企业中形成，90%以上的效益在改制企业中实现。

（三）控股公司积极完善现代企业制度，建立法人治理结构

健全董事会和经理办公会，使公司领导体制协调运转有效制衡，与现代企业发展的节拍相吻合。监事会由市政府外派3人和控股公司1名职工代表组成。控股公司坚持定期召开董事会和经理办公会，分别对公司重大投资决策、人事任免，改革调整发展等行使权力；监事会定期参加董事会和经理办公会，健全了法人治理结构。

修订完善了17项管理制度和办事细则，使行为规范化、决策科学化。如公司党委

会、董事会、经理办公会办事规则和议事程序；如公司国有资产管理收益办法、国有资产交易、贷款担保、技术开发、科技进步等项制度等下发所属企业执行。在资本运营中明确控股公司是产权主体的代表，而企业是出资者选派的经营者。在国有资本运营过程中，控股公司向所属企业征收一定比例的资产收益资金作为行业调整资金，统筹用于轻工行业资源开发和调整发展，壮大优势行业和企业。

（四）建立和完善人才激励约束机制

控股公司积极探索和建立吸引、使用人才、激励人才的机制，完善了经营者年薪制考核办法并在部分企业进行了股份期权试点。年薪制包括基薪、风险收入和综合评价三部分。高级经营者（董事长、经理、书记）不在本单位开支，而是采取年薪制，力求使经营者们的价值接近市场化。对于完不成任务指标的或给企业造成损失的经营者，我们不徇私情，该罚的罚，该扣的扣。对经营不善者按照事先约法三章，扣除一定比例风险抵押金。在分配上不搞平均主义。

（五）采取多级法人分级管理，搞好企业资本运营

坚持多级法人分级管理，发挥控股公司和企业两个积极性，控股公司主抓资本运营，主要有重大项目投资、股权交易、资产收益、重要干部人事任免推荐、利益分配、资产监控。下属企业主抓生产经营，控股公司不进行直接干预。控股公司对土地开发、产权交易、合资谈判等项目也授权下属企业去谈，但工作内容必须向控股公司汇报，由控股公司拍板决策。

二、运用资本运作手段，拉动经济发展

（一）加强战略规划，制定和推进“6155”工程

我们制定的六大支柱产业：一是优先发展高新技术玻璃行业。二是在造纸业方面，从传统的制浆造纸行业跳出来，全力发展环保包装用纸、高新技术信息用纸、环保再生用纸。三是发展符合首都经济特点的食品、饮料业。集中精力搞面食、饼干和饮料业。四是发展生物化妆精细化工行业，结束传统的低档次化妆品，优先发展高档洗涤液和未来生态等新产品。五是大力发展中西乐器，如钢琴、管乐器等。六是要发展高新技术与环保产品。

我们制定的发展15个明星企业，规划的下线起点为：产品年销售收入1亿元以上，利润1000万元以上。5大高新技术产品群主要要求这些产品在国内外市场中具有较高的影响；从规模和品质方面在国内同行业中排名前三位或是在同类产品中属一流水平。

（二）以大项目为载体，加强资本运作

1. 以盘活存量资产为手段，将土地收益得到的资金投到工业改造、新厂建设上，发展高起点的二产主业。四年来，位于市区二、三环路以内18户企业实施了环保搬迁和调整改造，盘活国有土地91.3万平方米，已到位补偿资金25.8亿元。建设了八个新工业基地，新增工业占地面积97.4万平方米，建筑面积38.7万平方米，形成了搬迁—改制—发展的企业二次创业模式，使产品升级换代，企业重现生机。新工业基地90%以上的项目具有国际国内领先技术水平和较强的市场竞争能力。在基础设施、技术设备、工艺布局、环保治理、厂容厂貌等方面分别达到国际和国内同行业较高水准。一批重点企

业加大技术改造和科技创新力度，一批优势企业步入了首都现代制造业的行列。

2．以适合企业发展为原则，采取多种方式，加强资本运作，实施企业改革改制。

一是能够自己发展的就整合系统内的资源向优势项目集中。通过自我调整，进行资源整合，实现自我发展。

二是能够借助外资发展的就积极引进外资，提升工艺水平和产品档次，拓展国有资本发展空间。

三是能够吸引投资公司和民营资本进入的就大胆接触，积极合作，实现投资主体多元化。

四是能进则进，能退则退，改制与资本运营相结合，通过股权交易，有买有卖，进而有为，退而有序。确保优势企业国有资产保值增值，减少劣势企业的资产流失。最终，集中力量全面发展优势企业，全力打造名牌产品。

3．以技术进步为措施，提高企业和产品的竞争能力。我们运用高新技术和先进适用技术改造和提升传统产业，利用产学研结合的形式，促进科研成果产业化，有效推进了一轻产业结构的优化升级。一批重点企业技术创新能力不断增强，产品科技含量大大提高，形成一批拥有自主知识产权的核心技术和名牌产品。实施了市级科研项目和重点新产品开发项目，建立了3个市级企业技术中心，研究院所由事业单位向企业转制，实现了平稳过渡。科技进步成果显著。

（摘自北京一轻控股公司2004年12月调研论文）

实施文化管理　提升企业核心竞争力

北京京煤集团有限责任公司董事长　倪文驹

北京京煤集团有限责任公司
董事长　倪文驹

经营管理创新是企业全面创新的重要内容。适应企业跨越式发展的要求，不断提高经营管理创新的认识，不断完善经营管理创新的举措，是企业经营者的重要课题。结合京煤集团公司的实践，我们体会到：实施文化管理是企业经营管理创新的必然趋势和正确选择，也是提升企业核心竞争力的重要途径。

一、文化管理是现代企业管理的必然趋势，也是京煤集团公司管理创新的必然要求

纵观企业管理史，其发展大致分为三个阶段，即“经验管理”、“科学管理”、“文化管理”。18世纪中期，小规模、家族式的企业，使管理者用实践的经验，就可以满足对企业管理的需要。20世纪初，随着生产力发展，企业规模扩大及社会化大生产的形成，使经验管理迈进了科学管理。在此后长达半个多世纪的岁月中，科学管理推动了企业生产效率的提高。然而，由于科学管理重物轻人，人们开始探索新的企业管理理论和方法。20世纪70年代末80年代初，美国人从日本二战后经济神速发展中，发现了企业文化对其发展的巨大推动作用，文化管理开始席卷全球。这种文化管理遵循“生存、安全、社交、自尊、自我实现”五个层次需求的理论，强调“以人为本”，关心人、理解人、尊重人、培养人，在满足人的必要物质需要的基础上，满足人的精神需要，强调把管理的重心放在启发和调动员工自觉性和责任感上。这是文化管理的实质所在。

当前，全球经济一体化已成为现实。企业规模空前扩大，跨地区、跨行业、跨国界的集团公司成为主流。那么，靠什么维持庞大企业的统一？靠什么把不同地区、行业和文化背景的企业员工凝聚起来呢？答案只有一个，只能依靠有共同价值观、共同企业目标、共同行为方式和共同企业形象的企业文化才能办到。实施文化管理是企业管理发展的必然趋势。

结合京煤集团公司企业管理的历史和现状，我们作出这样的判定：京煤集团公司企业管理所处的历史阶段，是正在由科学管理向文化管理逐步转换的初步阶段。这样界定的理由有三：其一，随着现代企业制度的建立和完善，我们已经形成了一整套完备的管理体系，科学管理的基础基本打牢。其二，几年来我们一直强调管理创新并取得新进展。对科学管理的某些弊端有所意识，并不断有所克服。其三，通过树立落实科学发展观，推进企业文化建设，文化管理全面起步，并取得初步成效。

二、把握企业文化建设的深化方向，不断实现管理升级

去年，京煤集团公司导入CI系统，初步构建了京煤集团企业文化体系，并进行大力宣灌。从软件上看，广大员工正在学习和熟知企业理念和行为规范，不断把理念具体化，转化为自觉的行动。从硬件上看，集团公司及权属单位积极落实企业文化视觉系统，投入大量人力物力，进行企业文化环境建设，使企业形象大为改观，增强了员工的自信心和自豪感。这些工作为我们深化企业文化建设打下良好的基础。

但是，有了这个基础还是不够的。企业文化的本质是管理文化，必须与企业经营管理相衔接。抓住管理文化这一实质，把管理文化作为企业文化建设深化的方向，通过艰苦细致的工作，实现企业的文化管理，这是企业管理升级的基本途径。

企业文化建设向管理文化深化，必须抓住管理文化的核心理念。核心理念就是“以人为本”的管理思想。文化管理是以人为中心的管理，必须尊重人，必须把管理着眼点放在最大限度地调动员工的积极性上。要创造一个能够充分发挥员工个性和创造力的文化管理环境，在制度约束的同时，更多地依靠员工的自我约束、自我控制完成工作。

企业文化建设向管理文化深化，必须用企业共同的价值观念感召员工，激励员工，转化员工。价值观作为企业的经营理念和信仰，构成了企业文化的核心，为全体员工提供了共同的行为准则。京煤文化体系中涵盖的企业理念和行为规范，集中体现了京煤集团公司的价值取向。只有每一名员工都能认同京煤集团公司的企业理念和行为规范，并将其内化于心，外化于形，真正做到知行合一，才能将文化融合到管理当中，实现文化管理。

企业文化建设向管理文化深化，必须把企业理念落实和渗透到经营管理的全过程和各个环节中。如京煤文化体系中“业成于和，业强于新，业胜于搏”的企业哲学，“诚信相济，义利共生”的企业道德，“严细实勤，精进高效”的企业作风，“文化是管理的灵魂”的企业管理观，“安全可控，事在人为”的企业安全观等，不但是对以往经营管理经验的升华，更是对今后经营管理工作的指导。

企业文化建设向管理文化深化，必须抓住领导人员这个关键环节。能否实现文化管理，领导人员的理念、行为至关重要。在深化企业文化建设中，领导人员是群体最终的责任者，是部属发展的培养者，是新观念的开拓者，是规则执行的督导者。

三、战略管理和精细管理相结合，全面提升企业管理能力

企业管理要从大处着眼抓战略管理，从细处着手抓精细管理，把两者有机结合起来，才能真正提升企业的管理能力。

战略管理解决的是企业发展方向选择等重大决策问题。成功的企业家有40%的时间用于企业的战略管理。加强企业战略管理，关键要真正了解市场环境、目标客户的需求和企业自身的实力。要整合企业人力、物力、财力等资源，并将这些资源调配到统一的方向上来。要将战略转化分解到每一个部门及员工的日常工作当中，并明确衡量指标。建立一套规范的流程和执行程序，将战略转化为一整套绩效衡量标准与体系，来引导和激励员工努力的方向。

企业精细管理则是将精细化管理的思想和作风贯彻到企业所有管理环节，强调将管理工作做细、做精，以全面提高企业管理水平。精细管理提倡的是全过程的过程控制，使工作中的每一个环节、每一道工序都处于受控管理之中。在精细管理中，关键要突出一个“细”字：一是规范，二是科学，三是周到。

在企业发展中，既要注重宏观的战略管理，又要注重微观的精细管理；既要把握战略管理的方向性、目标性，又要把握精细管理的规范性、精密性。两者相辅相成，缺一不可。

四、增强京煤集团控制力，构建和谐企业

京煤集团公司作为一个企业众多、行业各异的团队组织，要使员工众志成城，同心协力，向着一个共同目标前进，集团控制力显得尤其重要。

增强集团的控制力，关键在于实现“两个统一”，即战略目标的统一和文化理念的统一。企业文化是增强企业团队凝聚力的法宝。只有具备了共同的价值理念，员工才能心往一处想，劲往一处使，从而保证企业战略的实施有充分的执行基础，才能真正增强企业的核心竞争力。关于文化理念的统一，一定要坚持“三项原则”和“四个统一”。三项原则是：集团公司必须建立核心文化体系，基层单位文化同核心文化原则上不能冲突，基层单位文化同核心文化在概念体系上原则上不能重合。四个统一是：愿景和使命的统一，核心价值观的统一，重要行为规范的统一，企业标识系统的统一。总之，要搞好基层单位文化与集团公司企业主文化的对接。

强化集团控制力，不是简单的权力控制，更不是“一揽子”的管理方法，而是通过文化、战略、制度的渗透和约束，强调团队的步调一致，整体协调，致力于构建和谐企业。

五、强化企业执行力，努力培育执行力文化

执行力是左右企业成败的重要力量，也是区分企业平庸与卓越的重要标志。企业一切的成效靠执行力支撑。强化执行力，需要把握好以下几点：

其一，树立明确的目标，确定执行力的方向。就企业运行而言，目标是系统的，有层次的。“千斤重担大家挑，人人肩上有指标”。这里的“指标”就是目标。企业目标、部门目标和员工目标，体现了目标的层级关系。所以目标必须分解，以求更具体、操作性强。企业目标明确了，执行力才有了前进的方向；企业目标明确了，不同的职能部门、不同的员工在工作中才能形成一股合力，从而更好地促进目标的实现。

其二，团结协作是强化执行力的保障。要大力宣灌企业共同愿景，使各个单位和全体员工为共同的奋斗目标而团结努力。要建立工作职责和薪酬体系。清晰的工作职责与合理的薪酬体系挂起钩来，对员工之间的团结会起到一种有效的促进作用。要加强对员工的教育，培养团队意识与合作精神。

其三，着意培育执行力文化。执行力文化，强调的不是任务、制度本身，而是员工自觉贯彻制度、严格遵守规定、坚决落实任务的工作作风和行为习惯，是一种文化心理。

其四，领导风格是对执行力产生影响的重要因素。领导人员要坚持以人为本的科学发展观，树立正确的政绩观，发扬求真务实精神，不图虚名，不谋私利，既有战略眼光，又注重于精细管理。

（摘自在京煤集团公司2004年经营管理工作会议上的讲话）

高标准规划集团　高水平建设集团　高质量经营集团　实现集团整体快速可持续发展

北京金隅集团有限责任公司董事长　王　东

一、牢固树立、全面落实科学发展观，大力推动集团经济持续快速协调发展

1．按照产业集团发展模式，坚持改革创新，进一步加快集团整体发展。金隅集团在10多年改革与发展进程中，创建了具有自己特色的母子公司体制，确定了集团“五统一”原则。按照“有所为，有所不为”和“进而有为，退而有序”的方针，大力推进产品结构、产业结构和企业结构调整，集团由过去传统单一的建材产品生产企业发展成为集工业产品制造、房地产开发、大型物业管理、建筑装饰设计施工、商贸、科研于一体的大型综合性产业集团，形成了以新型建材制造—房地产开发—现代服务为核心的产业链，三大产业并驾齐驱，集团经济得到了持续快速发展。集团10多年的改革与发展成果，证明了集团坚持产业整体发展之路的正确性。当前和今后一段时期，我们要继续按照产业集团发展模式和建立现代企业制度要求，借鉴国内外一流企业集团先进的管理模式，结合集团的发展实际，进一步完善以资产联结为纽带的母子公司体制，逐步建立集

北京金隅集团有限责任公司
董事长　王　东

团公司为战略决策中心、资本运营中心、资产监管中心和人力资源配置中心，企业是生产经营中心、利润中心、成本控制中心的现代企业组织架构。积极引进国内、国际战略投资者，广泛寻求与业内、高科技企业及高校科研院所的合作，加快实现集团层面的产权制度改革。加大资本运作和资产重组力度，提高国有资本的控制力和带动力，引入增量，盘活存量，做大总量。坚持集团整体发展，大力实施集团2005～2010年中期发展规划，高标准规划集团、高水平建设集团、高质量经营集团，全面落实集团“三高一快两步走”的战略目标，不断提高集团核心竞争力，强化可持续发展能力，加快向世界一流企业集团迈进的步伐。利用3年左右的时间，基本完成集团管理模式的建构，并在经济效益、经济规模、核心竞争力等方面达到国内一流、国际领先的水平。在此基础上，再用10年左右的时间使集团真正步入世界一流企业集团的行列。

2．务实创新，整合资源，实现可持续发展。坚持走新型工业化发展道路，加快现代制造业发展进程，做强做大集团新型建材制造业。首先，要实施品牌战略，着力打造知名品牌。要借助奥运发展平台和奥运经济的拉动作用，进一步提升天坛家具、TOTO洁具等一批名牌产品的知名度，争创国际知名品牌；要积极培育新的品牌，以一流的产品和一流的服务，努力打造一批新的国内国际知名品牌；二是继续利用先进适用技术，改造提升传统产业；围绕集团的优势产品，通过延伸其产品链和价值链，扩大产品的应用领域，提高产品的附加值；三是抓住新一轮全球生产要素优化重组和产业转移的重大机遇，全方位多渠道地开展引资，通过与国外知名大公司的合资合作，借鉴和采用国外先进的装备技术和管理经验，实现传统产品的优化升级，加快集团制造业的现代化进程；四是积极实施走出去战略，整合各种资源，实现做强做大。“走出去”就是发展总部经济。充分发挥集团十几年来自身技术、研发、管理、营销、品牌优势，尤其是集团的资本运营优势，逐步实现管理总部与生产基地的分离，总部集中精力进行资本运营、产品研发、营销网络建设等，而将产品的生产转移到生产资料或市场要素的集聚区域，简化生产过程，进一步做强做大，实现可持续发展。五是大力发展生态、环保产业，增强集团可持续发展能力。坚持走科技含量高、经济效益好、资源消耗低、环境污染少、人力资源得到充分发挥的新型工业化道路。继续调整经济结构，积极开发适应首都经济发展需要的绿色、环保、生态产品，大力发展循环经济，努力培育集团新的经济增长点。如，积极发展生态水泥业，我们集团建设的国家“双高一优”项目——处置城市工业废弃物环保示范线工程已经正式开工，今年年底可望竣工，预计年消纳城市工业废弃物10万吨以上，这个项目把清洁生产和资源、废弃物综合利用融为一体，在为集团的可持续发展开辟新途径的同时，又可为北京市乃至全国的环保事业作出一定贡献，实现经济效益、社会效益和生态效益的协调统一，可谓循环经济发展模式的代表。另外我们又在认真筹划废旧物资回收利用中心的建设，以期尽快形成再生资源回收、加工、利用的产业链，逐步做强做大集团环保产业。

坚持建设精品工程，不断实现房地产业的新突破。房地产业是集团的支柱产业之一，其发展目标就是向社会提供高质量的商品，为集团改革发展提供雄厚的资金支持，为培育新的产业和自身的持续发展提供可靠保障。作为资源依赖性行业，当前土地资源的约束性已成为其发展瓶颈。要解决房地产业的可持续发展问题，必须做好三个方面的工作：一要进一步加强集团土地资源的管理工作，认真做好土地矿山资源的确界、确权及土地证的办理等项工作；二要充分利用奥运商机，争取在规模、速度、质量、效益上实现新的突破，最大限度地发挥土地资源的效用；第三，就是必须“走出去”。集团房地产业经过多年发展，已经在资本运营、技术、管理、品牌等软硬件方面具有了较强的竞争实力，已经具备了“走出去”的基本条件。要通过实施走出去战略，整合北京乃至外省市的土地资源，以扩大发展空间，增强发展后劲，实现可持续发展，为繁荣首都经济和改善市民的居住环境作出更大的贡献。

集团现代服务业要实行品牌化、规模化经营。已经投入运行的项目要按照世界一流的标准，进一步提高服务水平，保持高的出租率和回报率；新的项目要高质量建设、高起点经营，尽快产生良好的经济效益；各小区物业管理单位要进一步提高管理水平，严格控制成本，增强服务意识，实现良性循环；要积极拓展新的业务领域。加快休闲、娱乐设施的建设，争取在集团内形成多个集商务、休闲、娱乐为一体的现代服务业基地；要充分发挥集团区位优势，加强与国内外战略伙伴的合作，积极拓展培育物流仓储、燃油储运经营等新业务，进一步提升集团的核心竞争力。

二、坚持以人为本，加强领导班子和人才队伍建设，为集团可持续发展提供组织和智力保障

1. 加强领导班子建设，进一步增强班子的凝聚力、战斗力。企业发展关键靠班子，一个班子的凝聚力非常重要，没有凝聚力就没有竞争力，培养凝聚力是班子建设的核心内容。我们常说，“上下同欲者胜”。在集团的发展历程中，我们不断强化集团意识，以发展鼓舞干劲，以事业凝聚人心，形成了一个共同的“欲”，这个共同的“欲”就是为集团上下所遵循并付诸实践的“五统一”原则、“三重一争”的集团精神和“三高一快两步走”的战略目标；就是坚持走集团整体发展之路，实现国有资产的大幅度增值，保证集团整体、快速、可持续发展；就是实现经济效益、社会效益和生态效益的协调统一，最大限度地满足集团员工的当前利益和长远利益、物质需求和精神需求，实现金隅人的全面发展。这个共同的“欲”是集团之魂，是我们共同的价值取向，它贯穿于集团10多年改革与发展的全过程，并在具体实践中得到进一步的升华和强化，是集团持续发展的根本保障。

我们要用集团共同的“欲”，打造一个志同道合的领导团队。“上下同欲”，就是坚持以人为本，形成人性化的工作环境，求大同，存小异。要做到“上下同欲”，首先就要尊重差异性，正确对待不同意见。领导班子是一个团队而不是一个人，每个人由于经历、思维、个性、人生观、价值观不尽相同，对同一问题的认识角度、理解程度都会有所不同，不同观点之间经常会引发激烈的争论，这都是正常现象，需要我们客观、冷静地对待，各单位的主要领导尤其要注意这个问题。二是要“同中存异，异中求同”。这个“同”，既不是简单意义上的一模一样，也不是通过强制或者伪装后得到的一致，而是在把握好大局和大方向的前提下，在大家的思想撞击中，集思广益、博采众长、凝聚人心、形成共识，在共同利益、共同目标的基础上形成上下互动。在班子内部营造一种团结向上、拼搏进取的工作氛围，形成简单、轻松、和谐的人际关系，树立齐心协力、勇争一流的团队精神。

2．强化个人素质，增强履职能力。实现集团“三高一快两步走”的战略目标对集团各级领导干部的素质提出了更高要求，各位企业领导必须着力提高个人素质，增强履职能力，以适应集团快速发展的需要。要自觉践行“三个代表”重要思想，牢固树立科学的发展观和正确的政绩观，大力弘扬求真务实精神，大兴求真务实之风；要对集团抱有强烈的归属感和认同感，把发展好集团的事业作为我们共同的责任和使命；要努力做到人品、官德、党性相统一，进一步提高工作水平和驾驭市场经济的能力，将个人利益融于集团的整体利益之中，在集团的快速发展中实现自身的价值。

3．加强制度建设，深化干部人事制度改革。一是进一步完善领导干部选拔聘任机制、考核评价机制、动态优化配置机制和监督激励机制，建立健全科学量化的管理体系；二是按照优化结构、强化功能的要求，选拔一批热爱集团、创新意识强、综合素质高的人才进入各级领导班子，增强领导班子的整体功能；同时，加大干部挂职、交流、轮岗的工作力度，使大家通过不同岗位的锻炼，积累经验，增长才干，为加快集团发展提供智力支持和人才支撑。

4．加强企业文化建设，增强企业的核心竞争力。建设企业文化，关键在于塑造人。要围绕吸收、培养、使用三个环节，全面加强企业经营管理人才、专业技术人才和技能型职工三支队伍的建设，从事业发展、制度创新、真诚服务、加强培养、公平竞争、灵活管理、合理待遇等角度来健全人才培养和使用的激励机制。尤其是要完善以市场为基准，以能力和绩效为导向的薪酬体系，以内部公平和外部竞争为基本原则，增强薪酬水平的市场竞争能力和绩效导向。统筹人才的物质需求和精神需求、当前利益和长远利益，做到贡献与收益的协调平衡，真正让所有对集团发展作出贡献的同志得到相应回报，以凝聚人心，促进人才资源作用的充分发挥。

（摘自2004年市国资委企事业单位领导人员理论学习体会文章获奖作品选）

认真落实科学发展观 加快推进改革与发展 为完成“十五”发展规划努力奋斗

北京纺织控股有限责任公司总经理 龙云泽

北京纺织控股有限责任公司
总经理 龙云泽

一、面临形势

党的十六届四中全会作出《中共中央关于加强党的执政能力建设的决定》。深刻领会《决定》提出的新判断、新思想、新举措，不断提高企业领导人员科学判断能力、开拓创新能力、驾驭全局能力，对于推进改革与发展具有重要意义。

全球纺织品贸易于2005年1月1日实现一体化，被动配额全部取消。全球纺织品贸易格局将发生重大变化，产业重心将发生重大转移，包括中国在内的纺织品出口潜力将进一步释放。同时，贸易摩擦进一步加剧，美欧等进口国交叉运用纺织品特保措施、特定产品特保措施和反倾销措施，并实行技术性贸易壁垒，我国纺织品出口面临新的贸易障碍。北京国有纺织企业竞争能力脆弱，出口潜力释放有限，不仅要面对国际市场贸易障碍，而且要面对国内企业竞争挑战，形势严峻。另外，国家对部分纺织品采取从量计征方式加征出口关税，出口产品利润空间进一步受到挤压。跟进市场变化，转变增长方式，规避出口风险，任务十分艰巨。

2005年宏观调控的政策取向将更加注重结构调整和增长方式转换，更加注重信贷管理和金融安全，更加注重土地的集约利用，更加注重水资源和能源的节约使用，更加注重环境保护和综合治理。这对于正在进行的企业改革、结构调整、区位转移、产业升级，既指明了方向，又提出了新的更高的要求。

北京纺织控股公司及所投资企业经历近几年改革、发展，国有资产运营质量和效益逐步提高。但是，国有产权制度改革突破不大、企业核心竞争力不强、主业运行效益不高的矛盾仍然突出。企业改制、结构调整、区位转移、产业升级任务十分艰巨。

二、主要任务

加快国有产权制度改革，加快建立现代企业制度，力争取得突破性进展。

推进棉纺织、毛纺织企业的区位转移和结构调整，力争全面进入实质性运作阶段。

促进铜牛、雪莲等名牌产品、优势企业的技术改造和产业升级，力争尽快扩大新的增长点。

确保完成市下达的国有资产保值增值目标和经济运行目标，力争完成“十五”发展规划提出的各项任务和目标。

三、重点工作

（一）克难攻坚，加快推进国有产权制度改革

1．克难攻坚。一要增强内动力。增强责任感、危机感、紧迫感，加快推进国有产权制度改革，使所有制格局与市场竞争格局相适应；二要增强承受力。一方面，要引导职工理解改革，支持改革，增强职工心理承受力。另一方面，要认真研究政策，充分用好政策，积极争取政策，增强改革成本承受力；三是增强吸引力。充分利用国有企业品牌、技术、管理、人才等优势，吸引外资和民间资本投资。充分利用企业的、社会的各种资源，广交朋友，拓宽渠道，吸引外资和民间资本投资。

2．紧抓机遇。紧紧抓住后配额时代全球纺织品贸易格局变化和产业重心转移的机遇，积极吸引国际战略合作伙伴；紧紧抓住国内纺织企业新一轮洗牌的机遇，与专业外贸公司嫁接，与非国有企业嫁接，与沿海地区纺织服装企业嫁接；紧紧抓住北京市政府与中国纺织工业协会共建北京“时装之都”的机遇，与国内外、市内外、业内外广泛合作。

3．全面推进。一是集团整合。通过产权制度改革，进一步整合生产要素，延伸产业链条；二是企业改制。重点抓二级企业国有产权制度改革，分类指导，分类推进，引入市场机制，引入战略合作伙伴；三是主辅剥离。包括劳服、三产企业，包括其他对外投资企业，能改制的改制，能注销的注销。

4．规范运作。明确改革主体。国有企业领导人作为国有产权代表应与国有资产出资人保持一致，不能从个人和小集体利益出发搞逆向选择；维护国有权益。积极吸引、正确选择投资者，投资意图与发展战略相一致。实行资产并购，坚持公开、公平、公正，不能私下交易。促进国有产权流动，力求在流动中增值，不能在流动中流失；保护职工利益。坚持国有企业改革依照法规与依靠职工相统一，推进国有企业改革与维护职工合法权益相统一。

（二）坚定不移，加快推进区位转移和结构调整

1．统一认识。坚持产业升级原则。以搬迁为契机，企业改革和技术改造同步运筹，不搞克隆式搬迁，不搞低水平位移；坚持综合平衡原则。利用盘活土地收益，实行人员分流，偿还历史债务，进行新厂建设；坚持发挥两个积极性原则。发挥控股公司和企业两个积极性，既要统一规划，统一协调，统一政策，又要顾全大局，各负其责，协同作战。

2．突出重点。重点是棉纺织、毛纺织企业，顺义棉纺织产业园建设一期工程和平谷毛纺织产业园建设工程力争上半年土建开工。

3．科学决策。按照工业项目用地控制指标积极调整新厂建设方案，切实做到生产规模适度，投入产出可行，前后基本配套，技术先进适用，土地集约利用，资源节约使用。

4．稳步推进。一要稳定职工队伍，既要保证平稳搬迁，又要保证新厂开得出、开得好；二要稳定当期生产经营，尽量减少搬迁损失，尽力完成当期经济运行目标；三要稳定客户，以新厂建设规划和发展前景巩固老客户、吸引新客户，为新厂发展拓宽市场

空间。

（三）突出名牌，加快推进技术进步和产业升级

1．增强创新意识。积极面对后配额时代纺织品市场的挑战，加快推进技术进步和产业升级。凡是搬迁调整企业，必须把搬迁调整与产业升级结合。凡是搬迁调整基本到位企业，必须把工作重点转向技术进步和产业升级。

2．明确技术导向。按照《纺织工业科技进步发展纲要》，重点开发纺织新材料加工技术，改造纺纱、织造、染整等传统纺织工艺技术，推广生态纺织和环保、节能、节水加工技术，应用纺织信息技术。重点加快实施雪莲股份有限公司引进电脑横机项目、铜牛股份有限公司染整技术改造项目、京棉集团集聚环锭纺项目、光华集团彩棉发展项目等。

3．转变投资机制。一要吸引战略投资伙伴，靠外资和民间资本推进技术改造和技术进步；二要盘活土地资源，激活存量资产，千方百计筹集资金进行技术改造，促进产业升级；三要争取政府工业发展资金和科技发展资金支持。

4．开发人才资源。要从引进和培养两方面入手，开发人才资源，提高人才素质。要建立与市场接轨的激励机制，吸引、留住、用好能起到不可替代作用的各级各类人才。

（四）再接再厉，加快推进国有资产管理

1．认真做好清产核资后续工作。深入分析资产损失、权益变化对企业财务状况、资产结构、信用等级的影响，测算企业净资产的消化能力、经营效益的承受能力，及时做好清产核资批复后账务调整工作，为进一步执行《企业会计制度》建立业绩考核和绩效评价体系做好准备。

2．继续加强国有资产管理。一是加强制度建设。按照国资委有关法规、规定，认真修订、制定控股公司重要管理制度；二是严格请示报告。特别涉及国有产权转让、对外长期投资、主营业务变更、对外提供担保等重大事项必须请示，有章必循，违章必究；三是强化审计监督。重点加强企业经济责任审计和监督，年度审计与任期审计相结合，事后审计与过程监督相结合。

3．积极进行资产、资金运作。进一步加强国有资产收益收缴，足额收缴，先缴后用，主要用于重点发展项目和技术改造项目。进一步加强与金融机构沟通，争取打包还贷支持，减轻债务负担，防范担保风险。进一步加强现金流量分析和资金运作，疏通资金流转环节，提高资金使用效益。

（摘自北京纺织控股公司 2004 年 12 月 22 日工作会议报告）

全面落实科学发展观
推进化工集团持续健康协调发展

北京化学工业集团有限责任公司总经理　项大北

北京化学工业集团有限责任公司总经理　项大北

2005年，化工集团工作的指导思想和基本要求是：以党的十六大和十六届三中、四中全会精神为指针，全面落实科学发展观，妥善处理改革、发展、稳定的关系，围绕效益目标，加强项目运行，继续推进改革，深化资产管理，加强干部监督，保持务实作风，推动集团各项事业的持续健康协调发展。

需要重点突出的几项工作是：

一、围绕效益目标，继续抓好经济运行

全年的主要经济指标按全系统合并口径，集团公司销售收入计划为19.5亿元，利润1200万元。按北京工业生产口径，集团公司的产值计划为13亿元，销售收入13亿元，利润4300万元。为此，必须要强化内部管理，各企业一定要采取切实可行的措施，提升企业的规范化管理和科学化管理水平，巩固效益成果，继续优化体现经济运行质量的“六率”指标。

二、建成项目要实现预定目标

建成项目的达产、达标、增效，是化工集团的立足之点。在此基础上，还要抓紧一系列项目建设资料的后续整理、基础完善以及竣工验收工作。各个建成项目的运行，虽然情况各异，但总的看，都要紧紧抓住资金准备、组织安排、人员落实和市场衔接这四个关键环节。

三、继续坚定不移地推进改革

一是实现原有预定目标，二是进一步整合现有资产。

1．以产权制度改革为核心，继续推动“并、改、剥、破”。根据“抓大放小”、“有进有退”的原则，经过几年的改革调整和企业重组，化工集团所属企业投资形成的中小企业由前几年的330多家，减少为60多家。尽管如此，依然存在企业管理层级过多、资产链条过长、企业规模小、分布过散、股份制改造相对缓慢、国有股“一股独大”问题严重等诸多问题。化工集团要按照“五化”的标准（产权归属清晰化、股权结构多元化、治理结构多元化、经营管理市场化、组织实施法制化）继续以产权制度改革为核心，以“并、改、剥、破”为主要手段，进一步加大企业调整改革力度。

“并”，就是要继续推进资源优化配置，推动企业重组整合；“改”，就是结合企业实际，采取增资扩股、转让、拍卖等多种形式，加快企业股份制改造，促进投资主体多元化，完善法人治理结构；“剥”，就是大力推进主辅分离、辅业改制工作，对于与主业关系不紧密的小企业，要放开、放活，并加快国有资本从中基本退出；“破”，就是要按照“成熟一个、操作一个”的原则，采取“破产、兼并、改制、转让、清算”等方式，使其退出市场，继续做好已经进入和即将进入破产程序的企业破产工作。在推进改革调整的过程中，继续发挥劳务派遣公司的“蓄水池”和“缓冲带”的作用，对改革调整中涉及到的部分人员进行分类管理。

强调两个问题：一是能放就放。对于存量中的不在公司主导目标中的中、小企业，要放开、放活。因为公司没有足够的精力去管，也承担不了其责任，干脆放开。集中精力和资金去关注重点区域；二是强调法律、政策和程序。对于产权改革，必须依照法律，合乎规范，符合程序，做到“板上钉钉”，经得起历史检验，使国有资产流动不流失。

2. 以缩短资产链条、提高监管效能为目标，逐步完善和构建适合集团持续发展的管理体制。一要理清资产关系，明确不同使命。在“国资委—集团公司—生产企业”资本链条上，国资委是集团公司的出资人；集团公司是生产企业的投资人。二者之间是投资与被投资的关系，资产纽带关系非常明确，毫不含糊。这种资产纽带的关联，改变了过去那种集团公司与生产企业资产纽带模糊的行政隶属管理办法，产权归属明晰，投资纽带明确，实现了“管人、管事、管资产”的高度统一。二要逐步整合资产，压缩资本链条。在过去的国有资产管理体制和管理方式下，集团与生产企业都成了投资公司，两个层次做同样的事情。不仅生产企业投资，而且有的生产企业还投出了孙子公司。这种结构性问题的存在，使得新旧体制搅合在一起。要按照国资委“压缩管理层级、缩短投资链条”的要求，将对生产企业形成的投资进行重新分类和资产整合，逐步过渡到只有集团对生产企业的一级投资。通过统一规范管理，及时、全面、真实地了解化工集团范围内的全部国有资本在各个时段上的运行轨迹和权益状况，更好地履行投资人的监管职能，一方面关注存量国有资本的保值增值，一方面监控增量资本是否投资有效。

四、适应改革需要，强化资产监管

伴随着国有资产管理体制改革的深化，集团公司层面的资产监管任务将更加艰巨，要增强“投资人”意识，管理也必须要细化和深化，不断充实与完善监管制度，建立数据平台，落实监管手段，增强监管效果。这既是从集团公司这一级投资人的角度确保投资收益、履行国有资本的监管职责，更是国资委作为上一级出资人的基本要求。要从预算开始入手，逐步建立监控体系，建立起相应的规范制度与业务流程。

1. 加快建立和完善企业全面预算管理体系。全面预算不是生产技术财务计划，也不是“利润—成本”管理。它是一项科学的控制行为，以业务预算、资本预算为基础，以经营利润为目标，涵盖企业的投资、生产、经营和财务等企业所能涉及的所有方面，具有“全面、全额、全员”的特征。

化工集团进行了大规模的清产核资工作，摸清了家底，为加强财务基础工作、理清管理基础、统一会计核算办法、明确管理层次、逐步建立和完善企业全面预算管理创造了条件。通过逐步实施企业全面预算管理，要形成一整套考核管理体系。

推进全面预算管理，企业“一把手”必须高度重视，亲自参与，要建立起一支强有力的企业预算管理队伍，要坚持制度，要加大预算监控，强化预算执行考核，做到有监督，有考核，有奖惩。

2．继续推进集团管理的职能转型。集团整体的管理方式要进行实质性的转变，逐步改变行政领导的传统模式，适应资本监控型管理职能的要求。一是突出和强化产权代表的管理，确保出资人代表到位，履行投资人的权利和义务。将来公司对生产企业的管理，将逐步实现由管领导班子到管产权代表的过渡；二是建立一整套资本监管的制度体系，包括企业经营评价体系、企业负责人业绩考核办法、薪酬管理办法、资本收益收缴管理办法等等，夯实管理基础，打造不同管理专业的监管平台，通过制度规范各类行为。

3．完善管理制度。集团公司将对过多、过滥、过时的制度逐步清理，重新修订和完善，使监管制度更好地发挥作用，真正管用、管住、管好。国资委对控股公司有严格的报告制度的规定，控股公司对企业也必须相应地去要求。

五、抓住时机，加大发展备选项目的推进力度

集团公司大规模、被动式的企业搬迁基本完成了，精细化工基地的一期建设粗具规模。集团公司有信心把它建设成为一个规模适度、持续发展、开放经营、环境友好的现代制造业工业园区。要逐步培育一个具有一定规模、具有技术领先优势、具有延伸空间的产业链，提高产业层级，增强产业带动力。

集团公司在集中宝贵而有限的资金用于发展的时候，必须从项目投资一开始，就按着产权多元化方式设计，而不能投资形成以后再去改革其产权制度。要借助项目投资的时机，通过一连串的产权制度安排和产权结构设计，让外资、民资、自然人资本、法人资本等各类资本参与进来，聚集多元投资主体，通过资本融合，创新企业体制和经营机制。

必须高度重视资本结构，要有效防范财务风险，避免用单纯的债务资金形成资产。要落实多元项目资本，达到资本融合，实现资本性融资，更多地从资本的角度去解决项目发展中的资金问题。

六、加快建立与市场经济基本接轨的人力资源管理体系，力争有所突破，迈出实质性步伐

人力资源，是第一资源。要实现集团发展战略，我们必须加大人力资源开发，积极落实人才发展战略。加快用人观念的转变、深化人才培养和人才选拔机制的改革，用社会认可的标准、用市场竞争的思路、用市场配置的手段、用市场通行的待遇，加大人才培养、选拔和引入的力度，逐步建立充满生机和活力的人才工作体制和人才引入、淘汰机制，破除不合时宜、束缚人才成长、阻碍人才引入的观念和做法，不拘一格，唯贤是举，不断形成各类高层次人才脱颖而出、梯次合理、新老衔接、素质优良的一大批专门技术人才队伍和经营管理者队伍。逐步形成以治理结构规范人，市场机制选拔人，任期制度流动人，薪酬制度激励人，监督体系约束人的新型企业领导人员管理体制，不断健全身份社会化、选用市场化、收入显性化和责任契约化的企业领导人员管理方式。

在坚持党管干部的基础上，进一步加大市场配置企业负责人和专门人才的比重，加快建立与市场经济基本接轨的人力资源体系。在企业负责人管理方面，加大力度，探索创新“三个机制”：一是以市场配置、契约管理为重点，建立并完善企业负责人选拔任用机制；二是建立并完善企业负责人的激励约束机制；三是探索建立企业负责人的退出机制和保底机制。

七、以“三重一大”为重点，加大对企业领导人员的监管

依靠党纪条例和制度要求，进一步加强对各单位领导人员的监督约束。研究加强企业领导人员监管的有效手段。监督管理是一种约束；从本质上说，这种监管，还是一种对干部的爱护。

一是严格执行党风廉政建设责任制，坚决按章办事，按监督条例和政策要求办事。认真执行中央和北京市对国有企业领导人员提出的廉洁自律各项规定，认真执行企业领导人员诫勉谈话制度；二是继续加大对各单位执行“三重一大”制度情况的检查力度，加强对企业重要环节的监控，推动源头治理工作深化；三是严肃查处违法违纪案件，绝不姑息迁就。

八、积极稳妥地对待历史遗留问题，继续做好新形势下的保稳定工作

在研究发展问题的时候，现任领导人员，不能“新官不理旧事”，要积极主动地想办法对各类历史矛盾和问题逐步予以妥善处理，在安排做好当前工作中注意不能再形成新的遗留问题。

健全完善的保稳定工作组织协调机制，完善突发事件的预警机制、处置机制和日常性的排查调处机制，党、政、工、团齐抓共管，恪尽职守，守土有责，切实维护稳定大局，为企业的改革发展营造良好环境。

（摘自北京化工集团2005年工作会工作报告）

坚持以科学发展观为指导
统一认识　扎实工作　促进企业更快发展

北京隆达轻工控股有限责任公司董事长　高书平

一、加快推进产业板块、企业集团和控股公司的产权主体多元化，为实现科学发展提供体制保证

（一）从战略高度充分认识加快推进产业板块、企业集团和控股公司产权主体多元化的重要性、紧迫性

加快推进国有企业产权主体多元化，是中央和市委、市政府对深化国有企业改革指明的目标和方向，更是隆达公司实现加快发展的迫切的内在要求。只有加快实现投资主体多元化，才能保证隆达公司实现快速、可持续发展；才能促进企业经营机制转换；才

北京隆达轻工控股有限责任公司董事长　高书平

能推动结构调整，保证国有企业“进、剥、退”的有序进行；才能处理和解决好企业改革发展中的各种矛盾和问题。

1. 加快推进产业板块、企业集团和控股公司的投资主体多元化，有利于吸引外部资金的进入。

2. 加快推进产业板块、企业集团和控股公司投资主体多元化，有利于国有资本流动重组，实现国有资本的“进、剥、退”有序进行。只有坚持以产权制度改革为突破口，通过企业股份制改造，实现产权主体多元化，才能解决好国有资本“进、剥、退”中的困难和问题。

3. 加快推进产业板块、企业集团和控股公司投资主体多元化，有利于建立规范的现代企业制度和有效制衡的法人治理结构、解决国有资本委托代理链条过长的问题。

4. 加快推进产业板块、企业集团和控股公司的投资主体多元化，有利于转变企业经营机制。

（二）认真分析和研究隆达公司在加快推进投资主体多元化上存在的难点和问题

第一，是思想观念存在障碍。一是对企业股份制改造的必要性、紧迫性没有足够的认识。二是满足于企业现状。三是盲目悲观，认为国有企业现状，资产质量不高不可能引进外部资本，消极被动等待等。第二，国有企业历史包袱沉重，冗员过多。第三，企业产品发展前景不清晰，部分企业的主营业务无优势。第四，对国有企业资产实际状况掌握不清。第五，企业改革调整中出现的一些新情况、新问题。如：职工持股会问题等。

（三）切实加强领导，把加快推进产业板块、企业集团和控股公司投资主体多元化作为当前重中之重的任务

一是抓好思想落实。把思想和行动统一到党的十六届三中全会和市九届六次全会精神上来，坚决破除各种妨碍加快推进国有企业股份制改造的思想观念，不断增强责任意识、机遇意识，确保实现控股公司提出的用2～3年时间把各企业集团内部产业板块和企业集团全部改造成多元投资主体的混合所有制企业的目标。

二是抓好2～3年实现企业改制目标的实施方案和今年实现企业改制目标的落实。确保到2006年年底以前，使隆达公司系统内产业板块、企业集团全部实现投资主体多元化，同时，积极吸引战略投资者，逐步实现控股公司的产权主体多元化。

三是抓好改革调整措施的落实。要加快企业不良资产的剥离，对产业板块、企业集团的资产进行优化，为吸引外部资金创造条件，使推进产权主体多元化得到保证。

四是要抓好有关政策和法规的落实。要严格遵照国务院转发的国务院国资委《关于规范国有企业改制工作的意见》和《企业国有产权转让管理暂行办法》的规定，推进企业实行规范的股份制改造。对经营者或管理层参与国有企业改制中国有产权的转让，要规范进行。对主要经营者持大股要经控股公司严格审批。不允许经营者自己设计股权或由个人提出经少数人讨论通过，变成个人增加收益的途径。不允许借股权变化关系，精

心选择在收益高的企业占有股权，不允许不顾企业整体利益，既是国有企业的股东代表，又是个人企业的老板的现象存在等。在改制当中对职工持股会要慎重对待，按照以人为本的原则，逐步解决好职工持股会的问题。使国有企业改制工作更加规范、更有成效地进行。

二、进一步建立健全经营者业绩考核评价体系，为转变企业经营机制、实现隆达公司科学发展提供制度保证

（一）经营者业绩考核评价体系是转换企业经营机制的重要制度保证

一是将有效解决国有企业经营者目标与出资人目标相一致的问题。二是将有效促进企业经营目标与市场化要求相适应。三是将有效解决企业经营者收入与企业经营业绩比例失调的问题。四是将有效解决经营者薪酬与员工收入完全脱节的问题。因此，建立健全企业经营者业绩考核体系，是对经营者实施有效的激励和约束，促进国有企业经营机制的转换的重要制度保证。

（二）认真研究和解决现行的企业经营者业绩考核评价体系与新的国有资产经营责任制度和市国资委两个《暂行办法》总体要求上存在的差距

1．存在的差距：一是在经营者业绩考核评价体系中，对企业真正经营业绩的考评还有待强化。二是还没有充分体现市场化标准。三是在考核评价的内容上，对企业战略规划的考核有待加强。四是对企业长期、中期及年度规划、计划体系与控股公司长期、中期和年度规划、计划的一致性的考核有待进一步强化。五是对企业经营者考核评价结果的运用有待进一步落实等。

2．存在的难点：一是目前控股公司各企业的资产质量参差不齐，难以确定完全统一的考核标准。二是企业长期欠账无力偿还，难以一次摊入成本。三是企业背着的各种债务的渠道各不相同，随时有发生变化的可能，难以集中解决等。

（三）按照市国资委的要求，健全和完善控股公司经营者业绩考核评价体系

要重点把握好以下三个原则，即：切实维护好所有者权益的原则；把考核与奖惩相挂钩的原则；依法依规制定和实施考核评价体系的原则。要加强以下工作：

1．明确考核评价的主体。在市场认可和出资人认可的总体原则下，按照科学发展观的要求，还应把市场和出资人对经营者的评价与员工对经营者的民主评议的满意度相结合，在突出效益为中心的同时，也要注意员工的满意度，充分体现“以人为本”。

2．明确考核评价的内容。一是要把处理好资产增值、企业增效与员工增收的关系和确保实现“三个增长”，作为对经营者考核评价的内容。当然这种“三增”不是同比例同步的提高，是一种总体形态和根本目标。二是要把处理好按市场和出资人要求履行职责创造企业经济效益与履行社会责任创造社会效益的关系，作为对经营者考核评价的内容。三是要把处理好按照市场和出资的要求提高企业经济效益与不断提高员工整体素质的关系，作为对经营者考核评价的内容。四是要把处理好企业可持续发展与一段时间内显现发展的关系，作为对经营者考核评价的内容。使企业处理好短期发展和持续发展的关系等。

3．实施科学的考核评价方法。一是要解决好对企业经营者短期激励约束与中长期

激励约束的问题。二是要强化考评结果的有效运用。三是要逐步实现企业经营者竞争上岗。

4．推进难点和问题的解决。一是要切实做好清产核资的工作，为建立科学的考核评价体系提供基础。二是要制定严格有效的措施。三是要认真逐项细化研究解决建立健全考核评价体系中存在的困难和问题，采取有力措施，为促进企业转变经营机制，实现控股公司科学发展提供制度保证。

三、不断提高各级领导干部整体素质，为实现隆达公司科学发展提供人才保证

（一）充分认识在新形势下提高各级领导干部整体素质的重要性和紧迫性

1．加快提高企业领导干部整体素质是保证我们坚持以科学规律谋划发展大计的迫切需要。必须从提高领导干部整体素质入手，不断增强我们把握和运用科学发展观指导企业改革发展的能力。

2．加快提高企业领导干部整体素质是保证我们顺利完成各项改革调整任务的需要。

3．加快提高企业领导干部整体素质是转变我们工作作风的需要。

4．加快提高企业领导干部整体素质是维护好员工利益的需要。

（二）认真分析查找领导干部在自身素质上存在的差距和表现

一是表现在思想观念上。主要是思想不够解放，一些领导干部小富即安，一些领导干部在困难和挑战面前盲目悲观。二是表现在对产业和企业发展规律的认识上。缺乏对各产业自身存在的发展规律和各产业市场现状、发展趋势的研究和把握。三是表现在缺少解决困难的办法上。四是表现在工作效率和办事效率不高上。五是表现在思想作风和工作作风上。

（三）围绕树立和落实科学发展观，全面提高领导干部素质

1．要牢固树立科学的发展观。一是要坚持以发展为第一要务。牢固树立科学的发展观，必须把发展放在第一位，不发展就谈不上科学，只有靠发展才能解决前进中遇到的困难和问题。二是要坚持快速、协调、可持续发展。加大结构调整，深化内部改革，转换经营机制，实现经济发展的速度、结构、质量、效益的统一。三是要坚持“以人为本”。大力实施人才强企战略，依靠职工办好企业，充分调动广大员工的积极性、创造性，维护好员工的切身利益。

2．要牢固树立正确的改革观。一是要深化国有企业改革。坚决破除各种思想障碍，以深化改革，加快调整，解决企业发展中遇到的各种困难和问题。二是要把改革的力度、发展的速度和员工可承受的程度结合起来。要在坚持发展是第一要务的基础上，采取积极平衡，这是科学发展观的核心。改革和稳定是为发展提供动力和良好环境。改革的力度要为发展的速度创造环境。

3．要牢固树立正确的业绩观。一是要坚持把对出资人负责，确保国有资产保值增值，作为正确业绩观的本质要求。二是要坚持以实现“资产增值，投资增效，员工增收”作为正确业绩观的重要目标。三是要坚持以求真务实作为正确业绩观的本质的内容。

4．要牢固树立科学的人才观。一是要树立以人为本的观念。二是要树立人才工作

先行的观念。三是要树立人才市场化，国际化的观念。四是要树立竞争择优观念。

5. 要牢固树立科学的安全观。一是要树立人民生命财产至高无尚的观念。二是要树立安全责任观念。三是要树立综合治理安全工作的观念。

6. 要牢固树立科学的廉洁观。真正做到“廉、勤、绩”相统一，首先各级领导干部要严格遵守廉洁自律各项规定。其次，各级领导干部必须严格自律。第三，要自觉接受监督。第四，要认真履行“一岗双责”，带好队伍。

（摘自2004年《隆达控股报》）

突出重点　抓住机遇　推进顺义工业再上新台阶

顺义区副区长　王海臣

顺义区副区长　王海臣

2005年顺义区工业发展的总体思路是：以“三个代表”重要思想为指导，以科学发展观统领发展全局，按照布局集中、产业集聚、用地集约的总体要求，坚持外延和内涵增长相结合，打牢规划基础，强化园区（基地）建设，狠抓招商引资，做强优势产业，扶持骨干企业，不断延伸和完善产业链条，加快发展高新技术产业、现代制造业、都市型工业三大产业群落，努力走出一条速度快、效益好、结构优、耗能低的新型工业化道路。

2005年顺义区工业的主要预期目标是：全年工业完成增加值120亿元，同比增长29%；实现总产值750亿元，同比增长25%；实现销售收入730亿元，同比增长24.8%；实现利润45亿元，同比增长12.5%。为确保以上工作任务和目标的顺利完成，我们要着重做好以下四个方面的工作：

（一）按照“布局集中，产业集聚，用地集约”的科学发展观的总体要求，继续坚持工业“园区化、规模化、特色化”发展道路不动摇，切实抓好工业区和工业基地开发建设，实现工作在园区、居住在城区、生活在社区，通过新型工业化推动城市化和现代化

编制完成工业各项规划，促进工业持续健康发展。规划一定要高起点。要充分体现经济发展的国际化、差异化要求，充分考虑环保型、生态型的要求，适当超前，留有余地，为今后发展提供空间，为“统一规划，分期实施，滚动开发，科学控制”提供依据。规划必须统筹考虑城镇发展与经济发展的要求。这两个功能必须同步规划，正确处理生产、生活、生态的关系。既要有长远规划，又有短期安排。

要按照北京城市总体规划和顺义区总体规划及国民经济发展“十一五”规划的要求，抓紧制定编制完成“十一五”期间顺义工业发展规划、现代制造业发展规划以及各级工业区和二、三产业基地的各项规划，包括产业布局规划、控制性详细规划、土地利用总体规划等。力争用一年时间建立起符合顺义工业发展实际的完备的规划体系，明确

顺义工业发展什么、在哪里发展、发展规模有多大的问题，有效指导、推动工业的发展。

落实工业区和工业基地项目准入意见，推进工业集约发展。深入落实科学发展观，为节约资源、保护环境，特别是节约顺义最宝贵的土地和水资源，我们制定并印发了顺义区《工业开发区（工业基地）建设项目节约土地和资源的意见》，明确了区内各类工业区、工业基地在土地利用和资源消耗方面的控制指标，规定了工业区土地的建筑密度、容积率，并对顺义区汽车、电子等重点发展产业的水耗、能耗制定了严格的准入标准，设定了工业总产值、税收、就业等参考性指标，进一步指导和推进工业区和基地的集约化经营。今后，各级工业区和工业基地要严格遵照此实施意见引进项目，区政府相关部门将对引入的项目进行综合评价，提出指导性意见。通过实行项目准入，最终打造出一个“效益顺义”，实现“单位产出用地显著下降，资源消耗的增长相对于经济增长显著下降，初级劳务工在劳动人口中的比例下降，经济增长对生态环境的污染程度显著下降，经济增长中科技贡献率、教育和人力资本的贡献率、绿色 GDP 和循环经济的贡献率均显著提高”的目标。

以工业区和工业基地为载体，推动项目集聚、产业集群发展。在园区建设方面，要坚持外延扩张和内涵挖潜相结合，不断拓展发展空间。空港工业区和林河工业区与规划部门要积极配合研究异地扩区办法，尽快启动和完成旧村搬迁工作，解决工业区无地可用问题；积极探索建立与空港 C 区和林河 B 区之间更为紧密的联系，充分发挥市级工业区品牌辐射带动作用。汽车生产基地要尽快完成搬迁，满足入区企业扩大生产规模对土地的需求。北方印刷产业基地要抓住北京大力发展都市型工业的契机，借助各种有利条件，千方百计扩大影响，在清理闲置土地的同时，积极筹措资金进行二期开发，拓展基地发展空间。各镇要充分借鉴空港、林河建设的成功经验，广开融资渠道，继续建设和完善镇级工业基地，形成工业区和工业基地优势互补、协调发展的格局。与此同时，各工业区和基地要大力开展现有企业闲置用地的清理，加大标准化厂房建设力度，走存量招商、集约招商的新路子。

在园区招商方面，要坚持“土地集约利用、产业集群发展”，严格按照本区域产业功能定位，坚决把好项目落户关，强化产业招商，力促形成配套生产、集约发展的产业集群，全面加速产业集聚。空港工业区要以加快发展高新技术产业为目标，着力引进一批科技含量高、附加值高的大项目，特别是要注重引进跨国公司总部和研发中心，进一步增强工业区实力。林河工业区要以发展现代制造业为目标，加大光机电一体化、生物医药等产业的引进力度。汽车生产基地要以北京现代为龙头，以产业链为纽带，围绕汽车产品衍生一系列生产和服务行业，形成社会化分工和专业化协作的规模群体效益。各工业基地要依据自身产业定位，着力引进一批投资大、占地少、税收高、就业强的项目入区发展。

（二）按照“扶优扶强、做大做强”的总体思路，坚持发展“有所为、有所不为”，坚持增长“外延与内涵”相结合，狠抓品牌的培育和重点产业、重点项目的发展，切实增强区域经济整体竞争力一是大力实施品牌战略，提升顺义工业形象和市场竞争力。将实施品牌战略摆在重要位置，制定出台顺义品牌培育的具体办法，抓住北京筹办奥运契机，加快培育和发展一批具有国际竞争力的工业名牌企业和产品。

根据中国名牌和北京名牌评审条件，对全区大中型工业企业进行调查摸底，按照企业规模、产量、质量管理等，建立企业质量信息档案，进行分类排队，确定培育争创名牌的重点企业。动员和组织企业开展争创名牌活动，强化争创名牌企业的品牌意识和基础管理，提高企业产品质量。加大政策资金扶持力度，每年安排一定额度的工业发展资金，择优支持重点企业对争创名牌产品的宣传。积极提供优质服务，优化名牌生存和发展的环境。结合招商引资，与国内外的名牌、名企攀亲结缘，吸引知名企业、名牌产品来我区落户生根。

二是加大产业结构调整力度，增强优势支柱产业实力。发挥资金导向作用促进支柱产业发展。深入落实市政府关于加快发展现代制造业的产业政策，积极向市发改委和工促局等部门争取一批产业和基地发展资金。大力实施差异化的产业发展政策，切实发挥财政资金的杠杆和导向作用，重点支持和促进支柱产业发展。

推进重大项目建设带动优势产业发展。一是抓好一批竣工投产项目的服务。有研硅股、北一数控、北一大隈等一批对顺义今后发展有较大影响的项目已经建成，要尽快促其达产达标，其中一机床总部要在年内完成迁入林河工业区的所有登记注册手续。二是推进一批在建项目尽快建成投产。现代二期、京棉集团等项目对我区工业发展将产生重大影响，要全力做好各项服务工作，确保其早日投产见效。三是引入培育一批技术高端大项目。根据我区重点产业发展方向，争取引入和培育一批在各重点产业技术上居前沿地位的新的工业项目。对符合产业布局、投资额度较大的国际、国内知名项目，在用地上可依据实际情况在最低基准地价的基础上再给予一定幅度的优惠。四是引进一批配套企业推动优势产业发展。对全区大企业的配套需求经常作调查，确定跟踪引进的重点。以引进配套企业为目标，每年专门集中开展有针对性的招商活动，并做到引进大企业与引进其配套企业同时策划、同时跟踪、同时布局。

三是全力扶持企业做大做强，切实提高企业整体竞争力。加大对企业服务力度。排出全区大企业培育梯队，建立起以大企业大集团为核心、重点企业为骨干、优强中小企业为羽翼的企业培育体系，切实做到“强健骨骼、丰满羽翼”；强化工业协调委员协调职能和范围，切实解决企业生产经营遇到的具体问题；不断改善发展环境，热情为企业服务。对大企业按照“一企一策”的原则进行重点培育，在生产要素上优先安排，在服务上重点保障。鼓励和支持非公有制经济和中小企业发展，不断完善产业支撑和服务体系。

积极促进企业上市融资。选择经营状况好、产品有市场、符合上市条件的企业，通过政策和资金扶持促其上市融资。要积极引导重点工业企业进行整合重组和股份制改造，切实做好扶持培育工作，促其尽早具备上市条件，实现上市融资。在狠抓企业上市融资的同时，要积极引导和帮助现有企业完善房屋和土地的相关手续，为其向金融部门融资创造条件。

积极推动企业技术创新。坚持“内涵与外延”相结合，大力引导和推进企业技术创新，促其加大技改投入，提高市场竞争力。加大协调服务力度，帮助企业尽可能早报、多报技改项目，争取更多项目列入北京市重点项目储备库。对属于高新技术产业化或利用高新技术改造传统产业的技改项目，以及投资达到一定额度的技改项目，给予贷款贴息扶持。对工业企业建立技术中心、高新技术研发中心，优先推荐其申报国家级、市级“中心”、“基地”，并给予一定的建设经费支持。此外，还要积极引导和帮助企业引进和培养高层次、复合型人才，特别是掌握核心技术和从事产品开发的高级技术人才。

（三）按照引进项目高标准、高要求的高端原则，坚持内外资并重、扩大总量与突出重点并举的方针，切实加大招商宣传力度，强化招商队伍建设，创新投资促进机制，不断膨胀区域经济总量

加大招商引资的宣传力度。区宣传部门、新闻部门和各专业招商单位要按照区委、区政府的统一部署，加大招商引资舆论宣传力度。对外要充分利用广播、电视、网络等宣传工具，全方位、多角度、多形式地宣传顺义的发展优势、发展潜力、发展前景、投资环境，提高顺义的知名度和美誉度，增强对外来投资者的吸引力。对内要大力宣传区委、区政府的重大决策，宣传在招商引资工作中涌现出的先进典型，宣传我区招商引资工作的新成就，努力在全社会形成人人投身招商引资、个个为加快顺义经济发展作贡献的强大舆论氛围。

加强招商引资队伍的培训。必须通过经常性和阶段性的业务培训来提高招商队伍的综合素质，定期挑选经验丰富的招商能手传授招商经验，以亲身经历来快速提高招商人员的表达能力、感染力和亲和力等业务素质。制定具体培训计划，邀请规划、土地等部门主管领导，围绕招商引资和项目运作过程中经常遇到的规划、立项等问题，为全区招商人员讲授相关知识。经常组织区内招商单位交流沟通来查摆不足、集思广益，经常组织向区外招商单位学习，以开拓思路、取长补短。与此同时，要适当提高招商人员福利待遇，减少综合素质较高的招商人员流失。

精心组织形式多样的招商活动。加大在人力、物力、财力上的投入，积极开展各种招商活动。继续抓好一年一度的啤酒节、科博会、农博会、京港洽谈会等常规的招商活动，努力做到观念新、思路新、方法新，不断推出引资重点和亮点。积极筹办汽车、物流、都市工业等重点产业和品牌的发展论坛，以论坛为载体搭建招商平台。有选择性地参加相关部门组织的赴外专题招商活动，进一步扩大顺义的影响力。有针对性地赴发达地区进行“主题突出、小型多样”的招商，特别是要加大对东莞台资、浙江民企和日、韩、欧外资的主题招商力度。

加快投资促进体制、机制的创新。今天大会印发了《顺义区招商引资暂行办法》，全区招商单位引资考核奖励办法，实现全员招商、全社会招商的工作格局。积极搭建我区与国际、国内投资企业或投资机构信息对接平台，大范围、宽领域、高强度地推介顺义投资环境。积极探索市场化、企业化招商方式，广泛利用招商中介机构，聘请境内外招商顾问和招商代理，开展社会化、多元化招商。精心编制顺义招商引资项目库，全力向外界加以推介。充分发挥区招商局职能优势，使全区各招商单位之间实现投资信息互

通、资源共享，最大限度地满足客商需求。

（四）建立工业协调委员责任制，强化工业推进机制作用

1999年，顺义区成立了由计划、规划、土地等职能部门和有关银行部门在内的工业协调委员会，专门协调解决工业发展中的重大事项。经区政府研究决定，从今年起由每一位工业协调委员负责相关工业园区、工业基地以及重点产业和重点项目的发展，每年年底工业协调委员会将从社会经营性资产、经营利润、地区生产总值、地方财政收入等指标的增长情况对各位委员当年的工作情况作出评议，并对全年协调工作突出的委员给予表彰。通过采取这种措施，形成全区上下齐抓工业的合力，切实增强工业发展的实效性。

（摘自顺义区经济工作先进单位、文明富裕村表彰暨2005年工业发展大会上的讲话提纲）

以科学发展观为指导
努力构建生态型工业发展体系

密云县经济委员会主任　姜　博

一、认清形势，转变观念，切实把思想统一到构建与生态县相适应的工业发展体系上来

一是中央明确提出要树立科学的发展观和正确的政绩观，并加大宏观调控力度，我们既要更加注重农民就业增收，珍惜自然资源，大力提倡和实施节约，消化解决前几年粗放式增长所带来的矛盾和问题，同时还必须探索集约式增长方式。

密云县经济委员会
主任　姜　博

二是市委九届九次全会对各区县的功能进行了科学定位，我县被划入生态涵养发展区，主要任务是加强生态环境的保护与建设，引导人口相对聚集，引导自然资源的合理开发与利用，发展生态友好型产业，成为首都坚实的生态屏障和市民休闲的理想空间。

三是县委十届三次全会，确定了密云要在全市郊区县率先争创国家级生态县的奋斗目标，力争用4至6年的时间，达到国家级生态县的考核标准。

县政府在政府工作报告中提出：要以创建国家级生态县为总抓手，深化实施首都水源区发展战略，努力构建具有密云特色的生态经济产业体系的总体要求。差距主要表现为：工业投入不足。按照创建生态县所需要的经济指标的要求，五年间，工业每年必须投入21亿元，否则就无法实现工业收入年增13.2%目标。

工业增长的质量效益不高。产业关联度相对较低、优势产业、龙头企业和名牌产品还未形成。工业用地的集约化程度不高。多数民营工业企业的体制问题没有彻底解决，

企业管理粗放，发展缓慢，风险较大。

构建生态型工业发展体系的主要任务是：依托现有产业基础，大力发展科技含量高、无污染、效益好的都市型工业。通过科学规划，在加强生态环境的保护与建设的前提下，引导自然资源的合理开发与利用，不断增加工业总量的投入，加快生态友好型产业的集聚，提高工业经济增长的质量和效益，构建生态型工业发展体系。迅速形成密云生态型经济体系建设的强大支柱，从而有力地推动我县创建国家级生态县的工作。

构建生态型工业发展体系，也存在着机遇。第一，中央继续把“三农”问题作为2005年全国经济工作的重中之重。国家在市场准入、非农化就业、农产品加工、加快技术进步等方面制定了一系列重大政策。第二，市委、市政府提出了推进郊区城市化的战略决策，并采取了一系列统筹城乡发展的政策和措施，引导和推动社会投资向郊区转移。第三，密云发展环境友好型产业，具有得天独厚的生态环境优势。第四，目前从我县产业现状来看，多数是与人们吃、穿、用、行密切相关的都市型工业，这与我县发展环境友好型产业的要求是相符合的。可以说，我县发展环境友好型产业，构建生态型工业发展体系的条件是完全具备的。

二、合理规划，产业友好，总量扩充，努力构建生态型工业发展体系

2005年工业工作总的指导思想是：以科学的发展观为指导，紧紧围绕“创建生态县、深入实施首都水源区发展战略”的目标，以转变经济增长方式为主线、以工业开发区为龙头、以主导产业为支撑、以外向型企业为带动，充分利用资源优势，加大招商引资力度，迅速扩充工业总量，努力构建生态型工业发展体系。

2005年工业发展的总体目标是：实现工业销售收入113.3亿元，同比增长13.2%；利润5.5亿元，同比持平；工业增加值32.47亿元，同比增长13.9%，工业增加值占GDP的比重要达到37.8%；工业固定资产投入21亿元，同比增长11%。

（一）科学规划、合理布局，在开发区及乡镇农民就业产业基地建设上取得新突破

根据构建生态型工业发展体系的要求，成立工业“十一五”总体规划调研组，在认真调研和充分论证的基础上，尽快完善全县工业发展总体规划，明确全县工业未来发展的区域规划、五大主导产业及其他产业发展规划；明确开发区及乡镇农民就业产业基地发展规划及工业用地规划。总结推广产业基地的建设经验，全力推进有条件的乡镇尽快形成农民就业产业基地。在基地建设上，要牢固树立“创新”思想，积极探索农民就业产业基地建设的新途径、新方式，为促进招商引资，带动农民就业致富寻求新渠道。要充分利用农民自治体制，在全体农民一致同意的基础上，积极引导农民把土地与效益结合起来，通过土地使用权流转、入股、出租等多种形式，引进资金和符合生态型工业发展体系要求的项目，形成各种手续完备、目标明确、能够实现农民富裕的就业产业基地。

（二）整合资源、盘活存量，在招商引资上取得新突破

第一，建立土地集约化利用机制，为引进友好型产业，促进循环经济发展创造条件。县工业开发区和乡镇农民就业产业基地，要以提高土地利用率为重点，建立工业用地台账和项目引进综合评价体系及工业项目准入与退出机制，不让高能耗、高水耗、高污染、占地多、产出少的项目进入。对那些长期圈而未建、建而不用的项目要依法予以

剔除。同时要充分利用县工业开发区和农民就业产业基地中闲置土地、厂房等优势资源以及小城镇规划、旧村改造和关闭砖厂等形成的产业用地，通过引进重组，使资源得到合理利用，实现资源利用的最大化。

第二，要进一步完善招商引资责任制，为招商引资工作提供有力保障。

第三，要紧紧围绕工作重点，有的放矢地开展招商引资工作。重点引进符合我县构建生态型工业发展体系要求的工业项目。

第四，努力完善和创新招商手段，提高招商竞争力。做好项目包装，利用网络传媒，推介招商项目。

第五，要继续加强对招商工作的管理。一是进一步强化对全县引进项目的协调和指导，积极组织县、镇招商人员进行业务培训，提高招商队伍整体素质。二是各部门在招商引资中要树立一盘棋思想，最大限度地把工业项目留在我县。三是要加强招商引资档案管理，对工业招商台账进行细化，分部门、分行业、分重点强化跟踪管理，并对大项目继续做好重点跟踪和全程服务。

（三）引进名牌，培育骨干，在主导产业发展上取得新突破

一是以突出发展都市型产业为目标，加大对主导产业的扶持力度，引导产业集聚，形成产业集群。

二是实施名牌战略，推进骨干企业发展，提升密云工业整体形象，着力引进规模企业、名牌企业和龙头企业和与其关联的配套企业，并结合主导产业培育与推进名牌战略研究制定《支撑密云工业名牌发展的工作方案》，明确指导思想、工作目标和具体措施，指导企业提升品牌意识，实施品牌战略。同时，研究制定政策，加大对实施品牌战略企业的支持力度，促进龙头企业和优势产业的形成，提高主导产业的竞争能力，力争使五大主导产业收入达到全县工业总量的55%以上。

三是大力引导帮助企业加快信息建设，以信息化促进主导产业优化升级。通过信息技术，促进企业以财务管理为基础的管理创新，以产品开发为龙头的技术创新，以生产过程自动化为特征的生产方式创新和以电子商务为高级形式的营销方式创新，带动主导产业优化升级。

（四）大力推进企业技术改造，在增长方式转变上取得新突破

进一步完善支持企业技术改造的有关政策，发挥政府在企业自主技术创新过程中的引导、促进和保护作用，充分利用北京丰富的科技资源优势，推动以市场为导向，以企业为主体，产学研、协会、中介、金融机构互动的自主技术创新体系的建立，促进先进技术引进、消化和吸收，努力提升企业自主技术创新能力，提高产品质量、附加值和企业核心竞争力，加快产业结构的优化升级和增长方式的转变。

（五）以提高“四率”为重点，狠抓投入，在增加工业总量上取得新突破

一是要紧紧盯住“资金到位率”、“开工率”、“投产率”和“达产率”，全力推进在建项目的形象进度。要把项目分类梳理，找准问题，制定相应的措施，督促检查，促其早日投产、早日见效。

二是要全力抓好签约项目建设，确保重点项目如期开工。

三是加强对招商项目的督促和检查。对于多报少投、只报不投或迟迟不开工项目，按照相关法律予以清理。

（六）深化企业改革，加快建立现代企业制度，在非公经济发展上取得新突破

完善促进非公经济发展的有关政策，建立政府对非公经济的奖励评价制度，对纳税及安排劳动力就业大户给予重奖。完善非公经济服务体系，积极提供信用担保，缓解其发展融资难的问题。继续引导推进民营工业企业体制改革，通过重组，加快其建立现代企业制度的步伐。

（七）优化投资环境，转变工作作风，强化服务意识，提高服务质量和办事效率，为招商引资工作创造条件。要继续发挥政策的导向作用，认真落实县政府鼓励企业发展的各项政策，围绕一站式办公，深化“项目前期审批一条龙服务、项目建设时全方位服务和项目开工后全天候服务”，提高服务水平，努力做到公正、透明、高效、务实，营造一个安商、亲商、富商、稳商的投资环境。

（八）继续抓好安全生产工作，为工业发展创造良好的环境

安全生产工作是永恒的主题，时刻不能松懈。必须建立长效机制，将安全生产的督查工作落到实处。要突出抓好四个方面的工作：一要明确责任主体；二要抓制度建设；三要强化定期检查；四要狠抓责任查处，以抓好安全生产达标为突破口，促进我县工业安全生产工作实现制度化、法制化、正规化和标准化，为工业发展创造良好的环境。

（摘自2004年12月在密云县创建国家级生态县研讨会上的讲话）

打造中关村品牌　推动园区建设“五年上台阶”

中关村科技园区管委会常务副主任　戴　卫

中关村科技园区管委会
常务副主任　戴　卫

2005年是中关村科技园区实施“五年上台阶”行动纲要和“十五”计划的最后一年。今年工作的总体要求是：以邓小平理论和“三个代表”重要思想为指导，以科学发展观统领全局，认真贯彻十六大、十六届三中全会、四中全会精神以及国务院、市委市政府对中关村发展的一系列决策，通过改革创新、优化环境、整合资源和统筹协调，搭建体制机制创新、组织创新、技术创新的平台，进一步发挥综合改革和创新示范的作用，同时大力推动以自主创新为核心的高新技术产业的快速发展，努力全面完成《中关村科技园区五年上台阶行动纲要》确定的各项任务，使园区综合竞争力和企业核心竞争力迈上新台阶，努力为首都经济结构调整和增长方式的转变作出应有的贡献。全年力争实现总收入4280亿元，同比增长18%；生产总值900亿元，同比增长18%；上缴税金150亿元，同比增长12%。

为此，要做好以下重点工作：

一、系统研究和完善鼓励创新政策体系，制定园区“十一五”发展规划和“十年创一流”行动纲要

按照全市的统一部署，要在去年已开展的各项预研究工作基础上，全面启动园区“十一五”发展规划和“十年创一流”行动纲要的研究和制定工作，园区发展规划的编制要具备以下特点：第一，以研究制定产业规划为核心，配套研究制定园区人才资源规划、投融资体系发展规划、国际化发展规划、空间和土地利用规划、信息化规划等专项实施规划；第二，要注重规划的引导性和可实施性，通过创新的思维、科学的组织、合理的工作流程促进企业、大学与研究机构、中介组织和政府之间形成共识、协调互动；第三，要注重规划编制和实施的工作体系和工作方法，要研究中关村科技园区整体和七园协同作战的制度和措施。在此基础上，制定详细、具体、操作性强的园区“十年创一流”行动纲要，指导园区未来五年工作。各园要按照中关村科技园区的整体发展目标和部署，结合本区域的资源特点和产业特色，同步完成本园的“十一五”发展规划。

二、建立促进产业发展的工作体系，大力提升企业自主创新能力和市场竞争力

在认真调研园区产业发展现状、研究分析产业发展规律的基础上，建立促进产业发展的四大工作平台体系，实现促进产业工作的科学性、系统性和主动性。四大工作平台体系包括：“技术创新体系”主要是通过深化科技体制改革和完善鼓励创新的系列政策，激发创新活力，努力建立以高新技术企业为主体，高等院校、科研院所为依托的技术集成和创新体系，促进企业加大研发投入，同时整合区域各种创新要素，提高技术创新效率，在重点技术领域形成一批具有自主知识产权的核心技术。“市场拓展体系”以推进供需信息对称、扩大应用为目标，为园区企业的技术、产品和服务进入市场提供支持。围绕园区具有自主知识产权核心技术的企业，利用跨国公司采购平台，争取更多的园区产品纳入跨国公司全球采购目录。提供多种服务手段，促进区域采购和区域技术、产品、服务相配套，提高区域产业的市场竞争能力。“重点产业要素引进体系”为引进园区重点产业发展所急需的战略性人才、关键技术、重大项目、重点企业和跨国公司研发中心等重点要素资源创造良好条件，优化优质要素资源的配置，完善各园产业布局，促进产业链条形成。“重大产业化项目培育体系”要发挥核心企业对产业带动的龙头作用，通过打造高端技术联盟和产业联盟，合理布局产业链，促进产业集群，形成“以大带小、以小促大”的创新企业集聚的产业新生态。

三、推动关键技术在园区产业化，逐步形成具有中关村品牌的特色产业

在继续大力推进软件、集成电路设计、疫苗、新材料、新能源等园区重点产业快速发展的基础上，抓住目前园区拥有自主知识产权核心技术的若干新兴领域，如：系统级芯片、第三代移动通讯、下一代互联网、动漫与网络游戏等数字内容产业以及信息家电等，促进相关产业联盟的建立，形成特有的中关村产业品牌。抓住园区高新技术产业转型的良好势头，促进高新技术产业和服务业融合，积极推进电子商务、信息增值服务、综合技术服务等知识型服务业的发展。实施园区“牵手奥运行动计划”，推动园区企业产品、技术和服务进军科技奥运市场。积极推动军民融合平台搭建工作。把软件园和上地信息产业基地中现有的软件产业资源整合为统一的国家软件产业基地和出口基地，巩固软件和集成电路设计产业的国内领先地位。吸引更多的国家与北京市的资源向园区倾斜，支持一批关键、共性技术的研发和一批具有战略意义的产业，争取在有关部门形成“中关村板块”，促进我市产业结构调整。继续做好中关村指数的研究编制、发布和宣传工作，逐步建立起高新技术企业基础数据资源库，为监测我市高新技术产业和园区经济运行情况及制定相关政策提供依据。

四、以知识产权示范园区建设为中心，继续加强园区知识产权工作

加快园区“先进标准战略”和“知识产权战略”工作的具体落实，以推动园区企业抢占未来发展制高点，从而确立并巩固中关村作为全球区域创新中心之一的地位。通过实施中关村“专利引擎”计划，开展专利试点和企业知识产权扶持工作，逐步建立较为完善的知识产权工作体系，提高园区知识产权整体水平。继续大力支持园区企业创制先进标准和申报国外发明专利。建设知识产权保护示范市场，使其在北京乃至全国起到良好的先导作用。制定并出台中关村科技园区知识产权促进办法。基本建立园区知识产权产生、使用和保护的机制。

五、按照分类促进和重点扶持的原则，大力推动园区投融资和信用体系建设

加强宏观调研、全面准确掌握园区投融资宏观情况和趋势，重点构建投融资促进平台和投资引导放大机制。抓紧落实“园区非上市股份公司进入证券公司代办股份转让系统交易”工作，制定园区企业的股权托管办法、交易规则、信息披露和监管制度，积极推动园区企业产权和股权的流动、交易和并购，进一步完善创业资本的进入和退出机制。设计实施中关村“种子资金”工作方案，设立创业投资种子基金，重点支持园区优质创业企业。加大“瞪羚计划”实施力度，进一步推动“信、保、贷”联动业务，支持以瞪羚企业为主体的高成长型企业的发展，争取为200家以上的瞪羚企业提供担保贷款达到20亿元左右。设计实施中关村“小巨人计划”，建立对小巨人企业的发掘和跟踪机制，通过综合运用各种促进措施，集中培育园区50家小巨人企业。实施园区“精品上市工程”，大力发展和引进更多中介机构为园区企业改制上市服务，引导园区企业多渠道、多方式在境内外证券市场上市，争取使园区上市公司达到80家，形成“中关村板块”的品牌效应。依照以资本国际化带动产业国际化的战略，积极实施“中关村海外融资行动计划”，争取促进园区企业全年引进海外风险投资100亿元。积极推动园区企业发行企业债券和融资信托计划，今年信贷资金总量争取达到200亿元。全面推动“中关村投融资促进中心”开展投融资基础服务，建立和完善园区投融资服务平台。

探索新的信用产品，加强信用服务，营造园区良好的信用需求环境；在园区开展企业征信活动，进一步树立“信用中关村”品牌；制定《中关村科技园区信用体系建设行动纲要》，加强对信用体系建设的指导。

六、加大对留学人员等战略性人才资源的开发力度，基本建立起人才培养、吸引和激励的机制

开展园区企业人才政策和服务的调研以及留学人员企业发展状况调研，研究特殊人才群体服务工作的目标、手段、方法，召开一区七园人才服务经验交流会。

继续提升留学人员创业服务体系的工作水平和质量。今年努力实现园区从业留学人员达到6500人，新创办留学人员企业400家。重点提升留学人员创业园、孵化器服务功能，依据各创业园、孵化器的特点和优势，重点推进中介服务体系、实验室资源共享体系、内部管理体系的完善工作。着力扶持重点留学人员企业和重点项目。策划组织“中关村留学人员创业成就展”，全面展示园区留学人员创业发展形势和成果。组织赴美国、欧洲等留学人员密集国家和地区的宣讲团，宣传中关村发展建设形势和投资价值，宣传对留学人员回国创业发展的政策服务。

要在国家有关部门组织指导下，开展智力要素参与分配的企业产权激励试点工作，探索建立有利于自主创新的人才激励机制。

七、实施“走出去”战略，加快园区国际化发展步伐

利用举办国际科技园区协会2005年年会的机会，在国际舞台上展示园区的建设成就，力争将本届大会办成一次高水平、有特色的大会，推动中关村与世界各国科技园区的交流与合作，提高中关村的国际知名度。

支持企业到境外设立分支机构、研发中心和生产基地，发挥马里兰科技园等境外机构的作用，建立帮助企业进入国际市场的服务平台，将开拓发展中国家的科技产品市场作为突破口参与国际竞争。加强与国家外国专家局的工作联系，积极争取国家人才引进专项资金支持，鼓励园区企业接纳和输送国际性人才参与园区重点发展领域瓶颈技术攻关和产业合作计划。加强与国务院相关部门、驻京外交机构等的工作联系，发挥园区海外联络处地缘优势，为企业建立国际交流新渠道。

积极介入国家级政府间的科技合作，支持园区机构申请国际合作项目和科技计划。争取与具有共同合作基础的国际科技园建立长期战略合作伙伴关系，继续推进与哈萨克斯坦、韩国大德科技园、日本京都府的合作。推动中关村协会商会组织与国外协会建立联系，鼓励协会、商会开展国际交流工作。吸引境内外的投资机构来园区考察，推动以专业技术研讨会为载体的国际学术交流活动，继续举办“做客中关村”活动，努力营造政府层面和商社层面良好的国际交流工作环境。

八、继续推进园区协会组织建设升级，充分发挥园区企业家咨询委员会的作用

继续大力支持协会商会工作，鼓励开展多样化的为会员服务工作，支持更多的协会、商会开展行业统计和分析工作，提升协会策划研究能力，为行业健康发展和政府决策提供支持。进一步推动协会联席会议建设，加强协会间的合作与交流，促进协会整体发展。鼓励协会“走出去”，加强国际间的交流与合作。积极推进电子市场全面升级工作，将市场经营者改善经营场所、提供多方位服务的升级同电子产品经销商建立自律机制、保护知识产权、促进信用体系建设结合起来，同开拓园区新产品的新市场结合起来，探索电子产品制造商、经销商、电子市场经营商和政府各方共赢的新途径。改革资助中小高新技术企业购买中介服务资助办法、加强资助力度，使园区中小企业得到更多的专业服务。进一步完善企业家咨询委员会的议事规则，完成换届工作，充分发挥企业家咨询委员会在园区发展和战略决策中的咨询参谋作用。

九、继续协调和推进园区硬环境建设，初步形成富有文化内涵的、数字化的、生态化的园区

认真学习和贯彻土地清理整顿的有关精神，加强园区土地宏观管理工作，开展土地承载力课题研究，提出土地高效、合理使用的有关政策性建议和园区土地资源可持续利用的构想。做好园区土地资源信息的收集与整理和园区建设项目土地使用计划统计工作。加强对建设用地的监管力度，严格园区各类建设用地使用手续。研究提出园区空间发展规划实施方案。

要加快推进园区生态规划、综合交通规划、夜景照明规划等专项规划的实施。将生态规划作为园区各项规划和建设的主要控制要素，并开始实施园区生态保护计划；要根据园区综合交通规划，研究并加快推进重点地区的市政道路建设；结合夜景照明规划，统一园区标识，提升园区形象。继续加快推进道路、污水处理厂、变电站、电信等市政基础设施建设以及文化、娱乐、商务等配套服务设施建设。重点推进上地信息路改造和上地南口整治以及农大北路、农大南路、地铁四号线、十号线以及一亩园交通枢纽建设；完成学院路环境整治。2005 年要实现绿化面积 100 万平方米，其中 1 万平方米以上的绿地 10 个。

要继续加快各专业园和产业基地的建设。海淀园要基本完成中关村西区、软件园一期、永丰产业基地一期、清华科技园等项目的建设；中科院科技园要完成部分拆迁并启动建设；北大科技园等项目要完成土地一级开发并启动二级开发。昌平园三期要完成土地一级开发，同时启动东区建设；要基本完成生命园一期建设；中关村国际生命医疗园、国际商城要基本完成土地一级开发和部分二级项目建设。丰台园要完成二期市政基础设施建设；完成总部基地二期建设。电子城要完成标准厂房建设和 IT 产业园部分项目建设；加快推进摩托罗拉研发中心、北电网络等重点项目建设。德胜园要加快推进中国工程院项目的建设。健翔园要基本完成周边环境整治工作。各重点项目要实现开复工总面积 470 万平方米，竣工总面积 250 万平方米。基本完成五年上台阶行动纲要所确定的重点专业园和重点基础设施项目。

继续加强园区信息化建设，做好园区信息化建设的“十一五”发展规划的编制，推进“数字园区”的二期建设，推进海淀园网上协同办公试点，提升一区七园网站的质量和水平，完成园区地理信息系统和数字图书馆开发工程并投入使用。

十、围绕园区建设“五年上台阶”的工作主线，积极开展园区宣传和文化建设活动

围绕“五年上台阶”的发展目标深入调研，认真总结各专项工作的规律和经验，特别要重点总结园区自主创新道路中的典型企业、典型人物的经验并广泛宣传。充分利用新型网络媒体手段展开新闻宣传、政务公开和面向公众与企业的服务。做好《中关村科技园区志》的编纂工作，通过园区企业和各相关单位的积极参与，深入挖掘园区发展的原始资料，真实再现园区发展轨迹，争取年底完成《中关村科技园区志》的初稿。办好第八届中关村电脑节，在继续提升中关村的知名度和影响力的前提下，以企业为主角，加大对企业及其技术和产品的推介与宣传力度。做好第三届中关村优秀企业家、优秀创业者的评选活动，并进行广泛、深入的宣传。

（摘自 2005 年 1 月 7 日在中关村科技园工作会议上的讲话，题目为编者所加）

工业大事记

1 月

1月1日 中共中央政治局委员、国务院副总理吴仪到北京燕山石油化工有限公司（简称燕化公司）慰问职工。

1月6日 北京同仁堂台湾旗舰店开业，经营中药近千种，营业面积500平方米。

1月8日 市科学技术委员会、北京医药集团有限责任公司（简称北京医药集团）的“缓控释技术”重大项目启动暨北京医药研发新体系建设汇报会在北京饭店举行。

1月10日 北京市私营个体经济迎新春茶话会召开，市领导与600多位私营企业家、个体工商户欢聚一堂。北京市代市长王岐山讲话，副市长孙安民致辞。市领导尤兰田、翟鸿祥、范伯元、陆昊等出席。

1月11日 北京汽车工业控股有限责任公司（简称北汽控股公司）在北京会议中心举办2004年主流新车产品展示汇报会，欧蓝德、伊兰特、大切诺基、索纳塔、北汽陆霸、风景冲浪、欧曼等牌号的北京主流新车型参展。

1月13日 中共中央政治局委员、全国人大常委会副委员长、中华全国总工会主席王兆国，中华全国总工会书记处第一书记张俊九，中共北京市委副书记、北京市总工会主席阳安江等，视察了北京轻型汽车有限责任公司并慰问了困难职工和著名全国劳动模范张秉贵的家属。

1月15日 华北电网有限公司发电企业划转移交中国大唐公司仪式举办。

同日 磁性材料国家科学研究中心在中关村科技园区的昌平园落成并通过竣工验收。

1月15日至18日 中共北京市委书记刘淇，代市长王岐山，市人大常委会副主任范远谋、副市长刘敬民、陆昊等到牡丹集团、白菊电器集团慰问职工。

1月16日 由北京市工业促进局和中关村科技园区管理委员会联合主办的北京凯诚高清电子技术有限公司高清晰数字电影播放机（HDV）产品发布会在北京市工业促进局举行。市工业促进局副局长冯海主持会议，中关村管委会副主任刘卓军致辞，市工业促进局及相关合作企业代表共60多人参加。

同日 北京金隅集团有限责任公司

（简称北京金隅集团）与芬兰奥补地罗克公司共同投资建立的麦克斯特建筑材料（北京）有限公司签字仪式在金隅大厦举行，项目总投资1450万欧元。

同日 北京市副市长陆昊到东方石油化工有限公司检查安全工作，并向生产一线职工表示节日问候。

1月18日 北京市代市长王岐山，市人大常委会副主任范远谋，副市长刘敬民、陆昊，市政府秘书长刘晓晨到白菊电器集团公司慰问职工。

1月20日 北京现代京城工程机械公司获得市商务局批准，其注册资本由1300万美元增至2200万美元。其中，北京京城机电控股有限责任公司增加360万美元，韩国现代重工株式会社增加540万美元。

同日 中共北京市委副书记阳安江到燕化公司慰问职工。

1月22日至2月5日 京城百工坊艺术品有限公司在北京京城百工坊举办“2004年百工技艺文化庙会”，内容有工艺堂会表演、工艺展示、工美大师讲座、工美大师作品展览等。

1月25日 京城百工坊艺术品有限公司（简称京城百工坊）召开新闻发布会，庆祝成立一周年暨成功仿制清全套二十五宝玺。二十五宝玺为清代乾隆年间皇家御用印玺，是故宫博物院重要藏品之一。市工业促进局副局长常青出席新闻发布会并讲话。

1月 在中国企业联合会和中国企业家协会组织的“2003年度最受关注企业家”评选中，首钢党委书记、董事长朱继民等10人当选。

2月

2月3日 北京京仪控股有限责任公司（简称京仪控股公司）博士后科研工作站正式设立。

2月9日 中环动力（北京）重型汽车有限公司领取营业执照，投资总额2446万美元，注册资本1500万美元。其中，北京重型汽车制造厂占50%，新加坡科技动力有限公司占50%。

同日 房山区召开建设工业强区动员大会。总结回顾2003年工业工作，部署2004年工业发展任务，宣读表彰了2003年度为区工业作出突出贡献的先进企业、单位、个人的通报，对10个现代制造业纳税大户、17个招商引资先进单位、5个二三产业专业村、10家创名牌企业、5家安置劳动力就业先进企业、20家出口超千万元的企业、5个工业结构调整先进单位、5个处置不良资产先进单位、288个工业强区先进个人进行了表彰。

2月10日 首钢设计院与日本新日铁合资成立北京中日节能环保工程技术有限公司。

2月11日 市工业促进局召开2004年北京市工业工作会议，副局长冯海主持会议，局长程连元作了“明确重点，坚定信心，促进北京工业持续健康快速发展”的报告。市人大副主任金生官和副市长陆昊出席会议并讲话，市各有关单位负责人200多人参加了会议。

2月17日至20日 在北京第五届中国国际葡萄酒和烈酒评酒会上，北京龙徽酿酒有限公司生产的龙徽西拉干红荣获金奖，龙徽怀来珍藏和龙徽赤霞珠干红获得银奖。

2月18日 首钢嘉华公司水渣细磨生产线举行竣工投产仪式。

2月23日 中国轻工业联合会会长陈士能一行到北京一轻次渠光机电一体化基地星海工业园区和兴大豪科技公司视察调研。

同日 北京医药集团聘任33位专家为医药研发提供咨询、指导服务。其中，院士7人。

2月26日 中共中央政治局常委、全国政协主席贾庆林视察北京现代公司和北汽福田公司。

2月27日 北京医药股份有限公司和西门子德国马泰克公司在国际饭店联合举办了“全国首家现代医药物流配送中心应用成果发布会”。市工业促进局副局长常青主持发布会，副市长陆昊讲话。

2月29日 中共北京市委书记刘淇、市长王岐山一行到北京供电公司前门变电站视察保“两会”政治供电情况，对北京供电公司员工表示感谢和慰问。

2月 中国石化股份公司北京燕山分公司荣获“第一批全国企事业专利试点工作先进单位”称号。

3月

3月3日 北京京城机电控股有限责任公司（简称京城控股公司）与华夏银行总行营业部签署《全面战略合作协议》，华夏银行为京城控股提供10亿元人民币综合授信额度。

3月5日 市工业促进局局长程连元到北京首信诺基亚公司调研。

3月8日 市人大常委会副主任赵凤山、市人大常委会农村工作委员会主任刘宝善、市乡镇企业局副局长陈志峰就乡镇企业和物流产业园的发展情况到通州区调研，视察了蒙牛乳业股份公司、通州物流产业园区、甘李生物制药有限公司。

3月10日 北京供电公司更名为华北电网有限公司北京电力公司。

3月12日 市工业促进局局长程连元到北京经济技术开发区调研，听取了GE航卫通用电气医疗系统有限公司、北京德尔福万源发动机管理系统有限公司、北京松下电工有限公司、富士康精密组件（北京）有限公司、同仁堂科技公司负责人的汇报。

3月16日 市工业促进局局长程连元主持召开专题会，研究讨论北京东方石油化工有限公司有机化工厂搬迁改造的有关问题。市规划委、市环保局、通州区政府、通州区经委以及燕化公司、东方石化公司等有关部门的负责人参加了会议。

3月23日 北京市副市长张茅一行考察丰台总部基地，并就总部基地的绿化及交通问题进行调研。

3月25日 东北—华北电网成功进行全国电力系统首次三相瞬时人工接地试验，为大规模互联系统的负荷模型和建模方法提供了现场试验结果数据，为研究大区联网运行模式提供了相应依据。

3月26日 京煤集团北京昊华能源公司与内蒙古自治区鄂尔多斯市国有资产投资经营有限责任公司共同出资创立鄂尔多斯市昊华精煤有限责任公司，先期注册资金 800 万元。其中，北京昊华能源公司出资 640 万元，占出资比例 80%，鄂尔多斯市国有资产投资经营有限责任公司出资 160 万元，占出资比例 20%，新公司经营项目以煤炭生产为主，拟在鄂尔多斯建设年产 600 万吨矿井。

3月　由中关村留学生企业中星微电子公司生产的星光“中国芯”销售突破 1000 万枚，占世界市场份额的 40%。

3月　在全国冶金科学技术颁奖大会上，首钢链箅机—回转窑—环冷机法生产球团矿工艺获全国冶金科技一等奖。

4月

4月1日　中国南车集团二七车辆厂即有货车换装转 K2 型转向架提速改造项目通过铁道部鉴定。

4月15日　中共中央书记处书记、中共中央纪委副书记何勇，国务院国资委党委书记、副主任李毅中等到燕化公司指导工作。

4月16日　北人集团公司和日本郡是株式会社合资组建的北京北人郡是机械有限公司正式开业，双方共同投资 2000 万元人民币。其中，郡是机械有限公司占总股本 52%，北人集团公司占总股本 48%。组建的合资公司将从事与高速化、自动化轮转胶印机相配套的堆积打捆机和堆积机的生产、销售与服务。

4月16日至18日　平谷区举办第六届经贸洽谈会，共签约项目 67 个，协议投资总额 28.6 亿元。

4月18日　北汽控股公司迁址朝阳区东三环南路 25 号，“北京汽车大厦落成暨北汽控股公司迁址典礼”举行。

4月20日　中共北京市委副书记杜德印、市国资委党委书记张凤朝一行七人到北京金隅集团东陶机器（北京）公司调研基层党建工作。

4月22日　应市工业促进局副局长常青邀请，美国基因酶公司副总裁兼亚太地区总经理迪克先生一行来北京市访问，考察了中关村生命园和北京经济技术开发区，了解北京生物医药领域的投资环境。局长程连元会见了美国基因酶公司的客人，并为其主持召开了来京投资政策咨询座谈会。市商务局、药监局、劳动与社保局、卫生局、发改委等市政府职能部门的有关负责人参加了座谈会，并为基因酶公司提供了相关政策信息。

4月26日　中共北京市委常委、常务副市长翟鸿祥一行到北京天坛股份有限公司北厂检查安全生产工作。

4月28日　北京仪器仪表科研生产基地在大兴工业开发区落成，该基地由北京北仪创新真空技术有限责任公司、北京京仪北方仪器仪表有限公司和北京京仪海福尔自动化仪表有限公司等企业构成。

4月29日　北汽控股公司和戴姆勒—克莱斯勒股份公司在中国合作生产梅赛德斯—奔驰 C 级和 E 级轿车计划获得国家发展和改革委员会立项批准。

4月　首钢总公司全烧高炉煤气电站锅炉技术通过北京市技术鉴定。

5月

5月3日　在国务院总理温家宝访问德国期间，北汽控股公司和戴姆勒—克莱斯勒股份公司签署了在中国生产梅赛德斯—奔驰C级和E级轿车项目可行性研究基础协议书。温家宝和德国总理施罗德出席签字仪式。北汽控股公司董事长安庆衡、戴姆勒—克莱斯勒股份公司董事长施伦普和戴克中国董事长首席执行官费若铭在协议书上签字。

5月9日　中共北京市委书记刘淇，市委常委、市委秘书长孙政才，副市长陆昊，市工业促进局局长程连元一行到中芯国际（北京）项目施工现场调研。

5月11日　中共北京市委书记刘淇与中国纺织工业协会会长杜钰洲等就共建北京“时装之都”问题座谈。杜钰洲介绍了“以人文奥运为契机、建设世界服装名城”的设想。双方就加快会展场馆建设、打造时装品牌街和支持北京服装学院发展壮大等问题达成共识，确定了共建意向，并商定了落实措施。中国纺织工业协会副会长陈树津、陈大鹏，北京市副市长陆昊，市规委主任陈刚，市商务局局长李昭，北京贸促会会长周茂非和市工业促进局副局长常青等参加了座谈。

5月17日　北京电力公司举行成立大会并揭牌，任命李一凡为总经理。

5月18日　北京市副市长陆昊在市政府会见法国ALSAOM电力事业部总裁Philippe Joubert先生一行。市工业促进局局长程连元等参加了会见。

同日　首钢总公司与中远集团战略性合作协议签字仪式在北京饭店举行。

5月19日　AMD公司宣布在北京成立AMD（中国）有限公司，AMD在中国市场的运作纳入AMD全球市场的战略系统。AMD（中国）有限公司将作为AMD的中国区总部，管辖上海、深圳、香港等地办事处业务。

5月21日　北京紫竹药业有限公司—和佳公司ERP项目成果发布会在中国大饭店举行。市工业促进局副局长常青出席发布会并讲话。

同日　北京清大天达光电设备有限公司和韩国ON—NURI电子株式会社在市工业促进局举行了合资合作成立北京世元达电子技术有限公司签字仪式。市人大常委会副主任金生官、市工业促进局局长程连元、市发改委副主任张工和来自中韩合作双方的代表参加了签字仪式。

5月24日　由北京市人民政府主办，中国北京国际科技产业博览会组委会办公室、市发展和改革委员会、市政管理委员会、市交通委员会和市工业促进局承办的第七届中国北京国际科技产业博览会城市发展重点项目推介会在港澳中心瑞士酒店召开。市工业促进局副局长常青做了题为“大力发展都市工业、加快北京建设现代化国际大都市进程”的发言，副市长孙安民出席会议并讲话。

5月25日　北京市副市长张茅率领市发改委、市水务局、昌平区有关领导到北京十三陵蓄能电厂现场办公，商定解决因十三陵水库缺水而影响发电的应急方案。

5月26日　北京化学工业集团有限责任公司化学试剂所研制的ULS用新型高性能光刻胶项目通过国家“八六三”计划超大规模集成电路配套材料重大专项办公室

的验收。

5月28日　北京市工业促进局召开工业开发区专题调研工作布置会，副局长冯海主持了会议，局长程连元就编制《北京市工业开发区近期建设和发展指导意见》和为拟定工业开发区建设规划条件组织的基础调研工作进行了动员。冯海介绍了市工业促进局的主要工作职能，并就为开发区协调、服务的工作进行了具体部署。

6月

6月1日　北一精机（北京）设计有限公司领取营业执照，投资总额57万美元，注册资本40万美元。其中，北京第一机床厂占72.5%，日本精工技术设计有限责任公司（Seiki Techno Design Co.，Ltd.）占16.5%，CMEC日本株式会社占11%。

6月2日　中芯国际北京项目（SMIC）在亦庄开发区举办了第一台12英寸设备安装仪式，市工业促进局副局长冯海及市商务局、亦庄开发区、发改委、海关、商检等部门的有关人员参加了安装仪式。

同日　北京工美集团网站——中华工艺美术网开通。

6月3日　北京市履行禁止化学武器公约工作领导小组成员单位及组成人员进行相应调整，新一届北京市履行禁止化学武器公约工作领导小组组长由副市长陆昊担任，市政府副秘书长李伟和市工业促进局局长程连元任副组长，市工业促进局、北京卫戍区、市科委、市公安局、市国家安全局、市财政局、市商务局、市卫生局、市工商局、市外办、市公安交通管理局、市无线电管理局、北京海关等单位的主管领导为小组成员。北京市履行禁止化学武器公约事务办公室设在北京市工业促进局，程连元兼任办公室主任。

6月5日　中共北京市委书记刘淇，市委常委、秘书长孙政才，副市长范伯元一行到北京集成电路设计园调研。参观了设计园的EDA平台和培训中心，听取了市工业促进局局长程连元关于北京集成电路产业发展情况的汇报。

6月6日　京煤集团昊华能源公司大安山煤矿采掘十一队在920水平的工作面发生塌方冒顶事故，10名矿工被困井下。事故发生后，市委副书记、市长王岐山，副市长陆昊，国家安全生产监督管理局局长王显政等曾到大安山煤矿组织抢救，但10名被困井下矿工终因窒息时间过长死亡。

同日　全国人大常委会副委员长、中国科协主席周光召到通州区考察光机电基地的中科镓英半导体有限公司、蒙牛集团（北京）有限公司等企业。

6月9日　北京市人大常委会副主任金生官、市国资委副主任张俊明到北内发动机生产基地调研。

6月10日　北京医药行业协会换届大会暨第二届一次会员大会在北京会议中心召开。中国北京同仁堂集团有限责任公司（简称同仁堂集团）党委书记田大方任新一届会长，市工业促进局副局长常青、市药品监督管理局局长冯国安任名誉会长。

6月11日　中共北京市委副书记杜德印到北京现代汽车公司调研党建工作。

6月14日 二七机车厂计量检测体系ISO10012—2003版通过国家级确认，成为北京市第一家按国际和国家标准通过认证的企业。

6月15日 中共北京市委书记刘淇等到北京服装学院调研。参观了人体工学研究所、服装CAD研发中心、民族服饰博物馆、北京部分品牌企业服装新品展示，听取了北京服装学院、市工业促进局及铜牛、雪莲等企业的汇报。刘淇要求北京服装产业要抓住奥运机遇，为首都经济发展作出贡献。市工业促进局、商务局、规划委、发改委、旅游局等委办局负责人参加了会议。

6月16日 燕化公司在天津港集团公司天津南疆码头举行首次接卸原油暨长管线开通庆典仪式，燕山石化海上进口原油管线通道打通。年输送能力200万吨，油库储运能力8万立方米。

6月17日 纪念同仁堂创建335周年大会在人民大会堂举行，中共中央政治局常委、全国政协主席贾庆林在人民大会堂观看了纪念同仁堂创建335周年文化展。国家中医药管理局副局长李振吉、国家食品药品监督管理局副局长任德权、中共北京市委书记刘淇、市长王岐山等一同观看。

同日 二七机车厂为台湾省生产的EQW01型电车线铁路工程车交车出厂，这是北京首次将机车产品输入台湾省。

6月18日 北京金隅集团与房山区天然气开发中心在金隅大厦举行了窦店新材料基地天然气工程签约仪式，市工业促进局、房山区、北京金隅集团的负责人出席签约仪式。

同日 北京市市长王岐山等一行到首钢检查指导工作。

6月19日 中共北京市委书记刘淇到北人印刷机械股份有限公司和北京利乐包包装有限公司调研，了解企业改制后的生产经营、科技创新、产品销售等情况，并听取了北京一轻控股公司、京城机电控股有限责任公司、京仪控股有限责任公司负责人关于企业改革、发展情况的汇报。刘淇强调，要抓住产权制度改革这个核心，实现产业、产品的结构升级。

同日 中共北京市委书记刘淇，市委常委、秘书长孙政才，市发改委主任丁向阳，市国资委党委书记张凤朝一行到一轻控股公司视察调研。

6月25日 市工业促进局召开“首届北京工业专家顾问聘任大会”。会议由副局长冯海主持，局长程连元讲话。专家代表、北京大学教授王阳元院士等发言。会议向各位专家颁发了聘书。程连元代表工业促进局感谢专家对北京工业的支持，向专家通报了工业促进局的职能定位、北京工业发展的基本情况以及成立工业专家顾问组的基本构想。工业专家顾问组由28位专家组成，来自在京科研单位、首都高等院校和控股公司等，涉及电子信息、光机电、汽车、生物工程与新医药等领域，其中包括微电子领域的专家王阳元院士、光机电领域的专家简水生院士、产业经济领域的专家卢东斌教授等。专家的工作任务主要有：对北京市工业经济发展中的重大问题开展研究，提出发展思路与方案；对工业促进局拟订的法律、法规、重大政策及发展规划提出修改与完善的建议；对市重大技术公关、技术开发、技术推广和技术引进项目的确定和实施提供咨询论证；为北京重点产业的发展和重大工程项目提供咨询论证。

6月28日 北京集成电路IP中心

(BJIPC)与香港科技园(HKSTP)、韩国半导体设计资产研究中心(SIPAC)等集成电路业企业在市工业促进局多功能厅举行了“北京集成电路IP中心成立暨合作签字仪式”。市工业促进局副局长冯海、市发改委、市科委、中关村管委会等相关部门领导和在京的集成电路设计企业代表40多人参加签字仪式。

同日 北内集团总公司与唐山齿轮集团共同组建的唐山北内唐齿机械制造有限公司在唐山市高新技术开发区投产。

6月29日 市工业促进局副局长常青在局电视电话会议室主持召开部分合资医药企业座谈会，拜耳、诺华、韩美、通用航卫、安万特和第一制药等8家合资、独资医药企业出席了座谈会。

同日 北京京城泰昌机械有限公司领取营业执照，投资总额700万美元，注册资本500万美元。其中，北京京城机电控股有限责任公司占40%，韩国泰昌泰合株式会社占60%。

同日 中科院技术研究所举办曙光4000A超级服务器科技成果发布会。曙光4000A超级服务器每秒运算速度11万次，在2004年6月21日公布的全球高性能计算机TOP500排行榜中，曙光4000A位列全球第十。

同日 北京同仁堂(印尼)有限公司及药店在印尼首都雅加达开业。

6月30日 在北京市市长办公会上，北京市批准白河堡水库紧急向十三陵水库补水400万立方，以确保蓄能电厂发电用水。

6月 朝阳区撤销经济委员会，组建发展和改革委员会。

7月

7月1日 中共北京市委书记刘淇等就加快企业改革问题到京东方科技集团股份有限公司调研。刘淇强调，要不断深化国有企业改革，大力提高企业核心竞争力，创新管理理念，培育技术优势，创造具有竞争力的世界级企业，促进首都经济的快速健康发展。

同日 诺和诺德(中国)研发中心迁址中关村生命科学园仪式举行，市人大常委会副主任金生官、市科委副主任朱宝凤、市发改委副主任张工以及市工业促进局副局长常青、诺和诺德全球首席科学家Thomsen博士和丹麦驻华使馆商务参赞等出席了仪式。

同日 燕化职工医院改名为北京燕化医院，改制为民办非营利性医疗机构。

7月1日至2日 市工业促进局副局长常青主持召开全市工业上半年经济运行分析会，通报了全市上半年工业运行简要情况。常青要求各单位要密切关注和及时协调解决工业运行中的问题，努力保持工业经济运行稳定发展的良好势头。

7月2日 中午12时，燕化公司1000万吨炼油系统改造工程进行第一次爆破，标志1000万吨改造工程启动。

7月7日 市工业促进局在通州区召开关于开发区“讨论稿”的专题研讨会，会议由副局长冯海主持，局长程连元到会并做重要讲话，10个远郊区、县的主管工业的副区、县长和28个开发区管委会主任参加了会议。

7月10日 中关村科技园区企业北京英纳超导电缆有限公司自主开发研制的中国第一组实用型超导电缆在云南并网运行。该电缆是继美国、丹麦之后世界上第三组挂网运行的高温超导电缆。

7月14日 市工业促进局副局长常青会见美国癌症研究基金会科学部副总裁Yi Michael Wang先生，双方进行了友好会谈。

同日 市工业促进局、房山区、燕化公司领导，就北京石油化工和新材料产业基地的发展方向和下一步的工作、燕化公司今后的发展以及当前存在的主要问题，进行了研究和讨论。市工业促进局局长程连元强调要以科学的发展观指导石化产业基地的建设和发展，要充分发挥燕化公司的资源优势，高起点、高标准地规划和建设石化产业基地，使之成为国内一流的绿色环保型石化产业基地。

同日 北京市副市长陆昊到昌平区调研，查看了北京诺华制药有限公司制药工厂和巴可利亚德科技发展公司。

7月15日 北京市副市长陆昊到二七机车厂调研并参观新造机车。

同日 军事医学科学院和上海绿谷(集团)有限公司共建“中药与天然药物工程研究中心”暨入驻北京生物工程与医药产业基地项目正式签约，副市长范伯元出席签约仪式。

7月16日 北京博飞仪器股份有限公司与瑞士徕卡（Leica）测量系统有限公司合资签字仪式在北京人寿大厦举行，市工业促进局副局长冯海应邀出席并致辞。项目总投资500万美元，注册地址为北京经济技术开发区。

同日 北京市副市长陆昊带领市工业促进局、发改委有关人员到二七机车厂考察现代轨道交通设备制造产业。

同日 福建省燕京惠泉啤酒股份有限公司挂牌成立。燕京啤酒集团投资3.63亿元收购惠泉啤酒38.15%的股份，成为惠泉啤酒的第一大股东。

同日 首钢总公司与山西焦煤集团长期战略合作协议签字仪式在山西忻州顿村举行。

7月20日 北京市副市长陆昊、市工业促进局副局长常青到北京一轻控股公司调研，参观了位于北京市经济技术开发区的北京利乐包包装有限公司新厂和资生堂丽源化妆品有限公司。

同日 越南煤炭总公司副总经理裴文激一行考察京煤集团液压支架厂，达成下半年购买500架液压支架意向，签订购买150架液压支架合同。

7月21日 北京市副市长陆昊一行到平谷区调研工业发展情况。参观了北京千喜鹤食品有限公司等3家工业企业，市工业促进局局长程连元就工作思路、工作程序和工作重点等方面对平谷区发展工业提出许多可行性建议。陆昊就科学发展观和宏观调控的关系、招商引资的重要作用、如何发展平谷工业以及物流产业建设等问题发表了重要讲话。市商务局、投资促进局的有关领导一同参加了调研。

7月23日 北京市副市长陆昊主持召开北京都市工业重点名牌企业座谈会。参加座谈会的有北京红星股份有限公司、北京三元食品股份有限公司、北京雪莲毛纺服装集团公司、北京龙徽酿酒有限公司、北京王致和食品集团公司、北京二商集团有限公司、北京张一元茶叶有限公司、北京绅士服装有限公司、北京桑普电器有限公司和北京爱慕内衣有限公司的10家企业代表。市工业促进局副局长常青参加了会议。

同日 房山区撤销经济委员会、乡镇企业局，设置房山区工业局，同时挂房山区乡镇企业局牌子。

7月26日 中共中央政治局常委、国务院总理温家宝到国家电网公司电力调度中心考察电力生产情况，向奋战在迎峰度夏第一线的电力职工表示慰问。

7月29日 中共北京市委副书记、市长王岐山到北京经济技术开发区调研，听取了北京经济技术开发区负责人的汇报，王岐山勉励开发区全体人员，要树立雄心壮志，努力把北京经济技术开发区建成走新型工业化道路的示范区。

7月30日 由市工业促进局副局长常青率队的市企业信息化工作领导小组对北京燕东微电子有限公司的ERP项目进行实地考察调研。

7月 国家统计局公布2003年全国大型工业企业名单，首钢以销售额4791338万元和资产总额6259571万元，名列全国大型工业企业第九名、钢铁企业第二名。

8月

8月2日至8日 由市工业促进局局长程连元带队的6家企业组成的联合考察团对西藏拉萨进行了产业投资考察。6家企业为市自动化研究院、北京吉普、雪莲羊绒、华盾塑料、歧黄药业、京师维康药业。在拉萨市政府主办的座谈会上，考察团与拉萨市各委办局就产业发展环境、产业项目合作等议题进行了探讨交流。市工业促进局与拉萨市政府签订了产业合作框架备忘录，华盾塑料公司与西农集团签订开发研究高原地区大棚专用膜技术合作协议；雪莲羊绒公司与当雄县政府达成协议；京师维康药业与拉萨市科技局签订协议，共同开发研究牦牛血保健品。

8月4日 平谷区经济委员会挂平谷区乡镇企业局牌子，中共北京市平谷区经济工作委员会和北京市平谷区经济委员会合署办公。

同日 首钢迁钢一号焦炉正式出焦。6日，首钢总公司举行迁焦工程投产典礼仪式。

8月5日 首钢总公司举行高强度机械制造用钢生产线开工典礼。

8月6日 北京石油化工和新材料产业基地建设工作协调领导小组第一次会议在市工业促进局电视电话会议室召开。基地协调领导小组组长、市工业促进局副局长冯海主持了会议，基地协调领导小组副组长、市发改委委员陈怀伟，房山区副区长高言杰，燕化公司副总经理杨清雨等出席了会议。

8月10日 市工业促进局局长程连元陪同北京市原副市长胡昭广前往北京恒有源公司调研，听取了恒有源公司对中央液态冷热源环境系统的原理及现阶段推广情况的工作汇报，考察了系统工程实例的运行情况以及双温热泵机组的生产车间。

8月11日 白孔雀艺术世界举行故宫博物院收藏隋人章草书《出师颂》高仿真品出版发行会及故宫博物院珍藏书画仿真精品展。

8月12日 中共北京市委副书记、市长王岐山到永定门百荣世贸商城、北京统一石油化工有限公司调研，听取了北京市私营个体经济协会关于非公经济工作情况汇报，并与非公企业家代表进行了座谈。

同日 首钢总公司热镀锌板生产线一次试热成功。

8月13日 中共北京市委常委、常务副市长翟鸿祥到延庆县调研，先后视察了北京庆和食品有限公司、德青源健康养殖生态园等企业。

8月16日 首钢总公司与山西大同煤矿集团长期战略合作协议签字仪式在首钢举行。

8月17日 北京市政协主席程世峨就民营经济发展情况进行视察。与市政府领导及有关部门负责人进行座谈，到北京中创信测科技股份有限公司进行座谈，并视察了公司的研发部和生产车间。市政协副主席韩汝琦、朱相远、满运来、王长连、张和平、陈建生，秘书长李建华等参加视察。

同日 中国机械工业联合会名誉会长何光远和中国汽车工业咨询委员会的老领导、老专家到北汽控股公司调研。

8月18日 北京石油化工和新材料产业基地建设工作协调领导小组成立大会在房山区召开，市工业促进局局长程连元、市发改委副主任张工、房山区、北京燕山石化有限公司、中石化北京燕山分公司、北京东方石化有限公司等单位和企业领导参加了会议。北京石油化工和新材料产业基地初步规划用地3220公顷，计划到2010年总产值1100亿元。基地建设工作协调领导小组组长由市工业促进局副局长冯海担任，成员单位有市发改委、房山区政府以及燕化公司等。

8月19日 中丽制机化纤工程技术有限公司入驻光机电基地签约仪式在基地举行，中丽制机化纤工程技术有限公司是中国纺织科学研究院控股、产权多元化的化纤机械公司。该项目计划投资4.5亿元，建设用地103.7亩，计划在2004年9月底开工建设，2005年9月竣工。预计年产值在10亿元以上。

同日 山西省电力公司新建竣工的河曲电厂——神头二电厂500千伏输电线路位于忻州市偏关县窑头乡大嘴村附近的Ⅱ回62～65号区段，遭受盗窃破坏，造成4基铁塔变形报废，5200米导线被毁，直接经济损失50万元。

8月20日 中共北京市委副书记、市长王岐山到北京吉普汽车有限公司调研。

同日 在全国工农业旅游示范点情况介绍会上，首钢总公司等9家北京企业荣膺“全国首批工农业旅游示范单位”称号。

8月22日 北京吉普杯中法文化之旅北京—巴黎汽车拉力赛在天安门广场发车启程。

8月24日 韩国KIFCO公司与光机电基地签订标准厂房租赁协议，租赁面积3533平方米。KIFCO公司是日本NIFCO公司在韩国成立的独资企业，主要从事汽车注塑零部件制造。

8月25日 为促进北京医疗器械产业的发展，市工业促进局邀请万东医疗、北京医疗器械所、航天长峰、蒙太因医疗器械、有研亿金、奥斯比利克、百幕航材等12家医疗器械生产企业召开座谈会。副局长常青出席会议，介绍了市工业促进局的机构职能设置以及北京市医疗器械产业的发展情况。各参会企业分别介绍了本企业生产经营的概况，对北京市发展医疗器械产业提出了建议。

8月26日 北京市副市长陆昊、市工业促进局局长程连元在市政府会见了创维集团董事长黄宏生一行。陆昊认为北京市场特点适合创维北京项目的发展，北京市政府会大力支持、全方位配合项目建设。

同日 位于怀柔雁栖湖工业区的北京啤酒朝日有限公司举行新工厂开业庆典，新工厂一期投资3.3亿元，引进欧洲技术，采用全封闭无菌化生产工艺，引进废水处理和回收再利用系统，是国内首家实现生产全系列生啤酒的厂家。中国企业联合会会长陈锦华、中国机械工业联合会会长于珍、中国轻工业联合会副会长张善梅、北京市副市长张茅、日本国环境省大臣小池百合子和日本国驻华大使、朝日啤酒株式会社、伊藤忠商事会社的有关人员出席了开业庆典。

8月27日 爱克斯爱尔（北京）加温系统有限公司与光机电基地签订标准化厂房租赁协议，租赁面积1400平方米。该公司为瑞士独资企业，主要生产工业加湿器。

8月 在全国百姓放心示范医院表彰大会上，北大首钢医院成为全国首批240所达标的“全国百姓放心示范医院”。

9月

9月1日 燕化公司炼油厂生产的欧Ⅱ排放标准车用汽油投放北京市场。

9月2日 北京市工业促进局局长程连元、副局长常青会见了国家开发银行营业部总经理朱裕峰一行，双方就如何开展合作事项进行了交流和洽谈。

同日 中共北京市委常委、常务副市长翟鸿祥，市国资委主任熊大新、副主任张俊明一行到照相机总厂调研。

9月3日 第八届京港洽谈会北京经济技术开发区专场推介会在香港会展中心举行。北京市副市长陆昊参加了推介会。北京开发区参展位100平方米，以“高新技术产业和现代制造业基地”为主题，着力宣传北京开发区在10年时间里取得的成果以及具备的良好投资环境。

9月8日 北京粮食集团召开古船面粉荣获中国名牌发布会，市工业促进局副局长常青出席了会议。

9月10日 市工业促进局为机关干部举办《产业发展战略背景、规律、研究方法与案例》专题培训讲座。

9月10日至12日 在“新世纪北京首届职业技能大赛”中，市工业促进局承办的加工中心操作工、数控车工、数控铣工决赛在航天一院和市工贸技师学院举行。副局长常青到现场看望了比赛选手。

9月14日 北京市副市长陆昊会见美国健赞公司高层领导，陆昊指出北京具备最佳合作条件，希望健赞公司能够和北京市进一步合作。市工业促进局局长程连元和商务局副局长周河参加会见。

同日 北京市技术监督局召开2004年北京市产品荣获中国名牌新闻发布会。荣获中国名牌产品分别是：联想牌万全服务器、方正牌服务器、燕京牌啤酒、三元牌液太奶、雪莲牌羊绒衫、丰收牌葡萄酒、李宁牌旅游鞋、星海牌钢琴、大宝牌化妆品（非儿童类护肤霜）、金狮牌酱油、龙门牌食醋、长城牌润滑油、联想微型计算机、方正微型计算机、同方微型计算机、华盾农用聚乙烯大棚膜、古船小麦粉、汇源果汁饮料、铜牛内衣及绅士衬衫等。副市长陆昊出席会议并讲话。

9月15日 二七机车厂机车车间获国家人事部、国务院国资委颁发的“中央企业先进集体称号”。

9月16日至18日 第八届北京生物医药产业发展论坛召开，本届论坛以“抉择与突破”为主题，由全球医药企业家峰会、论坛大会报告、专题卫星会以及展览展示四大部分组成。美国药典委员会、国家食品与药品监督管理局、中国医科院、军事医学科学院、北京大学医学部、北京市政府及国内外医药企业集团领导人和专家学者约400人出席了大会。在医药企业家峰会上，北京市副市长范伯元发表了致词。市工业促进局局长程连元做了题为《紧抓机遇，发挥优势，加速发展北京医药产业》的主题演讲。

9月17日 市工业促进局与市质量技术监督局联合召开2004年北京名优产品展示展销会新闻发布会，市工业促进局副局长常青、市质量技术监督局副局长梁益圃出席发布会，并向首都10多家新闻媒体的记者们介绍了展示展销会情况。

9月18日 2004中国食品安全年会在人民大会堂召开，北京燕京啤酒集团获全国食品安全示范单位年度10强。

9月20日 北京京东方TFT—LCD第五代生产线项目设备迁入北京经济技术开发区仪式举行，北京市工业促进局局长程连元出席仪式并致辞。

同日 北汽控股公司系统产销汽车累计突破300万辆。

9月20日至22日 第二届亚洲地区国家履约机构研讨会在北京召开。来自29个亚洲地区国家履约机构的参会代表和国际禁化武组织代表共约60人参观了北京东方化工厂。

9月21日 密云县撤销乡镇企业局，调整经济委员会职责。将原乡镇企业局职能划入经济委员会，经济委员会对国有资产进行监督管理。

9月22日 全国石油石化行业技能竞赛在燕化结束，共有52家油田、炼化企业的370多名选手参加了在胜利油田和燕山石化两个赛区的井下作业、钻井柴油机工、加氢裂化装置操作工、乙烯装置操作工计4个工种的竞赛，燕山石化获得加氢裂化装置操作工决赛团体第二名、乙烯装置操作决赛团体第三名及优秀组织奖。

9月22日至23日 市工业促进局召开全市工业三季度经济运行分析会。各控股（集团）公司、各区县的主管领导参加了会议，对三季度及全年的经济运行情况、前三季度新增长点的带动作用及存在的问题进行了分析汇报，对四季度及至全年的运行情况进行了预计。

9月23日至24日 北京国际微电子研讨会在北京举行，研讨会主题是“微电子产业与科技奥运”。研讨会从资金、技术、市场和人才等方面探讨了2008北京奥运商机与中国微电子产业发展。国家科技部副部长马颂德、信息产业部副部长苟仲文和北京市副市长陆昊等出席了开幕式并讲话。市工业促进局局长程连元主持了开幕式，副局长冯海代表北京半导体行业协会与美国华美半导体行业协会、香港科技园和北京集成电路设计园签订了“大中华区集成电路应用开发平台联盟”合作签约仪式。

9月23日至24日 北京市政协主席程世峨及市政协委员视察产业结构调整和国有企业发展情况。市委常委、常务副市长翟鸿祥向委员们通报了有关情况。委员们先后视察了京东方科技集团股份有限公司、北一大隈机床有限公司、北汽福田汽车股份有限公司、北人印刷机械股份有限公司和恒有源科技股份有限公司。市政协副主席黄以云、朱相远、张和平、陈难先、唐晓青，秘书长李建华参加视察活动。

9月23日　由国家科技部高新技术发展及产业化司会同大唐电信科技股份有限公司举办的国家“八六三”计划超大规模集成电路设计专项重点课题“面向通信的综合信息处理SOC平台”（简称“COMIPTM”）产品新闻发布会在天鸿科园大酒店举行。国家科技部副部长马颂德、国家“八六三”超大规模集成电路专家组组长严晓浪分别致辞祝贺。市工业促进局局长程连元、副局长冯海出席了发布会。

9月24日　为加大对北京名牌产品和企业的宣传、推广和保护，市工业促进局、市质量技术监督局、崇文区政府和北京工业经济联合会共同举办的“2004年北京名优产品展示展销会”在崇文区大都市街开幕。共有84家名牌企业参展，42家企业参加销售。

同日　市工业促进局局长程连元会见了来访的德国曼罗兰集团执行副总裁富克斯先生一行。曼罗兰是全球最大的印刷设备生产商之一，是世界第一大卷筒印刷机制造商，第二大平张印刷机制造商。程连元向德国客人介绍了北京市印刷机械行业的总体情况，欢迎曼罗兰集团代表来北京考察，富克斯先生表达了在中国投资建厂的愿望。

同日　国家发改委在南京召开部分省市工艺美术行业主管部门座谈会。会上，市工业促进局介绍了北京市工艺美术行业发展情况和大师评选工作经验。

9月25日　中国内地第一条12英寸芯片生产线在北京经济技术开发区中芯国际（北京）建成投产。中共中央政治局委员、北京市委书记刘淇，市长王岐山，国家信息产业部副部长娄勤俭，国务院台湾事务办公室副主任王福卿，市委常委、市委秘书长孙政才等出席了投产仪式。副市长陆昊主持仪式，美国驻华大使馆商务参赞艾伦到会并致辞，王岐山发表讲话。中芯国际12英寸芯片厂总占地面积24万平方米，一期建筑面积18万平方米，其中洁净室1.8万平方米。该厂于2002年9月开始动工，是全球第一个建设有污水回收处理系统的集成电路厂。

同日　北京牡丹电子集团博士后科研工作站揭牌。工作站旨在培养、使用和吸引高层次科技人才和管理人才，促进产学研结合。

同日　市国有资产监督管理委员会、市国有资产经营公司、中国华源生命有限公司、中国高新技术发展有限公司签订《关于北京医药集团战略重组协议》。

9月26日　房山区举办庆祝建国55周年工业成就展，共征集展品300余件，图片资料300多张。涉及乡镇16个，总公司4个，企业29家，有5000多人观看了展览。

9月28日　新世纪北京首届技能大赛决赛在北京市交通学校拉开序幕。新世纪北京首届技能大赛共举办5700余场初赛，近900场复赛，初赛参加人数25万余人，从中决出3.6万余人参加复赛。参加大赛的国企占参赛单位总数的46%，民营企业和个体工商户参赛比例占35%，集体企业、合资企业分别占11%和5%，其他占3%。初赛累计工种达到1064个，复赛累计竞赛工种487个。参赛者中，在职职工占56%、职校在校生占26%、外地来京务工人员占7%、个体从业人员占6%、失业人员占3%、本市农民工占2%。

同日 由信息产业部主办的“国家电子信息产业基地授牌仪式暨基地建设座谈会”在北京举行。北京、天津、上海、青岛、苏州、杭州、深圳和福州、厦门沿海地区及广东珠江三角洲地区等10个城市和地区成为首批国家电子信息产业基地。国家信息产业部部长王旭东、副部长娄勤俭出席了授牌仪式，市工业促进局局长程连元代表北京市接牌。

9月29日 中电科卫星导航系统有限公司入驻光机电基地签约仪式在基地举行。该公司在光机电基地占地84.8亩，计划投资7亿元人民币。主要负责卫星导航接收机IC芯片组与主机板高技术产业化示范项目的实施，并代表中国电子科技集团公司负责中国“二代导航卫星”项目和中欧“伽利略计划”合作中的民用卫星导航接收机产业化工作，注册资本1400万元。示范项目一期投资8338.01万元，2005年建成年产30万台（套）芯片组与主机板的生产线；二期投资2亿元左右，5年内达到150万台（套）生产能力；另有4亿元用于“伽利略计划”合作项目。

9月 国家稀土永磁电机工程技术研究中心北京中试化产业基地在首钢电机厂举行揭牌仪式。

10月

10月1日 延庆县20家黏土砖厂关闭。

10月8日 国家发展和改革委员会、财政部、海关总署、国家税务总局联合下发文件，对国家认定技术中心近两年年度评价得分前50名的企业技术中心进行表彰，并授予“国家认定企业技术中心成就奖”。北京市有首钢总公司技术中心、清华同方股份有限公司技术中心、联想集团有限公司技术中心获此殊荣。

10月9日 首钢迁钢公司炼铁分厂高炉产出第一炉合格铁水。

10月10日 由北京市长城家具公司与法国奇耐特座椅公司合资兴建的北京奇耐特长城座椅有限公司在大兴厂址内开业。合资公司占地10000平方米，其中生产车间5000平方米，年生产能力中高档座椅10～15万套。

10月12日 市工业促进局召开全市工业引智工作会议。副局长常青和国家外国专家局及北京市外专局的领导到会并讲话。各控股公司、区县、工业开发区、行业协会和重点企业有关负责人共90多人参加会议。北汽福田公司、七星华创集团和天利深冷公司介绍了开展引智工作的经验和体会。

10月13日 北京医药集团与中国华源集团战略重组的北京医药集团公司改制揭牌仪式在北京饭店举行，国务院国资委副主任邵宁与北京市副市长陆昊共同为北京医药集团揭牌。

同日 首钢迁钢公司炼钢分厂转炉产出第一炉合格钢水。

10月15日 河北省首钢迁钢公司竣工投产典礼在迁钢公司举行。

10月16日 在人民大会堂召开的中国企业文化促进会建会十周年庆典暨第三届全国会员代表大会上，京煤集团被评为中国企业文化建设先进单位，并荣获2004年度中国企业文化建设优秀成果奖。

10月17日 国务院发展研究中心工

作组在党组书记陈清泰带领下，到北京现代公司视察指导工作。

10月18日　北京工美集团有限责任公司（简称北京工美集团）王府井工美大厦在民族文化宫大剧院召开建店50周年庆祝大会。

10月19日　市工业促进局、平谷区人民政府在平谷区召开“北京绿谷乐器制造产业基地建设方案研讨会。

10月20日　市工业促进局和市商务局、市投资促进局及日中贸易协会等单位共同主办的第一届日本企业在京投资研讨洽谈会在北京饭店开幕，副市长陆昊为大会致词。市工业促进局局长程连元，副局长冯海、常青出席了开幕式。

10月20日至21日　在第四届中国上市公司百强高峰论坛会上，首钢股份以利润122118万元位居2003年度“中国上市公司百强排行榜”第26位。

10月21日　中国南车集团北京二七车辆厂研制的70T级新型共用平车通过铁道部技术审查。

10月22日　首钢建材化工厂划转丰台区补充签字仪式在首钢举行。

10月27日　市工业促进局局长程连元到荣获“中国名牌”企业的铜牛、雪莲公司和“北京市著名商标”企业的龙徽酿酒公司调研。

同日　北京同仁堂国药有限公司与香港科技园公司举行土地租赁签约仪式，同仁堂生产基地首次入驻香港。

同日　京煤集团金泰恒业公司京煤四厂的富地康体俱乐部开业，面积3100平方米，内设健身区、休闲区、沐浴区，配有四星级酒店式标准客房。其中，健身设施总投资500万元。

10月27日至11月5日　北京工艺美术行业协会与市工业促进局有关人员到台湾进行北京工艺美术产品市场建设洽谈，到台北、台中和高雄等地区进行了招商宣传。

10月28日　北京市副市长陆昊到北京龙徽酿酒有限公司调研，参观了龙徽葡萄酒的展室以及生产线，对龙徽葡萄酒的发展提出了要求和建议。

10月　首钢矿业公司水厂选矿厂尾矿复合精选工艺、过滤系统工艺技术升级两项科研成果，通过北京市科委技术鉴定。

11月

11月1日　北京市国防科工办主任冯海赴通州，专题协调航天运载火箭项目前期选址工作。就项目的规划布局、土地征用、与地方经济融合等相关问题与通州区有关部门交换了意见。

同日　在北京市资生堂丽源化妆品有限公司欧珀莱化妆品上市10周年之际，北京市副市长陆昊会见了日本资生堂株式会社社长池田守男一行。

11月2日　北京市高新技术成果转化服务中心在国家行政学院召开“2004年度北京市支持高新技术产业发展财政专项资金落实大会”。通报了北京市高新技术产业发展优惠政策落实情况，并现场向高新技术成果转化项目企业发放财政专项资金。副市长范伯元出席会议并讲话。

同日　北京市企业信息化工作经验交流会在市经干院召开。市工业促进局、市发改委、市国资委、市科委、市商务局、市信息办的领导出席了会议。会上，北开电气、三环啤酒、普析仪器仪表、翠微商厦、燕东微电子、雪莲羊绒、大宝、九州通等8家企业介绍了开展信息化的经验和做法，市工业促进局局长、市企业信息化工作领导小组组长程连元作了《加快企业信息化建设，推动我市经济跨越式发展》的报告。

11月3日 市工业促进局与市发改委联合召开石化新材料产业基地建设与首创轮胎易地迁（扩）建项目工作协调会，市规划委、建委、市政管委、环保局、国土资源局、水务局、北京电力公司、房山区、石化新材料产业基地建设工作协调领导小组、北京首创轮胎有限公司有关负责人出席会议。与会人员分别就基地建设与首创轮胎项目所涉及的规划、土地、环保、电力、供水、供热等方面的问题进行了交流和研讨。

11月4日 由国家发改委、商务部、科技部、信息产业部、教育部、中科院、贸促会、中国工程院、中国科学技术协会和上海市人民政府共同主办的第六届上海国际工业博览会（以下简称“上海工博会”）在上海新国际博览中心开幕。北京市组织京东方、和利时、大唐微电子、曙光信息、北京现代、北京吉普、北汽福田、时代集团、首钢集团、北人集团、北新建材、纳米科技、亚都公司以及京仪控股和隆达控股28家企业参加。参展产品包括电子信息、机电、自动化控制、环保和新材料等领域的名优产品，北京现代制造业的汽车产品。

同日 市工业促进局副局长冯海到北京恒有源公司调研，听取了恒有源公司总经理对中央液态冷热源环境系统的原理及现阶段推广情况的工作汇报，实地考察了系统工程实例的实际运行情况以及双温热泵机组的生产车间。

11月5日 在北京市再就业表彰大会上，首钢总公司荣获“北京市再就业先进企业”称号。

11月8日 北京雪莲羊绒股份有限公司新厂投产仪式在大兴区瀛海镇工业园区举行。北京市政府有关委、办、局和协会及企业代表300多人出席，市工业促进局副局长常青致贺词。

11月9日 市工业促进局副局长常青到北京造纸七厂调研。

11月10日 北京创四方电子有限公司租用基地光联公司厂房协议签订。租用标准厂房2257.7平方米，预计总投资额2100万元。北京创四方电子有限公司属于中法合资高科技企业，主要生产电子元器件、激光电源及整机产品。

11月11日 北京京城工业物流有限责任公司领取中外合资经营企业执照，采取瑞士LBLOGISTIQIEBEAG公司认购北京京城工业物流有限公司增资方式。总投资1.5亿元人民币，注册资本6150万元人民币，其中，瑞方公司出资1550万元人民币。

同日 首钢总公司举行ERP一期工程上线成功发布会。

11月13日 中国华源集团旗下的华源生命产业有限公司以11.6亿元现金投资北京医药集团，持股40%，实现了全国最大医药集团与北京最大医药集团的联合，改制重组后的北京医药集团有限责任公司同日挂牌。国务院国有资产管理委员会副主任邵宁，中共北京市委副书记阳安江，市委常委、常务副市长翟鸿祥和副市长陆昊出席新北京医药集团有限责任公司揭牌仪式。

11月15日　房山区举行2004年度招商引资项目签字仪式。签约项目15个，总投资近100亿元。其中，协议项目10个，意向项目5个。其中有投资12亿元的首创轮胎子午胎新工厂建设项目，投资30亿元的东方石化公司部分装置搬迁改造项目，投资10亿元的北新集团新型建材基地建设项目等。市农委、商务局、乡镇企业局、投资促进局、工业促进局、市发改委的有关负责人出席了签约仪式。

同日　华北电网最大负荷达到4490万千瓦，创历史最高纪录。

同日　首钢机电公司与德国西马克公司冶金设备制造合作签字仪式在机电公司举行。

11月16日　由中国南车集团二七车辆厂与中铁现代物流科技股份有限公司共同出资组建的北京二七储运有限公司举行开业庆典。该公司以商品车中转储运业务为主，辅以汽车配件、其他物资储运业务。

11月16日至30日　北京市工业促进局局长程连元带队赴欧洲专业招商考察。参观考察了诺华制药、拜耳制药研发中心、卡尔施多茨医疗器械公司、海德堡印刷机械厂、曼罗兰印刷机械厂、高宝印刷机械厂等9家医药、医疗器械与印刷机械企业，走访了海德堡生物科技园和郝斯特工业园，在图特林根、柏林组织了两场专业招商活动，参加了在杜塞尔多夫举办的医疗器械展览会，与40余家医疗器械、印刷机械及医药企业进行了交流。

11月17日　北京市副市长陆昊视察了北京商业街区，听取了中国纺织工业协会、东城区政府、市规划委员会、市工业促进局的汇报。

11月18日　北京市市长王岐山对城市节能和新能源利用情况进行调研，考察了北京恒有源科技发展有限公司和海淀外国语实验学校应用中央液态冷热源环境系统情况。

11月19日　由北京市工业促进局、中国服装设计师协会、服装时报联合举办的首届中国（北京）时尚论坛在中国大饭店举行。市工业促进局副局长常青在论坛上做了题为《促进时装产业发展、努力打造时装之都》的演讲。介绍了北京市政府与中国纺织工业协会共同制定的《促进北京时装产业发展、建设时装之都规划纲要》的发布情况，同时重点就北京建设“时装之都”的背景、条件分析、总体思路、主要措施进行了论述。出席本次论坛的还有中国服装设计师协会主席王庆以及中外知名服装企业家代表。

同日　北京市人民政府与中国纺织工业协会联合举行新闻发布会，共同发布《促进北京时装产业发展、建设时装之都规划纲要》，副市长陆昊、中国纺织工业协会会长杜钰洲出席了发布会并回答了记者提问。新闻发布会由市工业促进局副局长常青主持。

同日　中国国际时装周开幕。中国纺织工业协会会长杜钰洲、北京市副市长陆昊、市工业促进局副局长常青参加了开幕式。

同日　北京电视技术研究所整建制并入北京牡丹电子集团有限责任公司，实行企业编制。

同日　中国同仁堂（集团）有限责任公司诉温州叶同仁堂药品零售连锁有限公司商标侵权一案，经浙江省高级人民法院调解，双方自愿达成协议，温州叶同仁堂公司将“叶同仁堂”更名为“叶同仁”并承担全部诉讼费，支付北京同仁堂各项费用总计40万元人民币。

11月23日 市工业促进局副局长常青带领市企业信息化工作领导小组成员到北京金隅集团星牌建材有限责任公司信息管理系统进行检查验收。北京星牌建材有限责任公司信息管理系统一期项目为原北京市经委支持项目。星牌建材ERP管理系统采用金蝶公司的管理软件K3，该系统包括财务子系统、采购子系统、库存子系统和销售子系统等功能模块。

同日 连续4年缺水不能发电的潘家口蓄能电厂3台抽水蓄能机组开机发电。

同日 北京市副市长吉林一行来首钢检查指导环保治理工作。

11月26日 北京市副市长陆昊听取9位国内名牌服装企业家和著名服装设计师就北京市建设“时装之都”具体项目的意见和建议。

同日 北京金隅集团与瑞典麦克斯特集团合资成立的麦克斯特建筑材料（北京）有限公司在北京水泥厂举行开工建设奠基仪式。该合资项目总投资1.5亿元人民币，工厂占地面积2万平方米，建筑面积8000平方米，年生产能力为13万吨，预计2005年8月投产。

同日 北汽控股公司与戴姆勒—克莱斯勒股份公司在德国不莱梅市举行增资生产梅赛德斯奔驰轿车合同签字仪式，正在德国访问的国务院副总理曾培炎出席了签字仪式。

11月27日 北京重型电机厂与法国阿尔斯通公司的大型发电设备制造合资项目签约仪式举行。合资企业注册名称为“北重阿尔斯通（北京）电气装备有限公司”，首期投资2990万美元。北京重型电机厂占注册资本40%，阿尔斯通（中国）投资有限公司占注册资本60%。合资公司经营范围为制造、调试和销售60万千瓦或以上超临界机组，60万千瓦或以上空冷大型机组和其他大型热电机组，提供备品备件和售后服务以及技术咨询和技术服务。预计未来三年投资总额可能增加到6000万欧元，年产6台60万千瓦汽轮发电机组，年销售额13亿元人民币，年利润约1亿元。

11月30日 北京电子商会在中关村鼎好大厦召开电子信息产业发展形势报告会，近百名电子信息企业代表参会。

同日 北京北方微电子设备基地承担的国家“八六三”计划专项—IC芯片刻蚀机刻蚀出第一片实验室级8英寸100NM硅片。

同日 一辆欧v客车驶下生产线，这标志着北汽福田汽车公司第100万辆商用汽车下线。

11月 中国钢铁工业协会、中国金属学会共同主办的2004年度冶金科学技术奖评奖揭晓，由首钢和钢铁研究总院等15家单位共同开发的“低碳素体/珠光体钢的超细晶韧化与控制技术”项目获特等奖，由首钢为主开发的“首钢500毫米中厚板轧机核心轧制技术和关键设备研制”、“220吨/小时全烧高炉煤气的高温高压电站锅炉”2个项目获一等奖。还有2个项目获二等奖，5个项目获三等奖。

11月 在以“国际化进程中的中国企业文化”为主题的中外企业文化2004年峰会上，首钢总公司荣获实践创新奖和组织推动奖。

12 月

12 月 1 日 全国党建研究会会长张全景一行到北京现代汽车有限公司调研。

12 月 2 日 在北京市第七届思想政治工作优秀单位、优秀工作者表彰大会上，首钢总公司被授予“北京市思想政治工作优秀单位”称号和“拓荒牛”奖牌。

12 月 3 日 北京市第一中级人民法院宣告资源枯竭的京煤集团杨坨煤矿破产程序终结。

12 月 6 日 北京奔驰—戴姆勒·克莱斯勒汽车有限公司新工厂奠基仪式在北京经济技术开发区举行。德国总理格哈特·施罗德和中共中央政治局委员、北京市委书记刘淇，北京市市长王岐山等出席了奠基式。

同日 首钢总公司与日本黑崎插磨株式会社合资合同签字。

12 月 8 日 联想集团宣布以12.5亿美元收购 IBM 全球台式电脑和笔记本业务，与 IBM 组成战略联盟。

12 月 9 日 大港电厂二号机组结束168小时满负荷试运，正式投产发电。

12 月 10 日 首届“北京影响力”十大经济人物和十大企业揭晓，北汽控股公司党委书记、董事长安庆衡获最具影响力的十大经济人物之一，北京现代公司获最具北京影响力十大企业之一。

12 月 11 日 由华北电科院承担的国家电网公司、华北电网有限公司重点科技项目——10 千伏高电压并联式混合型电网高次谐波有源滤波装置研究，通过国家电网公司组织的项目验收和技术成果鉴定，该装置是中国首次自主研制并投入工业运行的第一套 10 千伏大容量电网高次谐波有源滤波装置。

12 月 12 日 市工业促进局联合市商务局、投资促进局共同举行“投资北京工业情况通报会”。参加通报会的外宾有：捷克驻华使馆、韩国驻华使馆、德国驻华使馆贸易促进处、美国美中贸易委员会、日本商会等国的官员和商会、协会组织负责人共 60 多人。市商务局、投资促进局就两局的职能定位和北京市的外经外贸、投资促进情况进行了介绍。市工业促进局就北京市工业经济运行情况、近年来工业领域外商投资情况和招商引资情况进行了介绍。

12 月 14 日 国家西电东送重点工程——大唐发电厂神头二电厂工程3号50万千瓦机组一次性通过168小时试运行，提前五个半月投产发电。

12 月 15 日 由太原—晋中—临汾—晋城—长治—榆社环绕山西中南部地区的500 千伏电网建设工程建成投运。该工程是山西省重点工程建设项目，总投资 3.53 亿元。

同日 北京广播电影电视设备制造厂整建制并入北京北广电子集团有限责任公司。

12 月 21 日 诺华公司、军科院微生物流行病研究所、中信集团、昆明制药集团和浙江医药股份有限公司新昌制药厂联合在北京东方君悦大酒店召开复方蒿甲醚成功开发和生产合作十周年庆祝会。

12 月 22 日 京津唐电网最大负荷2220万千瓦，再创历史最高纪录。

同日 京煤集团昊煜公司与广州本田西上海集团共同筹资的广州本田汽车北方物流基地一期工程投入使用。该基地位于昊煜公司所属达兴公司在大兴黄村卫星城的厂区内，占地10万平方米。其中，一期工程占地2万多平方米，有长1230米的铁路专用线1条。当日，第一批3列集装箱计426辆本田汽车沿铁路线运入物流基地。

12月23日 一辆标有第20万辆的伊兰特汽车驶下北京现代公司生产线。

12月24日 市工业促进局和市发改委、市科委、中关村管委会在北京集成电路设计园举行中关村SOC促进中心揭牌仪式，副市长范伯元为中关村SOC促进中心揭牌。

12月26日 北京国际电力开发投资公司与北京市综合投资公司合并重组，成立北京能源投资（集团）有限公司同时揭牌。该公司注册资本88亿元，总资产260亿元，净资产超过百亿元。

12月28日 北京普朗新技术有限公司与光机电基地正式签订入驻协议。该公司占地38亩，计划投资2亿元，亩均投资额526万元，预计达产后年销售收入约2亿元。北京普朗新技术有限公司是一家民营公司，主要生产酶标分析仪、生化分析仪、洗板机等医疗检测设备和医疗试剂。

同日 由京煤集团控股、京煤集团金泰恒业公司和京煤集团化工厂职工参股的河北北京太行有限责任公司注册成立。河北北京太行有限责任公司是在京煤集团收购河北省保定卫星化工公司基础上成立的新公司，位于河北省涞水县县城，注册资本1000万元，主营项目为火工产品。

同日 首钢总公司与中国农业银行战略合作协议签字。

12月30日 市工业促进局副局长、北京传统工艺美术评审委员会主任常青，主持召开北京市工艺美术大师评审委员会工作会议。18位委员讨论通过了《关于2004年评审北京工艺美术大师的实施办法》、《关于授权技术顾问组负责对北京工艺美术大师初评的决定》。

12月 朝阳区被北京市工业经济运行部门联席会议授予“首都2004年度经济运行调节工作先进单位”。

12月 北京科兴生物制品有限公司牵头组织研制的非典灭活疫苗一期临床试验完成，疫苗的安全性得到证实，成为世界上首例通过临床试验的非典疫苗。

12月 市国资委发布2003年国有资产保值增值排序结果，在55户大型企业单位中，京煤集团以资本保值增值率105.10%排在第4位。

12月 在第七届中华技能大奖和全国技术能手表彰大会上，首钢总公司荣获“国家技能人才培育突出贡献奖”。

12月 中国企业新纪录审定委员会公布的“创造第9批中国企业新纪录企业”名单。其中，首钢矿业公司水厂铁矿2003年采剥总量全员劳动生产率44949.5吨/人和精矿粉全员劳动生产率4976.75吨/人，均创国内同行业新纪录。

是年 京煤集团出口煤炭204.49万吨，出口煤销量首次突破200万吨，创年出口煤炭历史最高水平，成为中国无烟煤出口第一家。

工作概况

【综述】 年内，在中共北京市委、市政府的领导下，北京工业经济呈现较好态势，增速快、效益好，投资大幅增长，多点支撑格局初步形成，主要经济指标均创十年来最好水平。

年内，规模以上工业企业实现增加值1259.5亿元，同比增长19.9%，创十年最高水平。高新技术产业完成增加值377.7亿元，同比增长17.7%。全年完成现价工业总产值4880.9亿元，同比增长26%。实现销售收入5110.8亿元，同比增长31.7%；实现利润310.8亿元，同比增长32%；产销率97.8%，同比提高0.3个百分点。规模以上工业企业经济效益综合指数为169.3%，同比提高18.4个百分点。全市工业整体运行健康，工业以占全市经济30.1%的比重，对全市经济增长的贡献率达到了43.4%，成为2004年拉动全市经济增长的最主要力量。

多点支撑局面初步形成，产业结构进一步优化。现代制造业各重点产业均实现快速增长，以电子信息、汽车、机电、生物医药产业为代表的现代制造业在全部工业中的比重逐步提高。2004年，电子信息产业占工业增加值的比重为16.1%，对工业增长的贡献率为4.2%；交通运输设备制造业占工业增加值的比重为9.8%，对工业增长的贡献率达到18.5%；机电产业占工业增加值的比重为19.2%，对工业增长的贡献率达到23.1%；生物医药产业占工业增加值的比重为4.6%，对工业增长的贡献率达到8.1%。全市工业呈现出多点支撑的产业格局，四大产业对工业增长的贡献率达到53.9%。

工业投资快速增长，发展后劲明显增强。年内，全市工业完成固定资产投资254.5亿元，同比增长54.6%，达到十年来最高水平；累计实际利用外资金额11.4亿美元，占全市37%，同比增长56.9%；全市工业累计新批设立外商投资企业572户，占全市的31.7%，同比增长10.9%。一批重点投产项目开始发挥作用，已成为北京工业新的亮点；一批在建项目正在顺利实施，成为新的经济增长点；一批重点洽谈项目正在积极推进，将成为新的后劲所在。电子信息产业中投资12.5亿美元的中芯国际北京项目正式投产，京东方TFT—LCD第五代生产线项目于年底建成投产。汽车产业中的北京现代汽车三期技改项目进入审批程序；吉普汽车奥兰德技术改造项目将采用欧Ⅲ标准；奔驰轿车项目12月6日新厂正式奠基。机电产业中的北重阿尔斯通合资项目建议书已获批复，北起多田野9月开始试生产。医药产业中的同仁堂亦庄生产基地全部工程基本竣工；紫竹药业计划生育、生殖健康系列用药技术改造项目基本完成。基础产业中的重大结构调整项目首钢150万吨冷轧项目和燕化1000万吨炼油改造工程项目均在报批中。

努力在增量中发展高端，产业水平逐步提高。随着一批具有世界水平的重大项目建设，工业部分领域进入产业高端。于9月25日建成投产的中芯国际超大规模集成电路生产线，是国内第一条12英寸0.11微米集成电路生产线，代表了国际集成电路制造的最高水平。京东方科技集团TFT—LCD（薄膜晶体管液晶显示器件）生产的首批17英寸液晶显示屏12月28日成功下线。这是中国企业拥有自主知识产权的第一条TFT—LCD五代线，填补了该领域的国内空白。奔驰项目在经济技术开发区的建设，对提高北京汽车产业的技术含量、塑造新的品牌形象产生重要影响。

以节地、节水、节能为重点，指导工业集约化发展。按照中央提出的科学发展观的要求，工业发展的思路进一步得到明确。在具体工作中，一是狠抓基础工作，编制完成了电子、汽车、光机电、医药、基础和都市等六大产业发展方案，明确产业发展的方向和重点。二是加强规划突出指导，空间布局进一步优化。结合全市建设规划和总体规划的修编工作，进一步修订了工业布局调整规划。三是加强对开发区建设的指导协调。为落实科学发展观，率先转变增长方式，节约资源，保护环境，特别是节约北京最宝贵的土地和水资源，在各开发区的密切配合下，北京市工业促进局联合市发改委、国土局、市规委、环保局等部门，研究制定了《关于北京工业开发区（基地）建设项目节约土地和资源的意见》，并经第35次市政府常务会议审议通过。该《意见》提出了北京市工业开发区在土地利用和资源消耗方面的控制指标，并将国家级开发区土地的建筑密度从40%提高到大于55%，市级开发区从30.8%提高到大于50%；国家级开发区和市级开发区的容积率由0.43提高到大于0.8。同时，对北京市电子、汽车、机电、生物医药等重点发展产业的水耗、能耗制定了更为严格的准入标准，并设定了工业总产值、税收、就业等参考性指标。这些指标不仅高于国家规定的相应标准，同时也高于上海、苏州、天津等地的准入标准。作为国内第一个针对开发区工业项目节约土地和资源的标准，将对实现工业开发区的集约化经营起重要的指导和推进作用。（综合处）

【工业运行监测】 是年，北京市工业促进局继续对北京工业14个控股（集团）公司、18个区县的生产总量及效益进行综合的测算平衡，以指导性指标的形式，层层分解下达，逐月、逐季跟踪监测，保证工业经济稳定的发展。

为更准确、及时地把握、分析全市工业运行的趋势、状况，在日常月度、季度监测、分析的基础上，进一步加大对工业经济运行监测预测、分析调研工作力度。首先定期召开经济运行分析会，与各控股（集团）公司、区县沟通情况，及时解决工业运行中存在的问题。通过对全市工业基础数据的监测、分析研究，以及对全市每月的工业生产、经济效益的完成情况及工业经济总体情况的分析，及时编发《综合经济分析》，为领导提供及时、有效的信息。其次是针对夏季迎峰度夏电力紧缺的情况，组织有关部门对重点工业企业用电情况进行调查，并及时向政府有关部门、电力公司反馈对工业企业限电的意见，确保北京夏季用电。

北京市工业运行呈现了稳定健康的良好态势，增速快，效益好，主要经济指标均创十年来最好水平，对全市GDP增长的贡献率达到43.4%。工业增加值累计增速从3月后一直保持在20%左右。工业总量继续扩大，全年月均增加值水平保持在100亿元以上。 （综合处）

【工业布局】 按照中共中央提出的树立和落实科学发展观的要求，北京工业布局以节地、节水、节能为重点，经过清理整顿土地市场秩序，向集约化发展。

是年，北京的开发区由原来的470个减少至28个，整顿结果减少442个，减幅为94%。开发园区规划用地面积由原来的87611公顷，减至现有的40843公顷，减幅为53.4%。实现了国务院提出的减少数量、压缩规模和“停、清、撤、改”的目标和要求。

北京市的工业布局将向这28个开发区集中，实现两个转移，即城区向郊区转移、郊区向开发区转移。此外，在建立微电子、光机电、汽车、生物医药4大工业基地后，北京市在房山区将建设以发展石化下游产品为主的第5大工业基地——石化新材料产业基地。年内，“首创轮胎”已在基地开工建设。

在工业布局的各项具体工作中，北京市工业促进局一是狠抓基础工作，编制完成了电子、汽车、光机电、医药、基础和都市等六大产业发展方案，明确产业发展的方向和重点。二是加强规划突出指导，使空间布局进一步优化；结合全市建设规划和总体规划的修编工作，进一步修订了工业布局调整规划。三是加强对开发区建设的指导和协调，为了落实科学发展观，率先转变增长方式，节约资源，保护环境，特别是节约北京市最宝贵的土地和水资源，2004年北京市工业促进局联合北京市发改委、国土局、市规委、环保局等部门，研究制定了《关于北京工业开发区(基地）建设项目节约土地和资源的意见》，经北京市第35次市政府常务会议审议通过后下发；该《意见》提出了北京市工业开发区在土地利用和资源消耗方面的控制指标，并将国家级开发区土地的建筑密度从40%提高到大于55%，市级开发区从30.8%提高到大于50%；国家级开发区和市级开发区的容积率由0.43提高到大于0.8。同时，对北京市电子、汽车、机电、生物医药等重点发展产业的水耗、能耗制定了更为严格的准入标准，设定了工业总产值、税收、就业等参考性指标。这些指标不仅高于国家规定的相应标准，同时也高于上海、苏州、天津等地的准入标准。作为国内第一个针对开发区工业项目节约土地和资源的标准，该意见将对实现工业开发区的集约化经营起重要的指导和推进作用，有利于城市核心区强化首都四项服务职能，有利于郊区产业发展，实现城乡协调发展，有利于加快城市化进程。

在布局目标方面，按照“两轴、两带、多中心”的城市空间布局结构，结合“城区—总部基地、环城—高新技术产业带、郊区—现代制造业基地”的工业总体布局，逐步形成分布合理、重点突出、层次分明、协同发展的产业布局。

年内，共有23家企业享受了污染扰

民企业搬迁政策从城区迁出，有11家企业迁入了国家级或市级开发区，有7家企业迁入远郊区县的所属分厂，有5家企业进行了内部调整，共腾退城区土地122.7万平方米，获得搬迁补偿费40.2亿元。这些企业利用这部分资金，一是进行产业和产品结构调整，二是安置了大量的下岗职工，三是有效地投入到回报率高的第三产业。其中北京啤酒厂、星海钢琴厂等都拥有现代化的厂房和设备，为企业未来的发展打下良好的基础。另外污染扰民企业的搬迁调整也为加速实现《北京城市总体规划》、落实市政府治理大气污染措施起到了积极的作用。（产业布局指导处）

【工业产业结构】 年内，北京市工业产业结构以发展高端、高效、高辐射力、低消耗、低污染产业为方向的多点支撑局面已初步形成，产业结构得到优化升级。

现代制造业各重点产业均实现快速增长，以电子信息、汽车、机电、生物医药产业为代表的现代制造业在全部工业中的比重逐步提高。电子信息产业占工业增加值的比重为16.1%，对工业增长的贡献率为4.2%；交通运输设备制造业占工业增加值的比重为9.8%，对工业增长的贡献率达到18.5%；机电产业占工业增加值的比重为19.2%，对工业增长的贡献率达到23.1%；生物医药产业占工业增加值的比重为4.6%，对工业增长的贡献率达到8.1%。全市工业呈现出多点支撑的产业格局，四大产业对工业增长的贡献率达到53.9%。（产业布局指导处）

【企业技术创新体系】 年底，北京市工业系统共认定企业技术中心88家，其中国家级25家，市级63家。对有代表性的53家企业技术中心上报数据进行统计（包括中央在京企业全国业务数据），企业共完成销售收入8879亿元，产品销售利润1482.5亿元；科技活动经费筹集总额102.9亿元，占销售收入的1.16%，其中来自政府部门资金2.78亿元；新产品销售收入1179亿元，占销售收入的13.3%；研究与试验发展项目数4221项，拥有发明专利4177件，其中拥有国际发明专利1760件；科技活动人员57888人，其中研究与试验发展人数为15009人，具有博士学位的781人；与其他单位合办开发机构62个，设在海外的开发机构55个；2004年共受理并组织新产品、新技术鉴定10项，全部通过。

继续加强北京市工业技术创新项目的专家评审工作，加强企业技术中心的日常管理工作。对北京创新网进行改版，丰富手段，充实内容，为全面实现电子政务打下基础。（机电产业发展处）

【电子信息产业】 是年，北京电子信息产业在国家和北京市各项经济政策的指导和支持下，坚持深化改革，加大结构调整和创新力度，努力开拓国际、国内两个市场，全行业经济运行质量明显提高。

年内，北京电子信息产品工业总产值（现价）达到1137.17亿元，比上年同期增长14.5%；工业增加值达到202.37亿元，比上年同期增长14.4%；销售收入达到1217.90亿元，比上年同期增长15.9%；利润总额达到49.13亿元，比上年同期增长1.4%；实现利税达到71.63亿元，比上年同期减少0.3%。经济运行继续保持良好的发展态势，全行业经济增长速度为24.92%。

从经济类型看，外商与港澳台商投资

企业规模增速远大于全行业总体增幅，增长速度达到36.35%，占到全行业总产值的58.86%。从行业结构来看，通信行业产值增长44.34%，计算机行业产值增长4.34%，保持快速增长。通信行业占全市电子行业总产值比重48.28%；计算机行业占全市电子行业总产值比重31.95%。这两个行业是北京电子大行业中的支柱产业，对北京电子信息产业的发展作出了很大贡献。主要电子信息产品销售形势很好。

生产移动通信手机的企业有：诺基亚首信移动通信有限公司、索爱移动通信有限公司、松下通信设备有限公司、中电通信科技有限公司、首信股份有限公司。生产台式和笔记本电脑的企业有：联想（北京）有限公司、清华同方科技股份有限公司、清华紫光股份有限公司、京东方科技股份有限公司。生产程控交换机的企业有：西门子通信网络有限公司、诺基亚航星通信系统公司。生产显示器的企业有：东方冠捷股份有限公司、清华同方科技股份有限公司。生产集成电路的企业有：瑞萨四通集成电路有限公司、首钢日电电子公司、大唐微电子公司、东光微电子公司等。生产TFT—LCD（薄膜晶体管）的企业有：京东方科技集团股份有限公司。生产电子元件的企业有：七星华电科技集团、松下精密电容有限公司、松下控制装置有限公司、吉乐电子集团公司、松下电子部品有限公司等。联想、北大方正、清华同方、清华紫光、京东方科技等的产量都有较大幅度增长。在计算机行业中笔记本电脑的发展速度较快，产量增幅达到21.02%，台式电脑增幅达到16.71%。通信行业中移动程控交换机产量增长速度很快，比去年同期增长94.73%；主要是诺基亚航星通信公司产量增长的原因。电子元件的产量增长14.72%。IC产量有大幅度上升，增幅达到31.27%。主要是瑞萨四通集成电路公司和首钢日电电子公司的产量大幅度增长。软件及系统集成产品的效益快速增长。出口交货值全年一直保持增长，其主要来源于外商及港澳台投资企业，有一些企业产品出口达到100%。在保证生产正常运行的同时，北京电子生产企业为了应付突然的定货，保持了一定的库存，北京电子信息企业库存基本合理。

北京电子信息产业发展快的原因主要有以下几个方面：一是国际经济出现好转；二是国内经济保持旺盛的需求，推动电子产品消费；三是外商在华投资行业整合和重新布局，推动北京电子信息产业的发展；四是企业不断开拓国际市场出口增长较快，北京电子信息产品出口增幅强劲，1～12月出口交货值达到349.28亿元，比上年同期增长56.74%：五是充分发挥北京电子信息产业主管部门的管理作用，上下结合，左右沟通，加强运行调节，解决运行中的问题。

重点项目进展情况。2004年1月4日诺基亚（中国）投资公司在中国的整合手续全部办完。诺基亚全球手机在北京研发的比例为40%，在中国生产手机出口总量中占35%，其零部件的本地采购率已超过60%。该公司是中国首家宣布进行跨省整合的外商投资企业，对在华四大生产基地进行整合，新公司总部设在北京经济技术开发区，整合后的诺基亚将成为国内移动通信行业最大的制造和出口企业。9月25日，中芯国际北京项目正式投产，是中国大陆第一条12英寸芯片制造工厂。12月京东方第五代线成功下线，京东方TFT—LCD项目第一阶段生产线设备的安装和调试工作完成，各项主要技术参数均达到设计标准。12 月 8 日，联想集团收购 IBM 全球台式电脑及笔记本电脑业务、与 IBM 组成战略联盟。此次收购是联想集团历史上一个划时代的事件，对中国电子信息产业的发展具有重大意义，提高了中国信息产业的国际地位，对全球电脑业的格局也将产生重要影响。12 月 16 日荷兰皇家飞利浦管理董事会成员杜德雷和冠捷科技主席兼行政总裁宣建生联合对媒体发布：飞利浦与冠捷科技公司将在个人电脑显示器领域进行合作。根据协议，冠捷科技将接收飞利浦现有的 OEM 显示器业务。从飞利浦转移至冠捷科技的营业额约为 20 亿美元（约为 15 亿欧元），其中，转移至冠捷科技的 OEM 显示器业务约为 7 亿欧元，其余 8 亿欧元为飞利浦自有品牌的显示器与平板电视之外包业务有关。待转移程序完成后，冠捷科技将成为全球最大的电脑显示器制造商，年产量将超过 3500 万台。飞利浦也将成为冠捷科技的主要股东。根据协议，飞利浦将把位于苏州、东莞的显示器和平板电视业务制造厂以及位于匈牙利和巴西制造业务注入冠捷科技。约有 1700 名左右的飞利浦员工与此次业务转移有关，飞利浦仍将保留中、高端平板电视的开发、制造和销售。年内，北广集团在三厂合一的前提下，积极推进企业融合，从子公司入手整合资源，组建了北广科技股份有限公司和七六一通讯雷达有限公司，优化了公司股权结构，企业经济效益明显提高。年内，北京电子控股有限责任公司实施主辅剥离、辅业改制初见成效。

9 月下旬第五届“北京微电子国际研讨会”举办，研讨会的主题是“微电子产业与科技奥运”。研讨会由北京市工业促进局主办，北京半导体行业协会、美国华美半导体协会、香港科技园和台湾 SOC 推进联盟承办。国家科技部副部长马颂德、信息产业部副部长苟仲文、北京市副市长陆昊到会致词，北京市工业促进局局长程连元主持了开幕式。北京半导体行业协会理事长冯海同美国华美半导体协会、香港科技园和北京集成电路设计园公司签订了“大中华区集成电路应用开发平台联盟”协议。研讨会从资金、技术、市场和人才等方面探讨了 2008 北京奥运商机与中国微电子产业发展，国内外集成电路产业界专家、学者、厂商代表 500 余人参加了研讨会。期间举办了电子/信息产业精品系列展示，内容包含 EDA 工具、IC 设计、IC 代工制造、封装与测试、设备与材料、应用整机与系统、运行与服务体系等，共有 30 余家企业参加了展览。同期还举办了由科技部高新技术发展与产业化司、大唐电信科技股份有限公司共同主办的国家“十五”“八六三”计划超大规模集成电路设计专项重点课题“面向通信的综合信息处理 SOC 平台（COMIPTM）”新闻发布会，推出了 COMIP SOC 平台产品。

（电子信息产业发展处）

【机电产业】 年内，北京从事机电类产业人员达 18 万余人，企业 1000 余家。北京机电产业以发展现代装备制造业为主，优先发展数控机床及加工中心、印刷机械、环保设备等，保持相关产品在国内领先地位；重点发展工程机械、电站及输变电设备以及科学仪表及自控系统设备等；积极发展激光加工、机器人以及专用电子装备等，同步跟进世界先进水平。通过加强与世界大型企业合资合作，实现先进制造技术的引进吸收，并注重坚持自主创新，加快技术更新改造，加速重大关键装备国产化进程，推进机电产业可持续发展。实现工业总产值（现价）652亿元，占全市工业总产值的13.4%，比2003年增长34.3%；实现销售收入618亿元，占全市工业销售收入的12.1%，比2003年增长28%；实现利润45亿元，同比增长26%。

机床产业。北京第一机床厂名列国内机床行业前茅，铣床行业第一名，近年连续两次评为国内机床行业销售产值、数控机床产值双十佳企业；“北一”牌铣床是国内知名品牌，其中数控龙门镗铣床和升降台铣床，综合技术水平全国最高，占领了国内绝大多数市场；目前国内最大的数控机床合资企业——北一大限（北京）机床有限公司是由北京第一机床厂和日本大限株式会社共同合资组建的，项目总投资3.3亿元人民币，自2003年年底第一台设备下线后，生产规模逐步扩大，年内北一大限顺义生产基地陆续投产，北一大限将成为具有国际水平的数控机床产业基地。北京机床研究所精密机电公司是中国机床行业规模最大，科研实力较强，机、电、光、气、液等专业技术同步发展的综合性技术研究实体；主导产品有精密机床、超精密机床、电加工机床、精密测量仪器、数控系统、气动液压元器件和激光加工设备等；北京发那科机电有限公司由北京机床研究所、日本FANUC株式会社等企业合资组建，注册资金为1130万美元，主导产品为数控系统国内占有率达40%。北京阿奇夏米尔合资公司主要生产CNC丝切割机以及中、高档数控电加工机床等产品，是国内电火花加工机床技术的领先者，其产品50%出口销往欧美发达国家。该公司也是瑞士阿奇夏米尔集团在亚洲唯一的研发和生产基地。

工程机械。北京工程机械产业具有良好的基础，多年来引进日本、英国、美国、意大利、西班牙等国先进技术，经过消化吸收改造，在工程起重机、工程矿用自卸汽车、公路清障救援车、高空作业平台、专用改装车系列等主导产品上，在国内具有较强优势，“北起”、“中环”等商标在国内享有较高的声誉，其中“北起”牌QY系列起重机是北京市名牌产品，国内市场占有率达20%，产销量居全国前三名。北京京城机电控股公司通过整合原汉拿公司资产，与韩国现代重工集团合资成立的北京现代京城工程机械公司，主要生产中小型挖掘机、叉车以及机器人等产品，销售收入达到7.2亿元。中日合资企业北起多田野公司生产基地建设基本完成，该项目总投资2990万美元，4季度开始投产。京城重工机械公司与新加坡动力科技公司合资的中环动力（北京）重型汽车有限公司，总投资2446万美元，注册资金1500万美元，于上半年完成公司注册并进行试生产。

印刷机械。北人集团是中国印刷机行业中规模大、品种多、市场占有率最高的龙头企业，技术开发能力强，生产胶印机械已有50多年的历史，“北人牌”胶印机是北京市著名商标，拥有较高的商誉价值，其制造技术紧密地与国际先进技术接轨，拥有技术专利几十项，始终保持国内胶印机技术的最高水平。北人印刷机械股份有限公司位于北京市经济技术开发区，是中国最大的印刷机制造商，也是中国工业500强之一；于1993年在香港联合交易所H股上市，1994年在上海证券交易所A股上市，是国内首批境外上市的9家企业之一；该公司有完善和发达的市场销售及服务网络，以生产经营和资本运营并重，不断优化产业结构，向印前技术和印后技术延伸，向印刷机产业的上下游发展。

电站及输变电设备。北京发电输变电产业主要产品有发电机组，锅炉，高、中、低压开关变压器及组合电器成套装置等，在国内外行业中均占有重要位置。在锅炉行业，北京北重汽轮电机公司和北京巴布科克·威尔科克斯有限公司（巴·威公司）位居全国第四位，2004年销售收入分别为13.1亿元和12.3亿元；年内，北京重型电机厂与法国阿尔斯通公司成立合资公司，该企业主要生产60万千瓦及以上等级发电机组、60万千瓦或以上空冷大型机组和其他大型热电机组，是国家当前鼓励项目，也是中国发电设备市场上的主力机型。北京开关厂是中国开关行业的优势企业，经过改制成立了北开股份有限公司，销售收入达到5.2亿元，该公司与ABB公司合资成立了北京ABB高压开关设备有限公司，销售收入达到14.5亿元，与日本日新成立了北开日新公司，使开关产品生产能力大幅提高，销售收入达1.3亿元。

智能仪表与自控系统。该行业中北京比较优势的有工业自动化控制系统和仪表（C）、科学仪器（I）、电力控制（E）三大领域的技术与产品。工业自动化控制领域如：集散控制系统，总体技术水平国际领先，占国内大型火力发电厂市场40%的份额，排名第一；现场仪表差压压力变送器，总体技术水平国际领先，占同类产品国内市场近30%的份额，排名第一。科学仪器领域如：光学仪器中的大地测量仪器，分析仪器中的色谱、光谱、红外分析仪器，真空获得和应用设备，总体技术水平均为国内领先，分别占市场20%～35%的份额，排名一、二名，环保监控领域中（大气与水质）监控和处理系统，光电子领域中光引擎和数字影视产品，总体技术水平居国际或国内领先，市场占有率国内前两名。电力控制领域如：变频传动系统，技术水平国际领先，占国内市场20%的份额，排名第一；智能配电装置，技术国内领先，国内市场占有率排名第二。太阳能发电转换装置和系统，技术水平国内先进，已批量生产。

数码影像及办公设备。北京市照相机总厂以生产照相机为主，同时生产照相器材、缩微仪器、光学仪器、科学仪器等。同日本奥林巴斯公司、香港宝源公司合资创建了3个照相机生产基地，其中包括一个生产中高档数码照相机的生产基地。北京拥有华旗、联想、方正、紫光、京东方等几大国产品牌数码相机。

其他机电产品。清华同方威视技术股份有限公司以清华大学为依托，运用X射线扫描探测技术，开发制造多种型式大型集装箱/车辆检查系统及货物行包检查系统，年销售收入达到7.3亿元，产品技术国际领先。天海公司2004年销售收入4.2亿元，主导产品高压无缝气瓶国内市场占有率59%，出口额占全国200家气瓶生产企业出口总额的45%，产量占全国同类产品产量的60%以上。毕捷电机股份公司生产的BJ牌电机是北京市传统名牌产品，销售收入3.1亿元，在全国电机行业中具有较强的竞争实力和发展潜力。华德液压公司是中国液压气动密封行业的重点骨干企业，其主导产品液压阀、液压泵及液压成套设备，引进德国力士乐公司技术，在国内产品中居领先地位，细分市场分列第一、第二名。“华德”品牌的信誉和知名度，用户认可度不断提升，销售收入2.8

亿元。

招商引资及服务。5月，北京清大天达公司与韩国ON－NURI电子株式会社共同投资900万美元成立的北京世元达电子技术有限公司在北京经济技术开发区建立背光源生产基地，主要产品是为京东方TFT—LCD第五代线提供配套的背光源模块。8月，美国ITW公司独资成立的北京米勒电气制造有限公司在亦庄开发区注册成立，首期投资200万美元的高端焊接设备项目的厂房改造以及设备安装基本完成。11月，北京重型电机厂与法国阿尔斯通公司的大型发电设备制造合资项目正式签约，合资公司首期投资总额2990万美元，经营范围主要是制造、调试和销售60万千瓦或以上超临界机组、60万千瓦或以上空冷大型机组和其他大型热电机组，提供备品备件和售后服务以及技术咨询和技术服务。北京机电产业招商引资网络渠道建设不断完善，机电产业门户网站正式对外开放，使行业内企业通过网站及时了解国家、北京市相关产业政策、产业导向，成为业内企业与政府的沟通窗口。

（机电产业发展处）

【生物工程与医药产业】 年内，北京医药工业完成工业总产值（现价）168.5亿元，比上年增长17.7%；销售收入160.9亿元，比上年增长17.1%；利润总额23.7亿元，比上年增长10.8%。北京医药工业的销售收入和利润总额在全国的排名依旧位于第八名和第四名，与2003年持平。在医药行业整体盈利能力下降的总体趋势下，北京医药工业盈利能力持续保持高水平，行业利润率达到14.7%，远远高出行业平均水平，位居全国第一。

其中，北京化学制药工业实现销售收入53.4亿元，同比增长16.9%；利润8.0亿元，同比增长30.7%；中药工业销售收入38.1亿元，同比增长10.7%；利润6.7亿元，同比增长15.5%；生物制药工业销售收入19.6亿元，同比增长21.0%；利润1.2亿元，同比减少23.7%；医疗器械工业完成销售收入39.6亿元，同比增长29.2%；利润5.9亿元，同比增长4.4%，分别位居全国第二和第一名。总体上看，医疗器械工业仍然是北京生物医药产业强项，位居国内前列；中药工业的盈利能力也是全国第一。

在产业布局上，北京医药工业进一步突出了以中关村生命科学园为创新研发基地、以北京经济技术开发区和北京生物工程和医药产业基地为产业化基地的南北两翼协同发展的产业格局。中关村生命科学园二期中关村国际生命医疗园全面启动，北大国际医院和北京协和医学中心两大医学系统的建驻，提升了北京北部地区的医疗服务水平。中国医学科学院中国协和医科大学生物医药孵化中心、诺和诺得（中国）研发中心和扬子江药业等一批生物医药企业也已入驻该园区。

北京生物医药产业基地在全国土地清理整顿工作中保留了市级工业园区的地位，产业基地8.88平方公里选址空间规划通过国务院检查组的验收。年内，引进了一批国家重点大型项目，产业基地产业结构初步显现。签订《土地预定协议书》15个，总投资约28亿元，其中5000万元以上项目13个，投资过亿元项目2个；签订《土地使用意向书》企业3家，总投资15.1亿元。其中包括外商独资企业新加坡上市公司翔峰集团、协和药厂、上海绿谷集团、军事医学科学院等国内外知名的医药、研发、生产、流通企业和科研院所。

年内，同仁堂集团公司实现销售收入50.1亿元，同比增长15.29%；实现利润3.4亿元，同比增长34.38%；出口创汇2018.5万美元，同比增长17.33%。年内主要工作：经过3年的建设，控股的北京同仁堂股份有限公司、北京同仁堂科技发展股份有限公司2个上市公司在亦庄经济开发区建设的现代化生产基地全部竣工，中药现代化粗具规模；同仁堂科技建成华北地区医药企业中第一大物流中心，实现物流配送现代化；同仁堂股份顺利完成配股，募集资金3.17亿元；同仁堂创建335周年系列堂庆活动取得成功。

年内，北京医药集团有限责任公司和华源生命产业公司进行战略性重组，实现强强联合，为北京医药集团整体改制、深化改革奠定了基础。受改革和调整的影响，北京医药集团整体经济指标增长有所放慢，实现主营业务收入75.8亿元，同比增长2.87%；实现利润总额1.46亿元，同比增长14.78%；净资产收益率达到2.56%，同比增长1.83%。

（生物工程与医药产业发展处）

【汽车工业】 年内，北京交通运输设备制造业实现产值692.1亿元，同比增长57%；实现工业增加值123.1亿元，同比增长58.6%；实现利润41.8亿元，同比增长15.4%；对北京市工业的贡献率达18.5%。汽车工业经过两年“井喷”式增长后回归到理性发展，2004年增幅为16.1%。北京汽车工业仍然保持较高的增长速度，在调整产品结构、招商引资、完成技术改造、开发区建设等各方面都取得了较大的成绩。

主要汽车生产企业经济指标及汽车产量完成情况。北汽福田公司销售汽车32.9万辆，同比增长35.8%：销售收入183亿元，同比增长31.9%。北京现代汽车公司销售汽车14.4万辆，同比增长176.4%；销售收入174亿元，同比增长98.4%。北京吉普汽车公司销售汽车3.2万辆，同比增长57.9%；销售收入52亿元，同比增长51.7%。北汽有限公司销售汽车2.5万辆，同比增长21.4%；销售收入12亿元，基本持平。京华客车公司销售汽车1784辆，同比增长6.3%；销售收入5.7亿元，同比增长10%。北方客车公司销售汽车127辆，同比减少31%；销售收入1.6亿元，同比减少30%。

其他企业经济指标完成情况。全市汽车零部件企业共完成销售收入141亿元，是2003年的2.6倍，北汽控股公司所属零部件企业实现销售收入28.3亿元，同比增长130%。北京市汽车改装及汽车修理业共完成销售收入45亿元。

年内，北京汽车工业经济运行有四个特点。一是逆市上扬，继续保持高速增长。北京汽车工业逆市上扬，汽车产销突破53万辆，又创历史最高水平。汽车产销量和销售收入跃居全国第四位，增速和增量在同行业中继续保持领先地位。二是适应市场，整体优势更加凸现。在汽车市场低迷的情况下，北京生产的载重汽车、轻型越野车、商用车、轿车在市场上各有空间，显现了“三大板块”的整体优势。当年推出的伊兰特轿车、欧兰德、欧曼重卡等车型拓展了新市场，贡献突出。北京汽车市场占有率从2003年的7.6%上升到2004年10.5%。北京累计产销各类汽车已突破300万辆。三是“奔驰”轿车项目取得重大进展，开创经济增长新领域。奔驰轿车项目取得重大成功，可研报告已经国家发改委批准。以北汽控股公司与戴姆勒·克莱斯勒签订合资合作协议和北汽奔驰—戴姆勒·克莱斯勒公司奠基为标志，世界汽车的第一品牌——奔驰轿车落户北京，进一步完善了轿车板块的产品结构，提升了产品档次，开创了经济增长的新领域。四是依托整车，汽车零部件发展迅速。北京汽车零部件销售收入达到141亿元，同比增长260%，增速首次高于整车企业。大批国内外著名企业纷纷来京建厂，增强了北京汽车零部件的实力。北京汽车零部件企业为北京现代轿车的配套额已达96.6亿元。一批新的零部件企业迅速崛起，取得骄人的成绩。江森座椅、伟世通空调、万都底盘系统等公司销售收入都达到7亿元以上，德尔福万源发动机管理系统公司的销售收入达到13.5亿元，北汽摩、北泰等一批以出口为主的零部件企业再创佳绩，出口额大幅增加。

2004年是北京市工业促进局负责行业性、专业化工业产业促进全面开展工作的第一年。主要开展了四项工作。

一是搭建工作平台，努力做好协调服务工作。相关行业处室以专业化的角度，全过程地参与项目协调、促进产业发展的工作，通过充分调研，完成了《北京汽车产业发展方案》的制定。这是政府部门第一次对北京汽车产业进行的全面分析，提出了产业的发展目标和促进措施，成为行业内的指导性文件。同时，市工业促进局和市政府相关部门加强了对重点整车、零部件项目、产业基地的协调，通过解决项目存在的问题，促进产业的发展。

二是调整产品结构，适应细化市场的需求。北京汽车行业坚持产品结构调整，不断推出新车型，在低迷的汽车市场上取得重大成绩。北京现代公司推出适合家庭用的伊兰特轿车，以优良的性价比，多次夺得单一车型的月销售冠军，全年销售达到10.8万辆。开创了中国汽车史上新车型当年投产、当年销售超过10万辆的纪录。仅仅一年，北京现代已由全国轿车第九名跃居为第五名。北汽福田公司在继续雄居全国轻型载货车榜首的同时，抓住公路运输蓬勃发展、国家限制超载的有利时机，开发出有自主知识产权的欧曼中、重型载货车，销量达4.3万辆，跃居同行业第四名。11月，北汽福田公司通过8年的努力，实现了累计生产100万辆汽车的目标。北京吉普公司在2004年重新打造国内SUV市场旗手的新形象。在国内SUV市场供大于求、竞争激烈的状况下，以两倍于业内平均水平的速度迅猛发展，市场占有率一举攀升到18%，创造了全国SUV汽车产销量、市场占有率和增长速度三个第一。中央军委下达的二代军车工作也进展顺利，已具备正样车评审的条件。北汽有限公司继续狠抓中低端越野车市场。陆霸系列进一步拓展市场，雷驰休闲车也开始投放，军车生产转移也已完成，还完成了对轻汽公司载货车资源的重组，并已开始生产。同时，北汽有限公司根据企业的发展需要，对企业内部管理体系进行了重大的改革，初步构建了现代企业的管理体系。由于不断调整产品结构，适应市场需求，北京汽车工业连续两年的平均增速三倍于全国汽车行业。

三是增强生产能力，为企业做强做大打下基础。北京汽车工业在引进、投资、建设等各方面做了大量工作。北京吉普公司搬迁到北京工业开发区，新增奔驰轿车E、C级轿车生产能力2万辆，增加投资1.4亿欧元。新工厂已于12月6日奠基开工，合同审批、企业搬迁、新工厂建设等各项工作顺利进行。年内北京现代公司三期30万辆能力的建设正在进行。北京现代在投资控制、推进建设进度和新产品投入速度方面，居国内各轿车企业中一流地位。北汽福田完成了发动机欧Ⅱ标准的改造，北京大客车基地建成投产，欧曼重型汽车厂完成了第二条总装线和整车检测及道路试验项目的建设，完成投资2.4亿元，为实现10万辆的生产能力奠定了基础。年内，北汽有限公司建筑面积10万平方米，设计产能8万辆的顺义新厂区已竣工投产。在整车企业发展建设的同时，延锋伟世通（北京）公司、江森部件公司、伟世通空调公司、海拉车灯公司等零部件企业也在顺义建成，新厂已经正式投产。北内完成了年产15万根凸轮轴的技术改造项目，顺利投产供货。2004年全年新批及增资汽车相关企业共131项，投资总额9.9亿美元，合同外资5.4亿美元。其中：新批汽车相关企业共73家，投资总额4.6亿美元，合同外资3.1亿美元；汽车类增资相关企业共58项，投资总额5.3亿美元，合同外资2.3亿美元。汽车整车及零部件制造业新批及增资共102项，投资额6.1亿美元，合同外资2.5亿美元。

四是建立产业集群，加快汽车生产基地建设。2002年北京市确定顺义、平谷、密云、昌平、怀柔等区（县）的市级开发区为汽车及零部件生产基地。有69个重要零部件生产企业在开发区落户，总投资额近100亿元，有25家建厂完毕，在新区开工生产，销售收入达50多亿元。北京汽车城完成4600平方米内的地下市政管网和6.7公里的道路建设，除为北京现代二工厂预留的土地外，其余部分的“八通一平”已基本完成。平谷区在兴谷开发区规划了韩国工业园，占地3000亩，已投资1.1亿元，进行市政管网和道路建设。北京工业开发区在奔驰选定厂址后，完成了北京吉普和北京奔驰用地2平方公里的基础设施建设，保证了企业的按时开工。密云工业开发区积极为企业的开工建设、生产需求创造条件，解决水、电等资源问题。通州积极创办汽车电子工业园，为进一步招商引资做好基础工作。至2004年，在北京东北部，一个以北京现代、北京吉普、北汽福田和北汽有限四个整车企业为核心，以各工业开发区为基地，以汽车零部件和服务业等共同组成的汽车产业群已经初见雏形。

（汽车与交通设备产业发展处）

【都市工业】 年内，北京市工业促进局在北京工业发展思路中重视劳动密集型、环境友好型，中小企业居多，促进就业的都市型工业的发展。在研究全年工作思路时，首先提出都市工业要紧紧围绕消费产品衣、食、住、用、文化五大生产领域，多途径引入增量，盘活存量，重点在食品、服装、工艺美术、印刷与包装及文体用品五个产业实现总量扩张。重点工作目标是食品产业要以高新技术改造传统产业为突破口，在乳业、饮料业、保健（功能）食品及肉食加工等农产品深加工方面形成规模。纺织产业要以服装产业为龙头，在产业价值链高端构建创新、品牌、发展、贸易和展示5大平台，树立北京“时装之都”形象。工艺美术、印刷与包装及文体用品产业，要紧抓奥运机遇，加大招商引资力度，加快结构调整和资源整合，形成产业链配套、集中的工业生产特色园区。

年内，北京市在都市工业工作中突出

了“三全一重”，即“全局着眼、全过程研究、全方位服务，重点典型推进”。明确全年工作目标，在工作头绪多、任务重、时间紧、人员少的情况下，探索无政府审批职能，以服务方式促进北京都市产业发展的新途径。

适应形势，实现工作职能转变。北京的都市工业工作可概括为衣、食、住、用、文化五大领域，具体涵盖了食品饮料、服装纺织、印刷包装、工艺美术、家具家装、洗涤化妆、文体用品、塑料制品以及家电照明9个产业。面对新形势和新任务，都市工作明晰职能定位，转变观念和方式。一是管理思想的转变。由过去“管”企业、当“婆婆”，与政府其他部门各管一段的观念，转变为指导、服务企业，协调、组合政府资源的新观念。二是管理手段的转变。从依靠行政手段直接管理企业，向以经济、政策和法规、规划等手段，进行引导、服务的协调调控转变。三是管理对象和范围的转变。突破按隶属关系、以本部门和本系统的国有企业为对象的管理，实施跨部门、跨地区、跨所有制的覆盖全行业的全方位管理。四是管理内容和目标的转变。适应“两个转变”的要求，从传统的速度型向效益型和质量型转变。研究、设计科学、合理、可行的行业布局和发展目标，摆脱以单纯的追求产值、速度为目标的发展方式，以国内外市场需求为导向，集约经营，优化结构，形成规模经济，推动技术进步，提升传统产业，进而有为，退而有序，实现协调发展。五是管理组织的转变。针对中国市场发育不成熟等国情，建立工业管理新体制是个渐进的过程，充分组织、发挥行业不同类型组织资源的作用，充分借用外脑，有效组合，协力推进产业发展。

夯实基础，实现产业战略引导。都市工业工作认真搞好调查研究，做好基础工作。建立了都市工业专家库，将国内外的行业人才聚集；建立了都市工业数据库，开展都市工业行业统计工作，搭建行业统计网络体系；建立了都市工业图片库，制作、宣传产业发展积累第一手资料；建立了都市工业信息库，搜集、整理、印制、发布世界500强等相关产业发展资料信息；建立了都市工业项目库及处室文件档案。在建立基础资料库的同时，调查行业发展现状、研究发展趋势，提出促进措施。全年完成13个方面15项专题研究报告。包括北京市矿泉水行业基本情况调查，在《关于北京瓶装饮用水行业情况汇报》中提出发展的政策建议；开展北京都市产业布局的调研工作，引导都市工业行业企业进行区域集聚、产业集聚，引导都市工业产业合理化布局；完成了都市产业基地建设的意见草案；完成专家顾问团的都市产业发展研究软课题研究，并在全市获三等奖；完成了北京名牌产品和著名商标发展情况调查，提出举办名牌宣传、展示活动的建议，并组织实施；协助国家发改委开展工艺美术行业大师评选基本情况调研，参与《办法》制定，同时修改完善北京的评选细则；开展循环经济研究，提出《关于推进北京废纸资源回收利用的实施方案（草案）》；制定《促进北京食品产业发展方案》，提出促进产业发展措施，并多次在全市工业会上和招商会议上宣讲；完成《北京食品产业实现跨越式发展振兴纲要》的制定；制定《促进北京服装产业发展方案》，提出促进产业发展措施；2004年9月出台《促进北京时装产业发展建设“时装之都”规划纲要》，11月由市政府与中国纺织工业协会联合举办新闻发布会对外公布；制定北京绿谷乐器制造产业基地建设方案以及总体规划，引导、提升北京文化产业有序发展；完成了《促进北京包装与印刷产业发展的方案》的起草，在《专家顾问信息》登出后方案已引起市领导的重视；《关于北京都市工业实现高新技术产业化的基本思路》报布局处；完成上半年和全年两次北京都市工业发展项目概况和北京都市产业运行分析报告。

搭建平台，实现产业市场推广。北京都市产业产品都是直接进入市场的消费品，市工业促进局采取“先建市场，再建工厂”方式，重点在优化环境，引导市场，让市场引导企业，搭建产业促进平台上下工夫。一是促进招商引资平台建设。参加科博会，举办第七届中国北京国际科技产业博览会城市发展论坛，向国内外宣传和推进发展北京都市产业的良好氛围。制作中英文的产业宣传资料和光盘。分别赴欧洲、澳大利亚、新西兰、韩国以及中国台湾省开展都市产业对外经贸交流与合作。组织北京服装纺织企业参加新疆丝绸之路服装服饰展览会，搭建服装产业展示平台。组织国内香港、深圳、浙江专项招商；与国外强生、利乐包及日本等大集团就引进项目进行深入合作的推进工作。二是加强技术创新、应用交流平台建设。探索建立产学研联手的国家级研发中心，成为产业新技术研发、中试、推广基地和孵化器。组织北京重点企业到西藏专项技术交流合作。三是促进产业宣传、展示平台建设。举办“2004时尚北京博览会及服装招商洽谈会。”举办“2004北京名优产业展示展销会”，搭建名牌产品和生产企业的展示平台。实施“引进来”和“走出去”战略，支持工美、服装、包装印刷、食品、洗涤化妆业等举办展示活动。每季组织一次新闻发布会，宣传重点项目、北京名牌产品和产业政策。组织、策划并举办了促进北京时装产业发展建设时装之都的规划纲要新闻发布会。举行北京都市工业名牌企业座谈会和新闻发布会，搭建政企沟通渠道，系列宣传北京名牌。制作中英文的都市产业招商宣传册下发6000本；制作、发布三个产业的多媒体资料。

调整结构，实现产业聚集效应。都市产业基地主要集中在北京东、北地区，逐步形成环北京城都市工业产业带。9大行业中的基地建设重点是制定规划、招商引资。一是工艺美术产业基地正在按照规划推进。其中京城百工坊已投入使用，并产生效益；房山石雕园正在建设中；通州基地正在规划。二是服装产业规划已出台。随着纺织等企业的搬迁调整，产业正在向大兴、通州、平谷、密云、延庆集中。同时随着基地基本设施及环境建设的完善，对国内外大企业的吸引力逐步提高，加快了品牌企业的提升。特别是提出北京建设“时装之都”促进产业发展的目标，吸引了大投资商要建研发中心和时尚街。三是食品产业规划方案已完成。以怀柔、平谷、延庆为重点的产业基地正在形成。四是印刷、包装产业促进措施已完成，拟在制定的全市印刷行业“十一五”规划中明确产业基地。年内重点指导大兴、顺义、丰台的基地建设。五是洗涤化妆品产业在亦庄发展较快，同时在房山形成一定基础，全年工作重点集中进行美国强生公司、澳洲等项目的招商。六是文体制造产业基地正在以平谷为基地起草规划，并进行项目可研和招商，成功引进国外提琴制造商。打造平谷文化产业园。以平谷小提琴产品为纽带，建设北京文体产业基地。

建立特色产业园区，重点建设工艺美术、食品、服装、包装印刷和文体用品产业基地。

提升品质，实现产业内涵扩张。一是跟踪重点项目，加强指导。完成产业50个重点项目的立项可研调查。引导、支持雪莲股份、龙徽酿酒、王致和、燕京等名牌企业做大做强，支持御香苑、千喜鹤、奥克斯特等非公企业的不断壮大。全年都市产业获得工业发展资金支持企业21家，资金总额4000多万元。二是抓品牌企业的带动作用。调查显示：北京名牌产品的企业产值总量已占北京工业总量的50%以上。都市产业名牌产品数占到50%以上。下半年，市工业促进局积极与质监局、协会联手策划、推进企业品牌建设，树立北京名牌、名企形象，电台、电视台、报刊集中进行了系列宣传。三是抓好大项目引进。为招商引资搭建市场、资金、技术、信息等环境平台，作好全方位服务。通过为园区、企业组织国内外专业招商洽谈会、直接组团出国商务洽谈、世界500强等行业招商信息的发布、与国外重点协会及重点企业会晤宣传北京和都市产业发展的市场和资源优势，形成多方面、多渠道、多形式进行招商引资，持续去年的增长势头，景气指数处在中上。注重专业研究技术、能源、库存、市场、产品等情况，分析、研究解决问题，提供领导分析报告。（都市处）

【基础产业】 年内，全市基础产业主要经济指标继续保持快速增长，规模以上工业企业完成现价产值1589.6亿元，同比增长29.8%；完成增加值437.1亿元，同比增长12.4%；完成销售收入1784.8亿元，同比增长44.5%；实现利润126.9亿元，同比增长90%。

主要行业呈现出较好的发展态势，大部分行业的主要经济指标增长势头明显。其中：化学原料及化工制品制造业完成增加值101.67亿元，同比增长23.8%，完成现价产值376.08亿元，同比增长38.4%，完成产品销售收入369.52亿元，同比增长40.4%，实现利润64.20亿元，同比增长209.4%；石油加工、炼焦及核燃料加工业完成增加值44.28亿元，同比增长44.9%，完成现价产值275.00亿元，同比增长31.7%，完成产品销售收入287.45亿元，同比增长30.8%，实现利润1.27亿元，同比减少59.3%；黑色金属冶炼及压延加工业完成增加值91.69亿元，同比减少10.4%，完成现价产值476.60亿元，同比增长33.1%，完成产品销售收入384.27亿元，同比增长29.7%，实现利润15.36亿元，同比增长45.5%；非金属矿物制品业完成增加值52.10亿元，同比增长23.8%，完成现价产值150.58亿元，同比增长17.6%，完成产品销售收入148.80亿元，同比增长23.2%，实现利润7.95亿元，同比增长15.2%。

年内，位于北京市房山区的北京石油化工和新材料产业基地筹建工作进展顺利。为发展符合首都特点的石油化工和新材料产业，进一步优化产业结构、做大北京经济总量，按照市领导的有关指示精神，成立了由市工业促进局、市发展改革委、房山区政府和燕化公司等部门组成的基地建设工作协调领导小组，全面推进基地的各项筹备工作。

基础产业的一批重点项目顺利实施。燕山石化苯酚丙酮改造工程项目、北京首钢富路仕彩涂板有限公司增资建设连续镀锌薄板生产线项目、麦克斯特建筑材料

(中国)有限公司的干拌砂浆项目、北京圣戈班维特克斯公司的玻璃纤维增资扩产项目、北新房屋引进工厂化房屋生产线项目、北京东方雨虹防水技术股份有限公司防水涂料生产线技改与扩建项目等，均已顺利投产或进入实质入资建设阶段。燕山石化1000万吨/年炼油系统改造工程的前期准备工作和首创轮胎迁(扩)建项目一期建设工作进展顺利。

5月，首钢总公司实施压产、结构调整和环境治理方案由市政府上报国家发展与改革委员会。该方案提出在北京建设150万吨/年冷轧薄板生产线项目，在河北唐山曹妃甸地区建设具有21世纪国际先进水平的大型钢铁企业。

(基础产业发展处)

【引智与培训】 年内，北京工业共有39个企业申报引智项目64项，其中聘请国外专家项目为49个120人次，派出培训项目15项168人次。确定3个重点项目分别是京东方科技集团的第5代薄膜晶体管液晶显示器件开发，北京中研同仁堂医药研发公司的中药复方新药开发国家工程研究平台建设，首钢技术研究院的首钢电力厂烟气脱硫技术。

北汽福田等10个企业被评为北京市引智先进集体，有6名工业系统引智工作人员被评为北京市引智先进个人。8位工业企业外国专家被授予北京市政府颁发的“长城友谊奖”。长城友谊奖是北京市政府为表彰在首都建设事业中作出杰出贡献的外国专家而设立的。自1999年至2004年已经评选六届，北京市共有81位外国专家获此殊荣，其中31位外国专家来自北京市工业企业。

北京市工业企业有近10万人经过各种形式的岗位培训和职业资格培训，取得国家职业资格证书，提高了劳动技能，促进了企业培训工作的开展。组织了“新世纪北京首届职业技能大赛”工业赛区暨“第十一届北京市工业职业技能竞赛”。大赛分初赛、复赛、决赛三个阶段。全市工业企业初赛阶段共设立352个工种，组赛单位1538个，参赛人数达到53676人；复赛阶段共有24个控股(集团)公司及相关行业协会成立了27个复赛组委会，承办106个复赛工种，7333人参加比赛；共有30个工业类的工种列入决赛，近百个单位1000多名职工参加市级决赛。经过激烈的角逐和严格考核，136人取得高级技师证书，216人取得技师证书，1396人取得高级工证书，4354人取得中级工证书，30人被授予“北京市技术能手”称号，236人被授予“北京市工业高级技术能手”称号，175人被授予“北京市(行业)技术能手”称号。为表彰在比赛组织工作中做出成绩和贡献的单位和个人，评选出优秀组织单位21个，优秀工作人员39名，优秀教练员23名。 (综合处)

【信息化建设】 2004年7月，根据机构及人员变动情况，市企业信息化工作领导小组进行了调整，由市工促局牵头，会同市发改委、市科委、市商务局、市国资委和市信息化工作办公室等单位组成。

新组成的市企业信息化工作领导小组认真履行新的工作职能，召开办公室工作会，对全市企业信息化工作进行研讨。同时先后调研了北京北开电气股份有限公司的ERP项目、北京青岛啤酒三环有限公司的ERP项目、北京大宝化妆品有限公司ERP项目、北京燕东微电子有限公司的ERP项目、北京翠微大厦股份有限公司的供应链管理和电子商务、九洲通达电子商务有限公司电子商务和集成数据仓库系统、北京普析通用仪器有限公司 CRM 系统等，发现和推广企业信息化方面的先进经验和典型，还对原经委和工业促进局资金支持的企业信息化项目坚持跟踪考核和检查验收。2004 年，先后对北京金隅集团星牌建材有限责任公司信息管理系统、北京印刷集团有限责任公司京华印刷厂企业信息资源管理集成系统和北京胶印厂数字化管理技术改造项目进行了检查验收。

11 月 1 日，市工业促进局召开北京企业信息化工作经验交流会，北开电气、三环啤酒、普析仪器仪表、翠微商厦、燕东微电子、雪莲羊绒、大宝、九州通达等 8 家企业介绍了开展信息化的经验和做法，市工业促进局局长、企业信息化工作领导小组组长程连元作了《加快企业信息化建设，推动我市经济跨越式发展》的报告。报告总结和回顾了北京市企业信息化工作的状况。年内，全市大中型工业企业中已有 80% 以上的企业建立了网站，部分企业已进入了电子商务的早期应用，利用互联网实现网上竞拍、比价采购、网上订货、网上交易，网上支付。一些企业在生产过程控制方面也有新的进展：企业利用计算机辅助设计（CAD）系统，计算机辅助制造（CAM）系统，企业资源计划（ERP）、客户关系管理（CRM）、供应链管理（SCM）等融入了现代化管理思想的信息技术应用手段也正在被越来越多的企业认同和应用。在商业的信息化建设方面，大型的商业企业普遍建立了管理信息系统（MIS），实现了单品管理，部分企业已采用了销售终端机（POS）的销售。

（综合处）

【禁止化学武器履约工作】 年内，根据北京市政府机构的调整情况，完成了北京市履行禁止化学武器公约工作领导小组的换届调整工作，并确定了各成员单位的主要职责。

年内，根据国家禁止化学武器履约办公室的要求，组织编制了“北京市接待国际禁化武组织现场核察预案”。按照行政许可法的有关要求，组织制定了禁化武履约工作相关行政许可事项的规范化程序。完成北京地区监控化学品的各项行政许可和日常监管工作。全年累计完成 7 家企业 35 个批次、4 种 42474 吨监控化学品申报进口的受理、初审和上报工作；完成 1 家企业 2 个批次、2 种 142 公斤监控化学品使用申请的受理、初审和上报工作；完成 1 家企业监控化学品经营资质申请和 1 家企业撤销经营资质申请的受理、初审和上报工作。组织完成了北京市 2003 年年度监控化学品数据宣布工作。开展禁止化学武器履约培训工作，组织召开北京市禁止化学武器履约培训班。完成了国家禁化武办安排的接待第二届亚洲地区国家履约机构研讨会代表参观北京东方化工厂的工作。

（基础产业发展处）

工业数据

2004年北京市工业

项　　目	企业单位个数(个)	#亏损企业	工业总产值(当年价格)	工业总产值(1990年不变价格)	工业增加值(生产法)
总　计	4324	1196	48808890		12595032
在总计中:					
中央企业	418	140	13162564		3374803
地方企业	3906	1056	35646326		9220229
在总计中:					
内资企业	3271	888	28262407		7847054
国有企业	849	372	6129325		2016582
集体企业	570	116	1429333		402269
股份合作企业	205	44	1120328		353741
联营企业	44	10	169127		52509
有限责任公司	772	161	7550613		2116516
股份有限公司	157	35	9741515		2342484
私营企业	669	150	2033322		547517
其他企业	5	0	88843		15437
港澳台商投资企业	357	114	4608463		1051064
港澳台合资经营	246	82	2065006		523861
港澳台合作经营	11	2	91110		30381
港澳台商独资企业	91	27	2341885		459858
港澳台商投资股份有限公司	9	3	110462		36965
外商投资企业	696	194	15938021		3696913
中外合资经营	438	116	11987561		2688929
中外合作经营	38	9	277764		103125
外资(独立)企业	212	65	3406449		805955
外商投资股份有限公司	8	4	266247		98904
在总计中:					
农村企业	831	154	2495381		737142
在总计中:					
国有绝对控股企业	1183	452	18368152		5001927
国有相对控股企业	148	42	7840508		1527179
在总计中:					
轻工业	1869	593	9234454		3063439
重工业	2455	603	39574436		9531593
在总计中:					
大型企业	44	4	15882605		3518631
中型企业	396	74	15610845		3982330
小型企业	3884	1118	17315441		5094071

注:本资料为北京市统计局提供初步统计数。

企业主要经济指标

单位:万元

工业销售产值(当年价格)	全部从业人员年平均人数(人)	资产负债				
		流动资产合计	流动资产平均余额	长期投资	固定资产合计	固定资产原价合计
47721881	999259		28429076			30313652
12878322	168266		5973728			10249604
34843560	830993		22455349			20064048
27784632	741398		18322361			23550925
6116974	206357		5221049			9426654
1360914	88323		873031			647319
1120582	28612		353804			233683
164113	12097		235781			234115
7438683	210223		6558541			8462497
9567606	114887		3782349			3815833
1944668	78590		1232956			700635
71093	2309		64850			30190
4424038	85097		2869830			1319632
2023245	52359		1372498			829804
84743	3298		43816			40892
2202446	23012		1148014			306380
113604	6428		305502			142556
15513212	172764		7236885			5443096
11591253	112521		5126180			3677371
274843	6620		151717			137145
3392609	44883		1852487			1141454
254508	8740		106501			487126
2360037	137905		1223207			1111478
18121822	404208		12471588			19972989
7581992	55169		2595245			2365715
8953851	368573		6329989			6396594
38768030	630686		22099087			23917058
15656264	246841		7836804			16522631
14984406	298426		10287237			7539529
17081211	453992		10305036			6251492

2004年北京市工业企

项　　目	资　产　负　债				
	固定资产净值年平均余额	资产总计	流动负债合计	长期负债合计	负债合计
总　计	17375860	60824400			31389298
在总计中:					
中央企业	5532418	14502495			7459559
地方企业	11843442	46321905			23929739
在总计中:					
内资企业	13550086	44006413			22039273
国有企业	5461464	14682250			8001189
集体企业	404942	1547427			992522
股份合作企业	158411	606211			355097
联营企业	151501	477925			290611
有限责任公司	4796802	15993921			7455116
股份有限公司	2066432	8487864			3642680
私营企业	491163	2109863			1221638
其他企业	19372	100954			80420
港澳台商投资企业	805943	4555603			2999446
港澳台合资经营	503262	2092070			1327082
港澳台合作经营	28127	79257			36755
港澳台商独资企业	197425	1855707			1362995
港澳台商投资股份有限公司	77130	528569			272614
外商投资企业	3019831	12262384			6350579
中外合资经营	1869377	8519329			4397195
中外合作经营	77859	264279			120787
外资(独立)企业	761125	2894450			1527508
外商投资股份有限公司	311469	584327			305089
在总计中:					
农村企业	747441	2289268			1363780
在总计中:					
国有绝对控股企业	11176463	33387385			16692538
国有相对控股企业	1174410	4625253			2008209
在总计中:					
轻工业	3960919	14165553			6921894
重工业	13414942	46658847			24467404
在总计中:					
大型企业	8965771	22774314			10829465
中型企业	4338803	20132557			10795332
小型企业	4071287	17917529			9764501

业主要经济指标(续)

单位:万元

所有者权益	实收资本	损益及分配					
		产品销售收入	产品销售成本	产品销售费用	产品销售税金及附加	产品销售利润	利润总额
		51108438	42885133	2177173	438082		3108485
		15349813	13283610	361812	175955		887637
		35758625	29601523	1815361	262127		2220848
		29757381	25242666	1009105	311318		1630861
		8512334	7621285	113123	184752		171772
		1378267	1173919	49966	9721		64049
		1236104	1081343	48451	2932		70364
		165998	125992	12805	1042		8702
		9049263	7565999	331062	49472		564307
		7377395	5985994	330556	56083		653476
		1963166	1620693	122823	7026		96879
		74855	67443	318	292		1312
		5010552	4247777	331398	9682		216274
		2064295	1775768	106587	3823		68457
		78264	56701	8324	205		5810
		2624353	2198269	210340	2340		140158
		243639	217039	6147	3314		1849
		16340505	13394690	836670	117083		1261349
		11880686	9829303	537815	116440		919316
		277894	179333	50954	55		19600
		3937070	3210512	225994	559		279857
		244854	175542	21908	29		42576
		2354495	1974655	106626	12560		124857
		19945220	17139282	487809	279031		1019009
		7624460	6469977	254854	82761		581233
		9098315	6746615	940150	153480		573289
		42010123	36138518	1237023	284603		2535195
		20330516	17897124	438806	196042		1056285
		16104352	13070788	955301	200755		1044619
		14673569	11917221	783066	41286		1007581

2004年北京市工业企业主要

项目	企业单位个数(个)	#亏损企业	工业总产值(当年价格)	工业总产值(1990年不变价格)	工业增加值(生产法)
全市总计	4324	1196	48808890		12595032
煤炭开采和洗选业	24	2	878274		288162
黑色金属矿采选业	6	0	102380		22073
非金属矿采选业	13	2	19016		5448
农副食品加工业	171	53	1151229		215143
食品制造业	153	59	962524		295920
饮料制造业	69	26	897997		300035
烟草制品业	1	0	145995		96838
纺织业	145	44	538222		174720
纺织服装、鞋、帽制造业	218	65	630703		195517
皮革、毛皮、羽毛(绒)及其制品业	28	11	40781		11345
木材加工及木、竹、藤、棕、草制品业	25	6	109928		22729
家具制造业	82	28	192602		50683
造纸及纸制品业	93	30	316910		100320
印刷业和记录媒介的复制	300	106	673181		158835
文教体育用品制造业	41	11	110630		39472
石油加工、炼焦及核燃料加工业	39	14	2750045		478678
化学原料及化学制品制造业	266	72	3762770		983661
医药制造业	155	40	1252569		598380
化学纤维制造业	5	0	19594		0
橡胶制品业	22	6	121418		31709
塑料制品业	175	49	414137		108848
非金属矿物制品业	339	95	1507776		527773
黑色金属冶炼及压延加工业	32	5	4765976		954646
有色金属冶炼及压延加工业	46	15	308901		101144
金属制品业	287	70	883036		282970
通用设备制造业	274	69	1603569		516802
专用设备制造业	238	64	1645198		722144
交通运输设备制造业	263	58	7104535		1409430
电气机械及器材制造业	238	45	1832013		557998
通信设备、计算机及其他电子设备制造业	306	86	11277921		2016829
仪器仪表及文化办公用机械制造业	173	34	1098531		319691
工艺品及其他制造业	48	17	66143		31105
电力、热力的生产和供应业	30	10	1175024		742379
燃气生产和供应业	7	2	161416		138916
水的生产和供应业	12	2	287946		94692

经济指标(按行业大类分)

单位:万元

工业销售产值(当年价格)	全部从业人员年平均人数(人)	资产负债				
		流动资产合计	流动资产平均余额	长期投资	固定资产合计	固定资产原价合计
47721881	999259		28429076			30313652
904873	24292		248388			177479
101001	2896		42911			50463
18490	1125		7257			19069
1115778	31143		439162			369439
949354	33459		483983			604185
868177	24178		585011			789460
151738	800		83996			55886
502667	35652		487786			387426
580490	71049		342308			224152
40452	3938		38457			26709
101640	3821		87257			101415
191018	12240		142639			104170
315523	10237		211053			143115
648857	42323		511192			991583
108737	7608		99117			71322
2768885	12723		527552			985395
3728708	48822		1311180			3151278
1200129	33761		1008578			714820
20395	685		15060			20404
119536	5288		70193			113776
417603	18236		298858			356044
1463872	68885		1539125			1533662
4764813	57823		2081008			3345410
308911	6220		281107			93589
865060	34452		608674			432473
1582702	52491		1622163			928045
1609580	48490		1794541			797969
6887272	98515		2824099			1883680
1744906	41201		1362558			612349
10863721	88619		6513247			2502877
1086555	25107		942050			349168
67174	6761		68264			63686
1173728	33076		1073498			6315753
161399	7699		222961			1008864
288140	5644		453848			988541

2004年北京市工业企业主要

项目	资产负债				
	固定资产净值年平均余额	资产总计	流动负债合计	长期负债合计	负债合计
全市总计	17375860	6.1E+07			31389298
煤炭开采和洗选业	98132	594166			1888669
黑色金属矿采选业	23793	83182			38665
非金属矿采选业	11312	19941			6259
农副食品加工业	222783	837311			480113
食品制造业	388292	1050220			616581
饮料制造业	514135	1606630			805069
烟草制品业	30034	123098			33386
纺织业	218192	900756			545670
纺织服装、鞋、帽制造业	147583	570998			368032
皮革、毛皮、羽毛(绒)及其制品业	16546	64521			48946
木材加工及木、竹、藤、棕、草制品业	76761	201991			92066
家具制造业	63225	242855			158356
造纸及纸制品业	96782	358612			232727
印刷业和记录媒介的复制	565025	1272799			627674
文教体育用品制造业	43499	170549			116389
石油加工、炼焦及核燃料加工业	442876	1090082			520853
化学原料及化学制品制造业	1591579	3755284			1187083
医药制造业	457696	2178509			832924
化学纤维制造业	17134	43813			16532
橡胶制品业	58866	160178			120302
塑料制品业	228792	678651			313661
非金属矿物制品业	966237	3128330			1795723
黑色金属冶炼及压延加工业	1526309	5348211			2929272
有色金属冶炼及压延加工业	52227	545592			224771
金属制品业	273418	1016665			640431
通用设备制造业	565397	2641520			1647555
专用设备制造业	514661	3016509			1613847
交通运输设备制造业	1144092	5077578			3248177
电气机械及器材制造业	364918	2120395			1183285
通信设备、计算机及其他电子设备制造业	1330011	1.1E+07			5848867
仪器仪表及文化、办公用机械制造业	223111	1512324			870663
工艺品及其他制造业	39799	124752			85610
电力、热力的生产和供应业	3766530	6112946			2983614
燃气生产和供应业	677428	1144627			114167
水的生产和供应业	618687	2268713			853363

经济指标(按行业大类分)(续)

单位:万元

所有者权益	实收资本	损益及分配					
		产品销售收入	产品销售成本	产品销售费用	产品销售税金及附加	产品销售利润	利润总额
		51108438	42885133	2177173	438082		3108485
		1053871	866109	45310	3185		107546
		101291	59013	3250	2122		26720
		9753	8517	256	145		267
		1168126	1020151	62810	1188		51787
		957971	640183	225315	1709		-1278
		881981	592901	117044	59562		63533
		150786	58802	5314	56958		13270
		522472	458714	30649	1070		2292
		562224	468719	35070	1518		8911
		40334	35906	1363	31		372
		101684	92066	3496	118		1414
		206987	167762	20687	540		3674
		307878	246568	11877	370		35534
		658638	510763	15570	3521		40417
		111880	91089	6579	254		1746
		2874543	2658649	53886	79887		12676
		3695183	2667558	127262	32099		642046
		1181476	610115	272161	6397		172419
		19961	16959	428	59		475
		124097	101761	4745	1818		6243
		433547	364256	10171	1838		30991
		1487980	1232075	56533	4841		79543
		3842747	3396274	36043	18043		153594
		311767	279960	6124	285		24177
		906071	744406	36545	2682		53857
		1629720	1302824	85806	3531		86158
		1702253	1320716	68053	4943		138170
		6920777	5865798	236164	113833		418499
		1798259	1410748	93099	3787		165808
		11939516	10689048	446193	10214		470256
		1105965	909298	49685	3014		82008
		73590	59124	4347	233		1277
		3570961	3340181	3954	14903		158827
		372834	340494	77	2518		32286
		281316	257630	1309	866		22976

2004年北京市国有及国有

项　　目	企业单位个数(个)	#亏损企业	工业总产值(当年价格)	工业总产值(1990年不变价格)	工业增加值(生产法)
总　计	1331	494	26208660		6529106
在总计中:					
中央企业	344	124	10928608		2912699
地方企业	987	370	15280052		3616407
在总计中:					
轻工业	537	234	2865179		1029446
重工业	794	260	23343481		5499660
在总计中:					
大型企业	34	4	10785316		2455959
中型企业	193	32	9346945		2257479
小型企业	1104	458	6076400		1815668

2004年北京市国有及国有控股

项　　目	固定资产净值年平均余额	资产总计	资产负债		
			流动负债合计	长期负债合计	负债合计
总　计	12350873	38012637			18700747
在总计中:					
中央企业	5326393	12799834			6475899
地方企业	7024480	25212803			12224848
在总计中:					
轻工业	2110364	7341799			3244421
重工业	10240509	30670838			15456326
在总计中:					
大型企业	8260237	19596732			8884828
中型企业	2600141	12112211			6633114
小型企业	1490495	6303694			3182805

控股工业企业主要经济指标

单位:万元

工业销售产值(当年价格)	全部从业人员年平均人数(人)	资产负债				
		流动资产合计	流动资产平均余额	长期投资	固定资产合计	固定资产原价合计
25703814	459377		15066833			22338703
10789084	151160		4830539			9878137
14914730	308217		10236294			12460567
2845415	129705		2646249			3561050
22858399	329672		12420585			18777653
10704439	187947		6112553			15309300
8953957	151442		5663211			4659505
6045418	119988		3291070			2369899

工业企业主要经济指标(续)

单位:万元

所有者权益	实收资本	损益及分配					
		产品销售收入	产品销售成本	产品销售费用	产品销售税金及附加	产品销售利润	利润总额
		27569679	23609259	742663	361793		1600241
		13244758	11496738	195220	173207		792893
		14324921	12112521	547443	188586		807349
		2892862	2140736	243839	113015		189494
		24676817	21468523	498824	248778		1410748
		15224342	13363946	171778	187409		884156
		9172005	7680895	391658	164708		520032
		3173332	2564418	179227	9676		196053

2004年北京市国有及国有控股工业

项　　目	企业单位个数(个)	#亏损企业	工业总产值(当年价格)	工业总产值(1990年不变价格)	工业增加值(生产法)
全市总计	1331	494	26208660		6529106
煤炭开采和洗选业	2	1	19189		8186
黑色金属矿采选业	3	0	73551		15858
非金属矿采选业	5	1	11927		3214
农副食品加工业	38	14	379375		75085
食品制造业	45	19	188339		67609
饮料制造业	22	12	461102		162468
烟草制品业	1	0	145995		96838
纺织业	31	10	159641		46042
纺织服装、鞋、帽制造业	20	8	36893		11442
皮革、毛皮、羽毛(绒)及其制品业	3	1	823		279
木材加工及木、竹、藤、棕、草制品业	6	1	32923		6169
家具制造业	13	5	39150		10795
造纸及纸制品业	21	10	112216		37629
印刷业和记录媒介的复制	154	79	361752		84515
文教体育用品制造业	10	3	42047		15821
石油加工、炼焦及核燃料加工业	14	4	2528337		439603
化学原料及化学制品制造业	80	28	2774461		637314
医药制造业	56	20	458523		233018
化学纤维制造业	1	0	2232		0
橡胶制品业	8	4	11304		2820
塑料制品业	36	17	89089		17101
非金属矿物制品业	82	27	559696		191042
黑色金属冶炼及压延加工业	12	2	4569853		908483
有色金属冶炼及压延加工业	10	4	98029		35449
金属制品业	66	33	179226		52881
通用设备制造业	77	29	568800		187212
专用设备制造业	100	35	889251		387458
交通运输设备制造业	99	31	3263131		650436
电气机械及器材制造业	62	21	419108		136957
通信设备、计算机及其他电子设备制造业	114	30	5856793		947596
仪器仪表及文化、办公用机械制造业	81	24	333313		115529
工艺品及其他制造业	21	11	18949		11118
电力、热力的生产和供应业	27	9	1138540		723409
燃气生产和供应业	3	0	154940		133339
水的生产和供应业	8	1	230165		76392

企业主要经济指标(按行业大类分)

单位:万元

工业销售产值(当年价格)	全部从业人员年平均人数(人)	资产负债				
		流动资产合计	流动资产平均余额	长期投资	固定资产合计	固定资产原价合计
25703814	459377		15066833			22338703
19238	3371		98316			52556
73393	2066		35587			41654
11927	654		4028			16465
376816	13217		127381			166962
201370	10381		131337			192607
454917	13300		272002			467540
151738	800		83996			55886
163171	17544		243363			278051
35365	5683		41335			26657
1071	575		7878			16145
27559	1123		30405			18334
40018	2263		42243			34727
113536	2277		86793			36734
348587	25323		311561			648252
40407	2566		38714			43256
2544194	10316		467834			963714
2757198	28451		715824			2586763
442073	13797		380284			309252
3245	159		3615			3858
11494	1315		8537			6789
90562	5149		114910			142196
561637	22623		687049			762708
4568788	53296		1961909			3280349
98018	1405		54054			20900
175123	7003		125651			131523
560474	22997		819100			416759
861768	30212		894479			492004
3076953	49159		1645518			1201710
400320	10296		376181			172959
5615059	41977		3087206			1324265
337138	12832		436246			184654
18053	2800		24111			35635
1137243	31998		1060993			6237172
154940	7307		219931			993317
230421	5142		428464			976352

2004年北京市国有及国有控股工业企

项目	资产负债				
	固定资产净值年平均余额	资产总计	流动负债合计	长期负债合计	负债合计
全市总计	12350873	38012637			18700747
煤炭开采和洗选业	30019	345626			79789
黑色金属矿采选业	18744	65494			30379
非金属矿采选业	9084	14634			3520
农副食品加工业	94239	255102			160520
食品制造业	113103	303041			140759
饮料制造业	285875	932429			343146
烟草制品业	30034	123098			33386
纺织业	152374	532351			316898
纺织服装、鞋、帽制造业	18926	74806			54577
皮革、毛皮、羽毛(绒)及其制品业	9440	25392			20267
木材加工及木、竹、藤、棕、草制品业	14016	46859			26289
家具制造业	18616	73174			44253
造纸及纸制品业	22433	141195			94290
印刷业和记录媒介的复制	348913	802059			394812
文教体育用品制造业	24446	83407			55691
石油加工、炼焦及核燃料加工业	427351	988789			468154
化学原料及化学制品制造业	1214973	2623371			653171
医药制造业	195485	1023532			380507
化学纤维制造业	2835	6476			3340
橡胶制品业	3188	13468			10452
塑料制品业	99354	312465			122724
非金属矿物制品业	484160	1567427			893091
黑色金属冶炼及压延加工业	1476602	5141386			2771895
有色金属冶炼及压延加工业	13478	138364			43460
金属制品业	79047	237661			155948
通用设备制造业	253169	1329412			1042036
专用设备制造业	308830	1560388			931197
交通运输设备制造业	659176	2957821			1879875
电气机械及器材制造业	104030	618541			341376
通信设备、计算机及其他电子设备制造业	705317	5532803			2880892
仪器仪表及文化、办公用机械制造业	106837	784114			468683
工艺品及其他制造业	23933	58269			45415
电力、热力的生产和供应业	3729744	6066893			2938874
燃气生产和供应业	665086	1126888			101329
水的生产和供应业	608019	2105905			769755

业主要经济指标(按行业大类分)(续)

单位:万元

所有者权益	实收资本	损益及分配 产品销售收入	产品销售成本	产品销售费用	产品销售税金及附加	产品销售利润	利润总额
		27569679	23609259	742663	361793		1600241
		20683	15850	29	44		3311
		72994	39161	2182	1556		20973
		2844	2301	101	28		23
		387385	347861	13739	368		9619
		206077	153137	37353	304		－6076
		457940	322772	34224	46712		38649
		150786	58802	5314	56958		13270
		182158	177226	4684	493		－6845
		37509	32833	2052	47		－754
		531	503	34	1		－65
		28498	25679	656	72		459
		54284	43463	4635	172		2307
		112771	76705	6552	50		25613
		350501	252064	6057	2783		26717
		43121	34321	2310	169		1496
		2647910	2482473	27018	79791		－3576
		2670263	1909232	42014	15510		547939
		433254	219927	102830	2344		64028
		3214	2689	49	29		42
		11023	10096	269	29		－216
		89701	82484	2756	223		－1945
		572788	472093	22176	1758		31258
		3654520	3227301	33561	17851		147744
		85255	70114	2605	97		14501
		177395	145012	8139	335		5890
		566939	473911	21852	1276		－9959
		811866	657500	31735	2807		49885
		3137067	2513285	129245	106377		220262
		416048	298214	33587	611		49247
		5693011	5299815	138911	4316		141631
		343641	271624	19698	776		21373
		22752	17570	1047	82		243
		3534501	3308906	3951	14583		158515
		366391	335094	0	2401		32188
		224059	229246	1296	840		2495

2004 年北京市股份制

项　　目	企业单位个数(个)	#亏损企业	工业总产值(当年价格)	工业总产值(1990 年不变价格)	工业增加值(生产法)
总　计	929	196	17292128		4459000
在总计中:					
中央企业	58	9	4179722		1011025
地方企业	871	187	13112406		3447976
在总计中:					
轻工业	383	90	2424330		885704
重工业	546	106	14867798		3573296
在总计中:					
大型企业	17	0	8454705		1931860
中型企业	113	16	3445732		1085453
小型企业	799	180	5391692		1441687

2004 年北京市股份制工

项　　目	资　产　负　债				
	固定资产净值年平均余额	资产总计	流动负债合计	长期负债合计	负债合计
总　计	6863234	24481784			11097796
在总计中:					
中央企业	1456091	4746704			1804960
地方企业	5407143	19735080			9292836
在总计中:					
轻工业	827262	3547538			1531159
重工业	6035972	20934246			9566637
在总计中:					
大型企业	4552799	12523286			5311773
中型企业	1283488	6725475			3188817
小型企业	1026947	5233023			2597206

工业企业主要经济指标

单位:万元

工业销售产值(当年价格)	全部从业人员年平均人数(人)	资产负债				
		流动资产合计	流动资产平均余额	长期投资	固定资产合计	固定资产原价合计
17006289	325110		10340890			12278330
4099898	38995		1992690			3086597
12906392	286115		8348200			9191733
2365132	89825		1677699			1207925
14641157	235285		8663191			11070405
8448919	135859		4200641			8600168
3254498	83549		3236949			2186389
5302872	105702		2903300			1491774

业企业主要经济指标(续)

单位:万元

所有者权益	实收资本	损益及分配					
		产品销售收入	产品销售成本	产品销售费用	产品销售税金及附加	产品销售利润	利润总额
		16426658	13551993	661618	105554		1217783
		4008219	3089680	135333	20101		535972
		12418439	10462313	526285	85453		681811
		2414012	1772123	251831	39638		193092
		14012646	11779869	409787	65916		1024691
		10023574	8449468	200135	50493		835235
		3273241	2558794	270209	40638		186331
		3129842	2543731	191274	14423		196217

2004年北京市股份制工业企业

项　　目	企业单位个数(个)	#亏损企业	工业总产值(当年价格)	工业总产值(1990年不变价格)	工业增加值(生产法)
全市总计	929	196	17292128		4459000
煤炭开采和洗选业	3	1	169522		57180
非金属矿采选业	1	0	1181		318
农副食品加工业	40	5	454721		84030
食品制造业	37	16	224581		89122
饮料制造业	19	6	157157		54564
纺织业	33	6	224087		79684
纺织服装、鞋、帽制造业	40	8	113207		35219
皮革、毛皮、羽毛(绒)及其制品业	3	1	11519		2031
木材加工及木、竹、藤、棕、草制品业	2	0	22886		3724
家具制造业	8	2	41895		11619
造纸及纸制品业	17	3	31964		9892
印刷业和记录媒介的复制	51	15	106587		21605
文教体育用品制造业	4	1	3728		1346
石油加工、炼焦及核燃料加工业	3	2	176897		30603
化学原料及化学制品制造业	56	11	2958657		709842
医药制造业	52	12	617376		298130
化学纤维制造业	2	0	7440		0
橡胶制品业	2	0	63105		14722
塑料制品业	26	4	89570		22449
非金属矿物制品业	74	19	565790		190093
黑色金属冶炼及压延加工业	11	1	4494652		894103
有色金属冶炼及压延加工业	17	5	244330		81452
金属制品业	55	14	157371		52686
通用设备制造业	53	5	362387		113060
专用设备制造业	60	11	527333		201613
交通运输设备制造业	52	11	2467890		529273
电气机械及器材制造业	66	10	646274		200097
通信设备、计算机及其他电子设备制造业	88	19	1763845		337596
仪器仪表及文化、办公用机械制造业	35	3	173225		67112
工艺品及其他制造业	7	2	14615		7820
电力、热力的生产和供应业	9	2	258186		134784
燃气生产和供应业	1	0	135442		116550
水的生产和供应业	2	1	4706		685

主要经济指标(按行业大类分)

单位:万元

工业销售产值(当年价格)	全部从业人员年平均人数(人)	资产负债 流动资产合计	流动资产平均余额	长期投资	固定资产合计	固定资产原价合计
17006289	325110		10340890			12278330
170547	14581		153885			139539
1181	471		1635			12208
448208	9734		158859			74619
215993	8726		123484			111073
151282	5283		99293			92596
212639	10044		189878			86620
105468	13069		68680			51723
11671	556		4436			186
18574	412		9521			11971
41784	2043		51112			27481
31662	1627		21026			13078
103804	6270		69580			150294
3663	837		3476			468
172820	1337		52913			65767
2955954	26400		762673			2694744
595724	17872		556415			400426
7326	259		7236			10079
60399	2083		38801			82338
90956	3651		46845			43677
564309	19543		686986			658881
4487754	52017		1939050			3251371
244557	3959		246583			74409
159180	7291		141727			76040
356062	11092		310194			164848
498032	10966		553494			212011
2494160	33843		562339			422226
607623	16690		575790			181042
1609518	24426		2224692			540261
173595	6154		205702			89359
13512	672		14505			10078
258186	8234		263524			1605816
135442	4686		192063			911751
4706	282		4493			11352

2004年北京市股份制工业企业主

项目	资产负债				
	固定资产净值年平均余额	资产总计	流动负债合计	长期负债合计	负债合计
全市总计	6863234	24481784			11097796
煤炭开采和洗选业	68545	453253			132462
非金属矿采选业	6021	7617			469
农副食品加工业	47419	301843			157014
食品制造业	94044	271760			157399
饮料制造业	65771	193864			104130
纺织业	56489	315532			167962
纺织服装、鞋、帽制造业	35430	115341			78135
皮革、毛皮、羽毛(绒)及其制品业	134	4913			3418
木材加工及木、竹、藤、棕、草制品业	10135	20381			4193
家具制造业	13905	70389			39862
造纸及纸制品业	10107	36450			22189
印刷业和记录媒介的复制	98966	194130			102076
文教体育用品制造业	412	3942			3262
石油加工、炼焦及核燃料加工业	37718	101102			58818
化学原料及化学制品制造业	1298998	2632447			641656
医药制造业	261128	1379309			453527
化学纤维制造业	8334	24799			6571
橡胶制品业	41657	107259			92160
塑料制品业	23888	104241			55740
非金属矿物制品业	415766	1517671			803390
黑色金属冶炼及压延加工业	1476499	5112095			2770616
有色金属冶炼及压延加工业	41207	492267			189838
金属制品业	52191	217625			164175
通用设备制造业	109559	506792			240869
专用设备制造业	147362	908690			414809
交通运输设备制造业	303175	1097767			723876
电气机械及器材制造业	101798	831107			511556
通信设备、计算机及其他电子设备制造业	394406	4381026			2168869
仪器仪表及文化、办公用机械制造业	47701	349248			181058
工艺品及其他制造业	3910	19949			9306
电力、热力的生产和供应业	962302	1644341			545571
燃气生产和供应业	618383	1049794			91674
水的生产和供应业	9876	14840			1148

要经济指标(按行业大类分)(续)

单位:万元

所有者权益	实收资本	损益及分配 产品销售收入	产品销售成本	产品销售费用	产品销售税金及附加	产品销售利润	利润总额
		16426658	13551993	661618	105554		1217783
		190413	122290	14493	1178		29738
		1139	1057	87	7		24
		476194	408998	33414	511		29515
		217022	177168	24963	1146		2113
		139006	80377	15784	23335		7395
		220200	182116	14145	568		8117
		101353	84888	6393	304		1050
		10412	9569	176	1		499
		19644	17846	627	21		159
		57724	46052	5095	186		2332
		32709	28761	724	165		1165
		109465	91069	3361	493		3187
		3745	3431	7	12		-35
		176444	148006	18259	409		206
		2901068	2094176	48229	21516		563835
		595820	316446	111715	5363		110608
		7161	5475	157	31		220
		64372	54790	2397	1737		696
		101751	92315	2559	207		1341
		581257	483260	22216	2293		41841
		3611608	3185807	34125	17863		147809
		249673	222966	5174	169		23060
		154381	125556	7578	537		5621
		381666	320340	21302	1529		20405
		453272	349795	24785	2699		41608
		2439482	2218873	79595	7790		52350
		645241	535931	35946	2801		22592
		1643264	1414935	119102	6775		33606
		157840	130175	8483	831		12299
		13736	11697	655	69		-145
		330256	297350	63	2643		22527
		334635	286385	0	2341		31948
		4706	4092	12	26		98

2004 年北京市外商及港澳

项　　目	企业单位个数(个)	# 亏损企业	工业总产值(当年价格)	工业总产值(1990 年不变价格)	工业增加值(生产法)
总　计	1053	308	20546484		4747977
在总计中:					
中央企业	60	13	4616822		877505
地方企业	993	295	15929661		3870473
在总计中:					
轻工业	505	170	4109669		1307942
重工业	548	138	16436815		3440036
在总计中:					
大型企业	10	1	3878383		722957
中型企业	132	36	9811405		2124128
小型企业	911	271	6856696		1900892

2004 年北京市外商及港澳台

项　　目	固定资产净值年平均余额	资　产　负　债			
		资产总计	流动负债合计	长期负债合计	负债合计
总　计	3825774	16817987			9350025
在总计中:					
中央企业	511656	2241876			1355732
地方企业	3314118	14576110			7994293
在总计中:					
轻工业	1290125	4095209			2261742
重工业	2535649	12722778			7088283
在总计中:					
大型企业	484189	2706831			1803782
中型企业	1879673	7747657			4086593
小型企业	1461912	6363499			3459650

台商工业企业主要经济指标

单位:万元

工业销售产值(当年价格)	全部从业人员年平均人数(人)	资产负债				
		流动资产合计	流动资产平均余额	长期投资	固定资产合计	固定资产原价合计
19937250	257861		10106715			6762727
4442355	22744		1372973			896759
15494894	235117		8733743			5865968
3950143	124503		2233660			2186791
15987107	133358		7873055			4575936
3642480	37028		1598027			1008809
9461258	105972		4438774			3411012
6833512	114861		4069915			2342906

商工业企业主要经济指标(续)

单位:万元

所有者权益	实收资本	损益及分配					
		产品销售收入	产品销售成本	产品销售费用	产品销售税金及附加	产品销售利润	利润总额
		21351056	17642467	1168068	126764		1477623
		4514467	4017079	165418	3893		244362
		16836589	13625389	1002650	122872		1233262
		4053050	2846124	564132	21937		254541
		17298007	14796343	603936	104828		1223083
		3813286	3390694	206801	27200		89438
		10477305	8692772	569018	90316		771495
		7060465	5559002	392249	9248		616691

2004年北京市外商及港澳台商工业

项目	企业单位个数(个)	#亏损企业	工业总产值(当年价格)	工业总产值(1990年不变价格)	工业增加值(生产法)
全市总计	1053	308	20546484		4747977
非金属矿采选业	2	1	2637		1034
农副食品加工业	34	10	347858		71714
食品制造业	53	19	609039		168919
饮料制造业	29	13	434779		134362
纺织业	50	21	179847		56183
纺织服装、鞋、帽制造业	75	28	281624		87560
皮革、毛皮、羽毛(绒)及其制品业	12	6	10573		3220
木材加工及木、竹、藤、棕、草制品业	10	4	67125		13973
家具制造业	30	8	85412		21506
造纸及纸制品业	17	4	161832		51120
印刷业和记录媒介的复制	32	8	149695		36345
文教体育用品制造业	20	5	58058		19739
石油加工、炼焦及核燃料加工业	6	4	7226		2011
化学原料及化学制品制造业	63	16	460365		179117
医药制造业	33	9	435655		203288
橡胶制品业	6	0	38642		12059
塑料制品业	49	18	162272		48651
非金属矿物制品业	65	23	372076		142704
黑色金属冶炼及压延加工业	3	1	98281		22620
有色金属冶炼及压延加工业	6	3	9776		3818
金属制品业	52	13	442344		136517
通用设备制造业	66	15	776245		241168
专用设备制造业	48	2	512289		240974
交通运输设备制造业	52	7	3804818		661845
电气机械及器材制造业	48	9	899639		268711
通信设备、计算机及其他电子设备制造业	126	40	9149569		1599324
仪器仪表及文化、办公用机械制造业	53	9	721066		192620
工艺品及其他制造业	8	1	18151		6286
电力、热力的生产和供应业	2	0	194428		100646
燃气生产和供应业	2	1	3091		2661
水的生产和供应业	1	0	52074		17283

企业主要经济指标(按行业大类分)

单位:万元

工业销售产值(当年价格)	全部从业人员年平均人数(人)	资产负债				
		流动资产合计	流动资产平均余额	长期投资	固定资产合计	固定资产原价合计
19937250	257861		10106715			6762727
2405	160		1682			1619
337335	12415		124996			171532
607934	16008		258336			424962
408690	9975		288484			387714
161181	8788		110140			97012
250316	30793		157602			95864
11460	1809		13353			5409
64678	1895		49433			80163
85769	5126		42000			34839
167143	3501		96347			70375
143356	4739		112129			195849
57118	3086		41916			15273
7756	288		8051			3231
443497	7841		242518			268021
411684	7569		285385			195281
39061	1539		18230			23859
164647	6033		102926			161195
364357	11279		315128			374726
97107	1582		66810			24668
9549	621		14547			7084
438810	9169		261027			226265
772830	12698		619402			292682
505748	8983		619615			197705
3635618	21564		1464350			849097
869182	11561		516291			263957
8892736	48278		3830313			1697120
718385	6860		380384			126349
19307	678		19607			7253
194428	2702		22933			457333
3091	141		2145			6251
52074	180		20634			42

2004年北京市外商及港澳台商工业企业

项　　目	资　产　负　债				
	固定资产净值年平均余额	资产总计	流动负债合计	长期负债合计	负债合计
全市总计	3825774	16817987			9350025
非金属矿采选业	1519	2904			1157
农副食品加工业	93008	244323			135475
食品制造业	245439	598360			323935
饮料制造业	257264	662731			464744
纺织业	47078	173777			114527
纺织服装、鞋、帽制造业	56952	247331			153160
皮革、毛皮、羽毛(绒)及其制品业	3026	14110			10293
木材加工及木、竹、藤、棕、草制品业	60060	145115			59685
家具制造业	20014	62888			41484
造纸及纸制品业	45536	147884			69696
印刷业和记录媒介的复制	110449	248170			91613
文教体育用品制造业	10067	56120			39837
石油加工、炼焦及核燃料加工业	1558	11921			6975
化学原料及化学制品制造业	171997	449940			195821
医药制造业	107445	440435			213613
橡胶制品业	13304	33167			12450
塑料制品业	96693	217297			104769
非金属矿物制品业	243285	624567			322940
黑色金属冶炼及压延加工业	17140	108060			82923
有色金属冶炼及压延加工业	3945	20034			15839
金属制品业	135635	440920			224318
通用设备制造业	163238	904630			488871
专用设备制造业	117970	942983			458928
交通运输设备制造业	493629	2532949			1513207
电气机械及器材制造业	158143	730554			323120
通信设备、计算机及其他电子设备制造业	764208	5559829			3247096
仪器仪表及文化、办公用机械制造业	92946	562403			325359
工艺品及其他制造业	4462	27793			16124
电力、热力的生产和供应业	284519	450189			202822
燃气生产和供应业	5227	9748			6853
水的生产和供应业	19	146858			82391

主要经济指标(按行业大类分)(续)

单位:万元

所有者权益	实收资本	损益及分配 产品销售收入	产品销售成本	产品销售费用	产品销售税金及附加	产品销售利润	利润总额
		21351056	17642467	1168068	126764		1477623
		1847	1682	34	0		1
		347504	297449	15893	27		13040
		608025	359824	184419	177		-6952
		441968	289816	84445	10811		25822
		163655	142383	9998	46		-511
		249502	194860	20127	113		6975
		11355	9978	361	7		-275
		63586	58037	2673	20		505
		86155	73552	5908	131		1737
		163399	116974	7902	21		31697
		146174	118624	5106	2		7927
		56538	46821	3527	10		229
		7998	6148	767	0		299
		488229	319633	62624	9389		56922
		404584	173116	139565	10		47197
		40594	29306	1916	0		5782
		165387	121580	4748	1197		25231
		368430	278230	15530	52		29111
		97472	89150	393	0		371
		10345	9561	224	0		-293
		469814	377053	19729	410		39015
		788368	618088	38419	52		78188
		645346	468887	22206	683		74565
		3679493	2988373	136464	99698		337037
		898257	658695	50409	26		132483
		9933834	8986602	306950	1783		419285
		741808	620736	25819	1012		66123
		21780	16375	1874	39		1295
		194453	144978	0	951		64042
		3083	2072	40	98		441
		52074	23886	0	0		20335

2004年北京市大中型

项　　目	企业单位个数(个)	#亏损企业	工业总产值(当年价格)	工业总产值(1990年不变价格)	工业增加值(生产法)
总　计	440	78	31493450		7500960
在总计中:					
中央企业	82	9	11216188		2631673
地方企业	358	69	20277261		4869287
在总计中:					
内资企业	298	41	17803662		4653875
国有企业	105	15	4805590		1361586
集体企业	23	3	400775		101241
股份合作企业	9	1	126254		39191
联营企业	9	2	74618		23994
有限责任公司	75	10	4922552		1340026
股份有限公司	55	6	6977884		1677287
私营企业	21	4	426895		99142
其他企业	1	0	69094		11408
港澳台商投资企业	41	11	3261293		658200
港澳台合资经营	24	9	1162171		269307
港澳台合作经营	3	0	63248		19866
港澳台商独资企业	12	1	1931113		333667
港澳台商投资股份有限公司	2	1	104761		35360
外商投资企业	101	26	10428495		2188885
中外合资经营	67	16	8473127		1679429
中外合作经营	5	1	157461		61413
外资(独立)企业	25	8	1555931		354456
外商投资股份有限公司	4	1	241975		93588
在总计中:					
农村企业	38	5	709366		186567
在总计中:					
轻工业	171	38	4770510		1577104
重工业	269	40	26722940		5923857
在总计中:					
大型企业	44	4	15882605		3518631
中型企业	396	74	15610845		3982330

工业企业主要经济指标

单位:万元

工业销售产值(当年价格)	全部从业人员年平均人数(人)	资产负债				
		流动资产合计	流动资产平均余额	长期投资	固定资产合计	固定资产原价合计
30640670	545267		18124041			24062160
10915055	131547		4760105			9735817
19725615	413720		13363936			14326342
17536932	402267		12087240			19642338
4797569	138668		3901872			8298125
377383	18337		236760			194884
124753	5933		66264			51976
72808	4845		151671			171833
4880695	123197		4280584			7243626
6822722	96211		3157006			3542931
406648	13550		241121			113345
54355	1526		51962			25618
3076397	46015		1839267			673627
1135685	24039		611683			317438
58393	1755		29426			26479
1774604	14335		898215			192826
107716	5886		299943			136884
10027341	96985		4197534			3746195
8121852	64854		3017369			2607638
157823	3465		71531			66196
1516875	20363		1013124			606329
230790	8303		95511			466032
655343	29249		333944			335717
4651577	155354		3088791			3830709
25989093	389913		15035250			20231451
15656264	246841		7836804			16522631
14984406	298426		10287237			7539529

2004 年北京市大中型工业

项　目	资　产　负　债				
	固定资产净值年平均余额	资产总计	流动负债合计	长期负债合计	负债合计
总　计	13304573	42906871			21624797
在总计中：					
中央企业	5225670	12587130			6516941
地方企业	8078904	30319741			15107856
在总计中：					
内资企业	10940711	32452383			15734422
国有企业	4746101	11788427			6322428
集体企业	121618	483495			329941
股份合作企业	35283	119799			78647
联营企业	112890	338395			186478
有限责任公司	3958690	11877507			5292017
股份有限公司	1877597	7371254			3208573
私营企业	72904	394700			250251
其他企业	15630	78806			66087
港澳台商投资企业	394226	2845647			1993904
港澳台合资经营	181688	913525			600810
港澳台合作经营	18480	49234			22155
港澳台商独资企业	120863	1364112			1104282
港澳台商投资股份有限公司	73195	518776			266656
外商投资企业	1969636	7608842			3896471
中外合资经营	1233391	5460367			2820924
中外合作经营	32766	120510			49487
外资(独资)企业	404814	1469229			733573
外商投资股份有限公司	298665	558735			292488
在总计中：					
农村企业	228238	693956			400825
在总计中：					
轻工业	2307802	7995493			3555580
重工业	10996772	34911378			18069217
在总计中：					
大型企业	8965771	22774314			10829465
中型企业	4338803	20132557			10795332

企业主要经济指标(续)

单位:万元

所有者权益	实收资本	损益及分配 产品销售收入	产品销售成本	产品销售费用	产品销售税金及附加	产品销售利润	利润总额
		36434869	30967911	1394107	396797		2100904
		13835763	11996179	304946	172629		792853
		22599106	18971732	1089162	224167		1308051
		22144277	18884446	618289	279280		1239972
		7809439	7041126	71119	180436		164491
		381494	312039	20935	5150		22517
		109143	94779	3478	365		4549
		79135	54622	9399	717		4802
		6446051	5446107	173063	38390		387601
		6850764	5562155	297282	52741		633965
		411548	321689	43013	1339		21881
		56703	51931	0	143		167
		3613383	3169647	219501	4778		116973
		1141343	1022833	41781	441		31821
		52180	38565	4914	0		4521
		2182208	1896096	167098	1025		78829
		237652	212153	5708	3312		1802
		10677208	8913818	556317	112739		743960
		8259074	7033951	337601	112693		548446
		151539	83257	41714	0		9015
		2040764	1636639	157194	17		143177
		225830	159971	19808	29		43321
		639492	506970	52878	5418		41836
		4666959	3344707	577857	135890		297338
		31767910	27623205	816250	260906		1803566
		20330516	17897124	438806	196042		1056285
		16104352	13070788	955301	200755		1044619

2004年北京市大中型工业企业

项目	企业单位个数(个)	#亏损企业	工业总产值(当年价格)	工业总产值(1990年不变价格)	工业增加值(生产法)
全市总计	440	78	31493450		7500960
煤炭开采和洗选业	4	0	195477		65638
黑色金属矿采选业	4	0	84951		18316
农副食品加工业	11	0	538378		99580
食品制造业	20	10	532342		137996
饮料制造业	12	3	649039		222323
烟草制品业	1	0	145995		96838
纺织业	16	7	254478		87046
纺织服装、鞋、帽制造业	24	4	256038		79618
木材加工及木、竹、藤、棕、草制品业	1	0	22256		3561
家具制造业	5	1	92882		25300
造纸及纸制品业	8	3	81175		25469
印刷业和记录媒介的复制	19	1	274634		59149
文教体育用品制造业	2	0	44333		16644
石油加工、炼焦及核燃料加工业	4	1	2667386		463617
化学原料及化学制品制造业	19	2	2994512		744345
医药制造业	21	3	791355		372753
橡胶制品业	3	1	84598		22965
塑料制品业	8	2	84615		28215
非金属矿物制品业	41	8	640523		238909
黑色金属冶炼及压延加工业	6	1	2394411		448467
有色金属冶炼及压延加工业	2	0	53181		14736
金属制品业	13	0	259753		84432
通用设备制造业	24	7	711120		230663
专用设备制造业	23	3	730340		322317
交通运输设备制造业	35	5	5671433		1161470
电气机械及器材制造业	24	3	842121		235123
通信设备、计算机及其他电子设备制造业	57	11	8918754		1520909
仪器仪表及文化、办公用机械制造业	15	1	488295		152541
工艺品及其他制造业	1	0	9884		8102
电力、热力的生产和供应业	10	1	605009		310219
燃气生产和供应业	2	0	150398		129428
水的生产和供应业	5	0	223785		74274

主要经济指标(按行业大类分)

单位:万元

工业销售产值(当年价格)	全部从业人员年平均人数(人)	资产负债				
		流动资产合计	流动资产平均余额	长期投资	固定资产合计	固定资产原价合计
30640670	545267		18124041			24062160
196730	17088		160082			155539
84793	2566		36755			46246
520911	13990		136243			158447
539341	16108		219524			367509
637755	17484		372549			594077
151738	800		83996			55886
244221	16242		275575			243574
226187	24206		141702			100849
18035	383		9282			11931
93024	4538		62283			37276
75333	3023		64585			43757
268317	13687		158987			441197
43247	2330		37644			44123
2679571	10837		478662			963343
2978816	30582		840794			2785900
769936	17016		602062			435540
83557	2830		50454			105556
84823	4166		93118			123235
637978	30406		773266			942368
2387444	54768		2014352			3304329
52957	1909		122652			36944
257819	10141		160122			99655
704263	21841		837685			492439
729685	26147		1028699			466317
5485437	72961		2161123			1520763
802221	19035		662826			334673
8411002	57202		4508020			1948426
486281	10386		376824			180488
10666	947		9928			14044
604003	29570		1002359			6068295
150398	7265		218635			990516
224183	4813		423256			948921

2004年北京市大中型工业企业主

项目	资产负债				
	固定资产净值年平均余额	资产总计	流动负债合计	长期负债合计	负债合计
全市总计	13304573	42906871			21624797
煤炭开采和洗选业	80553	479853			135866
黑色金属矿采选业	20994	73856			34721
农副食品加工业	84476	300288			171322
食品制造业	235381	534597			357272
饮料制造业	385054	1172360			494413
烟草制品业	30034	123098			33386
纺织业	136833	542173			323497
纺织服装、鞋、帽制造业	68283	240800			150065
木材加工及木、竹、藤、棕、草制品业	10130	20129			4070
家具制造业	19135	97134			64658
造纸及纸制品业	33690	123801			88372
印刷业和记录媒介的复制	230279	495806			223483
文教体育用品制造业	25763	85660			54497
石油加工、炼焦及核燃料加工业	428342	1017058			484088
化学原料及化学制品制造业	1351995	2801236			751005
医药制造业	259082	1356137			429502
橡胶制品业	54000	131809			102108
塑料制品业	91388	225598			71175
非金属矿物制品业	568192	1822570			966770
黑色金属冶炼及压延加工业	1492029	5231656			2839261
有色金属冶炼及压延加工业	15715	240823			81220
金属制品业	62964	264363			181339
通用设备制造业	281702	1371218			988707
专用设备制造业	282588	1776345			1035874
交通运输设备制造业	909095	3933366			2547129
电气机械及器材制造业	187847	983043			554557
通信设备、计算机及其他电子设备制造业	959849	7782240			4431099
仪器仪表及文化、办公用机械制造业	120166	658000			372504
工艺品及其他制造业	9296	22960			15159
电力、热力的生产和供应业	3618554	5798603			2780736
燃气生产和供应业	662735	1123177			99578
水的生产和供应业	588431	2077114			757367

要经济指标(按行业大类分)(续)

单位:万元

所有者权益	实收资本	损益及分配					
		产品销售收入	产品销售成本	产品销售费用	产品销售税金及附加	产品销售利润	利润总额
		36434869	30967911	1394107	396797		2100904
		216596	137890	12932	1339		39267
		84114	46341	2244	1836		23973
		520854	463784	21457	531		25363
		523368	334952	148971	456		－18304
		631157	426799	73949	54036		50039
		150786	58802	5314	56958		13270
		262616	242473	11419	474		－2699
		205500	167638	13471	253		5308
		19105	17365	617	20		145
		107605	87278	11971	179		2295
		70332	61306	2900	46		1751
		270052	187684	3358	2065		30502
		46310	37532	2201	148		1554
		2781815	2580790	47128	79670		10712
		2934481	2044725	87546	29741		586473
		767185	358877	205696	4577		133185
		87179	70258	3251	1739		4621
		95826	68328	2001	168		17973
		653832	530304	22043	1950		47371
		3750264	3312644	33910	17831		150584
		55730	46810	1880	41		9535
		262196	201562	10485	1126		21829
		714935	576447	27179	1216		24523
		860991	723694	29634	2009		42945
		5488873	4649760	214134	112114		290417
		827335	694941	34993	1692		39372
		9447819	8582403	348823	5966		311019
		484018	400636	10262	735		41456
		10868	8381	340	15		886
		3523471	3291096	3030	14663		161486
		361849	331524	0	2392		31948
		217808	224887	970	812		2107

2004年北京市工业企

项目	工业经济效益综合指数	企业亏损面	总资产贡献率	资产保值增值率	资产负债率
总计		27.66	9.85		51.61
在总计中：					
中央企业		33.49	12.10		51.44
地方企业		27.04	9.20		51.66
在总计中：					
内资企业		27.15	8.02		50.08
国有企业		43.82	4.99		54.50
集体企业		20.35	8.20		64.14
股份合作企业		21.46	18.56		58.58
联营企业		22.73	4.39		60.81
有限责任公司		20.85	7.75		46.61
股份有限公司		22.29	12.65		42.92
私营企业		22.42	10.06		57.90
其他企业		0.00	3.99		79.66
港澳台商投资企业		31.93	9.30		65.84
港澳台合资经营		33.33	6.86		63.43
港澳台合作经营		18.18	12.03		46.37
港澳台商独资企业		29.67	12.50		73.45
港澳台商投资股份有限公司		33.33	4.64		51.58
外商投资企业		27.87	17.00		51.79
中外合资经营		26.48	17.89		51.61
中外合作经营		23.68	14.48		45.70
外资(独立)企业		30.66	15.97		52.77
外商投资股份有限公司		50.00	10.97		52.21
在总计中：					
农村企业		18.53	10.39		59.57
在总计中：					
国有绝对控股企业		38.21	6.88		50.00
国有相对控股企业		28.38	24.20		43.42
在总计中：					
轻工业		31.73	9.24		48.86
重工业		24.56	10.04		52.44
在总计中：					
大型企业		9.09	7.49		47.55
中型企业		18.69	15.44		53.62
小型企业		28.78	9.57		54.50

业主要经济分析指标

单位:%

流动资产周转率(次)	成本费用利润率	全员劳动生产率(元)	产品销售率	增加值率	人均销售收入(元)	流动比率	速动比率
1.80	6.41	126044	97.77		511463		
2.57	6.13	200564	97.84		912235		
1.59	6.52	110954	97.75		430312		
1.62	5.70	105841	98.31		401369		
1.63	2.03	97723	99.80		412505		
1.58	4.83	45545	95.21		156048		
3.49	6.00	123634	100.02		432023		
0.70	5.16	43407	97.04		137222		
1.38	6.49	100680	98.52		430460		
1.95	9.61	203895	98.21		642144		
1.59	5.15	69668	95.64		249798		
1.15	1.78	66856	80.02		324188		
1.75	4.49	123514	96.00		588805		
1.50	3.41	100052	97.98		394258		
1.79	8.02	92119	93.01		237307		
2.29	5.62	199834	94.05		1140428		
0.80	0.76	57506	102.84		379028		
2.26	8.35	213986	97.33		945828		
2.32	8.40	238971	96.69		1055864		
1.83	7.52	155778	98.95		419779		
2.13	7.63	179568	99.59		877185		
2.30	18.07	113162	95.59		280153		
1.92	5.59	53453	94.58		170733		
1.60	5.27	123746	98.66		493440		
2.94	8.30	276818	96.70		1382019		
1.44	6.64	83116	96.96		246852		
1.90	6.36	151131	97.96		666102		
2.59	5.47	142546	98.57		823628		
1.57	6.86	133444	95.99		539643		
1.42	7.21	112206	98.65		323212		

2004年北京市规模以下工业企业主要经济指标

项　　目	企业个数(个)	从业人员(人)	工业总产值（当年价格、万元）
总　计	15972	310330	2188815
#法人工业企业	8902	247530	1663266
个体工业企业	7070	62801	525549

注:规模以下工业企业指年产品销售收入500万元以下的非国有工业企业和全部个体工业单位。

2004年北京市高新技术产业主要经济指标

单位:亿元

项　　目	工业总产值(现价)		2004年为2003年%
	2004	2003	
合　计	1750.1	1520.9	115.07
按登记注册类型分			
国有经济	55.4	69.4	79.78
集体经济	24.1	22.4	107.62
外资及港澳台经济	1122.9	940.8	119.36
股份制及其他经济	547.6	488.2	112.16
按高新技术领域分			
电子与信息	1131.5	980.4	115.41
生物及医药制品	153.8	159.5	96.41
新材料	186.9	155.1	120.49
光机电一体化	220.3	173.7	126.86
新能源	13.9	9.6	145.14
环保设备	5.5	4.1	132.62
航空航天及地球空间技术	38.1	38.4	99.06

2004年北京市主要工业产品生产总量

单位:吨

主要工业产品名称	本年生产量	主要工业产品名称	本年生产量
原　煤	9084261	化学原料药	4763
铁矿石成品矿	17768454	轮胎外胎(条)	2778030
发电量(万千瓦小时)	1506343	塑料制品	144799
供热量(万百万千焦)		水　泥(万吨)	1127
自来水生产量(万吨)		平板玻璃(重量箱)	6567264
大　米	8165	生　铁	7929901
食用植物油	14631	钢	8260624
配混合饲料	1218330	成品钢材	8510419
乳制品	353323	十种有色金属	53
白　酒	82645	铝　材	21095
啤　酒	1384507	金属切削机床(台)	7594
软饮料	1270693	汽　车(辆)	538701
冷冻饮品	35621	#载货汽车(辆)	327003
卷　烟(箱)	1239445	轿车(辆)	182166
纱	23729	发电设备(千瓦)	3115000
布(万米)	3990	家用洗衣机(台)	91201
服　装(万件)	14440	家用电冰箱(台)	634962
家　具(件)	3157937	房间空气调节器(台)	3258
人造板(立方米)	135595	程控交换机(线)	32111498
体育用品及用具(千元)		移动通信设备(信道)	4228883
工艺美术制品(千元)		移动电话机(部)	38519845
原油加工量	7833538	微型电子计算机(部)	5036276
汽　油	1697713	彩色显像管(只)	10425250
柴　油	1807241	半导体集成电路(万块)	72391
焦　炭	3612348	电子元件(万只)	
氢氧化钠(烧碱)(折100%)	144603	录像机(部)	3943297
农用氮、磷、钾化学肥料(折纯)	36016	收录放机(部)	123061
乙　烯	981591	自动化仪表及系统(台)	2150312
塑料树脂及共聚物	1361304	光学仪器(台)	79338
合成橡胶	241301	照相机(台)	865122
合成洗涤剂	174858		

注:未标注单位者,单位为吨。

2004年北京市工业外商直接投资情况

范围		企业个数（个）	协议总金额（万美元）
本年度	全市	1806	625796
	同比	31.2%	86.9%
	全市工业	572	234609
	同比	10.9%	124.2%
	占全市总计		37.5%
历年累计	全年	21573	3878832
	全市工业	13180	1401730
	占全市	61.1%	36.1%

2004年北京市工业外商直接投资情况(按行业分)

单位:万美元

行　业	项目个数	合同	实际
合　计	572	234601	113580
采矿	6	325	
制造业	558	227835	112681
农副食品加工业	13	2681	272
食品制造业	30	4244	1544
饮料制造业	12	2706	2708
纺织业	3	462	710
纺织服装、鞋、帽制造业	19	828	974
皮革、毛皮、羽毛(绒)及其制品业	2	175	156
木材加工及木、竹、藤、棕、草制品业	2	598	37
家具制造业	11	463	178
造纸及纸制品业	6	2338	526
印刷业和记录媒介的复制	7	778	402
文教体育用品制造业	10	10841	281
石油加工、炼焦及核燃料加工业	1	65	179
化学原料及化学制品制造业	28	3823	4369
医药制造业	23	13090	3111
化学纤维制造业	2	1160	200
橡胶制品业	0	52	65
塑料制品业	8	1820	821
非金属矿物制品业	22	4083	1625
黑色金属冶炼及压延加工业	1	1426	680
有色金属冶炼及压延加工业	2	171	13
金属制品业	16	3349	1334
通用设备制造业	39	6494	8441
专用设备制造业	75	12313	4743
交通运输设备制造业	42	28634	14704
电气机械及器材制造业	38	7543	2241
通信设备、计算机及其他电子设备制造业	87	110815	60118
仪器仪表及文化、办公用机械制造业	43	3696	2027
工艺品及其他制造业	16	3195	236
电力、燃气及水的生产和供应业	8	6441	899

2003年全国工业企业主

分组名称	企业单位数(个)	亏损企业	工业总产值(不变价)	工业总产值(当年价)	工业增加值(当年价)
总　计	196222	36520	128716.25	142271.22	41990.23
一、按登记注册类型分组:					
内资企业	157641	27386	81632.04	97913.42	30390.58
国有企业	23228	9108	12732.53	18479.4	7156
中央企业	2391	806	5385.72	9111.42	3943.26
地方企业	20837	8302	7346.81	9367.99	3212.74
集体企业	22478	2982	8402.42	9458.43	2551.67
股份合作企业	9283	1072	2965.18	3250.9	858.71
联营企业	1689	312	824.31	948.67	282.41
国有联营企业	296	88	311.55	394.72	137.41
集体联营企业	486	62	152.23	173.24	47.89
国有与集体联营企业	549	112	224.62	231.93	60.3
其他联营企业	358	50	135.91	148.78	36.81
有限责任公司	26606	5372	23940.78	26583.94	7911.61
国有独资公司	1330	435	6747.57	7073.68	2131.98
其他有限责任公司	25276	4937	17193.2	19510.26	5779.64
股份有限公司	6313	1197	13662.5	18017.06	6203.66
私营企业	67607	7285	18964.24	20980.23	5378.76
私营独资企业	21504	1708	4607.27	5284.91	1404.03
私营合作企业	4536	365	935.97	1055.14	290.99
私营有限责任公司	38589	4822	12342.04	13391.7	3350.29
私营股份有限公司	2978	390	1078.95	1248.48	333.45
其他企业	437	58	190.09	194.79	47.75
港、澳、台商投资企业	21152	5054	17408.59	17425.62	4680.49
合资经营企业(港或澳、台资)	9096	2085	7969.5	7464.17	2017.29
合作经营企业(港或澳、台资)	2012	468	1159.53	1337.77	365.6
港澳台商独资经营企业	9804	2447	7400.69	7699.64	1994.29
港澳台商投资股份有限公司	240	54	878.87	924.05	249.31
外商投资企业	17429	4080	29625.62	26932.18	6919.15
中外合资经营企业	8803	1833	17566.01	14169.51	3756.53
中外合作经营企业	1107	262	1043.01	1118.93	373.2
外资企业	7306	1934	10179.02	10854.1	2489.58
外商投资股份有限公司	213	51	837.58	789.65	299.85

要经济指标(按类型分)

单位:亿元

资产合计	流动资产	固定资产原价	累计折旧	固定资产净值	负债合计	所有者权益合计
168807.7	76163.74	105557.09	37323.59	68233.5	99527.97	69129.56
129547.44	54673.9	83738.16	29389.47	54348.68	77764.91	51656.26
41636.67	15334.7	30210.52	10344.13	19866.4	26232.27	15362.91
20620.83	7085.14	16282.8	5685.03	10597.77	12265.5	8333.96
21015.84	8249.56	13927.72	4659.1	9268.62	13966.77	7028.94
6902.34	3635.9	3329.28	1087.16	2242.11	4242.39	2659.96
2621.27	1454.1	1179.09	393.01	786.08	1578.41	1042.86
1028.69	500.87	591.83	226.97	364.86	614.87	413.82
526.12	232.71	341.22	129.74	211.48	321.53	204.59
123.86	65.06	67.43	23.22	44.21	75.17	48.68
266.16	138.34	127.97	55.15	72.82	153	113.16
112.55	64.76	55.22	18.86	36.35	65.16	47.39
40448.51	17123.3	24962.88	8507.64	16455.24	24902.69	15468.61
15331.53	6190.17	9938.74	3485.26	6453.48	9215.3	6047.96
25116.98	10933.13	15024.14	5022.38	10001.76	15687.39	9420.66
22259.11	8726.44	17175.49	7283.19	9892.3	11329.81	10921.82
14525.29	7838.48	6228.85	1531.69	4697.16	8781.24	5743.95
2829.12	1503.87	1338.47	313.8	1024.67	1645.72	1183.4
544.37	281.73	258.82	62.58	196.24	297.04	247.42
10150.84	5511.17	4233.76	1057.74	3176.02	6266.79	3883.86
1000.96	541.72	397.81	97.58	300.24	571.69	429.28
125.57	60.1	60.21	15.68	44.54	83.23	42.34
16218.57	8744.62	9359.24	3575.46	5783.78	8990.77	7220.1
7474.69	3961.3	4467.1	1755.98	2711.12	4316.53	3150.46
1340.12	689.94	1000.06	460.25	539.81	773.4	566.71
6375.55	3638.57	3172.86	1055.35	2117.51	3410.96	2964.58
1028.21	454.82	719.21	303.87	415.34	489.87	538.34
23041.69	12745.23	12459.69	4358.65	8101.04	12772.29	10253.21
12225.74	6956.21	6364.69	2300.07	4064.61	6794.79	5430.95
1249.91	571.31	820.88	262.94	557.93	683.34	566.57
8172.33	4713.01	4171.16	1370.6	2800.56	4698.63	3473.65
1393.71	504.69	1102.97	425.04	677.93	595.53	782.04

2003 年全国工业企业主要经

分组名称	企业单位数(个)	亏损企业	工业总产值(不变价)	工业总产值(当年价)	工业增加值(当年价)
二、按经济组织类型分组					
独资企业	84320	18179	43321.93	51776.47	15595.57
国有企业	23228	9108	12732.53	18479.4	7156
集体企业	22478	2982	8402.42	9458.43	2551.67
私营独资企业	21504	1708	4607.27	5284.91	1404.03
港澳台商独资经营企业	9804	2447	7400.69	7699.64	1994.29
外资企业	7306	1934	10179.02	10854.1	2489.58
合作、合伙企业	19064	2537	7118.08	7906.2	2218.67
股份合作企业	9283	1072	2965.18	3250.9	858.71
国有联营企业	296	88	311.55	394.72	137.41
集体联营企业	486	62	152.23	173.24	47.89
国有与集体联营企业	549	112	224.62	231.93	60.3
其他联营企业	358	50	135.91	148.78	36.81
私营合伙企业	4536	365	935.97	1055.14	290.99
合作经营企业(港或澳、台资)	2012	468	1159.53	1337.77	365.6
中外合作经营企业	1107	262	1043.01	1118.93	373.2
其他企业(内资)	437	58	190.09	194.79	47.75
股份有限公司	9744	1692	16457.9	20979.24	7086.27
股份有限公司(内资)	6313	1197	13662.5	18017.06	6203.66
私营股份有限公司	2978	390	1078.95	1248.48	333.45
港澳台商投资股份有限公司	240	54	878.87	924.05	249.31
外商投资股份有限公司	213	51	837.58	789.65	299.85
有限责任公司	83094	14112	61818.33	61609.31	17089.72
国有独资公司	1330	435	6747.57	7073.68	2131.98
私营有限责任公司	38589	4822	12342.04	13391.7	3350.29
合资经营企业(港或澳、台资)	9096	2085	7969.5	7464.17	2071.29
中外合资经营企业	8803	1833	17566.01	14169.51	3756.53
其他有限责任公司	25276	4937	17193.2	19510.26	5779.64
三、在总计中:亏损企业	36520	36520	12106.95	13820.16	3349.45
在总计中:国有控股企业	34280	12081	42538.14	53407.9	18837.6
在总计中:农村企业	25516	2774	10420.65	12625.18	3342.11
在总计中:轻工业	92712	17810	50003.72	50497.5	14352.5
重工业	103510	18710	78712.52	91773.72	27637.73
在总计中:大型企业	1984	230	43363.52	48914.24	15137.87
中型企业	21647	3609	43684.5	47065.22	13935.56
小型企业	172591	32681	41668.22	46291.76	12916.8

济指标(按类型分)(续一)

单位:亿元

资产合计	流动资产	固定资产原价	累计折旧	固定资产净值	负债合计	所有者权益合计
65916.01	28826.06	42222.29	14171.04	28051.25	40229.96	25644.49
41636.67	15334.7	30210.52	10344.13	19866.4	26232.27	15362.91
6902.34	3635.9	3329.28	1087.16	2242.11	4242.39	2659.96
2829.12	1503.87	1338.47	313.8	1024.67	1645.72	1183.4
6375.55	3638.57	3172.86	1055.35	2117.51	3410.96	2964.58
8172.33	4713.01	4171.16	1370.6	2800.56	4698.63	3473.65
6909.91	3558.05	3910.9	1421.44	2489.46	4030.29	2879.71
2621.27	1454.1	1179.09	393.01	786.08	1578.41	1042.86
526.12	232.71	341.22	129.74	211.48	321.53	204.59
123.86	65.06	67.43	23.22	44.21	75.17	48.68
266.16	138.34	127.97	55.15	72.82	153	113.16
112.55	64.76	55.22	18.86	36.35	65.16	47.39
544.37	281.73	258.82	62.58	196.24	297.04	247.42
1340.12	689.94	1000.06	460.25	539.81	773.4	566.71
1249.91	571.31	820.88	262.94	557.93	683.34	566.57
125.57	60.1	60.21	15.68	44.54	83.23	42.34
25682	10227.66	19395.48	8109.68	11285.8	12986.9	12671.48
22259.11	8726.44	17175.49	7283.19	9892.3	11329.81	10921.82
1000.96	541.72	397.81	97.58	300.24	571.69	429.28
1028.21	454.82	719.21	303.87	415.34	489.87	538.34
1393.71	504.69	1102.97	425.04	677.93	595.53	782.04
70299.78	33551.97	40028.42	13621.43	26406.99	42280.81	27933.88
15331.53	6190.17	9938.74	3485.26	6453.48	9215.3	6047.96
10150.84	5511.17	4233.76	1057.74	3176.02	6266.79	3883.86
7474.69	3961.3	4467.1	1755.98	2711.12	4316.53	3150.46
12225.74	6956.21	6364.69	2300.07	4064.61	6794.79	5430.95
25116.98	10933.13	15024.14	5022.38	10001.76	15687.39	9420.66
27026.05	11108.39	18134.2	6182.64	11951.57	20029.75	6990.48
94519.79	36125.14	69701.11	26033.86	43667.26	55990.53	38381.02
8803.3	4903.16	4213.79	1334.86	2878.93	5124.33	3678.96
49128.09	25133.25	24412.35	7919.53	16492.82	28310.37	20813.56
119679.61	51030.5	81144.74	29404.06	51740.68	71217.6	48316.01
66277.25	27443.66	46364	17855.83	28508.17	36601.61	29543.5
58854.47	26824.72	36033.76	12400.38	23633.38	36082.91	22753.72
43675.98	21895.36	23159.33	7067.38	16091.95	26843.45	16832.35

2003年全国工业企业主要经

分组名称	实收资本	国家资本	产品销售收入	产品销售成本	产品销售费用
总计	43479.56	13561.12	143171.53	118638.47	4948.54
一、按登记注册类型分组:					
内资企业	30262.74	12667.23	99563.9	82034.38	3151.69
国有企业	9262.64	6533.62	22551.17	18205.9	524.39
中央企业	4451.53	2664.62	11867.51	9386.94	201.94
地方企业	4811.11	3869.01	10683.66	8818.96	322.45
集体企业	1526.29	37.56	8767.07	7524.37	303.71
股份合作企业	587.9	32.51	3065.83	2645.43	94.43
联营企业	259.2	114.35	901.16	730.07	24.62
国有联营企业	124.3	87.25	368.74	271.49	9.21
集体联营企业	33.57	1.69	159.07	133.56	4.92
国有与集体联营企业	69.09	18.91	228.46	198.98	6.07
其他联营企业	32.25	6.5	144.89	126.03	4.42
有限责任公司	9922.25	4262.23	26669.19	21881.67	937.2
国有独资公司	3675.93	2587.78	7817.15	6405.29	275.04
其他有限责任公司	6246.32	1674.44	18852.04	15476.38	662.16
股份有限公司	5187.98	1667.6	17698.86	13699	624.94
私营企业	3483.66	15.54	19733.77	17194.65	634.21
私营独资企业	746.45	2.66	4916.29	4296.61	151.8
私营合作企业	160.99	1.21	974.09	851.11	29.13
私营有限责任公司	2323.15	9.29	12653.35	11038.95	396.14
私营股份有限公司	253.06	2.38	1190.05	1007.98	57.14
其他企业	32.82	3.82	176.84	153.3	8.2
港、澳、台商投资企业	5423.97	361.12	16753.83	14298.71	596.47
合资经营企业(港或澳、台资)	2305.05	280.1	7119.22	5999.65	267.92
合作经营企业(港或澳、台资)	475.23	49.79	1307.89	1119.01	33.97
港澳台商独资经营企业	2358.89	2.26	7431.78	6438.86	267.99
港澳台商投资股份有限公司	284.8	28.98	894.94	741.18	26.59
外商投资企业	7792.85	532.77	26853.8	22305.38	1200.38
中外合资经营企业	4105.66	412.33	13921.65	11245.63	682.57
中外合作经营企业	475.04	54.75	1068.64	801.59	90.37
外资企业	2839.73	1.22	11037.72	9639.57	383.97
外商投资股份有限公司	372.43	64.47	825.79	618.6	43.46

济指标(按类型分)(续二)

单位:亿元

产品销售税金及附加	管理费用	利息支出	利润总额	亏损企业亏损总额	本年应交增值税	全部从业人员年平均人数(万人)
2049.21	7652.46	1855.92	8337.24	1157.77	5487.73	5748.57
1825.55	5779.1	1547.55	5559.8	806.35	4298.72	4489.89
1004.36	1762.94	458.85	776.54	381.77	1273.26	1068.23
839.17	789.06	216.96	538.22	115.93	705.06	320.3
165.19	973.88	241.89	238.32	265.84	568.2	747.93
70.66	351.02	92.73	449.75	32.76	267.84	479.93
19.93	139.98	32.72	146.27	10.5	103.53	162.66
10.95	60.63	11.96	42.54	7.84	39.59	36.63
7.69	28.56	6.87	21.84	3.13	20.37	9.48
1.37	8.06	1.54	8.73	1.03	6.08	8.79
1.07	17.14	2.35	6.5	2.05	8.61	12.2
0.83	6.86	1.21	5.48	1.62	4.52	6.17
275.02	1846.04	537.68	1364.69	220.84	1203.27	1255.06
84.18	718.8	190.8	230.75	83.06	393.95	414.56
190.83	1127.24	346.88	1133.94	137.79	809.32	840.5
297.33	921.4	230.12	1914.71	99.06	818.02	452.3
146.14	690.33	182.32	859.64	51.99	589.24	1027.61
44.51	143.32	38.8	215.68	10.39	144.86	267.66
9.55	28.92	7.07	42.07	1.57	29.18	59.03
84.37	472.37	123.73	540.42	36.39	379.29	642.38
7.71	45.72	12.72	61.47	3.62	35.92	58.53
1.17	6.76	1.17	5.66	1.6	3.97	7.47
60.51	708.43	135.44	926.01	128	448.69	700.18
22.34	305.65	81.68	447.02	55.28	228.61	257.91
1.98	70.1	14.15	63.52	13.36	41.11	63.23
27	293.31	28.21	350.59	56.09	144.37	360.88
9.18	39.37	11.4	64.88	3.26	34.6	18.17
163.15	1164.93	172.92	1851.42	223.42	740.32	558.49
142.14	635.15	98.66	1114.14	107.04	469.89	255.7
1.66	53.82	15.13	109.26	9.59	53.74	29.66
16.18	428.9	40.78	529.2	98.36	168.22	255.85
3.16	47.05	18.34	98.82	8.44	48.47	17.28

2003年全国工业企业主要经

分组名称	实收资本	国家资本	产品销售收入	产品销售成本	产品销售费用
二、按经济组织类型分组					
独资企业	16734	6577.32	54704.03	46105.31	1631.87
国有企业	9262.64	6533.62	22551.17	18205.9	524.39
集体企业	1526.29	37.56	8767.07	7524.37	303.71
私营独资企业	746.45	2.66	4916.29	4296.61	151.8
港澳台商独资经营企业	2358.89	2.26	7431.78	6438.86	267.99
外资企业	2839.73	1.22	11037.72	9639.57	383.97
合作、合伙企业	1991.18	256.42	7494.45	6300.5	280.72
股份合作企业	587.9	32.51	3065.83	2645.43	94.43
国有联营企业	124.3	87.25	368.74	271.49	9.21
集体联营企业	33.57	1.69	159.07	133.56	4.92
国有与集体联营企业	69.09	18.91	228.46	198.98	6.07
其他联营企业	32.25	6.5	144.89	126.03	4.42
私营合伙企业	160.99	1.21	974.09	851.11	29.13
合作经营企业(港或澳、台资)	475.23	49.79	1307.89	1119.01	33.97
中外合作经营企业	475.04	54.75	1068.64	801.59	90.37
其他企业(内资)	32.82	3.82	176.84	153.3	8.2
股份有限公司	6098.27	1763.43	20609.63	16066.76	752.12
股份有限公司(内资)	5187.98	1667.6	17698.86	13699	624.94
私营股份有限公司	253.06	2.38	1190.05	1007.98	57.14
港澳台商投资股份有限公司	284.8	28.98	894.94	741.18	26.59
外商投资股份有限公司	372.43	64.47	825.79	618.6	43.46
有限责任公司	18656.1	4963.95	60363.41	50165.9	2283.83
国有独资公司	3675.93	2587.78	7817.15	6405.29	275.04
私营有限责任公司	2323.15	9.29	12653.35	11038.95	396.14
合资经营企业(港或澳、台资)	2305.05	280.1	7119.22	5999.65	267.92
中外合资经营企业	4105.66	412.33	13921.65	11245.63	682.57
其他有限责任公司	6246.32	1674.44	18852.04	15476.38	662.16
三、在总计中:亏损企业	8502.89	2777.39	14175.5	12986.54	500.87
在总计中:国有控股企业	23018.04	12981.24	58027.15	45987.63	1668.47
在总计中:农村企业	2342.83	25.14	11820.17	10328.17	342.31
在总计中:轻工业	13056.46	2561.72	48347.67	39598.4	2441.03
重工业	30423.1	10999.4	94823.85	79040.08	2507.51
在总计中:大型企业	15034.03	7220.59	52552.29	42743.87	1533.12
中型企业	15200.93	4219.45	47157.78	38701.86	1926.2
小型企业	13244.59	2121.07	43461.46	37192.75	1489.22

济指标(按类型分)(续三)

单位:亿元

产品销售税金及附加	管理费用	利息支出	利润总额	亏损企业亏损总额	本年应交增值税	全部从业人员年平均人数(万人)
1162.7	2979.5	659.37	2321.76	579.37	1998.55	2432.55
1004.36	1762.94	458.85	776.54	381.77	1273.26	1068.23
70.66	351.02	92.73	449.75	32.76	267.84	479.93
44.51	143.32	38.8	215.68	10.39	144.86	267.66
27	293.31	28.21	350.59	56.09	144.37	360.88
16.18	428.9	40.78	529.2	98.36	168.22	255.85
45.25	360.21	82.21	409.33	44.45	271.11	358.69
19.93	139.98	32.72	146.27	10.5	103.53	162.66
7.69	28.56	6.87	21.84	3.13	20.37	9.48
1.37	8.06	1.54	8.73	1.03	6.08	8.79
1.07	17.14	2.35	6.5	2.05	8.61	12.2
0.83	6.86	1.21	5.48	1.62	4.52	6.17
9.55	28.92	7.07	42.07	1.57	29.18	59.03
1.98	70.1	14.15	63.52	13.36	41.11	63.23
1.66	53.82	15.13	109.26	9.59	53.74	29.66
1.17	6.76	1.17	5.66	1.6	3.97	7.47
317.38	1053.54	272.59	2139.89	114.38	937.01	546.28
297.33	921.4	230.12	1914.71	99.06	818.02	452.3
7.71	45.72	12.72	61.47	3.62	35.92	58.53
9.18	39.37	11.4	64.88	3.26	34.6	18.17
3.16	47.05	18.34	98.82	8.44	48.47	17.28
523.87	3259.21	841.75	3466.27	419.56	2281.07	2411.05
84.18	718.8	190.8	230.75	83.06	393.95	414.56
84.37	472.37	123.73	540.42	36.39	379.29	642.38
22.34	305.65	81.68	447.02	55.28	228.61	257.91
142.14	635.15	98.66	1114.14	107.04	469.89	255.7
190.83	1127.24	346.88	1133.94	137.79	809.32	840.5
169.42	1226.07	368.19	-1157.77	1157.77	473.34	1036.87
1589.87	4117.59	1082.74	3836.2	679.96	3025.57	2162.87
70.74	402.41	104.04	595.62	34.62	301.66	570.63
1192.26	2363.64	517.89	2354.73	380.95	1636.82	2418.93
856.95	5288.82	1338.02	5982.51	776.82	3850.91	3329.64
1045.43	2823.11	644.81	3835.93	172.04	2196.98	1306.68
724.86	2607.63	749.83	2687.05	474.19	1868.13	1917.63
278.92	2221.72	461.27	1814.26	511.54	1422.62	2524.27

2003年全国全部国有及规模以上非国

地区名称	企业单位数（个）	亏损企业	工业总产值（不变价）	工业总产值（当年价）	工业增加值（当年价）
全　国	196222	36520	128716.25	142271.22	41990.23
北　京	4019	917	3740.73	3810.36	1012.53
天　津	5341	1385	4050.7	4049.61	1074.78
河　北	7923	1384	4506.08	5708.76	1801.75
山　西	3613	665	1643.35	2439.3	908.71
内蒙古	1653	337	1022.24	1355.7	516.72
辽　宁	6842	1926	4953.76	6112.96	1715.92
吉　林	2284	617	2424.86	2662.27	814.83
黑龙江	2567	743	1696.18	2909.98	1363.1
上　海	11098	1843	10755.43	10342.82	2832.88
江　苏	23862	3455	14833.26	18036.74	4670.58
浙　江	25526	2314	13840.79	12864.23	3097.62
安　徽	4158	1068	2352.08	2610.03	881.47
福　建	9208	1635	4933.23	4953.74	1448.5
江　西	3051	766	1199.27	1472.33	446.78
山　东	16177	1885	12248.09	15379.54	4701.1
河　南	9091	1254	3769.7	5365.65	1740.11
湖　北	6271	1205	3628.36	4030.11	1364.76
湖　南	5967	1313	2064.75	2611.45	888.56
广　东	24494	5025	23379.18	21513.46	5718.14
广　西	2871	1108	1348.01	1436.43	446.48
海　南	619	242	282.95	333.46	96.31
重　庆	2241	440	1671.04	1588	447.63
四　川	5448	1044	3404.28	3387.43	1165.69
贵　州	2129	800	802.68	977.64	346.49
云　南	1995	846	988.58	1557.17	745.97
西　藏	325	48	9.76	21.39	12.39
陕　西	2493	906	1497.51	1879.26	674.35
甘　肃	2884	624	733.35	1147.52	388.1
青　海	400	138	143.08	247.9	95.23
宁　夏	418	132	262.18	352.81	109.41
新　疆	1254	455	530.81	1113.14	463.36

有工业企业主要经济指标(按地区分)

单位:亿元

资产合计	流动资产	固定资产原价	累计折旧	固定资产净值	负债合计
168807.7	76163.74	105557.09	37323.59	68233.5	99527.97
5177.98	2492.33	2755.96	1073.8	1682.16	2751.17
4626.67	2175.95	3036.78	1260.68	1776.09	2718.3
6975.54	2861.39	4787.11	1643.6	3143.51	4302.49
4565.2	1786.74	3139.78	1057.07	2082.71	2912.2
2439.08	835.37	1908.73	610.32	1298.41	1444.92
9180.58	3843.47	6813.89	2531.14	4282.75	5394.69
3674.95	1552.98	2409.52	835.42	1574.11	2297.08
4499	1767.77	4052.93	1681.27	2371.66	2509.89
11608.99	6019.42	6788.95	2883.1	3905.85	5766.89
16308.67	8415.52	8663.48	2948.18	5715.3	10103.53
12526.66	6482.1	6017.68	1844.37	4173.31	7170.33
3719.19	1544.88	2358.26	789.4	1568.85	2277.52
4902.48	2306.49	2979.24	958.77	2020.47	2663.77
2268.75	942.48	1426.27	480.5	945.77	1502.56
14461.6	6319.19	8947.82	3191.96	5755.87	8586.1
6575.13	2790.32	4558.61	1652.66	2905.96	4227.07
6843.02	2407.2	4577.29	1304.32	3272.97	4049.04
3642.69	1430.33	2510.77	868.99	1641.78	2328.59
19126.47	10061.23	10768.77	3897.76	6871.01	10808.23
2190.37	823.88	1489.55	485.08	1004.47	1431.36
455.38	195.33	299.92	102.62	197.3	244.91
2363.33	1087.21	1343.02	484.17	858.85	1445.49
6023.49	2476.34	3658.81	1224.57	2434.25	3696.53
1958.6	783.1	1215.52	402.95	812.58	1236.26
3033.5	1268.41	1843.08	651.09	1191.99	1664.86
91.53	26.68	63.75	14.59	49.16	24.63
3672.72	1487.87	2503.21	847.46	1655.75	2348.29
2191.88	821.16	1544.63	526.92	1017.72	1420.08
871.48	259.42	615.29	185.12	430.17	594.54
736.1	280.46	503.85	160.9	342.95	482.69
2096.68	618.73	1974.6	724.82	1249.77	1123.94

2003年全国全部国有及规模以上非国有

地区名称	所有者权益合计	实收资本	国家资本	产品销售收入	产品销售成本	产品销售费用
全　国	69129.56	43479.56	13561.12	143171.53	118638.47	4948.54
北　京	2424	1478.68	548.82	3885.65	3203.24	176.17
天　津	1908.36	1283.41	313.96	4202.02	3546.84	153.75
河　北	2673.05	1742.34	750.06	5920.88	4947.98	150.43
山　西	1613.07	1103.92	568.66	2465.3	1901.32	142.19
内蒙古	994.16	716.92	363.87	1357.52	1105.36	58.44
辽　宁	3776.27	2417.98	855.41	6340.92	5321.37	163.18
吉　林	1373.25	864.49	345.96	2638.91	2147.99	77.67
黑龙江	1945.16	1458.64	503.68	2941.92	1967.05	83.59
上　海	5842.1	3603.22	428.17	10982.62	9020.1	396.31
江　苏	6205.14	3981.84	712.05	18020.17	15631.3	537.47
浙　江	5356.33	2809.33	345.25	13002.63	11070.55	381.14
安　徽	1441.34	1037.97	531.92	2620.12	2077	95.06
福　建	2230.96	1545.65	293.61	4822.24	4019.59	167.05
江　西	742.6	551.87	245.04	1494.28	1226.17	54.85
山　东	5875.5	3207.54	1172.78	14932.21	12575.68	437.51
河　南	2348.06	1586.27	634.69	5284.81	4399.48	171.17
湖　北	2793.99	1615.44	886.25	3993.99	3191.2	183.21
湖　南	1314.1	841.37	313.67	2604.98	2042.49	97.33
广　东	8318.24	5318.53	767.49	21566.93	18384.94	825.82
广　西	759.14	496.57	282.77	1418.18	1137.05	57.93
海　南	210.47	161.55	58.84	312.05	247.26	19.03
重　庆	917.83	616.8	160.91	1595.07	1283.11	75.77
四　川	2326.96	1344.59	453.27	3482.36	2759.31	171.1
贵　州	722.33	545.77	309.97	974.3	745.51	51.04
云　南	1368.64	644.1	322.71	1537.37	1036.95	57.37
西　藏	66.9	50.9	43.22	19.96	13.16	1.54
陕　西	1306.74	786.39	496.55	1843.33	1360.8	68.79
甘　肃	771.79	595.67	312.98	1160.05	939.54	29.01
青　海	276.94	227.74	81.03	275.36	215.26	7.75
宁　夏	253.41	172.58	89.7	378.33	320.01	12.79
新　疆	972.74	671.49	367.84	1097.06	800.88	44.08

工业企业主要经济指标(按地区分)(续)

单位:亿元

产品销售税金及附加	管理费用	利息支出	利润总额	亏损企业亏损总额	本年应交增值税	全部从业人员年平均人数(万人)
2049.21	7652.46	1855.92	8337.24	1157.77	5487.73	5748.57
36.13	285.4	36.39	235.29	38.39	147.57	100.81
39.29	187.46	44.34	237.62	52.4	124.44	115.28
63.17	292.81	97.39	386.76	45.84	246.94	270.24
29.63	186.2	70.92	135.07	18.74	165.74	182.49
17.94	72.76	33.64	64.97	11.14	71.45	72.15
84.67	415.85	105.08	235.95	82.44	245.58	241.99
67.83	179.01	36.84	159.75	35.23	110.16	101.48
63.91	195.37	42.18	575.56	42.72	209.6	133.14
139.34	657.69	65.42	805.65	95.89	384.14	220.01
135.62	769.81	168.31	793.98	79.22	542.86	569.33
139.08	540.54	158.06	793.63	38.33	468.06	481.96
65.92	175.89	41.42	168.52	19.6	125.08	148.94
60.42	200.75	52.05	314.4	27.26	143.8	221.35
34.08	92.76	32.38	51.41	14.03	71.1	96.12
153.72	662.58	179.54	920.27	48.03	531.74	595.42
83.83	283.49	109.07	255.91	32.31	208	317.32
78.25	260.51	61.74	194.4	36.11	172.31	198.6
106.88	187.38	43.13	111.25	39.69	127.54	158.44
157.46	960.84	141.23	1075.41	169.84	618.03	741.17
25.27	110.33	30.05	66.42	24.52	81.79	82.93
6.81	16.2	4.33	17.66	4.81	14.12	12
31.34	109.88	32.4	85.97	14.08	73.78	84.47
65.63	248.74	89.14	153.08	39.16	164.61	201.62
41.07	90.16	24.11	37.52	16.15	57.28	65.53
207.08	119.55	38.67	108.06	29.44	123.9	66.36
0.52	2.91	0.1	2.97	0.35	1.73	2.77
50.08	152.59	48.38	158.62	32.68	101.88	112.12
29.6	78.12	24.75	30.35	32.27	57.3	77.82
4.27	23.41	10.88	12.16	6.95	15.99	14.24
4.58	24.56	12.69	8.92	4.98	16.23	22.8
25.82	68.92	21.3	139.71	25.17	64.95	39.66

2003年全国全部国有及规模以上非国

行业名称	企业单位数(个)	亏损企业	工业总产值(不变价)	工业总产值(当年价)	工业增加值(当年价)
总计	196222	36520	128716.25	142271.22	41990.23
煤炭开采和洗选业	3139	416	1171.64	2459.38	1152.04
石油和天然气开采业	112	12	886.49	3479.02	2388.22
黑色金属矿采选业	913	97	232.87	350.93	146.19
有色金属矿采选业	1276	140	441.29	573.28	177.65
非金属矿采选业	1827	223	427.86	486.75	162.88
其他采矿业	13	0	6.9	7.46	2.36
农副食品加工业	11192	2225	4922.94	6152.32	1466.42
食品制造业	4636	1034	2044.53	2290.07	667.09
饮料制造业	3194	815	1831.61	2233.22	795.97
烟草制品业	255	44	1071.07	2235.81	1573.48
纺织业	14863	2761	6989.33	7725.2	1906.7
纺织服装、鞋、帽制造业	9717	1674	3114.41	3426.02	916.54
皮革、毛皮、羽毛(绒)及其制品业	4518	665	2028.4	2274.05	591.35
木材加工及木、竹、藤、棕、草制品业	3501	517	938.14	992.79	265.72
家具制造业	2046	316	643.5	719.97	182.96
造纸及纸制品业	5570	1004	2223.15	2526.05	681.42
印刷业和记录媒介的复制	4084	922	997.74	1027.22	334.46
文教体育用品制造业	2516	445	893.71	965.9	249.93
石油加工、炼焦及核燃料加工业	1323	177	2438.14	6235.26	1287.45
化学原料及化学制品制造业	13803	2455	8732.6	9244.86	2464.88
医药制造业	4063	906	3895.63	2889.98	1024.74
化学纤维制造业	937	191	1743.87	1448.4	295.25
橡胶制品业	2016	356	1341.99	1312.9	369.95
塑料制品业	8382	1419	3017.57	3063.83	763.2
非金属矿物制品业	16245	3036	5031.92	5653.25	1749.08
黑色金属冶炼及压延加工业	4119	698	6514.89	10007.37	2824.01
有色金属冶炼及压延加工业	3367	682	3095.39	3564.07	902.13
金属制品业	9746	1475	3606.21	3857.4	971
通用设备制造业	12546	1918	5636.86	5711.21	1590.39
专用设备制造业	7129	1418	3645.31	3831.65	1008.19
交通运输设备制造业	8281	1584	11935.14	11214.05	2896.97
电气机械及器材制造业	10400	1786	9026.2	7916.19	2023.48
通信设备、计算机及其他电子设备制造业	5856	1308	22385.86	15839.76	3482.5
仪器仪表及文化、办公用机械制造业	2515	478	1654.6	1636.72	445.03
工艺品及其他制造业	4259	584	1220.92	1306.62	347.74
废弃资源和废旧材料回收加工业	107	20	41.57	49.94	10.67
电力、热力的生产和供应业	4998	1486	2588.49	6858.6	3606.13
燃气生产和供应业	352	137	158.93	272.64	75.34
水的生产和供应业	2406	1096	138.62	431.09	190.74

有工业企业主要经济指标(按行业分)

单位:亿元

资产合计	流动资产	固定资产原价	累计折旧	固定资产净值	负债合计	所有者权益合计
168807.7	76163.74	105557.09	37323.59	68233.5	99527.97	69129.56
5433.01	1979.12	4080.52	1402.1	2678.41	3036.56	2320.74
4944.97	967.91	7149.85	3569.56	3580.3	1762.39	3177.03
472.65	185.22	252.78	92.54	160.24	245.13	227.52
614.19	226.96	412.75	144.34	268.41	375.22	238.97
712.43	257.8	454.68	125.96	328.71	404.57	307.86
44.76	16.84	18.02	7.51	10.51	22.43	22.33
4141.82	2098.89	1994.07	567.63	1426.44	2704.42	1437.34
2307.29	1108.42	1183.35	373.36	809.99	1324.18	983.11
3192.52	1465.55	1737.23	566.5	1170.74	1758.57	1433.72
2799.51	1698.18	1085.5	468.57	616.92	1185.09	1614.42
7801.29	3757.61	4355.41	1403.7	2951.71	4928.29	2873.04
2377.25	1414.83	956.78	308.55	648.23	1369	1008.26
1334.26	824.8	511.98	160.72	351.26	793.01	541.25
906.91	403.37	520.61	139.43	381.18	530.02	376.89
616.18	331.77	263.94	76.78	187.16	345.53	270.65
3293.45	1346.34	1980.43	522.29	1458.14	2055.03	1235.91
1370.88	643.78	858.21	320.87	537.34	723.98	646.89
711.59	430.22	321.96	113.59	208.37	385.6	325.98
3978.98	1432.28	3733.94	1607.23	2126.71	2040.23	1933.51
10704.09	4407.04	7144.28	2670.22	4474.06	6154.25	4541.33
4316.45	2132.19	1675.7	489.83	1185.87	2328.18	1986.96
1595.13	586.42	1192.33	407.76	784.56	933.56	661.47
1423.82	714.23	763.54	258.9	504.64	878.85	544.97
2959.67	1510.38	1565.05	520.92	1044.13	1610.27	1349.4
7583.31	3219.27	4749.08	1518.05	3231.02	4616.51	2966.81
12021.24	5011	8200.62	3202.75	4997.87	6979.93	5039.54
4042.55	1800.3	2368.79	798.39	1570.4	2614.97	1427.58
3256.63	1918.33	1419.86	474.18	945.68	1977.17	1279.31
6604.64	4061.46	2747.6	1041.43	1706.18	4206.13	2398.51
4816.05	2804.33	2029.88	753.63	1276.26	3171.87	1644.03
11916.41	6891.4	4756.76	1751.52	3005.24	7198.16	4696.24
7373.5	4589.62	2679.65	984.44	1695.22	4447.2	2926.3
12086.97	7994.09	4346.83	1563.62	2783.21	7471.59	4606.38
1524.04	953.72	583.1	213.34	369.75	866.84	657.21
884.52	520.66	361.18	109.77	251.41	490.41	394.11
26.03	19.04	6.95	2.76	4.19	17.8	8.23
25651.02	5707.29	24659.59	7865.75	16793.83	16240.27	9392.82
818.72	246.24	585.85	169.29	416.55	397.72	420.99
2149.02	486.86	1848.45	555.8	1292.66	937.07	1211.95

2003年全国全部国有及规模以上非国有

行业名称	实收资本	国家资本	产品销售收入	产品销售成本	产品销售费用
总　计	43479.56	13561.12	143171.53	118638.47	4948.54
煤炭开采和洗选业	1689.69	1257.58	2474.7	1714.83	170.24
石油和天然气开采业	1805.12	737.75	3372.07	1658.95	28.16
黑色金属矿采选业	173.66	112.52	353.93	271.11	12.63
有色金属矿采选业	155.82	74.5	550.33	422.67	13.26
非金属矿采选业	228.54	118.68	458.87	347.74	35.06
其他采矿业	5.8	5.58	12.97	10.58	0.5
农副食品加工业	1045.35	180.51	5851.13	5261.23	166.8
食品制造业	707.94	75.22	2168.36	1680.74	225.71
饮料制造业	889.45	192.49	2117.23	1410.92	273.75
烟草制品业	367.06	340.6	2217.5	859.19	81.3
纺织业	1963.65	280.4	7495.51	6727.34	132.9
纺织服装、鞋、帽制造业	672.33	22.37	3239.42	2803.51	113.41
皮革、毛皮、羽毛(绒)及其制品业	376.19	10.24	2139.19	1904.62	50.67
木材加工及木、竹、藤、棕、草制品业	296.38	40.7	945.28	830.11	31.46
家具制造业	190.22	12.74	693.83	588.84	29.86
造纸及纸制品业	854.46	155.42	2432.38	2066.48	80.29
印刷业和记录媒介的复制	438.19	120.35	980.31	792.61	28.01
文教体育用品制造业	241.93	13.56	917.27	793.23	28.07
石油加工、炼焦及核燃料加工业	1282.88	388.45	6341.81	5620.24	89.75
化学原料及化学制品制造业	3020.49	801.52	9016.97	7403.82	446.59
医药制造业	1160.54	223.66	2750.68	1765.18	417.6
化学纤维制造业	423.46	97.18	1413.09	1266.23	19.4
橡胶制品业	379.07	57.49	1214.21	1006.85	50.03
塑料制品业	970.12	68.29	2954.96	2569.9	83.56
非金属矿物制品业	2160.11	436.43	5314.38	4368.25	230.89
黑色金属冶炼及压延加工业	2744.67	1461.65	10234.93	8712.01	124.11
有色金属冶炼及压延加工业	1041.33	419.14	3534.93	3101.37	53.76
金属制品业	918.76	87.65	3703.88	3206.75	115.48
通用设备制造业	1628.48	336.12	5418.43	4442.74	214.01
专用设备制造业	1138.94	330.37	3665.64	3021.64	135.65
交通运输设备制造业	2814.27	861.19	11028.57	9071.24	357.33
电气机械及器材制造业	1770.51	190.8	7487.04	6241.24	400.4
通信设备、计算机及其他电子设备制造业	2728	323.56	15876.27	14103.56	512.58
仪器仪表及文化、办公用机械制造业	424.19	67.24	1607.26	1341.27	62.49
工艺品及其他制造业	269.82	12.01	1223.55	1069.37	37.29
废弃资源和废旧材料回收加工业	6.36	0.16	50.89	48.09	0.46
电力、热力的生产和供应业	5462.82	2871.99	11113.24	9466.78	61.11
燃气生产和供应业	324.57	196.69	391.99	357.55	14.13
水的生产和供应业	708.37	578.33	408.51	309.69	19.85

工业企业主要经济指标(按行业分)(续)

单位:亿元

产品销售税金及附加	管理费用	利息支出	利润总额	亏损企业亏损总额	本年应交增值税	全部从业人员年平均人数(万人)
2049.21	7652.46	1855.92	8337.24	1157.77	5487.73	5748.57
36.05	376.72	54.65	140.07	9.84	186	376.6
84.45	198.74	23.55	1221.46	16.66	306.52	72.68
6.98	29.98	4.82	26.2	1.76	17.73	27.39
5.13	51.82	8.92	52.58	2.84	16.07	41.37
9.43	37.41	6.61	23.56	3.76	21.16	45.61
0.08	0.68	0.27	1.04	0	0.56	1.74
21.12	156.33	58.88	173.17	37.73	91.05	181.66
10.51	113.7	24	113.09	30.63	89.09	101.07
126.03	137.36	29.03	149.04	30.79	127.7	89
854.69	155.75	23.02	275.57	3.7	245.84	21.22
31.36	283.83	104.45	248.2	59.22	195.55	499.16
13.35	152.26	21.8	132.57	17.69	83.96	289.19
8.04	80.04	13.08	79.86	9.16	47.74	165.37
5.6	34.66	10.83	33.58	10.17	25.99	63.83
4.07	31.41	5.71	28.9	4.73	15.09	43.39
11.15	106.8	52.23	117.05	25.91	99.76	113.95
4.54	81.42	11.62	73.86	10.17	45.72	59.41
2.69	51.38	4.94	36.45	6.66	15.54	87.14
228.15	200.46	41.22	123.41	42.25	203.47	59.66
65.19	534.53	136.19	472.63	85.06	337.95	311.33
18.81	264.82	46.89	259.64	27.29	168.42	115.4
5.17	47.27	24.84	58	10.86	41.39	34.22
16.78	66.54	17.87	57.92	15.42	38.08	62.24
10.62	132.58	28.71	130.94	22.31	77.58	140.91
41.79	321.31	94.93	290.31	62.5	256.3	396.22
55.35	556.71	134.26	609.55	34.15	503.58	255.91
14.58	146.59	60.55	154.72	24.31	112.47	106.6
16.04	166.47	33.08	168.41	21.78	95.67	171.24
25.71	403.52	65.08	299.63	48.5	195.54	283.49
14.8	311.6	51.91	173.46	49.08	113.26	205.31
180.54	707.27	80.84	777.04	70.36	376.87	311.77
24	409.86	68.34	374.48	58.73	211.48	265.12
15.29	617.65	68.49	617.19	102.72	230.46	273.46
7.24	109.03	9.81	86.83	12.27	38.45	71.96
6.35	54.09	8.37	48.75	5.82	29	103.22
0.13	1.18	0.27	0.84	0.17	0.85	1.36
59.91	418.29	404.03	699.26	151.83	791.93	238.41
1.98	29.69	5.59	6.47	9.48	11.68	14.67
5.51	72.74	16.27	1.51	21.47	22.23	46.27

2003年全国外商投资和港澳台商投资

行业名称	企业单位数(个)	亏损企业	工业总产值(不变价)	工业总产值(当年价)	工业增加值(当年价)
总　计	38581	9134	47034.21	44357.81	11599.65
煤炭开采和洗选业	15	5	6.11	7.35	2.08
石油和天然气开采业	3	0	39.19	253.4	133.47
黑色金属矿采选业	11	3	1.8	2.5	0.87
有色金属矿采选业	20	2	4.98	5.78	1.83
非金属矿采选业	85	16	23.86	25.39	6.28
其他采矿业	0	0	0	0	0
农副食品加工业	1589	457	1336.17	1653.61	386.04
食品制造业	1081	324	780.11	883.19	275.87
饮料制造业	512	165	673.57	711.58	257.33
烟草制品业	7	0	5.74	12.36	7.03
纺织业	3115	799	1656.74	1827.15	460.74
纺织服装、鞋、帽制造业	4035	884	1446	1589.51	431.78
皮革、毛皮、羽毛(绒)及其制品业	1848	380	1035.82	1160.14	299.91
木材加工及木、竹、藤、棕、草制品业	688	187	252.59	263.03	69.54
家具制造业	616	157	310.5	358.95	88.94
造纸及纸制品业	825	214	705.93	793.17	215.75
印刷业和记录媒介的复制	611	134	357.32	345.16	107.56
文教体育用品制造业	1196	301	531.03	572.9	150.73
石油加工、炼焦及核燃料加工业	110	22	314.05	632.09	149.81
化学原料及化学制品制造业	2041	430	2198.54	2175.2	617.81
医药制造业	701	179	733.19	636	244.68
化学纤维制造业	194	44	368.73	290.79	67.62
橡胶制品业	422	95	512.89	482.5	139.98
塑料制品业	2439	618	1276.2	1310.29	336.7
非金属矿物制品业	1773	459	894.97	959.28	295.99
黑色金属冶炼及压延加工业	267	54	606.67	874.23	205.29
有色金属冶炼及压延加工业	346	90	448.7	471.99	103.06
金属制品业	1929	453	1293.27	1345.41	326.35
通用设备制造业	1714	314	1550.92	1429.3	436.32
专用设备制造业	1029	203	734.48	768.71	211.71
交通运输设备制造业	1319	257	5107.85	4535.61	1291.03
电气机械及器材制造业	2333	548	3364.34	2787.52	713.12
通信设备、计算机及其他电子设备制造业	2937	750	16318.66	12209.21	2424.52
仪器仪表及文化、办公用机械制造业	834	164	1108.74	1105.73	286.03
工艺品及其他制造业	1517	312	506.81	543.93	149.09
废弃资源和废旧材料回收加工业	20	10	8.76	8.93	1.45
电力、热力的生产和供应业	309	74	450.25	1238.8	685.41
燃气生产和供应业	59	24	59.57	70.27	11.94
水的生产和供应业	31	6	9.14	16.85	6.01

工业企业主要经济指标(按行业分)

单位:亿元

资产合计	流动资产	固定资产原价	累计折旧	固定资产净值	负债合计	所有者权益合计
39260.26	21489.84	21818.93	7934.12	13884.82	21763.06	17473.3
12.43	8.52	4.3	0.95	3.35	8.08	4.34
107.7	21.52	61.2	0.08	61.12	14.73	92.97
3.27	1.3	2.06	3.17	-1.11	1.3	1.96
6.39	3.75	2.78	1.05	1.73	3.39	3
22.85	11.61	12.16	3.95	8.21	12.15	10.69
0	0	0	0	0	0	0
1161.7	654.25	579.73	197.26	382.47	757.29	404.36
856.98	443.37	503.96	188.44	315.52	460.4	396.58
942.59	395.92	659.49	238.61	420.88	515.19	427.4
18.66	11.18	13	6.17	6.83	8.35	10.31
1884.28	972.05	1103.32	395.41	707.91	1016.53	867.78
1065.22	674.15	462.03	170.07	291.95	584.34	480.87
726.71	460.29	300.84	107.05	193.79	422.36	304.35
288.66	138.18	174.4	55.91	118.5	169.28	119.38
313.16	178.73	133.14	41.31	91.83	174.18	138.98
1159.69	465.23	777.4	204.78	572.62	684.71	474.98
457.67	239.1	289.32	110.94	178.38	217.91	239.76
449.94	279.8	216.95	82.25	134.7	233.82	216.12
493.73	180.84	422.71	179.25	243.46	233.39	260.34
2106.03	1059.64	1198.25	388.18	810.07	1086.67	1019.35
772.6	427.28	352.1	113.47	238.63	402.21	370.39
352.82	114.26	290.86	97.48	193.38	175.22	177.6
600.2	286.34	365.18	131.39	233.79	353.72	246.48
1399.68	726.16	818.68	292.52	526.16	692.84	706.85
1478.43	620.86	992.4	337.26	655.14	768.69	709.74
900.08	470.54	420.68	110.68	310	533.64	366.44
455.39	227.64	254.95	71.2	183.75	277.78	177.61
1197.08	720.51	599.21	222.9	376.31	664.58	532.49
1515.8	952.75	709.43	261.56	447.88	806.17	709.63
795.95	522.01	288.47	106.95	181.52	432.97	362.98
3534.99	2158.74	1572.89	587.93	984.96	1741.26	1777.59
2362.54	1470.66	1075.72	418.31	657.41	1287.58	1074.96
7645.07	5191.63	3119.81	1125.74	1994.07	4928.95	2708.39
709.39	470.72	301.86	111.72	190.14	372.57	336.82
388.24	233.47	171.22	55.29	115.94	194.31	193.92
8.5	6.38	1.32	0.24	1.07	6.5	2
2892.22	641.38	3457.36	1490.05	1967.31	1428.38	1463.84
81.46	32.16	46.91	11.65	35.26	53.01	28.45
92.17	16.91	62.85	12.95	49.9	38.6	53.57

2003年全国外商投资和港澳台商投资

行业名称	实收资本	国家资本	产品销售收入	产品销售成本	产品销售费用
总计	13216.82	893.89	43607.63	36604.09	1796.85
煤炭开采和洗选业	3.38	0.07	7.89	5.23	1.97
石油和天然气开采业	43.99	0	130.14	35.27	0.11
黑色金属矿采选业	1.6	0	2.3	1.99	0.04
有色金属矿采选业	2.13	0.26	5.55	3.95	0.35
非金属矿采选业	9.57	0.93	25.67	19.76	2.56
其他采矿业	0	0	0	0	0
农副食品加工业	355.52	26.09	1617	1451.38	50.09
食品制造业	371.85	13.87	858.15	617.1	127.26
饮料制造业	426.12	36.41	672.56	425.42	123.05
烟草制品业	7.73	1.08	13.16	7	0.73
纺织业	736.92	26.07	1749.35	1562.75	37.55
纺织服装、鞋、帽制造业	367.91	3.82	1531.52	1323.33	53.63
皮革、毛皮、羽毛(绒)及其制品业	232.56	2.35	1091.08	982.67	23.37
木材加工及木、竹、藤、棕、草制品业	116.22	7.26	250.2	220.19	9.76
家具制造业	103.63	0.87	349.7	297.71	15.03
造纸及纸制品业	391.79	28.93	795.51	654.73	34.06
印刷业和记录媒介的复制	180.63	12.38	336.34	273.27	10.1
文教体育用品制造业	177.38	3.24	550.09	479.61	14.74
石油加工、炼焦及核燃料加工业	140.96	3.58	646.21	557.2	16.96
化学原料及化学制品制造业	813.86	48.59	2114.98	1547.28	224
医药制造业	289.89	16.29	576.69	326.99	123.3
化学纤维制造业	162.68	13.85	281.29	246.96	5.77
橡胶制品业	200.48	18.09	473.29	382.04	24.37
塑料制品业	593.94	16.01	1279.04	1105.23	36.82
非金属矿物制品业	625.22	40.33	921.07	740.03	46.97
黑色金属冶炼及压延加工业	263.03	18.16	876.49	773.32	9.2
有色金属冶炼及压延加工业	171.56	13.14	453.04	408.56	8.22
金属制品业	443.65	18.65	1335.33	1154.5	45.08
通用设备制造业	554.75	28.31	1381.22	1099.48	60.77
专用设备制造业	251.67	15.82	765.65	607.73	32.13
交通运输设备制造业	1062.66	155.71	4456.75	3437.4	147.98
电气机械及器材制造业	823.65	35.39	2689.75	2231.93	136.7
通信设备、计算机及其他电子设备制造业	1911.11	59.29	12426.48	11289.98	316.11
仪器仪表及文化、办公用机械制造业	231.49	9.36	1098.86	948.14	36.91
工艺品及其他制造业	150.62	1.79	518.46	449.03	17.76
废弃资源和废旧材料回收加工业	2.34	0	8.86	8.49	0.04
电力、热力的生产和供应业	921.35	204.97	1192.59	814.26	1.46
燃气生产和供应业	28.85	3.23	106.09	101.11	1.56
水的生产和供应业	44.13	9.7	19.29	13.04	0.33

工业企业主要经济指标(按行业分)(续)

单位:亿元

产品销售税金及附加	管理费用	利息支出	利润总额	亏损企业亏损总额	本年应交增值税	全部从业人员年平均人数(万人)
223.65	1873.36	308.37	2777.44	351.42	1189.01	1258.67
0.02	0.46	0.22	0.02	0.26	0.46	0.36
7.65	3.35	0.77	66.29	0	11.71	0.05
0.05	0.19	0.01	0.03	0.13	0.12	0.2
0.02	0.36	0.02	0.86	0.04	0.2	0.25
0.38	1.3	0.16	1.16	0.16	0.92	1.01
0	0	0	0	0	0	0
1.67	42.38	13.81	46.61	16.12	23.23	35.03
1.61	48.86	5.26	53.16	20.77	44.56	28.16
23.08	44.65	7.53	45.64	15.94	46.52	16.83
2.44	1.16	0.2	1.82	0	1.55	0.37
2.8	69.28	17.45	61.15	18.91	32.45	93.36
3.35	78.74	7.48	60.06	11.79	32.85	144.83
2.3	46.26	5.43	30.34	6.28	18.94	102.02
0.53	10.79	2.84	6.45	5.57	6.29	13.58
0.32	16.1	1.96	14.79	2.8	6.02	21.68
0.87	35.52	16.72	51.15	6.98	35.88	20.77
0.25	20.63	2.94	31.33	3.45	14.89	14.87
0.66	32.19	2.1	20.13	5	5.31	56.82
11.21	17.85	6.76	35.22	1.48	24.15	3.73
12.45	117.52	18.9	197.67	17.61	95.73	29.87
2.67	51.71	6.79	69.3	9.87	43.81	16.92
0.5	9.75	4.36	17.05	4.16	8.88	4.71
7.16	25.33	6.94	26.06	10.2	12.54	19.03
1.26	61.48	9.28	60.75	12.98	29.51	58.84
2.3	57.22	13.34	59.43	15.76	39.54	41.64
0.99	19.31	9.45	61.72	2.33	30.51	10.84
0.25	13.38	6.64	16.78	4.93	7.61	7.43
1.61	56.26	8.84	68.78	8.63	24.13	46.2
1.32	92.82	8.9	124.61	10.72	41.65	36.29
0.98	54.68	4.58	65.28	6.49	22.61	20.46
120.36	225.13	10.3	523.38	24.01	185.32	50.43
2.38	135.81	13.93	166.43	21.77	56.91	90.34
2.97	345.95	31.33	443.59	66.87	139.02	177.56
4.2	50.58	1.78	60	4.43	16.63	31.99
1.19	25.34	2.32	22.04	3.59	8.69	48.79
0	0.19	0.14	-0.04	0.12	0.12	0.11
1.67	55.2	57.87	263.3	9.1	118.07	12.05
0.17	2.89	0.44	1.03	1.99	0.57	0.75
0.01	2.7	0.58	4.07	0.16	1.09	0.53

工业分述

首钢集团

【综述】 首钢是以钢铁业为主、兼营矿业、电子、机械、建筑、服务业和海外贸易的大型企业集团。首钢集团以首钢总公司作为母公司，下属北京首钢股份有限公司、首钢矿业公司、北京首钢新钢有限责任公司、北京首钢机电有限公司、北京首钢高新技术有限公司、北京首钢特殊钢有限公司、中国首钢国际贸易工程公司、北京首钢房地产开发有限公司、首钢建工集团、首钢军工集团、首钢实业公司等子公司及其他独立经营单位，在香港有4家上市公司，在南美洲有首钢秘鲁铁矿股份有限公司等海外企业。2004年，首钢集团生产经营创出近年来最好水平。集团国有资产保值增值率102.2%。销售收入619亿元，实现利润12.53亿元，同比分别增长29.19%和22.23%。年产生铁816.55万吨，钢847.58万吨，钢材819.18万吨。高技术含量和高附加值的双高产品产量456.9万吨，同比增长42.16%，占钢材总产量的55.77%；拳头产品产量202.83万吨，同比增长78.65%，拳头产品占双高产品产量的比重达到44.39%。双高产品增收17.46亿元，成为提高效益的强有力支撑。第二炼钢厂、第三炼钢厂、高速线材厂、中厚板轧钢厂通过技术创新和管理创新达到产量最好水平。二高炉利用系数、入炉焦比在国内同类型高炉中排在首位，第三炼钢厂3号转炉以炉龄30788炉创出国内中型转炉炉龄的新纪录。首钢技术中心在全国技术中心的排名上升到第9位。

非钢产业开拓市场取得新成绩。机电公司承揽首钢外部的设备制造，与国外大公司扩大合作，承揽业务10.1亿元，扭亏为盈。高新技术公司提高市场占有率，销售工业机器人系统232台套，凯思NC网络电脑销售量超过5000台，SGNEC芯片销售收入同比提高60%。建工集团工程签约额60亿元，其中社会工程42亿元，获得4项省部级优质工程奖。房地产公司开发的琳琅庄园二期交工入住，合作开发的万年花城商品房认购率96%。军工集团加强产品开发，同比减亏28.5%。实业公司承办的北京市早餐工程网点达到245个，首钢工业旅游被评为示范单位。特殊钢公司合资经营的国际汽车服务园区又有一汽红旗、天津一汽等专卖店投入运营。

香港首控公司通过境外金融资本与首钢产业资本的结合，保证了首钢结构调整项目顺利实施。出口扩展到26个国家和地区，钢铁产品出口63.5万吨，品种由软线为主扩大到合金焊线、PC钢棒、高强度船板等，产品质量得到外商的好评，创汇3.2亿美元，同比增长1.7倍。总公司与巴西铁矿企业、山西焦煤集团、大同煤业集团、太原煤气化集团、中远集团进行战略合作，与临汾市合建焦煤基地，与山西宇晋钢铁公司签订合作协议。矿业公司合作开发承德铁马沟铁矿、丹东凤城硼铁矿、蒙古共和国图木尔泰铁矿。

结构调整取得突破性进展。在争取国家批准首钢发展规划的同时，进行钢铁业结构调整、产能转移和清洁化生产。年内，秦中板配套技改工程、特殊钢公司大圆钢、翼缘板生产线等重点工程项目先后竣工投产；8月12日，热镀锌项目建成投产，结束首钢没有冷轧板材的历史，配套形成冷轧、镀锌、彩涂生产线；10月，钢铁产能转移重点项目，河北省首钢迁钢公司200万吨钢联工程竣工投产；北京主厂区煤制气料场、卸车机防风抑尘、焦化厂二四级改造等新建改造的环保设施先后投入使用，清洁化生产进一步提升了环境质量。

体制机制创新迈出新步伐。按照“做强一批、放活一批、调整一批”的思路推进重组改制，基本完成清产核资工作。主辅分离、辅业改制方案得到市国资委批复，《国有企业主辅分离改制分流工作流程》在北京市推广。年内完成12家企业辅业改制工作。对外开放与合作的16个项目合同引资5.3亿元，已到位资金3.8亿元。制定《关于钢铁业集中整体化管理的意见》，核心产业的财务集中管理，向控股企业派驻财务主管。建立资金集中管理信息系统，增强了调控能力。成立控股有限公司，管理金融投资。科技体制、检修体制、投资体制、工程建设体制、销售体制的改革也迈出新步伐。钢铁主流程实施标准实物量工资含量挂钩分配办法，完善经营者绩效评价体系和经营目标责任，加大正向激励和奖励幅度。ERP一期工程上线成功，钢铁业的3家法人公司、10个厂矿、325项业务流程实行财务、采购、销售、备件、信息等集中管理，管理方式开始实现历史性的跨越。

职工物质文化生活进一步改善。集团在岗职工年均收入2.56万元，同比增长9.8%。其中北京及迁安在岗职工年均收入3.1万元，同比增长9.58%。职工关注的集资建房正在实施。职工住宅区供暖改造、绿化美化、增建文体设施、加强综合治理和社区服务，增加班车、工作餐、18个小区被评为北京市文明小区，改善了职工生活。北京大学首钢医院入选奥运会定点医院。 （李淑萍）

【科技创新】 是年，首钢投入13亿元，开展科技项目131项。科技成果鉴定34项，其中有部市级鉴定23项，总公司鉴定11项。科技成果转化率95%，创造效益4.5亿元。获得全国冶金科学技术奖10项，首钢3500毫米中厚板轧机核心轧制技术及关键设备研制、全烧高炉煤气高温高压电站锅炉为一等奖；获北京市科学技术奖9项，其中一等奖1项，二等奖3项。申请国家专利34项，专利授权26项。首钢共有专利148项，专利实施率70%。成果转化的项目有：矿业公司磁铁矿磨选新工艺，运行可靠，精度高，用水少，配置灵活，达到国际先进水平；第二炼钢厂的5号品种铸机改造，使铸坯质量显著提高；改造中厚板轧机，实现装备现代化，效益超过2亿元；首钢凯思USB通用映射软件系统填补了国内空白；机器人视觉系统和喷漆系统扩大在汽车生产线的应用。钢铁产品在奥运工程、国家歌剧院、三峡工程、青藏铁路等重点工程中夺标，万元质量异议损失率0.43元，同比降低8.5%。矿用高强度圆环链热轧圆钢、碳素结构钢热轧厚钢板、优质碳素结构钢热轧盘条、焊接用钢盘条获得国家冶金产品实物质量金杯奖；抽油杆用热轧圆钢、预应力PC钢棒热轧盘条、焊接钢盘条、低合金结构钢和碳素结构钢热轧厚钢板4个产品通过金杯奖的专家评审；钢筋混凝土用热轧带肋钢筋复评为国家免检产品。以82B为代表的B系列线材，市场占有率达到30%以上。Z向钢、500兆帕级以上高强度板、爆破线用盘条等6个新开发的产品受到客户欢迎。与美国、澳大利亚、墨西哥企业合作，研发熔融还原、薄带、氢冶金技术。首钢技术中心在国家认证的314家企业技术中心的排名由2003年第10位上升到2004年第9位，冶金行业第2位，获得“国家认证企业技术中心成就奖”。（李淑萍）

【技术改造】 是年，首钢北京地区固定资产投资13.31亿元，其中基建投资3.22亿元，更新改造投资6.98亿元，其他投资3.11亿元。17个重点项目，投资7.86亿元。其中：焦化厂煤气脱硫项目、三高炉干法除尘等4个项目于年内先后竣工；在建项目有矿业公司水厂铁矿排岩工程、彩涂板生产线、焦化厂干熄焦二期工程、首钢日电电子公司0.25微米集成电路升级改造、高强机械用钢生产线、氧气厂制氧项目、信息化建设等。年内新开工在建项目为新建2号套筒窑、电力厂二总降改造。（李淑萍）

【4项重点工程竣工】 年内，有4项重点工程先后竣工。2月，首钢嘉华60万吨矿渣综合利用工程竣工，该项目于2003年4月动工，累计完成投资额9537万元；7月，特殊钢公司大圆钢生产线改造竣工，该生产线于是年1月动工改造，完成投资额3267万元；9月，三高炉干法除尘工程竣工，该项目于2002年11月动工，累计完成投资额1965万元；12月，焦化厂煤气脱硫项目竣工，该项目于2001年5月动工，累计完成投资额16269万元。（李淑萍）

【环境保护】 是年，首钢投资1.38亿元，完成21个环境治理项目。西十转运站密封一期工程、煤制气料场、卸车机防风抑尘网、第三炼钢厂兑铁厂房密封、中厚板轧机烟尘治理减少了无组织粉尘排放。洗气水回收用于冲渣、第三炼钢厂洗排水系统改造实现了区域性废水零排放；炼钢OG泥冷固挤压成型回收资源，消除了固废外排；磨细粉工程，提高废渣综合利用水平；炉窑改烧清洁燃料，厂区取消20吨以下的燃煤锅炉；特殊钢公司的炉窑全部改用天然气，每年减少燃煤8万吨。完成了二高炉上料工序除尘改造、三座高炉渣沟末端加盖、一烧车间4号电除尘器设施改造、第二炼钢厂3号转炉二次除尘设备改造、焦化厂生化池改造等46项改造措施。220吨锅炉烟气脱硫、三高炉的炉前除尘改造、第三炼钢厂除尘改造、综合利用公司渣一站环境综合治理、污水处理厂的外排水回收等已经启动。厂区工业污染物排放总量继续下降，二氧化硫、烟尘、粉尘排放量分别减少到8626吨、1929吨、4088吨，同比分别下降16.26%、3.65%、3.83%。总悬浮颗粒物、二氧化氮、一氧化碳浓度同比分别降低0.4%、6.6%、18.5%。外排水化学耗氧量、油类、氨氮的浓度分别是北京市二级排放标准的16.3%、18%、16.8%，水污染物浓度大幅低于二级市标。在治理环境的同时，开展利用焦炉处理城市废塑料、固废资源深加工等一批产业化前景良好的环保科技研究，利用日本绿色援建项目资金建设了具有国际先进水平的干熄焦工程，用新技术建设污水处理厂，拓展了首钢环保产业。（李淑萍）

【重组改制】 年内，首钢制定了《推进企业重组改制的指导意见》和14项辅业改制的配套办法，基本完成汽运公司、冶金研究院等12个单位的辅业改制工作。风光机械厂已破产终结，吉林柴油机厂已进入破产程序，庆华工具厂基本完成破产前期的准备工作，岷山机械厂、东华机械厂即将实施债转股，镇江船舶公司已划转地方管理，综合利用公司、保定勘查研究院等企业改制工作取得进展。铸造厂、第一耐火材料厂实施托管后，经营状况得到明显改善。（李淑萍）

【减员增效和再就业工程】 年内，首钢集团净减员1.53万人。其中，解除劳动合同自谋职业6761人，退休自然减员3659人，吉林柴油机厂和风光机械厂破产减员4396人，大龄富余人员内退900余人。年末集团在册职工11.97万人。销售收入劳产率68.93万元/人年，同比提高56.9%。新建劳务派遣企业7家，安置富余人员3401人。按照国家政策返还营业税、减免税费、获得社会保险补贴、一次性岗位补贴2900万元。开源服务中心被命名为全国再就业先进企业。（李淑萍）

【人才队伍建设】 是年，首钢深化人事制度改革，颁发人才建设制度43项。设立1000万元人才开发基金。加大干部公开招聘、竞争上岗、岗位交流、末位淘汰的工作力度，对贡献突出的干部实行重奖。评选第二批首钢专家和专业技术带头人。引进博士、博士后10人，硕士88人，大学生1069人。晋升高级技工2646人，高级技工共6260人；晋升技师359人，技师共675人；高级工的比例由上年6.5%提高到10%以上。参加“新世纪北京市首届职业技能大赛”，有21人取得技师，7人取得高级技师资格证书，高级技师实现了零的突破。为重点工程培训1522人，为ERP工程培训4165人。评审首钢第五届管理创新获奖项目24个，获得北京市管理创新一等奖1项，二等奖2项，全国冶金企业管理创新二等奖2项。首钢总公司获得国家技能人才培育突出贡献奖和北京市职工培训先进单位称号。（李淑萍）

【矿业生产盈利2.08亿元】 首钢矿业公司位于河北省迁安市，主要从事采选矿、人造矿、矿用汽车制造、设备修造、建筑安装。本年矿岩采剥总量1.14亿吨，开采矿石1830万吨，生产精矿粉576万吨、烧结矿655万吨、球团矿268万吨。销售收入60.5亿元，同比增长38.41%。外销矿产品133万吨，外销收入11.17亿元。可比成本降低2.74亿元。盈利2.08亿元，比上年增长16.4倍。国有资产保值增值率111.7%。56项可比技术经济指标，有26项位居国内同行业第一，33项进入同行业前3名。销售收入劳产率39.5万元/人年，同比提高46.3%；实物劳产率3.12万吨/人年，同比提高45.1%。水厂铁矿采剥总量劳产率、水厂选矿厂的精矿粉劳产率达到全国重点同类矿山5倍以上的指标水平，列为中国企业新纪录。29个科技项目有9项通过部市级鉴定，13项获得北京市、冶金矿山协会和首钢科学技术奖，2项申请专利，124项科技成果得到表彰。重点改造项目125个，科技效益占增收节支额的40%以上。开展了孟家沟赤铁矿处理、硼铁矿分离、烧结矿多品种配料等科研项目。大石河铁矿完成10个系列的优化改造，球团厂完成第一系列环冷机的余热利用，降低了能耗。非矿产值12.15亿元，社会收入4.91亿元，同比分别增长45.99%和90.62%。完成建筑安装工程66项，产值1.8亿元，达到历史最好水平。非矿产业盈利1591万元，同比增长5.62倍。在岗职工年均收入26511元，同比增长14.1%。（李淑萍）

【特钢公司转制改革求发展】 北京首钢特殊钢有限公司主要生产轧材、锻材、冷拔材和金属制品，以优质碳素结构钢、优质合金结构钢、齿轮钢、非调质结构钢、易切钢、轴承钢、碳素工具钢、弹簧钢为主导产品。1995年至2004年，为改善北京市的环境质量，公司经历三次大的调整，两个炼钢厂19台电炉，铸钢、无缝管、薄板等9个厂和16个车间停产，损失电炉钢产能70万吨，钢材产能60万吨，全面完成了搬迁和治理污染的任务，累计减员1.5万人，在岗职工1514人。公司由国有的特钢企业转变为多行业、多法人、多种所有制的控股公司，管理27个子公司及参股企业，形成现代制造业、现代服务业、节能环保三大产业。特钢部生产钢材48.18万吨，同比增长14.3%；销售收入15.58亿元，同比增长44.8%；实现利润929.8万元，同比增长28.9%；国有资产保值增值率100%。实物劳产率399.2吨/人年，比上年提高54%。销售收入劳产率129万元/人年，同比提高94.6%。开发了6大类16个新产品，双高产品产量达到42.77万吨，同比增长46.7%，占钢材产量的88.8%。大圆钢、翼缘板生产线达产。参股的北京国际汽车贸易服务园区有6个专卖店，新旧车交易17741辆，同比增加8274辆，规模为北京市第三位。参股25%的上海大众专卖店新增汽车服务项目。报废机动车拆解公司占地35亩，拆解能力1万台，回收报废车2100辆。利用镁合金深加工、折叠式自行车5项自有专利，生产和出口运动美牌自行车。承制汽车方向盘、笔记本电脑外壳、自行车架等，出口日本、韩国和欧洲市场。参股14.42%的北京绿创环保设备公司研发汽车消音器，产能2万套。威尔公司和燕特公司扭亏。天龙源温泉家园接待游客25万人。南区土地转让收入2.93亿元。巩固在北京的生存资格，消除燃煤锅炉、煤制气最后两个污染源。特钢公司销售收入2.53亿元，实现利润305万元，国有资产保值增值率100%，上缴总公司投资回报38.5万元。销售收入劳产率达到48.3万元/人年，比上年提高2.8倍。在岗职工年均收入29126元，比上年增长40.7%。（李淑萍）

【建筑企业连连捧杯创优】 首钢建工集团在京的主要企业有北京首钢建设集团

公司（首建公司）、北京首钢冶金工程建设公司（首冶公司）和北京首钢设计院。首建公司有钢结构、冶金工程、建筑总承包一级资质，市政工程、机电设备安装、环保设施、送变电、起重设备安装二级资质，主要从事建筑、机电设备安装调试、钢结构制作安装、市政工程、大型设备吊装运输、商品混凝土生产、建筑科研开发和房屋装饰装修。首冶公司有冶金工程、建筑、土石方、钢结构总承包一级资质，市政工程、起重和机电设备安装二级资质，与北京首钢设计院形成工程设计、施工、房地产开发的综合实力。首建公司承揽酒泉钢铁公司200万吨热轧薄板、水城钢铁公司炼钢、山西太谷焦化厂、山西古交发电厂、太原钢铁集团制粉、湖南湘潭钢铁公司等工程，承建中国国际网球公开赛主赛场、奥运昌平自行车馆等钢结构工程，外部工程签约8.7亿元，占签约总额的47.5%。青海国税局商住楼评为建设部科技示范工程，获得青海省优质工程“江河源杯”。首冶公司承揽肇庆铝业、承德钢铁集团炼钢和高速线材工程，社会签约5.1亿元，占签约总额的43%。承建金顶街一区2号楼获北京市结构长城杯。首建公司、首冶公司和外埠的首钢第九冶建公司获得中国冶金建设优秀施工企业称号。首钢设计院完成标准设计图80295张，承揽承德钢铁集团烧结、武汉钢铁集团公司干熄焦、重庆钢铁公司高炉、新余钢铁公司球团等5项总承包合同，签约11.16亿元，占签约总额的82%。以课题制促进科技开发，获得中厚板圆盘剪、棒材打捆机等5项专利。与比利时CMI公司、日本新日铁等公司合作开发先进技术。包括外埠四建、九建、十建和保定、宁波勘察院，建工集团为北京钢铁业结构调整、产能转移作出了重要贡献。建工集团结算总收入55亿元，同比增长41%；工程签约额60亿元，同比增长10%，其中社会工程签约48亿元。获得省部级优质工程奖4项。实现利润718.8万元，同比增长1.1倍；上缴投资回报310万元。净减员3990人，年末建工集团在册职工30107人。

（李淑萍）

【房地产开发全国排名第42位】 首钢的房地产业由首钢房地产开发公司经营，年内新开工面积50万平方米。首钢职工集资建房项目动工，年末3座住宅楼主体结构封顶。琳琅庄园二期3栋商品房按期交工入住，330套全部售罄。与万年集团合作，开发位于北京西南三环的万年花城，总建筑面积198万平方米，开工27万平方米，销售商品房2890套28万平方米，收入6.44亿元。与山东德州房地产公司合作开发的山东夏津项目，一期工程8栋286套37190平方米商品房交工入住，销售率76%，回款率74.6%。控股合作开发吉林蛟河首钢·美丽城，一期工程已开工，建筑面积20万平方米，270套住宅已认购39.3%。与北京宏大兴业房地产公司合作开发金顶街三区，面积50.5万平方米，其中商品房34.3万平方米，首钢职工集资建设住宅10万平方米，配套设施6.2万平方米，投资15.6亿元，已批复立项建设。与山东鲁班房地产公司合作开发鲁班·御景园项目，占地7.3万平方米，计划建筑面积10.2万平方米。9月，公司获得GB/T19001—2000、ISO9001—2000标准质量体系认证。黄南苑小区被评为“北京市金牌居住区”。是年，公司销售收入1.25亿元，实现利润1166万元，上缴投资回报382.5万元。年内，国家统计局发布信息，首钢房地产开发公司在全国37123家房地产开发商中排名第42位，列为2003年至2004年度中国房地产业领先企业。

（李淑萍）

【高新技术投入1.28亿元】 北京首钢高新技术有限公司本部设控制设备分公司、自动化工程分公司、电子设备分公司、电信分公司和自动化设计院，并管理首钢日电（SGNEC）、首钢莫托曼机器人（SGM）、首钢环星电脑等合资、联营高新技术公司。是年，投入1.28亿元，开展50个科技项目。棒材倍尺飞剪机控制系统通过北京市鉴定；动力厂水系统和能源管理信息系统通过总公司鉴定；完成首钢网络查号系统开发、中厚板全自动轧钢控制系统等14个科研项目。年完成销售收入17.67亿元，同比增长36.2%。完成首钢第三炼钢厂、镀锌生产线、3.5万立方米/小时制氧机、特钢单机架冷轧等自动化项目；承揽完成了江西南昌钢厂、河北承德钢厂、河北文丰钢铁有限公司、河北敬业集团有限公司、湖南安阳中厚板厂等自动化项目；电子设备分公司拓展燃气表市场，承接制造整表和控制器6.5万台套；首钢环星触摸电脑在邓小平纪念园应用，安检系统在中南海应用。研制SCE－AES系列交流电子开关并列入北京市金桥工程；首钢凯思软件公司销售NC网络电脑5000多台。首钢莫托曼公司销售工业机器人系统232台套，同比增长1倍。机器人汽车风挡玻璃涂胶系统、环星触摸电脑入选首钢十大名优产品；首钢连铸结晶器电磁搅拌技术开发与应用，获得北京市科技三等奖；首钢环星X4000系列信息亭商业自助服务终端等4个项目，获得首钢科技三等奖。有5项成果获得国家专利。华夏首科科技公司与北京斯马特自动化公司重组；自动化公司与美国罗克韦尔自动化公司扩大合作；首新电子公司与西班牙英格尔公司合资转让股权；调整天翔科技公司的股权结构成立泉辉科技有限公司；中关村首钢软件园招商引资。高新公司在岗职工年均收入3.44万元，同比增长18.58%。

（李淑萍）

【机电制造扭亏盈利50万元】 北京首钢机电有限公司主要从事冶金成套设备、通用和非标设备、动力设备、电气设备、液压控制设备、环保设备及备件的设计制造，管理机电设计研究院、14个厂和分公司，在设计制造冶金、矿山、节能环保设备方面掌握多项先进技术。销售收入11.6亿元，同比增长28.6%；9年来首次整体扭亏，同比减亏805万元，实现利润50万元，形成了发展的好势头。与日本住友公司开展技术合作；与德国西马克公司签订长期合作协议，成为该公司的中国第一家子供货商，提供零部件、设备和服务。承揽天津天钢集团、杭州钢铁集团公司的技改工程，通化钢铁集团、酒泉钢铁公司、湘潭钢铁公司转炉工程，山东日照、本溪钢铁公司连铸工程，辽宁兴哲1450轧机，沈阳重型机械厂烧结机，营口焦化四大机车等项目，签约10.1亿元。完成首钢结构调整和技术改造项目的高炉、转炉、焦化、单机架冷轧、球团环冷机、厂房钢结构制造任务。与国家高效轧制工程研究中心、航天部清华机械厂合资，成立北京中冶机电设备有限公司。与沈阳工业大学合作，开发新型永磁电机，节电效益显著。科技投资3929万元，开发锤式破碎机、渣罐系列新产品。获得连铸机扇形段辊系工艺优化、大型环冷机制造、210吨转炉焊接工艺等24项科技成果。连铸坯热送热装工艺及设备开发，获得首钢科技二等奖和国家冶金科技三等奖。热力众达、日月星云公司完成改制前期工作。本年净减员858人，年末在册职工4950人。销售收入劳产率23万元/人年，同比增长44.9%。在岗职工年均收入20412元，同比增长16.7%。（李淑萍）

【出口创汇2.44亿美元】 中国首钢国际贸易工程公司（中首公司）主要从事进出口、海外工程承包、国际经济技术合作、远洋运输、房地产开发、涉外宾馆和国内贸易，代表首钢总公司向海外投资，管理首钢秘鲁铁矿和香港4家上市公司，在美国、欧洲、东南亚、非洲设有分支机构。本年销售收入182.61亿元，出口创汇2.44亿美元，实现利润2.38亿元，国有资产保值增值率101.45%。按照项目网络节点完成首钢彩涂板、热镀锌生产线、3.5万立方米/小时制氧机、焦化厂煤气脱硫等19个项目的设备进口和现场服务；进口铁矿石1333万吨，其中首钢自用834.8万吨；进口废钢2.15万吨。出口钢铁产品63万吨，装船59.2万吨，合同履约率达到100%。出口焦炭3.1万吨。首钢外部市场营业收入43.1亿元，占境内企业总收入65.5%，同比增长7个百分点。整合境外网点，在韩国、巴基斯坦新建网点。与哈默斯利、罗泊河、CVRD及BHP集团签订了铁矿石的长期供货协议，与蒙古共和国、印度的铁矿供应商建立合作关系，铁矿石资源控制量提高到1000万吨以上。与多家公司签订了首钢产品长期出口协议或意向，本年出口增收5742万元，已具备100万吨产品出口能力；与中远集团进行战略合作，澳大利亚、秘鲁航线铁矿石海运费用明显低于同期市场水平。首次经营汽车业务，进口越野车10辆；参与了巴基斯坦、印度、埃及等25个项目投标，签订工程、成套设备出口和贸易合同1500万美元。购地280亩建设北京汽车城物流中心，当年投入并取得效益。参股中远汽车物流有限公司，经营北京现代90%的进口和50%的商品车配送业务。为国内的钢铁企业代理铁矿石进口运输127万吨；集装箱运输8917标箱，同比增长51%；首钢国际大厦出租2.7万平方米，占总面积的80%；海云轩售房248套，占总套数的70%；首钢东湖筑城房地产公司合作开发的“奥体东居”项目，面积8万平方米。广告公司改制，完成组建首钢华夏国际贸易有限公司的前期工作。香港首控公司完成结构重组后，实现利润1.2亿元；秘鲁铁矿产销矿产品630.6万吨，实现利润6161万元。

（李淑萍）

【服务业年收入5.88亿元】 首钢实业公司管理物业公司、饮食公司、工贸公司、旅游公司、幼教中心、机关服务中心和沙河服务站。本年度总收入5.88亿元，比上年增长21.8%，其中经营性收入4.27亿元，有偿服务收入1.61亿元。实现利润280万元，同比增长72.84%。物业公司管理35个住宅区，新建了年轮园、栖凤园等十几处景观。老山、黄南苑等小区新建上千个机动车停车位。黄南苑小区被评为“北京市金牌住宅区”，金顶街三区被评为北京市优秀管理居住区。创建市级文明小区18个，区级文明小区9个。改善单身宿舍环境，装修研究生公寓。受托管理了怡馨家园、福生园、古桥镜水、金果林、达华庄园等高档别墅区和空军司令部住宅区，托管面积增加到161万平方米。饮食公司14个食堂开始向1.1万名职工供应工作餐，与老家肉饼等品牌店竞争提高了服务质量。组建物流配送中心。承办北京市早餐工程，营业收入3017万元。托管整形医院、空军自动化设备修理厂餐厅，与韩国欣世鸣达公司合作经营快餐。工贸公司在油脂、脱硫剂、铁合金、丙烷气、服装产品基础上开发了矿产品、加油站、供气、保温剂等新产品和新项目。旅游公司承办首钢工业旅游，接待363个团体2.3万人，首钢被评为全国首批工农业旅游示范单位。旅游出租汽车公司投入运营。投资130万元，参股中国国际和平旅游公司13%的股权，组织国际旅游。幼教中心与港台合办后引入新机制，入托儿童2500多人，非首钢职工子女由30%增至50%；敬老院入院130人，同比增加40%。开展儿童双语、快速阅读等8项教学实验，参加北京市和全国的儿童绘画、音乐、舞蹈、轮滑比赛获奖231个。全国保教协会组织各地幼儿园园长，两次到首钢幼教中心参观学习。服务创品牌，使首钢职工对物业、饮食、幼教生活服务的满意率达到98%，超过95%的满意率考核标准。（李淑萍）

【纪念建厂85周年】 9月，始建于1919年的首钢，围绕建厂85周年举行多种纪念活动。召开建厂85周年庆祝大会，组织精彩的文艺演出，来自北京市、钢铁协会、北京军区、石景山区以及唐山市、秦皇岛市、迁安市、迁西县和抚宁县等政府部队的有关领导，还有新闻界、企业界和金融界的嘉宾，与首钢的干部职工共庆首钢建厂85周年；现任首钢总公司领导邀请离退休和调出首钢的原公司领导举行共谋发展大计的座谈会；举办摄影图片展和书画笔会；首钢日报与首钢电视台分别编制了专版报道和专题节目等。在各项纪念活动中，首钢干部职工共同回顾创业历程，要弘扬光荣传统，倡导时代精神，面对新的机遇和挑战，再创首钢伟业。

（李淑萍）

【双高产品实现“两个50%”】 8月，首钢双高产品实现“两个50%”的目标。当月首钢生产高技术含量、高附加值双高产品40.98万吨，同比增加13.1万吨，占钢材月产量72万吨的56.9%；其中名优产品和领先开发的拳头产品产量达到20.75万吨，占双高产品产量的50.6%。钢帘线、钢绞线、合金焊线、汽车用钢、管线钢、高强度船板、高强度结构板等29项双高产品高速进入国内外市场，首次达到双高产品占钢材产量的比重和拳头产品占双高产品产量的比重“两个50%”的目标，完善了售后服务，这是首钢实施商品化、产业化、工程化、资本化技术战略的一个里程碑。11月11日，市委书记刘淇在首钢科技创新工作的汇报上作了批示：“首钢大力实施科技创新战略是正确的方针，可坚持推进。”（李淑萍）

【向“水立方”工程供应型材】 水立方”工程是国家重点建设项目之一，作为国家游泳训练中心和2008年北京奥运会游泳、跳水等多个水类项目的比赛场馆，是北京市规模最大、设施最先进、多功能的比赛、娱乐、健身中心，对建筑钢材的标准和实物质量提出了严格要求。首钢作为国内建筑用钢材精品生产基地之一，在“水立方”工程中夺标，签订了首批10个品种规格、5925吨螺纹钢筋的供货合同。总公司生产部、技术质量部组织主流程各工序厂精心生产，由首钢型材厂轧制成品，第一批直径为20毫米至32毫米5个规格、1400多吨高强度螺纹钢筋准时提供给“水立方”工程施工单位，并通过实物质量的对标验收。（李淑萍）

【首钢迁钢公司竣工投产】 10月15日，河北省首钢迁安钢铁有限责任公司竣工投产。该公司地处环渤海经济圈内的河北迁安市，与原料基地首钢矿业公司毗邻，2003年3月25日动工建设。主体设备有1座2650立方米高炉，2座210吨转炉，2台八流弧形方坯连铸机，配有动力、发电、制氧、白灰套筒窑等辅助设施。采用节能新技术、新设备，设计年产200万吨连铸方坯。年内，迁钢公司生产的HRB335钢坯，已出口东南亚市场0.6万吨。（李淑萍）

【ERP一期工程上线成功】 7月，首钢ERP一期工程上线运行。首钢信息化建设是国家重点项目，国债专项资金与首钢的自有资金配套使用。一期工程，包括网络硬件费用、软件费用、咨询费用、三级开发费用和资金管理平台、生产监控两个子系统的建设费，实用资金约1亿元。德国SAP公司、惠普公司技术咨询顾问团、首钢各专业脱产人员、IT专职人员对141万条主数据进行收集、整理，统一编码；固定资产、库存等财务账的清盘，确保了账物一致和期初的数据准确。一期工程工期11个月，实现上线压力测试一次成功，当月保证了整个系统数据体系完整、主要业务流程打通、财务月结成功。（李淑萍）

【第一卷镀锌板下线】 8月12日，首钢富路仕公司镀锌板生产线一次热试成功。经过性能测试，第一卷镀锌板的黏附性、表面硬度、板型、锌层厚度等全部合格。热镀锌是彩涂的前道工序，于2003年5月动工，除焊机、气刀、拉矫机等关键设备由中首公司从国外引进，开卷机、光整机等80%以上的设备由国内制造。彩涂板配套产能17万吨。（李淑萍）

【特钢小型材生产线停产】 6月9日，特殊钢公司小型生产线停产，这是该公司淘汰落后技术装备，提高清洁化生产水平的举措。该生产线于1971年7月1日建成投产。33年间，累计轧制多个钢种、规格的小型材330万吨，为国家和北京市发展机械、汽车、铁路、轻工、纺织、能源、化工、建筑、军工生产作出了重要贡献。（李淑萍）

【用新技术处理轧钢污泥】 为了消除固体废弃物排放对环境的污染，通过综合利用发展循环经济，首钢技术研究院资源环境研究所、总公司生产部、北京首钢工业设备修理厂经过一年多的研究和工业性试验，首次提出了污泥脱油、去除氧化铁鳞颗粒的热力学和动力学模型，首次采用相似相容原理和低温蒸馏工艺处理轧钢污泥，形成两项专利。试生产和工业生产线处理能力4.5万吨，2004年10月投产，污泥脱油率、润滑油回收利用率、氧化铁粉利用率达到100%，取得显著的环保效益、社会效益和每年600万元以上的经济效益，获得2004年首钢科学技术二等奖。修理厂安置富余人员50人，年内处理轧钢污泥5000多吨，含铁72%的氧化铁颗粒返回烧结后制成炼铁原料，润滑油和蒸汽回收利用，效益110万元。市科委组织的专家鉴定认为，该技术填补国内空白，对钢铁、石化等多个行业含油污泥的无害化处理和资源化利用、发展城市环保产业具有创新意义。

（李淑萍）

【嘉华水渣细磨生产线投产】 2月18日，首钢嘉华水渣细磨生产线投产。该项目由首钢与香港嘉华建材公司共同组建的北京首钢嘉华建材有限公司建设和经营，从德国引进先进设备，利用首钢高炉矿渣，经过超细磨生产微细粉，作为混凝土添加剂，替代水泥，设计年产微细粉60万吨。年内，首钢嘉华公司已承接38家客户合同80万吨，销售收入3700万元，在消化开办费用的基础上开始盈利。

（李淑萍）

主要产品名录 单位：吨

产品名称	2004年产量	生产厂家
铁精矿粉	5217642	首钢矿业公司
铁矿石	12497272	首钢矿业公司
烧结矿	13251287	北京首钢股份公司烧结厂、首钢矿业公司烧结厂
球团矿	2683302	首钢矿业公司球团厂
焦炭	1912281	北京首钢股份公司焦化厂
生铁	8165518	北京首钢炼铁厂、首钢迁钢公司
钢	8475776	北京首钢股份公司第二炼钢厂、北京首钢新钢公司第三炼钢厂、首钢迁钢公司
转炉钢	8453644	北京首钢股份公司第二炼钢厂、首钢迁钢公司
电炉钢	14509	北京首钢矿业公司
成品钢材	8191804	北京首钢股份公司、北京首钢新钢公司、北京首钢特殊钢公司、秦皇岛中板厂
其中：棒材	551859	北京首钢新钢公司特钢部、北京首钢新钢公司型材厂
钢筋	2571239	北京首钢新钢公司型材厂、北京首钢新钢公司特钢部、北京首钢股份公司第一线材厂
线材	3633740	北京首钢股份公司第一线材厂、北京首钢股份公司高速线材厂
特厚板	170897	北京首钢新钢公司中板厂、秦皇岛中板厂
厚钢板	739583	北京首钢新钢公司中板厂、秦皇岛中板厂
中板	511115	北京首钢新钢公司中板厂、秦皇岛中板厂

续表

产品名称	2004年产量	生产厂家
涂层板	10494	北京首钢富路仕彩涂板公司
冷轧窄钢带	1534	首钢钢丝厂、北京首钢冶金研究院
机器人	132（台）	首钢莫托曼机器人有限公司
集成电路芯片	13733（万块）	首钢日电电子有限公司

北京京城机电控股有限责任公司

【综述】 年内，北京京城机电控股有限责任公司（以下简称京城控股）全年完成销售收入105亿元，创造利润7亿元，提前一年全面实现了2000年制定的“十五”规划目标。

自2000年以来，京城控股在产权结构调整、产业结构调整、产品结构调整、组织结构调整、人员结构调整、资本市场运作、企业文化建设上坚持市场导向原则，不断实现组织整体优化和升级；坚持“进退并举，退而有序，进而有为”的方针，完成了整体转型，确立了竞争优势。实现了从产品经营到资本经营、从管理企业到经营资产、从准政府部门到市场竞争主体的三个重大转变，进行了公司化治理；培育整合了“4+1”的产业群（印刷机械、数控机床、工程机械、环保装备以及发电和输变电设备主导产业群），实现了产业和资源集中发展；加大了合资、重组、并购、改制、融资、破产的力度，加快了企业市场化进程，实现了产业升级；构建了以市场为导向的经营管理体系，建立了规范的投资决策体系、财务报告体系和信息管理体系，实现了管理的全面升级；全方位加大人力资源管理与开发的力度，培育职业经理人队伍，实现了人员与市场对接；倡导以股东价值最大化为核心的共同价值观的培养，打造京城控股的企业文化，推动企业持续发展。

全年经济运营持续保持快速增长的态势，实现产品销售收入105亿元，实现了“十五”规划的第一步战略目标。与2002年相比，2003、2004年销售收入的平均增长率达到40.7%。经济效益和运行质量同步提高，利润总额、成本费用利润率和总资产贡献率保持了同步高速增长。利润总额实现7亿元，比2000年增长8.8倍，总资产贡献率比2000年增加4.8个百分点，成本费用利润率比2000年增加5.8个百分点。

主导产业的集中度进一步提高。按照“十五”发展规划部署，控股公司以发展为主题，培育增长点，做好“加法”，印刷机械、数控机床、工程机械、环保装备以及发电和输变电设备主导产业群已经形成。“4+1”主导产业群占控股公司产值、产品销售收入总量由2001年的72%和77%上升到2004年的90%和91%。（苏 杰）

京城控股公司国有资产运营情况

年份 指标内容	2000年	2001年	2002年	2003年	2004年
资产总额（亿元）	150.8	130.3	139.9	161.2	183.5
产成品存货（亿元）	10.4	6.9	5.8	7.7	10.8
总资产贡献率（%）	2.5	5.0	5.1	5.5	7.3
成本费用利润率（%）	1.80	5.1	6.1	6.1	7.6
全员劳动生产率（元/人）	22814	44675	67327	86905	114366

【企业改制工作】 年内，京城控股公司所属3家企业进行改制。北京阀门总厂有限责任公司于8月将38.4%的国有股权转让，实现了国有股的全部退出；北京叉车总厂8月完成分立改制，北京叉车总厂名称保留，负责离、退休职工及非经营资产的管理；北京第二机床厂12月完成整体改制，注册资金3000万元，京城控股公司占33%，北京机电院高技术股份有限公司占67%。 （夏中华）

【合资合作】 是年，京城控股系统新建中外合资公司企业5家，外资并购项目1项，合资公司增资项目1项；投资总额8244万美元，注册资本6842万美元，利用外资额4574万美元。中环动力（北京）重型汽车有限公司于2月9日领取营业执照，投资总额2446万美元，注册资本1500万美元，其中北京重型汽车制造厂占50%，新加坡科技动力有限公司占50%；生产重型自卸汽车、矿用汽车、全路面铰接式工程汽车、各种混凝土工程车辆、各种散装水泥车及各类特种重型车，合营期限30年。北一精机（北京）设计有限公司于6月1日领取营业执照；投资总额57万美元，注册资本40万美元，其中北京第一机床厂占72.5%，京机（北京）设计有限公司占16.5%，中国机械设备进出口总公司日本公司占11%；进行机床、专用机床、汽车生产线、各种专用工艺装备的开发设计、工艺设计、技术咨询等技术服务；合营期限10年。北京京城泰昌机械有限公司于6月29日领取营业执照；投资总额700万美元，注册资本500万美元，其中北京京城机电控股有限责任公司占40%，韩国泰昌泰合株式会社占60%；生产建设用重装备、搬运用装备零部件，轮式起重机、铁路及地铁车辆零部件，机动车（小型汽车、货车）零部件，建筑及桥梁设施钢结构件，土木建筑钢铁设施结构件，各种冷热轧钢铁板材、卷材及其他金属板材、卷材；合营期限30年。北重阿尔斯通（北京）电气装备有限公司于12月20日领取营业执照：投资总额2990万美元，注册资本2990万美元，其中北京重型电机厂占40%，阿尔斯通（中国）投资有限公司占60%；合资公司生产600兆瓦或以上超临界机组、600兆瓦或以上空冷大型机组和其他大型热电机组；合营期限25年。北京北人郡是机械有限公司投资总额242万美元，注册资本170万美元，其中北人集团公司占48%，日本郡是株式会社占52%；合资公司生产堆积打捆机械；合营期限20年。北京京城工业物流有限公司于11月11日领取中外合资经营企业营业执照。该项目采取瑞士LB物流中心认购北京京城工业物流有限公司增资方式，为京城控股公司利用外资方式的新尝试；该公司投资总额1.5亿元人民币，注册资本6150万元人民币，其中瑞士LB物流中心出资1550万元人民币，占25.2%；提供进出口业务及相关服务，海运、空运、陆运进出口货物、国际展品、私人物品的国际货物运输代理业务，开发、加工、生产零部件、结构件、工装夹具等；合营期限20年。北京现代京城工程机械有限公司增资协议于1月20日获得市商务局批准，注册资本由1300万美元增至2200万美元，其中北京京城机电控股有限责任公司增资360万美元，韩国现代重工株式会社增资540万美元。

（杨　岚）

【企业搬迁】　年内，京城控股利用土地资源开发资金对一些企业进行有序的搬迁改造。北京第一机床厂重型厂房、精密零件制造厂房和研发大楼年初相继开工，总建筑面积8.17万平方米，年内投资1.36亿元，其中精密零件制造厂房年底竣工。京城重工林河生产基地项目总投资1.50亿元的联合厂房、办公楼、涂装车间共计3.70万平方米于8月竣工投入使用，北起多田野公司9月4日整体搬迁完毕，9月13日正式投产。北京重型汽车制造厂搬迁改造项目包括次渠东厂扩建及六郎庄厂区扩建，总投资9560万元、总建筑面积1.70万平方米，桥箱车间和热处理厂于年初搬迁至新厂，调试完毕生产正常。4月份在次渠组建了中环动力公司，其扩建工程全部竣工。

（黄卫东）

【产品结构调整】　是年，京城控股不断调整产业结构和产品结构，产业集中度进一步提高，确立了以数控机床、印刷机械、工程机械、环保设备为支柱产业，同时重点发展发电和输变电产业的战略思想，形成“4+1”的战略格局。在总量比2003年增长42.55%的情况下，“4+1”重点产业板块占总量的91%，比上年增长5个百分点。重点企业规模不断扩大，2004年京城控股系统销售收入超10亿元的强势企业达4家，销售收入5亿元以上企业增加3家，达到8家。高科技产品显著增加，随着北一大隈、北起多田野、中环重型汽车等合资项目的成功运作，一批世界一流或国际先进水平的产品陆续投产；其中北京第一机床厂与日本大隈株式会社合资，引进了8项具有当代先进技术水平的加工中心、数控机床等一流产品，大大提升了企业产品的技术水平。通过整合内部资源，与外国知名企业合资，引进先进经营理念，京城控股组建了北京首家工业物流公司——北京京城工业物流公司，从而进入一个新的经营领域。北人集团公司在不断增强主导产品胶印机能力的同时，通过资本运作，对外合资或收购企业，加速发展印前、印后产品，优化了产品结构。

（王军怀）

【技术改造】　是年，京城控股在施技术改造项目6项，新批技术改造项目1项，总投资4.06亿元。年内，完成投资额2.69亿元，占总投资额的66%；其中获得政府技改贷款贴息项目6项，贴息额

1463万元。在施项目为：北京北一数控机床有限责任公司数控机床功能部件及网络化制造项目，总投资2.16亿元，年内完成投资额1.21亿元；北京天海工业有限公司钢质无缝气瓶扩大生产能力项目及2500/400吨水压机组改造项目，总投资4605万元，年内完成投资额3120万元；北京华德液压工业集团有限责任公司提高液压系统制造水平项目，总投资2950万元，年内完成投资额2200万元；北京北开电气股份有限公司提高企业综合竞争力——信息化建设项目，总投资2970万元，年内完成投资额2124万元；北京毕捷电机股份有限公司流程再造，扩大出口项目，总投资2505万元，完成投资额2100万元；北人印刷机械股份有限公司提高中高档单张纸多色胶印机制造工艺水平项目，总投资2982万元，2004年完成投资额2674万元。新批项目为：北京北重汽轮电机有限责任公司30万千瓦汽轮发电机组项目，总投资2987万元，年内完成投资额2520.57万元。获得政府贷款贴息项目为：北京北一数控机床有限责任公司数控机床功能部件及网络化制造项目，贴息额840万元；北京天海工业有限公司钢质无缝气瓶扩大生产能力项目及2500/400吨水压机组改造项目，贴息额210万元；北京华德液压工业集团有限责任公司提高液压系统制造水平项目，贴息额120万元；北京北开电气股份有限公司提高企业综合竞争力——信息化建设项目，贴息额120万元；北京北重汽轮电机有限责任公司30万千瓦汽轮发电机组技术改造项目，贴息额120万元；北京毕捷电机股份有限公司流程再造，扩大出口项目，贴息额53万元。　（杨　岚）

【企业破产工作】　6月，北京红光机械厂由市一中院依法裁定宣告企业破产并成立了破产清算组，展开了全面破产清算工作，年内已将在职职工全部进行了妥善安置，完成退休职工全部移交地方进行管理的相关准备工作，离休职工由北京重型电机厂统一接收安置。北京金属结构厂破产清算工作接近尾声，准备办理非经营性资产移交。北京鼓风机厂完成非经营性资产的移交工作，破产程序宣告终结。北京蓄电池厂完成了全部的破产工作，破产清算组撤销。　（黄卫东）

【企业减员】　截至12月31日，京城控股公司有在职职工24276人，比上年减少4434人，减少了15.44%。其中，企业自然减员即职工到达规定年龄办理退休手续1407人，占减少人员的32%；职工调出企业、与企业终止劳动合同后自谋职业以及其他形式减少人员1005人，占减少人员的22%；7家单位通过合资、并购等形式，减持国有股比，实现企业产权多元化，分别是：北京第一机床厂、北京重型汽车制造厂、北京起重机器厂、北京建筑机械厂、北京市叉车总厂、北京开关厂、北京北开电气股份有限公司，共分流人员1491人，占减少人员的34%；企业破产以及破产连带的股权转让，共有两家单位从控股公司整建制划出，分别是北京红光机械厂、北京泰来华顿有限公司，共减少人员350人，占减少人员的8%；直属企业及下属三产类小企业改制，共9家单位从控股公司整建制划出，分别是：北京阀门总厂有限公司、北叉工贸公司、销售公司主办的机销招待所、北京重型电机厂主办的6家三产单位，共减少员工181人，占减少人员的4%。　（邓　刚）

北京兴东方实业有限责任公司

Beijing Booming Oriental Industry & Commerce Corporation,Ltd

党委书记 张朝星

总经理 吕振清

出口平壤的智能化温室

顶部平拉膜温室

鱼骨式自动脱落挤奶机

北京兴东方实业有限责任公司的前身是北京市农业机械局。公司注册资本1.4亿元，总资产14.7亿元，下属二级工商企业、事业单位16家。在过去的40多年里，公司致力于各种农业机械和机具的开发生产，立足为“三农”服务，经历了北京农机从无到有、从小到大、从低级到高级的全部过程，为北京乃至全国的农业生产作出了自己的贡献。

近年来，随着农业产业结构的调整，公司适应市场需求，相继开发研制出日光温室系列、田园管理机械、畜牧养殖机械、节水灌溉机械、挤奶机械等各种产品，服务于精品农业、设施农业、籽种农业、创汇农业、加工农业、观光农业，以可靠的质量、优惠的价格、满意的服务，为用户提供先进适用的产品，涌现出了“京鹏”温室、“大都林”挤奶机、“易润”灌溉等业内知名品牌，得到用户的好评与认可。

单位地址：北京市海淀区复兴路2号
邮政编码：100038
电　　话：63273336（总机）
传　　真：63466193
公司网址：www.boomeast.com.cn
电子邮箱：njjyyb@sohu.com.cn

为广西苦瓜产业化基地制作的温室

厂区优美的环境

厂区内高炉

中板生产线

新

转炉

篮球中心

彩涂板生产线

世纪　新首钢

污水处理系统

橡胶装置

乙烯裂解炉

2004 年北京国际微电子论坛会

2004 年第一届中日电子信息发展论坛会

中芯国际（北京）12 英寸集成电路生产线投产仪式

中芯国际（北京）有限责任公司厂区一角

北京汽车工业控股有限

北汽陆霸

索纳塔

欧蓝德

北京汽车工业控股有限责任公司（BAIC）是国有独资大型企业、北京市国有资产经营管理的授权单位，其前身为北京汽车工业集团总公司，是中国汽车工业的主要生产基地之一，并涉足国际、国内贸易，房地产开发，服务贸易，农用机械，建筑材料等领域。拥有整车、零部件及相关企业32个。占地342万平方米，员工总数4.87万人。2004年资产总额为365亿元，净资产为134亿元。

BAIC作为北京汽车工业的“发展规划中心、资本运营中心、产品开发中心和人才中心”，通过战略管理和资本运营，形成了以北京现代汽车公司为代表的轿

北京现代汽车20万辆下线

责任公司

伊兰特

Jeep4700 征途

雷驰汽车

车，以北汽福田汽车股份公司为代表的商用车和以北京吉普汽车有限公司为代表的轻型越野车的"三个板块"。发展和引进了一批零部件企业。2004 年生产汽车 53.8 万辆，同比增长 54.8%；销售汽车 53.1 万辆，同比增长 57.7%；在全国市场占有率达到 10.5%。

地址：北京市朝阳区东三环南路 25 号
邮编：100021
电话：67699888
传真：87664048
网址：www.bj-auto.com
www.bqkgdjw.com

奥铃汽车

北汽福田百万辆汽车下线

欧曼重卡

中国北车集团北京南口机车车辆机械厂

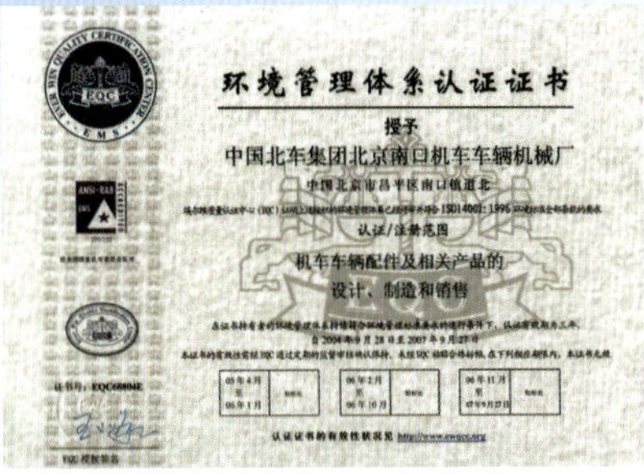

环境管理体系认证证书

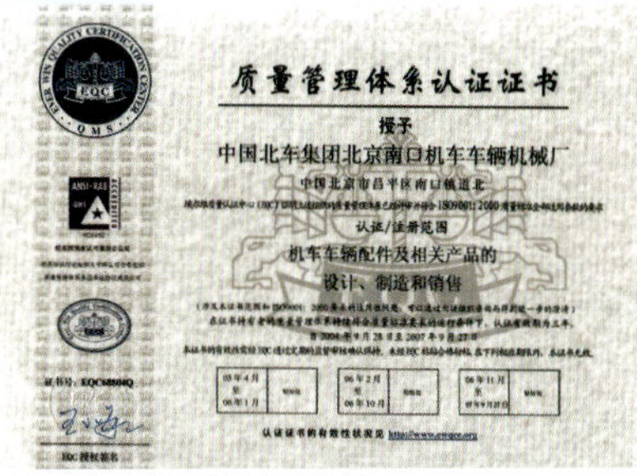

质量管理体系认证证书

地址：北京市昌平区南口镇道北

邮编：102202

电话：010-51013361　010-51013461

传真：010-69771809

http//:　www.nkgc.com.cn

E-mail:　nkccb@cnrgc.com.cn

NPT135 喷油螺杆空气压缩机(LUK-2.7/9.1　型)

厂长宋治贵向德国克诺尔公司客人介绍工厂新产品

SS $_{7E}$ 电力主从动齿轮

整装待发的民用空压机产品

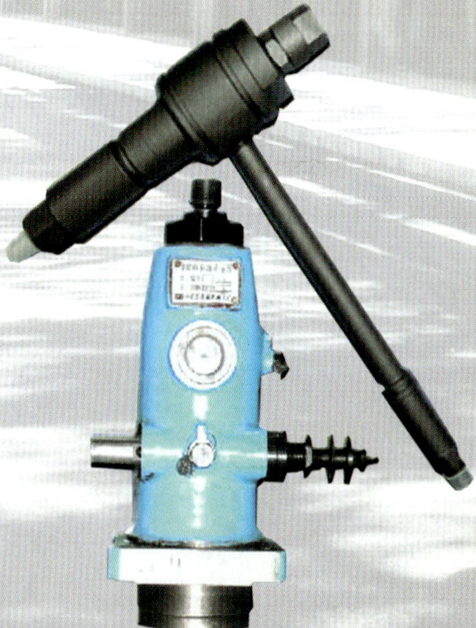

标准喷油泵喷油器

地　址：北京市朝阳区光华路8号光华大厦A座9层

邮　编：100026

电　话：(010) 65815256　(010) 65815272

传　真：(010) 65815277

E-mail：bjtiancai@sohu.com

网　址：www.bjtiancai.com

北京龙徽酿酒有限公司

调酒师在鉴赏“龙徽”葡萄酒

北京龙徽酿酒有限公司是中国本土历史最悠久的红酒酿造企业。它的前身是法国圣母天主教会北京黑山扈天主圣母院所属的上义洋酒厂，始建于1910年。

1959年北京市政府将其更名为“北京葡萄酒厂”，先后开发出具有浓郁东方风情的“中国红”、“桂花陈”等葡萄酒产品，其中“桂花陈”酒，被称之为“中国的马提尼”，至今畅销欧洲、日本、美国等市场，历经40年不衰。1987年，北京葡萄酒厂与法国保乐利加集团合资建立“北京龙徽酿酒有限公司”，目标是以法国的工艺技术和中国生产的葡萄结合，酿造最好的中国葡萄酒。由于对品质的不懈追求，龙徽公司一直保持了中国国产葡萄酒技术领先的地位，创造了多项第一：是中国最早生产单品种葡萄酒的国内厂商；中国最早的起泡酒生产商，也是最早按香槟地区传统方法生产高质量起泡酒的厂家之一；中国第一个按照欧洲“原产地”的严格标准生产葡萄酒的公司，早在1996年就生产出第一瓶“怀来珍藏”，中国最早也是唯一生产新红酒的国内厂商。

2001年在上海亚太经合组织首脑会议（APEC）上，经过著名专家盲品，龙徽的怀来珍藏、赤霞珠、夏多内，被选定为宴会用酒，作为中国最好的葡萄酒用于招待各国元首。2002第三届国际红酒与烈性酒比赛中，龙徽怀来珍藏干红，获得唯一金奖及“最佳中国红葡萄酒”称号。

龙徽卓越的品质，获得广泛的认可，其产量的20%出口到法国、比利时、德国、西班牙、日本、美国等20多个国家和地区。在欧洲各地的亚洲高档餐馆中，龙徽葡萄酒的市场占有率在整个亚洲葡萄酒中排名第一。在比利时的3000家高档亚洲餐馆中，龙徽的市场占有率是60%；在巴黎大区的5000家高档亚洲餐馆中，龙徽的市场占有率是40%。这不仅是龙徽葡萄酒的骄傲，更是中国葡萄酒业的骄傲。

龙徽酒成为（APCE）会议宴会用酒

北京北人羽新胶印有限责任公司

BEIJING BEIREN YUXIN OFFSET PRINTING CO,LTD.

总经理 姜福祥

德国连诺海尔扫描仪 S3400

公司大门

北京北人羽新胶印有限责任公司是由北京胶印厂与北人印刷机械股份公司及若干名自然人股东共同出资组建，总资产5575万元，注册资金2243万元，位于东城区美术馆后街77号，系国家级书刊印刷定点企业，也是北京地区建立第一条具备国际水平包装盒自动化生产线的企业，2001年通过ISO9000标准质量体系认证，现全面实行生产系统计算机网络运行管理。配置国际一流的硬件设备，先进合理的现代化工艺流程。从"产品设计→印前制版→胶印印刷→印后纸盒成型"构成整体竞争优势。设计室工程师具备专业的美工工艺水准；制版车间高级技工使用德国连诺海尔制版系统和S3400扫描仪完成精湛的印前数控制作；胶印车间拥有8台多色机，高档次、精品、快速印刷为最高境界，以追求完美的产品品质为己任；成品车间印后成型加工工序多能力强，标准盒、多功能纸盒、异型包装盒均受到客户好评，烟、烫、压、上光、覆膜、层次凹凸、防伪等高档工艺一条龙式的生产服务将满足您的要求。推行全员为客户服务，从客户出发对待整个经营活动的经营理念。实行24小时服务，按照"价格、质量、服务、创新"的市场规则建立全新的现代企业制度。

董事长：朱武安　　总经理：姜福祥
地址：北京东城区美术馆后街77号
邮编：100010
电话：64023734
传真：64068656

宽敞明亮的厂房

京煤集团公司液压支架厂

液压支架厂厂长 可志海

悬移液压支架

北京京煤集团有限责任公司液压支架厂，原名北京矿务局液压支架总厂，坐落在北京西部秀美的永定河畔，是国内最早的独家研制生产悬移液压支架的最大厂家。

该厂研制生产矿用液压支架始于1982年。1988年首创XDY型悬移液压支架，并获得国家发明奖和多项市部级科技进步奖。该XDY型悬移支架是介于单体液压支柱与综采支架之间的一种支护设备。销往北京、内蒙、辽宁等国内20多个省市自治区及越南等海外，深受用户赞誉，销售的架数逾20000架。2004年，该厂又推出特别适用于中小煤矿使用的ZF2000/7-23CD型导向式放顶煤液压支架，并通过了ISO9001-2000质量管理体系认证。

京煤集团液压支架厂技术力量雄厚。中级以上技术人员数占全厂职工总数的10%以上。该厂坚持以人为本，严格管理，不断创新。愿以市场为导向，以满足客户需求为要旨，诚实守信，用具有的一支高超技术保障的售后服务队伍和一套完备的售前、售中、售后服务体系，为促进煤矿安全高产提供有力保障，并与各界同仁一道共创美好的未来。

QDFZ 轻型放顶煤支架

地址：北京市门头沟区中门寺街37号
邮编：102300
电话：010-61890254

北京市西达房地产开发有限责任公司

新建的宜居小区

董事长　范子林

开发的“绿岛家园”小区

北京市西达房地产开发有限责任公司是北京京煤集团有限责任公司的控股公司，成立于2001年4月，注册资金5000万元人民币。主要经营范围为房地产开发、商品房销售、房屋拆迁、家居装饰、水暖设备安装等。坚持“对消费者负责、对社会负责、对未来负责”的开发宗旨，坚持“阳光、绿色、舒适、健康”的建设理念，将诚信经营、打造精品融入开发建设的全过程。开发的“绿岛家园”小区以独特的设计风格、齐全的配套设施赢得了良好的社会效益和经济效益，2004年被中国房地产及住宅研究会和首届中国房地产金融发展高峰论坛组委会评为“最具投资潜力楼盘”。2004年，在《中国消费者报》展示“承诺销售放心房”。

地址：北京市门头沟区黑山北小街13号　邮编：102300
电话：010-69838211　传真：010-69838212
网址：http://xd.yp.sina.net

北京电力公司

高空作业

公司领导与基层单位签订三项责任书

确保供电

万家灯火

北京电力公司成立大会

2004 年新春团拜会

建设中的荣华 220 千伏变电站

地址：西城区前门西大街
邮编：100053
电话：63128201
网址：www.bpsb.com.cn

500 千伏输电线路

北京送变电公司

公司获得首都文明单位标兵称号

华北电网有限公司领导到飞机寻线机场调研

北京超高压公司运行维护的第一座500千伏变电站——河北霸州500千伏变电站

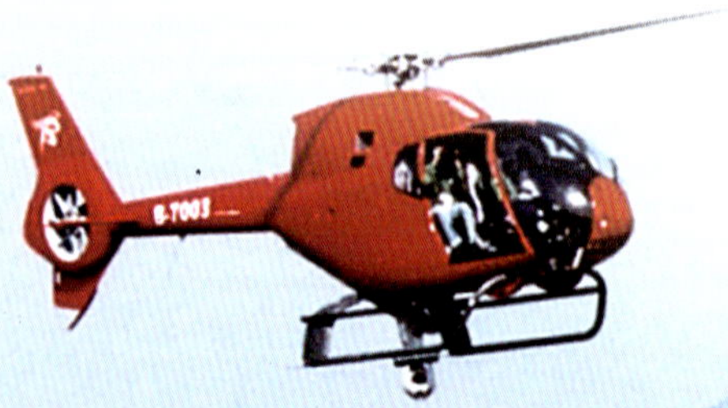

国内首次直升飞机巡检带电线路

北京军工

国防科工委副主任张广钦到北京市国防科工办调研

北京军工经济发展现场座谈会

北京市国防科工办召开民爆工作会议

北京名优产品展示展销会开幕式

利乐（中国）有限公司生产车间

北京顺美服装股份有限公司生产车间

【职工培训】 是年，京城控股公司及系统企业建立了总部员工、企业高层经理、中层经理、专业技术人员、技术工人五级培训体系。对企业高层经理，春秋季分别选派了7名高层管理人员参加中欧国际工商学院和长江商学院高级管理人员工商管理硕士学位课程的学习；8月，京城控股启动了校企联合的培训项目“中欧—京城机电控股高层管理人员培训项目”，从系统企业高层经理中选拔31人参加为期1年半的中欧工商学院工商管理硕士核心课程的培训，使高层经理在战略人力资源管理、高级市场营销、财务管理、战略管理、领导艺术变革管理等方面的知识和技能得到进一步提高。企业中层干部培训，依托机械局党校，利用其现有师资，组织系统企业38名中层干部参加“高级工商管理半脱产培训班”，提高企业经营管理干部的综合素质。对专业技术干部，继续教育公共课程《人才能力建设》的培训和考试工作，共组织2666人次参加了专业课的培训工作。对专业技术人才，各个企业也根据本企业具体情况，进行了会计知识、法律知识、计算机知识等内容的培训；对高技能人才，结合职业技能大赛、职业技术等级鉴定、技术工人人才库建立等工作的开展，在系统企业内加大对高技能人才培养的力度。全年组织14家企业、1296人参与加工中心操作工、钳工、车工、铣工、维修电工、电焊工、组合机床操作工7个工种的技能大赛。对本部员工，继续实施机关员工三年培训计划，组织员工学习管理会计、电子商务、国际贸易与商务课程。京城控股公司十分关注企业教育经费提取和实施情况，对系统企业教育经费提取情况进行了大检查，保证企业按照不低于职工工资总额1.5%比例提取职工教育经费，教育培训经费50%用于一线职工。（邓　刚）

【企业文化建设】 是年，京城控股公司致力于打造统一品牌、统一标识的整体形象，发挥无形资产的集约效应。在企业形象识别系统建设上，推行统一使用企业标识，统一宣传。制作了反映整体形象的宣传片，进一步实施形象宣传战略。继续以培养“股东价值最大化”为核心的共同价值观为重点，采取召开现场会、专题讲座、大讨论等多种方式，不断宣讲京城控股公司核心理念，用共同远景调动各方面的积极性；同时注意保护原有企业的品牌优势和商标优势。北人集团、北京第一机床厂、北重汽轮电机公司、北京巴威公司、华德液压集团等单位的文化建设按照企业自身的规划稳步推进，逐步建立京城控股公司整体框架下的文化理念。（景剑峰）

【北重阿尔斯通（北京）电气装备有限公司成立】 12月20日，北京重型电机厂与阿尔斯通（中国）投资有限公司合资组建的北重阿尔斯通（北京）电气装备有限公司领取了营业执照。该公司初期投资总额2990万美元，注册资本2990万美元，其中北京重型电机厂占40%，阿尔斯通（中国）投资有限公司占60%，双方均以现金出资。合资公司生产600兆瓦或以上超临界机组、600兆瓦或以上空冷大型机组和其他大型热电机组。合营期限25年。合资公司已经承接2台亚临界、4台超临界600兆瓦汽轮发电机组的订单。

（崔志成）

北京电子控股有限责任公司

【综述】 是年，北京电子控股有限责任公司（以下简称电控公司）的各项主要经济指标（按统计口径）较上年有大幅度增长，产品销售收入594.27亿元，同比增长108.67%；出口额99.60亿元，同比增长36.75%；利润总额24.17亿元，同比增长38.96%；工业总产值（现价）576.69亿元，同比增长116.20%。所属企业中，销售收入指标完成较好的有京东方投资发展有限公司、兆维集团、北广电子集团公司、七星华电科技集团公司、牡丹电子集团公司、吉乐电子集团公司、易亨电子集团有限责任公司等。北京吉乐电子集团公司生产经营连续7年保持平均30%的高速增长。

年内，电控公司改制工作深入进行，编制完成《北京电子控股有限责任公司企业重组改制规划》，全系统要用3年左右时间，基本完成国有企业重组改制的工作任务；电控公司主辅分离辅业改制分流安置富余人员总体方案和实施办法获市国资委批准，电控公司系统纳入辅业的总资产约31亿元，第一批列入辅业改制企业的有北京兆维电子（集团）公司子企业北京兆维物业管理公司等11户；全系统先后批复组建北京福丽特置业有限责任公司等4个新公司，完成股权转让12笔。

是年，电控公司系统进行技术改造、引进项目14项，完成投资2.7亿元，其中兆维电子集团公司光通信光纤数字传输系统、燕东微电子公司集成电路及半导体生产线扩产2个项目竣工投产；基本建设项目7项，总投资为7.3亿元。全年策划技术创新及产业化、合资合作项目31项，完成新产品试制项目534项，科技总投入5.76亿元。

年末，全系统所属企（事）业、社团单位42个；按劳动关系统计，电控公司有企（事）业单位126个；总占地面积388万平方米，资产总额471.65亿元；在岗劳动人员27522人，离退休人员57262人（不含合资企业），不在岗人员10308人。

（电　控）

【技术改造】 是年，电控公司系统技术改造、技术引进在施项目14项，其中结转项目10项、新开4项，年度完成投资2.7亿元。在施项目中北广电子集团公司扰民搬迁建设、村田公司片式电容镍电极、冠捷公司等离子显示器、正东电子动力集团公司热电联产、牡丹电子集团公司元件三厂扰民搬迁建设、光通信光纤数字传输系统、光通信视频网络传输系统、器件五厂扰民搬迁建设、元件十厂扰民搬迁建设、冠捷公司液晶显示器及数字电视、吉乐电子集团公司背投电视机DY等11个项目投资在1500万元以上；其中北广电子集团公司扰民搬迁、牡丹电子集团元件三厂扰民搬迁、器件五厂扰民搬迁、元件十厂扰民搬迁4项为扰民搬迁建设项目，完成投资10466万元。兆维电子集团公司光通信光纤数字传输系统、燕东微电子公司集成电路及半导体生产线扩产2个项目竣工；2个项目享受财政资金682万元，其中吉乐电子集团公司纯平DY项目享受政府贴息106万元，正东电子动力集团公司热电联产项目享受政府贴息576万元；京东方TFT项目政府资本金跟进7500万

美元。 （电　控）

【组建4个新公司】 是年，电控公司先后批复北京北广电子集团有限责任公司、北京广播电影电视设备制造厂共同组建北京福丽特置业有限责任公司；北京无线电厂、北京益泰电子集团有限责任公司共同组建益泰山水（北京）电子有限责任公司；北京方略信息科技有限公司与管理团队戴广林等3名自然人共同组建北京方略电子系统工程有限公司；北京电控久益实业发展公司所属北京无线电二厂、社会法人北京桑杰科技电子有限公司与北京无线电仪器二厂职工高建华等12名自然人共同组建北京朗利太电子有限公司。

（电　控）

【股权转让】 是年，电控公司先后批复完成股权转让12笔：实收转让价款2556万元、管理费60万元。飞达电子集团公司所属北京新飞达科技工业发展中心转让持有的北京晓松房地产开发有限公司60%股权，价款1920万元；电视技术研究所全资子公司北京星光通信公司转让所持北京天外星互联网上网服务中心40%股权，价款11.2万元；北京七星华电科技集团有限责任公司转让所持北京友创电子有限责任公司55.03%股权，价款104.87万元；大潮房地产开发中心以零值整体转让全部资产，一次性收回管理费60万元；北京电控公司转让所持北京电子城职业技术学校部分股权，价款133.48万元；北京北广电子集团有限责任公司转让所持北京北广博迅机箱制造有限公司等4家公司股权，总价款178.25万元。北京广播电影电视设备制造厂转让所持北京顶天昊通讯科技有限责任公司42%股权，价款44.05万元；转让所持北京北广数字广播电视股份有限公司2.8%股权，价款165.01万元；所持北京北广电子集团有限责任公司1%股权转让给北京无线电厂。

（电　控）

【主辅分离辅业改制分流】 是年，编制制定《北京电子控股有限公司主辅分离辅业改制分流安置富余人员总体方案》和《北京电子控股有限公司主辅分离辅业改制分流安置富余人员实施办法》，获市国资委批准。电控公司系统纳入辅业的总资产约31亿元、总负债20亿元、在职职工3049人、离退休人员1473人。第一批列入辅业改制企业11户，其中北京兆维电子（集团）公司子企业北京兆维物业管理公司、北京正东电子动力集团公司子企业北京紫晨出租汽车公司改制为职工控股的有限责任公司并完成工商注册登记。北京紫晨出租汽车有限公司改制后注册资本377万元，其中正东电子动力集团公司出资169.48万元，占注册资金的44.95%，紫晨公司及正东电子动力集团公司职工出资207.52万元，占注册资金的55.05%；北京兆维物业管理有限公司改制后注册资本为50万元，其中兆维电子（集团）公司出资6.5万元，占注册资金的13%，物业公司6名职工出资43.5万元，占注册资金的87%。 （电　控）

【企业重组改制规划】 是年下半年，电控公司编制完成《北京电子控股有限责任公司企业重组改制规划》。《规划》在充分分析了电控公司系统企业情况基础上，提出了以促进企业发展为目标，围绕产权制度改革开展重组改制工作，用3年左右时间，基本完成国有企业重组改制的工作

任务。同时根据企业不同情况，电控公司还制定了年度实施计划。该《规划》及《实施计划》已上报市国资委。（电　控）

【企事业单位重组改制】　是年，北京易亨电子有限责任公司完成计算机一厂、计算机三厂、计算机五厂、无线电技术研究所、计算机技术研究所、北京显像管总厂、计算机外部设备三厂、微电子技术研究所8家企（事）业单位内部合并重组，并已完成资产产权和隶属关系的变更。北京易亨电子有限责任公司注册资本由原5000万元变更为11824.4万元。北京电视技术研究所整建制并入北京北广电子集团有限责任公司。北京广播电影电视设备制造厂整建制并入北京北广电子集团有限责任公司。（电　控）

【基本建设及房地产开发项目】　是年，电控公司基本建设项目7项，总投资合计73264万元，总建筑面积合计351954平方米，包括住宅面积95513平方米。其中新开项目3项，计划总投资46938万元，建设面积157681平方米，包括住宅面积67518平方米。新开项目为丽水嘉园房地产开发中心住宅小区二期1号、2号、3号住宅楼及商业房、车库，总投资38000万元，面积89016平方米，包括住宅面积67518平方米；计算机工业学校学生宿舍、第二教学楼及锅炉房项目，总投资8058万元，面积57760平方米；北京·松下彩色显像管有限公司材料仓库项目，总投资880万元，面积10905平方米。续建项目4项，总投资26326万元，建筑面积194273平方米，其中住宅面积27995平方米。4个项目有电子城有限责任公司三期标准厂房A1、A2、A3、A5及动力配套项目，总投资14150万元，面积105978平方米；丽水嘉园房地产开发中心住宅2号楼项目，总投资2200万元，面积14892平方米，包括住宅13327平方米；京东方科技集团股份有限公司配套件厂房项目，总投资8876万元，面积58735平方米；北京广播电视设备制造厂职工住宅项目，总投资1100万元，面积14668平方米，包括住宅面积14668平方米。（电　控）

【处置金融不良债权】　是年，北京易亨电子集团公司所属北京显像管总厂以现金7100万元，清偿欠华融管理公司本息合计约2.6亿元的债务，清偿率为27.3%。元件十厂以2800万元现金清偿所欠东方资产管理公司1.02亿元的债务，清偿率为27.5%（电　控）

【企业管理现代化创新成果】　是年，按照市国资委的要求，电控公司成立企业管理现代化创新成果评审小组，并开展电控系统企业管理现代化创新成果项目评审和申报工作。在北京市第十九届“企业管理现代化创新成果评选”活动中，北京牡丹电子集团有限公司荣获鼓励奖。（电　控）

【新产品、新技术开发】　是年，电控公司策划技术创新及产业化、合资合作项目31项。完成新产品试制项目534项(含军工配套53项)，其中鉴定177项。完成新产品投产502项，实现新产品销售收入58.4亿元，利税1.599亿元。全系统科技投入5.76亿元，科技投入占电控主营产品销售收入的比例为3.6%。（电　控）

【主要产品结构】　是年，电控公司主要产品定位在显示器件、显示器与视讯、显示类精密电子部品与材料、通信网络及自助服务设备、视听终端产品、非显示类元器件及产业机器、广播电视发射、传输设备等。主要产品年销售收入443.2亿元，占产品销售收入的86%。主要产品的品牌有京东方、松下、AOC、牡丹、吉乐、兆维、JVC、PHLIPS、SEVENSTAR、建中、鸿雁、muRata、BBEF、CORIN、双广等，主要由京东方科技集团股份有限公司、兆维电子（集团）公司、牡丹电子集团公司、七星华电科技集团公司、吉乐电子集团公司、器件集团等企业生产。

（电　控）

【重点新立产品项目】 是年，797音响公司的CR8116型电容传声器、七星华创股份公司的Z91－3－ZE型镍氢动力电池极板涂浆全自动生产线被列入重点新产品计划项目。北京益泰公司的金融税控系统服务平台、京东方科技集团股份有限公司的数字平板显示模块被列入火炬计划项目。北广电子科技集团公司的地面数字电视同频转发设备高技术产业化被列为数字电视专项项目。京东方科技集团股份有限公司的第五代TFT—LCD液晶滴注与宽视角技术研发平台建设项目被列为国家企业技术中心项目。兆维科技股份有限公司的北京模具行业网络化制造服务平台建设及应用示范工程项目被列为信息化示范项目。京东方科技集团股份有限公司的第五代TFT—LCD关键技术研究、IPV6移动终端研发、锂电池研发被列为科技计划项目。京东方科技集团股份有限公司的基于国产CPU行业专用网络电脑产业化、七星华创股份有限公司的8英寸立式扩散/氧化系统产业化、飞宇微电子公司的特种电子装备用核心薄膜混合集成电路产业化被列为产业化示范专项项目。（电　控）

【企业技术创新和产业发展】 是年，京东方科技集团股份有限公司TFT—LCD薄膜晶体显示器第五代线已出产品，同时其上下游产业配套项目进展顺利，已有12家配套企业开始动工建厂。北方微电子基地设备工艺研究中心“八六三”专项——刻蚀机项目成功刻蚀第一片实验室级8英寸100纳米图形硅片。牡丹电子集团公司建立以数字电视核心技术研发为主要内容的博士后工作站，并筹备成立牡丹集团HDTV研究院。七星华创股份有限公司的8英寸立式扩散/氧化系统产业化项目和飞宇微电子公司的特种电子装备用核心薄膜混合集成电路产业化项目，均取得一定进展。

（电　控）

【外经外贸】 是年，电控公司系统重点合资企业完成总产值（现行价格）175亿元，主营销售收入180亿元，利润总额7.4亿元，出口创汇95亿元。其中，主营销售收入超过10亿元的有北京·松下彩色显像管有限公司、东方冠捷电子有限公司、JVC电子产业有限公司、西门子网络公司和安讯电子公司等5家企业，全年出口额99.6亿人民币，其中，合资企业出口95.4亿元人民币；自营企业出口4.2亿元人民币。合资企业出口额超过亿美元的有东方冠捷电子有限公司、北京JVC电子产业有限公司、北京·松下彩色显像管有限公司与索鸿电子有限公司。年内，电控系统所属无线电仪器二厂、北方微电子基地设备工艺研究中心、北京燕东微电子有限公司等3家企业取得生产型企业自营进出口权。（电　控）

【合资企业增资、转股、终止】 是年，电控公司所属京橡信息咨询公司注册资本由2000万元人民币增加至2400万元人民币；北京伟创力电子有限公司终止合营合同；北京JVC电子产业有限公司扩大经营范围，增加液晶显示器、液晶电视机的生产和销售业务。有9家合资企业进行股权转让，其中北京飞行电子公司转让北京澳特涂料有限公司股权，北京兆维科技股份有限公司转让北京国际交换系统有限公司股权，京东方科技集团股份有限公司转让北京京东方移动科技有限公司股权，兆维电子（集团）有限责任公司转让汤姆逊兆维多媒体有限公司股权，京东方科技集团股份有限公司受让北京电子玻璃厂所持有北京旭硝子电子玻璃有限公司股权，七星华电科技集团公司转让深圳北音电声有限公司股权，北京无线电厂转让北京飞利浦股权，七星华电科技集团公司转让深圳佳音有限公司股权，北电科林电子有限责任公司转让杰伟世视音频股权，共实现股权转让交易额1.023亿元，到账额9987万元。（电　控）

【教育培训工作】 是年，电控公司及下属单位为中高层管理人员和技术工人举办了“四五普法”、财务管理、劳动政策落实技能、主辅分离改制政策和流程、企业文化建设、保密工作、劳动技能等各方面的各种类型培训班，培训人员达2万人次。北京电子控股有限责任公司和北京信息职业技术学院被国家劳动和社会保障部列为国家级高技能人才培训基地。（电　控）

【人才引进工作】 年内，电控公司积极引进高端人才，从社会引进各类人才200人，引进应届毕业生787人，其中，研究生184人，以满足企业经营发展特别是TFT—LCD五代线等重点项目的需要。牡丹电子集团有限责任公司、京东方科技集团股份有限公司、七星华电科技集团公司先后建立了博士后工作站，博士后们陆续进站工作。（电　控）

【效能监察】 是年，电控公司效能监察立项53项、结项47项。避免经济损失737.22万元，挽回经济损失109.61万元，增效（节约）2558.17万元，效能共计达3405万元；提出建议24条；建立和完善规章制度192项。（电　控）

【企业文化建设】 是年，电控公司加强企业文化建设工作，举办“电控公司第五届企业文化月”活动。在文化月中，电控公司组织实施了“五个一”活动，即：举办一次企业文化建设的培训；召开一次企业文化建设经验交流与理论研讨会；开展一次企业文化形象展示活动；搞一次企业文化热点、难点问题征文活动；编辑出版《北京电子报》企业文化专刊。（电　控）

【为困难职工献爱心】 是年，电控公司继续开展“为困难职工献爱心”的阳光活动。通过各级领导干部带头、党员积极参加、群众自愿的方式，全系统共捐款277万余元，其中一部分捐款已为3278人次困难职工就医和子女上学提供了帮助。（电　控）

主要产品名录

产品名称	产量	计量单位	生产厂家
TFT彩色显示屏	3823.6	万片	京东方科技集团股份有限公司
数字程控交换机	450.3	万线	北京国际交换系统有限公司
彩色显示器	400.4	万台	北京东方冠捷电子有限公司
彩色显像管	1042.5	万只	北京·松下彩色显像管有限公司
真空显示器件	2399	万片	京东方科技集团股份有限公司
电子元件	244.7	亿支	北京村田电子有限公司、 松下精密电容有限公司
摄录一体机	13.2	万台	北京JVC电子产业有限公司
录像机	161.1	万台	北京JVC电子产业有限公司
ATM金融设备	9600	台	兆维电子（集团）有限责任公司
偏转线圈	1439	万支	七星华电科技集团有限公司、 吉乐电子集团有限责任公司
电池专用设备	321	台	七星华电科技集团有限公司
广播电视发射机	162	台	北广电子科技集团有限责任公司

主要出口企业创汇表

企业名称	出口额（万美元）
北京东方冠捷股份有限公司	32893
北京JVC电子产业有限公司	25840
北京·松下彩色显像管有限公司	13230
北京索鸿电子有限公司	10882
北京松下电子部品有限公司	4839
北京安迅金融设备有限公司	7038
北京村田电子有限公司	2955
北京乐金飞利浦电子部品有限公司	2463
北京松下控制装置有限公司	1691

北京京仪控股有限责任公司

【综述】 是年，北京京仪控股有限责任公司（以下简称控股公司）全系统完成工业总产值40.59亿元，比上年增长18.5%；实现产品销售收入41.51亿元，比上年增长17.5%；实现利润总额2.93亿元，比上年增长24.7%；实现工业增加值7.44亿元，实现出口交货值9.49亿元；主营业务实现利润702万元，比去年同期增长2.55倍。全系统独立核算工业企业经济效益综合指数为144.9，比去年同期提高了6个百分点，创历史最好水平；全员劳动生产率为73750元/人，比去年同期增加了7050元/人。年末，全系统资产总额43.95亿元，比上年增加11.6%；净资产总额20.38亿元，比上年增加15.94%；资产负债率53.6%，比上年降低1.7个百分点。主要经济技术指标实现连续第13年保持两位数增长。

是年，控股公司年度重点新产品试制计划完成率91%，实现新产品投产230项，完成新产品销售收入2.3亿元，比上年同期增长16%。按照“一个中心，五个基地”的产业布局总体要求，调整布局结构。年内，京仪大兴仪器仪表工业基地建设完成，北京博飞仪器股份有限公司的光学产品科研生产基地开始建设。控股公司在中关村核心区建设的京仪科技大厦（“一个中心”）项目进展顺利。对外合资合作继续扩大。年内有两家合资企业完成注册，4家合资企业准备签约，两家签署合资合作意向。

是年，控股公司制定并下发了《京仪控股公司2004~2008年人才队伍建设规划》，明确了三支队伍建设的工作重点，建立了博士后科研工作站，并吸引一名博士后进站工作。通过市场化方式，全年共引进高级人才10名，招聘技术人员300余人。组织全系统16个单位1212人参加了北京市新世纪首届职业技能大赛，33人进入决赛，6人获得市级奖励。

是年，全系统继续推进全面预算管理为重点，提高企业管理水平。各企业扎实抓好各项基础管理。积极推进成本管理、资金管理、合同管理、现场管理、定额管理、技术管理等各项工作。推行全面预算管理的企业健全主要预算指标分解体系和管理流程，制定现金流量管理、限额分级授权审批、大额资金审议联签等制度并组织实施。通过严格预算否决，加大预算刚性和考核力度。未进入全面预算管理的3家工业企业和1个直属公司上半年基本达标，所有工业企业基本具备推行全面预算管理的条件。

是年，系统内完成清产核资工作，上报了清产核资结果。控股公司摸清了公司本部及所属企业清产核资前后的资产总额、负债总额、所有者权益及国家所有者权益的构成等基本情况。针对部分企业在经营管理、基础工作和内控制度存在的7个方面的主要问题制定了改进措施。

（京　仪）

【企业改革】 年内，各企业围绕控股公司培育大公司大企业的战略发展方向，积极寻求与外企和民营企业在资本、技术、市场资源方面合作，在实现投资主体多元化、深化产权制度改革方面进行了大胆尝试。北仪创新公司投资控股的辽宁真龙公司利用对方市场资源优势，提高自身的竞争力和市场占有率，进行了低成本扩张的有益探索。自动化院与民营企业合资设立北京星原丰泰公司，当年实现销售收入765.8万元，利润总额80.1万元。按照市国资委的要求，结合全系统国有企业改制工作实际，控股公司制定了《京仪控股公司主辅分离改制分流总体方案》。

（姜 宏）

【完善企业管理与质量管理】 年内，系统内改制企业完善了法人治理结构，建立了发展战略、全面预算、人力资源、科技等辅助决策机构并制定了工作规则。多数企业完善和修订了董事会、监事会、经理办公会议事规则并严格执行。质量认证期满的企业完成年度质量体系的复审。敬业集团、海福尔公司还分别通过了军方质量体系认证和ISO14000质量体系认证。自动化仪表三厂为扩大出口能力，对不锈钢压力表生产体系进行了UL产品认证。

（姜 宏 李 进）

【推进京仪系统信息化建设】 “九五”以来，全系统在信息化上累计投资近千万元，其中软件建设方面累计投资超过400万元。全系统拥有700多台计算机硬件设备，包括先进的交换设备和路由设备。配置了不同应用层次的办公自动化、财务、数据库等管理软件，不同版本的CAD、CAM等三维设计软件，100%的企业建立了CAD系统、企业门户网站和电子邮件系统，并培养了一支计算机管理和软件开发队伍。

（李 进）

【名牌与获奖产品】 年内，北分瑞利公司生产的“北分”牌光谱和色谱分析仪器系列产品，博飞公司生产的“博飞”牌大地测量仪器系列产品获北京市名牌产品称号；北分瑞利集团公司的UV－2100双光束紫外可见光分光光度计、WFX－200系列原子吸收分光光度计产品获中国机械工业科技进步二等奖；UV－16000紫外可见光分光光度计产品获国家机械工业科技进步三等奖；WFX－200系列原子吸收分光光度计产品获北京市科技进步三等奖。

（李 进）

【基地建设】 4月28日，北京仪器仪表工业基地在北京市大兴工业区举行落成典礼，北京北仪创新真空技术有限责任公司、北京京仪北方仪器仪表有限公司和北京京仪海福尔自动化仪表有限公司3家企业入驻该基地。这是京仪控股公司“一个中心、五个基地”布局规划中首先投入使用的基地。

（姜 宏）

【资本和技术输出】 8月，京仪北方仪器仪表有限公司与孟加拉国EPIL公司、中国建筑材料及设备进出口总公司共同签署了在孟加拉国合资建设电度表工厂的合作协议和公司章程。这是京仪控股公司系统第一家向国外输出资本、技术与管理，到国外投资建厂的企业。

（姜 宏）

【仪表三厂销售收入8080万元】 是年，北京自动化仪表三厂实现产品销售收入8080万元，同比增长62.7%，稳居国内压力表行业第一。该厂积极融入国际市场，以优质的产品和服务努力成为跨国公司的全球供应商，出口量也有大幅度增长。

（姜 宏）

【技能人才与表彰“十佳”人才】 年内，在新世纪北京首届职业技能大赛决赛中，全系统有6名选手胜出。吕洁、张迎春、王冬梅分获电子仪表装调工决赛一、二、三等奖；王鑫鹏、李剑、杨光辉分获钳工决赛三、四等奖。光电所技师高和平被授予全国技术能手称号，北分瑞利公司陈孟祥被提名为北京杰出人才。9月27日，控股公司召开人才工作会议，总结和部署全系统人才队伍建设和人力资源管理工作。会议表彰了全系统评选出的“十佳”经营管理人才、“十佳”科技人才和“十佳”技能人才。（姜 宏）

【企业文化建设论文集出版】 12月，由控股公司宣传部编辑的名为《探索、创新、实践》企业文化建设论文集出版。收入该书的26篇论文中，有近年来京仪控股公司理论宣传工作者学习企业文化建设理论的体会，有对企业文化建设实践经验的总结与思考。文章对企业文化建设的意义、作用、途径、方法，企业文化建设如何与企业改革发展、生产经营和思想政治工作相结合进行有益的探索。（姜 宏）

主要产品名录

产品名称	2004年产量	单位	生产厂家
SYMPHONY集散系统	54	套	北京ABB贝利控制有限公司
低压电器元件	706.6	万件	北京ABB低压电器有限公司
智能差压变送器系列	14739	台	北京远东仪表有限公司
EK系列数字过程控制仪表	3682	台	北京远东仪表有限公司
密度耐振型及特殊型压力表	714753	台	北京自动化仪表三厂
流量及物位仪表	17801	台	北京京仪海福尔自动化仪表有限公司
自动化暖通仪表	2472	台（套）	北京京仪世纪自动化设备有限公司
金属切削机床	370	台	北京京仪世纪自动化设备有限公司
长寿命和普通电度表	243339	只	北京京仪北方仪器仪表有限公司
智能和普通色谱系列仪器	546	台	北京北分瑞利分析仪器（集团）有限责任公司
智能和普通红外分析仪器	308	台	北京北分瑞利分析仪器（集团）有限责任公司
智能和普通光谱系列仪器	2061	台	北京北分瑞利分析仪器（集团）有限责任公司
经纬仪系列	10002	台	北京博飞仪器股份有限公司
电子经纬仪系列	4258	台	北京博飞仪器股份有限公司
水准仪系列	34457	台	北京博飞仪器股份有限公司
照相机	1147000	架	北京市照相机总厂
真空获得系列	1123	台	北京北仪创新真空技术有限责任公司

续表

产品名称	2004年产量	单位	生产厂家
真空镀膜机系列	81	台	北京北仪创新真空技术有限责任公司
真空检测仪表	1397	台	北京北仪创新真空技术有限责任公司
传动装置	90399	台	北京ABB电气传动有限公司
电源系列（含电镀电解中频电冶等6种）	11000	千瓦	北京京仪椿树整流器有限责任公司
晶体管晶闸管整流管及模块	75000	只	北京京仪椿树整流器有限责任公司
配电装置（含自动化成套）	39978	套	北京敬业电工有限公司
控制微电机	121400	台	北京敬业电工有限公司

北京兴东方实业有限责任公司

【综述】 是年，北京兴东方实业有限责任公司（以下简称兴东方公司）年末注册资本1.4亿元，总资产14.7亿元，下属二级工商企业、事业单位16家。全年完成工业总产值4.41亿元，同比增长15%；销售收入完成41129万元，同比增长37.5%；出口额1960万元，同比增长28%；利润为-204.2万元，比同期减亏890.1万元。

是年，兴东方公司实施“以点带面、重点突破、逐步推进”的市场策略，市场拓展到14个省市自治区。下属北京市农业机械研究所（以下简称农机研究所）、嘉源易润工程技术有限公司（以下简称嘉源公司）全力打造品牌，加快主业发展，加强了温室工程装备、畜牧养殖机械、节水产品及相关设施的完善配套，并进军种子种苗等园艺领域，实施品牌延伸。形成了以“京鹏”温室、“大都林”挤奶机为品牌的设施农业产品体系。由京鹏环球温室工程公司中标承建的国家级植物检疫隔离温室落成并通过农业部组织的专家验收；农机研究所畜牧工程产业在环保节能现代化畜禽舍技术的基础上，新研发了系列移动式挤奶机、新型牛颈枷、新型牛饮水槽、新式犊牛栏、DDC电子动物秤等系列养殖配套装备，初步形成畜禽舍工程和畜牧机械养殖设施系列产品。下属北京市农业机械公司（以下简称农机公司）巩固原有经营的农业机械、排灌机械、牧机机械品种市场，又深入其他产品市场，新成立昌平分公司，销售农用车、卡车等产品，扩大了销售；改制后的北京宸驰汽车股份公司销售业绩1.1亿元。农机公司通过努力，争取到一定数量的汽车配额，继续D级代理工作，全年出口额1000余万元人民币，好于上年。北京市农机物资供应公司（以下简称物资公司）筹集资金拓展公司仓储和加工能力，发展新仓储大户，建立新公司，发展仓储和钢材加工业务，销售收入同比增长了131%。下属优力凯置业有限责任公司5号楼开工，已销售出65%的楼盘。动力机械配件厂（西单饭店）与小型动力机械厂分开后，广开销售市场，发挥地域优势，努力提高软件水平，实行餐饮辅助客房、客房带动餐饮的链条式经营新举措，收到良好效果。

兴东方公司经济指标完成较好的企业有：农机公司全年销售收入23062万元，较上年同期增长30.7%，超额完成总公司下达的计划指标，占总公司销售收入总额的54%；实现利润31万元，完成总公司下达的30万元计划。农机研究所销售收入完成7500万元，同比增长23%；利润完成85万元，同比增加3万元，完成了总公司下达的考核计划。嘉源公司销售收入完成2200万元，超计划完成200万元，同比增长26%；利润完成20万元，同比增长11%，完成了总公司下达的考核计划。物资公司完成销售收入3600万元，同比增长131%，比总公司下达的指标多完成600万元；完成利润15万元，同比持平，完成了总公司下达的考核计划。北京拖拉机公司盘活通县资产，结束近年亏损历史，同比减亏625万元。

（牛福海　陈之喆）

【企业改革】 是年，北京市农业机械研究所将北京市海淀消防器材厂剥离改制，由集体企业改造为民营企业；北京市嘉源易润公司将易润大都林和嘉源大都林两家控股公司合并，搭建做强做大主业的平台。北京拖拉机公司对已改制企业北京信大德胜物业公司进行股权规范，建立了法人治理结构。兴东方公司成立了以总经理为组长的北联破产工作领导小组。启动了机械设备厂计划外破产的前期准备工作，向市国资委提交了机械设备厂计划外破产请示及破产预案。北京市化油器厂制定了退出方案并与合作伙伴签署了合作意向书。

（余　红）

【投资发展】 是年，嘉源公司投资1100万元在中关村永丰高新技术产业基地购地20亩，用于筹建节水灌溉设备生产和研发基地。与其下属子公司北京易润大都林科技发展有限公司共同投资，吸引北京上地科技投资公司，成立北京嘉源易润科技发展有限公司，重点运作该基地的建设。利用“易润”品牌的影响力，吸引其他业内法人和企业员工参股，成立北京嘉源易润农业装备工程有限公司，主营现代农业设施的研发、生产、销售和工程施工。农机研究所投资160万元，通过股权置换，控股北京燕京风雷农牧机械有限公司组建研究所科技研发基地。主导产品是种子加工成套设备和饲料加工机组，产品有风筛清选机、重力清选机、种子包衣机、玉米种子脱粒机等，其中ZTM－4.0型种子加工成套设备为首家获得农业部成套设备推广许可证，ZTM－8.0型种子加工成套设备为农业部“948”项目的最新产品。研究所京鹏温室工程公司利用“京鹏”品牌价值投资控股北京华翔顺通机电有限公司，组建研究所的生产加工试验基地。北京森力技术发展公司投资与北京盛佳源福利保温材料厂、宁波黑鸟涂料有限公司成立了北京森力黑鸟涂料有限公司，生产、销售“重防腐环氧粉末涂料”系列产品。农机物资公司根据仓储业务经营与发展需要，与天津金属材料总公司等股东投资成立了北京京津恒通仓储有限公司，发挥铁道专线和仓库场地的优势，投资120余万元添置了金属热卷板开平剪切机。

优力凯公司在做好5号楼开工和7、8号楼立项工作的前提下，寻求对外开发，与嘉源公司共同受让中心持有的山西河渠建设房地产开发有限公司35%的股权。易润大都林公司投资在内蒙古注册成立了内蒙古易润大都林科技发展有限公司，并在西安、包头、大同、乌兰浩特设了4个销售点。 （解新创 刘 佳）

【产品开发】 是年，公司参加科技部、农业部、北京市科委、北京市农委、北京市财政局、北京市人事局、北京市农业局等单位科研课题的申报和合作，共申报各种课题和项目35项，获得支持9项。另外还获得市科委、市外国专家局支持的新产品项目主要有："温室智能化控制系统科技成果转化"、"保护地耕作机械的研发示范与推广"、"中国设施农业的研究发展"、"中国设施农业的研究发展"、"JYC－1型移动喷灌机试验示范"、"植物检疫隔离温室的研究开发"、"生物试验设备及饲喂设备的政府采购"等。其中，《新型系列温室的推广》项目被列入科技部"星火计划"并获得证书。全年共完成市科委5个项目6个科技课题。公司获得实用新型专利3项，新申报专利4项。发表专著2部，起草技术标准2项，在国际会议上发表论文8篇，在国内各类核心期刊上发表论文17篇。向北京市科技成果奖励办公室申报北京市科技进步奖1项，向市农委申报北京市农业科技推广奖1项。其中《现代化连栋温室环境智能化控制系统的研究》获得了北京市农业科技推广奖二等奖。研究所研究中心获得北京市专利管理部门先进集体荣誉称号。京鹏温室开发出隔离负压温室技术，中标承建了国家级植物检疫隔离温室并通过了农业部组织的专家验收。该项目是国内规模最大、技术要求最高、影响较大的隔离温室项目，也是国内第一个具有自主知识产权的温室项目，填补了国内出入境生物检疫设施新技术的空白。 （刘 佳 解新创）

【外经外贸】 是年，兴东方公司进出口总额达4400万元；累计完成出口销售额1960万元，同比增长28%；超额完成全年的出口销售额指标。公司先后与以色列、爱尔兰、丹麦、英国科学中央实验室、苏格兰作物以及环境控制系统公司、荷兰多家公司、奥地利等国公司建立了长期合作伙伴关系；与美国、德国、卡塔尔、孟加拉、俄罗斯、菲律宾、印度、沙特阿拉伯等国家，形成相对稳定的客户关系；并且邀请土耳其、以色列、尼日利亚等各国专家、外商来华洽谈业务，促进企业的技术交流和外经工作的开展。公司组织了温室展示样品，派队前往菲律宾参加国际展览会。先后参加了中国—马来西亚商务洽谈会、中国—荷兰商贸洽谈会、中国农业"走出去"战略研讨会、第十五届世界植保大会、中国北京科技博览会联合国采购推介会、国际世界工程师大会、国际农业工程大会、荷兰国际花卉园艺博览会、德国汉诺威国际畜牧业博览会等。

（刘 佳 陈之喆）

【产品销售】 是年，兴东方公司开发温室生产39.1公顷，销售38.7公顷，国产温室计算控制系统20项，销售收入6000万元；挤奶机生产172台套，销售172台套，销售收入1780万元；牛奶制冷罐实现销售26台，收入129万元。畜养机械生产371台套，销售369台套，销售收入1500万元；压铸件生产150万件，销售收入700万元；消防器材生产130000台、件，销售126000台、件，销售收入236万元；节水设施产品移动式喷灌机，滴、微喷灌设备等销售额420万元；园田管理机械生产50台，销售收入20万元；扩大服务领域销售产值1255万元。温室工程全年签订合同270项（包括资材），合同金额6300万元，接转2003年度1520万元，实现销售收入6200万元。“京鹏”温室参加正式大型投标项目合计48项，中标17项，中标率为35.4%。畜牧工程签订合同16个，销售合同总计1810万元；签订了内蒙古科尔沁乳业大型奶源基地牛场项目、中国农业大学动物科学院营养代谢评价实验室工程等建设项目，实现销售回款为1170万元。下属工商企业中，农机公司总销售收入实现2.3亿元，同比增长30%，除汽车销售外，福田欧曼重卡实现销售4000万元，昌平分公司增加销售1500万元，仓储收入增至280万元，利润增加35万元；农机研究所全年完成销售收入7500万元，同比增长23%；物资公司销售收入大幅增长，完成3600万元，同比增长了131%；嘉源易润公司参与正式的公开重大投标共5项，中标2项，中标率为40%，全年共完成销售收入2200万元，同比增长26%；优力凯公司完成销售收入2010万元。　（陈之喆）

【效能监察】　是年，兴东方公司共立效能监察项目14项，全部完成，收回清欠的货款100.2万元，追回外欠款89.9万元，避免经济损失104万元，节约开支170万元，新建及完善制度3个。优力凯公司绿岛苑小区二区5号楼工程招投标工程降低建安费用13%；北京拖拉机公司理顺了国有资产对北京信大德胜物业的投资，比例由6:4调整为9.2:0.8。全年公司所属企业清产核资确立效能监察项目3个，其中两项完成，1项正在进行中。

（杨俊儒）

【人才管理】　全年全系统共选拔任用企业党政领导人员12名，交流4名，免职6名。引进大学毕业生13名，硕士生3名。　（张韶杰）

主要产品名录

产品名称	单位	产量		销量		生产厂家
		数量	比上年增长（%）	数量	比上年增长（%）	
温室大棚	公顷	39.1	11.4	38.7	10.3	北京市农业机械研究所
园田管理机械	台	50	－70	50	－70	北京市农业机械研究所
工厂化畜禽养殖成套设备	台套	371	430	369	427.1	北京市农业机械研究所
消防器材	台/件	130000	550	126000	530	北京市农业机械研究所

续表

产品名称	单位	产量		销量		生产厂家
		数量	比上年增长（%）	数量	比上年增长（%）	
节水设施、滴喷灌产品	万元	420	38.2	420	38.2	北京嘉源易润工程技术有限公司
挤奶机	台套	172	-13	172	-13	北京嘉源易润工程技术有限公司
牛奶制冷罐	台	26		26		北京嘉源易润工程技术有限公司
玉米收获机	台	0		6		北京市机械设备厂
压铸件	台	150	10	150	10	北京市小型动力机械厂
扩大服务领域（销售产值）	万元	520		520		

北京汽车工业控股有限责任公司

【综述】 北京汽车工业控股有限责任公司（以下简称汽车控股公司）是国有独资大型企业、北京市国有资产经营管理的授权单位，其前身为北京汽车工业集团总公司，拥有整车、零部件生产及相关企业32个，是中国汽车工业的主要生产基地之一，并涉足于国际、国内贸易、房地产开发、服务贸易等领域。汽车控股公司是北京汽车工业的“发展规划中心，资本运营中心，产品开发中心和人才中心”，拥有以北京现代汽车有限公司为代表的轿车，以北汽福田汽车股份公司为代表的商用车和以北京吉普汽车有限公司为代表的轻型越野车的“三大板块”。

是年，汽车控股公司生产汽车538699辆，同比增长54.8%；销售汽车530993辆，同比增长57.7%；市场占有率从上年的7.7%增长到10.5%，汽车产销量和销售收入跃居全国第四位。是年，全系统完成工业总产值486亿元，同比增长60.4%；完成工业增加值77.8亿元，同比增长17.3%；完成销售收入475亿元，同比增长50.4%；实现利润19.57亿元，同比减少1.99亿元；实现税金26亿元，同比增长52%；全员劳产率17.3万元/人，同比增长13.4%；实现出口创汇8029万美元，同比增长39%，完成供货额5.3亿元人民币，同比增长36%。全系统盈利企业26家，合计盈利22.94亿元；亏损企业7家，同比减少1家，亏损额3.37亿元，同比减少0.33亿元。

是年，汽车控股公司在施基建及技改项目37个，完成投资12.5亿元，发展项目稳步推进，增强产业后劲。与戴姆勒—克莱斯勒公司扩大合作的北京奔驰轿车项目新厂房已于12月奠基。通过调整改制，汽车控股公司所属企业有效地盘活了部分优势存量，引入资金、技术和管理，成立了北京飞驰汽车电器科技有限公司、北京北汽房地产有限公司等新的企业，安置富余人员。全系统内资产总额为365亿元，净资产为134亿元：占地342万平方米。有员工总数4.87万人，其中北京地区企业职工3.44万人，其中有专业技术人员2078人，高级技术工人1847人；博士5人，硕士194人。（李　航）

【三大板块企业业绩良好】　是年，汽车控股公司轿车、商用车和轻型越野车在国内同类型汽车等成长性好的细分市场中，保持了北京汽车工业增长的良好业绩。北京现代汽车有限公司推出较高性价比的伊兰特车型，多次夺得单一车型的月销售冠军，全年销售达10.3万辆，创出中国汽车工业史上单车投产当年销售超过10万辆的历史纪录。北汽福田汽车股份有限公司以自主知识产权的欧曼中重型载货车为新的增长点，年销量4.3万辆，比上年的1.6万辆，增长了近1.7倍，位列同行业第四名。是年，该公司累计生产汽车100万辆。北京吉普公司在国内SUV市场供大于求的状况下，以两倍于业内平均水平的速度发展，市场占有率达到18%，实现了产销量、市场占有率和增长速度三个第一。北京汽车制造厂有限公司在完成顺义新厂区建设的同时，抓住中低端越野车市场，其所生产的陆霸系列已拓展市场，雷驰休闲车开始上市，军车生产转移工作顺利完成。（李　航）

【基建与技改项目】　是年，汽车控股公司在施基建及技改项目37个，完成投资12.5亿元；申报并得到批复的新项目17个，新批项目投资额为48.2亿元，其中固定资产投资25.8亿元。该公司实现与戴姆勒—克莱斯勒公司扩大合作的目标，北京奔驰轿车项目得到政府批准。北京现代公司的二期15万辆整车和发动机技改工程竣工投产，三期30万辆能力的建设开始启动；北汽福田完成了发动机欧Ⅱ标准的改造，北京欧Ⅴ大客车基地建成投产，完成对长沙基地的技术改造，山东轻型车基地的建设工作正在进行。同时，北汽福田引入奔驰卡车的合资合作项目、同属于轻型越野车板块的北汽有限公司建设正在进行。是年，北汽有限公司建筑面积10万平方米，设计产能8万辆的顺义新厂区竣工投产。延锋伟世通（北京）公司、江森部件公司、伟世通空调公司、海拉车灯公司等零部件生产企业均在顺义建成新厂区顺利投产；北内年产15万根凸轮轴的技术改造项目竣工投产供货。

（李　航）

【奔驰轿车项目新工厂奠基】　12月6日，德国总理施罗德和中共中央政治局委员、北京市市委书记刘淇、北京市市长王岐山等出席了奔驰轿车新工厂的奠基仪式。该项目是由汽车控股公司与世界著名的戴姆勒—克莱斯勒公司在原北京吉普汽车有限公司基础上扩大合作，引入奔驰公司的梅塞德斯—奔驰E级、C级轿车项目。项目主要内容为将北京吉普搬迁到亦庄开发区，新增E、C级轿车生产能力2

万辆，新增投资 1.4 亿欧元。 （李 航）

【改革调整资源重组】 是年，汽车控股公司通过调整改制，有效地盘活了部分优势存量，引入资金、技术和管理，安置富余人员，处理不良债务，转换经营机制。北内以调整为主线，成立了北内柴油机等 5 家企业；分流富余人员 3000 人；北汽摩公司由整车制造企业向汽车零部件、汽车服务贸易、多种经营型企业转变。北汽摩公司与北京市汽车起动机厂、北京汽车工业进出口公司共同出资，改制组建北京飞驰汽车电器科技有限公司；北汽摩公司以下属企业京环宾馆为基础，吸收北京凤翔房地产开发公司的投资，组建北京北汽房地产有限公司；北汽摩公司、北汽摩光华公司、上海杰华汽车饰件发展中心共同投资，组建北京北汽光华杰通汽车部件有限公司；北轻汽公司分流人员 699 人，利用车桥分厂的有效资产与福田公司、福田环保动力公司、青岛特种汽车集团公司共同组建了北京众力福田车桥有限公司；控股公司所属汽研所完成了按主辅分离辅业改制政策进行的整体改制。北二汽破产的准备工作已全部完成。汽车控股公司自身的整体改制工作得到了市国资委认可，并于年底完成了咨询工作，进入实质性阶段。 （李 航 谢 华）

【企业管理与清产核资】 是年，汽车控股公司本部积极推行内部改革，调整公司本部部室 4 个，调整部室领导 11 人，精简 32 人，招聘副总经理 1 人；加强制度建设，进行公司本部的移动通讯和用车制度改革，制定并推进医保方案和薪酬制度改革方案。年内，汽车控股公司对 20 家企业进行了账务清理和资产的清查核实，对公司投资的 43 家企业进行股权对账、调账；全公司全年共完成审计 11 项，挽回经济损失 3000 多万元，披露问题 57 项，提出建议 42 条。 （李 航）

【人才引进与培训】 是年，汽车控股公司录用大中专以上专业人才 3511 人，其中：引进双高人才 143 名，招收博士、硕士生在内的应届大学毕业生 1023 名；汽车控股公司组织了“新世纪北京首届职业技能大赛”，全系统 28 个工种、近 4000 名职工参加了比赛，21 人取得高级技师的职业资格，23 人获得了技师资格，158 人获得相应工种的高级技工职业资格，560 人获得中级技工资格、推荐评审技师和高级技师 106 人。 （李 航）

【知识产权保护】 年内，汽车控股公司完善了北京牌注册商标适用范围，规范了注册商标的使用办法，协助企业完善了知识产权管理工作，建立了知识产权发展战略。结合向北京市质量技术监督局推荐“缺陷汽车产品召回专家”的工作，初步建立了汽车产品专家库。 （李 航）

主要产品名录

产品名称	2004 年产量	计量单位	生产厂家
汽车	150158	辆	北京现代汽车有限公司
汽车	328808	辆	北京福田汽车股份有限公司

续表

产品名称	2004年产量	计量单位	生产厂家
汽车	33764	辆	北京吉普汽车有限公司
汽车	25036	辆	北京汽车制造厂有限公司
汽车	793	辆	北京北旅汽车制造有限公司
汽车	140	辆	北京轻型汽车有限公司
汽车齿轮	141	万只	北京齿轮总厂
灯总成、镜总成	136	万只	北京市海拉汽车灯具有限公司
汽车减振器	82	万只	北京蒙诺汽车减振器有限公司
高压喷油泵总成	9	万台	北京亚新科天纬油泵油嘴股份有限公司
喷油器总成	212	万台	北京亚新科天纬油泵油嘴股份有限公司
磨片离合器	11	万套	北京福达汽车部件有限公司
汽车散热器	17	万只	北京汽车摩托车联合制造公司
钢板弹簧	164	万片	北京汽车工业集团总公司第一弹簧厂
汽车传动轴	26	万只	北京市汽车传动轴厂
方向盘	1.3	万只	北京汽车方向盘厂
汽车液压制动泵	11.1	万只	北京市汽车制动泵厂
汽车起动机	4.1	万只	北京市汽车起动机厂
汽车变速器、分动器	2.6	万台	北京齿轮总厂
汽车内饰件	185	万件	延锋伟世通（北京）汽车饰件系统公司
里程表软轴	3.3	万条	北京因派克汽车部件有限公司
汽车仪表	11.3	万个	北京计华汽车仪表有限公司

中国北车集团北京二七机车厂

【综述】 是年，中国北车集团北京二七机车厂（以下简称工厂）机械动力设备3000余台（套），占地面积104.3万平方米，厂房建筑面积22万平方米，拥有固定资产原值5亿多元。工厂通过ISO9001质量体系认证、ISO14001环境管理体系认证、OHSAS18001职业健康安全管理体系认证、ISO10012计量检测体系认证。全年生产机车153台，同比增长5.5%；完成大修机车70台，同比增长12.9%；总计完成销售收入7.04亿元（税后），同比增长16.7%，创历史最高。有员工4679人，其中具有高级专业技术职称142人，中级职称343人。工厂下设12部1室1中心、14个生产车间（分厂）、9个公司和7个党群部门，医院学校各一所。按工业总产值计算的现价劳动生产率达到人年均19.9万元，同比增长54.3%。实现利润507万元。实现出口创汇255.6万美元。

（胡跃平　姚春立）

【改革改制】 年内，工厂新组建了机车制造部、机车修理部、热处理分厂和锻造分厂。全年总计调整中层管理人员85人次，其中有16人新任中层管理岗位。录用大中专毕业生66人：在社会上招聘工程技术人员20人，其中专家4人；评聘技师32人，助理技师108人。提高了新进厂的大专以上毕业生工资标准，确定了车间、分厂工程技术人员的工资指导区间。长铁运输公司、宏铁工贸公司两个单位共4个实体主辅分离，辅业改制的方案获国资委批准。（胡跃平　姚春立）

【企业管理】 年内，工厂完善厂内成本价格体系，规范成本核算，完成DF7G型机车、GK1E31型工矿车厂内计划价的重新确定，加强成本要素及形成过程的控制。大宗物资一律集中采购和公开招标。完成了DF7G型车和GK1E31型工矿车劳动定额的调整和大修车劳动定额的制定。加强审计监督和效能监察，降低采购成本和工程造价，总计审减金额247万元。开展内部经济责任审计、中层管理人员任期审计。安全工作实现了零死亡、零重伤，轻伤负伤率低于规定指标。

（胡跃平　姚春立）

【机车生产】 全年造修机车223台。完成新造机车153台，同比增长5.5%。其中铁道部招标车DF7G型机车89台、DF7C型机车6台；自行销售机车DF7C型机车16台、GK1E31型机车36台、CK1E型出口越南机车4台、EQW01型台湾电车线工程车2台；完成大修机车70台，比上年增长12.9%。

（胡跃平　姚春立）

【新产品开发】 年内，完成了东风7J型交流传动调车机车型式试验。EQW01型台湾电车线工程车开发制造完成并交付。出口越南的液力传动四轴车研制完成并交付。出口刚果（布）的电传动窄轨车已按合同要求完成设计，正在试制。模块化液力传动工矿调车机车技术方案评审和初步施工设计完成；对铁道部科技司“模块化调车机车系列内燃机车”的投标立项进行了初步研究；内燃机车组方案研究已经起步。EQ12V280ZJ型柴油机UIC100小时试验成功。地铁转向架构件各项试验完成，通过专家评审。（胡跃平 姚春立）

【市场营销】 年内，工厂生产的内燃机车在全国机车市场保有量突破2000台，路内机车市场覆盖包括新组建的青藏铁路公司在内的全部15个铁路局，及路外石化、煤炭、冶金、电力等行业80多家大型企业，继2003年工厂机车出口越南实现零突破后，又为越南煤矿企业制造了4台机车。在强化服务意识，加强售前、售中、售后服务工作的基础上，对用户提出的质量问题，通过派人赴段处理，发送三包配件等方式得到解决。在重点用户聘请信息员100余人，收集意见和建议，完善售后服务质量。（胡跃平 姚春立）

【质量管理】 年内，工厂通过质量管理体系的第二次监督审核。建立完善了计量检测体系ISO10012—2003标准，并通过了国家级确认，成为北京市第一家按国际和国家标准通过认证的企业。制定了《标准化大修机车工作实施计划》及质量评定标准，制定并严格执行《机车质量评定标准》。加强了外购件的质量控制，机车的外购件质量问题同比下降13%。加强产品实物质量抽查和以走行部安全为重点的质量控制。加强攻关项目的系统化管理，有67个质量问题得到解决，机车整车质量提高。工厂承办了铁道部第二次新造机车质量展示会，工厂制造的DF7G型模块化机车电线路取得单项排名第三名的好成绩。（胡跃平 姚春立）

【基本建设与技术改造】 年内，工厂应用国债贷款项目共12个子项目，涉及14台（套）生产设备仪器和3个工程项目。数控车床、立式加工中心、凸轮轴淬火机床、滚丝机等8台国产设备，数控磨齿机、焊接机械手、数控凸轮轴磨床、碳硫分析仪等5台（套）进口设备仪器均完成安装调试、设备验收、工艺开发全部投入使用。完成了CAD和网络信息化建设项目中所有软硬件的采购，承担的集团公司虚拟样机科研、柴油机车间的生产管理（MES）系统等项目均验收完毕，投入使用，PDM产品数据管理系统在实施中。机车定置试验台完成总体方案评审，进入项目设计实施阶段。利用自筹资金引进的镗铣加工中心完成安装调试和精度验收，进入工艺试切阶段。新建大修机车解体厂房及清洗间、薄板预处理工程和喷漆配件周转棚，总计增加生产面积3310平方米，大修机车车体检修厂房完成了主体工程。（胡跃平 姚春立）

【多元经营与厂办集体经济】 年内，工厂实现2004年多种经营与集体经济企业经营目标。厂属设备维修安装公司、动能公司、长铁运输公司、电器公司、宏铁工贸公司、工业公司、西宇建安公司等单位取得较好经营业绩。工业公司、电器公司利用自有资金对厂房进行了大规模更新改造；动能公司加强内部管理，节能降耗；物业公司划小核算单位、切块经营，医院面向社会、搞活经营，均取得较好效果；技校改善教学和校园环境，吸引生源、扩大招生。工厂多集经单位实现销售收入总额20529.6万元，其中非工厂产品收入3914.4万元，实现利润总额1221.2万元，上缴工厂利润478.6万元。

中国南车集团北京二七车辆厂

【综述】 中国南车集团北京二七车辆厂（以下简称工厂）隶属于中国南方机车车辆工业集团公司，为国内铁路货运平车、平车——集装箱两用车和特种平车的制造基地。具备年新造铁路货车3000辆、修理铁路货车6000辆、生产各种铸件1万吨的能力，拥有年产ST型缓冲器4万套、MT-3型缓冲器2万套、交叉支撑装置2万份、轴承保持器44万件的配件生产能力。2004年末，工厂在册人数4682人。其中，具有高级专业技术职称118人，中级专业技术职称386人。设置行政部室14个，党群部门5个，生产车间11个，文教卫生单位2个，多经实体2个，合资企业2个，控股企业1个，厂办集体企业1个。工厂固定资产总值2.6亿元（净值），占地面积98.9万平方米，其中生产用地70.2万平方米，房屋建筑45万平方米。有各类机械动力设备1920台，其中主要生产设备1557台；设备完好率99%。全年实现销售收入8.03亿元，创历史最好水平，同比增长1.7%，利润总额678万元，税金1550万元，净资产收益率（或减亏指标）1.11%，资产负债率61.39%，成本费用总额占销售收入比重99.13%，技术投入比率0.65%，销售收入增长率、上缴资金兑现率均完成集团公司下达的指标。工业总产值劳动生产率197845元/人，在岗职工年平均工资24727元/人，万元产值综合能耗0.46吨标准煤。

（刘长启　冯　丹）

【产品销售与服务】 年内，工厂新造铁路货车实现销售1416辆。其中，铁道部招标车976辆，产品有：C64K型敞车524辆，NX17BK型集装箱共用车220辆，C80型铝合金敞车75辆，X2K型双层集装箱平车50辆，X2H型双层集装箱平车107辆；路外车440辆，其中向神华集团销售C64K型敞车300辆，向河北沙蔚铁路有限责任公司销售C64K型敞车30辆，向云南云天化联合商务有限公司销售NX17BK型车50辆，向上海安东商品轿车铁路运输有限公司和安北轿车铁路运输有限公司各销售SQ3K型运输汽车双层平车30辆。检修货车4478辆，均为铁道部招标车，其中：C62A型敞车2049辆，C60吨敞车919辆，C62B型敞车389辆，平车1073辆，T12龙门铺轨机托架平车43辆，T6F检衡车5辆；转K2改造1750辆。配件销售：ST型缓冲器11053套，MT-3型缓冲器7256套，MT-2型缓冲器1825套，摇枕40个，侧架80个，L-B型制动梁21704件，8G型交叉支撑组成5711件，K2型交叉支撑组成34964件。

售后服务工作得到用户认可。以赴段走访、分派驻段人员等形式，加强与客户信息沟通，重点走访了5个铁路局和26个车辆段及站修所，了解工厂车辆及配件产品运用质量状况，及时处理质量故障。为北京、上海、济南等铁路局的40余名车辆段的领导及专职人员举办了双层集装箱车运用培训班。（刘长启　冯　丹）

【新产品开发】 年内，工厂三层运输汽车专用车项目通过了铁道部运输局和科技司组织的设计任务建议书审查；25t轴重共用车以“70t级共用平车”形式通过部级技术审查；SQ3K 型运输汽车专用车完成设计改造，年内投产；工厂首次承接的地铁工程项目深圳地铁平车 6 月份完成验收和现场培训；检修车提速配装转 K2 型转向架技术改造已批产；C80 型敞车完成加装下侧门方案设计和样机试制；305mm×254mm 旋压密封式制动缸完成样机试制和相关试验；铸造新产品有转 K5 型摇枕侧架、转 K2 型斜楔、JLS－1 型钩尾框等。为提高转向架组成后的质量检测水平，工厂研制开发了机电液一体化、具有多种功能的转向架压吨试验机，正式投入使用。MT－2、MT－3 型缓冲器技术引进项目获北京市科学技术协会“金桥工程”项目二等奖，X2H 型双层集装箱车产品开发项目获三等奖；NX17BK 型共用车项目获 2004 年度中国铁道学会科学技术三等奖。（刘长启　冯　丹）

【技术改造】　全年工厂完成计划投资 7700 万元，财务付款 6070 万元，三年新造车建线规划两年基本完成。固定资产投入 110 项，完成 8 台大型进口设备招标及合同签订工作，合同总金额 2152 万元，其中 6 台设备已安装投产；新建 7 条新造车生产线及更新改造现有设备等，合同金额 5800 万元。为提升产品的造修质量，工厂进行了工艺装备配置和厂房改造。采购了数控折弯机、数控成型磨床、数控钻床、数控龙门加工中心、中梁生产线等一批大型先进设备；完成 C64 端墙、地板焊接专机、枕梁、横梁、下侧门生产线安装并投入使用。为提高货车造修油漆质量，工厂投资建设喷漆线。底漆喷漆房、烘干房 8 月初安装调试完毕并投入使用。检修车提速改造克服了车型复杂、变更频繁等困难，完成了各型号车的改造工艺方案。编制了转 K3 整体构架超声波探伤工艺规程，完善探伤工艺，提高了探伤人员对缺陷判断能力，降低了修车成本。完善了低合金钢冶炼工艺，提高了钢水冶炼水平。

（刘长启　冯　丹）

【质量管理】　年内，工厂新造货车一次交验合格率 82%，检修货车一次交验合格率 80.2%。新造、检修货车批量返厂率均为零。工艺技术部及有关车间广泛推行自动焊小车和 CO_2 气体保护焊，并加快新造车焊接专机的定货、安装、投产进度，落实“以装备保工艺、以工艺保质量、以质量保运输安全”的要求，提升了焊接质量水平；加强质量抽查，组织整车质量观摩活动，促进了产品质量的提升。工厂 10 月份通过了质量管理体系复评和环境/职业健康安全管理体系第一次监督审核。

（刘长启　冯　丹）

【企业管理】　是年，工厂在新造车定单不足、原材料价格大幅上扬、收入锐减的情况下，两次压缩成本费用支出，组织学习同行业工厂降低检修车成本经验。全年可控费用比计划减少 158 万元，新造车节支41.93万元，修理货车节支 219 万元，自制半成品实际完成比计划降低 63.4 万元，铸造材料消耗节支 35.3 万元，全年修旧利废总价值达 998 万元，物资回收代用 220 万元，废钢铁回收 1.24 万吨。加大财务管理力度，催收货款，利用各种渠道融资，合理安排各项资金支出。加强对在产品、库存材料的控制，保证了资金供给。强化审计监督。全年共完成财务收支及离任审计 11 项；完成基建及专项费用工程审计 259 项，审减金额162.9万元；完成物资采购合同审计 768 项；直付请款物资价格审计572项，节约资金20.6万元。由于钢材、煤炭、燃油等原材料价格持续高位攀升，2004年实际采购成本上升了3077.4万元。全年完成集团公司下达的险性事故、重大事故、产品批量返修指标，全年无工伤死亡、工伤重伤、重大火灾事故和重大设备事故。发生轻伤事故25件，伤25人，轻伤事故频率5.34‰。消防工作获北京市2004年度消防管理先进单位称号。（刘长启　冯　丹）

【企业改革】　年内，工厂开展了全方位减员增效工作，全年净减359人，工厂中、小学合并，成立北京二七车辆厂学校，中学停止招生；厂办、党办合并，成立工厂办公室；撤销北京世元陶瓷复合钢管厂，其生产经营业务并入北京丰华实机械有限公司；工厂与中铁现代物流科技股份有限公司共同出资成立了北京中铁二七储运有限公司。开展专业技术职务和技师评聘；加强员工培训，完成一级培训班46期，总培训1470人次；组织开办二级培训班72期，培训4980人次。完成汽运公司、隆长泰公司、二七储运公司、丰华实公司的改制工作，员工身份完成置换，劳动合同完成变更。长铁公司的资产及人员情况初步调查工作基本完成。

（刘长启　冯　丹）

【多元经营】　年内，工厂多种经营经济实体4个，从业人员624人，实现销售收入1.13亿元，利润852万元。工厂控股的北京隆长泰工程机械有限公司销售收入2922万元，利润402万元；北京丰华实机械有限公司有员工96人，销售收入1911万元，利润239万元。厂属北京市丰台区宏业科工贸公司实现销售收入6037万元，利润201万元；北京长辆物业管理中心销售收入459万元，利润10万元。厂办集体企业长铁车辆工业公司有员工604人，全年实现销售收入7249万元。

（刘长启　冯　丹）

【北京中铁二七储运公司开业】　年内，中国南车集团北京二七车辆厂与中铁现代物流科技股份有限公司共同出资组建了北京中铁二七储运有限公司，主营业务为轿车整车储存和配送，兼营汽车配件储运及铁路长途轿车的接车发送任务。注册资金1000万元人民币。11月16日，新公司举行了开业庆典。

（刘长启　冯　丹）

主要产品名录

产品名称	2004年产量	计量单位	生产厂家
铁路货车（新造）	1226	辆	中国南车集团北京二七车辆厂
铁路货车（修理）	4430	辆	中国南车集团北京二七车辆厂
MT－3型缓冲器	13086	件	中国南车集团北京二七车辆厂
MT－2型缓冲器	4013	件	中国南车集团北京二七车辆厂
ST型缓冲器	9821	件	中国南车集团北京二七车辆厂
交叉支撑组成	66313	件	北京丰华实机械有限公司

续表

产品名称	2004年产量	计量单位	生产厂家
陶瓷复合钢管及管件	151	吨	北京丰华实机械有限公司
L－B型制动梁	26286	件	北京丰华实机械有限公司
轴承保持器	29	万件	北京隆长泰工程机械有限公司
密封罩	3.4	万件	北京隆长泰工程机械有限公司

中国北车集团北京南口机车车辆机械厂

【综述】 是年，中国北车集团北京南口机车车辆机械厂（以下简称：南口厂）员工总数2012人，其中高级专业技术职称63人，中级206人。厂区占地面积96万平方米，其中厂房面积13万平方米，拥有资产2.5亿元；设备1305台，其中大型精密设备98台，进口设备121台。行政部室15个，党群部门6个，主产品生产车间（分厂）7个，公司2个。医院1个，中小学各1所。全年实现销售收入1.48亿元，较上年增长2.12%；全员劳动生产率67327元/人，较上年增长4%；全厂员工人均年收入15290元，较上年增长11%；利润219万元，比集团公司下达的目标值增长51%。（厂　办）

【改革改制】 年内，南口厂实施了厂属经联厂、福利厂、综合加工厂、锻造车间、铸造车间、齿轮车间、运输公司、南铁工业公司、机电设备公司、南德建筑工程公司等单位和物业公司所属社会职能的改制、分离分立方案，进行了部分单位的财务审计和资产评估，开始挂牌模拟市场运作。其中，南德建筑工程公司等单位的改制方案已得到国资委正式批复，厂属中小学回归地方已列入北京市83所第一批移交试点单位。（厂　办）

【企业管理】 年内，南口厂加强成本管理，规范成本核算。拟定了厂内成本核算办法。重点调整了4000余种外购物资和备件的厂内核算价格，坚持全面审计，合同的事前审计和销售合同的事后审计率均为100%。连续11年被昌平区工商行政管理局评为“重合同，守信用”单位。进行物资采购审计296笔，涉及采购资金1千多万元。完成基建工程审计42项，审计核减资金22万元。落实安全生产责任制，规范安全生产秩序，轻伤指标控制在3.2‰以下，推广清洁生产，减少“三废”排放。取得了国际认证机构埃尔维认证公司颁发的质量管理体系和环境管理体系国内、国际认证证书及职业健康安全管理体系国内认证证书。实施厂内重点区域植树绿化和主干道路灯改造等环境建设，改造厂区马路4000余平方米，厂内种树1500多棵，绿化面积5600平方米。（厂　办）

【生产经营】 年内，南口厂完成机车配件产量195882件/套。包括各型空压机

967台，各型主机油泵766台，各型喷油泵上体装配5613套、下体装配7794套，各型喷油器4040套，各型喷油器偶件31050副，东风4主动牵引齿轮1658个，东风4从动牵引齿轮1086个，各型电力主动齿轮1033个，各型电力从动齿轮739个；生产新产品东风7G主动齿轮204个，东风7G从动齿轮194个，二七伞齿轮71个。实现新产品创收1190万元。其中，螺杆空压机增加销售收入390万元，电力齿轮、东风7G齿轮和二七伞齿轮增加销售收入800万元。（生产部）

【新产品开发】 年内，南口厂完成新产品开发17项。其中，NPT135喷油螺杆空气压缩机通过铁道部技术评审和集团公司科技成果鉴定。1.6m³螺杆空压机、NPT151（NPT5改进型）空压机通过技术设计评审，投入样机试制。1.2m³螺杆空压机与西安交大联合完成技术设计。LFK－1.0/10D1型螺杆空压机（二七机车厂供台湾工务车用）、LFK－1.75/10－1型螺杆空压机（戚墅堰厂供柬埔寨车用）、LW－6型真空压缩机组（戚墅堰厂供柬埔寨车用）完成设计和制作任务。机车柴油机燃油电子喷射系统，完成16套样泵设计和零部件加工、组装，对电喷试验台进行了恢复和整备，增加了测试手段，已具备电喷系统试验的条件。完成了防穴蚀280喷油泵、280喷油器90°偶件、供戚墅堰厂专包车用280喷油泵下体、40L/min燃油泵、新型循环水泵、ND5机车喷油泵喷油器国产化、意大利喷油泵国产化产品项目的设计研制任务，部分产品投入批量生产。LFK－2.4/10－1型螺杆空压机通过了500小时型式试验。主持完成机车动车用空气压缩机技术条件第一部分：往复活塞空气压缩机、机车动车用柴油机喷油泵、机车动车用柴油机喷油器三项铁道行业标准的起草和报批工作以及21项企业产品标准的重新审定和修改工作。新开发的0.075至60立方米螺杆式空气压缩机，适用于多种供风场所，可根据不同风量需求，为用户设计提供多规格、高质量、性能优良的风源系统产品。（产品开发部）

【市场营销】 年内，工厂组建了民用产品部，开拓路内外市场领域，争取订单。机车车辆配件销售收入与2003年相比增加近800万元。民用市场营销签订合同近200万元，实现销售收入100万元。开拓国际市场，签订有关合作生产协议，完成出口产品销售收入300万元。完善售后服务措施，提高服务质量，为客户提供售前、售中、售后服务和跟踪培训。

（市场营销部 厂 办）

【多元经营与厂办集体企业】 11月，工厂撤销了工厂所属工业公司机构，对各经营实体单位及实行分离分立的南口铁路铸造有限责任公司、南铁机械锻造有限责任公司、南口铁路医院实施宏观管理。原工业公司下属经营实体与厂办集体企业中，北京南德建筑工程公司，南铁工业有限责任公司、南铁运输有限责任公司、南口铁路轴承有限责任公司、南口经联有限责任公司、北京佳达有限责任公司、机电设备公司、北京燕峰福利加工厂，全年实现销售收入共计8005万元，实现利润83.7万元。（经营规划部）

【基本建设与技术改造】 年内，南口厂对设备资源配置、工艺布局进行调整和补充。投入资金2000余万元，购置了1250磨齿机、数控立式车床、滚齿机、天车等设备。投入资金300余万元，对新齿轮车间恒温间、厂房地面、墙面等进行了改造。完成了H1000、H800磨齿机的大修。对齿轮生产工艺布局进行了调整。在集团公司投资基础上，工厂自筹资金300余万元购置了端面外圆磨床、数控车床等设备，改造了空压机组装线、喷漆线等配套设施，对车间地面、内墙进行了改造、粉刷，为螺杆泵产品生产创造了条件。投入400余万元，购置了十工位组合机床、磨床、试验设备等技术装备，改善了油泵油嘴生产工艺布局，提高了产品生产能力和质量。

（经营规划部）

燕山石化

【综述】 燕山石化包括中国石化集团北京燕山石油化工有限公司、中国石化股份有限公司北京燕山分公司、中国石化北京燕化石油化工股份有限公司并托管北京东方石油化工有限公司。是年，燕山石化共有职工2.5万人，有专业技术管理干部8000人，其中高级职称600多人，中级技术职称2600多人。有石油化工生产装置91套，辅助生产装置71套，主要产品有石油产品、有机合成材料、有机化工原料、化纤产品、机械产品、塑料制品和其他工业及民用产品。原油加工能力850万吨/年。乙烯生产能力71万吨/年，占全国总产能的15%；聚乙烯生产能力56万吨/年，占全国总产能的18%；橡胶生产能力23万吨/年，占全国总产能的19%；聚丙烯生产能力44万吨/年，占全国总产能的13%；苯酚丙酮19.5万吨/年，占全国总产能的32%；润滑脂生产能力3万吨/年，占全国总产能的30%。可以生产218个品种、625个牌号的产品。主要产品中，合成树脂、合成橡胶、苯酚丙酮等生产能力居全国第一。在国家统计局公布的2002年全国大型工业企业名单中，燕化名列第11位。在有2.7万家企业参加的首届“中国化工500强排行榜”活动中，燕山石化按销售额排列位居首位。

2004年，燕山石化实现销售收入521.5亿元，同比增加141亿元；利税83亿元，增加46.2亿元；利润50.2亿元，增加41.4亿元。其中燕山分公司和燕化股份公司全年共实现销售收入401.2亿元，与上年相比增长41%，其中燕山分公司221.8亿元，燕化股份公司179.4亿元；实现利税62.2亿元，增长140%，其中燕山分公司7.9亿元，燕化股份公司54.3亿元；实现利润40.1亿元，增长3.4倍，其中燕山分公司亏损2.89亿元，燕化股份公司盈利42.97亿元。燕山分公司吨油完全费用178.78元/吨，同比降低10.89元/吨；股份公司化工产品完全加工费用1788.44元/吨，比指标降低38.84元/吨；多项经济效益指标创造历史最好水平。13类主要化工产品产量171.5万吨，同比增长16.2%。外售有机原料总量39.2万吨。合成树脂、合成橡胶产量位居国内首位。内部考核的34套生产装置中30套装置达标，42.5%的物耗和70.6%的能耗指标优于历史最好水平。专业指标达标率89.8%，其中48.9%优于历史最好水平。燕化有限公司全年实现销售收入46.87亿元，实现利润460万元，完成中国石化集团公司下达控亏任务，实现了扭亏脱困奋斗目标，进入集团公司非上市部分盈利企业的行列。东方石化实现销售收入74.59亿元，实现利润10.13亿元，超额完成利润指标。东方石化创造了国内同类小规模乙烯最好经济效益，实现利润10.1亿元。2004年，燕山石化处理不良资产和历史遗留问题共计3.97亿元。（孙 明）

【原油加工创历史最好水平】 全年原油加工量809.35万吨，增长11.8%，创北京市原油加工新纪录。燕山石化拓展原油采购渠道，扩大铁路接卸能力，优化海上进口原油采购品种。全年进口原油145.3万吨，其中进口俄罗斯原油106.7万吨，通过塘燕原油管线，从海路进口原油38.5万吨。加工进口原油122.5万吨，同比增长2.7倍；其中俄罗斯原油99.69万吨，穆尔班原油8.74万吨，阿曼原油4.56万吨，古拉索原油8.43万吨，撒哈拉原油1.14万吨。生产汽油169.77万吨，柴油180.72万吨，裂解料240.25万吨。轻油收率75.04%，综合商品率92.29%，综合损失率1.43%。（孙 明）

【原油长输管线开通】 6月16日，中国石化北京燕山分公司与天津港集团公司在天津港举行首次接卸原油暨长输管线开通庆典仪式，燕山石化海上进口原油通道打通。第一船4.78万吨阿曼原油于6月16日开始卸油，19日输送到炼油厂。燕山石化进口原油卸油码头建在天津塘沽南疆码头。原油管线由原塘沽至燕山的石脑油管线改造而成，输送能力为200万吨/年，油库储运能力8万立方米。是年共从海路进口原油38.5万吨。（孙 明）

【油品升级换代】 年内，燕山石化将闲置的润滑油装置改建成22万吨/年催化裂化汽油加氢处理试验装置，利用RIDOS汽油低烯烃技术和联合重整装置汽油高辛烷值特性进行技术攻关，生产出98号车用汽油，6月2日，首批100吨98号高清洁汽油投放首都市场，使燕化成为国内首家进入北京最高标号汽油市场的供应商。9月1日，炼油厂生产的首批满足欧Ⅱ排放标准的车用汽油投放北京市场。此产品主要用于高档轿车，是国内市场上性能最好的汽油。通过优化装置操作条件，使用新型配方催化剂，生产的部分汽油硫含量和烯烃含量2项指标已达到欧Ⅳ标准，全部供应首都市场。还对柴油加氢装置进行改造，产出符合北京市地方标准（第一阶段）的清洁柴油。高标号汽油比例达到72.19%，同比提高10.2个百分点。

（孙 明）

【航煤加氢精制装置建成】 5月6日，80万吨/年航煤加氢精制装置在燕山分公司炼油厂建成并一次开车成功，生产出三号航空煤油。6月10日，该产品通过国产航空油料鉴定委员会鉴定。21日，在炼油厂装油站台举行的航煤出厂仪式。燕山石化于1970年至1980年曾生产航空煤油产品，后因生产工艺落后，产品质量不能满足需要而停产。2004年燕山石化炼油厂共生产航空煤油8.11万吨。

（孙 明）

【国内最大乙烯生产厂家】 是年，燕山石化乙烯总产量达到98.16万吨，增长11.3%，乙烯单线生产能力和总量均为中国石化领先水平，成为中国最大的乙烯生产厂家。在生产中，燕山石化努力增产乙烯收率高的裂解原料，裂解料自产率达到93.66%，同比提高5.15个百分点。化工一厂充分挖掘生产装置潜能，积极调整裂解炉投油结构，使乙烯平均日产量达2200吨以上，全年生产乙烯80.13万吨。东方石化公司加强各项指标的细化量化考核，年乙烯收率达到32.06%，乙烯产量创纪录地达到18.06万吨，处于同类装置领先水平。（孙 明）

【合成树脂产量位居全国第一】 燕山石化合成树脂年产量达到131.6万吨，位居全国第一。其中化工一厂合成树脂总量108.9万吨，东方石化22.7万吨。高压聚乙烯、低压聚乙烯、聚苯乙烯、聚丙烯等产品年产量再创新高。总产量达到70.3万吨，专用料比例达到67.87%，同比提高8.67个百分点。东方石化生产聚氯乙烯16万吨，EVA树脂4.5万吨，聚乙烯2.2万吨。（孙 明）

【开发树脂新品】 是年，燕山石化合成树脂专用料比例占总产量的67.87%。在生产安排上，首先做好热销产品聚乙烯涂层料1C7A及共聚PP的大量排产，同时狠抓管材料PE6360M、PE6380M、PPR、PPB以及薄膜料LD163、LD165、LD104等新产品的试生产和推广。聚丙烯管材料PP4220产量由上年的2.3万多吨上升到3.1万吨，多增效益约2800万元。PPR和PPB的总产量较上年净增2万多吨。新开发的埋地排水管专用料HDPE6360M和超大口径双壁波纹管专用料HDPE7800M实现大批量生产。全年共生产6360M 1.2万多吨，较普通HDPE产品多创利润300多万元。6380M全年产量超万吨，同比增产7000多吨，增效400万元。经国家权威部门检测，燕山石化自行研制开发的HDPE6380MBL聚乙烯燃气管用混配料综合性能达到国外同类产品的水平。在功能薄膜料方面，开发生产出农用棚膜专用料LD165销量累计达4万多吨。自行研制开发的热收缩膜专用料LD163、包装用高透明膜料LD104以及35千伏电缆料等新产品通过批量生产。通过不断完善聚乙烯涂层料1C7A的性能，研制出1C10A及适用于高速涂覆的1C7A－1系列品种。（孙 明）

【聚丙烯专用料新品通过鉴定】 年内，医用输液瓶专用料、高线速BOPP薄膜专用料、中高流动透明聚丙烯专用料、流延膜用聚丙烯专用料4种无规共聚专用料通过鉴定，部分牌号属国内首创，产品质量达到国际先进水平。医用输液瓶专用料B4901、B4902共2个牌号是国内首次研发，具备替代进口产品的能力。高线速BOPP薄膜专用料F3002、F2002等2牌号质量达到国内外同类产品的先进水平。中高流动透明聚丙烯专用料K4818是透明注射制品的高品质原料，产品质量达到国内外同类产品先进水平。流延膜用聚丙烯专用料主要应用于服装、针纺织品、面包的商品包装，同时也应用于制作高温蒸煮膜，复合膜的内层热封膜和金属化膜。（孙 明）

【合成橡胶产量全国第一】 是年，燕山石化合成橡胶产量达到24.13万吨，增长13.9%，位居全国第一。顺丁橡胶13.25万吨，丁基橡胶3.76万吨，年产量均创历史新高，丁基橡胶装置技术攻关成效明显，首次达到并突破设计生产能力。SBS热塑弹性体7.11万吨，溶聚丁苯橡胶

18.7万吨。在产量增加的同时，产品牌号结构更加优化。（孙　明）

【丁基橡胶技术通过鉴定】 5月19日，丁基橡胶工艺技术通过中国石化集团公司鉴定。该装置20世纪90年代从意大利PI公司引进，投产后产量不能达标。燕山石化和北京化工大学对装置进行联合攻关，开发出丁基橡胶聚合新工艺；解决了产品门尼黏度波动大、降解、变色和不饱和度低等质量问题。自2003年9月起，月产量连续突破3000吨。年内，其反应器的平均运转周期达80小时，达到国际先进水平，并得到国际知名的米其林公司的认可。（孙　明）

【有机化工原料生产】 年内，燕山石化有机原料产量达75.8万吨，增长38.9%。苯酚产量达到16.98万吨，丙酮10.74万吨，总产量再创新高，比上年多出10万吨，利润同比超出1倍多，经济效益创历史最好水平，居国内苯酚丙酮市场核心主导地位。几年来，燕山石化对2套苯酚丙酮装置进行3次大规模扩能改造，生产能力达到27万吨/年。西区苯酚丙酮装置自16万吨/年扩能改造一次开车成功后，仅用3个多月时间便达到了设计生产能力，创同类装置开车先进水平。东区间甲酚装置经过两期扩能改造后，实际生产能力突破8万吨/年。（孙　明）

【用裂解副产品生产芳烃溶剂油】 8月，制萘装置通过技术改造利用乙烯裂解副产品重碳九，成功地生产出高沸点芳烃溶剂油，为国内首创，形成4项先进的专有技术。全年共生产4种牌号近7000吨产品，成为华北地区最大的溶剂油生产基地。制萘装置于1996年投产，1999年因市场价格问题停产。燕山石化与天津大学、中国科学院山西煤炭化学研究所等单位合作，建设国内第一套利用重碳九生产芳烃溶剂油装置。此项工艺以乙烯裂解废料为原料，其产品溶解性也较烷烃溶剂油高，属绿色环保产品。（孙　明）

【YS银催化剂占领国内全部市场】 年内，YS银催化剂系列产品在与美国壳牌等公司竞争中，凭借优良品质和完善的售后服务，占领全部国内市场。银催化剂是生产环氧乙烷、乙二醇必不可少的催化剂。燕化研究院经过近30年的努力，先后研制并生产出7代产品，多次获得国家科技进步奖，并在中国、美国、日本和欧洲等国申请了专利。自1989年YS－4型银催化剂首次成功用于燕化6万吨/年乙二醇装置后，不断推出升级换代新产品，在技术上走在世界前列。同时针对不同用户、不同装置，创造性地运用多种市场营销模式。国内市场占有率不断提高，先后在国内全部11套工业装置上应用。至2004年，总销售额累计超过5亿元人民币，为国家节省外汇5000多万美元。

（孙　明）

【动力供应】 全年供电21.23亿度，为年计划103.24%，其中自发电2.64亿度、转供电18.59亿度，分别为年计划103.81%和103.16%。产水1.33亿吨，为年计划103.48%，其中燕山石化自用水5051万吨；处理污水1575万吨，回用污水371万吨，为年计划115.94%，其中西区270万吨、东区101万吨，分别为年计划112.50%和126.25%。产蒸汽460.42万吨，为年计划101.41%；供氧1095万立方米，供氮9093万立方米，分别为年

计划95.19%和113.66%。（孙　明）

【产品抽查合格率100%】 燕山石化颁布《顾客投诉管理办法》，继续实施"用户满意工程"，通过追踪产品到一线、召开用户座谈会等多种形式征询意见，并委托第三方开展顾客满意度调查。调查显示，燕化在用户的满意度、忠诚度均受到好评。全年共有14种产品获"北京名牌产品"称号，燕山分公司和燕化股份公司分别荣获2004年度"全国质量管理小组活动优秀企业"和"全国用户满意企业"称号。受考核的16种产品全部完成考核指标，产品实物质量基本保持稳定。所有计划内产品分别接受了国家或中国石化集团公司的监督抽检，合格率为100%，判级符合率达到100%。（孙　明）

【科技进步】 是年，燕山石化科研立项228项，安排科研资金1.14亿元。承担的中国石化集团公司"十条龙"攻关项目——催化裂化汽油加氢异构脱硫降烯烃（RIDOS）技术工业试验通过集团公司鉴定。采用RIDOS技术在深度脱硫降烯烃的同时，保持了较小的辛烷值损失，汽油回收率可达90%。乙烯－1中试成果和5万吨/年工艺包通过中国石化集团公司鉴定和审查；节水减排项目取得成果，吨油水耗下降至0.76吨。碳3催化精馏项目、10万吨SL－1型裂解炉通过中国石化集团公司鉴定验收。（孙　明）

【固定资产投资】 全年完成固定资产投资7.96亿元，1000万吨/年炼油系统改造工程正式启动。三轮乙烯改造项目建议书上报中国石油化工集团公司并被列入集团公司"十一五"发展规划。炼油系统围绕调整产品结构、生产清洁燃料、优化乙烯原料等课题进行技术改造。新建了80万吨/年航煤加氢精制装置，完成了3万标准立方米/小时催化裂化干气提浓制乙烯装置项目。进行了二糠醛技术改造、酮苯脱蜡系统扩能改造。化工系统改造解决了乙烯裂解装置高负荷运行中出现的冷箱冻堵问题，降低了成本，保证了裂解装置高负荷运行和下游装置的安、稳、长、满、优生产。对改造后的苯酚丙酮装置生产方案进一步优化完善，使装置处于最佳运行状态。一聚丙烯改造施工按计划进行。（孙　明）

【1000万吨炼油改造启动】 7月2日中午12时，中国石化股份公司北京燕山分公司1000万吨原油改造工程进行了第一次爆破，标志着改造工程的施工建设全面启动。年内总体设计审查和长周期设备订货等前期工程准备进展顺利。1000万吨改造工程的主体项目包括：800万吨/年常减压蒸馏装置易地改造，新建200万吨/年加氢裂化装置，5万标准立方米/小时制氢等。（孙　明）

【乙烯改扩建工程通过验收】 4月12日，71万吨/年乙烯改扩建工程通过竣工验收。由中国石化集团公司、北京市发展和改革委员会等单位组成的验收委员会对工程改造给予充分肯定。该项目于1999年由国家批准建设，2001年开车成功。采用美国鲁姆斯技术，由日本东洋工程公司总承包，燕化建筑安装公司等单位建设。（孙　明）

【引拒入燕工程】 4月5日，引拒入燕工程通水，张坊水源正式向燕化供水，比原计划提前了1个多月。该工程作为北京最大的两项供水工程之一，2003年12月开始在张坊建设，其水源地为房山区拒马河。主要通过11公里胜天渠和43公里预应力钢筒混凝土输水管道将拒马河水引到燕山石化动力厂，共完成42公里PCCP管线及部分临时供水管线工程。为燕化供水5000万立方米，并解决该地区5万人的饮水问题，以替代密云水库的供水。

（孙　明）

【污水回用装置】　年内，燕山石化东区污水回用装置投入使用，设计能力为150吨/小时，采用国内先进的电渗析技术对排污水进行深度处理，达到现行补充水标准后返回水池再次利用，水回收率高达90%，年可节约新鲜水120万吨。8月，位于环保事业部东区污水车间的3万吨/日废水回用工程竣工，每年可节约上千万吨自来水，吨水成本从10元降到3元左右。该工程由美国CNC技术公司和北京赛恩斯特科技公司承担，并首次在中国大型工业废水回用工程中采用浸入式双膜法工艺技术。（孙　明）

【ERP项目上线运行】　6月16日，ERP资金管理模块开始做前期准备工作，先后完成60多万条物料主数据、700多条总账科目主数据、供应商主数据、客户主数据的修改维护工作。完成了单元测试、集成测试和UAT测试工作，进行了TR最终用户的培训。11月，中国石化首次实施的ERP资金管理模块在燕化顺利上线。同月综合办公业务处理系统（OA）建成投用。（孙　明）

【环境保护】　全年安全环保工作总体平稳，主要环保指标达到考核要求。万元产值COD排放量1.57公斤/万元，比上年下降28%，废渣处置和利用率100%，外排污染物总量在控制指标之内。2月上旬，燕化公司研究院和炼油厂共同开发的高硬高碱高浓缩倍数循环水处理工业应用技术通过中国石化集团公司的评定，各项指标均优于中国石化工业循环水运行考核指标，燃料结构不断优化，全年燃用水煤浆24.6万吨。对牛口峪库区进行清淤处理，为外排水水质达标创造了条件。

（孙　明）

【改制分流】　年内，燕山石化职工医院、东方工贸、托幼园所及餐饮系统改制分流，职工医院改制后成为民办非营利性医疗机构，名为北京燕化医院。建安公司下属5个集体企业改制实施方案得到中国石化集团公司批复，炼油事业部、建筑公司、印刷工贸公司改制实施方案已报中国石化集团公司审批，建安公司改制实施方案正在制定。9月，北京师大燕化附中交由地方政府管理。（孙　明）

【三家企业并入中国石化】　12月29日，中国石化股份公司催化剂分公司在北京正式挂牌成立。北京燕化高新技术股份有限公司进入该公司。燕化高新股份有限公司成立于1993年，由燕化公司、燕化设计院、北京化工研究院、北京燕阳化轻公司、燕山银燕商贸经济技术服务公司等5家企业组建。1996年7月，公开发行股票1200万股，并在深圳上市。年内，中国燕山联合对外贸易有限公司并入中国石化国际事业公司，燕山联贸公司成立于1981年，由燕山石化与中国化工进出口总公司、中国技术进口总公司、北京外贸总公司联合成立，是中国第一家工贸结合的外贸公司。燕化天津润滑油脂有限公司并

入中国石化股份公司润滑油分公司，该公司位于天津汉沽，1996年12月被燕化公司兼并。（孙　明）

【北京燕化H股退市】 12月30日，中国石化确认将吸收合并其境外上市子公司北京燕化（0325.HK），并以3.8港元/股的价格收购北京燕化H股所有流通股。根据重组计划，中石化已成立全资子公司北京飞天石油化工有限公司，以吸收合并的方式整合北京燕化。北京燕化于12月22日停牌，停牌前股价为3.425港元。北京燕化为中国石化控股子公司，1997年6月25日在香港联交所（H股）及纽约股票交易所以ADR的形式上市。总股本33.74亿股，其中中国石化持有23.62亿股，约占70%。收购完成后，其在香港上市地位也将被撤销，成为首家被撤销H股上市地位的国企股。同时，该公司在纽约交易所的存托股也将取消上市地位，原北京燕化的业务完全融入燕山分公司。（孙　明）

【供销工作】 年内，供应系统积极落实资源渠道，保证石脑油、苯、丁二烯等大宗化工原料的平稳供应。全年实际采购金额37.2亿元，采购资金节约率为1.9%。经中国石化集团批复报废积压物资1.18亿元，改善了库存结构，降低了储备资金占用。化工销售系统坚持“紧贴市场，全产全销、卖出当期最好价格”的总体策略，销售收入、产品利润率屡创新高，全年清收外部欠款892万元。炼油自销产品实现了全产全销。（孙　明）

【销售信息与客户服务】 年内，燕山石化在销售部门专门设立了信息和客户服务部，开通了网上双向交流和申报系统，实时了解客户的意见和建议。同时，协调铁路系统和保险公司，为客户提供一条龙的服务。在销售工作中，对产品订单推出了网上申报政策和“四锁定”政策，即锁定客户、锁定执行量、锁定执行期限、锁定价格，保证了产品紧俏时下游客户资源的稳定供给。在服务过程中，了解到国内特别是北京对PE埋地排水管原料的需求量增长迅猛，着手研发新型管材专用料PE6360M，确保了其生产的PE6360M率先通过国家专业部门的鉴定，及时占领了PE埋地排水管原料市场。（孙　明）

【液化气销售】 北京中石化燃气有限公司是燕山石化的液化气专营公司，全年液化气自销量达到33万吨，零售突破5万吨。该公司于2003年11月1日正式挂牌运营，共有16个液化气外站。是以燕化年45万吨液化气为资源，专门从事液化气专业配送业务，使燕化液化气在北京市场占有率达到60%以上。年内还投资400余万元，对70余项安全隐患进行治理。（孙　明）

【安全生产】 是年，燕山石化把元月份定为安全宣传月，努力创建企业安全文化，提高职工安全意识。结合冬季安全生产特点，做好节日期间防冻、防凝工作。各单位对装置区域、公共场所及易燃、易爆、剧毒、危险化学品进行周密排查。对查出问题及时整改，一时难以整改的采取切实可行的防范预案，防止各类事故的发生。至2004年末，燕山石化连续1175天实现无上报中国石化集团公司重大事故。（孙　明）

【企业管理】 年内，燕山石化进行了基层岗位人员竞聘上岗，初步形成“岗位靠竞争，收入凭贡献”机制。炼油厂率先进行装置整合、减员增效，实行作业部管理模式，减少了基层单位和中级管理岗位职数。深入开展“星级车间（队）”和“红旗班组”活动。北京燕山分公司制定了内控实施细则、权限指引，燕化股份公司内控手册。财务管理严格执行货币资金预算管理制度，清理存货、应收账款和其他应收款，资金使用效率不断提高。配合国家审计署对燕山石化进行延伸审计，开展自查自纠活动，整改存在的问题；加强对改制企业资产的管理和审计，避免国有资产流失。以《燕山石化有限公司经营管理指标评价办法》为指导，以量化考核为重点，加强经济责任制考核，激励各单位改进生产经营及技术经济指标。加强统计管理，规范统计口径，得到上级有关部门良好评价。（孙　明）

【人力资源管理】　年内，燕山石化坚持精简高效、优化合理的原则，完成定员编制工作，对基层岗位人员实行竞聘上岗，定员压缩6.16%。组织开展技能鉴定、技能竞赛和“能工巧匠”评审活动。继续推进职工岗位培训和技能鉴定，完成了第一轮职业技能鉴定工作，开展职业技能竞赛，组织、参与了全国石油石化操作技能大赛并取得较好成绩。与高等院校合作，开展在职学历教育和继续再教育，举办工程硕士学位班和技术专题讲座。（孙　明）

【高级管理人员精简分流】　6月，燕山石化根据中国石化集团公司《关于做好中层管理人员精简分流工作的指导意见》，制定了《实施方案》，于11月10日正式启动。分两批开展高级管理人员精简分流工作，共涉及55个部门和单位，142名高级管理人员，其中因年龄原因退出领导岗位的44人，轮岗交流29人，提拔任用63人，由基层干部新提拔到高级管理人员36人，提拔为二级单位助理、副总师的6人；因机构调整变动岗位的6人。高级管理人员总数由调整前的268人精简为192人。（孙　明）

【燕化劳模报告会举行】　6月4日，燕山石化在东风工人文化宫隆重召开劳模事迹报告会。由树脂所高级工程师景政红、东方化工厂丙烯酸触媒研究室主任王建军、炼油厂三催化车间工人许淑云、化工一厂裂解车间主任陈德烨4位优秀劳模分别作报告。4名劳模的事迹展现了燕山石化“团结、求实、严细、创新”精神和中国工人阶级的高贵品质。（孙　明）

【东方石化搬迁减员分流】　8月，北京东方石化有限公司召开一届三次“双代会”，总经理吕常钦作了《实施搬迁减员分流方案，推进东方石化有效发展》的报告。一致通过《北京东方石油化工有限公司深化改革、搬迁减员分流工作指导意见》，通过了《北京东方石油化工有限公司协议解除劳动合同工作实施办法》和《北京东方石油化工有限公司职工待岗管理办法》，东方石化公司由原北京化工集团公司石化企业组成，主要下属企业有北京化二股份有限公司、北京化工二厂、北京化工四厂、北方有机化工厂、北京助剂二厂、北京东方化工厂。（孙　明）

【燕山石化律师试点工作】　作为北京市首批、中国石化第一家公司律师试点企业，燕山石化发挥公司律师作用，处理大量原来需要外聘社会律师解决的案件，约占公司全年案件的 50% 以上。共处理各类纠纷 313 件，总标的额 5.8 亿元；对外发出律师函 86 件，代理诉讼 34 起，处理各类案件 83 件，为企业节省了大量办案费用。2003 年 1 月，北京市司法局推出《关于公司律师试点工作的实施方案》，燕山石化公司、中信实业银行、华夏银行、光大银行、联想集团和用友软件公司 6 家企业为首批公司律师试点单位。使内部专职从事法律事务的工作人员有了同社会律师一样的身份，有效地解决了法律工作人员在履行职务过程中受到局限的问题。

（孙　明）

【职工生活】 年内，燕山石化投资 4200 万元进行民用电网三期改造。至 7 月底，老生活区电网改造工程全部完成，全年没有发生居民用电故障。投资 800 多万元建成投用星城生活水处理装置，解决了居民饮用水硬度偏高的问题，水质完全符合国家优质饮用水标准。开通并逐步完善“1966”服务热线，居民有效投诉率同比下降 50%。坚持自愿原则，为 1993 年之前以优惠价购房职工补建了住房公积金。结合平房拆除和夹气板楼房改造，启动集资建房前期准备工作。完成部分居民楼供暖系统维修改造、北庄单身公寓楼改造、生活区环境绿化及部分生活区和厂区道路维修等。民用管道液化气由包费制改为按量收费，全年比上年节约民用液化气 2218 吨。全年走访困难职工、劳动模范、离退休人员 1903 户；出资为 15 名职工家庭子女提供就学费用。为职工办理了第七期职工互助保险的入、退、转、续及分红工作，共有 22617 名职工投保，保险金额达 1.22 亿元。全年还组织 25409 名职工参加了市总工会新推出的在职职工住院医疗合作保险，入保比例达到了 85%。

（孙　明）

【何勇到燕化调研】 4 月 15 日，中共中央书记处书记、中央纪委副书记何勇到燕山石化调研，视察了橡胶事业部二成品车间、化一裂解车间和环保事业部牛口峪水库，听取了燕山时代仪表公司（原燕化仪表厂改制）情况及中国石化集团公司、燕山石化工作汇报。何勇充分肯定了中国石化和燕山石化的工作，要求为国企健康发展提供坚强的政治保障。国务院国资委党委书记、副主任李毅中，石化集团公司领导陈同海、刘根元、王作然和有关部门负责人等陪同调研。

（孙　明）

主要产品名录

产品名称	2004 年产量	计量单位	生产厂家
汽油	169.77	万吨	燕山分公司炼油厂
其中：普通清洁汽油	123.11	万吨	燕山分公司炼油厂
京标 A 清洁汽油	46.66	万吨	燕山分公司炼油厂
煤油	8.11	万吨	燕山分公司炼油厂
柴油	180.72	万吨	燕山分公司炼油厂

续表

产品名称	2004年产量	计量单位	生产厂家
其中：普通清洁柴油	157.81	万吨	燕山分公司炼油厂
京标A清洁柴油	22.25	万吨	燕山分公司炼油厂
商品润滑油	59.62	万吨	燕山分公司炼油厂
裂解料	240.25	万吨	燕山分公司炼油厂
润滑油基础油	24.84	万吨	燕山分公司炼油厂
商品液化气	10.92	万吨	燕山分公司炼油厂
石蜡	9.11	万吨	燕山分公司炼油厂
乙烯	80.13	万吨	燕山股份公司化工一厂
丙烯	39.12	万吨	燕山股份公司化工一厂
高压聚乙烯	45.07	万吨	燕山股份公司化工一厂
低压聚乙烯	17.31	万吨	燕山股份公司化工一厂
聚苯乙烯	5.23	万吨	燕山股份公司化工一厂
聚丙烯	41.25	万吨	燕山股份公司聚丙烯事业部
苯酚	16.98	万吨	燕山股份公司化学品事业部
丙酮	10.74	万吨	燕山股份公司化学品事业部
间二甲苯	2.82	万吨	燕山股份公司聚酯事业部
间苯二甲酸	2.12	万吨	燕山股份公司聚酯事业部
合成橡胶	24.13	万吨	燕山股份公司合成橡胶事业部
其中：顺丁橡胶	13.25	万吨	燕山股份公司合成橡胶事业部
丁基橡胶	3.76	万吨	燕山股份公司合成橡胶事业部
溶聚丁苯橡胶	0.02	万吨	燕山股份公司合成橡胶事业部
SBS热塑弹性体	7.11	万吨	燕山股份公司合成橡胶事业部
塑料制品	1.76	万吨	燕山股份公司塑料分公司
色母粒	462	吨	燕山股份公司塑料分公司

北京化学工业集团有限责任公司

【综述】　是年，是北京化学工业集团有限责任公司（简称化工集团）全面推进新时期发展战略承上启下、协调发展的重要一年。

主要经济指标按北京工业生产口径完成工业总产值（现价）13.69亿元，销售收入14.49亿元，实现利润5549万元。按全系统合并口径实现销售收入14.1亿元，利润500万元，完成了国资委下达的指标。与2003年－4400万元利润相比，经济效益状况有了很大改善。

是年，化工集团一部分企业受到搬迁影响，同时遇到产品市场价格下降，原材料涨价幅度较大，危险品运输受到制约等情况，给正常生产经营带来很大困难。但全体员工团结拼搏、开拓进取，一方面积极扩大生产、促进销售，另一方面，积极发挥改革调整的功能效用，精简人员，减轻债务，缩小亏损面，降低亏数额，减少亏损源。同时，加速“一二三四五”发展战略的推进，继续深化企业改革调整发展，着力构建资本运营监控体系，全力做好保稳定工作，充分发挥党政工团各级组织作用，实现了化工集团五个方面的突破性进展。一是确立了制造业与房地产、置业两大主业的发展框架，化工集团战略方向的选择基本成功。二是结构调整陆续到位，整体改革第一阶段目标基本达到。三是被动式的企业搬迁基本完成，新的主业发展形态已经具备了新的时空条件。四是深层次、宽领域的清产核资，调整的边界由企业层面可以进入到微观层面、管理层面。五是历史问题有了转机，发展中的障碍开始突破。　（化　工）

【化工产品生产】　是年，化工集团四大化工产品均有不同程度的发展。靛蓝产品随着西北染料公司二期建设投产，产量达到了4200吨，同比增长44%，形成了年产10000吨的生产能力，比原产量提高了5倍，占全球年产量的20%～25%。随着大兴基地在11月中旬公用工程的投入使用，彩粉的生产具备了单机试车条件，产品搬迁工作基本完成。按计划，经过搬迁改造和技术升级，彩粉的年产能将由280吨扩大到400吨，国内市场占有率将达到30%左右。大型搪玻璃设备产品，生产能力达到4300吨，质量进入了相对紧缺的高档高端领域，增强了企业的核心竞争力。高档乳胶制品产品，通过市场开发和技术引进，橡塑制品销售收入从1亿元发展到3.8亿元，实现利润近500万元。2003年以来，通过整合企业内部资源，拓展与美国North公司的合作领域，使用其全球品牌、进入其销售网络，大幅度提升产品的档次和知名度。　（化　工）

【华腾品牌粗具规模】　是年，北京化工集团实行品牌战略，华腾品牌粗具规模，经过重组、改制、新建的，冠以“华腾”品牌的企业及建筑物达到14个。华腾品牌的集聚效应日益明显，品牌影响逐步扩大，品牌的辐射力和带动力不断增强。　（化　工）

【现代制造业和房地产开发及置业】　自2002年东方乙烯债转股项目从北京化工集团整体划出后，现代制造业和房地产开发及置业已经成为化工集团的两大主业。是年，化工集团在制造业方面实现了14亿多元的销售收入，迈出了积极稳妥的发展步伐。房地产开发及置业收效明显。年内置业面积达到10万平方米左右，总价值超过13亿元，形成了一定的产业规模。 （化 工）

【改革调整】 是年，化工集团通过与国资委、法院等部门的积极沟通，为退出企业做了大量准备工作。橡胶二厂、合成化纤厂的破产终结工作有序进行；化工橡胶设计院成功实现并购，完成改制；化工研究院通过改制，组建了一个由国有和职工各持股50%的华腾工程新材料有限公司。企业改制工作持续深入，债务重组进展显著，启动了乙烯企业存续部分组建华腾实业（集团）的工作。2004年继接收乙烯企业内退人员1000多人后，完成了乙烯三产人员286人的分流安置工作，陆续接收了系统内的困难企业、破产企业的人员托管以及企业破产终结后各类遗留人员的管理。规范集体资产管理工作，成立了集团集体资产管理领导小组，统一协调、管理有关集体资产方面的工作。监检资源整合工作开始起步，在调研的基础上，对七个站所进行整合，三站整合工作基本实现；在债务重组上，一方面按国资委要求上报材料配合其不良债务整体打包处置的摸底调查，另一方面继续积极地与银行协商沟通，寻求解决债务的最佳方案，并积极对集团有关企业的不良债务进行了“打包处理”，陆续解决了企业不良债务20亿元左右，有效地减轻了企业的债务负担，较大程度地化解了债务风险。化工集团不断加大调整改革力度，通过兼并、破产、改制、重组、剥离等不同形式，为集团的发展奠定了基础。 （化 工）

【构建资本运营监控新体系】 是年，化工集团按照北京市国有资产管理委员会的部署，开展了大规模的清产核资工作。经过前期准备、工作部署和业务培训，进行了账务清理、资产清查、价值重估、中介审计、数据汇总、结果申报等各项主体工作。11月底，清产核资结果申报到国资委进行损益认定和核实。通过清产核资，重新核定了企业实际占用的国有资本，为做好企业的经营绩效评价、业绩考核以及国有资本保值增值工作创造条件。同时，化工集团加大对企业经营者的监管力度，对“三重一大”制度的执行情况进行了重点检查，针对在执行制度中发现的问题，研究制定了《关于规范执行“三重一大”制度的若干规定》。根据新建项目投资主体多元化的特点，加大了对产权代表的管理和培训力度，并研究出台了《产权代表管理办法》及其实施细则，以保证国有资产出资人代表权利到位、义务到位和责任到位。是年，化工集团完成了计算机网络系统的软硬件建设，开展了内部信息发布、办公自动化、网上申报等应用系统软件的培训。加快推进公司内、外网页的设计和运行，完成了集团内部36种基层表和34种汇总表网上申报的调研。 （化 工）

【解决遗留问题】 是年，化工集团针对保稳定工作呈现“爆发点多、持续时间长、频率高、情绪激化”的特点，实事求是地分析情况，建立健全工作机制，一些长期存在的遗留问题有了突破。一是在市委市政府的高度关注下，合纤厂历时一年多的上访得到缓解，二是解决了全系统85户职工的标准租私房问题，使这个“文化大革命”后期以来的老大难问题有了结果。三是企业职工租住农民房问题有了突破性进展，居住在南磨房乡楼梓庄村区域内、涉及集团4个单位的500多户职工的搬迁工作自11月启动，截止到12月，第一批237户的拆迁工作如期完成。

（化　工）

主要产品名录

产品名称	2004年产量	计量单位	生产厂家
彩粉	306.6	吨	北京化工厂
502胶	127	吨	北京化工厂
化学试剂	1362.4	吨	北京化工厂
硝酸银	48.9	吨	北京化工厂
搪瓷设备	2677	吨	北京北搪化工设备厂
再生胶	12276.8	吨	北京华腾橡塑乳胶制品有限公司
工业胶板	12383.9	吨	北京华腾橡塑乳胶制品有限公司
跑道胶板	62709	平方米	北京华腾橡塑乳胶制品有限公司
家用手套	8453	万副	北京华腾橡塑乳胶制品有限公司
轴辊	3940	立方米	北京华腾橡塑乳胶制品有限公司
挤出制品	87.5	吨	北京华腾橡塑乳胶制品有限公司
钓鱼靴	412746	双	北京华腾橡塑乳胶制品有限公司
出口脚垫	22883	片	北京华腾橡塑乳胶制品有限公司
黏合剂（万富达）	1355.2	吨	北京市化学工业研究院
助剂	293.5	吨	北京市化学工业研究院
光刻胶系列	184.6	吨	北京化学试剂研究所
印刷胶系列	57	吨	北京化学试剂研究所
电解液系列	143.2	吨	北京化学试剂研究所
高纯试剂系列	283.6	吨	北京化学试剂研究所

北京京煤集团有限责任公司

【综述】 是年，北京京煤集团有限责任公司（以下简称京煤集团公司）主要绩效指标良好。其中，企业资产总额实现70.36亿元，同比增长8.26%；净资产33.41亿元，同比增长7.74%；资本保值增值率107.18%，同比提高2.07个百分点；净资产收益率5.17%，同比提高2.23%；总资产收益率3.87%，同比提高

0.98个百分点；资产负债率51.84%。企业经济指标全面完成：工业增加值8.80亿元，同比提高0.64%；全员劳动生产率64820元/工，同比提高45.30%；矿井原煤产量540.32万吨，同比降低8%；经营总收入38.39亿元，同比提高11.05%；利润总额2.32亿元；同比提高64.54%；其中净利润1.33亿元，同比提高60.24%；员工人均工资22932元，同比提高17.03%。

年内，集团公司董事会提出“提升扩张，加速发展”的决策，将企业股权多元化、投资主体多元化的改革尝试，运用在与外埠合作经营的鄂尔多斯市昊华精煤有限责任公司、广州本田北方物流基地、河北北京太行化工有限责任公司等新企业中。昊泰公司和昊星公司实施吸收式合并改制，实现了企业间优势互补；适应国有企业主辅业分离改制的要求，集团公司制定出《关于贯彻国有企业主辅分离改制分流有关政策的方案意见》。在分配机制上，调整提高了专业技术人员的收入水平。5月，集团公司控股的昊华能源股份公司通过北京证监局的上市辅导验收，顺利进入公司上市申报准备阶段。集团公司控股的金泰恒业公司企业内部改革完成了企业清产核资、减资和股权变更工作。

年内，京煤集团公司控股的昊华能源公司投入资金2760.2万元，改革采煤生产工艺，改革高柱壁式采煤方法取得成功，全年产煤540.32万吨；矿井开拓尺3.94万米；该公司以“心系客户，诚心经营”的经销理念拓展市场，全年销售煤583.10万吨，比计划多销3.10万吨；所销售的煤炭结构中，出口煤与特供煤占总销量的81.3%。其中出口煤为204.49万吨，成为中国无烟煤出口第一家。特供冶金煤为228.48万吨，发电煤销量44.60万吨。全年煤炭销售收入14.83亿元。京煤集团公司控股的金泰恒业公司在北京市燃料结构调整、经营民用煤亏损的情况下，确保20多万户民用煤需求，保供民用煤21万吨，根据首都市场需求，销售包括烟煤在内的市场煤130万吨。另外，销售燃料油15万吨。

年内，京煤集团公司控股的金泰恒业公司全年房地产开复工面积达12万平方米，完成投资4.09亿元。其中承建的金泰国益大厦等工程项目，先后实现了主体结构封顶和进入内外墙装修及设备安装阶段；金泰开旭大厦等工程项目先后竣工投入使用；海淀金泰晟通大厦、金泰海博大酒店四期工程和金泰城等待开工项目投入施工前期准备工作。同时，京煤集团公司运作了在江苏、海南等省区的房地产开发项目。权属西达房地产公司开发的绿岛家园住宅二期工程开复工面积达6.7万平方米，其二期商品房签约率达79%。权属矿建工程公司开复工面积13.17万平方米，竣工面积7.74万平方米，实现收益1.64亿元，其承建的望京高层商住楼和中关村软件园信息楼荣获“结构长城杯金质奖”。

京煤集团直属多种经营的化工厂、液压支架厂、水煤浆厂经营收入达2.03亿元，比上年多收0.40亿元。其中，液压支架厂加大液压支架产量，全年销售支架5004架，同比提高57.95%。化工厂生产雷管和火药各1.19万吨与2143万发，经营收入7797万元。水煤浆厂生产稳定性强的水煤浆10.45万吨，达到建厂的最高产量。控股的昊煜工贸公司加快产品结构调整，实现经营收入1.35亿元。直属的昊泰公司年产矸石砖7037万块。控股的鑫华源机械公司将新开发的立体车库投入市场，全年创收6053万元。

京煤集团在科技进步与信息化建设上继续创新并增加投入。年内，昊华能源公司投入科技进步资金962.6万元，实施了12项技术创新工程，其中长沟峪煤矿的“全断面一次爆破”掘进技术实验成功，木城涧煤矿将高柱壁式采煤新方法在大台井柱采区使用收到好效果。全年用新采煤法采的煤量，占全部总采煤量的95.53%。化工厂新研发的全塑系列导爆产品质量优佳，并降低成本达10%以上。液压支架厂研制开发的轻型放顶煤综采支架通过了煤科院的架压试验。年内，集团公司评选出企业科技进步奖57项，建起京煤集团城域内外网，改进了集团机关视频会议系统，构建京煤集团计算机网络主体。集团公司与部分权属单位实现了信息使用、多媒体互动和网上办公的一体化。

6月6日，昊华能源公司大安山煤矿巷道发生塌陷堵人窒息死亡10人的特大事故。集团公司对煤矿进行停产整顿，对所属企事业单位进行全方位拉网式安全大检查和定期检查，定期召开安全联席会议，落实安全责任，贯彻执行各项安全工作法规，强化安全工作，落实“安全第一方针”。年内对安全工作投入资金1.2亿元，其中昊华公司投入安全生产资金9323.03万元。

是年，京煤集团公司围绕企业文化建设、创建学习型企业和党管企业人才3项工程建设，使企业管理水平的升级提质。使以管理文化为核心的理念、行为、视觉三个系统的构建、宣灌、实施，初步形成了具有京煤特色的企业文化体系；开展系统培训、建立学习机制、组织团队学习、开展深度会谈等创建学习型企业的活动，提高企业学习力和创新力；加大人才招聘力度，加强人才培训，优化人才结构，提高人才素质和创新能力，加强了经营管理与技术人员队伍建设。

年内，集团公司开展了清产核资工作；完成了质量和职业健康管理体系的内审管理评审；审计工作突出审查成本费用、企业收入、财产清查、核实盈亏工作重点，开展年度财务决算、经济责任、财务收支和专项审查调查。全年审计项目53件，纠正“问题金额”2686.8万元。全年开展效能监察90项，建立和完善规章制度172项，挽回经济损失1013.9万元。全年对企业15个工种1341人进行培训鉴定；投入专项资金1704.84万元，实施与完成直属单位的164项的平房翻建、危电改造、小区建设等“民心工程”。

年末，京煤集团公司总资产70.36亿元，比年初的62.85亿元增加7.51亿元。上缴税金（含所得税）2.64亿元。有权属二级单位25个。其中控股子公司9个，中外合资单位2个，直属企事业单位8个，独资公司1个，企业法人单位3个，事业法人单位2个。在职员工28177人。其中，专业技术人员4609人，内有高级职称人员320人。年内，京煤集团公司在国家统计局公布的中国500家最大企业集团中排序第454位；在中国煤炭工业100强企业中排序第17位。并被北京市工商局评为“北京市守信企业”，被中国企业文化促进会评为“中国企业文化建设先进单位”；京煤集团公司董事长倪文驹被北京市企业家协会等9部门评选为“北京市第三届优秀创业企业家”。（徐贺成）

【煤炭销售】 是年，京煤集团昊华能源公司进行煤炭产品的优化，煤炭销量稳定、售价攀升、收入增加、回款良好、运力充足。在昊华能源公司所属3个生产矿和3个控股子公司中，大安山煤矿销煤205.83万吨，比计划多销15.83万吨；木城涧煤矿销煤275.74万吨，比计划多销5.74万吨；长沟峪煤矿销煤101.53万吨，比计划少销18.47万吨；南方商贸公司销煤87.39万吨，比计划多销2.39万吨；天津京西公司销煤52.23万吨，比计划多销2.23万吨；济南商贸公司销煤42.79万吨，比计划多销0.79万吨。在煤炭资源紧张、安全生产形势严峻和地面运输困难加剧的情况下，科学安排生产布局，精心组织掘进回采，严把井下运输、储装、筛选等工作质量关，保证了出口煤任务和国内13家核心用户的煤炭供应。在销售结构中，出口煤销量204.49万吨，比计划多29.49万吨。其中出口日本87.17万吨，韩国74.40万吨，巴西38.63万吨，委内瑞拉3.30万吨，法国1.00万吨。在出口煤炭品种中，1号煤42.38万吨，2号煤76.16万吨，3号煤85.95万吨。国内煤炭销量379万吨。内有特供冶金煤销量228.48万吨，电煤销量44.60万吨。电煤销量实现大幅度增长。在国内煤炭销售品种中，销售特供末煤169.6万吨，占国内煤炭销量44.7%；中块煤50.4万吨，占国内煤炭销量13.3%；小块煤8.6万吨，占国内煤炭销量2.3%；电煤44.6万吨，占国内煤炭销量11.8%；市场末煤104.3万吨，占国内煤炭销量27.5%。经过与用户的艰苦谈判，国内煤炭销售价格进行四次调整，全年国内吨煤平均售价达到219.95元，比上年的165.63元增加54.32元。在国内煤炭销量比上年的431万吨减少52万吨情况下，实现了国内销售收入的显著增长。将出口煤计算在内，全年吨煤平均售价比上年多70.59元。全年煤炭销售收入实现14.8亿元。其中，出口煤销售收入6.47亿元；国内煤炭销售收入8.33亿元，国内煤炭销售收入比上年增加1.2亿元。通过煤炭价格调整，全年煤炭销售实现增收2.91亿元。全年国内煤炭销售发货款9.5亿元，加上清欠陈账，回款9.7亿元，累计回款率102%。回款中，现汇占58.6%，承兑占41.4%。

（潘惠楼）

【房地产开发】 是年，京煤集团公司控股的西达房地产公司开发的绿岛家园二期工程，年内开工面积6.7万平方米。其中，园区内的9、12、13号楼工程全面竣工，实现了让业主在年底入住的目标；园区内14号至19号的6座楼工程完成主体结构。绿岛家园小区在住房销售上，使已竣工的二期住宅楼购房签约率达到79%，完成销售面积3.54万平方米。绿岛家园楼盘被中国房地产及住宅研究会授予“最具投资潜力楼盘”的称号，被《中国消费者报》评为“承诺销售放心房单位”的称号。京煤集团公司还投资1704.84万元，开展对直属单位的职工住宅小区建设、平房翻建和生活环境整治的工程项目164项。权属矿建工程公司在年内的工程开复施工面积达到13.12万平方米，年内竣工面积7.74万平方米，实现收益1.64亿元；京煤集团公司控股的金泰恒业公司全年房地产开复工面积达12万平方米，完成投资4.09亿元。其中，承建的金泰国益大厦、新新天第住宅楼、金泰苑住宅楼、丰台泥洼综合楼、酒仙桥综合楼等工程项目，于年内相继实现了主体结构封顶和进入内外墙装修以及设备安装阶段。金泰开旭大厦、海淀索家坟超市和皂君庙超市等工程项目，先后竣工投入使用。海淀金泰晟通大厦于10月份开工；金泰机械厂整体开发、木樨园购物广场、丰台南里综合楼、金泰海博大酒店四期工程和金泰城等工程项目进入施工前期的准备工作。同时，开发外省市土地资源，京煤集团公司实施和运作在辽宁、江苏、海南等省区的房地产开发项目。其中，金泰恒业公司与海南省三亚兰海集团、榆亚盐厂合作开发了三亚兰海滨河城市花园项目。前期5.4万平方米（498套住宅）于12月开盘销售。（杨清旭　徐贺成）

【多种经营】　是年，京煤集团公司多种经营收入4.77亿元，同上年比提高3.16%。其中，控股的昊煜工贸公司加快产品结构调整，拓展产品销售市场，实现经营收入13460.88万元，比上年多1566.02万元，增幅13.17%。该公司所属京强水泥厂年经营收入4199.11万元，年产水泥17.02万吨。九龙山矿泉饮料公司经营收入508.69万元，比上年多89.14万元，增幅21.25%；年产矿泉水8681.63吨，比上年多2032.37吨。煤矸石热电厂经营收入5109.70万元，比上年多556.91万元，增幅12.23%，年发电14500万千瓦时。爆炸加工厂经营收入2139.80万元，比上年多1202.16万元，增幅129.59%。集团公司直属化工厂、液压支架厂、水煤浆厂，以安全生产为龙头，在原材料价格不断上涨情况下，努力降低成本，共实现经营收入20326.65万元，比上年多4027.85万元。其中，化工厂经营收入7797万元，比上年多144万元；生产火药11850吨，比上年多843吨，生产雷管2143万发，比上年多85万发，民爆产品合格率100%。液压支架厂经营收入6776.75万元，比上年多2657.86万元；生产液压支架5004架，比上年多1932架。货款回收率100%，年营业收入、利润、产品产量都实现了大幅增长。水煤浆厂经营收入5753万元，比上年多1142万元；生产水煤浆10.45万吨，达到历史最高水平。京煤集团公司将昊泰砖厂与昊星砖厂合并重组为新的昊泰砖厂，恢复一条停产多年的生产线，增加矸石砖的品种、规格，年经营收入1339.70万元，年产矸石砖7037万块。京煤集团鑫华源机械制造公司在巩固传统产品的同时，将新开发的机械式停车设备投放市场，年经营收入6053.80万元。（潘惠楼　王新民）

【技术改造与技术进步】　是年，京煤集团在安全生产上，增加基础投入，改善工作条件，提升管理水平，推进技术进步，对煤矿的生产辅助系统进行了大规模技术改造，总计投入资金1.22亿元。其中，购置大型材料和质量标准化投入2760万元；为保生产后劲，加快巷道开拓，实施超尺激励补贴1537万元；改善地面安全生产、生活条件，安排改造项目71个，投入2925万元；购置安全仪器、救护设备投入2000多万元。矿井的运输提升设备、通风排水设备、处理冒顶设备、安全救护设备以及地面的运销生产设备等有了明显的改观。下井生产人员全部携有自救器，管理人员携有瓦斯检测仪，生产工作面安装了瓦斯断电仪。在煤炭采掘工艺上，实施技术创新项目12个，投入资金963万元。新法采煤产量达到全部产量的95.53%。其中，高柱壁式采煤方法试验取得成功。在信息化建设上，建立京煤集团城域内外网，以高速宽带专线接入国际互联网，千余台计算机可以24小时实时在线。更新改造会议视频系统，集团公司与部分基层单位实现了信息、多媒体视频监控管理网上办公一体化。在工厂单位创新中，液压支架厂研制开发的小型综采支架通过煤炭科学研究院的型式试验。化工厂的起爆药生产线项目竣工验收，乳化炸药中试线项目建成投产。鑫华源公司立体车库设备不断完善成为支柱产品。昊泰公司开发出标准实芯砖、七分头砖、外承重砌块等系列建材产品，召开了新产品新闻发布会。集团公司改造通讯系统，配合市政建设完成光缆入地工程。集团公司全年共创新技术134项，创新工艺35项，创新产品9个，创新服务管理模式69项，创新最佳操作法21件，实施技术革新成果226项，提出合理化建议1987件，有16661人学习一门新知识，有7904人掌握一门新技能，有9904人应用一次新技术。评出集团公司级科技进步奖一等奖6个，二等奖9个。（潘惠楼）

【完成民用煤保供任务】 4月初，京煤集团公司控股的金泰恒业公司召开有区县公司、各机煤加工厂和销售煤点等相关单位参加的专门工作会，提出“合理计划、明确分工、密切协作、相互配合”的工作要求。并对北京城区民用煤的20万用户作出“保证质量、保证数量、优质服务”的承诺。该公司提前组织落实全年所需的22万吨煤炭货源。组织承担煤炭加工制作煤产品的3家机煤厂，严格按照北京市政府制定的《低硫优质煤及制品新标准》要求，进行生产加工，使其产品在煤质、重量、形状上，均达到规定指标。在销煤价格上，积极挖潜、技改，将涨价因素进行自我克服消化，确保全年民用煤调价幅度控制在用户可接受的范围内。为确保和推动民用煤用户提前做好冬储煤工作。通过市场价格机制进行引导。到9月20日，用户的冬储煤达到14.2万吨。年末，该公司保供民用煤21万吨，完成民用煤保供任务。（杨清旭　徐贺成）

【杨坨煤矿破产终结】 12月3日，京煤集团杨坨煤矿经北京市第一中级人民法院依法裁定破产程序终结。杨坨煤矿前身为门头沟区军庄人民公社杨坨村于1958年开办的小煤窑。1968年8月，被北京矿务局城子煤矿出资13万元购买，成为城子煤矿的一个生产坑口。1971年，城子煤矿在杨坨新建斜井投产。1972年8月，经燃料化学工业部批准，杨坨新斜井与城子煤矿分开，独立为北京矿务局杨坨煤矿，设计年生产煤炭能力30万吨。1997年，杨坨煤矿年产煤43.6万吨，为历史最高年产量。至1998年年底，杨坨煤矿累计产煤952万吨。上世纪末，杨坨煤矿资源量减少，进入衰老期。2000年8月，杨坨煤矿停产。2001年年末，杨坨煤矿全部可采储量低于设计可采储量的20%，矿井服务年限低于5年，符合资源枯竭矿井条件。2003年4月29日，杨坨煤矿被列入关闭矿井项目。5月27日，杨坨煤矿用原有的供水、供电、供暖等生活服务设施形成的非经营性资产，注册成立了北京燕阳物业管理中心。11月7日，杨坨煤矿向法院申报破产。12月10日，北京市第一中级人民法院依法受理杨坨煤矿破产案。12月18日，北京市第一中级人民法院宣告杨坨煤矿破产。12月31日，清算组正式接管杨坨煤矿。时杨坨煤矿有在职职工2018人。离休人员33人，退休人员1047人，抚恤人员585人，退养家属工657人。2004年12月3日，杨坨煤矿破产程序终结，在职职工分流安置工作全部完成。其中，符合退休条件844人，经本人申请，全部办理了退休手续；按资源枯竭矿山关闭破产政策，办理一次性安置缓退休177人；与企业解除劳动合同，领取安置费50人，领取经济补偿金14人；在京煤集团系统内分流安置职工517人；在职职工中有133名工伤人员，按规定移交地方社会保险机构；有263人随非经营性资产移交，安置到北京燕阳物业管理中心工作。12月23日，京煤集团杨坨煤矿建置撤销，下属燕阳物业管理中心及矿医院划归京煤集团物业管理公司，离退休业务划归京煤集团离退休中心。 （潘惠楼）

【研制成功轻型放顶煤液压支架】 12月，京煤集团公司液压支架厂生产的轻型放顶煤支架，通过国家煤炭科学研究院支护产品检测中心的技术鉴定，达到生产销售的标准。京煤集团公司液压支架厂是国内唯一一家专业生产矿用悬移液压支架的厂家。自1988年其首创的悬移液压支架在煤矿应用取得良好生产效果，并取得国家发明奖和多项部市级奖项后，不断研究与改进。到2002年时，已形成12个系列的液压支架产品。2003年9月，该厂科研技术人员针对年产60万吨以下中小煤矿开采工作面的环境条件投资近40万元，开发研制型号为ZF2000/17/230D型导向式轻型放顶煤液压支架。这种轻型放顶煤液压支架，具有支护强度大、工作面过人空间大、重量轻等特点。

（莫永民 徐贺成）

【建立专业技术技能人才队伍】 是年，京煤集团公司对企业的电工、电焊工、采掘电钳工等15个工种的1345名员工进行技能培训鉴定，有287名员工取得高级职业任职资格，846名员工取得中级职业任职资格，190名员工取得初级职业任职资格。组织企业3937名员工参加“新世纪北京首届职业技能大赛”，并进行工人技师考评，使企业工人技师人数达到217人。其中10名员工被评为北京市和京煤集团公司高级技师。年内，有305人取得专业技术职称。其中有20人取得高级职称，55人取得中级职称，230人取得初级职称。接收大中专毕业生181人，技校毕业生48人，引进社会高级经营管理人才11人，企业内部调剂经营管理人才44人，引进短期流动人才11人，补充企业人才库210人。年底，京煤集团公司拥有专业技术人员4609人，工人技师217人，有职业任职资格的员工1345人。企业有专业技术与职业任职资格的员工人数约占企业员工总人数的21.9%，形成了比较完备齐全并有一定比例的专业技术技能人才队伍。 （徐贺成）

【大力办好“民心工程”】 年内，京煤集团公司投入专项资金1704.84万元，实施与完成直属单位的164项的平房翻建、管道更换、危电改造、小区建设等“民心工程”。权属单位昊华能源股份公司投入资金2723.74万元，对所属煤矿、物资公司与业务部门的工作生活环境进行整治、改造和美化。京煤集团物业公司落实206万元资金，用于门头沟物业公司和门城物业公司所辖的房屋修缮和维修工程项目；通过集资方式建住房1.3万平方米，缓解部分员工住房紧张状况。集团公司为保证员工购买住房的资金要求，将住房公积金计提比例从8%，提高到10%；为支持员工福利设施建设改造将法定公益金计提比例，按当年分配利润的5%，提高到

10%。年内，集团公司工会组织与特困员工和困难员工的帮扶结对率达100%；帮助特困员工申领低保领证率达90%以上。新年和春节期间，集团公司领导和部门走访困难劳动模范、困难员工及抚恤户达2806户，发放慰问金181.75万元，资助930名困难员工就医和子女就学，发放救助款达13万元。（徐贺成）

【京煤集团山地林木绿化率达91.9%】 京煤集团自20世纪50年代开始，在矿区所在的平原、山区植树绿化，到2004年年末，已拥有大台、斋堂山、长沟峪、珠窝、雁翅、河南台等多片林区。其内林地总面积有11788.9公顷。在林业用地中，有林面积为4583.25公顷，森林覆盖率为38.9%；包括灌木林地林木绿化率达91.9%。活立木总蓄积量达11.6万立方米。截止2004年年底，京煤集团已累计投资4000多万元，组建了专门林木管理部门和6个林队10个护林点，有专职和季节护林员工100余人；在靠近林区的煤矿工厂单位里，组织了4个专业中队、两个半专业中队，共有2186人参加的义务扑火队伍；另配有林区钢结构防火瞭望塔两座，无线电台114部，有线电话28部，森林消防车9辆，多种类型扑火机具8500台件。2004年，维护防火公路18公里，开设防火隔离带16万延长米。

（安全山　徐贺成）

主要产品名录

产品名称	2004年产量	计量单位	生产厂家
原煤	5403179	吨	北京昊华能源股份有限公司
发电	16490	万千瓦小时	北京昊煜工贸有限责任公司煤矸石热电厂
矿泉水	8004	吨	北京市九龙山矿泉饮料公司
炸药	11850	吨	北京京煤集团有限责任公司化工厂
雷管	2143	万发	北京京煤集团有限责任公司化工厂
水泥	170151	吨	北京昊煜工贸有限责任公司京强水泥厂
液压支架	5004	架	北京京煤集团有限责任公司液压支架厂
钢窗	569	吨	北京鑫华源机械制造有限责任公司
巧克力	185	吨	北京莱勒克食品有限公司
水煤浆	104534	吨	北京水煤浆厂
氧气	3776	万立方米	北京鑫华源机械制造有限责任公司
铸件	1911	吨	北京源辰铸造有限责任公司
砖	7037	万块	北京昊泰建筑材料有限公司
矿山设备	2924	吨	北京鑫华源机械制造有限责任公司
复合板	1892	吨	北京昊煜工贸有限责任公司

华北电网有限公司

【综述】 是年，华北电网有限公司系统围绕发展是第一要务的工作目标和重点工作，开拓进取，努力工作。安全生产、电力供应、电网建设、经营管理等工作均取得良好成绩。主要生产经营指标完成情况：售电量，华北完成3561.35亿千瓦时，比国家电网公司下达指标增加233.35亿千瓦时；京津唐售电量完成1172.38亿千瓦时，比国家电网公司下达指标增加72.38亿千瓦时。应收电费余额，华北完成26.60亿元，比国家电网公司下达指标减少7.75亿元；京津唐完成15.21亿元，比国家电网公司下达指标减少5.79亿元。净资产收益率，华北完成1.78%，比国家电网公司下达指标提高0.8个百分点；京津唐完成1.86%，比国家电网公司下达指标提高0.81个百分点。资产负债率，华北完成62.26%，比国家电网公司下达指标降低4.74个百分点；京津唐完成58.26%，比国家电网公司下达指标降低6.74个百分点。流动资产周转率，华北完成2.76次，比国家电网公司下达指标高1.06次；京津唐完成2.47次，比考核指标高0.78次。上缴投资收益，华北完成1.97亿元，京津唐完成0.7亿元，均完成了国家电网公司下达的上缴任务。京津唐电网未发生特大电网、设备事故，未发生有人员责任的重大电网、设备事故，未发生重大火灾事故以及重大施工机械设备损坏事故。华北电网有限公司获国家电网公司2004年度科技进步先进单位和信息化工作先进单位称号。（华　电）

【电网稳定运行保电力供应】 2004年，是华北电网近年来供电形势最为紧张的一年。华北全网最大负荷达到6595万千瓦，京津唐电网最大负荷达到2220万千瓦，华北网包括京津唐电网在内的各省级电网均出现了严重的拉闸限电。在全网缺电的形势下，网公司加强协调，发挥大电网优势，进行余缺互补；各省网克服困难，相互支援，缓解了供电压力。按照大唐托克托电厂3号机组（60万千瓦）投产进度倒排送出电网工程工期，保证了3号机组电力的顺利送出。在国家电网公司的支持下，夏季高峰期间东北送华北电力最高增加到120万千瓦。争取北京市政府支持，对十三陵水库进行补水，恢复了北京十三陵蓄能电厂的调峰能力。合理安排检修计划，组织发电机组和输变电设备利用低谷消缺，强化技术监督和并网电厂的安全性评价，运行设备的健康水平稳步提高。根据电网实际可调容量，分解下达各地区用电指标，制订并落实各种负荷条件下错峰、避峰方案。采取非连续性生产企业分批休假，商场、宾馆和办公场所调整空调温度，限制高耗能企业用电等措施，夏季负荷高峰时段，京津唐电网实现错峰、避峰117.7万千瓦，利用负荷管理系统以及季节性电价政策转移高峰负荷87万千瓦，严格按照政府批准的序位限电，保证了负荷高峰时段以及紧急事故情况下的电网安全和供电秩序，保证了重要用户、重大政治活动和居民生活用电。夏季和冬季负荷高峰期间，做到了有序供电、合理限电、确保重点。电网保持了稳定运行，圆满完成了“两会”、十六届四中全会等重大政治保电任务。（华　电）

【电网建设】 年内，华北电网有限公司完成了华北电网“十一五”规划的修编工作和华北电网2020年目标网架研究报告，完成了天津电网规划设计评审，主要电网项目的前期工作进展顺利。华北电网500千伏主网架建设以及区域电网结构得到加强。全年共完成电网投资73.1亿元，投产500千伏输变电工程6项，新增500千伏变电容量225万千伏安，新建线路1484公里。华北、山东联网工程已具备投产条件。500千伏姜家营—安各庄—滨海输变电工程，神二—保北输变电工程以及吴庄、姜家营变电站扩建工程相继投产，京津唐电网形成500千伏环网。在500千伏托克托—浑源—霸州输变电工程建设中，参建单位团结协作，使整个工程提前两个月投运，为缓解京津唐电网夏季用电紧张发挥了重要作用。天津大港电厂2号机组改造工程于12月上旬提前竣工投产，冀北地区110千伏技术改造工程、35千伏及以下配网投资基建立项。北京农网三期投资计划已由国家发改委批复；天津农网三期完成投资7亿元，占投资计划的76.8%；冀北地区农网三期完成投资8.94亿元，占投资计划的63%。京津唐电网农网新建和改造10千伏及以上电压等级线路共计3035公里，新增和更新配电变压器3263台，总容量40万千伏安。

（华　电）

【经营管理】 年内，华北电网公司通过开源节流，实现了资本性收支预算的基本平衡。电费回收实现当年结零。优化购电结构，降低购电支出，加强营业普查，全年累计增收5740万元。强化线损的理论计算指导作用，推广分台区管理，线损率稳步下降。疏导电价矛盾，京津唐电网销售电价平均调价为2.48分/千瓦时，其中电网部分为1.945分/千瓦时，占此次总调价水平的78.4%，主营业务获利能力明显增强，京津唐电网在全国率先出台了新机标杆电价。清产核资摸清了公司家底，核实了资产质量。实施《企业会计制度》。新折旧政策执行后，母公司汇编口径的折旧率提高2.43个百分点。规范客户服务中心的业务流程，建立优质服务常态运行机制。公司供电客户服务监督管理中心正式投运，构建了京津唐电网三级供电服务与监管体系。

（华　电）

【电力设备生产】 是年，北京电力设备总厂按市场要求对企业部分资源及生产要素进行整合，将电站备件厂重组为特种工业汽轮机厂，主要产品中速磨煤机年产出量接近前三年的总产量，ZGM型中速磨煤机在化工市场实现较大突破。完成ZGM 95QG型中速磨煤机设计，该磨煤机属国际同类产品先进水平。工业汽轮机年产出是前5年的总和，配套600兆瓦机组的10兆瓦工业汽轮机中标四川金堂工程和广西贵港工程，11月23日，北京电力设备总厂与俄罗斯动力——卡卢加汽轮机公司达成合作协议，以提高该厂工业汽轮机水平。年内，该厂干式铁心并联电抗器1万千伏安/35千伏在浙江中标，1万千伏安/10千伏4台在广州中标。签订42台滤波电抗器合同，替代正平直流500千伏换流站原进口滤波电抗器。在电力产品开发上，与华北电力技术院合作完成电动机热管式冷却器研制，属国内首创。自2003年年底至2004年10月，热管式冷却器先后在YMKQ 600－6型650千瓦/6千伏、630千瓦/10千伏、45千瓦/6千伏应用，效果良好。630千瓦/6千伏作为ZGM 113型中速磨煤机的拖动电机与传统电动机相比，可节约水资源，在电站辅机和电器产品订货额方面，创造了连续四年高速增长的纪录，市场订货突破24亿元，完成了800千伏试验电抗器的定制开发，电抗器单组冲击电压耐受高达1700千伏，两组对称等级最高，10月29日，该设备应用于国家重大技术项目“800千伏断路器试验站”（世界级）。（电力修造厂）

【16台中速磨煤机出口印度】 4月中旬，北京电力设备总厂首批出口印度的8台113型中速磨煤机运抵大连港。6月底第二批8台运抵大连港，实现了中国首次整机批量出口中速磨煤机。两批中速磨煤机分别于3月和6月通过北京市出入境检验检疫局的商检。该产品用于印度BHARAT铝业公司自备电站，总装机4×135兆瓦燃煤机组。全年该厂国际依存度提高，出口产品161.4万美元，进口额达3627.4万美元。（华　电）

【电力设备总厂加强人力资源开发】 年内，北京电力设备总厂加强人力资源开发与管理，通过中介机构，招聘企业工程技术人员23人。聘用技校、职业学院毕业生66人，实习生40人，实行新员工、新机制。同时，推出专业技术带头人评聘办法，聘任7位专业技术带头人，推出工人技师评聘办法，聘任主要工种的27名技师。（华　电）

主要产品名录

ZGM型中速辊式磨煤机系列产品

型号规格 / 性能参数		ZGM95			ZGM113			ZGM123		ZGM133	
		K	N	G	K	N	G	N	G	N	G
磨煤机电动机功率	kW	355	400	450	500	560	630	710	800	900	1000
磨盘工作直径	mm	1900			2250			2450		2650	
每个磨辊最大载重力	kN	217			304			360		421	
电动机重量	kN	47			60			80		110	
煤粉细度	R_{90}	2%～15%						10%～40%			

特种工业汽轮机

型号	TGQ06/7－1（6MW工业汽轮机）		TGQ10/6（10MW工业汽轮机）	
型式	单缸、双汽源、内切换、变转速、变功率、冲动凝汽式			
代号	QG11、QG12、QG13	QG21、QG22、QG23	QG32	QG42
低压汽压力 MPa	0.699	0.753	0.757	0.757

续表

型　　号	TGQ06/7－1（6MW 工业汽轮机）		TGQ10/6 （10MW 工业汽轮机）	
型式	单缸、双汽源、内切换、变转速、变功率、冲动凝汽式			
代号	QG11、QG12、QG13	QG21、QG22、QG23	QG32	QG42
低压汽温度℃	395	333	330	330
高压汽压力 MPa	12.7	16.7	16.7	4.0
高压汽温度℃	530	535	535	300
排汽压力 kPa	7.1	7.1	7.1	7.1
内效率%	81.2	81.5	82.5	82.4
内功率 kW	3515	3471	6500	10000
汽耗率 kg/kWh	5.114	5.5461	5.325	5.252
旋转方向	从机头侧沿汽流方向看为顺时针			
转子临界转速 r/min	一阶：2550 二阶：12200		一阶：2336 二阶：7720	
连续运行转速范围	3000～6000r/min		2800～6000r/min	
汽源切换点	40%主机额定负荷（定压运行）			
配汽方式	低压进汽：喷嘴配汽；高压进汽：节流配汽			
汽轮机级数	单列调节级＋6个压力级		单列调节级＋5个压力级	
排汽管道尺寸 mm	Φ1620×10		Φ2120×14	
转子重量 kg	1742		3200	
外型尺寸（运行层以上）mm	4200×2350×2780 （LXWXH）		7260×3580×3800 （LXWXH）	

BKSC 树脂浇注干式铁心并联电抗器

型　号	容量（kVar）	电压（kV）	额定电流（A）	额定电抗（Ω）	损耗（kW）	噪音水平（dB）	外型尺寸 宽×深×高（mm）	轨距 D（mm）
BKSC－5000/10	5000	10	288.7	20	33.1	64	3000×1350×2540	1070
BKSC－10000/10	10000	10	577.3	10	49.7	66	2940×1780×2546	1475
BKSC－10000/35	10000	35	164.9	122.6	52.3	68	3390×1780×2970	1475

BKK 型干式空心电抗器

型　号	容量（kVA）	额定电流（A）	额定电抗（Ω）	额定电感（mH）	外径 D（mm）	高度（H）	总高（mm）	总重（kg）	损耗比值（%）	安装支点（个）	安装节径（mm）
BKK－20000/35	20000	1004	19.8	63.1	2860	2236	6599	9379	0.34	6	2400
BKK－30000/66	20000	525	72.6	231.1	3000	3276	5032	12507	0.33	18	2300/3700

XKK 型干式空心限流电抗器

型　号	额定电压（kA）	额定电流（A）	电抗率（%）	额定电感（mH）	三相通过容量（kVA）	单相无功容量（kVar）	单相损耗 75℃（W）	动稳定电流峰值（kV）	短时电流（kA）	线圈外径（mm）	线圈高度（mm）	下瓷座高度（mm）	中间瓷件高度（mm）
XKK－6－5000－12	6	5000	12	0.278	3×17320	2183	14772	204	80	1850	1288	897	386
XKK－10－5000－8	10	5000	8	0.293	3×28868	2300	17069	204	80	1850	1298	897	386

XZF 线路阻波器

型　　号	Ltn (mH)	In (A)	T (S)	Ikn (kA)	Ikp (kA)	图号		DBS (mm)	H (mm)	Φy (mm)	Φa (mm)	Φb (mm)	Φc (mm)
						Susp	ped						
XZF－2500－1.0/63－B1	1.0	2500	3	63	161		5	990	1296	1660	1040	1300	1800
XZF－3150－1.0/63－B1	1.0	3150	3	63	161		5	990	1296	2140	1100	1800	2300
XZF－4000－1.0/100－B1	1.0	4000	3	100	255		6	1080	1488	2290	1180	1900	2400

北京电力公司

【综述】 2004 年是北京电力公司建制调整的开局之年。公司坚持以人为本，抓发展，抓管理，抓服务，锐意进取，奋发图强，全面推动工作进步。主要指标完成情况：未发生特大电网、设备事故，未发生重大电网、设备事故，未发生重大火灾事故，未发生造成重大社会影响的事故，未发生有人员责任的重伤及以上人身事故，只发生一起非责任人身死亡事故。线损率 7.78%。售电量 436.07 亿千瓦时（扣除十三陵蓄能电站抽水电量，累计售电量完成 432.27 亿千瓦时），目录口径售电均价 536.29 元/兆瓦时。超额完成上级下达的三项责任制考核指标。

公司坚持“安全第一，预防为主”的方针，认真贯彻“管生产必须管安全”的原则，着力建设各专业工作的安全保证体系，使安全管理与各专业工作更加紧密结合。在健全体系的基础上，强化监督职能作用，深入开展安全大检查和安全性评价工作，以朝阳供电公司为试点，全方位评估和完善体系建设及实施情况。公司安全生产形势保持了比较稳定的局面，完成了“两会”、亚洲杯足球赛、中法文化年等 251 项保电任务。公司建立了分层分级的生产运行管理体系，生产运行能力进一步提升。完成调度本部化工作，制定了调度范围划分方案，为理清两级电网调度衔接界面创造了条件。强化设备管理，制定了 7 大类 125 项设备的选用技术条件，明确了电力设备大修和技改技术原则。加强二次系统建设，编制了通信、自动化、保护“十一五”的发展规划。以城区供电公司为试点，制定并实施了配网自动化建设方案。编制了应急预案，形成了比较完整的安全预警及应急预案体系。

公司高度重视电网度夏工作，提早分析电网度夏形势，采取多项措施应对夏季大负荷。加大电网基建和改造力度，新建了 9 座 110 千伏及以上变电站，完成了 11 条 35 千伏及以上输电线路增容改造工程，更换和加装了 6 台变压器，实施了 12 类

146项分倒路工程，提高了网架结构可靠性和电网供电能力。合理安排电网运行方式，强化电网统一调度，做到了科学指挥、精心调度。严格按照设备大修和改造标准进行检修、预试，确保夏季大负荷期间电网各类设备处于健康运行状态。针对不同程度的电力缺口，制定了预控措施、紧急措施和事故措施三类需求侧管理方案，保证了电力有序供应。电网在943.6万千瓦的历史最大负荷情况下，安全度过了2004年夏季负荷高峰。（电　力）

【电网建设】 编制了北京电网“十一五”发展规划及2020年远景目标，确定了电网发展的中长期目标。全年完成基建综合投资20.56亿元，投产输变电工程25项，土建开工18项，土建竣工17项，开、竣工项目数量均达到历史最好水平。动物园、北新桥等一批电网项目取得了突破性进展。开展农网二期工程“回头看”，实施农网工程一、二期补充项目计划，完成农网三期工程可研审核及批复工作，北京地区农村电网的供电可靠性增强。（电　力）

【经营管理】 公司建立内部模拟核算指标考核体系，突出了各供电公司作为经济效益中心、服务中心、安全管理中心和电网建设中心的作用。建立经济活动分析常态机制，监控公司经营状况。在投融资管理方面，做好项目可行性分析，优化投资项目，探索新融资渠道，尝试采取用户垫资等方式为电网建设与发展提供资金保障。开展内控审计试点，强化自我约束机制，贯彻依法治企的观念，有效防范了经营风险。建立了物资招投标采购平台，实现了大宗物资的统一招标采购，发挥了公司物资的规模效益，有效提升了整体经营能力，各单位经营状况均好于往年。全面清查银行账户，开通网上银行业务，构建资金流资源平台，实现了对电费资金的集中管理、统一运作和有效监控，资金流转速度和使用效率提高，财务费用大幅降低。公司以机关本部为试点推行全面预算管理，有效控制了成本的增长。电价调整和季节性电价的出台，提高了公司的经济效益。清产核资核实了资产数量和质量，并在政策允许范围内，核销了不良资产，优化了公司资产结构，明晰界定了资产的产权关系。采取签订资产经营责任书形式，明晰了基层单位对所辖资产承担的保值增值责任。（电　力）

【售电服务】 公司实现了营销业务属地化管理，全年累计接电4270兆伏安，同比增幅达20.7%。在丰台供电公司开展计量试点，推进计量改革和计量装置的改造。在全市范围内推广安装和换装峰谷电能表，引导用户科学、合理用电。公司以客户为中心，按照“一口对外”的原则对客户服务流程实施再造，方便了客户用电业务办理。拓宽服务渠道，增设服务网点，利用GPS等科技手段加快故障处理速度。以海淀供电公司为试点，缩小服务半径，统一服务标识和服务内容，推动服务标准化、规范化建设。接受社会监督，处理人大代表提案、政协委员建议和人民群众来信来访，推动了工作作风的转变，年初制定的6项社会服务承诺和5件社会实事计划得到落实。经95598热线对6000余客户回访，客户满意率达到99.74%。（电　力）

【科技发展】 公司启动信息化“十一

五”发展规划的编制工作，在机关本部初步建立统一的信息应用基础平台，为实现信息资源共享创造了条件。组织“科技活动周”活动，提高工程技术人员钻研新技术、学习新工艺的热情。规范科技项目管理，加大科研投入，推广科技成果，2004年有3项成果获得国家电网公司科技进步奖，4项获得北京市科技成果奖。（电　力）

【企业改革】 公司以建立省级电力公司管理结构为目标，推进内部机构改革，对原有科技研究、后勤服务、教育培训等机构进行重组，对调度、变电、业扩、电缆、计量、客服等业务在一定范围内下放。为适应公司经营管理模式的变化，建设资产、资金、信息等六个资源平台和战略发展、安全生产、财务核算等十三个管理体系，依托平台在全公司范围内优化资源配置，理顺工作流程。与国际知名电力公司进行“对标”，健全规章制度，创新奖惩机制，加大督办力度，提高了工作的计划性和协调性。（电　力）

北京金隅集团有限责任公司

【综述】 是年，北京金隅集团有限责任公司（以下简称金隅集团）完成营业总收入74.1亿元，比上年增长12.2%；产品销售收入43.6亿元，比上年增长9.8%。其中国有企业完成26亿元，合资企业完成16亿元；实现利税7.9亿元，比上年增长12.7%。其中国有企业完成5.5亿元，合资企业完成2.4亿元。实现利润3.57亿元，比上年增长16.2%。其中国有企业完成2.12亿元，合资企业完成1.48亿元。工业增加值14.1亿元，比上年增长4.6%。其中国有企业完成7.5亿元，合资企业完成6.2亿元。全员劳动生产率完成32.6万元/人·年，比上年增长19.2%。全年引进外商直接投资2408.7万美元，比上年提高38.3%。

金隅集团“现代制造业—房地产开发业—现代服务业”核心产业链三大板块呈现并驾齐驱、快速、健康发展态势。以高标号水泥、高档卫生洁具、中密度人造板及木材深加工等为代表的5大核心业务和10大产品产销均比上年有大幅增长。年内共完成重点科技开发项目23项，投产18项，新增销售收入6600多万元；投入9597万元用于新产品开发，新产品实现销售收入2.66亿元；投入3.88亿元完成技改项目75项，其中，企业自主完成技改项目64项。全年引进外商直接投资2408.7万美元，新建合资公司1家，新签订合资意向书3项，完成合资公司增资扩产项目6项。

金隅集团房地产开复工面积159.2万平方米，竣工面积74万平方米。以金隅大厦、腾达大厦和锦湖园公寓为代表的高档物业出租率均在95%以上，年营业收入达1.5亿元。年底，“环球贸易中心”一期工程（皇安大厦）的竣工，使集团高档物业可出租面积达到30万平方米。

（毛永峰）

【企业调整】 年内，北京市建材机械制造厂与北京市博厦工贸公司、北京市水暖器材一厂与北京市木工机械厂合并，北京市南湖实业公司整建制划归北京金隅嘉业房地产开发公司领导和管理。北京市长城家具公司搬迁至大兴地区。其中：木制家具生产线搬迁至北京北玛建筑装饰材料厂原石膏砌块车间，金属家具生产线搬迁至大兴黄村新建的3600平方米厂房内。北京北玛建筑装饰材料厂石膏砌块生产线由大兴地区搬迁至混凝土制品一厂。北京市长城家具公司、北京星牌建材有限责任公司岩棉分厂污染扰民搬迁项目取得了市发改委的立项批复。（王怀斌）

【生产经营】 是年，北京金隅集团现代制造业实现工业总产值（现价）38.3亿元，比上年提高11.8%。其中，国有企业实现20.3亿元，比上年提高4.6%；合资企业实现16.7亿元，比上年提高22.0%；其他企业实现1.3亿元，比上年提高2.7%。主要产品产销量：水泥418万吨，比上年增长9.7%；卫生陶瓷554.9万件，比上年增长4.7%；中高密度纤维板13.3万立方米，比上年降低8.4%；家具211.3万件，比上年提高26.3%；建筑涂料9126.6吨，比上年增长22.9%；商品混凝土39.3万立方米，比上年增长11.1%；加气混凝土52.2万立方米，比上年增长17.8%；矿棉吸声板728万平方米，比上年降低19.1%；复合木地板556万平方米，比上年增长168.1%；不定型耐火材料67000吨，比上年增长47%。实现产品销售收入43亿元，比上年提高8.3%，其中国有企业实现26亿元，比上年增长12.0%，合资企业实现16.1亿元，比上年提高8.9%。产品产销率达到98.8%，其中国有企业达到100.8%，合资企业达到96.6%。18家国有工业企业经营性现金流入量实现27.73亿元，比上年增长19.4%。北京市发展改革委员会授予北京金隅集团“2004年首都经济运行调节工作先进单位”称号。（万洪铎）

【外经工作】 全年引进外商直接投资2408.7万美元；新建合资公司1家，为北京建华布朗尼混凝土有限公司；新签订合资意向书3项，分别为意大利OIKOS涂料、圣马力诺哥伦比尼家具、意大利BBI母线槽；合资公司增资扩产项目5项，分别为北京三重镜业有限公司、北京圣戈班维特克斯玻璃纤维有限公司、北京森华人造板有限公司、北京森德散热器有限公司、北京东陶有限公司及东陶机器（北京）有限公司；合资企业完成销售收入15.5亿元，实现利润1.4亿元。北京市琉璃水泥厂通过收购北京建华布朗尼混凝土有限公司55%的股权，与新加坡建华布朗尼有限公司组成合资公司，生产经营商品混凝土，年设计生产能力40万立方米。北京市建材科研院与意大利OIKOS（欧格诗）公司签订合资意向书，拟在北京建设一家生产经营中高档装饰涂料的合资公司。北京天坛股份有限公司与圣马力诺哥伦比尼公司就板式家具项目签订合资意向书。北京市五金科研实验厂与意大利BBI电气公司就中高档母线槽项目签订合资意向书。有多家合资企业实现了增资扩产：北京三重镜业有限公司增资6100万元人民币建设一条表面镜生产线，年设计生产能力为45万片；圣戈班维特克斯维公司增资1230万欧元对现有生产线进行扩产改造，生产能力由6000吨增加到2.2万吨；森华公司增加投资4000万元人民币建设热力中心；森德公司增加投资1000万元人民币建设一条铜铝复合散热器生产线；北京东陶及东陶机器共增资3320万元人民币对生产设备和设施进行改造。

（张建锋）

【外贸工作】 是年，北京金隅集团进出口总额 8003.15 万美元，比上年增长 151%。其中：出口创汇 5166.15 万美元，比上年增长 136%。进口贸易 2837 万美元，比上年增长 190%。进口贸易主体是集团系统内合资企业设备进口及国有企业技改项目设备进口，由集团公司进出口部完成 2837 万美元。主要出口产品有：建材制品、服装、钢木家具、卫生陶瓷、地板、聚氨纸、玻璃棉、散热器、五金件、办公家具、沙发、石膏制品、玻璃纤维、无捻纤维等。主要出口国家和地区有：欧盟、美国、日本、新加坡、加拿大、俄罗斯、澳大利亚、斯里兰卡、西班牙、希腊、韩国、越南、泰国、意大利、香港、台湾等。 （李 荣）

【科技开发和新产品】 是年，北京金隅集团共完成重点科技开发项目 23 项，投产 18 项；共申请专利 22 项，批准 17 项。投产的 18 个开发项目年内共完成约 6600 多万元的新增销售收入。全年新产品销售收入 2.66 亿元。北京水泥厂试烧危险废物取得很好进展，全年实现焚烧废物 1 万吨左右，产值达到 1300 万元以上。北京水泥厂与北京工业大学联合开发的危险废物焚烧技术攻关课题，通过了北京市科委的鉴定。北京天坛股份有限公司继续与国外设计公司合作，设计出八大系列共 300 多种家具新品，并申请了 15 项国家专利（已经批准 13 项）。新开发生产的高档工程用木质门，实现销售收入 1300 多万元。北京市现代建材公司开发生产了强度在 2.8 兆帕以上的 05 级低容重加气墙板。北京市加气混凝土厂成功生产出 03 级加气混凝土，强度达到 1.6 兆帕，导热系数达到 0.07，在两个工程上试用 500 立方米，效果良好，该项目列入了北京市建委墙改办技术攻关项目。北京市通达耐火技术公司开发了水泥窑关键部位耐火材料配套技术，设计了 2500t/d 以上和 5000t/d 以上水泥窑关键耐火材料配套方案，重点对 G－17K、G－17P、G－18 产品进行了优化和升级，提高了使用寿命，加强了配套材料的应用，实现新增销售收入 553 万元。北京金隅集团技术中心与北京森华人造板有限公司进行了两个项目的技术合作。一是纳米抗菌地板项目，通过试验以及在生产线上进行系列调试，制备出了合格的纳米抗菌地板，经检测木地板对大肠杆菌、金黄色葡萄球菌的抗菌性能达到 99.99%，不影响地板的生产工艺和其他性能。二是地板防水涂液项目，通过试验，克诺森华地板的吸水膨胀率由 12% 降到2.5%，达到国内最好水平。 （何光明）

【技术改造】 是年，北京金隅集团有限责任公司共完成技术改造项目 75 项，合计完成国有企业固定资产投资 38812 万元。其中列为集团重点技术改造的 11 个项目全部按计划得以实施，竣工验收的项目有 9 项，基本建成的项目有 2 项。在北京水泥厂内兴建的北京金隅集团处置城市工业废弃物示范工程于 1 月 29 日开工建设，12 月底基本建成。项目建设投资约 2.6 亿元，投产后每年将处置各类城市工业废弃物 10 万吨。北京星牌建材有限责任公司下花园粒状棉生产线搬迁改造工程于 8 月 21 日建成投产，已生产出合格产品，项目建设投资约 3000 万元，投产后年产粒状棉 2 万吨。北京市琉璃河水泥厂新一线二期技术改造工程于 11 月全部建成，新一线的窑生产能力提高到日产 2300 吨。该项技术改造总投资为 724 万元，改造后熟料生产线的各项能耗指标明显改善。北京金隅集团与房山区合作建设的窦店天然气工程，于8月开工建设，11月底建成，12月28日向窦店工业区内的合资企业供气。该项工程的天然气管线从良乡炒米店接至北京金隅集团窦店工业区，全长约11公里，北京金隅集团共投资2000万元。

（于立德）

主要产品名录

产品名称	年生产能力	规格型号	生产企业
水泥	230万吨	矿32.5号、普32.5号、普42.5号	北京市琉璃河水泥厂
	150万吨	普32.5号、普42.5号	北京水泥厂有限责任公司
	60万吨	矿32.5号、普32.5号、普42.5号	北京市燕山水泥厂
卫生陶瓷	140万件	各种规格型号的TOTO分体、连体坐便器、洗面盆等卫生洁具	东陶机器(北京)有限公司
	60万件		北京东陶有限公司
中高密度纤维板	16万立方米	1220×244×4～40mm	北京森华人造板有限公司
家具	5亿元(产值)	民用、办公、酒店、客房家具	北京市天坛股份有限公司
	6000万元(产值)	高档排椅	北京市长城家具公司
涂料	3000吨	防火涂料	北京市建筑涂料厂
	12000吨	装饰涂料	北京星牌建材有限责任公司
	5000吨	装饰涂料	北京金之鼎化学建材科技有限公司
	3000吨	纳米涂料	北京纳美科技发展有限公司
钢制散热器	500万片	各种规格	北京森德散热器有限公司
矿棉吸声板	1000万平方米	吊顶系列	北京星牌建材有限责任公司
复合木地板	1500万平方米	1285×195×8mm 1200×191×8mm	北京克诺森华地板有限公司
商品混凝土	50万立方米	C30～C60	北京三联混凝土有限公司
防水材料	1400万平方米	SBS、APP改性沥青、TPO、三元乙丙橡胶防水卷材、单组分聚氨酯	北京卡莱尔防水材料有限公司

续表

产品名称	年生产能力	规格型号	生产企业
玻璃棉	6000吨	各种板材、卷材	北京圣戈班依索维尔玻璃棉有限公司
玻璃纤维	22000吨	300～8800TEX、38～76TEX	北京圣戈班维特克斯有限公司
彩色钢板	3万吨	0.2～1.2mm系列彩色涂层板	北京星牌建材有限责任公司
电缆桥架	4000万元(产值)	封闭式插接母线、钢制、防火电缆桥架、铝合金桥架、地面线槽、插座等	北京市建筑五金科研实验厂
防火木门	3万平方米	各种中、高档防火木门	北京市木材厂
树脂胶	12500吨	各种规格	北京太尔化工有限公司
加气混凝土	40万立方米	加气板材(包括隔墙板)、砌块	北京市现代建材公司
	25万立方米		北京市加气混凝土厂
浇注料	10万吨	系列不定型耐火浇注料	北京天坛股份公司通达耐火技术分公司
粉刷石膏	60000吨	加气混凝土型、外墙内保温型、耐水型	北京金之鼎化学建材科技有限公司
劈离砖	50万平方米	各种规格墙、地砖	北京市西六建材工贸公司
古建砖、瓦	1000万元(产值)	适用于古建筑的各种规格型号的青砖、瓦及兽头	北京市西六建材工贸公司

北京纺织控股有限责任公司

【综述】 是年，北京纺织控股有限责任公司所属规模以上企业完成现价工业总产值174559.1万元，比上年增加2.8%；实现产品销售收入189748.5万元，比上年增加2.7%；合并会计报表主营业务收入完成397502万元，比上年增加13.2%；主营业务利润完成9218万元，比上年减少11.6%；合并会计报表主营业务利润完成24630万元，比上年增加19.8%；利润总额完成1549.1万元，比上年减少15.4%；

合并会计报表利润总额完成6812万元，比上年增加31.8%。净资产收益率2.84%，成本费用利润率1.57%，流动资产周转率85.2%。

国有产权制度改革。利用外资和民间资本参与并购重组取得进展。北京铜牛股份有限公司、北京雪莲羊绒股份有限公司增资扩股。北京制呢厂、中土畜三利发展股份有限公司与美国派克公司合资北京派利制呢有限公司完成可行性研究报告。北京京棉纺织集团公司一分公司结合搬迁调整，实行分块改制，京棉夏都制线有限公司、京棉峪昌纺织有限公司设立。三级及三级以下企业剥离改制取得实效。年内基本完成清理整顿企业55家，其中注销29家。全年吸引民营资本投资6000余万元。国有独资企业由45家减至36家，国有控股企业由73家减至72家。北京二毛集团实施破产。北京维尼纶厂、北京长毛绒厂破产案终结。

产品创新。北京铜牛针织集团公司弗莱特内衣形成拳头产品，实现销售收入2000多万元。北京雪莲羊绒股份有限公司牛奶纤维产品开发成功，首批定货近万件。北京天彩纺织服装有限公司成为北京2008年奥运会特许商品生产企业，成功举办彩棉新产品发布会。全年新产品销售收入占全部产品销售收入的比重达23.7%。

国有资产管理。从重点管理国有企业转向重点管理国有产权，从重点管理企业领导班子转向重点管理国有产权代表。完成11家企业国有产权代表任期审计、考核、评定，并实行新一届聘任。控股公司本部及二、三级企业、事业共158家进行国有资产清产核资，基本完成账项清理、实物清查、损失申报。

企业搬迁调整。北京雪莲羊绒股份有限公司新厂竣工投产。北京北毛纺织集团公司、北京清河毛纺织厂、北京制呢厂搬迁调整受暂停审批农用地转非农建设用地影响难以推进。北京京棉集团公司一分公司以变应变，分块搬迁，平谷峪口织造项目投入生产，延庆缝纫线项目完成部分设备安装调试。

人力资源结构调整。招收大中专毕业生103人。组织专业技术人员继续教育培训近万人。举办首届职业技能大赛，参赛人数1100人。组织全市服装工种决赛，16个单位参赛。培训、鉴定及评审技师86人，高级技师109人。年末，职工总数29961人，比上年减少8664人。

安全、稳定。国有及国有控股企业未发生死亡、重伤事故，未发生重大火灾事故。职工来信来访188件次，比上年减少29%。

（刘秉悌）

【企业改革】 年内，纺织控股系统完成工商注册（或受理）及产权交割的改制重组企业共计17家，共吸引社会资本9651.5万元，同比增长97.9%。通过清理整顿注销三级及三级以下企业29家；完成列入市国资委主辅分离改制工作计划企业12家；完成市国资委确定的国有独资企业改制9家，占总户数45家的20%。全系统组建新公司6家。北京北毛纺织集团有限责任公司（以下简称北毛集团）对北京顺发进出口公司（以下简称顺发公司）实施主辅分离改制，北毛集团收回部分净资产263.1万元，其余存量净资产336万元作为顺发公司改制后的注册资本。北京市九达进出口有限责任公司将部分国有股权转让给职工，系统内国有股比例由转让前的96.8%减为48.8%。8月6日，北京市第一中级人民法院宣告北京二毛集团破产，9月18日，基本完成2831名职工分流安置；北京维尼纶厂、北京长毛绒厂先后于11月、12月经北京市高级人民法院裁定，终结破产程序。（姜永平）

【组建6家新公司】 年内，纺织控股系统组建6家新公司。北京雪莲毛纺服装集团公司（简称雪莲集团）与李卫东等5名自然人共同投资组建了北京雪莲时尚纺织有限公司，注册资本200万元，雪莲集团相对控股，占25%。北京京棉纺织集团有限责任公司（简称京棉集团）搬迁调整工作开始启动，利用存量资产与社会法人和自然人投资组建了北京京棉峪昌纺织有限责任公司，注册资本350万元，京棉集团占62.85%；京棉集团与雪莲集团共同投资组建以生产经营缝纫线为主要业务的北京京棉夏都纺织有限公司，注册资本100万元，京棉集团与雪莲集团分别占70%和30%。北京光华染织厂（简称光华厂）与河北立新毛纺有限公司共同投资组建了河北凯森化纤制品有限公司，注册资本1000万元，光华厂占45%。五洲集团与苏州金纺贸易有限公司共同投资组建了北京五洲飞天商贸有限公司，注册资本200万元，五洲集团占40%。北京纺织科学研究所（以下简称纺研所）与其他社会法人和自然人共同投资组建北京泰科斯曼科技发展有限公司，注册资本200万元，纺研所以评估后的"吸收性止血材料"专利技术作价40万元人民币投资，占20%。（姜永平）

【增发新股吸引资本】 年内，北京雪莲毛纺服装集团公司投资控股的北京雪莲羊绒股份有限公司增发新股6200万股，吸引民间资本4000万元；北京铜牛股份有限公司增发新股4125.47万股，吸收社会资本3500万元。北京五洲染织集团公司（以下简称五洲集团）投资控股的五洲燕阳特种纺织品有限公司股东按同比增资扩股，注册资本由350万元增加到1000万元人民币，五洲集团占50%。（姜永平）

【技术改造】 年内，纺织系统实际完成技术改造6项，投资6576.2万元。北京红莲羊绒衫厂搬迁调整项目完成投资4246万元，其中2446万元用于北京雪莲股份有限公司大兴工厂办公楼、单身宿舍、厂房的建设，1800万元用于搬迁调整分流安置职工。北京铜牛针织集团公司完成投资额为1294.2万元。其中提高铜牛产品附加值技术改造项目总投资996万元人民币，含外汇92万美元，引进国外先进水平的单面提花大圆机2台、双面提花大圆机2台、低浴比染色机2台、中样染色机2台、拉幅定型机1台等设备，年内均已完成安装调试投入使用；该公司改造完善污水处理设施项目投资298.2万元。北京光华纺织集团在马驹桥扩建办公楼、整理车间，完成投资额299万元。北京京棉纺织集团公司408台有梭织机搬迁项目，投资270万元，在平谷区峪口镇，已完成土建、安装、零配件补齐等工作。北京衬衫厂投资100万元，引进美国格博公司先进的CAD排料系统。该系统可以精确计算出服装用料，有效提高用料率。大华衬衫厂制衣车间厂房建设投资367万元。（穆爱勤）

【产品开发】 年内，系统内主要生产企业新产品实现销售收入42181万元，占产品销售收入的23.74%，较上年略有增加。由北京纺织控股有限责任公司技术中心牵头，北京光华纺织集团、北京铜牛针织集团公司、北京京棉纺织集团公司、北京纺织科学研究所等单位共同承担的北京市重点技术创新项目《绿色环保技术（彩棉）的开发与产品的产业化》，于年内新开发出彩棉/天丝、彩棉花式线、彩棉 SP 整理等系列产品，均为国内首创产品，彩棉新产品实现年销售收入 2851 万元，并荣获北京市科技进步二等奖。北京铜牛针织集团公司采用各种新型纤维，以混纺的方式形成纤维性能互补，开发生产出具有吸湿、快干、抗菌、防紫外、高舒适等各种功能的针织服装及服装面料，实现产品销售收入 5346 万元。北京雪莲毛纺服装集团公司与国际羊毛局合作，推出羊绒产品微胶囊整理技术，使产品不仅具有各种清新淡雅的芳香，还具有抗菌、抗毒、抗烟、防蛀等性能，投入市场 10 万件，实现销售收入 2500 万元，利润 625 万元，销售利润率达到 25%。北京清河毛纺织厂开发出低温莱卡弹力机可洗呢绒，产品弹性适度、质地多样、可机洗，提高了市场竞争力，实现销售收入 1894 万元。　（穆爱勤）

【外经外贸】　是年，北京纺织控股有限责任公司各自营出口公司（企业）出口创汇 24496 万美元，同比增加 1322 万美元，增长 5.7%。其中自营出口公司（企业）创汇 19811 万美元，同比增加 1349 万美元，增长 7.3%；三资企业创汇 2283 万美元，同比增加 334 万美元，增长 17.2%；工贸公司创汇 2402 万美元，同比减少 361 万美元，下降 13.1%。在自营进出口公司中，北京市京工服装进出口公司出口创汇完成 4809 万美元，同比增长 1.3%；铜牛进出口公司出口创汇完成 3802 万美元，同比增长 9.1%；北京金三环纺织进出口公司出口创汇完成 2838 万美元，北京市九达进出口公司出口创汇完成 2873 万美元，同比分别增长 39.9% 和 11.3%。年内，北京制呢厂与美国派克公司、中土畜三利股份发展公司的合资项目完成可行性研究工作以及合资项目合同、章程的洽谈工作。项目投资总额 1200 万美元，注册资本 800 万美元。制呢厂、派克公司及三利公司分别占 35%、25%、40%。高久雷蒙服装有限公司、京华纺织有限公司等项目完成终止工作。

（武小京　陈多福）

【纺织控股出口创汇排名】　是年，在北京市纺织服装出口创汇前 100 家（按海关统计）排名中，纺织控股公司系统列入 16 家。出口创汇额 22832 万美元，占全市纺织服装出口创汇额的 22%。有 11 家列入前 50 家排名中。其中：北京市京工服装进出口公司出口创汇 4780 万美元，同比增长 4.5%，名列第二，比上年排名上升 1 位；北京铜牛进出口公司出口创汇 3924 万美元，同比增长 16.1%，名列第四；北京金三环纺织进出口公司出口创汇 3123 万美元，同比增长 47.2%，名列第六，比上年排名上升 4 位；北京市九达进出口公司出口创汇 2271 万美元，同比增长 12.3%，名列第十，比上年排名上升 1 位；北京市纺织品进出口公司出口创汇 1905 万美元，同比下降 31.1%，名列第十二；北京顺发进出口公司出口创汇 1217 万美元，同比下降 5%，名列第二十；北京京棉纺织进出口公司出口创汇 1024 万美元，同比下降 20.8%，名列第二十二；北京光华时代纺织品进出口公司出口创汇 916 万美元，同比增长 110%，名列第二十七，比上年排名上升 1 位；北京京澳毛纺公司出口创汇697万美元，同比增长17.4%，名列第三十八。北京金商梦时装公司出口创汇581万美元，同比增长65%，名列第四十七，比上年排名上升14位；北京溥利毛纺进出口公司出口创汇571万美元，同比增长46%，名列第四十九，比上年排名上升4位。列入后50名的有北京五洲晨曦进出口公司、北京佐田雷蒙服装公司、北京埃姆毛纺公司、北京丝金时装公司、北京时代毛纺进出口公司等5家企业。（武小京　陈多福）

【名牌产品】 是年，有20个服装、纺织类产品列入北京市名牌产品，纺织控股公司系统有雪莲牌羊绒衫及羊绒制品、天坛牌衬衫、铜牛牌中高档针织系列服装、雷蒙牌西服套装、坦博牌男女衬衫、溥利牌精纺呢绒、铜亭牌精梳纱获得2004年北京名牌产品称号。在中国名牌评审中除到期复评的9类产品外，新增加的有39类，针织内衣是年内新增产品类别。北京铜牛针织集团有限责任公司的“铜牛”品牌在中国名牌评选中，荣获“中国名牌”称号。铜牛品牌全年销售6.29亿元，在亿元商场市场综合占有率排名居前5位。（武小京）

【效能监察】 年内，纺织控股公司效能监察共立项99项，完成99项，其中一级效能监察立项20项，二级效能监察立项79项。提出改进管理建议75条，建立和完善制度51项，举办效能监察培训班5期。避免经济损失1850.8万元，挽回经济损失1014万元，增加效益299万元。（景德全）

【彩棉新品亮相京城奥运市场】 年内，光华集团所投资的北京天彩纺织服装有限公司成为第一批北京2008奥运会特许商品生产企业。8月5日，天彩公司生产组织十几款奥运特许商品，在北京百货大楼、王府井工美大厦等特许经营商店进行销售；11月15日，由纺织控股公司、光华纺织集团和市工业促进局工业奥运经济行动领导小组办公室联合举办了“2005北京彩棉新产品发布会”。发布会上天彩公司推出了彩棉男装、女装、童装、家居、创意5大系列产品200余款集中展示体现2008年北京奥运风采的系列彩棉产品。（穆爱勤）

【雪莲股份新厂投产】 11月8日，北京雪莲羊绒股份有限公司在大兴瀛海工业园新址举行新厂投产剪彩仪式。雪莲股份公司新厂于2003年开始建设，2004年3月从朝阳区三元桥迁驻新址，4月恢复生产，达到预期生产能力。新厂占地7万平方米，建筑面积3.5万平方米，年生产能力羊绒衫100万件，羊绒针织纱300吨，分梳绒180吨。（王晓鸣）

主要产品名录

产品名称	2004年产量	计量单位	生产厂家
纱	12346	吨	
	10207	吨	北京京棉纺织集团有限责任公司

续表

产品名称	2004 年产量	计量单位	生 产 厂 家
	664.2	吨	北京京华纺织有限公司
	1155	吨	北京月季红线业有限公司
布	1503	万米	
	941	万米	北京京棉纺织集团有限责任公司
	49.5	万米	北京五洲染织集团公司
	64.2	万米	北京光华染织厂
印染布	795.2	万米	
	32.9	万米	北京光华染织厂
	98.5	万米	北京友爱印染有限公司
精梳毛织品	358.6	万米	
	124.5	万米	北京金羊毛纺有限公司
	234.1	万米	北京清河毛纺织厂
毛巾	558	万条	北京京冠毛巾有限公司
服装	1859	万件	
梭织服装	687.9	万件	
	4	万件	北京雷蒙服装有限公司
	25.8	万件	北京衬衫厂
	176.2	万件	北京大华天坛服装有限公司
针织服装	1171	万件	
	867.1	万件	北京铜牛股份有限公司
	9.7	万件	北京雪莲毛纺服装公司
	30.9	万件	北京雪莲羊绒股份有限公司

北京一轻控股有限责任公司

【综述】　北京一轻控股有限责任公司（以下简称一轻控股公司）是北京市政府授予国有资产经营管理权，并按照《公司法》建立的集投资、融资、控股、参股、产（股）权转让受让及生产、经营、进出口贸易、技术咨询服务、科研为一体的具有独立法人资格的大型控股公司。总资产106.9亿元，所有者权益44亿元。全系统直属单位22家，中外合资企业50家，在职职工18175人。拥有以高技术环保型纸制品加工业、高技术玻璃制造业、食品酿酒制造业、日用洗涤化妆品制造业、中西乐器制造业、光机电一体化及环保产品制造业等为主的6大支柱产业和15家年销售收入超过亿元、实现利润超过千万元的企业。全系统12个产品荣获北京市名牌产品称号，星海钢琴为中国名牌产品。利乐包包装系列产品、博士伦隐形眼镜及护理产品、大豪牌电脑刺绣控制系统、博美硼硅耐热玻璃器皿、清华阳光太阳能高档集热器、光导纤维石英外皮管等产品在国内同行业中市场占有率排位第一；星海钢琴、欧珀莱化妆品、纳贝斯克饼干排位第二。

是年，一轻控股公司经济运行良好，主要经济指标再创历史新高，规模以上企业完成工业总产值（现价）59.4亿元，同比增长10.2%；完成销售收入59.6亿元，同比增长15.2%；合并口径主营业务收入净额21.88亿元，同比增长9.3%；实现利润9.84亿元，同比增长16.2%；合并口径利润总额1.68亿元，同比增长18.9%；净利润8536万元，同比增长22.8%；实现利税17.8亿元，同比增长14.3%。2004年销售收入超过亿元、实现利润超过千万元的企业有13家，双超的企业达到了9家。2004年全系统职工年人均收入为24578元，比上年增长了17.8%。

（王书英　许　林）

【企业改革与结构调整】　年内，一轻控股公司加大企业改制调整，制定和实施3年改制计划，通过整体转让、产权重组、撤并整合、改制、注销、破产等方式共调整企业33家。造纸七厂和北京手表厂完成了产权整体转让。轻工所完成了所属大豪公司的注销、精大豪和兴大豪公司股权调整、投资升级、规范法人治理结构的重组改制工作。北京百事可乐公司承包经营获得了市商务局的批准。龙徽公司股权再次重组，完成二次增资扩股协议的签订。年内，酿酒总厂、照明器材公司、时代公司和京轻饭店等4家企业承接了退出和划转企业的几千名离退休职工和全部非经营性资产的管理，保证了全系统改革调整的顺利进行。年内共完成企业注销退出23家（其中列入市国资委考核计划的17家亏损企业和41家国有企业中有5家，合资企业2家，有4家企业进入了清算程序，其他三级以下企业16家）。一轻供销公司进入破产程序，天盛建筑公司稳妥地做好破产企业在职人员分流和离退休人员的安置工作。造纸公司、玻璃集团、北京手表厂等企业在改制和重组中总计分流人员达到1800多人。百事可乐、资生堂丽源和龙徽酿酒公司进行企业组织结构调整中，稳妥地实施了百人以上的减员计划。年内，全系统职工总数从年初的20955人减至 18175 人，净减员 2780 人，减幅为 13.3%。年内，由中介公司对全系统 40 个再就业中心进行了审计。（王书英）

【重点发展项目】 年内，一轻控股公司 8 个新工业基地 14 个重点项目全部完工。全年技改、环保搬迁、基建项目实施 22 项，其中新开工 6 项，结转在施项目 11 项，竣工 5 项。竣工面积 20.3 万平方米，完成固定资产投资 4.9 亿元。“利乐”二期、“北啤朝日”新厂、凸版资讯、丽源新厂一期工程、玻璃集团新基地项目于年内先后投产；星海园区实现了开工、竣工和三角钢琴投产达标当年同期完成，所属分厂和分公司全部迁入新区。在施项目星海四期工程、玻璃院和 608 厂的高科技光学玻璃加工基地项目在建设中；“义利面包”迁厂扩建项目进入设备安装阶段。（王书英）

【盘活存量资产】 年内，控股公司和企业经过积极努力为玻璃大院、玻璃器皿厂、民族乐器厂、日化三厂和电池厂等企业争取到污染扰民搬迁优惠政策。年内，5 家企业签约，按新土地政策挂牌转让土地 11.4 万平方米，签约补偿金 4.28 亿元。全年搬迁补偿资金到位 6.6 亿元。控股公司制定了清洁生产项目实施计划，对部分工业污染防治的企业加强了治理检查。部分企业燃煤锅炉改造通过市、区环保部门的验收。（王书英）

【外经外贸】 年内，全系统实际利用外资 4176 万美元，重点合资企业通过改建扩产新增生产能力。资生堂丽源公司完成改建扩产，突破销售收入 10 亿元的目标；博士伦公司增加药水生产能力，全年实现利润超过亿元；北京百事可乐和义利面包公司增资扩股后，销售收入和实现利润都有了较大增长。全系统完成出口 3.4 亿元，同比增长 8.2%，产品出口创历史新高。（王书英）

【新产品开发】 全年一轻系统科技开发总投入 4000 多万元，完成新产品试制 126 项，累计投产 240 项，实现销售收入 3.8 亿元，实现利税 9000 万元。红星股份有效实施“一高一低”产品结构调整战略，实现了高档创效益，低档保规模的市场目标。青花瓷红星珍品二锅头酒、红星 1949（珍藏）酒等高附加值产品提升了企业盈利水平。星海钢琴集团在扩产三角钢琴的同时自主开发的 XU 系列钢琴，使新产品销售收入达到了 1.2 亿元。欧珀莱化妆品、义利面包、五星啤酒、龙徽葡萄酒等拥有自主知识产权的名优产品群有效提升了市场占有率，扩大了品牌效应。龙徽公司与农大合作完成了冰红、冰白高档葡萄酒研制开发，与意大利合作完成了蛇龙珠干红葡萄酒试制。玻璃集团久智公司研制的不透明石英玻璃坩埚，实现了产品升级换代；玻璃院的保偏光纤技术达到了国内领先水平；玻璃仪器厂的全电熔玻璃窑炉先进技术达到了国际先进水平。红星股份保健饮品的研制、金鱼科技的双阳离子络合碘消毒剂等研制项目均已完成。（王书英）

【技术改造与质量认证】 年内，一轻控股公司向上级申报重点企业技改项目 5 项，其中国债项目 4 项，企业债券 1 项。控股公司审批项目 3 项已经实施完成。争取国家支持的 3 个项目资金已经到位。10 项重点科技开发项目争取到国家政策支持总计 1300 万元。企业利用自有资源和社会资源的结合，加大科技开发力度取得了较好成效。一轻系统加强产品质量保证认证体系建设，有3家企业通过了ISO9000认证。义利面包、五星青岛公司通过了产品危害分析及关键点控制（HACCP）认证。一批优势企业和名优产品荣获了各种荣誉奖励。（王书英）

【人力资源开发】 年内，一轻控股公司人力资源开发以三支队伍建设为核心，制定了发展规划和政策措施，为各方面人才成长创造了良好的氛围和环境。招聘的外籍专家和高级人才为企业技术创新作出了贡献，北京龙徽酿酒公司法籍酿酒师萨巴特先生获得了市政府授予在京外国专家的最高荣誉“长城友谊奖”。企业现有技术和管理人员参加继续教育培训人数同比增长了34%，首次出现了人数增加的可喜局面。技工队伍建设取得显著成果，全系统有24个工种3211人参加了新世纪北京首届职业技能大赛，728人获得了中级工证书，228人获得了高级工证书，16人获得了技师证书。全系统具有技术等级证书的技术工人从526人增加到了3555人，缓解技工人才不足状况。（王书英）

【企业管理】 年内，一轻控股公司完成清产核资工作并通过国资委审查。全系统163家企业纳入清产核资范围，全面理清企业各类资产，真实完整地反映了企业资产状况、财务状况和经营成果。企业年报、年薪审计和离任审计工作形成制度。年内对下属37家企业进行了年审，对审计中发现的投资管理、财务核算问题以及历史遗留问题及时与企业确定整改方案，年底基本完成和落实整改工作。围绕企业资产重组、重大投资、资产处置、大额资金借贷担保以及财务管理等多方面的问题加强了专项审计监督，对发现的违规违纪和违法问题，协助有关方面进行了审计调查。（王书英）

【“四项清理”工作】 年内，一轻控股公司清理企业历史债务，经过与银行和资产经营公司协商，争取还本免息政策，解决债务8738万元，其中本金3736万元，还款4160万元，还款率为47.6%；对多家企业的财政借款债务争取到整体打包处置的政策，正在解决过程当中；对全系统国有经营性和非经营性土地利用情况、拟开发土地情况、污染扰民搬迁企业土地情况以及固定资产投资项目情况进行了调查；清理和落实标准租私房政策、离休干部无房和住房未达标补贴政策，截止年底，全系统140户标准租私房已落实政策迁出139户，完成任务99.3%，企业共筹集资金1491.73万元，贷款714.4万元。为全系统382名离休干部落实了住房补贴共1734.39万元，其中企业自筹1000万元，争取财政支持728.47万元；清理企业诉讼案件，经与有关方面协调，运用法律手段，加速了企业历史遗留问题的解决。（王书英）

【企业信息化建设】 年内，部分重点企业在生产经营管理和办公自动化等方面运用计算机信息管理系统，有效提升企业管理水平。职业安全健康体系认证工作进一步推进，百事可乐和红星股份年内通过了OHSMS18000认证。全系统安全生产责任制得到较好贯彻落实，通过狠抓安全检查和隐患整改工作，使全系统年内未发生重大安全生产事故，并且实现了连续6年安全生产死亡事故零指标。（王书英）

【效能监察】 年内，全系统效能监察工作立项36项，配合司法机关，对违纪违法重大案件立案查处4件，挽回和避免损失、增加效益共2108万元，建立健全规章制度81项。（王书英）

【12个品牌荣获北京市名牌产品】 年内，一轻控股公司10家企业生产的12个品牌产品，包括大豪牌BECS系列电脑刺绣机控制系统，龙徽牌系列葡萄酒；中华牌桂花陈酒；红星牌白酒系列；五星啤酒；义利面包；欧珀莱系列化妆品；金鱼牌液体洗涤剂系列；星海牌钢琴；晒乐牌全玻璃真空太阳能集热管；清华阳光牌全玻璃真空管太阳能热水器和博美牌硼硅耐热玻璃制品荣获北京市2004年名牌产品称号，占全市名牌产品总数的8.7%。（许　林）

【获市再就业先进单位】 一轻控股公司在北京市召开的2004年度再就业工作表彰大会上，被评为北京市再就业先进企业。至此，该公司已经4次获得此项称号。近年来，一轻控股公司在积极实施再就业工程过程中，建立和发展劳务派遣组织，广泛吸纳下岗失业人员实现再就业。全系统创办了24个劳务派遣组织，累计5000名职工实现了再就业，减轻了社会就业压力。（许　林）

【3家引进先进技术设备厂家投产】 年内，由一轻控股公司所属的北京造纸试验厂与瑞典利乐公司合资组建的利乐包包装（北京）有限公司新厂投产。新厂位于北京市经济技术开发区，总投资7090万欧元，占地面积7.7万平方米，建筑面积2.2万平方米。总体规划按照国际利乐公司标准设计，全部引进瑞典利乐公司世界最先进的生产设备和工艺技术，年生产利乐包、枕可达60亿只，为原生产规模的4倍，是利乐公司在全球范围内建设规模最大、技术水平最高的工厂之一。年内，中德合作世界最大的硬质玻壳生产中心竣工投产。该项目由北京玻璃集团公司引进德国肖特公司世界一流的玻壳生产技术和先进设备，在河北永清北京玻璃集团博美基地建成，总投资3.5亿元，占地面积6.5万平方米，主要生产光源玻壳、药用玻管、太阳能玻管等系列产品，设计年产量4500万支，产值5亿元，其产量占世界总产量的50%，经营规模为世界第一。年内，一轻丽源公司日用化学品生产基地及宏丽源新厂竣工投产。新厂位于北京通州次渠光机电一体化产业基地，总投资9000余万元，占地157亩，一期建筑面积1.6万平方米。引进日本具有国际领先水平的自动液体灌装生产线和自动拧盖机等生产设备及国内电脑花样灌装机及计算机管理等先进设备，8条生产线，年产护肤美发产品2000余吨。（许　林）

【第十届全国少儿钢琴比赛】 年内，由北京一轻星海钢琴集团与中央音乐学院共同举办的第十届“星海杯”钢琴演奏比赛落下帷幕，共决出业余组和专业组一等奖10名，二等奖15名，三等奖29名，优秀奖90名，作品演奏奖7名。该赛事历时半年，参赛选手达1万多名，在全国各地的34个分赛场进行选拔赛、复赛、决赛的基础上，有434名优秀选手进京参加总决赛。著名钢琴教育家、演奏家、本届评委会主席周广仁及国内钢琴界知名人士出席了颁奖音乐会。“星海杯”是经教育部批准，于1985年创办的全国性钢琴赛事活动，每两年举办一次。（许　林）

【北京手表厂产权整体转让】 年内，一轻控股公司北京手表厂全部产权，包括全部债权、债务以及非经营性资产，整体转让给北京润杰房地产开发有限公司，企业在职职工及离退休人员得到了妥善安置。这是一轻控股公司第二家列入北京市104家国有企业并购计划实现产权整体转让的企业。（许 林）

【企业排名与荣誉称号】 年内，按照国际通行的排序方式，一轻控股公司进入2004年北京百强企业，排序为第三十九位；一轻控股公司所属的北京资生堂丽源化妆品有限公司、北京利乐包包装有限公司和北京星海乐器有限责任公司3家企业，分别列国家统计局工业交通统计司、中国信息报社、中国行业企业信息发布中心联合发布的“全国工业重点行业效益十佳企业”名单中化妆品制造业第二位、造纸业第五位、乐器制造业第七位；北京红星股份公司入选由中国酿酒工业协会和中国财贸轻纺烟草工会联合组织开展的全国酿酒行业“百名先进企业”，获荣誉证书和奖牌；北京星海钢琴集团公司获得“首都文明单位标兵十连冠”奖杯和荣誉证书。（许 林）

主要产品名录

产品名称	2004年产量	计量单位	生产厂家
机制纸	7095	吨	北京中天纸业集团公司
机版纸	19516	吨	北京中天纸业集团公司
复合包装包	352512	万个	北京利乐包包装有限公司
钢琴	33970	架	北京星海乐器有限责任公司
西管乐器	29640	支	北京星海乐器有限责任公司
民乐	15905	件	北京星海钢琴集团公司
电脑刺绣机电子控制系统	37208	套	北京兴大豪公司
日用玻璃制品	19001	吨	北京玻璃集团公司
成品眼镜片	625.5	万副	北京玻璃集团公司
包装瓶	8382.9	万个	北京玻璃集团公司
耐火材料制品	7090	吨	北京玻璃集团公司
高技术玻璃	18875.9	万元	北京玻璃集团公司
啤酒	154128	千升	北京五星青岛啤酒有限公司 北京啤酒朝日有限公司

续表

产品名称	2004年产量	计量单位	生产厂家
百事可乐	169464	吨	北京百事可乐饮料有限公司
红星系列白酒	37235	吨	北京红星股份有限公司
葡萄酒	4542	吨	北京龙徽酿酒有限公司 北京红星股份有限公司
金鱼系列洗涤品	16419	吨	北京金鱼科技股份有限公司
化妆品	951851	千元	北京资生堂丽源化妆品有限公司、北京丽源公司
牙膏	55470	千支	北京乐金日用化学有限公司
巧克力、糖果	1041	吨	北京义利食品公司
饼干	20315	吨	北京纳贝斯克食品公司 北京义利纳贝斯克食品公司
面包	6543	吨	北京义利面包食品公司

北京隆达轻工控股有限责任公司

【综述】 北京隆达轻工控股有限责任公司（以下简称隆达控股公司）是北京市人民政府授权的国有资产管理经营公司，拥有二轻工业、印刷工业、有色金属工业的大型国有公司。所属企业有105家。其中国有企业46家，集体企业22家，中外合资企业18家。另有三产企业12家。共有职工17281人。

年内，隆达控股公司坚持以市场为中心，效益为目标的经营思想，加快核心产业发展，推进产业结构，企业结构和产权结构调整，推动了各项工作任务的全面完成。全年完成工业总产值（现价）32.7亿元，同比增长13.3%，工业增加值6.9亿元，与去年持平，销售收入38.4亿元，同比增长12.7%，实现利润1115万元，同比下降65.1%，经营性净现金流出2734万元，同比少流出11.9%。其中，34家国有控股及集体企业销售收入21.1亿元，同比增长7%，实现利润3635万元，同比增长3%，经营性净现金流出4630万元，同比增长78%。

隆达控股公司系统实现了从生产和推销型向经营型的转变，从注重数量和规模到重视经营质量和效益的转变，改善企业经营质量。全年27家国有及国有控股企业的销售收入达到20亿元，比上年同期提高12%，实现利润4167万元，比上年同期提高4%，超额完成了市国资委下达的各项考核指标。北京市有色金属工业总公司年销售收入比上年同期增加1.8亿元，同比增长35%；北京印刷包装集团年销售收入比上年同期增加5239万元，同比增长9%，其中印刷企业同比增长28%；塑料建材年销售收入增加2069万元，同比增长10%。国有及国有控股企业年营业利润比上年同期减亏32%。遏止了下滑趋势。北京市有色金属工业总公司年营业利润同比增加706万元，同比提高111%；北京白菊电器集团全年减亏1474万元，同比减亏74%。部分集团公司的经营性净现金流入有了较大改善，北京印刷包装集团年现金净流入1886万元，同比提高59%；北京市有色工业总公司年现金净流入1380万元，同比提高18%，北京白菊电器集团年现金净流入同比增加881万元。

战略性结构调整，取得阶段性成果。隆达控股公司挖掘现有资源和利用外部资源，以产业结构调整带动企业结构和产权结构调整，全力打造印刷包装核心产业、有色金属新材料和塑料新材料重点产业，重点扶持环保产业，参股经营家电产业，通过合资合作放开搞活其他产业，结构性调整基本完成。北京华盾雪花塑料集团与北京北泡塑料集团在企业重组的基础上，实施了经营管理一体化；北京楠辰集团着力解决企业小、散、弱问题，完成了北京市皮件三厂的整建制合并后，年内主营利润同比减亏18%；隆达控股公司和印刷包装集团共同推进北京乾洋公司与北京塑料三厂调整、改造和搬迁，有效地解决了塑料三厂多年亏损的老问题，同时为乾洋公司加速发展提供新的空间，使其年销售收入比上年同期提高了36%，实现利润稳步增长。北京印铁制罐厂与民营企业并购重组，北京革制品厂和北京铝加工厂破产项目取得突破性进展，促使了国有资本的有序退出。加快冰箱压缩机增资扩产项目进程，吸引了外资3.2亿元，压缩机的年产能力可达到400多万台。同时实施海信（北京）电冰箱增资5000万元项目及北京联合纸制品公司的转股项目获成效。

以制度建设为重点，促进经营机制转变。全系统积极推行预算管理，控股公司根据年预算目标与各集团公司党政一把手签订经营责任书，保证超额完成控股公司和各集团公司的全年预算目际。年内，隆达控股公司的财务管理启用网络软件，提升了企业现代化管理水平。同时规范资产经营决策工作程序，制定实施《全面预算管理办法》、《控股公司内部资产管理制度》、《重大项目报告制度》、《国有资本效益收缴管理办法》及《产权代表管理办法和对派出董事长（法人代表）管理考核意见》等制度。建立了董事会战略发展委员会、选聘考核与薪酬管理委员会和审计委员会，加大国有资产运营的控制力度，实现了国有资产保值增值目标。完善高管人员的激励与约束机制，加快选拔、聘用经营者的制度建设。

统筹抓好各项重点工作，确保各项任务目标实现。年内，开展清产核资工作，将与隆达控股公司有投资关系的130家企业列入清产核资范围，先后完成了清产核资专项审计、损失鉴定、上报等任务，从而摸清了家底，为资本运作提供了数据资料。进一步盘活存量资源，加速企业搬迁项目进度，北京印刷一厂、北京印铁制罐厂、北京恩布拉科雪花压缩机公司、亚大塑胶总公司、北京冶炼厂、北京北泡塑料集团等企业的土地盘活和搬迁项目，已获得到位资金1.4亿元。按照市政府要求，积极推进标准租私房腾退工作，全系统完成了20余家企业的170户标准租私房的腾退任务，占落实解决标准租私房总数的94.4%。（隆　工）

【企业改革】 年内，隆达控股公司直接管理的企业由40多家整合为9个集团，并对总部的人事制度进行改革，配合市工发咨询公司对控股公司管理人员及企业后备干部共83人进行了素质测评；建立符合现代企业发展要求的薪酬和绩效考核体系；改革规章制度，制定实施《董事会议事规则》、《经理层议事规则》等系列制度，规范了企业管理工作。隆达控股公司所属各公司通过企业重组、转股引资改制、淘汰劣势企业，组建新企业等各种途径进行企业改革。北京华盾雪花塑料集团有限责任公司重组后，形成了集团由母公司和母公司控股、参股、代管的子公司组成的实体，同时强化辅助决策职能，成立了8个专业委员会，并将子公司调整成为全资、参股、代管的8家子公司。

（隆　工）

【楠辰皮革公司重组改制】 北京楠辰皮革有限公司重新整合所属公司，注销了产品无市场，长期亏损，资不抵债的北京森博威皮具有限公司、北京轻联皮革集团公司制鞋厂；调整规范了北京通达世嘉皮具有限公司等小型实体；环球皮毛公司实现全员身份置换，公司与职工共同出资组建了新的有限责任公司。北京惠鼎皮业有限公司、北京市皮件三厂、北京市环球皮毛公司、北京长城日用品公司并入集团公司（即楠辰公司），缩减管理层次。

（隆　工）

【薪酬与绩效考核改革】 年内，控股公司总部对员工的薪酬和绩效考核体系进行改革，实施“以岗定人，以岗定薪，按岗考核，精简高效”的人力资源管理机制，建立了符合现代企业发展要求的薪酬和绩效考核体系，明确岗位职责与任聘职要求。完善企业的工效挂钩改革，对其所属的38家国有企业实行一户统挂的工资政策，核定效益基数为实现利润2929万元，工资基数20257万元。按照上年度企业高级管理人员年薪考核指标完成情况，兑现企业经营者年薪224.7万元。北京隆达印刷包装集团公司实现印刷集团和包装集团重组后新集团公司总部机构改革为8个部（室），其部、室负责人采用公开选拔方式竞争上岗，并按照双向选择的原则选聘部、室的一般干部和非管理人员。

（隆　工）

【转股引资转制】 年内，北京永鑫玛特制衣有限公司以股权转让形式吸收两家民营企业入资，实现投资主体的多元化，增强企业活力，全年实现加工收入100多万元；北京市有色金属工业总公司所属北京超塑公司引进民营企业广州大业有限公司入资586万元现金，使该公司注册资本达到1172万元。北京市金宝利公司引入自然人股东，实现了股份制改造；北京市有色金属工业总公司及北京有色研究所退出在北京力量激光元件公司中的全部股权并将其转让给了个人，使之转制为民营企业。（隆　工）

【组建新公司】 年内，北京市扩大市场销售份额；有色金属工业总公司与系统外两家企业和北京市有色金属进出口公司职工共同出资在北京市有色金属进出口公司主营业务基础上，组建了中色亿安金属进出口有限公司，其社会资本占注册资本的48%；北京市纸箱厂与山东省昌邑市中科商贸有限公司合资兴建股份制企业昌邑市京泰包装制品有限公司，于2月建成投产，总投资1600万元，以生产销售纸包装制品为主，年产纸包装制品能力1500万平方米，成为山东省进出口检验检疫局出口包装产品定点生产企业，年销售收入达1500万元。（隆 工）

【技术改造】 是年，隆达控股公司实施技术改造项目19项，共投入资金12690万元。北京厨房设备集团公司实行研制开发与技术改造并重，围绕研制开发环保型新产品突破关键性技术，在社区生活垃圾分类减量处理系统设备新产品进入社区居民楼示范工程准备阶段，根据不同类型的垃圾箱位，进行技术改造，作出了3类不同的技术设计方案和进行现场安装技改。北京达博有色金属焊料有限责任公司完成具有世界先进水平的金丝生产线，拉丝成材率由74.8%提高到了96%，集成电路用键合金丝的年产能力增长140%。北京华盾雪花塑料集团公司完成科研项目2项，技术改造项目13项。该公司投资280万元进行技术改造，增添关键设备，完成一条折径7米的农膜生产线，扩大生产能力，提高产品质量，其农膜产品先后获国家级名牌产品称号及北京市名牌产品称号。北京北泡塑料集团公司围绕提高轻钢结构产品产能搞技术改造，先后完成了生产供水系统和鼓风系统的技改项目，共节约费用43万元。（隆 工）

【达博有色金丝生产线投产】 年内，北京达博有色金属焊料有限责任公司结合引进熔铸和粗拉关键设备进行技术改造，建成了具有世界先进水平的金丝生产线，拉丝成材率由74.8%提高到了96%，直径25微米拉丝平均长度由1000米提高到了4000米以上，产品性能稳定率由平均79%提高到了89.6%，集成电路用键合金丝的年产能力达到1200公斤，比技改前的500公斤，增长了140%。（隆 工）

【新产品开发】 年内，隆达控股公司所属超塑公司开发出新型超塑合金防伪车牌、汽车用超塑合金行李架等新产品，进入了试产阶段。北京厨房设备集团公司开发成功适用于处理城市垃圾的多种新产品。北京市文体百货工业联合公司研制开发出具有国际先进水平的弹簧篮球架新产品并在上海体博会上展示；举重器材新产品通过技术鉴定达到国外厂商的技术要求。北京恩布拉科雪花压缩机公司研制开发的ECQ高效压缩机新产品投入了生产。北京白菊电器集团公司开发成功的92ZWX无刷直流电动机新产品通过了由中科院、清华大学、北京理工大学、北京工业大学、北京电子电力协会、北京微电机总厂等单位的专家学者参加的技术鉴定。海信（北京）电器有限公司研制出“兰贵人”变频电冰箱等多款式节能电冰箱新产品，投入市场后成为新的卖点，年完成产量是上年同期的186%，该公司电冰箱品种已达29个。北京北泡塑料集团星月泡沫塑料公司开发成功附加值高的聚酯型网状聚氨脂泡沫塑料新产品，通过了北京市国防科工办主持召开的验收评审，该产品已向国外客户供货。北京厨房设备集团公司开发成功一批适用于城镇源头处理垃圾的社区垃圾分类减量系统、餐饮有机垃圾（泔水）生物处理机、智能厨余有机垃圾生物处理机等环保新产品。其餐饮机垃圾（泔水）生物处理机采用垃圾水分分离、收集、隔油和螺旋输送系统，解决餐饮垃圾水污染问题，已在市内宾馆进行试用。

（隆　工）

【白菊电器产业置换求发展】 年内，北京白菊电器集团公司将单一产品洗衣机迁往河北霸州转与民营企业生产，置换出厂房、设备，开辟新的盈利产业，先后发展为汽车内饰件配套，为LG家用电器配套电动机，为松下电工产品喷粉配套生产等。又以集团产权为纽带，借助合作方技术、市场、资金等优势，整合内部资源，合作开发人造石建材、显示器等新项目。同时，调整主导产业经营模式，对卢沟桥注塑公司实行事业部管理模式，强化注塑加工的市场运作；在为北京现代索纳塔汽车供货的同时，扩大汽车配件配套加工业务，发展生产7种“伊兰特”的汽车部件，仅11月的产量就达到24万多件，创造了注塑加工月产量的最高纪录，年实现利润500万元。该集团公司通过盘活闲置房产资源，发展物业租赁经营，全年实现物业租赁收入1160万元。（隆　工）

【外经外贸】 是年，隆达控股公司共完成出口产品交货值4.34亿元，同比增长46.65%。其中机电产品出口交货值2.79亿元，同比增长72.05%，占出口产品交货总值的64.32%，自营企业出口产品交货值1.6亿元，同比增长24.85%，全系统直接出口产品交货值3.67亿元，同比增长39.34%，占出口产品交货总值的84.75%。年末，共有外资合作企业25家，年完成工业总产值9.94亿元，同比增长21.98%，销售收入10.22亿元，同比增长24.1%，出口产品交货值4.34亿元，同比增长46.65%，占销售收入的42.46%。北京楠辰皮革有限公司上半年获得出口皮鞋7个集装箱的订单，全年完成出口销售收入5500万元。北京阿迪菲鞋业有限公司开发的女鞋中底新产品打入日本市场，年内生产总值达到了110万元，同比提高10%。楠辰皮革公司与日本田口等3家公司合资成立北京泰拓鞋业有限公司开始生产运营，年产规模达到1000万元；7月合资企业北京鸿泉皮革制品有限公司开始生产运营，以出口革制品加工为主，全年完成产品销售收入60万元。北京隆达控股公司着力加速BESCO项目的增资谈判进度，主要内容是合资增资、企业搬迁、厂房建设、引进先进设备、产品升级换代。增资项目投产后，年产电冰箱压缩机由220万台增加到440万台，合资合作三方股东共增资4860万美元，注册资本9315万美元。（隆　工）

【股权转让】 年内，隆达控股公司以每股2美元的转让价受让北京联合纸制品有限公司日方股东61.77%的股权，成为第一大股东，拥有1387万元的净资产，并促使日方股东为北京联合公司偿还了400万元的流动资金；北京泰德摩尔空调制造公司因受非典和空调器市场变化影响，其合资外方停止二期入资，企业生产受到影响，经过隆达控股公司的积极协调，以色列合资方的51%股权以每股1美元的价格转让给北京雪花电器集团公司，为空调器产品的持续发展创造了条件。

（隆　工）

【企业管理】 是年，隆达控股公司推行全面预算、财务软件等多项管理，提高经济运行质量。北京白菊电器集团公司以预算管理为切入点，制定工作计划、资金预算、工作总结、评价考核的工作流程，简化了管理审批程序，并推行网络办公，加速信息沟通。北京市有色金属工业总公司在推行全面预算中加强资金高度，通过筹集闲散资金、短期借支、远期承兑汇票和现金互换等形式，支持企业生产急需及资金周转。北京有色金属研究所通过互联网掌握价格信息，采取不同时段制定不同价格，有效控制费用，年销售利润率比上年同期提高4个百分点。北京厨房设备集团公司成立预算管理审批委员会，制定集团公司全面预算方案，推广使用财务预算管理软件，并组织领导干部和财务人员进行全面预算管理知识培训，帮助企业制定成本控制方案，落实预算管理委员会批复的支出费用。北京雪花电器集团公司建立以财务为中心的预算管理制度，按年、季、月编造收支预算计划，落实到岗，纳入业绩考核，全年管理费用降低了8%。北京市纸箱厂开展群众性的“为企业增效谋策，做企业合格股东”的提合理化建议活动，召开落实合理化建议专题会，对员工提出的214条合理化建议中有价值的内容落实到具体部门实施。北京北人羽新公司方正印刷系统建立质量巡检制，产品质量不断提高，优质品增加，其印制的《少年读物》年内获得“华北杯”质量大奖。

（隆　工）

【清产核资与盘活资产】　年内，北京雪花电器集团公司开展清产核资，清理20家公司和7家对外投资企业的资产，翻查近20年的财务档案，清理10多年近万笔旧账，摸清了全集团的资产现状。北京楠辰皮革有限公司在清产核资中推行财务电算化管理，使用统一的财务软件进行计算记账、出表和数据分析，摆脱了多年手工记账核算方式。同时紧抓闲置资产盘活，解决了北京制革厂西厂、集团公司生产基地一号楼和北京市皮件三厂办公楼资产长期闲置问题，年增加收入200万元。

（隆　工）

【16家企业获“守信企业”称号】
年初，隆达控股公司的北京厨房设备集团公司、北京达博有色金属焊料有限公司、北京诺飞金属材料有限公司、北京市有色金属与稀土应用研究所、北京印刷一厂、北京印刷二厂、京华印刷厂、北京彩色印刷厂、北京市纸箱厂、北京德宝商三包装有限公司、北京市皮件三厂、北京皮革制品进出口公司、北京阿迪菲鞋业有限公司、北京卡巴奇五金制品公司、北京北泡塑料集团公司、北京英特塑料机械总厂16家企业荣获2003年度北京市“守信企业”称号。其中北京厨房设备集团公司以诚信立足于市场、优质品服务市场，使顾客的满意度达到95%以上，荣获国家工商行政管理局颁发的“全国守合同重信用企业”证书，并连续14年被北京市工商行政管理局评为“重合同守信用”单位。

（隆　工）

【印刷二厂获质量“十佳”企业称号】　3月，北京印刷质量管理协会授予北京印刷二厂2003年度“质量管理十佳企业”称号，这是该厂继2002年被评为北京市“质量管理先进单位”后，在质量管理上获得的高层次荣誉。该厂共取得191个优质产品的佳绩，并获华北地区“协作杯”奖项，创造了历史最好成绩。

（隆　工）

【两小组获优秀质量管理小组称号】 在2004年全国轻工业优秀质量管理小组成果发布暨交流会上，北京恩布拉科雪花压缩机有限公司“及时雨”QC小组和“实干”QC小组分别荣获2004年度全国轻工业优秀质量管理小组称号。同时，北京恩布拉科雪花压缩机有限公司作为2004年度全国质量管理小组活动优秀企业推荐给中国质量协会。

（隆　工）

主要产品名录

产品名称	2004年产量	计量单位	生产厂家
电冰箱	402871	台	北京雪花电器集团公司
冰箱压缩机	224.1	万台	北京恩布拉科雪花压缩机有限公司
家用洗衣机	11039	台	北京白菊电器集团公司
塑料制品	35454.9	吨	绿源塑料联合公司、北京华盾塑料有限责任公司、北京市塑料三厂
塑料薄膜	15008.3	吨	塑料集团、华盾公司、塑料三厂
日用不锈钢制品	110.6	吨	北京厨房集团公司
纸制品	3.4	万吨	北京市纸箱厂
多色印刷	632.56	万对开色令	北京印刷一、二、三厂、北京京华印刷总厂、北京利丰雅高长城印刷有限公司、北京轻联包装印刷集团公司
书刊印刷（单色）	42.3	万令	北京印刷一、二、三厂
票据印刷	48026	千米	北京京华印刷总厂
框架材料（TSN）	697	吨	北京金鹰铜业公司
键合金丝	859	公斤	北京达博焊料公司
青铜线	811	吨	北京铜丝分公司
有色合金	1462	吨	北京诺飞金属材料公司
磷铜带	7770	吨	北京金鹰铜业公司
铝塑管	201	万米	北京奈特铝塑复合管公司
胶印制版	2590.3	四开块	北京印刷一、二、三厂、北京京华印刷总厂、北京制版厂、北京利丰雅高长城印刷有限公司
照相排字	7514.1	万字	北京印刷一、二、三厂
金属包装物品	1161.8	吨	北京轻联富佳金属印刷容器有限公司

北京工美集团有限责任公司

【综述】 北京工美集团有限责任公司(以下简称工美集团)的前身是市属北京工美集团总公司，2000年经过整体改制组建为由北京工美集团集体资产管理协会、北京市国有资产经营有限责任公司和北京首都旅游集团有限责任公司共同出资的多元投资主体的北京工美集团有限责任公司，是融商业经营、进出口贸易、科研开发、教育出版、工艺美术品生产等为一体的多元化综合性集团公司，是北京工艺美术行业的龙头企业。

工美集团2004年年末有在册职工1500余人，拥有工商企业20家，其中合资企业3家，享有自营进出口权、黄金批发零售权、珠宝首饰实验室、市级技术研发中心及大师工作室等各种特殊资质。注册资本5.1亿元，总资产8亿元。经营性房产总占地面积4万平方米，总建筑面积10万平方米。

经营范围主要有：抽纱、地毯、首饰、特种工艺、金属工艺、环境艺术、旅游服务、航空服务、出版教育、技术咨询、黄金批发零售、房地产开发、物业管理等。经营品种不仅有被誉为工艺美术“四大名旦”的玉器、象牙、景泰蓝、雕漆为主的传统工艺美术品，还有黄金、珠宝首饰、现代工艺礼品、家居装饰品等60多个大类，上万个品种。随着中国加入WTO和申奥成功，工美集团不断开发新产品，整合优良资源，进一步扩大经营品种和规模。

2004年，工美集团按照董事会和职代会提出的目标，狠抓了以工美大厦为龙头的经营管理工作，积极有序地推进了集团各项工作的进展，确保了全年各项经济指标和任务的顺利完成。实现营业收入2.7亿元，同比增加5073.9万元，上升幅度为23%；完成年度预算的114%。实现利润204万元，比2003年的18万元增加186万元；完成年度预算120万元的166.7%。营业收入和实现利润较上年同期相比均有较大幅度上升。（路淑惠）

【工美大厦营业收入达2.31亿元】

工美大厦经过调整改造和大力度的宣传促销，知名度不断提高。2004年，该大厦进一步加强经营促销和综合管理工作，经济效益稳步提高，促进了集团商贸主业的成长和拓展。围绕工美大厦成立50周年店庆，开展了一系列经营促销和文化宣传活动，使工美集团和工美大厦的品牌形象得到进一步提升，增强了企业凝聚力，调动了职工的积极性，取得了较好的经济效益和社会效益。全年工美大厦累计实现营业收入2.31亿元，同比增加4719万元，增长幅度为25.7%，完成年度预算的113%，实现利润174.6万元，同比增加利润276万元。（工　美）

【拓展经营渠道】 年内，工美集团所属各个单位结合自身特点，狠抓经营，扎实工作，认真落实《经营承包协议书》，较好地实现了各项经济指标。工美大厦组织开展了一系列促销活动；白孔雀艺术世界与故宫博物院合作开展藏品复制展卖活动，为白孔雀艺术世界的经营开辟了一条新路；北京工艺美术博物馆连续组织小型特色展销活动，为扩大工美品牌的影响作出了努力；珠宝首饰检测中心的业务范围不断扩大，有了一定的社会影响。

（工　美）

【开发奥运市场】　上半年，北京奥组委正式启动奥运特许经营权的工作，工美集团抓住这一契机，充分发挥各方面的优势，全面开展奥运特许经营商和特许零售商的申报工作。获得了“奥运双特许权”，成为全国唯一一个获得“奥运双特许权”的企业。工美集团有限责任公司技术中心在申报“双特许”和奥运特许经营产品的开发工作中发挥了重要作用，完成了奥运特许产品的首批开发工作，全年共提供奥运特许产品 48 个种类，90 多个花色，已投入生产和经营的产品有 11 个品种，27 个花色。年内，第二十九届奥林匹克运动会组织委员会新闻宣传部特为北京工美集团有限责任公司设计的“北京奥运徽宝颁发了鸣谢函。全年奥运特许经营实现营业收入 131.8 万元，实现利润 33.6 万元。工美大厦奥运特许零售专柜作为奥组委批准的第一批 10 家奥运特许零售商店之一，于 8 月 5 日按照奥组委统一要求开店，当日奥运专柜的销售额达到了 7.8 万元。截止到 12 月底，奥运专柜实现销售额 388 万元，实现利润 95 万元。（工　美）

【信息化和电子商务建设】　是年，北京工美集团公司完成了工美大厦“POS—ERP”项目的建设，并开始实施，完成了宽带互联网的布网工作，完成了库存商品的录入工作，开通了《中华工艺美术网》，这些项目的建成并实施，实现了办公自动化，加快了信息传递，对企业现代化管理的进程起到了推动作用。（工　美）

【安全保卫工作】　年内，工美集团公司加大安全保卫措施的投入，工美大厦、金孔雀艺术世界、白孔雀艺术世界、供热中心、首检站、握拉非等单位结合自身的特点更新了现代化的监控系统，共投入资金 99.85 万元，有效地加强了安全防范措施。全年组织开展了三次全公司范围的安全生产月活动，实现了无特大恶性案件和无重大火灾、交通死亡、因工死亡及其他重大安全事故的目标。（工　美）

【工美技校成为西部教育顾问团成员】　2 月 7 日至 8 日，工美技校参加了由中国高等教育学会、《中国教育报》、中国教育学会等六家单位组织的中国西部教育顾问会议。会上，工美技校成为西部教育顾问团的成员，并与云南省保山县教育局结成帮扶对子。（工　美）

【工美房管供热中心通过质量认证】
4 月，北京工美集团公司房管供热中心通过了 ISO9001—2000 版质量认证。中联认证中心颁发了质量管理体系认证证书。此项工作是 2003 年开始启动的，历时一年。

（工　美）

【白孔雀艺术世界向民族团结小学赠送图书】　“六一”前夕，白孔雀艺术世界将一批《未成年人思想道德教育读本》及科普课外读物 400 余册送到了北京民族团结小学，以此表达白孔雀艺术世界对学校教育工作的关注与支持。民族团结小学傣族班的同学表演了优美的民族舞蹈并赠送了具有民族特点的精美的香包。

（工　美）

【中华工艺美术网开通】　6 月 2 日，北京工美集团举行集团网站——中华工艺美术网开通发布会，中华工艺美术网正式开通是工美集团各项工作与国际互联网技术相结合的一个重要标志，是工美集团电子商务建设的第一步。 （工 美）

【工美大厦被授予“中国商业名牌企业”】 9月18日，中国商业联合会在北京人民大会堂隆重举行2003年度中国商业名牌企业和中国商业服务名牌授牌大会。北京工美集团有限责任公司王府井工美大厦被授予“中国商业名牌企业”，服务理念“真品真情”被授予“中国商业服务名牌”。 （工 美）

【工美绝技同亮京城】 10月15日，“中国工艺美术大师精品暨工艺‘四大名旦’作品展”首次在北京王府井工美大厦四楼的工美博物馆里展出，展品有张同禄、李博生、宋世义、孙森、米振雄、戴嘉林等30位中国工艺美术大师创作的景泰蓝、雕漆、牙雕、玉雕，共计500余件工艺美术作品，展览至10月30日结束。这次展览展出的作品中玉雕《玲珑宝塔》价值最高，达288万元，作品采用老坑冰种油青优质原料，上刻飞檐榭亭、栏杆，内坐佛像，法像端庄。宝塔整体七层，雕工精细流畅、气势磅礴；巨型象牙雕《韩熙载夜宴图》取材于五代南唐时代，表现士大夫韩熙载家中歌舞夜宴的场面，46个人物，形态各异，惟妙惟肖，细腻传神。无论是硕大颀长的象牙（牙重25.4公斤，长1.8米），还是工美大师独特的刀工手法，堪称绝世佳品，其价值达280万元。参展的景泰蓝类套件《清韵》和雕漆《梅瓶》虽价值不过10万元，但同样是顶级精品。此次参展的展品中还有金丝镶嵌《金銮宝座》，它是以故宫太和殿所藏为蓝本缩小仿制的，作品中的龙椅、屏风、金象、仙鹤、香筒、香炉等，以黄金、紫檀为材料，并镶嵌以各色珠宝钻石。宝座从设计到制作完工，历时六年，它遍集世界各地的名贵珍宝，由80余位包括国家级工艺美术大师耗尽心血锤炼而成。《金銮宝座》以它气象万千、金碧辉煌、巧夺天工的恢宏与壮观令人叹为观止。这500件工艺美术作品，共同展示了北京工美的最高艺术水平，向世人讲述着老北京850年的历史和北京古都独有的风韵，此次活动成为有“中国工艺美术第一店”美称的王府井工美大厦华诞50周年系列活动中最受人瞩目的一项活动。

（工 美）

【工美知识竞赛】 11月3日至4日，北京工美集团有限责任公司工会、团委共同举办了“知工美，爱工美，奉献工美”工艺美术知识竞赛活动经过两天4场激烈的角逐，共有14个单位18个队参赛，工美大厦玉石文化商场二队夺得第一名，供热中心、工艺品分厂二队并列第二名，黄金珠宝一队、特艺礼品商场和握拉菲有限公司分别获得第三名。这次工美知识竞赛活动，是集团工会、团委开展的举办纪念《北京市传统工艺美术保护办法》颁布两周年，庆祝王府井工美大厦建店50周年系列活动之一，也是全系统开展“创建学习型组织，争做知识型职工”活动的重要内容。 （工 美）

【向邓小平家乡捐赠图书】 根据新闻总署的安排，为以实际行动纪念邓小平同志诞辰100周年，2004年4月份，北京工艺美术出版社向邓小平同志家乡四川省广安市图书馆捐赠了一批图书，共计63种，630册，图书总价值11443元。 （工 美）

主要产品名录

产品名称	生产厂家	生产数量	产品规格
各种型号的景泰蓝瓶、尊、盘、罐、文具、灯具、烟具、动物、盒、首饰等；各种型号的雕漆器皿、动物、家具；金漆镶嵌家具；玉器人物、平素、动物、花卉等；绢花、绒鸟、料器、花丝镶嵌摆件、首饰、剧装道具、仿古瓷、绢人、彩塑、金属工艺品、骨刻、礼花、挑补绣花、地毯、艺术挂毯、灯彩、仿古画、木雕、硬木家具、工艺服装、旅游纪念品、馈赠礼品、传统题材与现代科技手段相结合的产品类等各种工艺美术品	北京工美集团各厂家	可来料、来样加工，也可由本企业组织开发设计；生产数量视市场需要，及时供应生产	有单件、成套、组合、成对等各种尺寸规格

北京医药集团有限责任公司

【综述】 是年，北京医药集团有限责任公司（以下简称医药集团公司）以快速发展、做强做大北京医药集团为目标，围绕集团整体发展战略，深化体制和机制改革，抓战略，建班子，聚人才，带队伍，鼓实劲，积极探索和开创适合北京医药集团自身发展的道路，开展了卓有成效的工作。医药集团广大干部职工克服国家药品进一步降价、企业间竞争加剧、医疗机构全面实行竞价招标采购、国家实行宏观调控、紧缩贷款等困难和不利因素的影响，实现了销售收入和利润的正增长。

2004年，医药集团公司完成主营业务收入完成758063万元，同比增长2.87%；实现利润14660万元，同比增长14.78%；净利润3142万元，同比增长188.3%；净资产收益率（以11.6亿元净资产计算）2.56万元，同比上升1.83个百分点；完成工业总产值（全国现价）401658万元，同比增长0.8%；工业总产值（北京现价）327198万元，同比增长9.3%；工业增加值（北京控股企业）78059万元，同比增长20%。

是年，围绕集团发展战略主要做了以下几方面工作：认真主动深化体制改革。一是集团公司整体改制工作顺利完成。集团公司作为北京市授权经营公司整体改制重组的第一家试点单位，于11月13日隆重揭牌，12月3日和4日顺利召开股东会、董事会和监事会，产生了新的比较完善的法人治理结构，12月16日完成了工商登记注册等法律手续。二是控股子公司股权进一步多元化工作取得新进展。医药股份公司以要素分配为特点的股权进一步多元化的工作经过2004年的充分准备，为实现体制改革积累了经验。紫竹药业由有限责任公司改设股份有限公司的工作进一步完善、细化方案。

加大投入、拓宽发展途径。集团公司与清华大学、北京大学、北京工业大学、军事医科院建立产学研战略合作关系，并签署协议书，与首都医科大学达成初步产学研合作意向。完成26个创新项目评估，其中国外项目15个，国内11个，共有150名专家参加了各类项目评估。有9个已立项，有10个进入实质性合作的，有6个完成可行性研究，有2个完成商务计划书。

加强企业管理、优化日常运营。一是在企业生产经营活动中广泛开展降费取利、节能降耗工作。紫竹药业结合ERP，对药品包装材料和其他材料进行网上在线招标采购，全年节约采购资金430万元；浴室热交换系统通过技术改造每年节约蒸汽1050吨。医药股份开展“瘦身计划”，减员208人降低人员费用600多万元，降低成本和费用。医药股份还与银行谈判，贷款利率比基准利率低10%，大幅减少财务费用。二是加强营销基础管理。通过加快对应收账款的回收和缩小存货，使各企业存货周转天数总体下降，应收账款周转天数绝大多数下降，企业期间费用占销售收入比重基本持平或略有降低，集团所属企业现金流特别是经营性现金流有所改善。全面协调发展、提供支持保障。

加强企业党的建设，领导班子和队伍建设进一步强化。调整所属3个企业的党委书记，更换派出董事、监事12人。加强后备干部队伍建设，开展了分类推荐高层次管理人才的分析、研究工作，建立分类人才库。集团公司开展各类培训，参加培训550人次。组织干部职工参加上级举办的各种培训2100人次。团组织开展了“青工技能振兴计划”，建立了各层次人才库，组织开展了英语、法律学习和竞赛活动。加强党风廉政建设。组织2000多人参加“两个条例”学习教育活动，开展“三个强化问题”专项治理工作，纠改了一些重大经济问题，涉及金额1000多万元。通过办案，挽回经济损失350万元。

做好安全、稳定工作。做好消防、生产、交通安全工作。是年，转发和签发有关安全生产的文件30个，召开12次安全例会，进行了12次安全检查，针对检查出的3项安全问题全部进行了整改。实现全年无安全事故。办理各类来访130多件，妥善处理历史遗留问题和改革、发展中出现的稳定问题。注重企业形象，企业品牌建设和维护，进一步加强媒体公关、危机管理和处理。工会组织协助做好全集团近1000人分流和改革稳定工作。维护职工利益，落实政策，完成离休干部住房不达标和无房户补贴发放工作，全集团实际发放377万元；完成标准租私房76户的全部腾退迁出工作。 （曹秀琴）

【医药研发创新体制初步建成】 1月8日，北京市科学技术委员会、北京医药集团公司“缓控释技术”重大项目启动暨北京医药研发创新体系建设汇报会在北京饭店举行，标志着北京医药集团公司研发创新体系初步建成。北京医药集团截止到2004年共投入研发技改资金2.2亿元，已进入临床前研发的项目11个。北京医药集团将由市场导向的生产型企业逐步发展成为高新技术导向的研发型企业。集团将在医药产业的五大领域中的十大功能性药物中拥有自己的核心产品线，其中在抗感染药物、心血管疾病用药等五个方面具有主导地位。军事医学科学院梅兴国教授等7位医药界著名专家正式受聘为集团下属研发机构的摩力克科技有限公司的专家顾问。 （曹秀琴）

【北京医药集团实现战略重组】 11月13日，北京医药集团公司与中国华源集团实现战略重组，新北京医药集团有限责任公司正式揭牌。北京医药集团有限责任公司增资改制后注册资本达到23.2亿元。中国华源集团所属的生命有限公司以现金9.28亿元投资北京医药集团，取得40%的股权，北京市国有资产监督管理委员会和北京市国有资产经营公司以北京医药集团原有资产为出资，分别取得20%和30%的股权，中国高新技术发展有限公司以现金投资获得10%的股权。

（曹秀琴）

【纪检监察工作】 是年，医药集团公司纪委持续推进党风廉政建设的深入开展，医药集团公司党政主要领导全力支持大要案的查处工作，纪委书记亲自挂帅，指导、协调大要案和疑难案件的查处工作，保证集团公司查办案件工作的顺利开展。把好初核关，提高成案率，为查办案件提供有利保障。通过外围求证、隐蔽求证。防止其与证人之间串供或销毁证据材料、转移赃款、逃避等问题发生，确保了初查成案率在70%以上，办结案件合格率为100%。秉公执纪查案件，调查取证力求做到“七个坚持”。一是坚持平等待人，不盛气凌人。二是坚持事前做好准备，避免盲目性。三是坚持客观求真，不“逼”不“诱”。四是坚持体现公正，不偏不倚。五是坚持重视细节，仔细推敲；六是坚持区别不同对象，采取不同方法。七是坚持提高自控能力，不感情用事。通过秉公执纪，保护改革者，挽救失误者，惩处违纪者，全系统已形成廉者荣、贪者耻的良好氛围。集中优势“兵力”，抓好重大案件的查处。

注重三个环节，发挥办案的治本功能。三个环节：一是剖析典型案例，抓教育。二是探索发案规律，抓源头。三是查找存在问题，抓整改。突出两个重点，强化案件的协调督办。两个重点：一是抓大要案件；二是抓疑难案件。10月，请市国资委纪委领导出面。把朝阳检察院、反贪局的领导请到集团公司。召开了由三家参加的法纪协调会，对医药集团在“朝检”的3个案件、两个线索进行了排查，争取支持。重视信访工作，加强信访监督。（满惠君　曹秀琴）

【查处下属单位经济问题】 是年，医药集团公司查处万辉药业下属单位万维公司经理黎维民的经济问题，当发现黎涉嫌犯罪，立即向西城区反贪局举报，并密切配合反贪局开展内查外调，查证了黎贪污、挪用、侵占公款450余万元的案件，6月18日，黎被市一中院一审判决，判处有期徒刑20年，查结此案，为企业挽回经济损失334万余元。（满惠君　曹秀琴）

中国北京同仁堂（集团）有限责任公司

【综述】 中国北京同仁堂（集团）有限责任公司（以下简称同仁堂集团公司）是经北京市政府授权的国有独资大型中药企业集团。2004年，该公司在整体保持快速发展的形势下，作出“奋斗一年，夯实基础”的决策，强化经济运行、财务运行、部室管理、人才建设、教育培训、基建工程、信息管理等各项基础工作，管理功能逐步完善，各子公司全部消灭亏损，经济运行质量稳步提高，经济效益和社会效益显著增长。全年无质量安全事故发生。年内完成10件大事：销售收入突破50亿元大关，各项经济指标创历史最好水平；直接和间接控股的两个上市公司在亦庄经济技术开发区建设的现代化生产基地经过3年努力全部竣工；北京同仁堂科技发展股份有限公司（以下简称同仁堂科技公司）建成华北地区医药企业中第一大物流中心；北京同仁堂股份有限公司（以下简称同仁堂股份公司）顺利完成配股，募集资金3.17亿元；同仁堂科技公司、同仁堂股份公司共同投资在香港组建海外生产基地；同仁堂集团公司子公司全部消灭亏损，创历史发展最好水平；人才建设得到高度重视；职工生活进一步得到改善，人均增资3级，宿舍建设启动；同仁堂创建335周年系列堂庆活动取得圆满成功；首次被国务院国有资产监督管理委员会列为全国国有企业重大典型。全年完成销售收入50.1亿元，同比增长15.29%；实现利润3.4亿元，同比增长34.38%；出口创汇2018.5万美元，同比增长17.33%。

（杜佩意）

【北京同仁堂国药有限公司】 3月，由同仁堂科技公司、同仁堂股份公司共同投资组建的北京同仁堂国药有限公司在香港注册成立，并在香港建设中成药、营养保健品等健康产品生产研发基地。该公司投资总额为15000万港币，其中同仁堂科技公司、同仁堂股份公司分别以7650万港币、7350万港币现金投入，分别占投资总额的51%、49%。基地严格按照海外各目标市场的要求和标准进行新产品、新剂型的研发与生产加工，充分利用香港各种优势资源，以香港为桥梁，扩大同仁堂产品在国际特别是欧美市场的占有率，实现跨国经营的目标。10月，该公司与香港科技园公司签署了香港新界大埔工业邨约11700平方米土地的租赁协议，用于基地建设。设计生产8种剂型，满足未来5~8年产品发展的需要，主要产品包括同仁堂科技公司、同仁堂股份公司的重点出口品种。

（杜佩意）

【商业单位重组】 北京同仁堂连锁药店（同仁堂集团公司全资子公司）以115%的溢价114万元收购北京同仁堂通州医药有限责任公司（同仁堂集团公司控股子公司）自然人股权，职工持股会经法定程序解散。该公司所属6家药店全部进入同仁堂连锁药店，妥善安置职工。北京同仁堂商业投资发展有限公司（同仁堂集团公司控股子公司）以99%的控股权收购北京同仁堂连锁药店，连锁药店成为商业投资公司的子公司。12月2日，完成资产评估、产权交易等各项工作正式办理改制及工商登记注册手续，改制后名称为北京同仁堂连锁药店有限责任公司。同仁堂商业投资公司由投资型公司转为具有药品经营职能的实体公司，解决了资金沉淀问题；连锁药店在获得充足资金支持的同时，以网络资源和管理实力支撑了商业公司。

（杜佩意）

【销售收入突破10亿元大关】 年内，同仁堂科技公司以“抗感行动”“清凉怡夏”“怡爽金秋”“冬日阳光”4次大型系列营销推广活动为契机，打造出一支内外结合的营销队伍，实施网络拓展和产品推广。覆盖14个省48个地区的网络终端经销商达775户，其中年销售额在6000

万元、3500万元、2000万元以上的忠诚经销商分别达到5户、8户、9户，市场开拓商从上年的8户增加到18户。大部分产品进入公费医疗保险目录，67家三级甲等、102家二级甲等医院有售该公司产品。销售额超过亿元、千万元、百万元的产品分别为3个、14个、26个，形成品种群均衡增长的稳固格局。年销售额突破10亿元大关。（杜佩意）

【实施百千万工程】 5月，同仁堂股份公司提出“百千万工程”的经营目标。即：培育百名经理，派出千名OTC（非处方药）代表，建立万家终端销售网络。以产品群推广为主，对市场实行有效管理和控制。建立人力推广、口碑宣传相结合的新的产品推广链和营销管理队伍。以利益分配为主线，直营、控制、利用零售店，最终带动该公司全部品种销售实现健康快速增长。7月，该公司组织有药师职称、药学专业的30名专家讲师队伍，赴青岛、大连、石家庄、长沙、厦门5个城市的30家药店宣讲同仁堂文化及产品基本知识，各药店销售额不同程度有所增长，个别药店日销售额增长几十倍。（杜佩意）

【广开思路促销售】 北京同仁堂连锁药店广开思路，从四方面狠抓销售工作，经济效益显著提高。一是着重做大同仁堂自产品种。将同仁堂十大名药做成易拉宝式宣传展板，供门店常年作促销；平均每周一次与系内单位合作，进行产品推介。年内销售系内品种7200万元。二是细分所有经营品种进行科学管理。对占销售总额40%以上的280个品种重点采购，保证不脱销断档，并在门店重点陈列，给予重点分析和关注。对因不同季节、不同人群及门店地理位置不同形成的特殊市场需求随时调整，保证主打品种的供应；将新产品的功能主治等商品信息及时公布在内部电脑系统上，便于销售人员准确掌握，正确引导消费者；对市场广告力度大、销售势头好的品种，抓住商机采取灵活政策，一事一议。三是利用网络连接所有连锁门店，用科技支撑品种供应。在电脑系统中设立商品信息，供货商可在第一时间了解到相关品种在终端的销售动态及销售排行，并在第一时间为门店补足货源。年内新增商品信息2000余条，新增品种实现销售1000万元。商品保有量在1万种左右。四是利用可以向连锁药店以外的零售药店进行配送的政策，实现对德寿堂等19家系外单位的药品配送，年配送额1000万元。全年实现销售收入23036万元，同比增长1.69%，实现利润401万元，同比增长66.47%。（杜佩意）

【新产品研发】 1月8日，同仁堂股份公司研制的愈风宁心滴丸获国家食品药品监督管理局颁发的《新药证书》及《药品注册批件》。该药是在愈风宁心片的基础上自主改剂型研制的。具有解痉止痛，增强脑冠脉血流量的功能。用于高血压头晕、头痛、颈项疼痛、冠心病心绞痛、神经性头痛等症。是年，该公司制定了产品“精品化，微型化”发展战略。在保持产品疗效的前提下，改革剂型、增加规格、改换包装、满足市场个性化需求，重点解决现有品种存在的服量大、服用不便，难以适应市场发展需要的问题。年内，完成51个大蜜丸品种增加小丸规格的微型化实验研究和申报工作，其中35个品种取得生产批准文号。年末止，形成由近百个水蜜丸组成的品种群。另有2个保健食品取得批准文号；完成新药同仁乌鸡白凤胶囊、灯盏花素滴丸的生产申报工作，贞芪益肾颗粒、胰复康胶囊临床研究工作，双参通冠胶囊、牛黄上清微丸的临床申报工作。该公司生产的塞隆风湿胶囊由塞隆风湿酒改剂型而成。该研究项目获北京市高新技术成果转化认定证书，得到北京市财政5.14万元专项资金支持。塞隆风湿胶囊解决了肝病或其他类不宜饮酒患者的服用问题，扩大治疗与应用范围，有利于充分发挥药物疗效。每次口服2粒，日服2次，大大方便患者服用与携带。

同仁堂科技公司研发的四类新药二母宁嗽口服液、三类新药百合更年安颗粒分别于1月8日、21日双获国家食品药品监督管理局颁发的《新药证书》和药品批准文号。二母宁嗽口服液是二母宁嗽丸的改剂型产品，具有服用方便、疗效迅速的特点，临床上用于清肺润燥，化痰止咳。百合更年安颗粒源于名老中医的经验方，具有滋养肝肾、宁心安神的功效，用于更年期综合症。药理研究证明该药有明显抑制中枢神经系统的作用，对交感神经兴奋有对抗效果，并具有雌激素样活性，能提高血清性激素水平。临床实验表明：该药对潮热汗出、心悸、心烦、失眠、多梦、头晕、耳鸣、手足心热、咽干等症状效果明显，总有效率94.78%，未见不良反应。该公司年内完成17个大丸改小丸的工艺研究。（杜佩意）

【技术创新】 年内，同仁堂股份公司实施水丸、蜜小丸剂型制剂工艺改革，研制开发出国内独有的水丸、蜜小丸塑制法和压制法新工艺。解决原有工艺占地面积大、劳动强度高、环境污染、生产周期长、能耗高等问题；新开发的真空自动封闭式供料系统在解决人工投料不均问题的同时，避免环境和人为交叉污染；研制的在线连续自动整丸系统实现无人操作，减少占地面积和设备台数，较原工艺生产效率提高数倍。12月17日，由同仁堂股份公司科研所发明的“内凹式密闭塑料壳、内凹式密闭塑料模具”正式运用到该公司南分厂蜜丸生产线。将传统的大蜜丸塑料壳包装上的通透孔改为内凹式密闭孔，使沾蜡过程中钢钎穿插达到极佳的定位效果，避免了钢钎与药丸的接触，实现塑料壳内绝对密封，从根本上防止交叉污染，延长药品保存时间。（杜佩意）

【亦庄现代化生产基地竣工】 是年，同仁堂股份公司、同仁堂科技公司分别在亦庄经济技术开发区建设的现代化生产基地竣工。该生产基地总占地面积11.3万平方米，建筑面积6.5万平方米，总投资近6亿元，建有8条符合GMP（药品生产质量管理规范）标准的生产线，可生产蜜小丸、水丸、胶囊、滴丸、颗粒、片剂等8种剂型，年生产能力分别达到丸剂550万吨，胶囊2亿粒，滴丸6亿粒，颗粒440万吨，片剂30亿片。按照国内或同行业“六个一流”标准设计，即：施工质量一流。获“长城杯”奖；制剂工艺一流。提高生产效率数倍；生产设备自动化水平一流。在国内或国际领先；管理指挥系统自控化水平一流。智能化程度达国内先进水平；能源控制水平一流。水、电、汽消耗量达到最佳控制标准；环保水平一流。除尘技术达到国际先进制药企业水平、减少废水排放。（杜佩意）

【现代化仓储物流配送中心】 同仁堂科技公司仓储物流配送中心年底建成，

位于亦庄经济技术开发区南侧，占地4.93万平方米，总建筑面积约2万平方米，主体工程1.8万平方米。有货位2.54万个，每个荷载1千公斤，采用巷道式存储，每小时可出入货位400个。采用先进的计算机管理系统，对货物进出全部实现智能控制，自动识别系统可准确判断货物出入库时间、数量及存放部位，实施现场可视监控，基本实现货位管理无人操作。具有消防报警系统和全自动消防喷淋系统。全自动化的传输设备，打破传统搬运模式，节约人力成本，降低货物破损率和差错率，货物存储信息流畅精确。该现代化配送中心存储规模在全国医药行业居首位。

（杜佩意）

【质量管理与质量认证】 9月1日，经国家质量技术监督局批准，同仁堂股份公司获得“2004年全国质量管理先进企业”称号，该公司总经理获“2004年全国质量管理先进工作者”称号。获得全国先进企业的单位必须具备“北京市质量管理先进企业”资格，通过ISO9000体系认证，在组织管理体系、领导决策、过程控制、人力资源、信息管理、效益分析等方面达到相应标准。9月17日，该公司的产品同仁大活络丸、同仁乌鸡白凤系列（乌鸡白凤丸、乌鸡白凤口服液）、同仁牛黄清心丸、安宫牛黄丸、国公酒等，获北京市质量技术监督局授予的“2004年北京名牌产品”称号。11月10日、12月16日，经国家认证监督管理委员会批准，该公司分别获得北京新世纪认证有限公司颁发的《质量管理体系认证证书》、《环境管理体系认证证书》、《职业健康安全管理体系认证证书》。认证审核组认为，该公司严格按照GB/T19001—2000（质量管理体系）、GB/T28001—2001（环境管理体系）、GB/T28001—2001（职业健康安全管理体系）标准，制定并实施符合该公司实际情况的目标、指标和管理方案，使员工的质量、环境、职业健康安全意识明显提高。

（杜佩意）

【连锁药店诚信为本】 是年，北京同仁堂连锁药店在继续保持上年度GSP（药品经营质量管理规范）认证成果的同时，新增加和新迁址的15家门店全部通过北京市药品监督管理局的补充认证，且全部标准高于GSP。该店以规范经营、质量第一为经营宗旨，建立供货商档案1500套，相关药品档案近3000套，全年验收商品8万多批次，其中拒收近800批次。对首次经营品种首先在国家药品监督管理局网站上查询、核对批准文号及说明书内容，同时通过与厂家核实品种、规格、批准文号及在北京代理商的情况，全部准确无误后方可销售。严把药品经营质量关，有效地将假冒伪劣药品拒之门外。年内，药监部门对遍布京城14个区县的61家同仁堂连锁药店进行了数十次抽查，结果全部合格。

（杜佩意）

【全国国有企业重大典型】 经国务院国有资产监督管理委员会考核审计，报批后，同仁堂集团公司被列为全国国有企业重大典型，在全国进行宣传报道。该公司是入选企业中唯一的北京企业、唯一的全国医药企业、唯一的中华老字号企业。12月6日，中宣部、国务院国资委组织《人民日报》、新华社、中央人民广播电台、中央电视台、《北京日报》、北京电视台等近20家媒体，对该公司进行国有企业改革典型经验采访宣传报道。

（杜佩意）

主要产品名录

产品名称	2004年产量	计量单位	剂型	生产厂家
同仁牛黄清心丸	3939.55	万丸	丸剂	北京同仁堂股份有限公司
同仁乌鸡白凤丸(大丸)	12036.51	万丸	丸剂	
同仁大活络丸	2329.13	万丸	丸剂	
安宫牛黄丸	90.25	万丸	丸剂	
国公酒	1305.17	万瓶	酒剂	
牛黄清胃丸	3411.20	万丸	丸剂	
牛黄上清丸	4403.80	万丸	丸剂	
羚羊清肺丸	2105	万丸	丸剂	
儿童清肺口服液	1501.70	万支	合剂	
金匮肾气丸	1707.70	万丸	大蜜丸	北京同仁堂科技发展股份有限公司
金匮肾气丸	474.24	万瓶	小蜜丸	
六味地黄丸	4807.50	万丸	大蜜丸	
六味地黄丸	2900.10	万瓶	水蜜丸	
浓缩六味地黄丸	792	万瓶	浓缩丸	
牛黄清火丸	2129.30	万丸	大蜜丸	
感冒清热颗粒	7953.46	万袋	颗粒剂	
牛黄解毒片	102240.38	万片	片剂	
生脉饮口服液	1770.93	万支	合剂	
安神健脑液	1606.52	万支	合剂	
皮肤病血毒丸	1203.37	万瓶	水丸	中国北京同仁堂（集团）有限责任公司
久强脑立清	3535.07	万瓶	水丸	
香砂和胃丸	795.14	万袋	水丸	
龙胆泻肝丸	610.57	万袋	水丸	
清肺抑火丸	519.35	万袋	水丸	

北京四环医药科技股份有限公司

【综述】 是年，北京四环医药科技股份有限公司（以下简称四环医药公司）拥有高科技产品13种，其中有代表国内水平的国家一类新药2种，代表市场前景的独家产品7种，而且拥有3种专利产品。年内公司结合市场导向，进一步加大研发力度，获临床批件5个，完成工艺改进及工艺研究7项、进行工艺验证4项，新增口服液剂型，并获得北京市高新技术成果转化基金；同时公司“诺欣生”产品，进入国家公安强制戒毒系统，为我国的戒毒事业起到积极作用。该公司认真贯彻并执行“以绩效管理为主线，以市场为中心；基本建立专业化业务管理平台和职业化基础管理平台；积极稳妥做好队伍和市场营销手段的调整；实现经营业绩较快增长”的战略目标，圆满完成各项工作。公司全年完成销售收入33336万元，实现利润7000多万元，上缴税收6747万元。

是年，四环医药公司优化生产组织机构4个车间合并成为统一的制剂车间，进行统一管理、统一生产，提高生产效率，降低生产成本。并开发了“市场营销费用”、“KPI指标”、“进销存”计算机管理系统和公司OTC产品独立网站，为公司经营业绩较快增长奠定了坚实的基础。

2004年，四环医药公司全面推进绩效管理，从制度层面对以业绩评估为主的绩效管理体系，进行了较大的调整；首先确立公司的组织能力、员工核心胜任力，明确了公司发展和用人的标准；通过引入组织绩效与责任共同体的评估，建立公司关键业绩指标系统，明确公司关注的核心和重点工作，使团队合作、目标上下一致，保证公司生产经营发展的同时使得绩效管理体系更加系统化、科学化。

截止2004年末，四环医药公司连续13年获得北京市工商行政管理局授予的“守信企业”称号，以及2004年北京市海淀区“国税50强”、北京市“纳税信誉A级企业”、中关村科技园区海淀园2004年度“50强”企业称号；同时公司产品华素片、盐酸纳洛酮注射液、孚琪被评为“北京市名牌产品”；被中关村科技园区海淀园评为2003年度“百项表彰拳头产品”。

（郝　琨）

主要产品名录

产品名称	2004年产量	计量单位	用　途	生产厂家
华素片	2800	万盒	口腔咽喉消炎杀菌药（口含片）	北京四环医药科技股份有限公司
孚琪膏	690	万支	皮肤科广谱/抗真菌用药（乳膏/溶液剂）	
盐酸曲马多片	280	万盒	非吗啡类/镇痛用药（片剂）	
博苏片	160	万盒	β受体阻滞剂、高血压、心绞痛、心衰用药（片剂）	
盐酸纳洛酮注射液	200	万盒	吗啡拮抗药，用于麻醉术后，解除呼吸抑制、催醒、脑梗塞及急性酒精中毒等	

华北京海实业总公司

【综述】 是年，华北京海实业总公司（以下简称：总公司）从坚持以改革调整为主线，以基础建设为重点，扎实有效地推进工作，国有资产保值增值率达到108.7%。清产核资取得阶段性成果。总公司组织机关和下属企业进行了清产核资工作。涉及十几年前的陈年旧账，经多方查找线索、反复核实资料，使大部分呆坏账核销手续得以完善，申报呆坏账的手续通过了会计师事务所和国资委审核。

房地产业吸引民营企业投资入股，并由其控股经营，精心运作，偿还了巨额债务，收回了部分债权，完善了房地产手续，两个项目相继开工。扭转了近年来连年亏损、资金拮据、经营困难的颓势。总公司采取调、改、剥、破等多种手段对企业重新整合。营建工程总队是建筑二级企业，将其整体转让给国资委系统的另一家建筑企业，两家企业合并后晋升为一级资质企业，实现了双赢。金帅商贸中心属非主业资产，改造为全部由员工自愿持股的民营企业，国有股权全部退出。

经济效益稳步增长，职工福利逐步提高。2004年，销售收入比上年增长110%，利润比上年增长445%。职工工资平均增长近20%，与1999年企业移交时相比职工收入平均增长4倍。（贾云涛）

【用工制度改革】 2004年，总公司采取了两项措施：一是解决长期存在的人员管理上的遗留问题，理顺劳动关系。对已不在岗，劳动关系尚未理顺的员工进行一次性安置。18名员工与总公司解除了劳动关系。二是总公司进行机构改革，实行部门领导竞聘和员工竞争上岗。在机构设置上把原来的处变为部，部门由5个减少为4个，第一次实行了部门副职企业内部竞聘，其他员工实行了竞争上岗，全员实行了岗位工资制，以岗定薪、薪随岗变。

（贾云涛）

东城区工业

【综述】 是年，东城区工业生产和出口保持快速增长，产销衔接稳定。该区有工业企业245家，其中规模以上企业（包括全部国有企业及销售收入在500万元以上的非国有企业）84家。完成现价工业总产值87.96亿元，同比增长71%；工业增加值21.4亿元，同比增长31%；实现销售收入89.68亿元，同比增长63%；实际利润总额3.61亿元，同比增长28%；工业出口交货值5.1亿元，同比增长2.6倍。

全区245家工业企业中，中央驻区企业27家，占总数11%，工业总产值66.4亿元，占全区工业总产值75.5%；市属驻区企业47家，占总数19.2%，工业总产值10.8亿元，占全区工业总产值12.3%；区属企业171家，占总数70%，工业总产值2.5亿元，占全区工业总产值2%，其中区属工业中包括无主管企业128家。

全区工业中内资企业194家，占总数的79%，工业总产值21.4亿元，占全区工业总产值24.3%；港、澳、台商及外商投资企业23家，占总数的9%，工业总产值3.4亿元，占全区工业总产值4%；外商投资企业28家，占总数的11%，工业总产值63.1亿元，占全区工业总产值71.7%。外商投资企业是我区工业发展的主力军。

全区主要工业行业有33种，经济总量排行前五位的行业依次是：通信设备、计算机及其他电子设备制造业，工业总产值65.1亿元，占全区工业总产值74%；仪器仪表及文化、办公用机械制造业，工业总产值8亿元，占全区工业总产值9%；家具制造业，工业总产值3亿元，占全区工业总产值3%；食品制造业，工业总产值2.7亿元，占全区工业总产值3%；纺织服装、鞋、帽制造业，工业总产值1.8亿元，占全区工业总产值2%。全区工业主要依赖于通信设备、计算机及其他电子设备制造业的发展。（东城区）

【优化经济发展环境】 是年，东城区委、区政府积极响应北京市推广全程代理制工作的号召，精心组织，狠抓落实，推出了“一口一网一集中”的新型全程办事代理模式。全区有对外办事职能、与企业和群众关系密切的41家单位，已全部推行全程办事代理制，提高了政府的办事效率。建立健全政务公开制度，保障企业的知情权和参与权，改变了一些党政机关存在的“门难进、脸难看、话难听、事难办”的现象。至年末该区实行政务公开的单位共53家，公开事项669项。

（东城区）

【治乱减负工作】 年内，紧紧围绕进一步优化首都发展环境，积极开展企业治乱减负工作。东城区对行政许可事项和各类报表以及企业年检、年度复核和年度审核进行了清理；开展行政许可事项收费和非税收入情况调查和治理向机动车乱收费；加强行政事业收费“收支两条线”管理及“票据分离”制度；实行收费监督卡制度，完善收费公示制度和督办制度以及重大案件通报制度，促进内部工作制度化、规范化。（东城区）

【“4050”再就业工作】 是年，东城区采取多种措施解决“4050”的再就业问题，首先，将日常援助与重点援助相结合，为特困失业人员提供多层次服务。其次，加大公益性就业开发，实施就业托底安置机制。第三，加大就业资金投入，促进东城区失业人员再就业工作。全区设立再就业资金2500万元，保证了再就业工作的顺利进行。（东城区）

【科技创新】 是年，北京东城星火环卫设备厂通过市科委立项支持，研制成功了多功能路桥设施养护洒水车和生活垃圾中转站压块机组，在使用中取得良好效果。两项成果均通过了北京市科委组织的验收。（东城区）

【科技孵化器建设稳步推进】 是年，东城区科技孵化器在管理模式上采取“集中管理和分散孵化相结合、以点带面”等形式，为首都创业孵化器在中心城区的发展进行了有益的探索，营造了良好的区域创新环境。金兰巢科技孵化器经过一年多的运行，已有入孵企业14家，中介机构5家，其中高新技术企业5家。（东城区）

【职业技能培训】 是年，东城区加强职业培训，注重技能型人才的培训，组织区域内技能竞赛，提升劳动者的就业竞争力；组织好订单培训，满足适合用人单位岗位需求的劳动力。开展失业人员定岗培训和“职业技能大赛”等活动，提高了劳动者的就业能力和职业转换能力。全年培训失业人员11953人次，其中，职业指导6008人次，职业技能培训5945人次，培训合格率为99%，定岗培训率为52%。

（东城区）

【技改工作】 大力支持企业开展技术改造，鼓励企业发展国家重点鼓励发展的产业、产品和技术，积极为企业提供服务，使企业在进行改造的同时，享受国家在设备进口等方面的优惠政策。2004年共审批技改项目3项，项目总投资额1584万元。

（东城区）

【安全生产】 根据东城区机构改革的安排，按照权责一致的原则，及时调整和充实了42家“安委会”成员单位，其中6家主责单位形成了核心组，构建起了纵横交织、严密有序的安全监管责任网络，并在政府网上向社会进行了公布。同时，加强了安全生产法律、法规的宣传、教育和培训力度，把安全生产工作纳入法制轨道，推进依法行政，并定期召开安全协调会，通报有关安全信息，针对存在的问题，制定有关整改方案，突出对重点行业、重点地区、重点企业的安全生产专项治理。

（东城区）

【工业出口】 是年，东城区工业出口保持了良好的出口形势。北京诺基亚航星通讯系统有限公司、艾默生（北京）仪表有限公司和北京天坛股份有限公司名列全区工业出口前三位，它们同比增长分别是2.36倍、16.27倍和11.65%。特别是艾默生（北京）仪表有限公司，由于年内增加了三条生产线，产量大幅度增长，该单位产品80%～90%出口，成为该区出口增长速度最快的企业。

（东城区）

主要产品名录

产品名称	2004年产量	计量单位	生产厂家
各式家具	84.2	万件	北京天坛股份有限公司
糕点	3067	万斤	北京稻香村食品加工厂
漆器工艺品	10455	件	北京金漆镶嵌厂
多色印刷	45	万对开色令	北京北人羽新胶印有限责任公司
光电子器件	1100	万支	北京半九科技有限公司
大力牌管道清理机	13109	台	北京新亚洲大力机械有限公司
自动化仪表及系统	91716	台	北京远东罗斯蒙特仪表有限公司
自动化仪表	58965	台	北京远东仪表有限公司

续表

产品名称	2004年产量	计量单位	生产厂家
无纸记录仪硅酸根分析仪	566	台	北京帅仪科技发展有限公司
电子测量仪器仪表	364	台	北京无线电技术研究所
中药颗粒剂	80.25	吨	中国中医研究院实验药厂
服装辅料	1959	万元	北京衣奇邦服装辅料有限责任公司
户外广告制作	24.11	万平方米	北京标正电脑图文有限公司
多色印刷	5.77	万对开色令	北京胶印厂
电框	559	万元	北京富山电子有限公司
物位、液体测量仪	17800	台	京仪海福尔自动化仪表有限公司
汽车起动机			北京市汽车起动机厂
高档针织品	269	万双	北京圣通服装服饰有限公司
环卫车辆			北京东城星火环卫设备厂
电子系统的总体设计、安装、调试	2500	万元	北京科林杰伟世电子系统有限公司

西城区工业

【综述】 是年，西城区工业持续稳定增长。区域规模以上工业企业有140家，主要产品涉及21个行业。从业人员平均人数32646人，占全区从业人员平均人数的7.9%；完成现价工业总产值76.1亿元，同比增长15.6%；完成产品销售收入95.7亿元，同比增长12.3%；完成利税总额10.2亿元，同比增长20.9%，其中利润为4.3亿元，同比增长31.2%。产品产销率为99.6%，同比基本持平。年主要经济指标增幅高于2003年的增长水平，除利润增幅低于上年3.3个百分点外，销售收入、现价工业总产值和利税的增幅，分别比2003年高0.6、6.1、12.7个百分点，区域工业经济呈现出持续稳定增长的态势。

国有经济成分对区域工业发展贡献显著，在区域140个规模以上工业企业中，国有及控股企业有102个，占总量的72.9%；完成现价工业总产值67.93亿元，同比增长14%，占总量的89.3%；完成销售收入87.87亿元，同比增长11.1%，占总量的91.8%；完成利税总额9.82亿元，同比增长22.3%，占总量的96.2%。其中完成利润4.19亿元，同比增长36.6%，占总量的98.6%。国有经济成分在区域工业中仍占主导地位，其中从事燃气、自来水和水泥生产的北京市燃气集团、北京市自来水集团和北京金隅集团有限责任公司三大集团企业的现价工业总产值占区域规模以上企业总量的56.3%，销售收入占区域规模以上企业总量的64.7%；实现利税占区域规模以上企业总量的81.3%，实现利润占区域规模以上企业总量的96.3%。三大企业的经济指标完成情况在很大程度上决定着区域工业的总体走势，对稳定区域工业发展起着显著作用。 （潘亚会）

【行业发展】 区域规模以上工业企业的主要产品涉及21个行业，形成了以印刷和记录媒介的复制、非金属矿物制品、专用设备、交通运输设备、电气机械及器材、通讯设备计算机及其他电子制造业以及燃气、自来水的生产和供应业为骨干的八大重点行业，拥有一批高新技术企业和科技含量较高的主导产品。八大重点行业的现价工业总产值和销售收入均分别超过亿元且效益良好。截止到年底，八大行业共完成现价工业总产值60.38亿元，同比增长19.4%，超过区域总体水平3.8个百分点；完成销售收入80.15亿元，同比增长14.7%，超过区域总体水平2.4个百分点；实现利税总额10.22亿元，同比增长32.5%，超过区域总体水平11.6个百分点；其中实现利润4.94亿元，同比增长55.5%，超过区域总体水平24.3个百分点。重点骨干行业的生产和效益同步上扬，明显高于区域工业经济发展整体水平，成为区域工业经济发展的支柱。其中，燃气生产和供应业、水的生产和供应业及非金属矿物制品业的现价产值和销售收入分别位于区域工业行业前三名；实现利税前三名分别是燃气生产和供应业、非金属矿物制品业、印刷和记录媒介的复制。在21个行业中，处于行业性亏损的有7个行业，主要分布在食品制造业、纺织业、纺织服装鞋帽制造业、文教体育用品制造业、塑料制品业、通用设备制造业和工艺品及其他制造业这些传统工业企业集中的行业。 （潘亚会）

【都市产业】 都市产业粗具规模。区域规模以上工业企业涉及都市产业的行业有农副食品加工业、食品制造业、饮料制造业、纺织业、纺织服装及鞋帽制造业、印刷业和记录媒介的复制、文教体育用品制造业、工艺品和塑料制品业等，共有企业64个，占区域规模以上工业企业的45.7%。全年完成现价工业总产值18.5亿元，同比下降2.7%，占区域工业总量的24.3%；完成产品销售收入19.1亿元，同比下降0.6%，占区域工业总量的20%；完成利税总额7331万元，同比下降42.1%，占区域工业总量的7.2%，整个都市产业由盈转亏，亏损4667万元；亏损企业亏损额为1亿元，同比上升297.7%；占区域总量的80.9%。其中食品制造业生产和效益的同步下滑，是都市产业整体利润下降的主要因素。印刷和记录媒介的复制和农副食品加工业的生产和效益处于同步上升态势。印刷行业的企业进行设备技术升级改造，市场竞争力和经济效益有了明显的提高，成为新的经济增长点。印刷和记录媒介的复制业全年共完成现价工业总产值6.87亿元，同比增长7.7%；完成产品销售收入7.04亿元，同比增长14.5%；实现利税9529万元，同比增长29.8%，其中利润为3218万元，同比增长174.8%。产品产销率为103.9%，

同比增长 3.9%。（潘亚会）

【德胜园区建设】 中关村科技园区德胜科技园坐落在北京市西城区，是中关村科技园区的重要组成部分，是西城区“十五”期间重点建设开发的六个功能街区之一。年内，经过区科委、财政局等部门联合评审，德胜科技园内万方星辰、中器德胜两家孵化器通过了“西城区科技孵化基地”认定，累计已完成 8 家孵化器建设，孵化面积约 8.1 万平方米，其中，有 3 家孵化器企业通过了北京市的认定，进一步明确了德胜科技园要成为国内外知名高科技企业和上市公司的办公和研发及经营总部密集区、高新技术与产品专业展示和营销集散地、高质量的科技创新与产业发展中介服务市场和高新技术中小企业的创业孵化基地；西城区经济服务大厅的高新技术企业“一门代办”窗口代办入驻园区企业 51 家，接待来访企业 107 家；积极落实促进德胜科技园区建设和发展的有关措施，落实 5 家孵化器扶植政策等等。德胜园从开园时只有 3 家高新技术企业，技工贸总收入 0.13 亿元，税费 60 万元，发展到 2004 年年底，园区高新技术企业累计 254 家，其中 109 家为年内新增企业，增长75.2%；累计注册资本 15.8 亿元，总收入 20 亿元，同比增长 150%；上缴税费 0.8 亿元，同比增长 150%；出口创汇 780 万美元，同比增长 141%。（潘亚会）

【技术改造】 年内，区域共有 11 家企业申请设备技术升级改造，技改项目总投资 6138 万元人民币，同比增长了 36.9%；其中，含外汇 649.8 万美元，同比增长了 28.9%；企业减免税金额 2209.68 万元。从区域企业设备技术改造（引进）项目的行业分类看，出现了由以往全部由印刷业构成变为向广告、商业、高新技术、医疗行业延伸的态势；申报设备技术升级改造的企业也由单一国有向集体、股份制等多种类型扩展。年内，企业新增产量合计 23.9 万令，年新增销售收入 1.43 亿元，年新增利税总额 1207.67 万元。（潘亚会）

崇文区工业

【综述】 年内，崇文区国有及规模以上工业企业 76 家，其中区属企业 23 家。全区工业行业划分主要为医药、文体、工艺美术、服装服饰、机械制造、仪器仪表、印刷、食品加工及中水生产等。

8 月，崇文区政府机构改革，工业经济宏观管理职能由原崇文区经济贸易委员会划入到新组建的崇文区发展和改革委员会。工业宏观管理淡化了区属概念，强化了区域概念；按照城区功能定位，做好工业布局调整，工业的生产环节绝大多数都在郊区县，具有明显总部经济特点。

全年区域工业的主要经济指标均有明显增加：现价工业总产值完成 31.96 亿元，同比增长 28.1%；产品销售收入完成 35.01亿元，同比增长 16.6%；实现利润总额5.67亿元，同比增长 11.4%；税金总额 2.9 亿元，同比增长 22.1%。其中同仁堂集团、博士伦集团、北京城市排水集团、华北光学等 4 家产值上亿元企业完成的工业总产值占全区规模以上工业企业总产值 72%。为促进节水，北京市调高水价，使得中水的需求急增，北京城市排水集团的产品——中水受到各行业的青睐，企业生产和效益明显增强。

年内，区发改委对全区未改制的工业企业进行了摸底调查。将企业按照生产正常、生产维持、生产停止三种类型，提出不同改制指导思路，妥善处理划转企业历史遗留问题，为企业改制打下了基础。

大力支持区域工业企业技术改造和创新，完成崇文区康辉印刷厂等3家印刷企业引进国外先进设备进行技术改造项目可行性报告的审批。3个项目总投资近2000万元，提高了产品质量和生产效率。

推进工业布局的调整力度，完成对北京阀门四厂搬迁项目立项和搬迁企业享受优惠政策的审批。通过场地资源的置换，筹集了企业改制经费和企业新厂房的建设资金，完成了企业改制，扩大了生产规模。

工艺美术是崇文区的主要行业之一，作为全区乃至全北京特色都市工业，凸显了崇文区地方特色，展现了独特的行业优势。北京京城百工坊艺术品有限公司、北京市珐琅厂有限责任公司、北京市华江文化发展有限公司、北京库鹏象牙雕刻有限责任公司作为全区工艺美术龙头企业，继续发挥其产品研发、生产、销售优势，开展丰富多彩的宣传和营销活动，大师作品多次在国家级产品博览会上获得金、银大奖，取得了显著的社会效应和经济效益。北京市华江文化发展有限公司完善企业设计、生产、营销管理制度，成功获得了奥运产品特许经营权。

强化了工业的宏观发展战略研究，结合北京市中心城区和崇文区的功能定位，积极探索工业发展结构的优化调整，以及如何以工业促进商贸、体育、文化三大产业的发展，切实为建设现代化都市文化休闲区作出贡献。（曹志强）

【库鹏公司象牙雕刻作品获奖】 10月，在杭州举行的西湖博览会第五届中国工艺美术大师作品暨国际艺术品博览会上，北京库鹏象牙雕刻有限责任公司参评的四件牙雕作品，以其精湛的技艺赢得评委的高度赞赏，获得两金两银的好成绩。一级工艺美术大师柴慈继创作的大型整牙《药师佛》和高级技师栾燕军创作的整牙《释迦牟尼演教图》荣获金奖；一级工艺美术大师李春珂创作的大型整牙《观音应化图》和三级工艺美术大师李申创作的大型整牙《千里走单骑》荣获银奖。至此，该公司连续四年参加西湖博览会，四次捧回金银大奖，充分展示了库鹏公司作为中国北方地区唯一一家合法生产象牙制品的厂家雄厚的技术实力。（曹志强）

【华江公司等8家企业建立产业联盟】 北京华江文化发展有限公司成功获得奥运产品特许经营权；仅8月15日至9月15日短短一个月时间，华江公司开发的奥运相关题材的徽章等纪念品，已经多批量投放市场，销售额达800多万元，受到北京奥组委的好评。崇文区发改委、商务局积极促成华江公司与区内工美行业合作，与区内相关企业初步达成意向，建立上下游分工合理、利益共享的产业合作关系。华江公司和北京市珐琅厂有限责任公司、北京市玉器厂、北京第一绣花厂、北京剧装厂等8家业内企业建立了产业联盟。通过该产业联盟，建立奥运产品的营销平台，发挥入盟企业的生产优势，带动崇文区工美行业的发展。

（曹志强）

【泰克仪器公司建立赊销制度】 是年，北京泰克仪器有限公司以产品营销为中心，加强应收账款管理，启用客户信誉等级评估系统，建立赊销制度。对于A类客户，允许赊销6个月；对于B类客户，款到发货；对于C类客户停止供货。有效降低了赊销风险，加速了资金回笼。2004年公司顺利通过了ISO9001国际质量体系评审，同时被北京市工商行政管理局评为2004年度“守合同、重信用企业”。2004年研制成功了SA3000系列4款高档生物显微镜，并打入市场，得到客户的认可，扩大了产品销售领域，为公司创造了新的经济增长点。2004年公司出口创汇49万美元。（曹志强）

宣武区工业

【综述】 是年，宣武区工业经济总量保持稳定增长的良好态势，工业经济结构继续优化。

截止到年底，全区共有规模以上工业单位95个，实现工业总产值（现价）92.55亿元，同比增长6.7%；实现销售产值93.43亿元，同比增长8.3%；工业增加值59.8亿元，同比增长20%；产销率100.9%，同比增长1.4个百分点；产品销售收入296亿元，同比增长146.6%；实现利润11.62亿元，同比下降8.5%。

按经济类型分，规模以上国有企业共完成产值65.96亿元，同比增长7.6%，占规模以上产值的71.3%；规模以上股份制企业共完成产值8.6亿元，同比增长14.1%，占规模以上产值的9.3%；规模以上外商及港澳台投资企业共完成产值17.2亿元，同比增长0.4%，占规模以上产值的18.5%。

宣武区工业企业的主要产品分布在发电、塑料制品、汽车仪器仪表、食品等方面。全年累计发电405363万千瓦小时，其中火电374701万千瓦小时，水电30662万千瓦小时；塑料制品19061吨，汽车仪器仪表12005台，酱油30758吨。

宣武区规模以上工业企业分布在20个行业中，工业总产值超过亿元的6个，占全部规模以上的工业总产值的93.7%；电力、热力生产和供应业占规模以上的工业总产值64.7%。

宣武区规模以上工业企业95家，实现销售收入过亿元的企业8家，是北京大唐发电股份有限公司、北京邮票厂、中国华北电力集团公司、北京华盾塑料有限责任公司、北京中融安全印务公司、北京王致和食品集团公司、北京印钞厂、北京纳贝斯克食品有限公司。（赖丽玫）

【国有企业】 国有企业仍是宣武区工业的支柱力量。全区共有规模以上国有工业企业47家，以供电、有价证券印刷及军工企业等为重点行业，资产总计350.6亿元，占全区规模以上的91.3%，2004年产品销售收入267.9亿元，占全区规模以上的90.5%，共实现利润总额10.2亿元，占全区规模以上的83.3%。（赖丽玫）

【中央驻区工业】 中央驻区企业优势明显。宣武区共有规模以上中央驻区企业22家，占规模以上企业总数的23%；资产总计360.3亿元，占规模以上工业企业资产的93.8%；共实现现价工业总产值

75.3亿元，占规模以上产值的81.4%；实现产品销售收入277.4亿元，占规模以上收入的93.7%；实现利润总额11.7亿元。 （赖丽玫）

【企业改革】 按照“产权明晰、责权分明、政企分开、管理科学”的原则，结合宣武区经济发展的实际情况，围绕品牌带动、产业关联、聚集剥离、法人治理等重点问题，采取以资产联合、优势互补为特点的整体改制方式，以股份制为主要实现形式，对投资管理公司进行整体改制。北京金工投资管理公司整体改制工作2004年11月全部完成，挂牌组建新的有限责任公司。北京世纪金工有限责任公司的挂牌，标志着第一批划转宣武区的27家企业改革全部完成。在抓好整体改制的同时，积极探索事业单位改革。经过多次研究，反复论证，宣武区网点处机构撤销改革方案获准实施，校办企业管理中心所属11家企业完成了改制工作，成为无上级主管企业。 （赖丽玫）

【技术改造】 是年，全区技术改造项目9项，计划总投资1.29亿元，同比增长438%。其中非公企业技术改造项目3项，投资额1470万元，分别占全区的33%和17%；印刷行业技术改造项目8项，投资额1.24亿元，占全区投资总额的96.4%。《经济日报社》投资7376万元进行技术改造，增加1条达到世界先进水平的印刷设备生产线。 （赖丽玫）

【电力行政管理】 是年，成立了宣武区电力应急工作领导小组，制定了《宣武地区重大、特大电力突发事件应急工作预案》，完成阶段性危及首都电网安全运行隐患专项整治工作实施方案，完成迎峰度夏工作，及时制定了《宣武区2004年夏季电力需求侧管理方案》，成立了宣武区迎峰度夏工作领导小组，结合宣武区工作实际按照归口负责，属地管理的工作原则，对电力需求侧管理方案进行分解，明确规定有关部门应承担工作职责，在夏季用电高峰期间，7家企业执行轮流周休方案，13个建筑工地执行暂停施工用电。 （赖丽玫）

【对口支援与经济合作】 自1997年开始至2004年，宣武区连续8年对内蒙古喀喇沁旗进行对口帮扶工作，先后为喀喇沁旗无偿提供帮扶资金与物资，用于支持该旗发展农田水利基本建设、畜牧业、乡村道路建设、教育事业和科技卫生等。年内，落实对口支援资金100万元。 （赖丽玫）

【安全生产工作】 年内，按照北京市安全生产监督管理局统一部署，在执行《安全生产法》的基础上强化安全工作。开展安全生产大检查，排查消除各类安全事故隐患，在完善工作机制、落实监督责任、进行专项整治、加强教育培训、开展安全演练等方面采取了一系列有利措施，确保了全区安全工作的基本稳定。按照全市对危险化学品安全管理专项整治工作的要求，召开了安全专项整治现场会，开展了职工“为安全生产献一策”活动，并组织为期一个月的危险化学品经营企业安全生产专项检查，对22家甲种危险化学品经营单位进行了检查验收，19家领取了证书，1家停业整改，两家限期整改。通过自查、重点抽查、日常检查、专项整治检查、联合检查等方式，共检查危险化学品经营单位186户次，参检人数达476人次，全年共查处各类隐患25处，下发隐患限期整改通知12份，促进了危险化学品安全生产的稳定。全年全区参加“安全月”活动人数2000余人次，设置安全咨询站7个，发放宣传材料3700万份，张贴宣传画70余幅，悬挂横幅100余条。

（赖丽玫）

朝阳区工业

【综述】 是年，朝阳区努力树立全面、协调、可持续的科学发展观，按照以组团式规划建设带动板块式经济发展的思路，提高工业经济宏观调控能力，促进工业经济快速持续健康发展。落实工业发展规划，工业经济运行质量进一步提高，工业总产值、产品销售收入持续快速增长，工业利润大幅增加。区域规模以上工业实现总产值（现价）629.2亿元，同比增长14.8%；完成产品销售收入628.5亿元，同比增长14.5%；实现利润40.8亿元，同比增长12.1%；综合效益指数152.3%，同比提高5.9个百分比；全员劳动生产率为104526元/人，比上年提高12798元。其中，区属规模工业实现总产值（现价）144.2亿元，同比增长31.5%；完成产品销售收入142亿元，同比增长35.5%：实现利润13亿元，同比增长59.2%；综合效益指数达到181.3%，同比提高10.3个百分点；全员劳动生产率达到97223元/人，比上年提高9533元。

是年，该区加大对传统产业的改造力度，特别是对食品、服装、家具、印刷四类产业的改造。全区技改项目共立项44项，总投资2.4亿元。

优化工业园区发展环境，加大园区招商引资力度，协调园区在项目审批、拆迁贷款落实和拆迁过程中遇到的各种问题，在认真落实国家清理整顿土地开发区政策的基础上，推进园区建设。截止到年底IT产业园已完成80%以上的拆迁任务，新引进的ABB项目于9月16日举行了一期项目开工仪式，一期项目占地20亩，1.3万平方米，总投资500万美元。北电网络也于9月底正式开工。

稳妥推进企业改制工作。该区各有关部门积极沟通协调，共同研究北京焊切工具厂等企业改制方案，严格依据政策及规定把好企业资产量化审批关，确保职工队伍的稳定；与北京工美集团有限责任公司对其原所属的市属划转企业改革发展问题多次进行研究和协商，就北京市绢花厂、北京福斯特汽车装饰件厂、北京市特种工艺装饰品厂等3家集体企业体制改革问题达成了共识，基本明确了企业改革调整的方向及思路，为推进划转企业改制奠定了较好的基础。

加强减负工作力度，切实为企业减轻负担。该区围绕领导到位、监督到位、认识到位、服务到位“四个到位”开展企业减负工作，将减负工作落实到为经济发展服务上，寓监督于服务之中，在履行执法职责的同时，拓宽服务项目，全方位为企业健康发展服务，达到了监督促服务，服务促发展的目的，促进了执法的自觉性、政府的服务性、社会的稳定性。（陈 珊）

【行业发展】 朝阳区694家规模以上工

业企业分布在29个大类行业中。20个大类行业实现工业生产的正增长，行业增长面为69%，其中12个大类行业生产同比增速高于规模以上工业增速。通信设备计算机及其他电子设备制造业、交通运输设备制造业和化学原料及化学制品制造业三大行业生产增长最为突出，全年累计完成现价工业总产值351.8亿元，同比增加56.1亿元，对规模以上工业生产增长的贡献率为69.3%。 （陈　珊）

【技术改造】 年内，朝阳区加快对传统产业的改造步伐，加大对食品、服装、家具、印刷四类产业的改造力度，引进各行业世界先进的高新设备和技术，促进和提升了该区现代工业的生产水平和能力。全年技术改造立项44项，总投资2.44亿元。其中印刷企业项目22项，总投资1.17亿元，占总量的50%。 （王建军）

【园区数字电子城网络化建设】 2004年，朝阳区电子城科技园区在全面开通电子政务、企业门户信息服务的基础上，建立了基于ASP技术的“数字电子城”网络化制造平台。平台提供的功能有协同设计、CAD使用许可共享、CAE专业服务、视频会议等服务，从而从整体上提高了电子城园区企业的信息化水平。提高产品设计、研发、制造、管理、营销能力，缩短产品上市周期，提高核心竞争力，已成为电子城科技园优化环境的重要标志。 （陈　珊）

【重奖优秀企业804万元】 2004年底，朝阳区对2003至2004年度重点发展和支持的项目进行奖励，奖励资金达804万元。其中高新技术产业类项目27项，都市工业类项目17项，国家级新产品1项、北京名牌产品3家、市级技术中心1家、北京市工业系统企业管理现代化创新成果4家。此外，对通过ISO9000、ISO 14000和OHSAS18000认证的30家企业给予奖励。奖励的重点是加大对高新技术产业（电子信息、生物医药、光机电一体化、新材料）和都市工业（食品、服装、家具、印刷、建材）的支持力度。 （王建军）

【电力需求侧管理】 2004年，朝阳区落实“北京市2004年夏季电力需求侧管理工作会议”精神，按照市委、市政府统一部署和“一个坚持、五个保证”的原则，落实各项保证电力供需平衡措施。迎峰度夏期间全区非连续生产型企业每日轮流周休，削减高峰负荷2.3万千瓦，每日高温休假削减高峰负荷1.7万千瓦，全区近600家党政机关、企事业单位办公楼空调全部设置在26摄氏度以上，完成市政府下达的削峰降荷指标，被北京市政府评为2004年夏季电力需求侧管理工作先进单位。 （邢春生）

【经济运行协调工作】 2004年，该区重视煤电油气运工作，与有关委办局密切配合、积极协调，在冬、夏能源供应紧张季节和“两节”“两会”等重大活动期间，积极发挥政府的调节作用，完成了2004年迎峰度夏工作和各项保电、储煤、储油、重要物资运输保障工作，确保了煤电油气运平稳运行。被北京市工业经济运行调节部门联席会议授予首都2004年度经济运行调节工作先进单位。 （邢春生）

【企业减负】 2004年，朝阳区认真开展治乱减负工作，进一步优化投资环境。围绕四个到位开展工作：一是领导到位，措施具体。通过政务公开、收费公示、座谈交流、重点检查等多种形式，起到标本兼治，规范行为的作用；二是监督到位，强化合力。建立由区各监督部门组成的减负工作体系，形成上下互动的减负工作网络，互通信息，联手整治“三乱”行为，做到组织、人员、责任三落实；三是认识到位，转变观念。通过减负工作，进一步增强了民众守法意识、企业维权意识以及行政机关的依法行政意识；四是服务到位，规范执法。在履行执法职责的同时，拓宽服务项目，全方位为企业健康发展服务。全年通过各种途径为企业发放《收费监督卡》105包，共计1.26万份。围绕同级财政审计，促进减负政策执行监督，加强对“收支两条线”执行情况的审查，规范收费行为。加强价格监督检查，先后开展了教育收费、停车收费、“收支两条线”等专项检查，切实减轻企业负担。

（王蕴生　陈　珊）

【37家企业荣获北京名牌产品称号】 2004年，朝阳区加大了名牌产品和拳头产品的培育力度。太洋药业有限公司生产的泰力特、双鹤药业股份有限公司生产的双鹤牌降压0号、爱慕内衣有限公司生产的爱慕牌女士内衣、金吉列制衣有限公司生产的金吉列牌男士衬衫、北京星海乐器有限责任公司生产的星海牌钢琴等37家企业生产的产品荣获2004年北京名牌产品称号。其中电子信息类产品6家，机电、仪器仪表、汽车类产品5家，建材、家具类产品2家，石化、化工类产品6家，医药、医械类产品6家，食品、饮料类产品3家，服装、纺织类产品6家，轻工类产品3家。

（陈　珊）

【工业产品出口高速增长】 2004年朝阳区工业产品出口高速增长，带动效应显著。1～12月全区工业企业实现出口交货值77.6亿元，比上年同期增长26.5%，全年工业品出口交货值一直保持在20%以上的高位增长，月均增长速度35.5%，高于规模以上工业总产值月均增长速度14.7个百分点。其中66.5%的出口交货值为通信设备、计算机及其他电子设备制造业所完成，其次是电气机械及器材制造业，家具制造业位居第三。出口的主要产品有：液晶显示器、彩色显像管、电子元器件、木制家具、焦炭等。

（陈　珊）

海淀区工业

【综述】 是年，海淀区地区生产总值突破千亿元。中关村海淀园实现增加值和技工贸总收入分别超过500亿元和2000亿元，财政收入年度增量首次超过10亿元。

是年，全区推进工业经济结构调整，全面实施产业化升级和创新能力升级工程；中关村软件园等基地加速建设，永丰产业基地、清华科技园等招商势头强劲，出现了清华慧谷园等园区建设新模式；积极发展符合海淀区特点的高科技、高附加值、无污染的现代制造业，推动以通讯、网络计算机、新材料等为重点的现代制造业；采取各种措施保持和巩固电子信息产业，增创生物医药、节能环保、航空航天等新兴产业；在高新技术产业、现代服务业、现代制造业等领域培育了新的支柱产业；鼓励、支持和引导非公有经济的发展；采取各种措施，引导社会资本进入，积极向区域的金融机构推荐优秀企业，加速海淀区中介机构的建设步伐，支持产业联盟、行业协会、专业服务组织的发展；为中小企业的发展营造良好的市场环境和配套服务环境。招商引资成果丰硕，自第六届电脑节闭幕以来，全区共签约709个项目，项目涵盖电子信息、节能环保、生物医药、新材料、人工智能等领域，项目投资总额556.73亿元，签约金额441.3亿元，合同签约额占90%以上。

是年，全区共有工业企业980家，全口径统计工业总产值（现价）1449.3亿元，同比增长20.9%；工业增加值606.6亿元，同比增长18.0%；技工贸总收入2914.7亿元，同比增长19.1%；上缴税费总额96.5亿元，同比增长12.0%；出口创汇总额41.5亿美元，同比增长20.6%。按照京区统计工业总产值（现价）927.0亿元，同比增长21.1%；工业增加值502.0亿元，同比增长20.0%；技工贸总收入2062.8亿元，同比增长21.0%；上缴税费总额80.1亿元，同比增长12.3%；出口创汇总额13.7亿美元，同比增长39.0%。在辖区980个工业企业中，工业生产企业实现总产值655.0亿元，同比增长8.5%；其中：中央工业产值7.7亿元，同比增长9.6%；市属工业产值35.5亿元，同比增长13.5%；区属工业产值611.8亿元，同比增长8.2%；乡镇工业产值6.4亿元，同比增长2.1%。截止2004年底，工业企业流动资产平均余额为577.7亿元，同比增长19.1%；固定资产净值平均余额142.4亿元，同比增长7.3%；工业产品销售率97.1%；总资产贡献率8.2%；成本利用率5.5%；劳动生产率131338元/人；增加值率24.8%；流动资金周转次数1.3次；综合效益指数167.5%。从工业企业的经济形态来看，在655亿元工业总产值中：国有企业35.4亿元，同比增长5.2%；集体企业13.2亿元，同比增长2.0%；股份制企业162.5亿元，同比增长24.7%；其他119.9亿元，同比增长9.9%；港澳台商投资216亿元，同比减少1.4%；外商投资107.9亿元，同比增长9.6%。在工业企业中以信息产品制造、光机电、新材料和新医药为代表的高新技术企业占89%。其中信息产品制造产值率达到61.4%，高新技术工业产值率达89.1%，领先行业产值率达65.3%。（海淀区）

【主要经济指标好于上年】 是年，全区地区生产总值完成1052亿元，同比增长17.8%；固定资产投资完成343亿元，同比增长18%；社会消费品零售额完成400亿元，同比增长12%；海淀园技工贸总收入完成2063亿元，同比增长21%；财政收入完成58.2亿元，同比增长22.4%以上；城镇居民人均可支配收入和农村居民人均纯收入分别增长12.6%和8.4%。（海淀区）

【企业总数突破8万家】 截止到年底，海淀区企业达81679家，比上年底的77890家增长4.9%，总注册资金9521157.67万元，比上年底8365849.54万元增长13.81%。其中私营企业49375家，比上年底的44349家增长11.33%。全区共有个体工商户54745户，比上年底的45780户增长了19.58%，总注册资金达到

67450万元。 （海淀区）

【高新技术产业持续发展】 是年，海淀园管理委员会正式成立，实施“二次创业”发展战略，全区高新技术产业持续发展。中关村科技园区海淀园有联想、方正等一批国内著名企业，有37家上市公司、42家世界500强企业设立的公司或研发机构等上万家高新技术群体，产生了龙芯、方舟、星光等“中国芯”以及亿万次计算机等具有自主知识产权的新产品，形成了以电子信息产业为主导的多元化产业发展格局。全年海淀园完成增加值502亿元，同比增长20%；工业总产值927亿元，同比增长21.1%；上缴税费80.1亿元，同比增长12.3%；出口创汇14亿美元，同比增长37.7%。作为全国最大的技术创新和成果孵化基地，全年全区登记技术合同2.1万份，交易额达240.7亿元，同比增长56.9%。 （海淀区）

【优化科技创新综合环境】 中关村科技园区海淀园管理委员会成立，制定并实施了《中小高新技术企业“绿色行动”纲要实施细则》，225家企业和463个项目得到了该行动纲要的支持。推进AVS（数字音视频编解码技术标准）和IPv6（下一代互联网技术标准）产业化项目。成立企业培训中心和商贸资讯中心，拓展与完善创新孵化体系；推出全程办事代理制，实现跨部门、跨层级的网上审批，延伸电子政务链条；推出高新技术产业发展蓝皮书。京津塘科技新干线取得新进展。成功举办第七届中关村电脑节。联想集团收购IBM公司全球PC业务，成为世界第三大电脑制造商。积极推进生态办公区（EOD）工作，《生态办公区通则》成为北京市地方标准。推进永丰基地、环保园、新医药园和农林科技园的产业定位和规划建设。年内，海淀区荣获全国科技进步示范区和全国科普先进区。 （海淀区）

【招商引资成果丰硕】 是年，全区招商引资取得新的进展。自第六届电脑节闭幕后，全区共签约709个项目，项目涵盖电子信息、节能环保、生物医药、新材料、人工智能等领域，项目投资总额556.73亿元，签约金额441.3亿元，合同签约额占90%以上。英特尔、法国电信、日本理光、搜狐、中国人寿等国内外知名企业落户海淀或追加投资，入驻的知名企业多为研发中心或带有研发职能的地区总部。利用外资稳步增长。年内，新批外商投资企业467家，合同利用外资9.6亿美元，实际利用外资3.4亿美元。出口创汇同比增加近四成。 （海淀区）

【中小企业创业优惠政策20项】 是年，海淀区与“绿色行动”计划配套，出台20项支持中小高新技术企业的优惠政策，并从海淀园发展专项资金中拿出1亿元，为系列优惠政策的实施给予资助。优惠政策为：简化高新技术企业注册登记资格认定手续的办法、创业企业资助办法、中小企业创业辅导办法、“中介大道”建设办法、中小企业产业联盟促进办法、高新技术企业生产经营场所支持办法、企业经营性用房资源信息发布办法、贷款担保损失补偿办法、风险投资机构投资损失补偿办法、高新技术企业贷款贴息办法、中小企业贷款绿色通道建设办法、知识产权保护示范区建设办法、计算机软件著作权登记补贴办法、专利申请补贴办法、专利实施支持办法、企业标准化战略促进办法、中小企业展览会补贴办法、企业强制性产品认证补贴办法、企业参与奥运建设鼓励办法和《“绿色行动”纲要》专题活动实施办法等。20项优惠政策中，15项涉及到对企业资金上的直接资助。如对国家有突出贡献的优秀人才在海淀创业，可一次性得到30万元的创业资助；对于申请管理咨询诊断的企业，政府将给予不超过咨询费用50%的补贴，最高可达10万元；企业科技开发、新建产业项目、技改项目等贷款，贷款期限不超过3年的，政府将给予贷款贴息，贴息比例最高不超过利息的50%，每家企业每年最高贴息限额100万元等。 （海淀区）

【能源管理建设】 年内，海淀区顺利完成区内电力迎峰度夏工作。对区域内用能大户通过采取调整轮休、周休时间，确定避峰和限负荷生产等措施，既保障了夏季电力供应和电网的安全运行，也保证了神州数码（中国）有限公司等51家区重点企业生产经营活动的电力供应。海淀供电公司、529厂（航天部五院动力站）等8家驻区单位获市政府授予的“北京市2004年迎峰度夏先进单位的称号”，区政府也获此殊荣。同时，建立64家煤炭经营和型煤加工企业资料库。开展全区资源节约专项检查工作。成立了“海淀区资源节约专项检查小组”，对节水、建筑节电及节能产品进行了大检查。全区发放各类宣传材料5万余份。 （海淀区）

【电力设施保护】 年内，落实市发改委关于各区县成立区域电力设施保护组织机构，完成“海淀地区电力系统突发事件应急组织工作预案”、“海淀供电公司事故抢修体系”、“海淀供电公司变电站事故预案”的编制。建立了以公司线路工区、电缆工区、配电工区、变电工区及乡镇供电所为主要力量的电力设施保护体系，人员近300人。 （海淀区）

【完成电力迎峰度夏】 在夏季用电高峰期间，海淀区全区280家用电企业执行了高温分批休假、轮流周休、避峰用电及调整空调运行方式等电力需求侧措施，削减负荷最大4万千瓦。据统计，147家执行了轮流周休及高温休假，平均消减负荷21200千瓦。18家采取避峰措施，避峰负荷10000千瓦，114家执行了提高空调设置温度，降低其制冷负荷，削减负荷2200千瓦。度夏期间，根据企业生产实际，做到“缺电不缺服务，限电不限真诚”，保障了区内夏季电力供应和电网的安全运行。 （海淀区）

【中小企业服务体系建设】 是年，组织对北京用友软件公司等12家企业申报创建学习型企业的考核评估，合格率为100%。编印了海淀区2004年创建学习型企业《经验交流材料汇编》。完成62家企业申报国家发改委2004年中小企业科技项目专项资助的初审和推荐工作和北京仁创科技有限公司等11家企业申报北京市工业促进局《第八批市级企业技术中心》的申报工作。落实2004年北京市优秀人才培养专项经费资助企业6家，其中3家企业共得到资助8万元。组织完成36位工程系列中、初级职称评审工作。

（海淀区）

【技术改造新增销售收入5.7亿元】

是年，全区企业技术改造共受理、审批项目17项，项目总投资22525.37万元，用汇额947.54万美元。时代集团技改项目

得到市贷款贴息 123 万元。（海淀区）

【查处各类价格违法案件 23 起】 海淀区全年查处各类价格违法案件 23 起，经济制裁总金额 44.60 万元。共受理群众举报 1575 件，其中上级主管部门交办 15 件，有关部门转办 6 件，来信 19 件，来访 8 件。经调查核实，已处理答复各类价格咨询答复 1574 件，待处理价格举报 1 件。（海淀区）

【开展企业治乱减负大检查】 年内，全区 40 多个委办局、22 个街道办事处、4 个镇参加企业治乱减负自查活动。由发改委牵头组成检查组，区财政局、审计局、纠风办、监察局、法制办和人大代表、政协委员等担任党风监督员，对区药监局、卫生监督所等 10 个单位进行重点检查，完成年度全区企业治乱减负工作总结材料。11 月 15 日，北京市企业治乱减负联合检查组来到海淀区，听取了区减负办自查情况汇报，对区药监局、卫生监督所两个单位进行检查。通过检查，对该区各有关部门认真落实企业治乱减负工作给予了高度评价。（海淀区）

【集中使用 200 万元帮扶资金】 年内，区政府先后组织有关专家、部门领导、企业代表共计 25 人次，对对口支援的内蒙古察右前旗部分地区的经济、社会发展状况和对口支援项目等进行了 3 次考察调研。先后与该旗就海淀区与察右前旗对口支援与经济协作项目的问题进行研讨和协商。确定 2004、2005 年海淀区提供的 200 万元帮扶资金集中使用，重点用于发展教育事业。是年，全区共有 18 家高新技术企业在西部 11 个省、市、自治区建立了 18 家经济协作机构或办事处。（海淀区）

主要产品名录

产品名称	2004 年产量	计量单位	生产厂家
混凝气块砖	60 万	平方米	北京上地兴达混凝土有限公司
汽车自动离合传动系统	40 万	套	北京四季青汽车液压件厂
集成电路模块	30000 万	只	大唐微电子技术有限公司
SSX10 芯片	142 万	片	北京兆日科技有限公司
离心、轴流风机	8000	台	北京风机二厂
“绅士”服装系列产品	300 万	件	北京绅士服装有限公司
H.264 编码多媒体通信系统	100	套	北京华纬迅电信技术有限公司
电力屏及各式异型机柜	3000	台	北京汇通诺尔机电公司
膜结构	15 万	平方米	北京纽曼帝莱蒙膜建筑技术有限公司

续表

产品名称	2004年产量	计量单位	生产厂家
铁芯、电力变压器	92100 8900	套 台	北京东升铁芯厂
行程开关	24.8万	件	北京第一机床电器有限公司
砂布 砂带 砂盘等	250万 600万 370万	张 平方米 件	东升砂布实业公司
音像、家电、计算机等塑料配件	32万	件	北京西山塑料制品厂
中央液态冷热源环境系统	100万	平方米	北京恒有源科技发展有限公司
有色金属铸造及加工	10万	件	北京市海淀区燕西金属铸造厂
计算机、显示器、移动存储器	150万	台（件）	北京市华旗资讯科技发展有限公司
软件	150万	件	北京博彦科技发展有限公司
锅炉通引风机等	50万	台	北京西山风机有限公司
电焊机	2000	台	北京东升电焊机厂
旋风除尘器、脱硫除尘器	2500	台	北京西山除尘器厂
通风机系列产品	2500	台	北京当代复合材料有限公司

丰台区工业

【综述】 是年，丰台区共有工业企业886家，从业职工9.7万人，全年完成现价工业总产值198.2亿元，同比增长17%；实现工业增加值57.7亿元，同比增长13.2%。对全区经济增长的贡献率达22.5%。在地中央和市属工业全年实现现价工业总产值110.6亿元，同比增长22.1%，高于全区平均增速5.1个百分点，对全区工业增长的贡献率达69.4%。区属工业增幅趋缓，全年完成工业总产值87.6亿元，同比增长10.9%。

全区规模以上工业企业共324家，完成现价工业总产值191.3亿元，占全部工业企业实现产值的96.5%，同比增长15.4%；完成工业增加值50.21亿元，同比增长3.1%；实现产品销售收入191.87亿元，同比增长15.35%；实现利润8.85亿元，比去年略有增长。全年实现工业产值超亿元的企业达31家，比去年增加6家，全年实现产值119亿元，占规模以上企业实现产值总量的62.2%。全区规模以上企业产销率为98.3%，比上年降低2个百分点；实现利润8.8亿元，与去年持平。经济效益综合指数为121.25%，比上年提高1.2个百分点。全员劳动生产率为62903元/人，比上年增长23.8%。

工业结构优化。2004年全区6大主导工业行业累计实现产值109.8亿元，占全部工业实现产值的55.4%，其中：交通设备制造业实现产值35.5亿元，占全部工业产值的17.9%；通用设备制造业实现产值20.4亿元，占全部工业产值的10.3%；电器机械及器材制造业产值23.7亿元，占全部工业产值的12.0%；专用设备制造业产值9亿元，占全部工业产值的4.5%；非金属矿物制品业产值12.4亿元，占全部工业产值的6.3%；化学原料及化学制品业产值8.8亿元，占全部工业产值的4.4%；食品制造业产值6.8亿元，占全部工业产值的3.4%；食品加工和制造业实现产值4.1亿元，占全部工业产值的2.1%。

2004年全区共申报工业生产研发项目20余项，总投资3.2亿元。全年审批技术改造项目13项，总投资8642.7万元。

加强对区域重点利税大户（包括非公重点企业）的行业规划、行业指导和服务。通过对全区不同所有制企业纳税情况、行业分布、企业规模、经济及社会效益、科技含量和未来发展前景等方面的分析，为区委、政府、人大，政协等25位区级领导，确定了50家重点联系企业（其中包括25家非公有制企业）与其建立联系制度，通过建立联系制度，为政府和企业间提供快速便捷的绿色服务通道和交流平台。

年内，建立中小企业基本情况报表制度。首次对全区中小企业开展调查统计工作。全区共有中小企业15719家，其中工业企业3028家，占全部中小企业总户数的19%；全部中小企业完成地区生产总值159.26亿元，其中工业企业完成生产总值37.14亿元，占地区生产总值的23.32%；全部中小企业实现销售收入657.13亿元，其中工业企业实现销售收入178.72亿元，占全部中小企业的27%。

随着绿化隔离带建设、旧村改造和“退二进三”战略的实施，工业7大组团布局明显，以永定河为界，河西地区有一个组团，其余6个组团分布在河东地区。河西地区工业带，有北京二七机车厂等10家重点企业；宛平城南工业区，有北京现代京城工程机械有限公司等7家企业；榆树庄、五里店工业带，有丰台区榆树庄构件厂等8家企业；四合庄、高立庄、樊家村工业带，有北京京日东大食品有限公司等9家企业；南苑石榴庄、槐房、大红门、东高地地区工业带，有北京ABB高压开关设备厂、北京地铁车辆厂等15家企业；高新技术产业园区，以光机电一体化、电子信息、生物制药、新材料产业为代表，有北京贝尔通讯股份有限公司、北京北方天鸟股份有限公司、北京四环科宝制药股份有限公司等10家企业；京石高速路北侧地区的大小瓦窑、张仪村、小屯、吴家村工业带，有北京玉泉路构件厂、首钢重型机械厂等11家企业。

年内，调整和新组建区发展和改革委员会、国有资产管理委员会、安全生产监督管理局等14个机构。全区工业经济综合管理职能由原区经济贸易委员会调整到了发展和改革委员会，理顺了管理渠道和程序。 （姜新华　武莎莉）

【达美电脑刺绣机获名牌产品称号】 在2004年北京名牌产品生产企业暨全国质量管理先进企业表彰会上，丰台区北方天鸟智能科技股份有限公司生产的“达美牌”电脑刺绣机荣获“北京市名牌产品”称号。（姜新华　武莎莉）

【评为迎峰度夏节电先进区】 7月至9月，在夏季电力需求高峰期，丰台区388家非连续性生产型企业执行了轮流周休和停产休假，日平均平衡用电负荷11000千瓦，在北京市政府2004年迎峰度夏需求侧管理工作总结表彰会上，丰台区被评为先进区。（姜新华　武莎莉）

【非公经济税收占区级税收60%以上】 全年，丰台区新开办有限责任公司和独资企业4000多家，个体私营企业3.3万家，非公经济税收占区级地方税收已达到60%以上。全区私营个体经济从业人员达5万多人。丰台区制定相应政策，对年实际上缴区财政收入在50万元以上且比上年实际增长10%以上的企业，按当年增长部分的5%奖励企业法人代表；对列入区技术改造的项目，计划年度内达到预期效益80%以上的，按投资总额的6%给予企业一次性奖励；对获得ISO9000系列国际质量认证标准的企业给予一次性3万元的奖励。2004年度享受以上3种兑现奖励的个体私营企业达28家，奖励金额达到222.5万元，占全区奖励兑现总额的24%。（姜新华　武莎莉）

【招商引资】 年内，丰台区举办第七届科博会和第八届京港洽谈会，推介了重点招商项目。全年新增注册资本总额49亿元，增长17%，千万元以上企业120家，增长20%。全区新批外资项目34个，合同利用外资8058.3万美元，实际利用外资3607.5万美元，同比增长49%和53%，达到历年来最好水平。三资企业实现销售（营业）收入127.2亿元，比上年增长40.6%，其中直接出口收入6273.4万美元，增长87.5%，实缴税金及附加9.6亿元，增长15.3%；实现利润7.8亿元，增长81.8%。全区外贸出口及供货额9.9亿元，比上年增长45.8%。（姜新华　武莎莉）

【高新技术产业】 年内，全区新认定高新技术企业365家。高新技术产业实现技工贸总收入450亿元，增长50%，上缴税费12.1亿元，增长32.5%，留区财政2.4亿元，增长32.6%，出口创汇2.2亿美元，增长28.2%。实现利润25.2亿元，增长41.2%。高新技术企业中，有两个项目列入国家重点新产品支持，9家企业申报创新基金支持，3家企业申报科技成果转化项目支持，12家企业、14个项目申报科学技术奖支持。企业孵化网络继续扩大，新拓展孵化面积10.4万平方米。（姜新华　武莎莉）

【资源综合利用】 丰台区共有26家企业为资源综合利用认证企业。全年消化粉煤灰65.99万吨，尾矿石117.76万吨，钢渣56.07万吨，炉渣2.21万吨，煤矸石5.56万吨，废旧聚苯颗粒139.57吨。实现产值87817.4万元，利润5961.17万元。（姜新华　武莎莉）

【总部基地建设】 中关村科技园丰台园采用国外成熟的商务花园建设模式，与日趋成熟的总部经济形态相结合，适应企业总部选址的差异化需求，打造了全国第一家科技总部基地，实现了传统科技园区产业的转型。总部基地位于园区二期基地内，总占地面积65公顷，总建筑面积120万平方米，拟建总部楼500余座，每栋面积为1200～6000平方米。年内，开复工67万平方米，竣工46.8万平方米。现已建成总部楼170栋。中国航天时代电子公司长征火箭技术股份有限公司、综合实力名列全国民营企业500强第四位的正泰集团等100多家大中型企业已入驻总部基地，其中国资委控股企业20多家。

（姜新华　武莎莉）

石景山区工业

【综述】　是年，石景山区共有区属工业企业134家，实现现价工业总产值539.7亿元，比上年增长34.4%；实现增加值96.4亿元，比上年增长7.8%，工业销售情况良好，产品销售收入428.4亿元，比上年同期增长32.3%，实现利润19.5亿元，比上年增长61.1%；上缴税金29.7亿元，比上年增长15.7%。

重大产业项目取得新进展。列入国家、市、区三级科技计划项目88项，全区新增科技企业100多家，其中高新技术企业28家。正在筹备的北京数码娱乐产业基地建设项目，已纳入市科委重点计划。同全国体育总会签约，中国电子竞技运动基地落户我区；石景山区产业培育基地竣工并投入运营。

全年共引进注册资金1000万元以上的规模企业28家，注册资金8亿元。8英寸功率芯片生产线项目已在园区登记注册。

大力发展高新技术产业。加快刘娘府研发园、八大处微电子基地的建设；深入推进北京数码娱乐产业基地的建设；加大对北京信息安全产业基地的宣传和支持力度；继续加快推进运用高新技术改造首钢等驻区大企业传统产业的步伐。

加大产业培育力度，新的经济增长点不断涌现。三资、股份制工业呈现快速的发展势头；出口交货值快速增长。印刷行业在我区形成一定规模，尤其是广告印刷、商标印刷占有市场份额稳步增长。

（石景山区）

【无线宽带示范网络】　1月18日，石景山区与北京艾维通信有限公司、美国ADAPTIX公司和北京邮电大学举行合作建设下一代无线宽带示范网络签约仪式。该示范网络是中国第一个WiMax区域示范网，是北京数字娱乐产业示范基地的重要基础设施，工程建设和试验运营由北京艾维通信有限公司在3个月内完成。

（石景山区）

【钢铁城区第九次年会】　10月13日至16日，全国部分钢铁城区（市）工作经验交流会第九次年会在石景山区召开。上海市宝山区、重庆市大渡口区、武汉市青山区、包头市昆都仑区、鞍山市立山区、攀枝花市东区、云南省安宁市和首钢总公司的领导和代表共30人应邀参加。与会代表紧紧围绕“树立科学发展观，加快钢铁城区经济、社会可持续发展”这个主题，着重对加强地企协作、调整产业结构、转变政府职能、解决再就业等方面的问题进行交流。会后，代表们参观了首

钢、八大处公园、北京国际雕塑公园和北京城市规划展。（石景山区）

【培育数字内容新兴产业】 是年，石景山区数字娱乐产业基地作为重点项目已被列入北京软件产业发展“长风计划”工作方案中，同时被列入石景山区年度政府折子工程。已有艾维、哈尔滨光宇国际、合肥三浦灵狐、上海汇码、北京前导软件、盛世红羊文化公司、中博联创等26家数字企业入驻北京数码娱乐产业示范基地项目，吸引投资8000万元，实施数字娱乐“248”重点工程，建立北京数字娱乐技术支撑体系和服务支撑体系，建设形成研发孵育区、人才培养区、体验娱乐区、产品交易区，打造移动游戏研发中心、网络游戏孵育中心、游戏测试推广中心、数字娱乐体验中心、产品交易展示中心、数字产业信息中心、人才培养交流中心、动漫画制作中心等8个特色中心。

（石景山区）

【信息安全产业基地】 是年，北京信息安全产业基地受市科委委托承担“北京信息安全行业服务平台开发”及2005年北京市科技重大项目的组织工作，该产业基地于2003年10月落户石景山，基地聚集优势企业、优势项目、资金、人才等资源，重点发展信息安全领域核心技术、硬件产品、软件系统到咨询顾问等服务体系。基地已形成一批具有国际水准的信息安全产品，凝聚一批信息产业方面的拔尖人才，有效带动石景山区软件产业发展环境。已有北京格方网络、唯美星、中科院国家计算机网络入侵防范中心等信息安全专业机构和知名企业入驻基地。该产业基地正在成为石景山“三区”建设中的重要产业。（石景山区）

【园区经济快速发展】 是年，康福超能半导体（北京）有限公司入驻八大处科技生产园，预期投资总额为10亿美元；该公司与天华公司绝缘栅IGBT芯片生产线、首钢日电电子公司等构成微电子芯片生产基地。八大处高科技园区共进驻企业420家，其中科技企业336家，占园区企业总数的80%。园区企业实现收入100亿元，税收2.9亿元。（石景山区）

门头沟区工业

【综述】 2004年6月23日，门头沟区工业局成立，下设办公室、综合科、煤炭电力科，区地方煤炭管理办公室为其直属事业单位。

是年，全区工业企业有1200余家，职工人数31600余人。其中，年销售收入在500万元以上规模企业83家。全年工业企业实现产值49.4亿元，与上年同期相比增长14.9%；83家规模企业累计完成现价工业总产值37.4亿元，产品销售收入38.8亿元，分别占全区工业经济总量的78%和81%，实现利润1.78亿元，同比增长87.4%。乡镇企业完成总收入48.6亿元，同比增长16.3%；实现利润总额4.21亿元，同比增长13.2%；完成工业增加值3.2亿元，同比增长13%。完成生产性固定资产投资9700万元。

年内，正式启动门头沟石龙工业区开

发第四期工程，即石龙高科技创业园。在原有产业基础上，着力打造数控准备、生物医药、汽车电子三大产业，形成集研发、孵化、产业化为一体的高新技术创业园，带动全区新型工业发展。

实施“彩虹工程”，协助龙泉镇和九元食品公司与北京建工学院和中国农业大学开展合作，对乡镇的旅游资源和农产品深加工技术研究进行全面开发规划；雁翅镇与首都经济贸易大学合作，对区域内的地域资源进行考察论证，制定出雁翅镇旅游发展概念性规划；清水镇与石油化工学院合作，就清水镇的全面开发资源利用可持续发展提供了调研报告。

是年，调查了解全区463家乡镇企业产权经营状况，其中有370家为承包企业，承包企业中个人承包的217家，厂长负责142家，其他经营形式11家，占463家集体企业的79.9%。据此制定出乡镇集体企业产权制度改革意见。（李雅茹）

【区工业优级企业】 门头沟区工业优级企业有北京东西分析仪器有限公司，主导产品cod在线自动分析仪器、原子荧光光度计。技术水平在国内环保相关分析仪器行业中领先。北京意高科技有限公司主导产品为塑封装裱机械，重点销往欧洲。全年售量12万台，创汇近400万美元。实现销售收入2666万元，利润总额104万元，上缴税金8.6万元，资产总额1754万元。北京金龙泉泵业有限公司主营业务为系列离心泵及自控设备，全年销售收入4187万元，产值4385万元，利润51万元，税金224万元，产品的技术水平在国内同行业中处于先进行列。北京双吉制药有限公司，主导产品有野菊花栓、环利软膏、胃速乐（片剂）等，全年实现销售收入2000万元，利润总额200万元、上缴税金150万元。资产总额1900万元。

（李雅茹）

【“富根智能”年销售收入2880万元】 北京富根智能电表有限公司，是由北京供电局控股的中外合资企业，注册资金为5000万元人民币。建有8000余平方米的净化车间和具有先进生产水平的SMT生产线，引进国内外先进电能表检测装置60余台（套）。研制完成电子式、预付费、多费率、多功能等多种电能表产品和预付费用电管理系统、分时付费率用电管理系统等多种软件，年内，生产集中抄表系统用表2万具，实现销售收入720万元。企业产品的技术水平保持同行业领先。全年销售收入2880万元。（李雅茹）

【“远洋芬奇”建立310个批发零售点】 北京远洋芬奇美术用品工贸有限公司扩大工艺品生产，带动农户增收，创产值500万元。年内，在全国29个省市自治区建立了310个批发零售点，形成市场销售网络，销售收入突破700万元。

（李雅茹）

【培训各类农民工2981人】 是年，组织各类农民工培训班27期，完成农民工培训2981人，其中1284人取得培训证书（包括蓝色证书、安全上岗证书等），已有1268人走上了二、三产业就业岗位。

（门头沟区）

【争取扶持奖励资金95万元】 是年，共争取扶持奖励资金95万元。其中用于重组引进20万元；劳动密集型技术改造项目20万元；非农就业培训10万元；彩虹工程5万元；国际市场开拓资金

10万元。“贸工农”出口基地技改贴息15万元，龙头农副产品加工企业15万元。（张　洁）

【区内煤矿下井检查260矿次】 是年，区地方煤炭管理办公室组织区内煤矿下井检查260矿次，发现问题停产整顿32矿次，立即撤出人员11矿次；限期整改156矿次，立即整改62矿次，对煤矿处罚20矿次，累计罚款4万元。并组织两次产煤镇互检和联合检查活动。（李雅茹）

通州区工业

【综述】 通州区工业全年完成现价工业总产值201.1亿元，销售收入211亿元，工业增加值49.72亿元，实现利润9.20亿元，同比分别增长28.3%、29.8%、29.5%、6.5%。

年内，全区乡镇工业发展均衡，主要经济指标增长，完成总产值128.5亿元，销售收入117.9亿元，实现利润5.85亿元，工业增加值29.26亿元，同比分别增长16.1%、19.1%、6.3%和14.4%，分别占区域工业总量的63.9%、55.9%、63.5%、58.8%。主要经济指标在区域工业中均占到50%以上。

通州工业开发区、永乐工业开发区、光机电一体化基地3个开发区全年完成现价工业总产值26.4亿元，同比增长219.3%，占区域工业的13.1%；完成销售收入38.1亿元，同比增长92.4%，占区域工业的18.1%；实现利润1.46亿元，同比增长93.7%，占区域工业的15.9%；完成工业增加值7.99亿元，同比增长376.9%，占区域工业的16.1%。

区中市属66家企业完成现价工业总产值37.8亿元，销售收入38.8亿元，工业增加值9.9亿元，同比分别增长21.3%、25%和25.1%，分别占区域工业经济的18.8%、18.4%和19.9%；实现利润1.2亿元，占区域工业经济的13.1%，同比降低25.1%。

原区属工业企业多数已实行转制，仍保留的区属金通公司、通运达投资公司全年完成产值8.45亿元，同比增长26.5%，占区域工业的4.2%；完成销售收入12.2亿元，同比增长15.3%，占区域工业的5.8%；实现利润0.67亿元，同比降低7.5%，占区域工业的7.3%；完成工业增加值2.58亿元，同比降低8%，占区域工业的5.2%。

全区规模工业企业324家，比上年增长14.5%。完成现价工业总产值139.6亿元，同比增长35.6%；销售收入137.7亿元，同比增长36%；利润4.96亿元，同比降低2.4%；工业增加值30.6亿元，同比增长20.1%。（金绍光）

【招商引资新成果】 年内，全区共引进千万元以上的投资项目76个，协议金额773138万元，到位资全107266万元，资金到位率13.9%。其中，已签约亿元以上项目20个，协议金额579408万元；已签约千万元以上、亿元以下项目56个，协议金额193730万元。已签约千万元以上、亿元以下项目资金到位率较高，达到26.5%。全区26个工业重点项目中有3

个已正式投产，有 11 个正在施工建设中。在尚未开工的项目中，北京卷烟厂、北京三进精工汽车部件有限公司、北京长电智源电子有限公司等工作进展较快。

（金绍光）

【整顿开发区土地市场秩序】 年内，治理整顿了全区工业园区和工业大院的土地市场秩序，凡不符合规划手续的一律停建，拆除违章建筑，复耕闲置土地。全区原有 138 个工业园区和工业大院，经整顿后，保留园区 5 个，精简比例达到 96.4%；原批准规划面积 5970.48 公顷，核减批准规划面积 3298.56 公顷，面积核减比例为55.25%。治理整顿工作通过北京市检查组的验收。（金绍光）

【农村劳动力培训就业率 76.67%】 年内，全区共培训农村劳动力 14345 人，其中 10999 人实现了就业，培训就业率达到 76.67%，超额完成了区政府下达的万人的培训任务。（金绍光）

【煤炭电力安全生产】 5 月底，通过与煤炭公司的共同努力，在宋庄镇、漷县镇建立两个低硫优质煤配送中心，是年内区政府为群众办的 55 件实事之一。年内，工业局与有关部门一道，对全区 364 处电力隐患进行了专项整治。按照北京市“夏季电力需求侧管理工作方案”，协同有关单位，加大督查力度，使通州区顺利度过 7 月至 9 月的迎峰度夏期。（金绍光）

【中小企业“银河培训工程”】 年内，通州区争取到“国家中小企业银河培训工程”中的 200 个培训指标。自 9 月 10 日开始，先后举办两期培训班，邀请最高人民法院民二庭（原经济庭）的法官，国家发改委中小司、市发改委、市国土资源局、市信用管理公司的有关方面专业人士，为中小企业人员讲授有关国家宏观经济政策、国家和北京市促进中小企业发展的政策法规、企业经济纠纷的处理等与中小企业促进法相关的知识。（金绍光）

【出版《通州区工业政策汇编》】 年内，区工业局多渠道收集了有关政策，汇编成《通州区工业政策汇编》，免费向各乡镇、开发区和企业发放，帮助本区工业企业和社会各方面人员及时、准确地了解和运用国家、市、区在涉及工业企业改革、经济发展、生产运行、社会保障等方面的有关法律、方针、政策措施和规章，为企业查询、参考政策提供了服务和方便。

（金绍光）

【新产品与名牌产品】 年内，全区共有 28 家企业被确认为高新技术企业，主要涉及电子信息、环境保护（城市生活垃圾处理技术）、新材料、先进制造业、生物制药等领域。北京沃泰丰通信技术有限公司生产的收敛式信令网集中监测系统 WTF——CSSV3.0 北京创导工业陶瓷有限公司生产的堇青石——莫来石质耐火窑具等产品获得了“国家重点新产品”证书。北京东亚铝业有限公司生产的 EA（东亚）牌铝合金建筑型材、北京强力家具有限公司生产的强力牌木家具、软家具、北京市豆制食品工业公司生产的白玉牌系列豆制品、北京铜牛针织集团有限责任公司生产的铜牛牌中高档针织系列服装、北京五木服装有限责任公司生产的 WuMu 牌西服套装、北京星海乐器有限责任公司生产的星海牌钢琴等产品成为北京市名牌产品。49 家企业通过 ISO9001 质量管理体系认证、

12家企业通过ISO14000环境管理体系认证、3家企业通过OHSAS18000职业安全管理体系认证，其中有3家企业同时取得上述三证。（金绍光）

【30家企业入围市乡镇企业百强】 在2004年度北京市乡镇企业百强排序中，通州区顺开房地产有限公司、蒙牛乳业（北京）有限公司等6家企业入围市乡镇企业营业收入百强，京洲企业集团、东亚铝业有限公司等8家企业入围市乡镇企业利税总额百强，通州宋庄铸造厂、菲美得机械有限公司、美采机电设备有限公司、汇开成橡塑制品有限公司等16家企业入围市乡镇企业出口产品交货值百强。（金绍光）

顺义区工业

【综述】 是年，顺义区工业企业完成工业总产值704.9亿元，同比增长59.5%；实现销售收入682.5亿元，同比增长60.3%；实现利润总额43.8亿元，同比增长0.5%。完成工业增加值115.4亿元，同比增长26.2%；区域工业经济成为推动全区国民经济快速协调发展的主导力量。

全年规模以上工业企业完成工业总产值612.7亿元，同比增长61.0%；实现销售收入591.9亿元，同比增长62.1%；实现利润总额38.6亿元，同比增长3.2%；完成工业增加值110.9亿元，同比增长22.9%。规模以下工业企业完成工业产值92.2亿元，同比增长50.4%；实现销售收入90.6亿元，同比增长49.8%；实现利润5.2亿元，同比下降16.1%。全区镇村企业完成工业总产值19.9亿元，实现销售收入18.5亿元，实现利润12.0亿元，完成工业增加值34.4亿元，同比分别增长45.8%、48.9%、58.2%和41.4%。

工业区经济稳定运行。空港工业区共完成工业总产值239.3亿元，占全区产值总量的33.9%；完成销售收入237.0亿元，占全区销售收入总量的34.7%。林河工业区共完成工业总产值201.4亿元，占全区产值总量的28.6%；完成销售收入194.2亿元，占全区销售收入总量的28.5%。汽车生产基地共完成工业总产值46.3亿元，占全区产值总量的6.5%；完成销售收入46.4亿元，占全区销售收入总量的6.8%。

年内，顺义区的交通运输设备制造业、电子通讯设备制造业和食品饮料加工制造业三大支柱产业，生产和效益指标均保持较高的增长速度。3个支柱产业共完成工业总产值526.8亿元，完成销售收入512.0亿元，实现利润35亿元，分别占全区总量的74.7%、75%和79.9%。其中规模以上汽车制造业企业共完成工业总产值237.9亿元，占全区工业总量的33.7%，与去年同期相比增长119.7%，拉动全区产值指标增长29.3个百分点；电子通讯设备制造业完成产值210.5亿元，占全区总量的29.8%，与去年同期相比增长52.9%，拉动全区销售收入指标增长16.5个百分点；食品饮料加工制造业完成产值78.4亿元，占全区总量的11.1%，与去年同期相比增长17.4%，拉动全区利润指标增长2.6个百分点。（董昌国）

【两家工业企业销售收入过百亿元】 是年，现代汽车和索爱通信两家企业全年销售收入突破百亿元；销售收入10亿元以上的有松下通信、现代摩比斯、燕京啤酒等7家企业；年销售收入1亿元以上的企业达到26家。销售收入排名前30位的企业实现利润35亿元、实现税金28.9亿元，分别占全区利润和税金总量的81.4%和78.1%。（董昌国）

【4个工业区引进项目56个】 是年，4个工业区共引进项目56个，投资总额达到了93.95亿元，工业区基础设施投入达到13.09亿元。中国国际航空股份有限公司入驻顺义空港工业区，投资总额达到65亿元；中航油注册工业区，投资额2.5亿元；北京世纪宇恒、国科半导体、阿尔法有限公司等企业的项目在林河微电子产业和医药产业基地顺利建设，首创大地、友博药业等重点企业陆续投产。金马工业区初步形成了以食品、纺织为特色的工业区。（董昌国）

【汽车产业保持高增长】 是年，北京现代汽车有限公司共生产轿车150518辆，销售轿车144090辆，伊兰特在同级别轿车中销量排名第一。实现产值181.3亿元，销售收入173.62亿元，实现税收15.36亿元，吸纳就业2347人。汽车零部件企业对顺义全区经济指标拉动力显著增强。已经投产的摩比斯、海斯克、延锋伟世通、江森座椅等零部件企业和汽车零部件企业全年实现产值63.98亿元，实现税收9494.12万元，吸纳就业2634人。汽车及零部件企业全年共实现产值246.25亿元，占全区工业总量的34.9%，拉动全区产值指标增长31.2个百分点。（董昌国）

【盘活闲置资产】 是年，全区积极采取措施，对各工业区现有的闲置资产和土地进行二次开发。空港工业区盘活二期土地384亩，吸引入区企业7家，投资总额14亿元。其中北京长春华冠汽车技术开发有限公司从恩布拉科的二期用地中盘活70亩，吸引2亿多元投资建厂。林河工业区对现有闲置资产积极进行招商。工业区共引进4家企业，盘活土地114亩，厂房8462平方米，行业涉及机械、电子、生物制药等领域。（董昌国）

【汽车生产基地建设】 是年，共有6家企业入驻汽车生产基地，总投资额为10亿元。北京现代第一工厂二期扩建工程竣工，年生产能力可达15万辆，年产30万辆的三期扩建工程启动。生产基地市政基础工程全年完成4.5亿元投资。完成了汽车基地内4平方公里的“八通一平”市政配套工程，重点项目西环路、南环路、顺西南路道路工程及“八通”管线铺设、双河路扩建工程、京承铁路立交穿涵工程全部竣工。（董昌国）

【两家企业获荣誉称号】 年内，燕京啤酒集团作为全国5家试点单位之一、北京市唯一一家单位，顺利通过了国家标准化管理委员会组织的专家组验收，获得了北京首家4A级“标准化良好行为企业”称号。北京顺鑫农业股份有限公司被中国食品工业协会授予“2003—2004年度全国食品工业优秀龙头食品企业”荣誉称号。（董昌国）

【印刷产业粗具规模】 10月19日，区域重点引进项目化学工业出版社印刷厂迁建工程竣工投产。该项目总投资1.2亿元，书刊印刷年生产能力40～50万令纸，书刊装订10万令纸，企业达产后可实现年收入6000万元。11月，北京雅昌彩印有限公司竣工投产，该公司投资总额5000万元，占地16.998亩，主要从事彩色印刷、设计、摄影等业务。

（董昌国）

主要产品名录

产品名称	2004年产量	计量单位	生产厂家
汽车		辆	北京现代汽车有限公司
碳酸饮料		吨	北京长亿人参饮料有限公司
酱油		吨	北京航星调味品有限责任公司
啤酒		万吨	北京燕京啤酒集团公司
金属制包装物		吨	北京燕达皇冠盖有限公司
水泥		吨	北京市顺义区牛栏山水泥厂
移动电话		部	北京松下普天通信设备有限公司
合成洗涤剂		吨	蓝星清洗剂有限公司
移动电话		部	北京爱立信移动通信有限公司
电子元件		件	北京乐金飞利浦电子有限公司
电子元件		万只	北京村田电子有限公司
电子元件		件	北京阿奇夏米尔工业电子有限公司
电子元件		件	北京JVC电子产业有限公司
白酒		吨	北京顺鑫农业牛栏山酒厂
水泵		台	威乐山姆逊（北京）水泵系统公司
药品		只	北京韩美药品有限公司
设备		台	首安工业消防股份有限公司
服装		件	北京维根制衣有限公司
设备		台	北京冶金工程技术联合开发研究中心
服装		件	北京丽华纺织有限公司
纸制品		令	北京光大纸制品有限公司
门窗		件	嘉寓投资（集团）有限责任公司

续表

产品名称	2004年产量	计量单位	生产厂家
钟表		件	西铁城（中国）钟表有限公司
电子元件		件	北京松下精密电容有限公司
玻璃		件	北京亨博玻璃制品有限公司
门窗		件	旭格幕墙门窗系统（北京）有限公司
电子元件		件	北京罗森伯格电子有限公司
软饮料		吨	北京牵手果蔬饮品有限责任公司
化学原料药		吨	北京顺鑫祥云药业有限公司
服装		万件	北京顺美时装有限公司
服装		万件	北京泛美时装有限公司
家具		件	北京天坛华洋家具有限公司
服装		万件	北京南华时装有限公司
平板玻璃		重量箱	北京顺义飞达玻璃厂
软饮料		吨	北京汇源食品饮料有限公司
服装		万件	北京薄涛制衣（中国）有限公司
水泥		吨	北京顺发拉法基水泥有限公司

昌平区工业

【综述】 年内，昌平区全区在地工业企业1686家，完成地区生产总值（在地）152亿元，比上年增长16.8%；实现工业增加值64亿元，同比增长16.3%，占全区GDP的42%，拉动全区经济增长6.9个百分点。全区工业企业完成总产值473.1亿元，同比增长43.6%，其中，中央市属企业完成工业总产值233.7亿元，同比增长39.2%；区属工业完成产值239.4亿元，同比增长48.1%，占全区工业总量的50.6%。区属工业中，昌平园工业完成产值190亿元，同比增长61.7%，占区属工业总量的79.4%；镇（街）工业完成产值37.4亿元，同比增长8.2%，占区属工业总量的15.6%。随着招商引资政策的不断完善，发展环境逐渐优化，以昌平园为代表的高新技术工业企业成为拉动全区经济增长的主要力量；汽车工业成为昌平区现代制造业的重点行业，北汽福田车辆股份有限公司完成产值211.9亿元，同比增长42.9%，占全区工业总量的44.8%。

年内，昌平园发展高新技术企业285家，其中股份制企业260家，外商投资企业22家，国有企业2家，私营企业1家。由清华大学企业集团和北京医药集团有限公司等投资兴建的以生产生物芯片为主的有限责任公司等新引进企业进入了生命科学园。昌平园完成国内生产总值53亿元，同比增长30%；完成技工贸总收入290亿元，同比增长56%；出口创汇1.7万亿美元，同比增长72%；实现利润总额19.5亿元，同比增长37%；上缴税费总额10.6亿元，同比增长20%。

年内，以重组招商为主，各镇共引进投资总额50万元以上的招商项目243项，协议投资总额37.2亿元，到位资金7亿元，盘活闲置资产1.6亿元。区工业局重点跟踪的28个新引进的投资规模在3000万元以上的工业项目，已有23个项目开工建设，投资9000万元的北京复盛机械有限公司等13个项目竣工。年内，共有23家乡镇企业通过了ISO质量体系认证，使通过认证的乡镇企业总数达到94家，乡镇企业整体素质得到新的提高。

年内，区国资委组建，首批划归国资委监管的企业51家，其中3家国有、集体企业完成了产权制度改革，区外贸总公司、水产公司下属惠普饲料厂等9家企业的产权制度改革正在运作之中。北京王麻子剪刀厂、制刀厂破产资产已由北京文教器材厂竞价收购，已完成破产的主要工作。北京轴承厂资产在几次整体拍卖流拍后，进行地上物、土地、产品商标等分别拍卖。（庞剑光）

【机构改革】 9月16日，北京市昌平区工业局正式成立，其主要职责为：研究拟订昌平区工业产业中长期发展规划、年度计划和工业布局调整规划、工业结构调整方案；研究拟订促进昌平区工业产业和乡镇企业发展的政策、措施；指导工业技术创新和技术进步，促进高新技术产业发展；建立和完善区工业产业信息服务体系；负责区工业经济运行的监测协调工作；培育和促进昌平区工业主导产业建设；组织和推进专业化招商引资工作，推进重点工业产业链的构建；指导和促进昌平区工业和乡镇企业建立现代企业制度；负责区乡镇企业的规划、指导、协调、监督工作；承办区政府交办的其他事项。区工业局设置办公室、信息统计科、政策法规科、投资服务科、产业指导科、工业管理科6个职能科室。（庞剑光）

【技术改造】 年内，经昌平区发改委批复的技改项目11项。其中：印刷行业类6个、环保类项目2个、电子类项目1个、机械类项目2个，总投资8734万元，固定资产投资7217.56万元。有5个项目竣工。北京安泰钢研超硬材料制品有限公司提高金刚石工具检测水平项目的实施，使该公司的金刚石常规制品可扩大出口国家和地区，增加出口创汇；北京柏瑞安科技有限责任公司引进技术和设备改建液晶显示器生产线，成为北京有规模的液晶显示器生产基地，不仅能为国家出口创汇，还能提供良好的就业岗位。年内，乡镇企业技术改造工作实施投资百万元以上的技改项目30项，计划投资2.4亿元，其中投资在1000万元以上的项目有13项。其中天九药业有限公司等25个项目竣工。

（庞剑光）

【外经外贸】 是年，全区引进三资企业55家，投资总额19267万美元；注册资本13291万美元，同比增长24.47%；协议外资额9293万美元，同比增长6.6%。实际利用外资4506万美元，同比增长5.66%。其中：中外合资企业19家、中外合作企业2家、外商独资企业34家。外资大项目投资有所增加，投资总额超过1000万美元的企业有5家；外商独资企业大幅度增多，占全年新批项目的61.82%。年内共为全区128家三资企业办理项目变更审批手续。全区利用外资来源地主要集中在东南亚（日本、韩国、泰国、新加坡、香港、台湾）、欧盟（意大利、芬兰）、北美（美国、加拿大）、英属维尔京群岛；行业类别主要有制造业（包括化学原料及化学制品、医药、通用设备、专用设备、通信设备等制造业）、信息传输、计算机服务和软件业等。截至年底，全区共有进出口权的内资企业500余家，全区实现出口供货额25.8亿元，同比增长73.5%。为企业办理加工贸易审批业务，提供加工验厂、合同审批、出口报关、货物运输、海关征免税等全方位服务，审批加工贸易合同171个，审批进出口金额8211.2万美元。三资企业完成总产值47.08亿元，销售收入55.44亿元，利润总额1.8亿元，上缴税金2.58亿元，分别比上年同期增长41%、39%、39%和39.1%，经济效益明显增长。（于劲松）

【昌平园经济高速发展】 是年，中关村科技园区昌平园高新技术企业完成国内生产总值53亿元，比上年增长30%；完成技工贸总收入290亿元，比上年增长56%；完成工业产值190亿元，比上年增长40%；出口创汇1.7亿美元，比上年增长72%；实现利润总额19.5亿元，比上年增长37%；上缴税费总额10.6亿元，比上年增长20%。年内，新批入区企业285家，其中股份制企业260家，外商投资企业22家，国有企业2家，私营企业1家。新增注册资金17亿元，注册资金在亿元以上的企业3家，5000万元至1亿元的企业3家，1000万元至5000万元的企业33家。进驻生命科学园的北京博奥生物芯片有限责任公司主要产品为生物芯片平台及应用性基因芯片，注册资金37650万元；北京正旦国际科技有限责任公司，以蛋白质组基础研究、应用研究、中试生产为一体，总投资为2.9亿元；中电智能卡有限责任公司注册资金3675万元，投资总额16223万元，该公司主要产品为接触式IC模块、接触式IC卡和非接触式IC模块，是公安部指定的身份证IC卡非接触模块的加工企业。北京三九医药科技有限公司，研究开发了新型抗抑郁中药解郁胶囊。（昌平区）

【昌平园区建设】 年内，昌平园专业园区建设进程加快，占地249公顷的中关村生命科学园一期工程130公顷已经达到了“七通一平”的招商标准，已有生物芯片国家工程研究中心、国家蛋白质组研发及工程中心、国家“八六三”实验动物及病理动物模型中心以及国家大型公共实验室、扬子江药业、江中制药集团等国内知名企业和诺和诺德、Takara等著名跨国公司等入驻。生命园二期119公顷的土地规划建成拥有4000张床位的中国“国际生命医疗园”，准备为2008年的奥运会服务。园区4大孵化器功能定位明确，其中北控科技大厦、昌科航星孵化器为综合型孵化器；中关村兴业孵化器为生物医药业，昌科晨宇孵化器为电子信息产业。在4家孵化器内有数百家企业创业发展；中关村兴业高科技孵化器股份有限公司正在兴建占地100亩的昌平园生物医药园，工程开工面积达60000多平方米。其中3号、4号、5号楼为生物医药专用厂房，业与多家公司签订了销售合同，出售面积为13498平方米。昌平园东区也具备六通一平的招商条件，3个专业园区的规划正在加紧编制。（钮亚敏）

主要产品名录

产品名称	2004年产量	计量单位	生产厂家
钢材	246025	吨	北京首钢红冶钢厂
平板玻璃	3992889	重量箱	北京秦昌玻璃有限公司
变压器	1112968	千伏安	华泰变压器厂
表	726769	只	北京手表厂
电工仪器仪表	444796	台	北京博纳电子有限公司等企业
汽车	328808	辆	北京福田环保动力股份有限公司
载货汽车	314885	辆	北京福田环保动力股份有限公司
农用运输机械（车辆）	105229	辆	北京福田环保动力股份有限公司
水泥排水管	82.52	千米	北京远通制管有限公司
方便面	26914	吨	北京统一食品有限公司
玻璃保温容器	7691	万个	北京鹿牌都市生活用品有限公司
水泥	132.70	万吨	北京水泥厂有限责任公司
面粉	0.55	万吨	南口面粉厂等企业
服装	994.96	万件	北京鹏达制衣公司等企业
中成药	1692	吨	北京诺华制药有限公司等企业
塑料制品	3931	吨	昌平双飞塑料制品厂等企业

房山区工业

【综述】 年内，房山地方工业企业发展到4752家，从业职工达10万人，同比增加9281人，资产总额达85.7亿元。区域工业全年完成产值571.2亿元，销售收入614.2亿元，增加值123.1亿元，利润51.4亿元。同比分别增长34.7%、35%、23.6%、207.5%。其中地区工业全年完成总产值146.2亿元，销售收入147.6亿元，工业增加值32.6亿元，利润12.1亿元，税金3.7亿元，同比分别增长24.5%、

24.1%、16.9%、35.9%和6.4%。工业企业综合效益指数为270.34%，比上年提高92.12个百分点。在全区GDP增量中，工业增长贡献率达到64.9%。

全区规模工业企业达到179家，实现销售收入51亿元，占全区工业的34.6%。其中年销售收入1000万元以上的企业达到112家，5000万元以上的企业24家，亿元以上的企业10家，分别比上年增加9家、4家和3家。非公经济实现工业收入95.7亿元，工业利润8.3亿元，同比分别增长29.4%和35.3%。经济总量和安置就业均占全区企业的70%以上。

年内，房山区对原有工业园区进行重新整合，重点启动北京市石化和新材料产业基地、新型建材产业基地、现代装备制造产业基地三大产业基地建设。全年，全区工业招商引资的新建、续建项目272个，总投资93.07亿元，实际到位资金16.16亿元。盘活闲置企业77家。

（房山区）

【产业基地建设】 年内，房山区对原有工业园区进行重新整合，明确以现有工业区基础设施为载体，以项目带基地的发展思路。重点启动三大产业基地建设。3月，房山区政府批准成立了石化和新材料产业基地筹建工作小组，即以燕化公司为主体，延长石化产业链，在房山科技工业园区建设北京市石化和新材料产业基地；利用良乡工业开发区B区的基础设施，以北新建材、金隅集团为依托，建设新型建材产业基地；在良乡工业开发区，抓住北一机床厂搬迁入区的契机，建设现代装备制造产业基地。6月，成立了市级产业基地建设工作协调领导小组。年内已完成基地产业发展规划和水资源评估报告初稿的编制。12月10日，首创轮胎子午胎新工厂项目正式入区建设，东方石化部分生产装置搬迁改造发展项目、中国华源集团乳酸—聚乳酸项目签订了入区意向。

（房山区）

【产业结构调整】 年内，关闭石灰土窑90座。引进2条日产2000吨新型干法水泥熟料生产线、2条日产1200吨新型干法水泥熟料生产线、15条页岩砖生产线、17座节能环保石灰立窑以及一批混凝土搅拌站和干粉砂浆项目等新型建材企业相继投产。

（房山区）

【招商引资】 年内，全区工业共引进新建、续建项目272个，总投资93.07亿元，实际到位资金16.16亿元，可吸纳就业1.2万人。其中新建项目184个，总投资73.25亿元，实际到位资金10.57亿元。在引进的项目中，总投资千万元以上的占50%以上，其中上亿元的项目占15%以上。大华衬衫、红都服装、卓夫集团等在全市乃至全国同行业都有较强的影响力企业项目，在引进资金的同时，引进先进的技术装备和现代化管理理念。PCCP管线生产项目、北京圣戈班维特克斯玻璃纤维有限公司扩建项目、北京第一机床厂搬迁项目、河北中旺食品公司的食品加工等项目，优化和促进区工业产业升级，增强工业的经济发展后劲。房山区政府与中国原子能科学研究院签署了全面合作框架协议，综合辐照中心项目、集装箱检测以及天然气入户、道路整修等4个项目已进入实施阶段。

（房山区）

【盘活闲置资产】 是年，房山区闲置企业149家，场地3949亩，厂房24.9万平方米，办公用房3.5万平方米。年内，建立了闲置资产数据库，采取网上推介等多种形式，以存量资产进行招商引资。截止到年底，共盘活闲置企业77家，利用闲置场地1390亩，建筑面积21.1万平方米，采取租赁、转让等方式，引进项目77个，总投资8.7亿元，实际到位资金3.5亿元。（房山区）

【转岗培训】 是年，房山区出台了全区《农村富余劳动力转岗培训实施意见》，区政府主管领导与各乡镇签订了目标责任书。通过整合培训资源，开辟多种就业培训渠道，全年完成农村富余劳动力转岗培训8717人次，新增就业8226人。超额完成了市农委下达的转岗培训7000人次、新增就业7000人的任务目标。（房山区）

主要产品名录

产品名称	2004年产量	计量单位	生产厂家
水泥	130.26	万吨	北京太行前景水泥有限公司
排酸牛羊肉	8924	吨	北京卓辰畜牧有限公司
啤酒	55592	吨	广东蓝带集团北京蓝宝酒业有限公司
袜子	1307	万双	北京快鹿织造有限公司
水泥	42.3	万吨	北京强联水泥有限公司
袜子	599	万双	北京助野日盛袜业有限公司
料酒	4459.5	吨	北京市中和酒业有限公司
中药饮片	640	吨	北京康仁堂药业责任有限公司
玻璃钢窗	156.6	万平方米	北京金美玻璃制品有限公司
酶制剂	9405	吨	北京东华强盛生物技术有限公司
服装	96	万套	北京永红利服装有限公司
皮衣	19.2	万件	北京三益皮革制品有限公司
滚刷	720	吨	北京钰荣滚刷制造厂
针管	11166	万支	北京长川医用技术有限公司
页岩砖	8600	万块	北京建宝页岩砖公司
农药	461	吨	北京东旺农药厂
玻璃钢窗	24000	平方米	北京房云盛玻璃钢有限公司
塑杯	2572	万支	北京全顺容器有限责任公司
彩板钢构	5269493	平方千米 吨	北京多维联合轻钢板材有限公司
服装	51.4	万件	北京市中联服装厂

大兴区工业

【综述】 年内，大兴区实现工业总产值175.4亿元，同比增长23.6%；销售收入178.7亿元，同比增长31.4%；利润8.8亿元，同比增长52.7%；增加值37.7亿元，同比增长17.9%；工业各项税金8.1亿元，同比增长27.1%；工业出口14.5亿元，同比增长31.8%，占全区出口交货额的90%；农民向二、三产业转移10400人，完成市政府下达的劳动力就业7500人的任务；工业对全区国内生产总值增长的贡献率提高到35%。民营科技工业企业收入、利润已占全区工业“半壁江山”。区内60家重点工业企业，全年实现销售收入85.6亿元，同比增长54.3%，占全区工业销售收入的47.9%；销售收入增长量达到30.1亿元，占全区工业增长量的70.5%，拉动全区销售收入增长22.2个百分点。实现工业利润5.2亿元，比2003年增加2.9亿元，同比增长123%，占全区工业利润的60%；利润增长幅度高于全区工业利润增长幅度70.3个百分点。纳税3.5亿元，同比增长24.9%。

全区规模以上工业企业发展到401家，比2003年增加18家；实现产值138.2亿元，同比增长34%；完成销售收入135.1亿元，同比增长39.6%；实现利润6.5亿元，同比增长64.9%；收入利润率达到4.8%，比2003年提高了0.73个百分点。年销售收入5000万元以上的企业发展到62家，其中20家企业年销售收入过1亿元。规模以上企业排在前5位的行业是石油加工、金属制品、食品加工、电子机械、轻纺服装5个行业，全年实现产值80.6亿元，同比增长36.9%，占规模以上企业总量的58.3%；销售收入79.1亿元，同比增长50.5%；利润2.4亿元，同比增长256.5%；从业人员2.6万，同比增加3000人。其中石油加工行业总量最大，全区石油加工企业54家，全年实现产值21.3亿元，占全区工业总产值比重12.1%。其中，15家规模以上企业实现产值20.5亿元，同比增长70.9%。北京统一石油化工有限公司实现产值18.1亿元，占本行业的85%，同比增长80.4%，对行业的拉动作用较为明显。食品加工企业147家，全年实现产值21.2亿元，占全区工业产值的12.1%，其中，规模以上食品加工企业41家，资产总额23.2亿元，占规模企业资产总额的14.4%；实现产值18.5亿元，同比增长21.8%，吉百利糖果、卡迪那休闲食品、丰收葡萄酒、资源亚太食品等已发展成为知名品牌产品，在国内市场上具有较强的竞争力。北京美丹食品有限公司被评为北京市乡镇企业创名牌重点企业。金属制品行业有规模以上企业57家，从业人员最多，达7600人；全年实现产值18.9亿元，同比增长19.8%，伟豪铝业、达瑞兴钉业、奥宇模板、史丹利金属、宝丰园5家企业年销售收入过亿元，其中达瑞兴钉业和史丹利金属两家公司成为全区单个企业出口首次突破亿元的企业。年内，电气机械行业增长最快，25家规模以上企业实现产值12.6亿元，同比增长115.6%，高于规模以上企业平均增长速度81.6个百分点。行业的快速增长主要是海信（北京）电器有限公司的拉动，该公司全年实现产值8.3亿元，比2003年增加5.3亿元，同比增长1.7倍，对行业增长的贡献率达到79%。轻纺服装行业平稳发展，规模以上轻纺服装企业发展到36家，全年实现产值10.2亿元，同比持平，利润2500万元，同比增长10.8%。滕氏制衣、威克多制衣、巴比龙服装等企业不断发展壮大。区内规模以上生物医药企业16家，其中，北京协和制药二厂、北京健力药业有限公司等5家企业年销售收入均超过5000万元；规模以上印刷包装企业27家，其中，画中画、西京网印等企业取得了新的发展，联宾塑胶公司全年实现销售收入1.6亿元，同比增长37.8%；规模以上的汽车配件企业实现利润1.6亿元，同比增长50.6%，占全区工业利润的18.1%，已成为全区工业利润新的增长点。

（大兴区）

【工业区建设】 大兴区工业园区规划总面积2014公顷，截止到2004年年底，共投入基础设施建设资金17亿元，基础条件达“七通一平”，共吸引入区企业402家，投资总额113亿元，到位资金66亿元。其中，投资5000万元以上的企业67家，投资总额48亿元，投资亿元以上的企业18家，投资总额23亿元。全区工业园区基本构成以生物医药、汽车配件、高新材料为主的高新技术产业基地，以纺织服装、精细化工、农副产品深加工、印刷包装为主的都市产业基地，以机电、建材为主的工业集中发展区。工业园区拥有从业职工27046人，吸纳了农村劳动力13815人。是年工业园区实现销售收入65.3亿元，同比增长56.7%，工业增加值13.9亿元，同比增长78.2%，利润3.1亿元，同比增长63.2%，税金2.6亿元，同比增长44.4%，全区工业园区新增劳动力就业人数4050人，同比增长130%。

（大兴区）

【招商引资工业大项目36个】 是年，区招商引资成效显著，共引进投资5000万元以上工业大项目36个，投资总额61.8亿元，其中已经开工建设项目11个，签约项目25个。在引进的36个大项目中，投资过10亿元的为北京勤绩大豆制品有限公司；投资过亿元的有22个，上海绿谷集团、广西北生药业、北京协和药厂、浚达丰医疗器械公司等一批知名企业落户大兴，将成为大兴区工业经济发展新的增长点。

（大兴区）

【16家企业参加“彩虹工程”】 是年，大兴区组织16家企业参加“彩虹工程”活动，与高等院校合作，促进科技与生产实践的结合。提高企业研发能力，解决生产难题。北京德通化纤工业有限公司先后与清华大学、北京理工大学、北京服装学院建立合作关系，推动企业的生产和经营工作。年内，与北京理工大学阻燃材料专业实验室的合作，共同致力于产品附加值较高的阻燃纤维开发，增加了企业产品的科技含量。高校负责产品的技术开发以及产品检验，企业负责产品生产和销售。产品投入市场后，为企业创造了上百万元的利润。北京健力药业有限公司与北京工业大学合作，由北工大负责组织技术攻关，健力药业技术人员协助，不断解决生产技术难题，提高了产品木糖及木糖醇的收率。该公司的氨基酸类产品和木糖产品的出口量分别增加了600吨和150吨，销售收入也分别增加了1080万元和330万元，产生利润100多万元。 （大兴区）

【与印刷学院建立产学研联合体】 11月6日，大兴区政府与北京印刷学院建立了产学研联合体，在北京印刷学院第二届社会助学活动周期间就校地合作事宜开展“校地合作，互为平台谋双赢”活动，并签署了校地战略性合作备忘录，其内容包括：发挥校地双方资源优势，互为平台，共同促大兴区经济和社会快速发展；以北京印刷学院社会助学活动为起点，为大兴区印刷包装及相关产业的发展创造新条件、新机遇；以北京国际印刷包装产业城为载体，密切校地合作关系。“产业城”可作为“学院”教学和学生社会实践的基地，“学院”为“产业城”的发展提供相关信息、技术和人才等方面的支持；校地双方要互惠互利，不断创新工作机制，努力实现宽范围、多领域的合作与发展。

（大兴区）

【新产品开发总投资3324万元】 是年，全区工业企业共计开发阻燃涤纶纤维、理化生实验室设备等新产品9项，其中国际先进水平2项，国内先进水平3项，填补本市空白的新产品2项；新产品中自行研制6项，合作开发1项，引进2项；已投产4项。项目总投资3324万元，其中自筹2024万元，贷款1300万元。

（大兴区）

主要产品名录

产品名称	2004年销售收入（万元）	生产厂家
润滑油	180794.9	北京统一石油化工有限公司
家用电器	84147.5	海信（北京）电器有限公司
饮料	32709.2	北京百事可乐饮料有限公司
机电设备	29916.5	北京赛瑞斯机电设备科技开发有限公司
铁路信号设备	25215.2	北京铁路信号工厂
铝制品	24516.8	北京伟豪铝业有限责任公司
巧克力	20157.0	吉百利（中国）食品有限公司
钉子	19746.1	北京达兴瑞金属制品有限公司
汽车零部件	17469.1	北京埃贝斯乐汽车零部件有限公司
肉制品	17052.8	北京资源亚太食品有限公司
模板	16684.7	北京奥宇模板有限公司
印刷品	15701.6	北京联宾塑胶印刷有限公司
厨房设备	14629.2	北京科宝优耐厨卫家具有限公司

续表

产品名称	2004年销售收入（万元）	生产厂家
生肉制品	12438.1	北京中瑞食品有限公司
润滑油	11830.6	北京兰炼润滑油中心
钉子	11708.8	北京市大兴史丹利薄茨第金属工业有限公司
轻钢彩板	11028.9	北京宝丰园轻钢彩板有限公司
服装	10411.4	北京威克多制衣中心
汽车改装	10286.2	和田汽车改装有限公司
休闲食品	10053.5	北京联华食品工业有限公司
电梯导轨	9706.1	北京首钢塞维拉电梯导轨有限公司
影视设备	9340.0	星光影视设备科技股份有限公司
裘皮制品	9259.2	北京圣龙利泰毛皮制品有限公司
服装	8962.4	北京市滕氏制衣有限公司
车辆自动门	8898.6	北京博得交通设备有限公司
金属制品	8673.8	北京市自来水集团瑞洲工贸有限公司
金属门窗	8632.7	北京兰天大诚新型建材有限责任公司
葡萄酒	8543.8	北京顺兴葡萄酒有限公司
药品	8206.2	北京协和制药二厂
通讯组件	8125.2	北京及成通讯组件有限公司

平谷区工业

【综述】 年内，平谷区1667家工业企业共完成工业总产值103.8亿元，比上年增长25.6%；完成工业销售收入92.4亿元，比上年增长27.3%；完成工业增加值22.7亿元，比上年增长35.3%；实现工业利润5.3亿元，比上年增长26.0%。工业经济的强劲增长为推动全区经济的发展作出了重要贡献。全区完成地区生产总值60.2亿元，其中工业22.7亿元，比2003年净增5.9亿元，所占比重达到37.5%，比2003年提高了4.9个百分点，对全区生产总值增长的贡献率达到64.3%。

年内，兴谷、滨河、马坊3个开发区和峪口等9个乡镇工业集中地实有企业

425家，占全区工业企业总数的25.5%，共完成销售收入48.7亿元，增加值10.4亿元，利润3.6亿元，占全区工业经济指标的比重分别达到52.7%、46.0%和67.5%。兴谷开发区呈现出高速发展态势，已经成为我区工业经济的主要载体。年末入区企业达到118家，占全区工业企业总数的7.1%。全年完成工业产值25.2亿元，销售收入24.2亿元，增加值5.3亿元，利润2.3亿元，占全区工业经济指标的比重分别达到24.2%、26.2%、23.6%和43.1%。以汽车零部件生产为主的现代制造业成为平谷区工业的支柱产业，完成产值21.7亿元，增长153.2%，占总量的20.9%；化工、建材行业等基础产业完成工业产值17.3亿元，占总量的16.7%；食品饮料业完成工业产值15.8亿元，占总量的15.2%；服装纺织业完成工业产值10.5亿元，占总量的10.2%。上述4个支柱产业共完成工业产值65.4亿元，销售收入60.5亿元，增加值16.4亿元，利润3.3亿元，分别增长43.1%、45.3%、41.7%和62.0%，占全区工业经济指标的比重分别达到63.0%、65.5%、72.3%和62.4%。

区内规模工业企业达到172家，占全区工业企业总数的10.3%，全年完成工业产值69.9亿元，销售收入64.9亿元，完成增加值18.0亿元，利润3.4亿元，占全区工业经济指标的比重分别达到67.3%、70.2%、79.4%和63.9%。

是年，规划面积为523公顷的兴谷开发区二期总体规划获得批准。物流园区的起步区总体规划和控制性详细规划，峪口、马坊、马昌营、东高村等乡镇的规划已编制完成，并上报审批。年内，平谷区的3个工业开发区和9个乡镇工业集中地共投入资金1.56亿元，用于基础设施建设，完成各类基础设施建设项目40个。

（平谷区）

【招商引资】 全年共落实各类工业招商引资项目119项，计划投资总额60亿元，其中已开工建设的项目有50项，计划投资25亿元，已竣工投产30个项目。

（平谷区）

【产权制度改革】 年内，完成41家企业的产权制度改革，其中国有企业6家，乡（镇）村集体企业35家。41家改制企业中，采取资产出售形式的有31家，实行股份（合作）制改造形式的有3家，依法破产的有4家，以资抵债3家。新改制的企业，通过改制，共收回集体资本金5849万元，新增加投入2374万元，激活闲置资产4542万元，实现债务转移7902万元。

（平谷区）

【企业固定资产投资】 全年落实各类工业企业固定资产投资项目计划总投资19.5亿元，实际完成12.8亿元。其中新建企业和接转在建企业共有43家，计划投资16.2亿元，实际完成9.8亿元；新落实的技术改造项目和接转在建技术改造项目20项，计划投资3.3亿元，实际完成3亿元。

（平谷区）

【农民转岗培训】 全年平谷区各部门、各乡镇共组织农民转岗技能培训80期，培训农民5100人，培训的农民实现非农产业就业4692人，就业率达到92%，向工业提供了有效的劳动力资源。区乡镇企业局与熊尔寨乡三元中学合作，建成了专门面向北部山区农民向二、三产业转移的岗前技能培训学校。

（平谷区）

【实施品牌发展战略】 是年，韩资工业园企业发展到19家，其中12家投入了生产。以千喜鹤、华邦、旺旺等为重点的饮食品加工业发展迅速，提升了全区工业经济质量。千喜鹤产销两旺，发展态势良好，全年完成产值6亿元，比上年增长500%，年内投资8000万元实施二期工程建设。旺旺食品投资760万美元，新上了名旺食品，增加34个食品种类。华邦食品创全国名牌产品活动，进入审批阶段，燕兴隆新型墙体材料、北京森杨履铜板、同乐贝蕾帽创市级名牌产品进入了审批阶段。（平谷区）

怀柔区工业

【综述】 年内，全区工业完成工业总产值251.9亿元，工业销售收入243.7亿元，工业利润12.8亿元，工业增加值44.5亿元，出口交货值7.8亿元，同比分别增长45.0%、43.2%、22.2%、16.2%和16.9%。

乡镇企业继续保持持续、稳定、快速发展势头，连续八年保持两位数增长速度，工业总量突破百亿大关。全年完成工业总产值107.3亿元，工业收入105.7亿元，工业利润8.3亿元，企业总收入154.1亿元，企业利润总额12.6亿元，企业增加值32.0亿元，工业增加值23.7亿元，出口产品交货值5.8亿元，同比分别增长18.3%、21.1%、27.2%、15.9%、22.6%、13.6%、14.6%和14.3%。

（姜言明）

【招商引资】 年内，全区共实施工业项目106个，其中新建82项，技术改造20项，三资项目4项，全部项目中投资1000万元以上项目70个。先后引进丘比食品、罗麦药业、麒麟饮料、水兴广振、天元奥特、汽车后桥、智能磁卡、英思沃通讯集成系统、PET饮料、长富食品、海湾科技等一批知名企业和名牌产品，使食品饮料、汽车及零配件、生物医药、机械电子等优势骨干行业进一步壮大。全部项目计划总投资29.3亿元，其中计划引进利用区外资金29.2亿元。（姜言明）

【工业区建设】 按照国家有关政策清理整顿工业园区，全区保留市级工业开发区3个，即雁栖工业开发区、杨宋凤翔科技示范区和北房经纬工业区。在三个开发区辐射带动下，逐步形成以都市型产业为主的东部工业经济带，镇乡、村工业基地初步形成了布局集中、企业集群的发展格局。大中富乐村年产值、收入双超13亿元的食品饮料基地以其规模和效益列京郊村级工业经济首位。2004年，全区工业区（工业生产基地）完成工业总产值191亿元，工业收入189亿元，工业利润8.5亿元，工业增加值33亿元，分别占全区工业总量的76%、78.8%、70.8%和74.9%。工业产值超10亿元的工业区（工业生产基地）有5个，超5亿元的有3个，超亿元的有4个，超5000万元以上的有1个。（姜言明）

【优势骨干行业经营】 年内，全区工业中汽车及零配件、食品饮料、包装印刷、机械电子和生物医药五大重点行业完成产值、收入、利润分别占全区工业总量的72.2%、75.7%和63.5%。其中汽车及零配件、食品饮料、包装印刷三大主导行业完成产值、收入、利润分别占全区工业总量的66.1%、69.7%和54.5%。福田欧曼汽车和福田怀柔汽车厂共实现工业产值96亿元，工业销售收入89亿元，利润1.8亿元，分别比上年增长54亿元、45.4亿元和0.93亿元，分别占全区工业净增量的69.8%、61.7%和40.4%，汽车制造业拉动经济增长作用明显。 （姜言明）

【专业村建设】 年内，新发展二、三产业专业村10个，累计达到80个，占全区行政村总数的28.9%。其中二产23个，三产57个。农户向二、三产业转移526户，从事二、三产业的农户累计达到13531户，占农户总数的19.8%。 （姜言明）

【农产品加工】 年底，乡镇企业共有规模以上农产品加工企业95家，同比增加8家，实现农产品加工产值37.3亿元，加工收入39.2亿元，利润3.2亿元，增加值8.0亿元，同比分别增长26.7%、25.6%、28.8%和24.5%，农产品加工业的发展，对农业向非农业转移、促进农民就业增收起到促进和拉动作用。（姜言明）

【质量管理】 年内，全区工业共完成ISO9000认证21项，ISO14000认证3项，红牛饮料和御食园食品获国家食品行业HACCP最高认证，其产品可直接出口。科高大北农饲料获市工业促进局、市乡镇企业局等部门组织评比的现代成果二等奖。 （姜言明）

【乡镇企业成为农民增收主渠道】 年内，乡镇企业新增就业岗位3462个，从业人员累计59699人，其中，本区人员41422人，占本区农村劳动力总数的52.9%；同比增加1330人，增长2.3%。乡镇企业提供的农民可支配收入12.8亿元，比上年增加1.8亿元，增长16.3%。乡镇企业支付职工工资总额67081万元，人均工资11144元，同比分别增长21.5%和14.8%。全区农民人均从乡镇企业获得的工资性收入2711元，占农民人均纯收入的41.5%。 （姜言明）

【24家企业进入市乡镇企业百强】 年内，怀柔区24家企业进入北京市乡镇企业百强行列。其中，北京京北农贸市场服务中心、北京奥瑞金新美制罐有限公司、北京科高大北农饲料有限公司等11家企业进入北京市乡镇企业营业收入百强行列。北京英思沃器材有限公司、北京华北物资市场、北京统一饮品有限公司等9家企业进入北京市乡镇企业利税总额百强行列。北京辛营服装有限公司、北京顺思童服装有限公司等4家企业进入北京市乡镇企业出口产品交货值百强行列。

（姜言明）

主要产品名录

产品名称	2004年产量	计量单位	生产厂家
汽车	102460	辆	北汽福田北京欧曼重型汽车厂
汽车配件	205242	万元	北京福斯汽车电线有限公司

续表

产品名称	2004年产量	计量单位	生产厂家
饮料	50141	公斤	红牛维他命饮料有限公司
果脯	1990	吨	红螺食品集团
混合饲料	73612	吨	北京科技大北农饲料有限公司
毛衣	6	万件	北京雪利羊绒有限公司
服装	206	万件	北京顺思童服装有限公司
衬衫	268	万件	北京辛营服装有限公司
西洋参	255452	盒	北京天惠参业有限公司
试剂	12822336	人份	北京耀华生物技术有限公司
外加剂	9019	吨	北京慕湖外加剂有限公司
鲜奶及奶制品	1863	吨	北京妙士乳业有限公司
冰茶	107497	吨	北京统一饮品有限公司
易拉罐	8981	吨	北京奥瑞金新美制罐有限公司
橡胶制品	23616	万个	北京三昌橡胶制品有限公司
清洁用品	1085884	包	北京一帆清洁制品有限公司
水泥	133	万吨	北京兴发水泥有限公司

密云县工业

【综述】 年内，密云县工业收入104.49亿元，同比增长4.5%，完成计划的104.5%。其中：工业开发区32.78亿元，同比下降23.2%，完成计划的91.1%；县属工业20.5亿元，同比增长35.9%，完成计划的128.1%；乡镇工业51.21亿元，同比增长21.5%，完成计划的106.7%。工业增加值31.74亿元，同比增长6.2%，完成计划的111.4%。其中：工业开发区12.02亿元，同比下降17.6%，完成计划的100.2%；县属工业6.68亿元，同比增长45%，完成计划的121.4%；乡镇工业13.04亿元，同比增长22.1%，完成计划的118.5%；工业利润6.39亿元，同比下降6.4%，完成计划72.2%。其中：工业开发区1.83亿元，同比下降60.9%，完成计划29.1%；县属工业2.25亿元，同比增长856%，完成计划756.3%；乡镇工业2.31亿元，同比增长21%，完成计划102.7%。纺织服装、电子信息、汽车零配件、食品饮料和生物保健品五大主导产业发展迅速，其收入在全县工业中的比

重，达到54%以上。实现工业收入56.1亿元，同比增长14.2%。（郑志华）

【企业改制】 年内，密云县加大企业改革力度，县属、乡镇工业企业改制面达90%以上。企业破产立案有3家，即密云县青云鞋厂、密云县煤炭公司、北京华云集团，涉及资产1519.9万元，负债9213.2万元。破产结案企业4家，即中山建筑公司、大城子镇五金结构厂、大城子镇塑料厂、密云县供销合作社，涉及资产1371万元，负债29740万元。完成企业改制1家，即北京华云集团所属企业华云租赁站改制为有限责任公司。（郑志华）

【外贸出口】 年内，密云县工业出口企业累计完成出口产品交货值17.22亿元，同比增长58.8%。其中：县工业开发区完成4.93亿元，同比增长291.4%；县属老工业完成2.11亿元，同比增长34.4%；乡镇工业完成10.18亿元，同比增长27.1%。服装行业32家企业完成出口交货值7.8亿元，同比增长24.5%；针织行业完成出口交货值3686.7万元，同比增长93.9%；机电行业完成出口交货值5305万元，同比增长21.9%；轻工行业完成出口交货值1849万元。其中，14家市级乡镇出口百强企业成为乡镇出口的主导，完成出口交货额5.87亿元，同比增长9.58%，占全县乡镇出口总额的57.68%。其中，增长幅度较大3家企业是：北京朗迪服装有限公司同比增长45.33%、北京铜牛瑞兰有限公司同比增长29.1%。出口交货额排名前三位分别为：北京朗迪制衣有限公司，完成出口交货额9679万元；北京中道制衣有限公司，完成出口交货额8630万元；富盛镁业有限公司，完成出口交货额5695万元。（郑志华）

【招商引资】 年内，密云县属工业和乡镇企业共引进项目158个，协议投资额440200万元，实际完成投资额104257万元。其中：工业项目97个，协议投资额183180万元，5000万元以上的工业项目12个，占引进工业项目的12.4%，协议投资额102500万元。亿元以上工业项目3个，占引进工业项目的3.1%，协议投资额50000万元。（郑志华）

【固定资产投入】 年内，密云县工业在建项目204个，协议投资额494405万元，实际投资额188872万元。其中：完成协议投资额在2000万元以上的企业有59个，协议投资额298450万元，实际投资额104344万元：协议投资额在2000～5000万元以下的企业有31家，协议投资额75450万元，实际投资额41668万元；协议投资额在5000～10000万元以下的企业有21家，协议投资额121000万元，实际投资额46939万元；协议投资额在1亿元以上的项目有7个，协议投资额102000万元，实际投资额15737万元。（郑志华）

【非公经济发展】 年内，密云县非公经济实现收入105.63亿元，同比增长29%，占全县农村经济总收入的87.4%，对全县农村经济增长的贡献率为122.9%，拉动全县农村经济增长23.4个百分点。全县私营企业已发展到8333家，私企总数占密云企业总数的85.9%，个体工商户13138户，私企个体就业人员88047人，占全县企业就业人数的86.47%，私营个体税收实现12.5亿元，占全县税收总额的50.03%。（郑志华）

【技术改造】 年内，密云县安排乡镇工业技术改造项目56个，计划投资总额5.7亿元，实际完成投资额5亿元，占年计划的88%。新增销售收入2.4亿元、利税3028万元，安置劳动力就业1800人，完成投产项目40个，占企业技改总数的71%。主导企业中，技术改造企业29家，占技改企业总数的52%。其中，纺织服装业15家，食品饮料业10家，电子信息业3家，汽车及零部件业1家。主导产业中，技术改造企业完成投资额3.2亿元，占完成投资总额的64%；纺织服装业完成1.6亿元，食品饮料业完成1.15亿元，电子信息业完成3900万元。 （郑志华）

延庆县工业

【综述】 是年，全县共有工业企业2559家。其中，县办85家，中央在京6家，乡办2508家。共有职工23000人。固定资产原值25亿元。其中，县办15亿元，乡办10亿元。共完成工业总产值（现价）37.2亿元，同比增长27.1%，其中，县办工业完成7.3亿元，同比增长21.3%；乡办工业完成28.1亿元，同比增长28.8%；中央在京工业企业完成1.9亿元，同比增长26.1%。产品销售收入全县完成35.3亿元，同比增长26.5%。其中，县办工业完成6.3亿元，同比增长16.6%；乡办工业完成27.1亿元，同比增长30.4%；中央在京工业完成1.9亿元，同比增长20.8%。全县工业完成利润8954.5万元。其中，县办工业完成-703.2万元，同比减少亏损1539.7万元；乡办工业完成8954.5万元，同比增长22.2%；中央在京工业完成1209.9万元，同比减少1.5%。完成应缴税金12596.4万元，同比增长8.9%。其中，县办工业完成3585.9万元，同比减少103.3万元；乡办工业完成7661.2万元，同比增长15.8%；中央在京企业完成1349.3万元。同比增长6.4%。全县工业完成工业增加值7.4亿元，同比增长26.7%。其中，县办完成1.85亿元，同比增长9%；乡办工业完成4.3亿元，同比增长20%；中央在京工业完成1.2亿元。全县共引进投资项目358个，实际到位资金113981万元。全县共完成外贸直接进出口总额5210.3万美元，同比增长370%，直接进口总额4368.9万美元，同比增长533.5%，直接出口总额841.4万美元，同比增长100.7%，主要出口产品为汽车配件、树脂、蜂产品、糖蜜、毛针织品、蔬菜等。新批“三资”企业10家，其中合资企业5家，合作企业1家，独资企业4家。涉及信息咨询服务业、眼镜制造业、仪器仪表、物业管理以及通信设备和游乐业等。投资总额9821万美元，注册资本7982万美元，合同外资5735万美元，新批企业增资4867万美元。合同外资共计10602万美元，实际利用外资5319万美元。至2004年年底全县累计批准“三资”企业210家，累计协议投资总额7.37亿美元，累计协议吸收外资3.95亿美元，累计实际利用外资2.25亿美元。

延庆县辖区需要重点监控的高危行业企业共有775家，包括危险化学品生产、经营、储存单位55家，烟花爆竹销售、储存企业51家，非煤矿山企业3家（我县原有29家，从10月1日起，26家非煤矿山企业停止生产），10kV用电自管户591家，建筑施工开工工地74个。全县以非煤矿山、建筑施工企业、人员密集场所、旅游行业、高压用电自管单位、危化行业及烟花爆竹储存、销售企业等6项作为专项整治范围。在延庆地图和延庆城区地图上分别标示安全监管工作。

（闫克霞　赵智鹏）

【骨干企业经营】　全县56家规模企业完成总产值16亿元，同比增长38%，占工业总产值的43%，对工业增长的贡献率达到54.8%，卓欧制衣有限公司等7家企业产值超过5000万元。制药业中的九龙制药厂、匡达制药厂、利仁康药材经营中心、清华紫光药业，农产品加工企业中的集味村食品、庆和食品、宝迪清源有限公司，服装企业中的卓欧制衣有限公司、和合拉链有限公司及斯必克费尔特兰有限公司、士兴钢结构、众和聚源混凝土公司等一批企业，扩大了生产规模，提高了效益。其中：利仁康药材经营中心完成产值3.44亿元，同比增长1.2倍；士兴钢结构完成产值6217万元，同比增长1.75倍。

（闫克霞　赵智鹏）

【农民就业培训取得成效】　是年，延庆县举办各种农民就业培训班121期，培训人数达6199人次，210人取得证书，新增就业4066人。（闫克霞　赵智鹏）

【开展安全专项整治】　是年，延庆县在安全专项整治行动中，出动检查人员7360余人次，行程34700多公里，对3404家次企业进行了安全生产检查，其中旅游业29家次，供电行业166家次，人员密集场所2811家次，危险化学品从业单位136家次，建筑施工工地137家次，烟花爆竹经营储存单位59家次，非煤矿山34家次，其他行业72家次。检查中共下发《现场检查通知书》235份，下发《隐患限期整改通知书》23份，下发《停产停业整顿通知书》63份。查出各类隐患2766项。（闫克霞　赵智鹏）

主要产品名录

产品名称	2004年产量	计量单位	生产厂家
保险杠	8327	个	北京玻璃钢制品公司
213平开门	10986	个	北京玻璃钢制品公司
高档系列挂面	1650	吨	北京京都银龙有限公司
藕粉	522.3	吨	北京天润食品厂
葡萄糖	1128.8	吨	北京天润食品厂
多媒体有源音箱	39	万套	漫步者工贸公司
酱油、醋	300	吨	长城酿造厂
复合饲料	1.47	万吨	北京康拓饲料公司

续表

产品名称	2004年产量	计量单位	生产厂家
电线	8994	千米	北京恒阳电缆厂
电缆	404	千米	北京恒阳电缆厂
健骨生丸	10.66	吨	北京匡达制药厂
可立停口服液	80.6	万只	北京九龙制药厂
都梁滴丸	72	万瓶	北京九龙制药厂
铝塑复合管	190.8	万米	北京奈特铝塑复合管有限公司
PP-R#	13.2	万米	北京奈特铝塑复合管有限公司
PES	73.2	万米	北京奈特铝塑复合管有限公司
羊毛衫	2.75	万件	亚龙羊毛衫厂
羊毛裤	6.3	万件	亚龙羊毛衫厂
口服液	3880	万支	北京双鹤高科药物有限公司
针剂	616	万支	北京双鹤高科药物有限公司
高效有机肥料	11019	吨	北京长城高效有机肥料有限公司
蛋黄派、曲奇饼	1200	吨	北京集味村食品工业有限公司
瓦楞原纸	2371	吨	北京三川纸业有限公司
糖浆	105	万支	北京双鹤高科药物有限公司
钻井泥浆调解剂	1600	吨	北京长城广昊腐植酸厂

乡镇工业

【综述】 是年，郊区乡镇企业推进郊区工业化、城市化进程，京郊乡镇企业继续保持平稳、健康的发展态势，主要经济指标继续保持两位数的增长。

年末，京郊乡镇企业数达到158039家，同比增加7162家，增长4.7%。内资企业157686家，同比增加7173家，增长4.8%；港、澳、台商127家，同比减少11家，下降8%；外商投资企业226家，与上年持平。

职工人数达到135.6万人，占郊区从业人员171.4万人的79.1%。其中本地工95.2万人，同比增加5.5万人，占70.2%；外地工40.4万人，占29.8%。内资企业职工人数129.1万人，同比增加5.7万人，增长4.6%；港、澳、台商投资企业2.27万人，同比减少285人，下降1.2%；外商投资企业4.23万人，同比增加1.2万人，增长40.2%。

京郊乡镇企业完成营业收入2103.9亿元，同比增长20%。其中：内资企业完成1943.2亿元，同比增长16.5%；港、澳、台商投资企业完成32.6亿元，同比下降3.3%。外商投资企业完成128.2亿元，同比增长146.3。在内资企业中，集体企业完成403.2亿元，同比下降13.1%；私营企业完成502亿元，同比增长47.3%；个人独资企业499亿元，同比增长1.3%。按产业划分：第一产业完成营业收入22.5亿元，同比下降11.4%，占全部企业的1.1%；第二产业完成营业收入1251.7亿元，同比增长19.2%，占59.5%；第三产业完成营业收入829.7亿元，同比增长22.3%，占39.4%。完成增加值450.7亿元，同比增长17.6%，占郊区GDP970亿元的46.5%。其中内资企业420亿元，同比增长16.2%；港、澳、台商投资企业完成8.2亿元，同比下降11.4%；外商投资企业完成22.5亿元，同比增长80%。在内资企业中，集体企业完成91.9亿元，同比下降16%；私营企业完成97.6亿元，同比增长53.2%；个人独资企业完成119.1亿元，同比增长3.7%。按产业划分：第一产业4.8亿元，同比下降21.3%，占全部企业的1.1%；第二产业280亿元，同比增长15.3%；占62.1%；第三产业165.9亿元，同比增长23.6%，占36.8%；实现利润总额147.4亿元，同比增长22.6%，其中内资企业138.2亿元，同比增长18.7%；港、澳、台商投资企业1.7亿元，同比下降5.1%；外商投资企业7.5亿元，同比增长260%。在内资企业中，集体企业27.3亿元，同比下降10.2%；私营企业26.6亿元，同比增长41.5%；个人独资企业55.6亿元，同比增长17.1%。按产业划分：第一产业3.5亿元，同比下降5.3%，占全部企业2.4%；第二产业79.4亿元，同比增长23.3%，占53.9%；第三产业64.5亿元，同比增长23.6%，占43.7%。出口产品交货值111.3亿元，同比增长16.1%。

经济运行质量进一步提高。乡镇企业人均营业收入15.52万元，同比增长12.8%；人均增加值3.32万元，同比增长10.3%；人均利税总额1.50万元，同比增长13.6%；人均利润总额1.09万元，同比增长16%；人均资产总额14.3万元，同比增长14.3%。乡镇企业资产总额1934.7亿元，同比增长21.3%。负债总额1133.6亿元，同比增长25.6%，资产负债率为58.6%。

乡镇企业提供非农就业岗位5.5万个。乡镇企业职工达到135.6万人，占京郊农村从业人员的比重达到79.1%。其中为本地农民提供就业岗位5.5万个，超过了2004年市政府56件实事之一规定的乡镇企业提供不低于5万个非农就业岗位的目标。职工工资总额为137.2亿元，同比增长14.5%。职工人均工资首次突破万元，达到10118元，比上年的9400元，增加718元，增长7.6%。

乡镇工业企业在经济总量中仍占主导地位。工业企业继续保持较高的增长幅度，各项经济指标增幅均超过了20%。乡镇工业企业个数占全部乡镇企业的15.5%，营业收入、利润总额等主要经济指标所占比重均接近50%，有50.1%的职工在乡镇工业企业就业。2004年乡镇工业企业实现营业收入985.3亿元，同比增长23.6%，占全部乡镇企业的46.8%。其中，内资企业完成852.3亿元，同比增长19.3%；港、澳、台商投资企业30.1亿元，同比下降9.6%；外商投资企业103亿元，同比增长109.3%。在内资企业中，集体企业171.1亿元，同比下降7.5%；私营企业260.1亿元，同比增长45%；个人独资企业147.8亿元，同比增长1.5%。利润总额61.4亿元，同比增长30.4%，占41.6%。其中，内资企业53.4亿元，同比增长22.5%；港、澳、台商企业1.4亿元，同比下降9.4%；外商投资企业6.6亿元，同比增长240.2%。在内资企业中，集体企业10.5亿元，同比下降8.7%；私营企业14.6亿元，同比增长52.1%；个人独资企业14.3亿元，同比增长21.2%。增加值220.8亿元，同比增长20.1%，占49%。其中，内资企业192.7亿元，同比增长17.6%；港、澳、台商投资企业7.3亿元，同比下降15.1%；外商投资企业20.8亿元，同比增长82.5%。在内资企业中集体企业43.9亿元，同比下降9%；私营企业58.4亿元，同比增长47.8亿元；个人独资企业32.6亿元，同比下降2.7%。

私营个体经济继续保持稳步增长。私营个体企业的各项经济指标占全部乡镇企业的比重，均已接近或超过50%，到年底，私营个体企业数达到14.75万家，同比增加6012家，增长4.2%，占全部乡镇企业的93.4%；职工人数71.4万人，同比增加9.7万人，增长15.7%，占52.7%；营业收入1001亿元，同比增长20.1%，占47.6%，增加值216.7亿元，同比增长21.3%，占48.1%；利润总额82.1亿元，同比增长24%，占55.7%；劳动者报酬70.3亿元，同比增长20.8%，占49%。

规模企业保持高速增长。年内，京郊乡镇企业年营业收入500万元以上的规模企业达到2764家，同比增加219家，同比增长8.6%，占乡镇企业1.7%；职工人数45.7万人，同比增加2.1万人，增长4.8%，占33.6%；实现营业收入1057.6亿元，同比增长29.8%，占全部乡镇企业的50.3%；利润总额55.1亿元，同比增长26.4%，占37.4%；增加值180.6亿元，同比增长20%，占40.1%；固定资产原值410亿元，同比增长29.4%，占51.1%。

在15.8万家乡镇企业中，营业收入超亿元的企业211家，占乡镇企业总数的0.13%；比上年增加63家，同比增长42.6%。211家企业的营业收入达到558亿元，同比增长45.7%，占乡镇企业的26.5%。在189家乡镇企业中，营业收入超5亿元的乡镇企业113家，占59.7%，比上年增加8家，实现营业收入1900亿元，同比增长24.8%，占全部乡镇企业的90.3%。营业收入亿元以上的村243个，比上年增加81个；实现营业收入659亿元，同比增长77.2%，占全部乡镇企业的21.2%。

投资主体多元化，个人资本金比重加大。年内，乡镇企业拥有总资产1934.7亿元，同比增长21.3%。其中，净资产801.2亿元，同比增长15.9%。乡镇企业固定资产原值达到801.6亿元，同比增长20%。企业平均拥有固定资产50.7万元，同比增长14.4%。资本金536.2亿元，同比增长14.7%。从资本金的构成看，集体资本金比重为21.2%，比上年下降5个百分点；个人资本金比重为48%，比上年提高5个百分点。

固定资产投资增幅回落。到年底，乡镇企业投资50万元以上的固定资产投资新建项目1799项，同比减少146项，实际完成投资175.8亿元，同比增长5%，增幅下降了46.5个百分点。从资金来源看，金融机构贷款、引进外资和自有资金减少，增幅分别下降17.6%、47.7%和12.6%。

职工素质不断提高。年内，乡镇企业具有高中以上学历的职工达到71.1万人，占乡镇企业职工总数的52.5%，比上年提高4.2个百分点。其中具有大专以上学历的职工8.9万人，占6.6%，比上年提高0.6个百分点；中专技校学历的职工27.3万人，占20.1%，同比提高2.3个百分点；高中学历的职工34.9万人，占25.7%。乡镇企业拥有技术管理人员25.3万人，占乡镇企业职工总数的18.7%。

（范馥芳）

【乡镇企业百强营业收入464.2亿元】 年内，京郊乡镇百强企业实现营业收入464.2亿元，比上年的328.6亿元增加135.6亿元，增长41.3%，占全市乡镇企业营业收入的15.6%。营业收入超亿元的共211家，比上年的112家增加63家，营业收入规模最大的是北京现代摩比斯汽车零部件有限公司，营业收入为38.8亿元，比上年第一名增加18.7亿元，增长近一倍；第100名的企业是北京耀华生物技术有限公司，营业收入为19215万元，比上年第100名增加4215万元，增长28.1%。平均每个企业实现营业收入42460万元，比上年增加9600万元，增长29.2%。乡镇企业百强利税总额达4.6亿元。列入百强的企业实现利税46.6亿元，同比增加13.1亿元，增长39.1%。利税规模最大的企业是北京现代摩比汽车零部件有限公司，利税总额为33032万元，比上年第一名增加15852万元，增长92.3%；第100名的企业是北京城外诚家居广场，利税总额为1781万元，比上年第100名增加293万元，增长19.7%。平均每个企业利税总额为4657万元，同比增加1310万元，增长39.1%。乡镇企业百强出口企业出口额达68.3亿元。乡镇出口产品交货值1000万元以上的企业达到214家，出口交货值为85.9亿元，占乡镇企业出口总量的77.2%。其中列入百强的企业出口交货值达到68.3亿元，同比增长18%，占乡镇企业出口的62.4%。出口规模最大的企业是北京大发正大有限公司，出口交货值为45407万元，同比增加4454万元，增长10.9%；第100名的企业是北京龙弯屯服装厂，出口交货值为2739万元，同比增加278万元，增长11.3%。平均每个企业出口交货值6828万元，同比增加1032万元，增长17.8%。

（范馥芳）

【农产品加工业有新突破】 首次召开京郊农产品加工业现场会，大兴区榆垡镇被农业部列为首批“全国农产品加工示范基地”，到年底，京郊乡镇农产品加工企业共有668家，比上年增加68家；从业人员61327人，比上年增加11925人。资产总额达到165.9亿元，其中固定资产净值78.17亿元，完成总产值172.27亿元，增加值32.85亿元，销售收入170.57亿元，利润总额6.65亿元，上缴税金7.12亿元，出口产品交货值15.22亿元，分别比上年增长25.5%，28.2%，21.4%，21.5%，27.7%，13.1%，18.6%，25.1%。其中年销售收入500万元以上乡镇农加工企业共有296家，比上年增加45家；从业人员48502人，比上年增加12302人；资产总额达到131.68亿元，其中固定资产净值62.65亿元，完成总产值128.08亿元，增加值22.33亿元，销售收入125.94元，上缴税金5.02亿元，出口产品交货值11.71亿元，分别比上年增长25.2%，31.0%，28.4%，22.9%，39.1%，25.4%，35.2%。 (李建玲)

【实施名牌战略】 年底，有7家企业被评为农业部创名牌重点企业，累计达38家；局级创名牌重点企业14家，累计达76家。北京市名牌产品21家。

(彭其贵)

【"彩虹工程"取得新进展】 到年底，乡镇企业共申报彩虹工程项目233项，涉及技术公关、新产品开发116项，企业管理29项，区域规划36项，市场营销8项，旅游规划8项，人才引进28项，人员培训8项。有55家乡镇企业、乡镇、村和大学签订了合作协议。有71个彩虹工程项目与北京科技大学、北京工业大学等20多所大学对接成功，其中市教委支持立项45个。 (彭其贵)

【外向型经济稳步增长】 年内，乡镇企业外向型经济继续保持稳定增长，出口企业达到712家，同比增加36家，完成出口产品交货值111.3亿元，同比增长16.1%，连续7年保持15%以上的增长幅度。其中，纺织服装、机电、轻工等传统出口产品继续保持平稳增长，出口交货值分别占出口比重的43.4%、17.3%、11.8%；农产品加工企业出口态势发展良好，全年实现出口16.1亿元，同比增长23%，占乡镇企业总量的比重为14.7%，同比提高了8.9个百分点；出口骨干企业规模和水平显著提高，出口额占全部乡镇企业出口额的40%以上。乡镇企业500万元以上的出口企业329家，同比增加41家，出口交货值97亿元，占出口总额的87.2%，同比提高10.4个百分点。

(史建普)

【推进绿化隔离地区建设】 年底，全市第一道绿化隔离地区累计搬迁、拆除各类企业2995家，涉及企业固定资产原值59.6亿元，固定资产净值41.1亿元，企业职工10.6万人，本地劳动力5.7万人。全市第一道绿化隔离地区共规划产业用地737公顷，其中已获得规划意见书的项目总占地153.6公顷，占规划面积的20.8%。通过产业用地内新建项目、绿色产业项目、保留企业等形式共安置人员4.8万人。

(陈华杰)

【清理整顿乡镇工业区】 根据国务院进一步治理整顿土地市场秩序的部署和市委、市政府关于进一步治理整顿土地市场秩序，加强土地管理工作的意见和要求，对421个京郊乡镇工业区和村级工业大院进行了核查和整顿。保留乡镇工业区9个，其余412个乡镇工业区和工业大院予以撤并，作为乡镇二、三产业建设用地进行发展。421个乡镇工业区和工业集中地划分为三类，一是拟保留的9个乡镇工业区；二是基础设施完备、入区企业数量较多的乡镇工业生产集中地约30个；三是基础设施已经形成一定投入，入区企业具有一定数量但发展潜力较大的乡镇工业生产集中地约20个。 (巩瑞琴)

国防科技工业

【综述】 年内，北京地区共有军工企事业单位184个，其中工业企业44家，科研院所83所，高等院校2所，第三产业、社团、中介服务组织等单位55个；另有11个军工集团总公司总部。

2004年度，纳入北京市民用工业军品配套科研生产统计口径的北京市企事业单位总计42家，其中工业企业26家，科研院所16所，完成军品产值2.88亿元，完成军品项目投资1.1亿元。

年内，北京市国防科工办坚持“军民结合、寓军于民”的方针，在高新工程、科技项目、民口配套、民爆安全、技术基础、保密认证等方面完成了上级交给的各项任务。全市完成6个军工民品配套研制项目；国营394厂、国营125厂完成污染扰民搬迁工程；在民爆器材行业管理中，健全完善应急反应处理体系，开展事故应急救援预案演习；对重点保军单位进行安全生产检查，对17个军工企事业单位、10个民口配套重点单位开展抽查和产品质量检查；年内，全部完成国家军工保密资格认证审查工作。参加国防科工委新闻宣传中心开展的“军工文化论坛”活动，选送的4篇论文获得两个三等奖和两个优秀奖。（国防科工办）

【军工民品配套研制】 年内，北京市有7家企业承担军品配套任务，14个研制项目总经费1350万元，其中已完成6项，8个项目结转至明年；首钢冶金研究院2500万元的技改项目年底已经完成验收；北京玻璃研究院、北京首钢冶金研究院、北京工业大学等单位申报的12个科研项目，经答辩评审国防科工委批准研制项目7项，批准研制经费总计990万元；年内，组织了两次军工民口配套研制项目内部发布会，邀请市属有关控股公司与科研生产单位及民营企业参加，开辟军工配套市场；召开北京地区武器装备关键配套产品动员生产能力调查工作会议，开展关于武器装备关键配套产品动员生产能力调查工作。（国防科工办）

【高新工程项目】 年内，与市节水办协调：对市区航空503厂、232厂、125厂，兵器218厂、618厂、318厂和船舶6971厂等7个重点保军品单位的用水计划进行了合理分配；与京城机电控股公司和第一机床厂多次协调，列入高新工程保障条件的大型设备，某大型龙门镗铣床按合同期交验、调试，保证国营618厂和重庆256厂高新工程节点计划落实。

（国防科工办）

【军工企业污染扰民搬迁】 年内，军工企业污染扰民搬迁工作中，有两家企业已完成搬迁，国营394厂搬迁完毕；国营125厂新厂建设竣工，开始生产运行。4月，国营503厂的新厂址破土动工；国营5424厂污染扰民搬迁项目建议书已经市发改委和工业促进局批准立项。年底，批准立项军工企业置换土地面积为53.7万平方米。（国防科工办）

【推进民爆器材行业管理】 是年，北京市民爆器材行业共有生产企业4家，其中商品生产企业3家，自产自用企业1家。实际完成现价工业总产值11218万元，同比增长42.5%；生产炸药18930吨，同比增长18.5%，销售、自用工业炸药18922吨，同比增长17.6%，产销率为99.96%。北京地区有民爆器材流通企业10家，经营4个大类10个中类的民爆产品。年内，在民爆器材行业管理中，健全完善事故应急反应处理体系建设，各民爆器材生产流通企业完成一次事故应急救援预案演习，并对北京地区军工和民爆企事业单位进行了安全执法检查工作；实施北京京煤集团有限公司化工厂乳化炸药生产线和起爆炸药生产线、北京怀柔沙峪福利制药厂乳化炸药生产线等3个安全技改项目，总投资约500万元；国防科工委对北京京煤集团化工厂、北京怀柔沙峪福利制药厂、北京首钢铁矿等单位严格考核后，向3个民爆民用爆破器材生产企业颁发了安全生产许可证；举办北京市民用爆破器材行业生产经营单位主要负责人和安全生产管理人员安全生产培训班，共计14个单位27人参加培训，经考核全部取得相关培训证书；在国防科工委召开的2004年度全国民爆统计工作会上，北京市民爆统计工作被评为第一名。 （国防科工办）

【领导带头开展军工企业调研】 北京市工业促进局和北京市国防科工办的领导带队，先后到北京北方车辆集团公司、中国航天科工集团、长峰集团公司、中国运载火箭技术研究院等军工企业进行调研；年内，召开座谈会，就北京市政府加强对部队企业支持力度、促进军地经济协调发展等问题与部分部队市政协委员进行了座谈，并提出了4条加强军地联系的意见和建议。 （国防科工办）

【科研项目资金到位】 年内，航天科工机电设备有限公司的连续式真空冷冻干燥设备研制项目得到工业发展资金拨款300万元；北京中科飞鸿科技有限公司的3G网络中频与射频声表面波芯片的研发与批量生产项目得到拨款。（国防科工办）

【安全生产管理】 在全国安全生产月期间，与中国航空工业第一集团公司共同组成了国防科工委科技工业安全生产第六检查组，对北京地区的航天科技211厂、航天科工159厂、兵器工业201所和兵器装备208所等4个重点保军单位进行了安全生产检查；军工两处和专家一起，分别对航天、航空、兵器、电子集团等共17个企事业单位、科研院所进行了重点抽查执法检查。后又对北京地区10个民口配套重点单位、重点产品进行了质量检查；召开了关于开展北京地区军工单位危险品生产储存使用区域外部安全距离隐患情况调查工作专题会；与市规划委、市安全生产监督管理局、市公安局等单位联合对全市危险品生产、储存、使用区域外部安全距离内的隐患情况进行摸底调查，涉及在京军工单位200余户。 （国防科工办）

【军工保密资格审查认证工作】 全年完成38个单位的一级保密资格审查认证；完成24个二级保密资格单位的申请复理、工作咨询和现场审查、审批工作；召开全市军工保密资格审查认证工作会议，举办培训班；年内，在全国军工保密资格认证工作会上，北京市作为省市代表作典型发言。 （国防科工办）

【科技基础工作】 年内，对北京地区15家二级技术机构进行了摸底调研、确定信产部四所为北京国防区域计量考核委员会办公室。对航天时代电子公司230厂进行了国防计量认可复查；对航天13所、206所、704所、706所共4个单位的最高标准器进行了新建、暂停、更换的考核和审批。 （国防科工办）

【论文获奖】 年内，参加国防科工委新闻宣传中心开展的军工文化论坛活动，选送的四篇论文获得两个三等奖和两个优秀奖；完成了“充分发挥民用高科技产业优势，积极参与国防建设”的调研课题，并被选入《国防科工委的调研报告选编》一书；完成了国防科技工业人才调查工作。建立了“国防科技工业新闻宣传北京市通讯联络站”。 （国防科工办）

【研发连续式真空冷冻干燥设备】 是年，航天科工机电设备有限公司（简称科工机电公司）投资800万元，着手开展连续真空冷冻干燥技术及设备的研发，该项目得到北京市工业发展资金技术开发拨款300万元。利用真空冷冻干燥工艺加工的食品简称为“冻干食品”，也称FD（Frozen Dried）食品。在冷冻干燥过程中速冻的物料无需经过冰的融化而直接从固态冰升华为水蒸气散发使之脱水，可以最大限度地保持原新鲜食品的色香味及营养成分，以及原新鲜食品的外观形状；且脱水彻底，产品无须添加任何防腐剂，经过适当包装就可在常温下保存2至5年，成品重量轻，便于携带和运输。冻干食品最近20年在国际上风行起来，在国内是正在发展的行业。 （国防科工办）

【北方车辆集团推出多种新产品】 年内，北京北方车辆集团有限公司按照“立足装甲，服务全军”的军品发展战略以及“产品创新、规模经营”的民品经营思路，开拓军民品市场，推出了多种新产品。其中新开发的BFC6137大客车获2004年度“公路客车金奖”，BFC6125W获“旅游客车最佳造型奖”等，车载帐篷及新型房车打入美国、澳大利亚等市场；索道成为中国索道协会常务理事单位，并获得中国质量检疫检验局颁发的特许经营许可证等。年内，公司经过技术改造，近100台具有国际先进水平的数控设备安装到位，提高了集团公司的生产能力和制造水平。是年，公司销售收入首次突破10亿元大关，增长率达42%，创造了建厂以来的历史新高，公司连续第8年盈利并入选“北京市100强企业”。 （国防科工办）

【“青云创新”科技发展】 北京青云创新科技发展有限公司隶属于中国航空工业第一集团，是集研发、生产、销售于一体的高新技术企业。拥有一流的高素质科技人才队伍和科学的经营管理模式以及完善的售前、售后服务体系。公司以大型军工企业为生产基础，通过ISO9001—2000质量体系认证。公司主要致力于开发、销售LCM液晶显示模块，SMT小型表面贴装、焊接设备，ESD防静电产品，机载显示、测试设备等军用、民用高科技产品。该公司所属显示产品事业部主要专业从事单彩色TN、STN、C－STN、TFT、LED、EL等显示产品的设计、开发和生产，其中TN、STN液晶显示模块年生产能力在几百万只、品种上千种。可应用于智能电、水、暖气、煤气、热能表，手持便携仪表，通讯、电话及计费、税控仪器仪表，加油机，医疗设备，运动器材，家电，玩具等各个电子领域。所属航空机电技术分公司主要从事军用机载及地面专用显示、测试设备、专用器件等研制、开发和生产。民用生产主要业务是自主研制的

SMT小型表面贴、焊设备有SMT小型精密台式回流焊机、履带式回流焊机，小型半自动贴片机，高精密丝印台，真空贴片吸放台，半自动点胶机，智能温度曲线测试仪，电子保温箱，SMT附属设备及耗材等。ESD防静电产品有台式、悬挂式离子风机，离子风枪，压缩气离子风嘴，高压电源供应器等系列产品。 （国防科工办）

民政工业

【综述】 年内，北京市民政工业总公司所属企业共有120家，职工总数9000多人，安置残疾职工3000多人。市直属福利企业实现销售收入10.2亿元，完成利税2.6亿元，国有资产实现了保值增值，企业净资产由1990年的近1亿元发展到10亿元左右。利税大户、“明星福利企业”北京大宝化妆品有限公司（以下简称大宝公司），拥有大宝化妆品、中华乌鸡精等一批名牌产品和居国内领先水平的精工制版企业。经济效益和社会效益实现了同步增长，职工生活福利逐年得到改善。

市直属福利企业自1998年建立了下岗残疾职工最低生活补助标准，市财政局每年给予残疾职工最低生活补贴和困难企业补助。大宝公司以上缴管理费等形式提供了近1亿元的资金支持。市财政局、民政局每年还为市直属特困福利企业借支工资、报销医药费等多项资金支持救助，残疾职工的基本生活得到保障，拖欠职工的医药费基本上得到解决，实现了两个确保，维护了特困企业的稳定。市属福利企业残疾职工，纳入失业保险统筹范围。下岗残疾职工最低生活补助费标准提高10%，同时经市领导批复与市最低工资标准调整实行联动。 （徐　翊）

【扶贫助困送温暖】 市民政局、总公司共筹集资金180万元。其中126万元拨付到民福实业总公司、101集团公司、香山橡胶制品厂等16家困难企业，指定专款专用，主要用于解决企业拖欠职工集资款、住房公积金、供暖费等多年遗留问题。为总公司系统人均月收入低于400元的困难户、困难企业的待岗和离退休职工、伤残军人、大病困难户等5000余人，拨付了34万元的慰问金和慰问品。总公司垫支115万多元用于解决落实私房政策中自找房源的7户住户。 （徐　翊）

【安全生产月活动】 6月份，总公司系统举行了安全生产月活动，主题是以人为本，安全第一。各单位企业召开了厂务扩大会议，专门传达学习了安全生产法律、法规知识，开展多种形式的安全生产宣传。安全月期间共组织2867人参加了活动，其中法人和责任人264人次，举办宣传栏、黑板报66块，张贴悬挂宣传招贴、条幅、标语、彩旗435条面，发放安全学习材料738张册，举办安全法律、法规教育知识竞赛1401期次，举办安全常识培训39期次，重点岗位人员培训196人次，消防知识培训755人次。（徐　翊）

【企业改制】 2004年，市福利企业改革重组力度加大。直属企业中有7家重点企业的改制工作完成。7家企业分别是南风精工制版有限公司、同元制药厂、京海纸制品有限责任公司、大宝日用化学制品厂、北科合作仪器厂、红叶齿科医用器材厂、新怡投资有限责任公司。此外，电器仪表技术服务公司的改制和章光101集团公司的部分改制正在进行。电器仪表公司所属华福水处理设备厂、雅吉手表厂、宏瑞德电子仪表厂，101集团公司所属馨梦达印刷厂，民福公司下属名旺永光眼镜有限公司，都改制为股份制企业。（徐 翊）

主要产品名录

产品名称	生产厂家
SOD蜜	北京大宝化妆品有限公司
美容洗面奶	北京大宝化妆品有限公司
美容日霜、晚霜	北京大宝化妆品有限公司
乌鸡精口服液	北京同元制药厂
迷奇化妆品	北京市亚美日化厂
纸箱	北京京海纸制品有限责任公司
五洁粉	北京市大宝日用化学制品厂
“贝贝熊”系列合成洗涤剂	北京市大宝日用化学制品厂
粉状印模材	北京市红叶齿科医用器材厂
防水胶圈	北京市民福实业总公司
长城牌保鲜膜	北京市民福实业总公司
金属瓶盖	北京市民福实业总公司
轨垫	北京市民福实业总公司
凹印版辊	北京市精佳园机械厂
证书证件	北京市宇海印刷厂
火化设备	北京市时润技术发展公司
自动化仪表及系统	北京市北科合作仪器厂

北京市校办产业

【综述】 2004年，北京市校办产业系统以“创新体制、调整结构、优化环境、全面发展”为指针，以调整校办产业结构为主线，以提高校办产业效益为核心，在推动校办企业改革、加强国有资产监管、促进校办企业科技成果转化、加强学生装质量管理、提高教育风险管理服务能力等方面取得了良好成绩。

企业改革工作取得阶段性成果。年初，北京市教委召开了全市校办企业改革总结表彰大会，对2000年至2003年校办企业改革工作进行了全面总结，表彰了15个先进单位和130名先进个人，至此，全市以产权制度改革为核心的校办企业改革工作基本完成。全市有2221家校办企业完成改革任务，占应完成改革任务的校办企业91%；有半数企业建立有限责任公司或股份有限公司。高校科技型企业已占到高校企业一半，产业范围囊括了电子信息、生物工程、新医药、光机电一体化、新材料、环保与资源综合利用、绿色农业等几大高新技术领域。普教系统的企业更多地将资源投向为中小学后勤社会化服务上，在物业管理，校园保洁、绿化、维修、网络建设与维护，中小学校车，现代教学用品研制开发等方面拓展新业务。

企业经营状况良好。2004年销售收入共455.5554亿元，其中普教5.5586亿元，高校449.9968亿元；利润共19.8606亿元，其中普教0.2195亿元，高校19.6411亿元；上缴学校利润3.6672亿元，其中普教0.1351亿元，高校3.5321亿元；上缴税金16.0969亿元，其中普教0.3587亿元，高校15.7382亿元。高校科技型企业继续保持较快速增长。销售收入419.15亿元，同比增长27%，占高校企业销售总额的94%；利润总额18.61亿元，同比增长31%，占总额的95%；上缴学校利润2.15亿元，同比增长23%，占总额的61%；上缴税金13.34亿元，同比增加28%，占总额的85%。北京大学、清华大学校办企业仍然是拉动全市校办产业增长的决定因素。是年，北京大学销售收入226.09亿元，比上年销售收入增加60.26亿元，同比增长37%；清华大学销售收入178.41亿元，比上年增加26.09亿元，同比增长18%；北大、清华两校销售收入合计404.5亿元，占高校销售收入总数的91%。

构建校办企业国有资产监管体系。年内，各级校办产业管理部门在完成年审、资产评估项目备案、资产变动、资产处置等日常管理上，着力研究解决对经营性国有资产的监管问题。北京工业大学、北京教育科学研究院、中国地质大学（北京）等单位成立资产投资管理公司。北京市校办产业管理部门主动与北京市国有资产管理委员会沟通，汇报校办产业的管理体制、事业发展、资产状况等情况。12月，北京市校办企业国有资产管理系统软件通过验收。该软件实现了对企业中国有资产的占有、使用、收益等情况的动态分析。

做好教育风险管理服务工作。年内，北京联合保险经纪有限公司北京分公司为全市公办中学、小学、幼儿园158万学生承办投保校方责任保险，投保率达100%；51所中专校中有48所投保，投保率94.1%。

加强科技成果的转化基础工作。北京市校办产业管理中心在原有的2000项成熟科技成果的基础上，收集筛选了来自各高校900余项的科技成果，进行了分类，精选了九个项目作为推广的首选。北京大学的凝固剂，清华大学的卫星会议系统，科技大学的汽车黑匣子，农学院的生物农药，工业大学自动供热系统，LED半导体节能灯，工商大学的分子筛技术，化工大学的食用油脱硫技术，林业大学种植技术等，通过网络和其他形式与社会企业进行交流。

加强学生装质量监督管理。北京市校办产业管理中心与北京市质量技术监督局研究抽查方案，重点检查甲醛释放量、ph值等国家强制标准和国家推荐标准。检测结果，对人体有直接危害的甲醛含量合格率为100%，ph值合格率为98%，比去年有较大提高。

加强对全市校办产业生产安全监管工作。年内，全市校办产业系统安全形势比较平稳。北京市校办产业管理中心向全市校办企业管理部门下发了《关于加强校办企业安全生产的通知》，7月，中心对400多家校办企业进行了抽查，发现及整改安全隐患150余个。（雷泽伟）

【东城区校办产业】 东城区校办产业管理中心共有企业39家，资产总额29073万元，从业职工736人，年内，全年完成总收入7829万元，向本区教育系统补充教育经费977万元。

阳光彩虹教育服务公司成立。1月，由东城、西城、崇文区校办企业公司与北京市京教学生用品中心4家股东组成阳光彩虹有限责任公司，以校车、校园服务部连锁店以及校园保洁、绿化、教学设备配置等学校后勤服务为主营业务。按统一管理、统一标志、统一格局、统一配送、统一价格的管理模式，将校园服务部连锁店扩展到16所学校，校车增加到113部，运营线路增加到71条，服务学生1516人。与7所学校签订了全年保洁服务协议，对16所学校进行了绿化、保洁、疏通下水、清理食堂油烟道、清理操场等服务。（王德立）

【西城区校办产业】 北京市育荣投资管理有限公司为西城区教委对区教育系统中可经营性国有资产全面实施运营和管理的经营机构。截至2004年年底，育荣公司按计划完成了国际教育园区的一期建设工程，收购原建筑约2.5万平方米、新建5.5万平方米，共有8万平方米、园区可容纳2500名师生寄宿学习生活，可容纳400名客人举办会议、食宿、娱乐。

北京市育荣实验学校。北京市育荣实验学校是由教育部中国教育国际交流协会及西城区教委等教育部门，共同发起创办的一所国有产权和民营机制的现代化、国际化双语实验学校。占地近400亩，总投资2亿元，总建筑面积6万平方米。学校汇集了来自教育部发展研究中心、中央教育科学研究所、北京师范大学和西城区教委教育教学研究中心的专家，组成学术与教改指导委员会，通过中国教育国际交流协会的渠道和项目，聘请一定数量的外籍教师，优选发达国家先进教材和创新教育模式，采用国际上先进的双语教材，使用中英双语教学，学校作为教育部考试中心中英少儿剑桥英语等级考试培训、考试点，学校所在地系原中国科学院天文台沙河工作站旧址，被团中央命名为天文科普教育基地。是北京市教委批准的具有招收

外国语资质学校。（俞 稳）

【崇文区校办产业】 崇文区校办产业管理中心（简称校产中心）有16家校办企业。其中，通过认证免征所得税的校办企业4家。按开办单位划分：中学3个，直属13个。按企业类别划分：工业企业5家，商业企业11家。年实现利润334万元。上缴税金295万元。6月，校办产业管理中心、春之光营养配餐食品中心及永诚纺织品批发中心共同投资兴办的北京育才园地教育服务有限公司成立。运营4个月，与58所学校建立商品服务供需关系。11月，区教委中小学校布局调整，永定门商场、永诚纺织品批发中心、教师旅行社有限责任公司3家企业由景泰西里65号路迁至天坛东里3号。永定门商场根据新址无营业厅情况，继续开拓针织批发业务，增加楼内空余房屋招商引资、物业管理；永诚纺织品批发中心克服迁址、施工等因素对经营的影响，年创利税100余万元，居区校办产业创利税榜首。12月8日，崇文区将校办产业管理中心全额投资主办的春之光营养配餐食品中心、好孩子营养配餐中心、永诚纺织品批发中心、永康药品经销站、永定门商场、永发实业总公司、事必成物资销售中心、雪源制冷附件厂、益教轻印刷厂、育才培训中心及校办产业管理中心控股或参股的教师旅行社有限责任公司、福新源程序工艺品厂、东方圣洁有限责任公司、君意东方电泳设备有限公司等21家企业整体移交区国有资产管理委员会。

年内，校产中心注重《安全生产法》和《安全生产条例》的学习，组织直属企业厂长、经理培训。中心指导企业完善安全生产管理制度和安全生产应急救援预案，与企业签订安全生产责任书，落实责任制。全年召开专门会议26次，查出安全隐患45处，校办企业系统全年安全生产无事故。

春之光营养配餐食品中心以HACCP为原则建立保障食品安全的体系于年初通过市卫生局验收。8月，企业申办国际通行的食品安全保障体系HACCP国家认证。12月，通过第一次审核。该中心向20所学校供餐，坚持按中小学生年龄段计算营养值，全年实现零投诉，被评为北京市学生营养餐先进工作单位。

雪源制冷附件厂于4月由朝阳区吕家营搬至大兴旧宫镇。在边生产、边建造厂区附属用房的过程中，克服上下班路途远、饮用水有泥沙等困难，加班加点赶任务，为海信等企业生产40万套冷藏蒸发器，销售收入502万元，实现利润36万元。

永康药品批发站于8月获得北京药品监督局认证中心颁发的全面质量管理、GSP的达标认证。该证书的获得，使企业取得与国际接轨的经营权。（孙 莹）

【朝阳区校办产业】 年内，朝阳区教育国有资产管理中心（以下简称：管理中心）在企业改制工作中，对100家企业进行工商注销，使企业与学校剥离关系。截止到12月底，中心投资企业共17家。其中，国有资产全资企业7家，国有资产控股企业5家，国有资产参股企业5家。投资总额3083万元，国有资产净值4690万元。国有全资企业投资1250万元，国有资产净值2835万元，企业销售收入8265万元。东方建筑工程处、朝教物业管理公司两家企业实现利润247万元。

规范出租房屋场地管理。年内，朝阳

区教委与区财政局联合下发文件，将学校和企业房屋出租纳入统一管理。截止到12月底，朝阳区国有资产管理中心审批出租单位共计有137所学校，涉及承租户715家，总出租面积165352平方米。其中教学用房出租70434平方米，非教学用房出租94917平方米。用于补充教育经费4807.23万元，中心代区教委收取统筹金449.37万元，针对学校的实际困难，减免统筹金98.88万元。与去年同期相比，出租房屋教学用房面积减少了约2000平方米，非教学用房面积增加了35437平方米，增加统筹收入46.408万元。

（朝阳区教育国有资产管理中心）

【海淀区校办产业】 海淀区教育国有资产管理中心年内完成和基本完成改革企业20家，回收国有资产22.4万元。管理的出租房屋单位有136个，出租房屋面积20.7万平方米，出租场地1.9万平方米，签订合同753份，年租金总额7169万元。登记发放申请表738份，签订安全协议719份，签发出租房屋许可证288份，换发许可证53份，续签合同49份。其中，审批中、小学校出租合同288份，出租房屋面积7.5万平方米，出租场地面积1万平方米，年租金2万元。出租房屋管理工作实现网上办公。

（海淀区教育国有资产管理中心）

【石景山区校办产业】 是年，石景山区校办工业公司更名为北京市石景山区校办资产管理中心。有企业26家，分为机械、电子、化工、餐饮、印刷等行业，年总收入2090.5万元，完成各项税金117.2万元，利润74.6万元。此外，加强了对全区校办企业的管理，对教育系统出租房屋审批、检查，对各学校的消防器材的维修、保养等工作。继续推进校办企业改革工作。对规模小，经营状况差，学校不受益的校办企业，实行消号关闭；对于长期亏损，扭亏无望，严重资不低债的企业实行破产；对经营状况较好，有规模、有市场、有发展的校办企业，做进一步扶持。

（烟　松）

【通州区校办产业】 2004年，通州区教育系统有校办企业7家。其中，属于服务业5家，属于工业企业2家。从业人员92人，企业总资产1193万元，流动资产973万元，净资产171万元，销售收入1750万元，利润总额138万元，上缴税金137.2万元，补充教育经费86万元，人均创利1.2万元。（通州区教育服务中心）

【北京大学产业管理部】 2004年，北京大学校办产业稳步发展，产值达到245.85亿元。其中，方正集团220亿元，青鸟集团10亿元，资源集团8亿元，未名集团4亿元，出版社1.6亿元，印刷厂0.14亿元，维信公司1.3亿元，绿色公司0.56亿元，英华公司0.15亿元，医学部0.1亿元，与2003年度比较，产值增加近10亿元。

年内，北大方正集团、未名集团和资源集团，由原来的全民企业改制为股份制公司，北大青鸟集团改制方案获得学校批准并已上报。完成取消冠名和关闭、退股的校直属企业共计45家，另有6家划归到四大集团下属，限期更名。北京大学股权划转至北大资产经营公司，剩余3家全民企业更名和改制工作正在进行。2004年，方正集团实现销售额220亿元，利税近11亿元，同比均增长10%。方正集团名列2004年电子信息百强企业排序第八名，名列北京企业百强第九名（2003年业绩排名）。方正集团IT产业持续高速发展。有1000多家方正Apabi数字图书馆建成，与400多家出版社建立了合作关系，并在该技术积累的基础上引入智能文档思路，推出电子政务公文系统。方正下属公司多次荣获中国软件明星企业称号。在非媒体软件方面，以信息安全为重点，成立方正软件有限公司。在IT硬件领域，方正正在形成从低端PC生产到PCB板、芯片等核心元器件的产业链；方正PC、服务器等产品连续多年获得中国名牌产品称号，年销售收入由三年前的25亿元，增长到60亿元。方正集团对西南合成制药进行整合，收购大新药业，成立重庆派浦实业有限公司。原料药出口金额和利润大幅增长，创历史最高水平。方正集团整合国际渠道，在原有系统集成项目开发、散件出口等模式的基础上，提出了“Founder inside”软件出口模式，以RIP软件为先导，带动其他产品进入国际市场。方正科技电脑向古巴出口4万余台。

北大青鸟APTECH公司为龙头的IT职业教育，2004年新加盟授权培训中心数量、在读学员人数、收入均比上年增长近一倍。北大青鸟教育投资公司下属的中华研修大学有三项新专业开学，全校当年招生数980人（其中大专、本科780人，研究生200人），招收培训生300多人。北大青鸟的几所北大附属实验学校高考平均上线率高达92.3%，其中许多学生被国内重点高校和国外名校录取。北大青鸟APTECH公司与国家劳动和社会保障部职业技能鉴定中心达成协议，对网络工程师职业培训和职业资格进行联合认证。北大在线公司与北大合作，获得了国家劳动部职业资格培训、认证权，还配合北京大学首次实现将信息技术手段引入高校本科生教育，向新疆石河子大学开办讲座远程网络直播。青鸟集团IT产业通过股份制改造和内部激励机制，调动员工积极性，增强了业务覆盖能力，其中北大青鸟的商用公司、信息公司、环宇消防公司、青鸟天桥公司各自的系列产品在金融电子业、商业、医药业、消防、电子办公、多媒体等领域市场扩大，青鸟华光电池公司、麦科特光电公司的经济效益有了数倍增长。青鸟集团投资微电子产业，中芯国际在香港和美国纽约上市。在上海、天津拥有4条8英寸芯片生产线，在北京建成3条12英寸芯片生产线。

资源集团2004年销售额达到8亿元。主要收入来自房地产业务，博雅西园顺利完成二期交房，圆满完成销售工作。博雅德园项目自8月18日1号楼开始销售以来，到年底销售面积4160.87平方米，销售金额2073.10万元。位于西长安街南侧西单商业办公区的“安福大厦”项目是公司和北京市重点工程，面向学校教职员工发售信托基金2亿多元，完成场地的初步平整，砌筑了临时围墙，初步完成了工程开工前手续办理。运作肖家河教师住宅项目取得实质性进展。下属北大先锋科技有限公司全年新增合同额近5000万元人民币。北大西飞公司的主打产品蜂窝墙和铝扣板在市场上获得好评。资源集团收购北大资源研修学院招收新生1600余名。资源大厦共租出面积14259.39平方米，出租率超过70%，实收租金1267.66万元。

北京科兴生物制品有限公司是未名集团投资经营的以疫苗研发与生产为主的高科技企业，创建于2001年。于2004年12月5日研制出世界上第一支SARS灭活疫苗，也是世界上第一个进入临床试验并完成一期临床的SARS的疫苗。9月，北大未名集团牵头组织撰写的近百万字的《中国生物产业调研报告》由中央文献出版社正式出版发行。12月23日，广州市白云区政府与北大未名集团签署了战略合作协议书，白云区政府将无偿提供位于广州新白云机场附近流溪河畔的太阳岛300多亩土地并提供近亿元的资金用于白云生物园的建设。

2004年，是北大维信生物科技有限公司成立的第十个年头。该公司由新加坡维信、北大及北控三家股东共同出资，总资产达2亿1千多万元，员工总数500余人。公司实现销售额1.3亿元，比上年增长15.79%；上缴国家利税4793万元，比上年增长17.36%，实现税后利润2353多万元，比上年增长22.43%。被国家计委认定为“现代中药产业化示范基地”的永丰GMP新工厂竣工并通过国家GMP认证。公司拥有完全自主知识产权的二类中药“金玉康”进入三期临床研究。新GMP厂房竣工并投入试生产。工厂投资6000万元，建筑面积达20000平方米，可容纳胶囊剂、片剂等多条生产线，设计能力可达年产胶囊3亿粒，片剂1亿粒，颗粒剂1000万袋。GMP生产基地被国家计委列入“现代中药产业化示范项目”。北大维信承担的国家“九五”重点医学攻关课题——血脂康调整血脂对冠心病二级预防的研究圆满结题。研究涉及19个省、市、自治区，66家医疗中心，有效病例4870例，历时8年，公司投资约3000万元人民币。课题结果证明，长期服用血脂康胶囊可以显著降低主要重点事件冠心病事件危险45%，降低急性心肌梗死事件56%，降低总死亡危险33%。北大维信市场销售推广工作取得重大进展，保持了原有的日本、美国市场，开拓了挪威、新加坡、马来西亚以及东南亚市场，在台湾地区完成了临床试验，国际市场较去年同比增长20%。公司销售部门在全国设立25家办事处，共有销售队伍约300人，覆盖全国2088家大型医院，实现销售额13009万元，与去年同比增长15.79%。（刘淑媛）

【中国地质大学（北京）校办产业】 是年，中国地质大学（北京）共有校办企业8家。其中，生产型企业2家，商贸型企业4家，科技型企业1家，其他型企业1家。共创产值9899万元，上缴国家税收417万元，上缴学校240万元。总资产5976万元，总负债2465万元，净资产3511万元。职工378人，其中在编职工44人，合同职工及临时职工334人，全年共发放工资430万元。（李翠娥）

【北京邮电大学校办产业集团】 年内，北京邮电大学校办产业集团共有企业29家。其中，全资企业8家，有限公司18家，股份公司1家，参与上市公司2家。从业职工210人，其中大专学历以上195人。主要经营范围有通信领域产品的研发、生产，包括依托学校“八六三”国家重点实验室从事通信智能网（固定、移动）的研发、生产，通信信息网络工程系统集成，光缆检测设备开发研制和生产，交互式电话系统和186大客户服务系统的产品开发、生产、经营。产品开发成果主要有：室内布线光缆实验设备、GSM数字仿真规划、智能球体系统、AIS船舶自动识别系统、尼日利亚MTS无线智能网充值卡生成系统软件、GLH应急指挥系统。总资产52826.28万元，总产值21628.76万元，上缴国家利税1326.09万元，补贴教育经费700万元。集团所属东信北邮信息技术有限公司的综合通信网络计费平台项目立项，总投资601万元，政府支持100万元；移动智能网系统设备立项，总投资4603万元，政府支持450万元。北京布来得通信技术开发公司光缆机械性能实验系统（VI型机）被批准为国家重点新产品，并颁发证书。北京北邮安博胜通信技术有限公司被评为中关村园区优秀留学人员创业企业。北邮承办教育部信息网络工程研究中心通过验收。教育部信息网络工程研究中心工程化基地成立并挂牌。北邮电信科技股份有限公司的支持多媒体和移动业务的转交换系统课题通过国家“八六三”计划信息技术领域办公室验收。北京布来得通信技术开发公司被授权对中国移动通信有限公司光缆集中采购的供货厂商进行工厂在线产品及主要光缆原材料抽样检测。东信北邮信息技术有限公司下一代网络（NCN）核心业务平台项目立项，总投资1176万元，政府支持200万元。

（北京邮电大学校产集团）

【北京科技大学科技产业集团】 2004年年底，北京科技大学科教产业集团所属企业共40家。其中，全资公司11家，控股公司4家、参股公司25家。共有员工341人。其中，学校在编人员83人，外聘员工258人，博士后2人，博士生32人，硕士生144人，本科生148人。经营收入总额超过3.3亿元，利税累计逾2000万元。

年内实现孵化及成果转化的有金属粉末注射成形项目、铁基稀土纳米晶永磁粉及粘结磁体项目等，累计融资额1.7亿元，技术补偿费290万元。初步建立项目库，有项目30余项。电容器用纳米钽粉制备技术项目成功融资4000万实现产业化，智能玻璃项目成功融资1000万实现产业化，新增入孵企业23家，入孵企业总数达到55家。年内，留学人员创业园共吸纳新企业6家，留创企业达20家。其中，3家企业申请并获得创业基金30万元，3家企业获得北京市2004年度留学人员科技活动择优奖励。创业园与北京市双高人才发展服务中心签订合作协议，为园内留创企业提供人事代理服务。（盛国家）

【北京石油化工学院校办产业】 北京石油化工学院石光技术公司研制的油井射孔防砂技术成功应用于辽河油田钻井作业是国际上高难的完井技术。生产的主要产品油井用复合射孔防砂弹，结合射孔技术、防砂技术、军事工程穿甲技术三项技术为一体，实现射孔、防砂两项作业一次完成。2004年企业销售收入350万元，利润10万元。（杨京伟）

【华北电力大学校办产业】 北京华电大通环保科技有限公司成立于2004年9月26日。该公司是由香港上市公司华多利集团控股、华北电力大学参股的中外合资高科技公司。注册资金250万美元，位于北京海淀区，主营能源与环境产业和电气自动化产业。

北京华电纳鑫科技股份有限公司是由北京顺天诚通商贸有限责任公司与华北电力大学于2004年合资组建的高科技公司，是以研究、开发、制造和经营为一体的高科技企业。公司坐落于昌平高科技园区西侧，占地面积近80亩。重点研发、应用微纳米表面耐磨、防腐技术，公司兴建了1000余平方米的生产车间，引进了由华北电力大学开发的具有自主知识产权的电热爆炸超高速喷涂系列技术，并完成了两套大型电热爆炸超高速喷涂生产线的设计和主体设备的制造，成功地将电热爆炸超高速喷涂技术应用于多个火电厂的高温磨损部件，使部件的寿命显著延长，开发的高热响应速度热电偶保护管产品使热电偶的寿命成倍延长，使热电偶的温度测量反应时间小于10秒。开发了工作温度为800～1200℃的高热响应速度、长寿命耐磨热电偶保护管，解决了循环流化床锅炉温度监测元件寿命短的难题，在两个火电厂应用。（杨　青）

【北京农学院科技产业集团】　2004年年底，北京农学院有8家企业，正式职工40余人。企业总产值3000余万元，实现利税300余万元。重点从事农业现代化的科研成果开发、孵化、转让、技术咨询、中介服务和技术培训。下设种业工程部、园艺工程部、园林工程部、生物工程部、绿色食品工程部。新建动物医院，在有关地区开设了宠物门诊。开发大豆膨化饲料，在内蒙古高优大豆产区投资新建了内蒙古北农科技饲料有限公司，生产饲料。与锦锈大地公司共同合作兴建了大地风华兽药有限公司，生产中兽药。与北分仪器厂合作，开发了农药残留速测仪，经国家认证上市。获得农业部“鸡球虫疫苗”三价和四价两个国家二类新兽药证书，该科研成果评估价为1260万元。新建成8100平方米培训楼。

（北京农学院科技产业集团）

【北京理工大学校办产业】　北京理工大学校办产业由科技产业、文化产业、服务产业组成。共有企业15家，销售收入3.59亿元，补充学校经费2500万元。以北京理工现代科技公司为主体，通过控股和参股，吸引社会资金，培育了一批如电动汽车、网络安全软件、EBM灭火剂等高科技产品。2004年9月6日，理工先河公司获得中关村科技园颁发的“十小创新企业”奖。10月12日，北京理工科凌电动车辆股份有限公司参加在中国上海举行的第六届米其林必比登国际清洁汽车挑战赛，参赛的电动准低地板公交客车获得重型车组第一名。北京理工大学科技园是国家批准的大学科技园，占地10万平方米，规划建筑面积20万平方米，已建成投入使用理工科技大厦、国际教育交流大厦等10万余平方米。12月22日，全国青联秘书处、北京海外联谊会、中关村科技园区管委会主办了2004年海外学子回国创业北京行暨中关村留学人员精品项目推介会(理工园专场)。来自美国、日本、加拿大、欧洲等10多个国家的300多名留学人员、近100家投资机构以及中关村科技园区留学人员创业园代表和留学人员创业企业到会。理工留学人员创业园在会上推出了25个项目，创业园企业已达43家，吸引留学人员77位。（姜凯生）

【中国农业大学校办产业】　中国农业大学有校办企业32家。其中，全资企业9家，股份制企业23家。资产总额5.48亿元，收入总额2.82亿元，上缴学校4000多万元，与2003年相比，校办企业总资产增长24%，收入增长21%，回报学校增长33%。其中，北京中农大生物技术股份有限公司，销售收入1519万元（含税），回款率达100%，比2003年同期增长率达61%。销售费用率比2003年同期下降42%。农药收入1035万元，出口韩国收入达58万元。农药销售362吨，销售额932万元。兽药销售314万元。北京中农大康科技开发有限公司，与东北、京津唐、黄淮海、西南区等区域500多家客户建立了合作关系，销售同康牌玉米种子，营销服务网络覆盖全国20多个省、市、自治区，销售收入超过5000万元。北农（海利）涿州种衣剂有限公司生产各类悬浮种衣剂2710吨，比上年2942吨减少7%；销售额5530万元，较上年4500万元增加23%；净利润277万元，较上年220万元增加26%；资金回笼5040万元，较上年3875万元增长30%。（赵国庆）

【北京建筑工程学院校办产业】 是年，北京建筑工程学院校办企业8家，在编人数106人，产值14000万元，上缴国家税金1400万元，上缴学院2500万元。8家企业分别组成建筑科技发展集团公司（以三家技术服务型企业为主）和商贸物业集团公司（以物业服务型和开发型企业组成）两大集团公司。年内，北京天乐伟业科贸有限责任公司所属天乐服装批发市场继续保持中国（首选）十佳服装市场称号、首都文明市场称号和北京市消防先进单位称号，并荣获北京市地方税务局2004年度纳税信誉A级企业，被评为北京市社会综合治理示范单位。1月，由北京建工京精大房监理公司监理的北京高校望京花园住宅小区荣获2003年度国家建筑工程最高质量奖——鲁班奖。2月6日，经北京市建设监理协会组织审核评定，北京建工京精大房监理公司获得2002～2003年度先进监理单位称号，是公司继1998年开始连续六年获此荣誉。4月30日，公司监理的北京医院老北楼工程荣获由中国建筑金属结构协会颁发的中国建筑钢结构金奖。7月13日，公司被建设部评为全国工程监理先进单位荣誉称号，副总经理胡耀辉被评为全国工程监理先进工作者称号。

（北京建筑工程学院校产经营开发管理办公室）

【首都师范大学校办产业】 2004年，首都师范大学出版社出版图书283种，其中新书129种，总印数407.5万册。销售码洋5852万元，销售实洋3569万元。出版的《邓小平发展理论与科学发展观》一书，被国家新闻出版总署列入纪念邓小平一百周年诞辰百种优秀图书；《20世纪西方哲学东渐史》丛书获得第十四届中国图书奖，该丛书也同时获得首届北京市优秀出版物优秀图书奖；《荷汉词典》获得了首届北京市优秀出版物提名奖。

（首都师范大学校办产业办公室）

【北京语言大学校办产业】 北京语言大学出版社依托北京语言大学第二语言教学的学科优势，形成了第二语言教学图书的出版特色，产品有：对外汉语教材、海外华语教材和国内少数民族汉语教材，出国留学外语短期培训教材、外语考试用书，介绍中国文化的图书和文化教育类图书以及汉语学习杂志，语言学和语言教学学术著作等。

2004年，北京语言大学出版社资产总额6169万元，比上年增长近1000万元；发行码洋达到5018万元，较去年增长21%，发行码洋首次突破5000万元大关；回款达到3368万元，较去年增长26%。

（北京语言大学资产管理处）

【北京化工大学校办产业】 2004年，北京化工大学校办产业有企业13家，实现销售额1.13亿元，实现净利润158.9万元，上缴国家税金1350万元，上缴学校基金226.5万元，返还学校工资288.5万元。年内，在学校的全资企业、控股公司及相对控股公司开始推行财务预算管理，以便有效地组织和协调企业生产经营活动，防范企业的经营风险。在后勤集团的大力支持下，对北洼路招待所和劳动服务公司实施了划转。北京化工大学精细化工厂烟台万华超纤股份有限公司共同出资合作成立北京化大天华技术开发中心有限公司，公司注册资本为200万元。其中，北京化工大学精细化工厂以技术及货币出资104万元，占公司52%的股份。北京化新技术公司以技术入股引入社会资金共同组建北京华达杰瑞科技有限公司，该公司注册资金500万元，化新公司持股20%，公司主要产品是水解胶原蛋白，并将致力于在明胶保健及制药产业化。（靳万民）

【北京北航天华产业集团】 2004年，北京北航天华产业集团公司拥有资产关系的企业50家。其中，高新技术企业27家，在科技园区、系统集成、智能楼宇、软件开发、信息化建设、飞行器设计与制造、精密机械等领域拥有独立知识产权。全年实现销售收入2亿元。上缴学校5100万元。3月8日，大用软件参与了科技部组织的“中国软件欧美出口工程”试点企业的评选活动，并通过了国内外软件外包专家的两轮评审，获得中国软件欧美出口工程试点企业的认定。4月28日，北京北航科技园物业管理有限责任公司通过三标一体综合体系认证。该项认证为ISO 9001（质量）、ISO14001（环境）、OHSMS 18001（职业健康安全）的认证。三标一体的综合管理体系的认证，是由英国标准化协会（BSI）所属的英标管理体系认证（北京）有限公司进行了两阶段的正式审核的。质量、环境证书由世界著名认可机构——英国认可组织（UKAS）颁发。10月12日，第六届中国国际高新技术成果交易会在深圳会议展览中心隆重开幕。天华集团组织项目部、系统集成部、北京北航科技园建设发展中心、北京北航天宏科技有限公司、北航中金飞行器技术有限公司等单位参加了教育部组织的大学科技园暨高校重大高新技术产业化成果主题展。此次参展的主要项目有蜜蜂系列超轻型飞机、车辆制动防抱死系统、北航天华智能会议系统、天华网络安全产品、铃克牌电化学治疗仪、天宏智能移动电源等多个项目。10月，北航天汇孵化器决定和江苏省南通市高新技术创业中心合作，共同出资注册成立南通北航科技孵化器。南通北航孵化器于该孵化器全面导入北航天汇孵化器的管理模式和成功孵化模式，并由北航天汇孵化器派员担任总经理，全面负责南通北航孵化器的运营管理。12月9日，国家科技部正式批准北航天汇孵化器为“国家高新技术创业服务中心”。（张小健）

【北京工业大学校办产业】 北京工大智源科技发展有限公司为北京工业大学经营性国有资产投资管理公司，有全资企业3家、参股企业21家，总资产1.2亿元。主要服务于信息技术、计算机软硬件、计算机网络、新材料、光机电一体化、激光技术、能源环境、生命科技、建筑勘察设计、路桥交通等高科技领域。其中，有4项高新科技产品荣获国家级、省部级奖励或荣誉称号。2004年，北京工大智源科技发展有限公司与江苏长电科技股份有限公司共同出资创建了北京长电智源光电子有限公司，并于北京经济技术开发区完成了注册。该公司以北京工业大学的发明专利“高效逐级增强高亮度发光二极管及其设计方法”为基础，主要从事半导体发光二极管照明方面的产品研发、销售及产业化，是北京市进入国家半导体照明工程项目的唯一一家项目公司。12月28日，美国辛耘科技工程公司上海办事处和北工大软件园签署入驻工大软件园协议。“辛耘科技”通过购买北工大软件园A区研发楼的方式，在北京设立研发、服务中心。美国辛耘科技工程公司是世界最大的半导体生产设备及技术提供商之一，其主要产品为半导体铜电镀设备、晶片刻录清洗设备和相关技术服务等。也是中芯国际和京东方的半导体设备提供和配套服务商。北京公达数码科技有限公司生产的自动化打印机产品，POS2000系列、POS58系列、PH系列等50种型号产品通过了国家3C认证。3C认证为“中国强制认证”（China Compulsory Certification），英文缩写为“CCC”，也可简称“CCC”标志。

（王建华）

【北京外国语大学校办产业】 2004年，外语教学与研究出版社（简称外研社），下设5大职能中心、8大事业部，以及分布全国的16个信息中心，拥有11个独立法人单位，员工1338人，总资产达到6.25亿元，包括一座2万平方米的综合性、智能化出版大楼，以及一个投资3亿元、占地130亩近10万平方米的外研社国际会议中心。出版图书2259种，其中新书678种，发行码洋达到12亿元，比2003年增长了1亿元。1月，外研社出版了《现代汉语规范词典》。《现代汉语规范词典》是国家语委“八五”规划重点项目、国家“八五”规划重点图书，也是社科基金资助项目。该词典的鲜明特色就是严格按照国家语言文字规范标准编写的综合性词典，收词丰富，其中收单字约13000个，词目68000余条，当代新词语、新义项逾400条。5月15日，外研社国际会议中心竣工。中心占地130亩、建筑面积10万平方米，外研社投资3亿元。工程从2002年年底动工，国际会议中心是集会议、培训、餐饮、住宿、娱乐、休闲为一体的四星级大型综合场所，能同时接待1500人住宿，容纳800人同时就餐，设有温泉水疗、保龄球、台球、游泳、桑拿等康乐设施。12月，外研社出版的多部图书获奖。其中《现代汉语规范词典》、《朗文中阶英语词典（英语版）》、《牛津现代英汉双解词典》等6本图书获得2004年度全国优秀畅销书奖；《麦克米伦高阶英语词典（英语版）》、《伊索寓言》等获得“引进版社科优秀图书奖”；《牛津英汉双解小词典（新版）》、《新标准英语（第一册）》获得第六届全国高校出版社优秀畅销书一等奖，《现代汉语词典（汉英双语）》、《外研社—三省堂日汉汉日词典》等4本图书获优秀畅销书二等奖；《学英语300句》VCD和《新标准英语》VCD分别获得第五届全国优秀教育音像制品奖二等奖和三等奖；《放心谈日语系列丛书》等图书获得第五届中国大学装帧艺术奖封面设计银奖。

（谢文辉）

【清华控股有限公司】 2004年，清华控股有限公司（简称清华控股），作为清华大学出资设立的国有独资有限责任公司（注册资本人民币20亿元）已成立一周年。设有总裁办公室、资产运营部、投资发展部、财务部、人力资源部、审计部、法律事务部、物业资产部等内部管理机构。清华控股所投资企业共有30家，其中主要企业有清华同方、清华紫光、诚志股份等数家直接或间接控股的上市公司和阳光能源、清华科技园、博奥生物、科技创投、源兴药业等控、参股公司。

1月8日，在北京市教委召开的“北京市教委校企改革先进单位总结表彰大会”上，清华控股有限公司（原北京清华大学企业集团）被评为校企改革先进单位。年初，清华大学出版社在国家工商行政管理局注册登记为由清华大学主办的全民所有制企业法人。4月份开始，学校组织对23家后勤管理的企业法人进行清产核资。第一批决定撤销的8家全资企业进入注销程序，第二批拟撤销的7家企业法人开始做撤销的准备工作。清华控股所属最大的全资企业清华紫光集团总公司通过资产重组，吸收“首旅股份”投资参股，改制为紫光集团有限公司。按照学校的要求和《试点指导意见》与《实施方案》的规定，取消所投资企业名称中含有“清华”字样的工作全面启动。9月2日，北京市海淀区人民政府对2003年度中关村科技园区海淀园优秀企业进行了表彰。清华控股有限公司控参股的6家企业获得多个奖项：清华同方股份有限公司、清华紫光股份有限公司荣获经济20强企业称号；北京诚志利华科技发展有限公司（原北京清华诚志科技发展有限公司）、北京精电蓬远显示技术有限公司荣获优秀新技术企业称号；清华同方股份有限公司的同方电脑被评为十大名优品牌产品；清华同方威视技术股份有限公司的集装箱检查系统，清华紫光股份有限公司的紫光系列笔记本电脑、紫光手机，清华同方人工环境有限公司的风冷热泵机组，北京诚志利华科技发展有限公司的网络存储服务器，北京精电蓬远显示技术有限公司的液晶显示模板入选百项表彰拳头产品。9月18日，清华控股有限公司在国家统计局举办的第四届中国大企业集团信息发布会暨《大企业集团年鉴》首发仪式以2003年营业收入128亿元位居中国大企业集团第116位。年内，科技部评选出了153个国家“八六三”计划成果产业化基地。清华紫光股份有限公司、北京清华同方软件股份有限公司、北京博奥生物芯片有限责任公司分别入选。在8月9日《数字商业时代》杂志发布的2004年中国上市公司科技百强排名中，与清华控股有资产关系的6家企业榜上有名：诚志股份有限公司列第12位、泰豪科技股份有限公司列第38位、中国高科集团股份有限公司列第45位、清华同方股份有限公司列第46位、力合股份有限公司列第59位、清华紫光股份有限公司列第81位。10月16日，诚志股份有限公司入选生物、生化制品制造行业的全国效益十佳企业。

同方威视股份公司于1月20日完成产业化的加速器辐射源移动式集装箱检查系统获得国家科技进步一等奖。11月10日，在全国打击走私成果展览上，国务院总理温家宝、国务院副总理吴仪、公安部部长周永康等领导视察了清华同方威视技术股份有限公司参展的固定式集装箱/车辆检查系统模型。

清华紫光比威网络技术有限公司承担的国家高性能路由器及安全路由器高技术产业化示范工程项目于6月23日通过由北京市发改委组织的专家组验收，标志着紫光比威高性能路由器及安全路由器产业化技术已经成熟，为紫光比威涉足高端路由器市场和下一代互联网CNGI项目打下了坚实的基础。12月23日，清华大学和清华紫光比威网络技术有限公司共同完成的IPv6核心路由器关键技术荣获信息产业部重大技术发明奖。该项目成功研制了具有完全自主知识产权的IPv6核心路由器，为我国建立自主知识产权的下一代互联网提供网络核心设备。在北京召开的2004年中国通信学会科学技术颁奖大会上，清华大学和清华比威IPv6核心路由器荣获科学技术一等奖。IPv6核心路由器是用于下一代互联网建设的关键技术设备，12月25日，中国下一代互联网示范工程的主干网CERNET2正式开通。这是目前世界上规模最大的纯IPv6互联网，标志着我国在下一代互联网发展上走在世界前列。由清华大学设计、航天清华卫星技术有限公司制造的我国第一颗质量小于30公斤的NS-1纳型技术实验卫星于4月18日北京时间23时59分03秒在我国西昌卫星发射中心由长征二号丙（CZ-2C）发射升空。4月19日，北京时间10时11分20秒，位于清华大学校园内的清华NS-1纳卫星地面站已在卫星进入本站视界的第一时间成功地接收到NS-1纳卫星发出的遥测数据，这标志着清华大学研制的NS-1纳卫星在轨试验取得成功。

2004年，清华科技园创建十周年，成为A级国家级大学科技园，入园企业和研究机构已逾400家。8月12日至13日，在国家高新区创新创业环境经验交流会暨全国高新技术创业中心工作会议上，清华科技园孵化器有限公司被评为2003年度优秀国家创业服务中心。清华科技园—美国硅谷风险投资峰会在清华科技园成功举办，清华大学常务副校长何建坤、中关村管委会副主任夏颖奇、海淀区副区长于军、清华控股有限公司总裁宋军等领导与美国硅谷银行（Silicon Valley Bank）组织率领的硅谷地区高级风险投资家访华团进行了交流。美国硅谷清华企业家协会的部分成员拜会了王岐山市长。期间，举办了中国—以色列高科技企业国际交流峰会、清华留学人员创业园项目推介会和全国技术创新论坛。

10月19日揭晓的第七届中关村十大品牌系列公众调查活动，紫光比威IPv6核心路由器、同方威视集装箱检查系统、维信诺OLED显示器入选十大科技创新品牌；“同方电脑”、“紫光电脑”同时被评为中关村新十大电脑产品品牌和中关村十大笔记本电脑产品品牌；清华紫光被评为中关村十大软件产品品牌。

诚志生物工程有限公司采用发酵法生产的D-核糖于2004年7月被国家科技部、商务部、质量监督总局、环保总局联合评为国家重点新产品，并于10月18日向公司颁发了证书。D-核糖在心脏和骨骼肌代谢中起关键作用，能够促进局部缺血组织、局部缺氧组织的恢复。该公司采用微生物发酵法生产的D-核糖，已开发出可靠、实用的提取精制工艺，其产品收率高，产品质量稳定，处于国际领先水平。

由北京清华工美建筑装饰工程有限公司控股的华大艺美广告有限公司与北京神笔形象设计中心共同设计的清华控股有限公司企业形象识别设计在“中国·北京国际设计展”参展作品中，被评为2004年度中国优秀品牌形象设计大奖。清华控股的企业形象识别系统设计图形以两枚古代钱币彼此相扣，由演变而成的螺旋形象造成互动姿态，寓意无限延伸、加速拓展，天蓝色与银灰色象征未来探索和现代科技，具有强烈的视觉冲击力。

清华大学和北京维信诺科技有限公司

合作的有机发光显示（OLED）技术成果产业化项目在11月22日纪念开发技术市场二十周年暨第八届北京技术市场金桥奖颁奖大会上荣获北京市技术市场项目类一等奖。该项目在开发转化过程中共申请专利16项，其中实用新型专利2项、申请发明专利14项，现已有8项专利授权。目前，清华大学和维信诺联合申请OLED专利达到44项。 （刘 琛）

2004年销售收入超亿元院校排行榜

学 校 名 称	销售收入（亿元）
北京大学	226.09
清华大学	178.41
北京外国语大学	6.57
北京师范大学	5.24
北京理工大学	3.59
中国协和医科大学	3.04
中国人民大学	3.03
北京科技大学	3.02
中国农业大学	2.82
石油大学（北京）	2.1
北京交通大学	1.87
北京航空航天大学	1.74
北京工业大学	1.68
北京邮电大学	1.5
北京林业大学	1.28
北京建筑工业学院	1.26
北京化工大学	1.13

私营个体经济

【综述】 年内，私营个体经济继续保持了快速、健康、可持续的发展态势。

私营个体经济主体继续保持快速增长。12月底，全市私营企业累计224659家，同比增长20.26%。其中，完全自然人投资的有限责任公司204912家，占91.2%，同比增长18.86%。私营企业注册资本（金）总额为2841.33亿元，其中自然人投资的有限责任公司注册资本2803.77亿元，占98.68%，同比增长23.94%，户均136.83万元。私营企业中的独资企业18316家、合伙企业1431家，同比分别增长35.1%、67.37%。公司制在私营企业中占据主体地位。

全市个体工商户累计526741户，同比增长17.88%，从业人员692670人，同比增长17.73%。其中，城镇个体工商户338229户，占64%，同比增长22.25%；农村个体工商户188503户，占37%，同比增长10.66%。2004年，又有34310名下岗职工从事个体经营。

全市市场主体共939445户（包括内资企业、外商企业和个体工商户），其中私营企业、个体工商户有751400户，占80%。全市内资企业共402814家，同比增长12.83%。国有企业25029家，同比下降11.37%；集体企业30854家，同比下降15.38%；联营企业947家，同比下降17.36%；私营企业占55.77%，同比增长20.26%，私营企业增长支撑着市内资企业的增长。

全市从事第三产业的私营企业有194009家，占86.36%。其中，比较明显的变化是从事新兴行业户显著增加，达到87360家，分别超过了传统的商贸行业和服务行业的从业户数。全市从事第三产业的内资企业342934家，其中私营企业占56.57%。从事第二产业的私营企业有29407家，占13.09%，其中有66.25%的私企是从事制造业，达19481家。全市从事第二产业的内资企业有57013家，其中私营企业占51.58%。从事第一产业的私营企业有1187家，占0.53%。全市从事第一产业的内资企业有2867家，其中私营企业占41.4%。

从事第三产业的个体工商户501809户，占95.27%；从事第二产业的个体工商户20888户，占3.97%；从事第一产业的个体工商户4044户，占0.77%。

全市私营企业、个体工商户入库税收111.9963亿元，比上年同期84.2380亿元增长32.95%。其中私营企业入库税收101.8916亿元，比上年同期73.3529亿元增长38.91%，个体工商户入库税收10.1047亿元，比上年同期10.8851亿元下降7.17%，主要原因是国家为鼓励自主创业和充分就业，调高了个体工商户的纳税起征点，由月营业额3000元起征提高到5000元起征。2004年，北京市地方财政收入744.5亿元，同比增长29.7%，私营个体经济税收占15.03%，增幅比地方财政收入的增幅高出3.25个百分点。

全市私营企业、个体工商户进出口额首次突破10亿美元大关，达到10.92亿美元，同比增长了174.18%，其中进口7.47亿美元，同比增长182.79%，出口3.45亿美元，同比增长157.24%。进出口主体累计3434户，同比增长168.28%，占全市进出口市场主体总数6320户的54.34%。

全市私营个体经济固定资产投资2.72亿元，比上年同期3.59亿元下降24.2%，占全市固定资产投资656.74亿元的0.41%。全市有私营企业224659户，从业人员按户均11.5测算，约为258.36万人，加上个体工商户从业人员69.27万人，私营个体经济从业人员达327.63万人，占全市就业总人口500多万的65.5%以上。

2004年，北京市各银行对中小私营企业发放贷款为180.40亿元，同比增长33.44%，全年新增贷款31.37亿元。全市银行累计发放下岗失业人员小额担保贷款135万元。信贷投向监测数据显示，截止到2004年12月底，全市各银行对中小企业贷款余额为2775.50亿元，占全部贷款的22.95%。全市银行累计为中小企业办理票据贴现978.5亿元，同比增加113.2%；累计签发商业汇票958.81亿元，同比增加270.42亿元。（个私协）

【与海外工商界交流合作】 在第八届北京·香港经济合作研讨洽谈会上，市工商联承办了京港中小企业项目洽谈及企业推介专场，近百名北京非公有制企业家和300多位香港中小企业人士参加了专场洽谈。近200位京澳企业家应邀参加第二届京澳中小企业经济合作研讨洽谈会暨北京昌平经济技术合作洽谈会，达成5个合作意向，总金额1.6亿元人民币。组织会员企业参加新加坡交易所上市介绍会、德国萨克森州投资环境介绍会、香港融资上市介绍会；与澳大利亚中华总商会代表团开展民间交流洽谈活动，组织非公有制会员企业赴南非、南美、加拿大商务考察。

（张淑英）

【参与国有企业改革】 市工商联组织召开了北京市工商联非公有制经济参与国有企业改革座谈会，协同市商委、市商务局先后召开了2004年北京中小流通企业服务年会和2004年北京大型流通企业峰会，为非公有制企业参与国企改革搭建平台。组织部分非公有制企业赴沈阳参加了2004年全国民营企业参与东北老工业基地振兴合作交流会、内蒙古民营企业项目合作暨赤峰市投资贸易洽谈会、京津沪鲁民营企业家光彩事业沂蒙行活动、第五届青海投资贸易洽谈会新闻发布会暨项目推介会等，达成部分投资项目及合作意向。

（张淑英）

【投身光彩事业】 2004年，市工商联的光彩事业围绕农民增收和城市下岗职工解困两个重点，引导非公有制企业参与山区建设和下岗职工再就业工作，组织非公有制企业参加平谷区第四届桃花节暨经贸洽谈会，到位资金3000万元；与昌平区开展“四个手牵手”活动，到位资金4600万元；向京郊10个区县75所中学捐赠价值180万元的初中教学软件。十年来，市光彩事业促进会累计实施光彩事业项目423个，到位资金31.9亿元，培训人员3.8万人次，解决就业14.4万人次，脱贫人数6.9万人次，捐资教育等公益事业6.4亿元。（张淑英）

开 发 区

【综述】 国务院审议通过的北京城市总体规划（2004－2020年），明确了北京"两轴—两带—多中心"的新城市空间布局。在北京市总规划原则下，北京工业开发区将形成不分隶属关系，多种经济成分并存，行业相对集中，体现北京工业总体优势的分布格局。20世纪80年代，北京市结合工业布局和产业结构调整，开始在城市的郊区建设工业开发区。

2004年，根据国务院办公厅、国家发改委等4部委关于清理整顿各类开发区、加强建设用地管理的精神，北京市政府对全市各类开发区进行了清理整顿。全市470个各类开发区经过清理整顿，保留和拟保留28个开发区，其中：经国务院批准设立的3个国家级开发区全部保留；经市政府批准设立的市级开发区保留18个；经市政府所属部门、各区县政府批准设立的其他开发区拟保留7个。除北京经济技术开发区、中关村科技园区（包括海淀园、丰台园、昌平园、电子城、亦庄园、德胜园、健翔园7个开发区）和北京天竺出口加工区3个国家级开发区外，其他主要分布在11个区县，其中通州区5个，大兴区、顺义区、怀柔区、平谷区各3个，房山区、延庆县各2个，石景山区、门头沟区、昌平区、密云县各1个。

这28个开发区总规划面积193.3平方公里，其中：工业用地84.94平方公里，道路广场用地33.79平方公里，绿地25.35平方公里，居住用地16.68平方公里，公用设施用地12.94平方公里，市政用地3.81平方公里，仓储用地1.56平方公里。2004年年末，全市开发区累计达到七通一平土地开发施工面积85.36平方公里，完工80.34平方公里，土地开发完工率已达94.1%，其中2004年当年新开工面积8.92平方公里，完工7.85平方公里；累计签订出让或转让土地使用权合同1869个，土地面积46.49平方公里，回收资金200.9亿元，平均每平方公里回收4.3亿元。开发区在开发建设过程中，坚持高起点、高标准、科学合理的园区规划。园区工业开发、基础设施建设与园区环境改善、生活服务配套同步，增强了开发区经济、社会可持续发展的能力，形成87.89平方公里基础设施完善、人文环境良好、生态环境优美、交通快捷方便、服务体系健全的建成区。

开发区经过10多年的发展，企业构成已经进入由量变到质变的阶段。入区企业规模不断扩大，为开发区的经济带来新的生机和活力，有力保障了开发区经济持续稳定增长。

开发区2004年招商5945家，比上年同期增长4%（增速均按扣除开发区增减变动后的同口径计算，下同），在项目引进质量和规模方面取得了新的突破。2004年引进项目总投资861.3亿元，比上年增长13%；项目平均投资1448.8万元，比上年增加167.8万元；注册资本646.6亿元，比上年增长15.3%，企业平均注册资本1087.6万元，比上年增加108.2万元。在吸引外资方面成效明显，全年引入三资企业533家，总投资达384亿元，注册资本达235.2亿元，合同外资金额达22.7亿美元，外商实际投资达13.1亿美元，分别比上年增长了34.6%、63.6%、47.3%和17.8%。2004年新批准入区电子信息、生物工程和新医药、先进制造、新能源和环保、新材料等技术领域的高新技术企业4376家，比上年增长2.5%。

截止到2004年年末，入区企业共有29359家，其中三资企业3112家，投资亿元以上企业达696家，成为推动开发区持续健康发展的主要动力；项目总投资累计达3973.8亿元，其中三资企业1433亿元；注册资本3125.1亿元，其中三资企业913.5亿元；合同外资金额90.5亿美元；外商实际投资67.6亿美元。

2004年开发区实现总收入5073.4亿元，比上年增长30.1%；实现现价总产值3205.6亿元，同比增长25.3%；实现增加值1060.5亿元，同比增长31.7%；实现利润总额324.5亿元，同比增长36.5%；应缴税金225.8亿元，同比增长22.3%；出口创汇75.9亿美元，同比增长63.9%。清理整顿后的开发区保持了健康蓬勃发展的势头，在首都现代化建设中发挥着重要作用。（李洁昕）

【北京天竺出口加工区】 是全国首批15家国家级出口加工区之一，于2000年4月经国务院批准建立，占地面积272.6公顷，位于首都国际机场西侧1公里处。通过专用通道10分钟内可将货物直接送达机场卸货平台，海运货物沿京津塘高速公路线1小时50分钟即可送达天津塘沽港。天竺出口加工区坚持“高科技、外向型”标准，重点发展电子通讯、生物医药、光机电、新材料为主导的高科技产业。将成为“环境最为宽松的首都对外开放区、北京外向型企业集中区、高科技产业化的先导区、出口创汇重点区、加工贸易示范区”。（编辑部）

【北京天竺空港工业区】 成立于1994年，2000年经北京市人民政府批准为市级工业区。总体规划面积660公顷。北京天竺空港工业区与首都机场相邻，A、B两区分别位于101国道京密公路两侧，工业区距市中心区15公里，距首都国际机场仅1公里，企业通过专用的货运通道在10分钟内即可把产品直接送达机场卸货平台，海运货物沿六环路和京津塘高速公路1小时50分钟即可抵达天津塘沽港。距工业区西南1公里处为水质清澈的温榆河，沿其北岸为13个高档别墅花园，工业区兴建中高档公寓。距工业区15公里处的潮白河畔建有一流的高尔夫球场、赛马场、国际会议休闲中心、顺鑫绿色度假村等北京市著名的高档休闲娱乐设施。已有来自18个国家和地区的288家中外客商相继入驻工业区，投资总额32亿美元，项目平均投资额达9000万元人民币。工业区内已有35家电子信息类企业，如索

爱、JVC、索尼、松下等，投资总额27亿元人民币。已经形成了以电子信息产业为主的产业格局。（编辑部）

【北京林河工业开发区】 北京林河工业开发区始建于1992年。2000年，确定林河开发区为中国北方微电子产业基地，同年晋升市级工业区。随着产业结构的不断优化，2002年又被北京市政府批准为汽车及配套零部件生产基地。北京林河工业开发区总体规划面积416公顷。

北京林河工业开发区坐落在顺义卫星城南部，西与首都国际机场毗邻，距市中心30公里，区位优势得天独厚。101国道、东六环、顺平快速路、京承铁路、顺通路贯通东西南北，与首都国际机场共同构成了开发区的立体交通网络。北京林河工业开发区现已形成以微电子、生物新医药、光机电一体化和汽车及配套零部件为主导的现代制造业产业格局。（编辑部）

【北京顺义高丽营金马工业区】 创建于1993年，分为A、B两个区。2004年晋升为市级工业区。工业区位于北京市顺义区西部，京密路、顺沙路、六环路、京承高速路纵横交错，交通便捷，地理位置得天独厚。工业区总体规划面积370.12公顷，已开发面积为149.9公顷；总投资5500万元。是年，工业区有入区企业46家，其中已有32家正式投产运营，完成工业总产值近6亿元。已经形成以家用电器、食品加工、印刷、纺织工业四大主导产业。（编辑部）

【北京通州工业开发区】 1992年5月建立，2000年12月晋升为北京市市级工业开发区。总规划面积516公顷，其中工业占地面积238.06公顷。开发区距北京六环路1公里，京津公路、京沈高速路位于开发区南北两侧，京哈公路、京津塘高速路、京通高速路均从开发区附近通过；开发区西侧是京秦铁路专用线，设有货运站，与地铁一号线相连的八通轻轨列车终点在开发区西侧，乘地铁可直达市中心；距首都机场22公里；距天津港110公里。是年，有入区企业40余家，累计完成产品销售收入11.38亿元，出口创汇2300万美元。初步形成了新型建材、精细化工、机械电子和生物制药四大主导产业。（编辑部）

【北京通州轻纺服装服饰园区】 创建于1998年，2002年9月被北京市政府命名为“北京国际服装名城——通州园区”。园区位于通州区东南部的西集镇，距通州卫星城21公里，周边环绕京杭大运河，公路网络四通八达。园区远景规划面积1500公顷，已完成一期180公顷开发；二期245公顷开发正在进行。供水、供电、排水、燃气、热力供给及宽带、通信、邮政等基础设施基本完备，能够满足入驻企业生产、生活的需求。园区以服装、服饰为主导产业，已有39家企业入驻，2004年入区企业累计完成产值3亿多元，出口创汇1800万美元。北京奔驰衬衫有限公司的“奔驰”牌衬衫、北京彤格制衣有限公司的“利宝龙”牌衬衫、北京三佳时装有限公司的“三帝罗”牌男西装、中国服装股份公司北京分公司的“华世黎飞”女装和“天宫”牌男西装等一批知名品牌在园区形成批量生产。其中，“三帝罗”西装被中国保护消费者基金会推荐为信得过优质产品，获北京国际精品展览会金奖，该产品远销日本、加拿大、法国、美国、香港等十几个国家和地区。（编辑部）

【北京光机电一体化产业基地】 是2001年7月经批准成立的市级工业开发区，总体规划面积7.5平方公里，位于北京市东南，地处五、六环路之间，毗邻北京经济技术开发区，距首都国际机场25公里，距北京国际集装箱中转站1公里。京沪、京沈铁路、京沈高速路及京津塘高速路从东、西两侧通达东北老工业基地和环渤海经济圈。处于新修编的《北京城市总体规划》中的东部发展带的核心部位。基地坚持以高新技术为先导，重点发展先进装备制造业、半导体材料制造业、仪器仪表制造业、汽车零部件及激光加工业。基地作为北京市政府确定的振兴北京现代化制造业的重要基地，享受国家级开发区优惠政策。（编辑部）

【北京国家环保产业园区】 于2002年10月经原国家经贸委批准建立，是国家支持北京2008绿色奥运行动计划，在北京重点建设的示范园区。园区位于通州区马驹桥镇，在京津塘高速公路与六环路的交汇处，毗邻北京经济技术开发区。京津塘高速公路从这里穿过，六环路与京津塘、京沈、京哈、京承、京开、京石高速路相连接。环保产业园总规划面积6.84平方公里，园区内各项基础设施完备。建立了为入区企业办理各种审批手续的“全程代理”、人力资源招聘与培训、信息化网络等全方位服务体系，并通过了ISO9000和ISO14001质量环境兼容管理体系认证。年末，已有38家企业入驻，其中，包括桑德集团、海斯顿环保设备有限公司、好利来有限公司、邢钢焊网科技发展公司等多家环保产业的知名企业。园区企业共实现工业总产值9.2亿元，比上年增长71%。按照北京城市总体规划，北京国家环保产业园处在“东部发展带”的重点发展地区。突出环保主题，发挥地区优势，打造园区特色，继续坚持以发展环保产业为主体，同时积极发展汽车电子、航空电子及汽车零部件业，努力把园区建设成集环保开发、产品制造、环保咨询服务等功能于一体的综合性园区。（编辑部）

【北京永乐经济开发区】 1992年经北京市政府批准建立。开发区位于通州区永乐镇，与天津市和河北省廊坊市交界，开发区总体规划面积460公顷，远景规划面积1000公顷，已开发150公顷。截止到2004年年底，开发区共投资13077万元，使区内道路、供水、供热、供暖、供电以及污水处理等基础设施以及区内绿化、美化工程已经完成，为入驻企业提供了舒适、美好、便捷的生产、生活环境。按照北京城市总体规划和产业布局规划，北京永乐经济开发区发展的重点产业是汽车及零配件制造、机械、电子等现代制造业，重点引进资本和技术密集型企业，适当发展与之相配套的商住、服务业，为未来的“永乐新城”建设打造繁荣的经济平台。（编辑部）

【北京兴谷工业开发区】 于1993年8月23日经市政府批准成立，2000年12月8日又批准为市级工业开发区。开发区总体规划面积1026公顷，位于平谷山前盆地平原区，处在京津塘三角区域的中心，距首都机场40公里，距北京市区70公里，距天津新港130公里。水、陆、空运输条件方便快捷。电气化铁路大秦线在平谷设有中转站，货物可通过中转站运往全国各地，京平高速路从开发区南侧经过，预计2006年通车。开发区有公路可直通机场北门。区内公路成网，道路总长25公里，主路规划宽50米。开发区建有110kV变电站两座，双电源供电，燃煤锅炉二十四小时全天供热，天然气日供气能力5万立方米，电缆通讯可接光纤专线上网。开发区内其他服务与设施一应俱全，可以为入区企业提供金融服务、口岸服务、教育、医疗、餐饮、娱乐等。截至年底有入区企业118家，其中三资企业34家，投资总额38亿元。（编辑部）

【北京平谷滨河工业开发区】 于1992年经市政府批准建立。开发区位于北京平谷卫星城区的西南部，总规划面积476公顷，已开发203公顷，总投资1.6亿元进行基础设施建设。开发区重点发展机电产业和都市型工业。截至年底，入区企业54家，实现工业总产值8.64亿元，产品销售收入9.43亿元。其中，投资5000多万元的华奈达集团生产的知名品牌“杰恩”、“诺迪”羽绒系列制品和各种服装，远销美国、意大利、瑞典等20个国家和地区。（编辑部）

【北京平谷马坊工业区】 马坊工业区占地面积1000公顷。开发区位于平谷区西南部马坊镇，南距102国道6公里，平谷区地方铁路终点站设在本工业区内，铁路可直通厂内；西距首都机场35公里；东距天津港130公里。截至年底，已入驻企业11家，总投资13.1亿元，实现工业总产值15.4亿元。根据北京城市总体规划以及北京平谷马坊工业开发区所在区域的功能定位，将重点招商引资推进机电产业、服装纺织业、包装印刷业、基础产业4大主导产业的发展。（编辑部）

【北京密云工业开发区】 于1992年5月经市政府批准成立，是中国高校科技产业基地、国家火炬计划北京绿水高新技术产业基地、北京高新技术成果孵化基地以及经国务院认定的中关村科技园区辐射区。开发区位于素有“北京山水大观、首都郊野公园”之称的密云县城西南部，紧邻101国家一级公路和京承铁路，京承高速公路穿区而过，可以直接到达北京市区。开发区占地面积837.94公顷，其中工业用地482.31公顷。截至年底，入区企业120家，实现工业总产值53亿元，产品销售收入47亿元，出口创汇6060万美元。大大提升了入区企业的整体水平，加快了开发区食品加工、汽车零部件、电子信息、生物医药、服装纺织等五大主导产业的集聚。（编辑部）

【北京雁栖工业开发区】 1992年经北京市人民政府批准成立，2000年定为市级工业开发区。开发区总占地面积1312公顷，位于北京城北的长城脚下，雁栖湖畔。开发区距北京市区55公里，距机场35公里，京承、京通、大秦铁路及多条高等级公路从这里伸向四面八方。截至年底，有150多家企业入驻，其中外资企业50多家，分别来自美国、英国、法国、意大利等10多个国家和地区，形成了以外方投资企业为主的食品饮料、包装印刷、生物医药产业基地。（编辑部）

【北京经纬工业区】 建于1999年，位于怀柔区东部，最新批准总体规划面积603公顷。距北京市区50公里，距首都机场30公里，距天津新港180公里。101国道横跨区内，京承高速公路临境而过，地处北京城市总体规划的东部工业发展带北端，是怀柔城东工业区的中心。工业区所属的北房镇是北京市政府批准的小城镇建设试点镇，是国家级卫生镇和全国重点镇。截至年底，工业区对基础设施投资2.46亿元，有英国、法国、美国、意大利、日本、澳大利亚、香港和台湾等8个国家和地区的68家企业入驻，投资总额达9.75亿元，完成工业产值10.2亿元，出口创汇1200万美元。初步形成了电子电力、环保设备、服装、新型建材为主的4大主导产业。（编辑部）

【北京凤翔科技开发区】 1992年12月经北京市政府批准建立。开发区位于怀柔卫星城区东南部，坐落在“国家级小城镇建设示范点”的凤翔镇，距首都机场30公里，距北京城区45公里，101国道和京承高速公路、京承铁路从周边通过。开发区规划面积300公顷，目前已建成73公顷。截至年底，有来自美国、丹麦、日本、韩国、香港和台湾等8个国家和地区在内的30家国内外企业入驻，其中，引进汽配生产企业7家，主要为北京现代、北汽福田、中国一汽、二汽提供汽车零部件配套。2004年，已投产的汽配企业实现销售收入1.8亿元；2005年这些企业将全部投产，投产后将实现销售收入4亿元。（编辑部）

【北京延庆经济技术开发区】 于1992年8月经市政府批准成立。开发区规划面积656公顷，位于享有“北京夏都”美誉的北京市旅游卫星城——延庆县城南，毗邻风光秀丽的妫水湖，地处于众多旅游景点环抱中。京包、大秦铁路和京张高速公路在这里交汇。处在北京重要生态保护带的延庆经济技术开发区，以服装、食品、生物医药三大产业为主导，建立了以北京京棉夏都纺织有限公司、北京雪莲夏都制衣有限公司、北京丝绸之路服装信息技术有限公司、北京夏新针织有限公司等为骨干的服装产业园，建立了以北京集味村食品有限公司、大草原乳业有限公司、北京冰凌花乳业有限公司等为代表的绿色食品园，建立了以北京双鹤高科天然药物有限公司、北京康尔森生物科技有限公司、北京九龙制药厂、匡达制药厂等为代表的生物医药园。（编辑部）

【北京八达岭工业开发区】 于1992年8月建立，规划面积481.47公顷，位于延庆县城西南，东邻八达岭长城，西毗康西草原，北接延庆万亩森林公园。区间东侧有直通延庆县城的快速路，南侧有京张高速路，北侧有京包铁路线，西侧有专用铁路线一条。八达岭高速公路直通区内，距城区二环路德胜门62公里；距怀来县城30公里，距张家口市90公里。主导产业有医药、食品、仓储运输、轻工业。清华紫光制药厂、北京远铃卫浴设备有限公司等一大批知名企业落户开发区。根据北京城市总体规划及开发区的规划定位，北京八达岭工业开发区划分为高新技术产品加工区、轻工业加工区、科技服务加工区等。截至年底，开发区已经累计完成基础设施建设投资10874.8万元，入驻企业32家，企业员工3142人，实现产品销售收入2.97亿元。（编辑部）

【北京小汤山工业开发区】 1998年经市政府批准创建，规划总占地面积122.3公顷。位于北京昌平小汤山镇东侧，顺沙路以北，南距天安门广场22公里，东距首都机场16公里，六环路横穿东西，立汤路纵贯南北，西接京昌高速路，东临京承高速路。截至年底，有入区企业30家，其中已投产企业16家，共完成工业产值2.3亿元。主导产业包括新型环保建材、耐火材料、生物饲料、包装制品、彩色印刷、电器、电子产品。（编辑部）

【北京石龙工业开发区】 1992年1月经市政府批准成立，总体规划面积800公顷。开发区坐落于被誉为“京西明珠”的门头沟区，地处西长安街终点。截至年底，已有几十家企业入驻，逐步形成了集生物医药、数控装备、汽车电子等产业为龙头的多功能、外向型的现代化高科技园区。其中，数控装备产业有京凝华科技有限公司、北京富根智能电表公司、北京三雄科技公司等企业；汽车电子企业主要有北京迪普首泰高新技术开发公司、北京邦泰汽车零部件制造有限公司和正在建设中的内蒙古第一机械（集团）有限公司北京奔驰汽车研发中心。（编辑部）

【北京良乡工业开发区】 于1992年经市政府批准建立。2000年，被国家农业部定为全国乡镇企业科技园。开发区位于北京良乡卫星城南，距市区20多公里。京广铁路、京石高速公路等交通干线为开发区构筑了便捷的交通网络。开发区总规划面积240公顷，其中工业用地113公顷。截至年底，有企业687家，实现技工贸总收入64亿元。初步形成了医药、保健品、服装、新材料主导产业群，重点发展都市型产业、生物工程和新医药、精细化工和光机电一体化产业。其中，有美国的PLP公司、日本的助野袜业（北京）有限公司、台湾的优视隐形眼镜公司以及国内的四环医药科技有限公司、北京御生堂生物制品有限公司、北京靓妃生物科技有限公司、北京红都服装服饰有限公司等一批知名企业入驻开发区。（编辑部）

【北京房山科技工业园区】 2002年经市政府批准建立，位于房山区燕房卫星城，距市中心42公里、京石高速公路3公里，市区六环路、铁路专用线穿境而过。工业园区规划建设用地524.99公顷，其中工业用地191.28公顷。根据北京市总体发展规划，北京房山科技工业园区定位为北京石油化工与新材料产业发展区。科技工业园区依托毗邻国家重点企业——北京燕山石化公司和科技资源优势，重点发展燕化公司下游产品的深加工、精细化工系列产品和化工新材料，打造石油化工工业产业链。发展的主要项目包括：化学建材原料及制品、新型包装材料、新型化工材料及制品。（编辑部）

【北京大兴工业开发区】 兴建于1992年。规划面积1000公顷。开发区距复兴门14公里，北京“三纵三横”快速城市道路网络分布在开发区四周，由开发区通往市中心的轻轨系统也已规划。开发区以区内的北京软件园、基因园、留学生创业园为依托，形成了电子软件、生物医药、新材料等行业在内的高科技产业，正向集研发、制造和营运于一体的国际化现代产业经济区发展。其中北京大学软件学院的入驻，为电子软件企业提供了人才基础。北京市留学人员大兴创业园是北京第二家为归国留学人员创办的高科技园区，截至年底，入驻创业园的有来自日本及欧美的企业14家，遍及电子信息、生物医药、新材料及咨询服务等行业。（编辑部）

【北京生物工程与医药产业基地】 2002年12月31日经市政府批准在北京大兴建设。产业基地总体规划面积2800公顷。基地主要由企业孵化区、生产加工区、贸易物流区、生活服务区4个功能区组成，致力于建设高新技术产业发展所需要的共性服务体系和生物工程与医药产业所特有的专业服务体系，创造良好的整体产业环境。截至年底，有生物工程与医药企业和研发机构82家，其中包括三元基因、协和制药在内的企业73家，研发机构9家。2004年入区企业完成产值22.33亿元。2004年开发区引进了一批国家重点大型项目，总投资约28亿元，其中包括外商独资企业新加坡上市公司翔峰集团、协和药厂、上海绿谷集团、军事医学科学院药物研究所等国内外知名的医药研发、生产、流通企业和科研院所。产业基地本着高起点规划与定位，高标准设计与建设，高水平谋划与运作，高效率管理与服务的“四高”原则，坚持以人为本，树立全面、协调、可持续的发展观，致力于打造国际一流的现代化生物工程与医药产业基地。产业基地的总体目标是，以产业配套和技术创新能力建设为核心，以高水平的软硬件环境和服务设施为保障，形成集研究开发、企业孵化、生产制造功能为一体的国际一流的、现代化生物工程与医药产业基地。（编辑部）

【北京大兴采育科技园】 于2001年建立，位于北京市东南部的大兴区采育镇，是北京市33个重点建设的中心小城镇之一。科技园南接廊坊开发区，西邻黄村开发区，东望天津新港开发区。京津塘高速公路，104国道纵穿全境。科技园总规划面积1100公顷，分三期进行开发。已开发建设的第一期，占地130公顷。截至年底，入园企业27家，协议投资22亿元，其中外商投资80万美元。投资5000万以上的企业11家，已有8家企业正式投产，2004年入区企业完成总产值50334万元，产品销售收入完成51046万元，出口创汇完成288万美元。主导产品有生物医药、新型建材、印刷等。（编辑部）

【北京八大处高科技园】 是1992年8月经国务院同意、北京市政府批准成立的高科技园区，位于北京著名风景区西山八大处南麓，环境优美，交通便利，距天安门广场16公里。园区规划面积180公顷，已形成以信息产业为主导，以节能环保、生物医药和新材料为辅的产业发展格局，并成为国家信息产业部电子科学研究院、中国科学院研究生院及高能物理所、北方工业大学等科研院所的成果转化基地。截至年底，园区入驻企业422家，其中外商投资企业98家，2004年，园区企业实现销售收入100亿元，其中外商投资企业销售收入12亿元。（编辑部）

中关村科技园区

【综述】 2004年，园区的软、硬环境进一步改善，新认定企业数达4268家，继续保持着较高的认定数量。园区企业达13957家，雇员总人数达55.7万人。园区经济总量稳步提升。全年实现工业总产值1876.1亿元，比上年增长16.7%。企业总收入3692.2亿元，同比增长27.9%，其中新产品销售收入1355.0亿元，同比增长165.0%。实现利润总额256.6亿元，同比增长42.4%。园区企业上缴税费总额141.7亿元，同比增长18.0%。出口创汇达53.6亿美元，同比增长62.9%。

从园区技工贸总收入的发展走势看，园区经济仍然以产品生产为主，但已基本形成了技术服务和商品贸易与工业生产各占半壁江山的发展格局。在总收入中，产品销售收入实现2183.2亿元，同比增长21.1%，占总量的比重为59.1%；技术收入和商品销售收入分别为562.3亿元和719.1亿元，分别比上年增长34.1%和28.4%，占总量的比重分别为15.2%和19.4%。园区总收入上亿元的企业共有473家，比上年增加101家。其中，超10亿元的企业有63家，比上年增加了10家。上亿元企业对园区经济增长的贡献作用明显，总收入共实现2869.1亿元，占总量比重为77.7%；上缴税费96.7亿元，占总量比重为68.2%；出口创汇50.6亿美元，占总量比重为94.4%。总收入上亿元企业中，从事电子信息业的有230家，生物工程及新医药有31家，新材料的有45家，先进制造业71家，新能源及高效节能20家，环境保护领域7家。

在园区大企业群体明显壮大的同时，中小企业也在同步发展。统计资料表明，在园区总量指标中，亿元以上企业2003年和2004年所占比重没有明显变化，说明园区的中小企业也取得了同步的发展。

（信息处）

【三资企业和有限责任企业】 园区三资企业和有限责任企业的主要经济指标在园区总量指标中所占比重很高，总收入分别占总量的37.1%和31.4%；工业总产值分别占49.7%和19.3%；上缴税费分别占37.2%和31.0%；利润总额分别占42.1%和30.5%。另外，三资企业仍然是园区出口创汇的主力，占到了71.4%。

（信息处）

【产业发展】 电子信息业作为园区发展的主导产业，主要经济指标占总量的比重达1/2左右。电子信息业实现总收入2005.9亿元，占总量的比重达54.3%；上缴税费77.7亿元，占总量比重54.6%；出口创汇26.9亿美元，占总量比重50.9%；工业总产值和利润总额分别实现926.8亿元和101.2亿元，分别占总量的49.3%和39.4%。其中，电子信息业总收入、工业总产值、出口创汇和利润总额所占比重呈逐年下降趋势，年内上述四项指标占总量的比重同比分别下降1.7、2.9、1.7和1.8个百分点。从产业发展来看，在园区总收入中，电子信息业、生物工程和新医药、环境保护业所占比重同比分别下降2.3、0.7和1.1个百分点；而新材料、先进制造和新能源与高效节能领域所占比重有所上升，同比分别提高1.7、1.0

和2.8个百分点。园区高新技术产业结构正在朝着均衡布局的方向发展。（信息处）

【经济效益】 园区经济总量快速增加的同时，经济效益明显提高。全年实现利润总额256.6亿元，同比增长42.5%；上缴税费141.7亿元，同比增长18.1%：实现利税总额398.3亿元，同比增长32.6%，利税总额占总收入的比重为10.8%，高于2000～2003年的任何一年，且高于这四年的平均水平0.95个百分点，企业的市场竞争能力有所加强。从技术领域看，从事生物工程与新医药、新能源与高效节能领域的企业盈利能力较强，总收入利税率分别为11.4%和11.7%，分别高于平均水平0.6和0.9个百分点。电子信息业总收入利税率为8.9%。（信息处）

【科技创新】 创新是高科技企业生存之本。年内园区企业在科技投入方面有新的突破。在园区55.7万从业人员中，研发人员大军有11.3万人，占从业人员比重20.3%，高于2000～2003年平均水平2.8个百分点。全年科技活动经费支出额228.9亿元，同比增长28.2%，其中研究与试验发展经费支出173.4亿元，同比增长32.6%，研发与发展经费支出占总收入的比重达到4.7%，高于2000～2003年平均水平1.3个百分点。从技术领域分析，电子信息领域科技投入得到加强，研究与发展经费支出占总收入的比重为5.8%，高于各领域平均水平1.1个百分点，表明该领域科技创新依然十分活跃；新能源与高效节能领域研发经费支出占总收入的比重仅为1.8%，此领域的科研投入有待加强。2004年，园区企业专利申请5469项，同比增加1211项；专利授权2608项，增加527项；企业拥有发明专利数3120种，比上年增加1151种；获奖成果927项，减少290项，其中国家级奖407项；在9280种产品中，拥有专利的产品有2010种，占总量的比重为21.7%，与上年基本持平。（信息处）

【中小企业】 2004年，占园区经济总量22.3%左右的亿元以下企业，其科技活动经费支出和研究与发展经费支出分别占总量的53.8%和56.1%，技术收入占总量的38.3%。中小企业是园区内技术创新非常活跃的企业群体。2004年，技术收入比重（占其自身总收入）50%以上的企业有3931家，这类企业以技术输出为主，规模偏小，但技术含量很高。其中，总收入在1000万元以下的企业有3328家，占其比重为84.8%；从业人员少于50人的企业有3358家，占其比重为85.4%。这类企业2004年实现总收入为545.5亿元，仅占园区总量的14.8%，但其技术收入达453亿元，占园区总量的比重为80.6%。这类企业从业人员总数13.8万人中，博士以上学位、硕士、大学本科人员分别为2977人、13841人和66629人，占其总数比重分别为2.1%、9.9%和48.1%，分别比园区平均水平高0.8、2.7和11.1个百分点，人才密集度高。（信息处）

【从业人员知识结构优化】 年底，园区企业从业人员达55.7万人，比上年增加6.9万人，同比增长14.1%。其中，博士有7415人，硕士40086人，大学本科学历20.6万人，大专学历11.5万人。全年企业接收应届大专以上毕业生15827人，园区不断注入新的活力和朝气。至此，园区企业大学本科以上学历人员达25.4万人，同比增长13.4%。这些都表明中关村科技园区对高素质人才的吸引在不断增强，人力资源储备不断丰厚，高科技产业发展的增力和后劲十足。（信息处）

北京经济技术开发区

【综述】 2004年，北京经济技术开发区地方生产总值首次突破百亿，达到127.07亿元，同比增长33.25%；全区人均国内生产总值18.76万元。实现工业增加值107.2亿元，同比增长40.63%；实现工业现价产值680亿元，同比增长50.72%；工业企业利润总额52亿元，同比增长23.98%；产品销售收入650亿元，同比增长39.86%。出口总值22.02亿美元，同比增长38.26%。财政收入（含出口退税、免抵）41.35亿元，同比增长14.14%；税收收入（含出口退税、免抵）30.4亿元，同比增长6.4%。

新批企业521家，同比增长35.32%，企业投资总额（含增资）32.15亿美元，同比增长35.95%。其中，新批外商投资企业103家，投资总额7.57亿美元，同比增长18.51%。增资企业126家，增资额20.97亿美元。其中，外商投资企业增资20.25亿美元，同比增长154.39%。合同利用外资11.43亿美元，同比增长173.21%；实际利用外资5.72亿美元，同比增长116.88%，占全市工业实际利用外资总额的58.97%。引进世界500强企业投资项目18个，开发区内世界500强企业投资项目总数达到59个。截至年底，开发区共批准企业1596家，批准企业累计投资总额88.13亿美元。（王玉婵）

【基础建设】 完成征地303.92公顷。施工面积309.89万平方米，其中新开工面积114.9万平方米，竣工面积86.82万平方米。完成固定资产投资135.45亿元，同比增长115.31%。其中，工业固定资产投资102.87亿元，同比增长579.35%，占全市工业固定资产投资总额的40.4%。开发区第一座22万千瓦时电站竣工运行，3座11万千瓦时电站正在建设中。第二公交场站投入使用，新增公交线路2条。高速公路东侧天然气招标工作完成，热电联产招标项目开始建设。（王玉婵）

【建筑市场管理】 开发区建设工程交易中心共办理招投标项目134项，其中招投标项目102项，直接发包项目32项，建筑面积190万平方米，中标总价为16.03亿元。其中：工业项目136万平方米，住宅33万平方米，公建21万平方米。协助北京吉普、京东方等重点项目完成招标手续。被建设部评为2004年“全国建筑市场管理先进单位”。（王玉婵）

【市政建设】 建设核心区市政工程道路总长7081米，总面积96703平方米，雨水管线总长7820米，污水管线总长6427米，电力管线总长2539米，热力管线总长1531米，上水管线总长6592米，电信6000米，安装护栏3692扇，减速丘1576米，信号灯81处，路口渠化26597米，大型指路牌24处。大羊坊沟改造工程全部完工，东环南路及地下管线全面贯通，文昌大道桥完工。南部新区市政工程完成道路总长8707米，总面积309643平方米，雨水管线总长12773米，污水管线总长10348米，电力管线总长4117米，雨水方沟4819米，上水管线总长6279米，电信7000米。（王玉婵）

【资源集约利用】 制定了新的集约用地和土地一级开发管理办法，工业用地容积率从0.6～1.2提高到0.8～1.5以上，可建设用地的建筑密度从45%提高到55%。万元工业增加值综合能耗0.3吨标煤，不到全市规模工业平均能耗的1/5；万元工业产值耗水1.5吨，不到全市规模工业平均用水量的1/8。（王玉婵）

【水资源规划通过评审】 6月26日，由中国科学院、中国水利水电科学研究院、中国环境科学研究院、清华大学等单位的3名院士、5位专家组成的评审团对《北京经济技术开发区水资源综合规划》进行了评审。该规划是北京开发区委托北京市水利科学研究所和国家城市给水排水工程技术研究中心研制的，是北京市第一个区域性水资源综合利用规划。按照该规划，开发区将在2005～2020年间，进行再生水厂、雨洪拦蓄工程、生态河堤、居住区水生态环境四大项目建设，对水资源进行整体开发利用。（王玉婵）

【严格环境保护】 是年，开发区空气质量二级及以上天数占全年天数的54.8%，比上年增加25天，提高6个百分点。污水处理厂二期竣工投入使用，污水日处理能力达到5万立方米，污水处理率和危险废物安全处置率保持100%。开发区管委会ISO14001环境管理体系通过了华夏认证中心的审核。（王玉婵）

【高新技术产业】 全区共有高新技术企业376家。高新技术企业工业总产值（现价）为594.32亿元，同比增长48.41%，占全区经济总量86%。技工贸总收入596.92亿元，同比增长51.79%，占全区经济总量73.33%。其中，产品销售收入569.8亿元，同比增长37.49%，占全区经济总量的87.66%。全区共认定高新技术企业105家，为历年最多。105家企业中，外商及港澳台企业21家，内资企业84家。企业主要集中在电子与信息技术、先进制造技术、生物工程和新医药技术、环境保护技术、新材料及其应用技术、新能源与高效节能技术等领域。（王玉婵）

【科技促进】 组织区内高新技术企业申请“八六三”项目，申报国家高新技术示范性工程项目、国家火炬计划、国家重点新产品、科技兴贸行动计划，申请国家科技部科技型中小企业创新基金、中小企业发展专项补助资金，申报民营科技创新奖和民营科技促进奖。1家企业被国家“八六三”计划立项，2家企业获评国家级火炬计划项目，1家企业获评北京市火炬计划项目，6家企业的产品列入国家重点新产品计划，1家企业获中国民营科技创新奖，2人获中国民营科技促进奖，3家企业获国家科技型中小企业创新基金，2家企业获北京市科学技术进步一等奖，1家企业获北京市科学技术进步二等奖，10家企业列为北京市专利试点企业。

（王玉婵）

【知识产权】 向市知识产权局提交了关于在北京经济技术开发区设立“知识产权保护示范园”的申请，制定了《北京经济技术开发区知识产权保护和管理工作要点》和《北京经济技术开发区加强知识产权保护和管理工作实施意见》，启动开发区知识产权保护预警预案。协助区内企业申报2004年度北京市专利实施资金，1家企业获得专利实施资金；支持组织区内高新技术企业申报2004年度中关村科技园区“专利试点企业”，10家企业获得批准。帮助4家企业申请国外专利资助，为开发区内近10家企业办理专利申请费用减缓手续。（王玉婵）

【科协工作】 开发区是北京市在新经济组织中建立科协组织的示范区，到年底，已有6家非国有制企业建立科协组织，占全市的55%。开发区代表队参加“北京市百万家庭数码生活技能大赛”并获单项技能奖第一名。开通开发区高新技术企业参观通道，在“北京科技周”期间接待了50余位院士来开发区参观考察，并获组织工作奖和优秀活动奖。

（王玉婵）

【同仁医院开发区院区开诊】 5月18日，北京同仁医院北京经济技术开发区院区开院仪式举行，同仁医院向区内居民和区内企业代表赠送了价值2000元的健康爱心体检卡。该院区为政府举办的非盈利综合医院，从奠基到开院经历近两年的时间，占地面积5万平方米，建筑面积7万多平方米，设病床600张。全国政协主席贾庆林发来贺信表示祝贺，国务院及北京市有关领导为开发区院区、北京同仁眼科和耳鼻咽喉科学院揭牌。6月18日，该院开始接诊。（王玉婵）

【人力资源供给基地签约】 5月24日，开发区人力资源供给基地签约仪式举行。开发区人事劳动和社会保障局与北京科技大学等3所大学，北京轻工职业技术学院等5所大中专院校，大兴区亦庄镇和通州区台湖镇、马驹桥镇等5个周边乡镇，内蒙古通辽市劳动和社会保障局等3个外省市劳动部门，分别签订了开发区人力资源供给基地框架协议。根据协议，开发区人事劳动和社会保障局将优先向人力资源供给基地提供就业需求信息，协助建立毕业生实习基地，协助进行劳动力就业指导及职业技能培训。（王玉婵）

【与怀柔区建立合作伙伴关系】 10月12日，开发区管委会与怀柔区政府共同签署了“关于建立经济发展合作伙伴关系的框架协议”，开发区和怀柔区正式建立经济社会发展合作伙伴关系。北京开发区和怀柔区将延展各自优势，帮助对方开拓新的发展空间。（王玉婵）

【清欠农民工工资】 开发区通过进入施工工地专项监察、制定紧急预案、启用高效“清欠”工作流程、对重点拖欠大户进行单独指导等“清欠”办法，与相关职能部门协作，共为12789名农民工追讨工资3262万元，人均追欠2550元。

（王玉婵）

2004年北京市开发

名称	投产(开业)企业个数(个)				现价总产值		
	合计	高新技术企业	工业企业	三资企业	合计	高新技术企业	三资企业
总计	24429	19693	5633	2811	32055817	25751098	17104818
一、国家级	20710	19444	3944	2474	23975512	22954118	11513072
北京经济技术开发区	1455	193	445	325	5490180	4476487	4921173
中关村科技园区	19610	19610	3658	2247	22954118	22954118	10603702
中关村科技园区海淀数字园	14280	14280	2040	1773	10817997	10817997	4188950
中关村科技园区丰台园	2714	2714	428	121	2232649	2232649	302556
中关村科技园区昌平园	1274	1274	723	100	2396115	2396115	353973
中关村科技园区电子城科技园	693	693	271	130	2908555	2908555	1732779
中关村科技园区亦庄科技园	359	359	163	102	4476487	4476487	4019504
中关村科技园区德胜园	221	221	33	14	88240	88240	5601
中关村科技园区健翔园	69	69		7	34075	34075	339
北京天竺出口加工区	4		4	4	7701		7701
二、市级	3553	233	1535	324	7844605	2723380	5553963
北京石龙工业开发区	920	9	765	49	340422	31659	42550
北京良乡工业开发区	600	11	65	9	413000	11727	22746
北京大兴工业开发区	261	24	72	40	217054	56520	71461
北京通州工业开发区	92	4	45	15	126047	17351	86024
北京怀柔雁栖工业开发区	86	12	78	16	600410	66875	355638
北京兴谷工业开发区	121		42	20	421720		194873
北京密云工业开发区	84	18	68	24	369567	120714	148848
北京林河工业开发区	24	5	19	7	2043365	10451	1930106
北京天竺空港工业开发区	197	20	83	55	2445504	2234929	2337985
北京八达岭工业开发区	315		36	6	99304		2286
北京凤翔科技开发区	26	8	23	9	86516	29440	35244
北京市永乐经济开发区	9	1	9	2	7219	204	1524
北京延庆经济技术开发区	271	4	42	7	231603	5483	3936
北京滨河工业开发区	34	1	13	3	37453	4500	29369
北京国家环保产业园区	67	4	67	9	64412	8892	16132
北京市光机电一体化产业基地	15	2	11	12	149553	1546	143651
北京生物工程与医药产业基地	16	3	16	6	25425	1383	12627
北京石景山八大处高科技园区	415	107	81	35	166031	121706	118963
三、区县级	166	16	154	13	235700	73600	37783
昌平区小汤山工业区	16	6	16		23000	13000	
顺义区高丽营金马工业区							
通州轻纺服装服饰园区	37		37	5	32078		13728
大兴采育京津塘科技园	16	2	16	1	51470	24352	2087
房山区科技工业园区	3		3		6129		
怀柔区北房经纬工业小区	68	6	57	7	83314	29098	21968
平谷区马坊工业区	26	2	25		39709	7150	

注:1. 全市28个开发区,其中中关村科技园区包括海淀园、丰台园、昌平园等7个园区。

2. 汇总数据中已扣除北京经济开发区和中关村科技园区中重复的亦庄科技园部分。

区生产经营情况

(万元)	总收入(万元)						
工业总产值	合计	产品销售收入	技术收入	高新技术企业	工业企业	三资企业	出口销售收入
27077264	50733697	30813589	6080259	40097445	26275229	20645157	6280936
20147673	39627581	23015012	5786341	37211114	19520281	15130693	4445885
5442174	7306434	5467431	296646	4897154	5467431	5591043	1970584
19143323	37211114	21999673	5786341	37211114	18544872	13732975	4538042
8372628	20883386	10557974	4208382	20883386	8238022	6535384	1170147
1294181	4537290	1849008	532538	4537290	889155	419211	196969
2274405	3115514	2327998	528442	3115514	2278985	400549	464743
2659077	3464479	2692387	153045	3464479	2593253	2135774	621877
4445525	4897154	4459279	296646	4897154	4499209	4200512	2066135
70302	238755	82912	59616	238755	46248	38257	15846
27205	74536	30115	7672	74536		3289	2325
7701	7187	7187			7187	7187	3394
6705221	10886034	7580164	293919	2811846	6574991	5478136	1812046
138878	606395	128284	114327	56395	128284	50353	13114
41600	640000	51600	23000	11787	51600	21739	1054
197845	440080	192213	20500	59151	192213	69324	24119
116941	247307	113956		16962	113956	84968	19181
600410	605616	605616		65602	605616	359214	33493
252397	415725	415725			243252	188031	497
364057	455209	327828		163884	327828	137265	48483
2013941	1989438	1963168		7651	1941715	1851841	7746
2388860	3087266	2351992	3486	2215179	2393137	2337476	1557470
38452	486927	486927			29706	1485	
77907	92186	83577		29880	83577	35978	9849
7219	15406	5040	79	59	5040	1146	341
36624	555027	427697		4309	37358	3823	
34593	45319	45319		3806	40019	35179	4886
64412	58070	58070		8016	58070	14543	3746
147595	123105	120680	1886	2126	121147	118408	318
25425	28531	28531	8100	1381	28531	11351	5646
158066	994427	173942	122541	165658	173942	156012	82104
224370	220082	218413		74485	179957	36328	23004
21000	20000	19000		10000	19000		500
32078	30302	30302				12297	12297
51470	51552	51552		28026	51552	2381	2381
5622	4627	4627			4627		
78091	76351	75682		28549	71128	21650	7826
36109	37250	37250		7910	33650		

2004 年北京市开发

名称	自开始至报							
	批准入区企业个数(个)							
	合计	高新技术企业	工业企业	三资企业	企业个数(个)			
					合计	工业企业	三资企业	总投资亿元以上企业
甲	301	302	303	304	305	306	307	308
总　　计	30499	20093	6075	3124	29359	5991	3112	696
一、国家级	22032	19784	3866	2551	21012	3866	2551	509
北京经济技术开发区	1596	376	302	393	1596	302	393	108
中关村科技园区	20803	19783	3722	2246	19783	3722	2246	434
中关村科技园区海淀数字园	14280	14280	2040	1773	14280	2040	1773	290
中关村科技园区丰台园	2714	2714	428	121	2714	428	121	35
中关村科技园区昌平园	1396	1396	781	106	1396	781	106	34
中关村科技园区电子城科技园	693	693	271	130	693	271	130	36
中关村科技园区亦庄科技园	376	376	166	97	376	166	97	34
中关村科技园区德胜园	239	239	36	15	239	36	15	4
中关村科技园区健翔园	1105	85		4	85		4	1
北京天竺出口加工区	9	1	8	9	9	8	9	1
二、市级	8224	290	1991	552	8148	1950	546	177
北京石龙工业开发区	1296	9	819	53	1296	819	53	3
北京良乡工业开发区	687	11	120	10	687	120	10	11
北京大兴工业开发区	706	21	70	46	706	70	52	7
北京通州工业开发区	227	4	70	27	178	56	22	20
北京怀柔雁栖工业开发区	155	12	145	41	155	145	41	12
北京兴谷工业开发区	605		65	30	605	65	30	11
北京密云工业开发区	119	30	119	35	119	119	35	9
北京林河工业开发区	63	5	46	23	63	46	23	13
北京天竺空港工业开发区	348	24	124	86	348	124	86	36
北京八达岭工业开发区	585		32	5	585	32	5	
北京凤翔科技开发区	472	7	50	23	472	50	23	2
北京市永乐经济开发区	758	1	19	5	758	19	5	1
北京延庆经济技术开发区	436	4	53	8	436	53	8	1
北京滨河工业开发区	635	28	21	33	635	21	33	1
北京国家环保产业园区	38	13	38	10	11	11	4	9
北京市光机电一体化产业基地	29	4	27	18	29	27	18	18
北京生物工程与医药产业基地	49	3	49	7	49	49	7	14
北京石景山八大处高科技园区	1016	114	124	92	1016	124	91	9
三、区县级	243	19	218	21	199	175	15	10
昌平区小汤山工业区	30	8	30		30	30	1	1
顺义区高丽营金马工业区	46		35	6	46	35	6	3
通州轻纺服装服饰园区	39		39	5				
大兴采育京津塘科技园	27	2	26	1	22	22	1	1
房山区科技工业园区	7	1	6		7	6		
怀柔区北房经纬工业小区	68	6	57	8	68	57	6	
平谷区马坊工业区	26	2	25	1	26	25	1	5

注:1. 全市 28 个开发区,其中中关村科技园区包括海淀园、丰台园、昌平园等 7 个园区。

2. 汇总数据中已扣除北京经济开发区和中关村科技园区中重复的亦庄科技园部分。

区招商引资情况

告期末累计

招商项目						
总投资(万元)			注册资本(万元)		合同外资金额(万美元)	外商实际投资(万美元)
合计	工业企业	三资企业	合计	三资企业		
309	310	311	312	313	314	315
39738296	15553493	14330270	31250996	9134946	905279	676461
28789783	9254163	11690380	24922410	7312127	669618	473103
7314690	3805284	5467252	4736636	2889197	258485	194608
41846735	7141762	25499225	23182738	6378055	539154	379483
15730400	2845726	4392700	14662680	3324980	317200	188773
2443800	372256	228025	2443800	228025	19675	24308
1492500	840000	258321	1422131	187980	17994	13000
1320800	1189507	1097123	1320800	594563	46053	43873
20542790	1863204	19447245	3043863	2002024	133619	105148
201658	31069	13121	174677	11406	1097	864
114787		62690	114787	29077	3516	3516
171148	170321	171148	46899	46899	5598	4160
10427330	5818767	2592255	6221546	1811314	233182	201428
509927	305956	116431	482093	95986	7887	6313
344000	110693	17649	271000	19000	1154	1154
400863	113845	162756	339115	134337	9734	8600
637089	466859	254094	241696	80977	37724	24021
623338	576138	368884	315285	212482	25600	44342
623302	340593	313256	266272	132987	29863	21351
886014	886014	169908	207619	47223	12604	12851
844674	802256	582018	371392	260649	17935	17227
2604141	506690	87071	2086904	576439	43667	36942
279326	80606	300	198719	931	37	37
124580	47990	32448	82430	17535	2930	2355
58352	34144	32694	153205	14647	3922	1857
352648	116824	29277	231172	30930	3742	3062
379722	43975	46075	369271	23858	1839	1839
278000	278000	107500	29951	8812	12479	6878
710653	680653	129891	71986	54914	11452	5648
339108	339108	26881	81608	15428	1331	1331
431593	88423	115123	421830	84180	9283	5622
521183	480563	47635	107040	11505	2480	1930
79000	79000		8135	2400	300	
147155	128155	19000	21093	1668	1000	1000
61326	61326	2250	19226	1660	80	80
14932	14172		11346			
92870	74010	13980	28000	5777	850	850
125900	123900	12405	19240		250	

产业基地

【综述】　2004年，北京汽车产业基地、北京北方微电子产业基地、北京光机电一体化产业基地、北京生物工程与医药产业基地、北京石化新材料产业基地建设取得了新的进展。

至2004年，北京汽车城产业基地已有69个重要零部件生产企业在开发区落户，总投资额近100亿元，已有25家建厂完毕，在新区开工生产。2004年销售收入达50多亿元。位于顺义的北京汽车城2004年完成4600平方米内的地下市政管网和6.7公里的道路建设。除为北京现代二工厂预留的土地外，其余部分的“八通一平”已基本完成。平谷区在兴谷开发区规划了韩国工业园，占地3000亩，已投资1.1亿元，进行市政管网和道路建设。北京工业开发区在奔驰轿车项目选定厂址后，完成了北京吉普和北京奔驰用地2平方公里的基础设施建设，保证了企业按时开工。密云工业开发区为企业的开工建设、生产需求创造条件，解决水、电等资源问题。通州创办汽车电子工业园，为进一步招商引资做好基础工作。随着这些企业全面建成投产，北京汽车工业又将跃上一个新的台阶。

微电子产业基地发展迅速，中芯国际北京项目于9月25日正式投产，该项目是中国大陆第一条12英寸芯片制造工厂，创造了建厂周期最短、投资最省、投产合格最高的世界新纪录。京东方第五代TFT—LCD项目设备进行安装调试，投产前的各项工作进展顺利，该项目拥有完全自主的技术。美国SPS公司投资的康福超能半导体（北京）公司在八大处科技园建设的一期投资2亿美元的8英寸汽车芯片生产线项目是与美国SPS公司多次交流引进的项目，经过与市、区两级政府及有关部门近一年的协调，于12月15日正式开工建设。

北京生物工程与医药产业基地周边生物工程与医药产业集聚效应已形成，引进了一批国家重点大型项目，其中包括外商独资企业新加坡上市公司翔峰集团、协和药厂、三元基因、上海绿谷集团、同仁堂、双鹤制药、三九集团等国内外知名的医药、研发、生产、流通企业和科研院所，基地产业结构初步显现。截至2004年年底，基地共吸引投资额约28亿元，其中5000万元以上项目13个，投资过亿元项目2个；签订《土地使用意向书》企业3家，总投资15.1亿元。开发区各项指标运转良好。技工贸总收入440080万元，比上年同期增长20.5%；上缴税金比上年同期增长15.2%；工业总产值223270万元，比上年同期增长2%；工业销售收入比上年同期增长24.2%；外贸出口总额29640万元，比上年同期增长46.4%。

光机电一体化产业基地。2004年是北京光机电基地成立以来实现经济效益的第一年，基地已有中科稼英半导体有限公司、摩比斯变速器有限公司等15家企业正式投产，共完成工业总产值13.98亿元，总收入12.48亿元。其中销售收入11.88亿元，工业增加值4.96亿元，利润4843万元，出口额300万美元，完成税收3.62亿元。全年共引进17家企业，配套服务机构3家，协议投资总额35.62亿元。

石化新材料产业基地是北京市建设的第五大工业基地，基地位于房山区境内。依托燕化现有的乙稀、合成橡胶、炼油生产资源，重点发展符合首都特点的石油化工的下游产品和新材料产业，成立了由市工业促进局、市发改委、房山区政府和燕山石化等部门组成的基地建设工作协调领导小组。年内，“首创轮胎”已在基地开工建设，其他筹建工作也进展顺利。

（产业布局指导处）

【北方微电子产业基地】 2004年，市工业促进局以科技奥运、数字北京工程建设为契机，围绕掌握核心技术、占领技术制高点、扎实打造产业链，做强做大北方微电子产业基地为目标，开展有针对性的招商引资工作。

做好规划引导发展。市工业促进局充分发挥北京智力资源的优势，扎实打造产业链、掌握核心技术，做强做大北方微电子产业基地，通过组织企业、高校、研究机构、金融机构有关专家以及中央和市政府有关部门负责人，编制了《北京汽车电子产业发展规划》、《北京新型照明材料发展规划》、《北京IC卡及电子识别产业发展规划》、《北京数字电视产业发展规划》，得到了中央有关部门的高度重视，也得到了国内外产业界的认同，《中国电子报》、《经济日报》、日本《日经新闻》、英国《金融时报》等多家媒体刊载，美国华美半导体协会、北美半导体协会、欧洲半导体协会等中介组织，分别在其会刊中给予了肯定，为北方微电子产业基地的发展聚集世界资源发挥了积极作用。年内各个规划落实情况顺利。

重点项目的建设工作。在帮助企业融资方面，先后组织世界著名投融机构50多家，分别与中芯国际、京东方、大唐、华大、康福超能半导体公司等重大项目单位联系、座谈，为企业较顺利地融资发挥了积极的作用。在帮助解决重大项目建设有关问题方面，在项目建设过程中，坚持每周为每一个项目主持召开一次市、区（开发区）有关部门与项目方的协调会，同时对于特殊问题均能做到与有关部门快速沟通和协调，保证重点项目建设顺利进行。中芯国际北京项目于9月25日正式投产，作为中国大陆第一条12英寸芯片制造工厂，在国际半导体产业界创造了建厂周期最短、投资最省、投产合格最高的世界纪录，并将中国半导体产业与世界先进水平的差距从15年缩短至5年以内。9月20日京东方第五代TFT—LCD项目设备进行安装调试，投产前的各项工作进展顺利，该项目拥有完全自主的技术，将为北京市的产业结构调整和产业重构发挥积极的作用。美国SPS公司投资的康福超能半导体（北京）公司在八大处科技园建设的一期投资2亿美元的8英寸汽车芯片生产线项目是与美国 SPS 公司多次交流引进的项目，经过与市、区两级政府及有关部门近一年的协调，于 12 月 15 日正式开工建设。

开展国际合作。以京东方第五代 TFT—LCD 项目的投产为核心，吸引了世界范围内的上下游 12 家企业在北京建立配套生产工厂，总投资 3 亿美元。以中芯国际 12 英寸项目为核心，组织了世界 20 多位国际知名专家和多家公司开发了世界最高水平的 90 纳米制造工艺技术。以国家“八六三”重大专用设备专项开发为核心，吸引了 30 多名世界级专家与清华、北大、中科院及企业的专家实现了良好的合作。以德信科技公司为核心，加大手机设计开发力度，促使高通、NEC 与该企业的全面合作。

全面展示北方微电子产业基地。9 月下旬在举办了第五届“北京微电子国际研讨会”，研讨会的主题是“微电子产业与科技奥运”。研讨会由北京市工业促进局主办，北京半导体行业协会、美国华美半导体协会、香港科技园和台湾 SOC 推进联盟承办。国家科技部副部长马颂德、信息产业部副部长苟仲文、北京市副市长陆昊到会致词，市工业促进局局长程连元主持了开幕式。北京半导体行业协会理事长冯海同美国华美半导体协会、香港科技园和北京集成电路设计园公司签订了“大中华区集成电路应用开发平台联盟”协议。研讨会从资金、技术、市场和人才等方面探讨了 2008 北京奥运商机与中国微电子产业发展，国内外集成电路产业界专家、学者、厂商代表 500 余人参加了研讨会。期间举办了电子/信息产业精品系列展示，内容包含 EDA 工具、IC 设计、IC 代工制造、封装与测试、设备与材料、应用整机与系统、运行与服务体系等，共有 30 余家企业参加了展览。同期还举办了由科技部高新技术发展与产业化司、大唐电信科技股份有限公司共同主办的国家“十五”“八六三”计划超大规模集成电路设计专项重点课题“面向通信的综合信息处理 SOC 平台（COMIPTM）”新闻发布会，推出了 COMIP SOC 平台产品。

（电子信息产业发展处）

【光机电一体化产业基地】 北京光机电基地项目自 2002 年正式启动。2004 年是北京光机电基地成立以来实现经济效益的第一年，基地已有中科稼英半导体有限公司、摩比斯变速器有限公司等 15 家企业正式投产，共完成工业总产值 13.98 亿元，总收入 12.48 亿元。其中销售收入 11.88 亿元，工业增加值 4.96 亿元，利润 4843 万元，出口额 300 万美元，完成税收 3.62 亿元。

2004 年，北京光机电基地共引进世界 500 强企业法国液化空气公司、国家“八六三”集成电路专项承担单位北京中科信电子装备有限公司等 17 家企业，配套服务机构 3 家，协议投资总额 35.62 亿元。2004 年基地的投资密度达到每亩 529 万元，比 2003 年增长了 15%，标准厂房每平方米投资密度达到 1.7 万元。

年底，基地共引进入区企业及配套服务机构 35 家，协议投资总额近百亿元。

（机电产业发展处）

【生物工程与医药产业基地】 作为振兴首都现代制造业四大基地之一的北京生物工程与医药产业基地是在 2002 年年底由北京市政府批准在京南大兴工业开发区正式开发建设。2004 年在全国土地清理整顿工作中，实现了大兴工业开发区和北京生物工程与医药基地成为北京市保留的市级工业园区；产业基地8.88平方公里选址空间规划通过国务院检查组的验收，进入了北京市总体规划修编范围；产业基地在建和已建项目通过了检查组审查。

北京生物工程与医药产业基地致力于为高新技术产业创造良好的整体产业环境，2004年，该基地进一步完善了一期8.88平方公里的基础及配套设施的建设，初步实现了“八通一平”；创建了二大服务体系：共性服务体系和专业服务体系；推进了四大功能区及“生命之源国际广场”标志性建筑群等项目的实施；实现了同仁堂、浚达丰医疗器械、化大天瑞等10个重点项目的开工建设。同时，积极拓展融资渠道，引进多元投资主体，建设产业基地标准厂房示范园，产业基地的活力初步显现。

2004年，北京生物工程与医药产业基地各项指标运转良好，技工贸总收入44.01亿元，比上年同期增长20.5%：上缴税金比上年同期增长15.2%；工业总产值22.33亿元，比上年同期增长2%；工业销售收入比上年同期增长24.2%；外贸出口总额同期增长46.4%。

（生物工程与医药产业发展处）

【汽车产业基地】 2004年，北京市加快汽车生产基地建设，建立产业集群。2002年北京市确定了顺义、平谷、密云、昌平、怀柔等区（县）的市级开发区为汽车及零部件生产基地。年内，各开发区在各区委、区政府的直接指挥下，紧紧抓住北京振兴现代制造业、大力发展汽车工业的有利契机，在创造优良的投资环境、招商引资方面做了大量工作，为发展北京汽车工业作出积极贡献。

至2004年，已有69个重要零部件生产企业在开发区落户，总投资额近100亿元，已有25家建厂完毕，在新区开工生产。2004年销售收入达50多亿元。

位于顺义区的北京汽车城2004年完成4600平方米内的地下市政管网和6.7公里的道路建设。除为北京现代二工厂预留的土地外，其余部分的“八通一平”基本完成。平谷区在兴谷开发区规划了韩国工业园，占地3000亩，预计投资2.7亿元，已投资1.1亿元，进行市政管网和道路建设。北京工业开发区在奔驰轿车生产项目选定厂址后，积极为厂区建设创造条件，用极短的时间，完成了北京吉普和北京奔驰用地2平方公里的基础设施建设，保证了企业的按时开工。

密云工业开发区积极为企业的开工建设、生产需求创造条件，解决水、电等资源问题。通州积极创办汽车电子工业园，为进一步招商引资做好基础工作。

到2004年年末，在北京东北部，一个以北京现代、北京吉普、北汽福田和北汽有限4个整车企业为核心，以各工业开发区为基地，以汽车零部件和服务业等共同组成的汽车产业群已见雏形。

（汽车与交通设备产业发展处）

【石化新材料产业基地】 2004年，北京市开始在房山区建设第五大工业基地——石化新材料产业基地。为发展符合首都特点的石油化工和新材料产业，进一步优化产业结构、做大北京经济总量，按照市领导的有关指示精神，成立了由市工业促进局、市发改委、房山区政府和燕化公司等部门组成的基地建设工作协调领导小组，全面推进基地的各项筹备工作。

年内，北京石油化工和新材料产业基地筹建工作进展顺利，“首创轮胎”项目已在基地开工建设。（基础产业处）

协会组织

【综述】 2004年，北京市工业领域共有70个协会组织。各行业协会以高度负责精神，努力进取，创出很多有特色的工作成果。

在为政府服务方面，各行业协会克服困难，认真完成政府各部门交办的各项工作。在协助北京市工商局开展的“守信企业”公示活动中，37个行业协会组织推荐了702家企业，其中663家企业经网上公示后，被批准为2004年度守信企业，推荐合格率达94.4%。

在为行业服务方面，各行业协会围绕本行业的发展，深入调研，制定发展规划，为行业发展奠定了很好的基础。开展了新世纪北京首届职工技能大赛活动，16个行业协会组织近百个企业、6000多名职工参加。在58个工种决赛第一名中，工业系统有30多个名列前茅；有300多人拿到技师证书，其中有180多人拿到高级技师证书。激发了广大青年职工学技术、练本领的热情。

在为企业服务方面，各行业协会注重抓实效。化工、电力、水泥、建材、室内装饰、电子企业管理等十几个协会为企业办理、核发生产许可证、资质证明以及ISO9000、ISO14000管理体系的认证。建材行业协会为企业评选了600多名技师和高级技师；企业后勤协会深入企业走访，多次召开座谈会听取意见，积极向市政府各部门反映企业的呼声和要求；医药行业协会组织企业积极参加政府和联合国的采购；塑料行业协会创造条件，帮助企业引进国外最先进的新型塑料技术；电器电材协会深入现场为8家企业11种产品做好产品鉴定和新产品推介工作。

各行业协会重视协会自身和会员单位整体素质的提高，采取办班、讲座等多种形式开展培训工作，针对性强，效果好。从可统计的数字看，全年有40多个协会组织了40多种类型、118期、1.3万多人参加的培训学习，提高了协会自身和企业人员素质。

各行业协会还采取多种评比表彰形式，激励会员单位学先进，提高工作水平。据不完全统计，有17个协会开展和组织参加20多项竞赛评比活动，近百个先进集体和200多名先进个人受到表彰。不仅鞭策激励了各行业的领导和广大职工，更使广大消费者受益。

积极参加展会、论坛，借助展会、论坛，推进交流，更好地开拓国内外市场。通过协会的大量工作，有28个行业协会组织参加了国内外各种类型展览会和洽谈会、论坛等交流活动40多次。使协会和企业开阔了视野，开拓了市场。

各行业协会注重加强行业自律，规范市场。建材、五金门窗、针织、印刷等十几个协会制定了行业自律、职业道德准则等文件，加强了行业自律、规范了市场秩序。印刷协会专门发出了遵守职业道德倡议书；医药、信息产业、照明电器、塑料、室内装饰、工艺美术等协会专门制定了产业及产品规范；后勤协会引入国际惯例和标准，制定了70条后勤行业标准；设备管理协会专门制定了《金属加工设备通用管理条例》等，对加强行业诚信建设、维护市场秩序、保护消费者权益发挥了很好的作用。

各行业协会加强网站信息化建设，构筑新的交流平台。已有20多个协会建立了网站，依靠现代化的信息管理手段，沟通信息，加强交流，扩大宣传。室内装饰协会建立了北京室内装饰协会信息中心，开通信用网站；服装纺织协会利用网站，相继举办了新材料、新技术、新工艺信息发布会；针织行业协会拓展自已的网站，筹建了中国针织华北网站，拓宽了新的信息渠道；建材行业协会利用网站定期发布建材市场信息，服务于企业；电力行业协会利用自已的网站，开通了华北电网博物馆，图文并茂很受欢迎。玩具协会还专门在网上开辟了网上民间玩具博物馆、网上专卖店等。这些网站的开通，推进了协会的信息化建设。

各行业协会工作的蓬勃开展，推动了北京市工业经济的发展，受到市领导和有关部门的好评。北京工业经济联合会、北京汽车行业协会和北京医药行业协会被北京市民政局、人事局和社团办授予北京市先进民间组织称号。 （何秉忠）

【北京工业经济联合会】 2004年，北京工业经济联合会（简称北京工经联）在北京工业改革、调整、发展中，发挥行业组织优势，以促进产业发展为重点，在调查研究、推进名牌战略、扩大对外交流等方面，做了一些工作并取得一些成绩，被北京市民政局、市人事局、市社会团体管理办公室授予先进民间组织称号。

调查研究取得新成果。经过改革、调整，北京工业已经发生了很大变化。京城周边建成了28个工业开发区，展现了北京工业的新面貌。按照北京市副市长陆昊的批示精神，在市工业促进局的指导下，北京工经联组织了《关于进一步优化工业开发区发展软环境建设》的调查研究。工经联组成了以名誉会长阎承宗为指导，有北京工经联、北京高级经济师协会、北京企业投资协会等领导参加的课题组，先后到北京亦庄、顺义、门头沟、通州、密云、房山、延庆、怀柔、昌平、大兴等17个工业开发区调查研究，还走访了中国开发区协会，到天津工业开发区学习考察。通过调研，对北京工业开发区软环境的现状有了较深入的了解，并作出了客观评价，对进一步优化开发区软环境建设提出了意见和建议。调研报告报送北京市有关领导后，副市长陆昊在报告上作了重要批示：请工业促进局转发各主要开发区阅研，并在工作中改进，采纳其中意见。此外，全年撰写了8篇研究报告和理论文章，其中，由阎承宗撰写的《对国有企业改革中几个问题的看法》、《利用全球资源打造自主品牌》、《改变产业结构和能源结构以解决能源瓶颈问题》等6篇研究报告，在北京工经联《通讯》上发表；由秘书处撰写的《正确理解和把握行业协会的市场化原则》及《从北京工经联的实践探讨协会评估体系问题的思考》，分别在全国地方工经联“市场化原则研讨会”和“中英民间组织评估体系研讨会”上发表。

推进名牌战略的实施。北京工经联坚持把推进名牌战略作为增强北京工业竞争力的一项重要工作，得到市质量技术监督局、市工业促进局的肯定和支持。一是协助北京市质量技术监督局修改、完善了《北京名牌产品管理暂行办法》。该办法围绕全市名牌战略和规划的实施，引导企业在争创名牌上下功夫，规范名牌产品的评价与监督，以文件形式明确了全市性社团组织及行业协会在名牌战略推进及名牌评价工作中应发挥的作用。二是在名牌工作中推进信息化，建立了名牌产品远程申报系统，实现了企业网上申报，克服了以往纸上作业，企业多次往返的弊端，提高了工作效率；在对名牌产品及有希望争创名牌产品的企业调查中，增加了企业实施信息化情况的内容，对推进企业信息化和提升名牌产品的管理基础都有积极的意义。三是协助市质量技术监督局组织有关行业协会进行了北京名牌产品评价，共有248家企业申报北京名牌产品，经过初审，197家企业、276个产品进入专家评审，最后有130家企业的138个（类）产品荣获北京名牌称号，其中27个产品是首次评为名牌。在名牌评审工作中，北京电子、软件、机电、汽车、仪表、建材、家具、化工、医药、食品、酿酒、服装纺织等12个行业协会参加或主持了评审，北京工经联参加了各专业的评审并与行业协会共同主持了机械、汽车、仪表、食品、服装纺织及轻工等专业的名牌评审。9月下旬，市工业促进局、市质量技术监督局、崇文区政府和北京工经联共同举办了2004年北京名优产品展示展销会，13家获得中国名牌产品和84家获得北京名牌产品称号的企业参加展示，展厅面积5000平方米，展示活动历时5天，是北京实施名牌战略十年来首次对北京地区名牌产品的集中展示。

加大对外交流活动的工作力度。6月初，北京举办国际汽车展，北京工经联促成了由德国汽车工业协会主办、北京市工业促进局协办的主题为中国配件供应市场——共同利用商机洽谈会，北京汽车摩托车联合制造公司等近30家汽车零部件生产企业、北汽控股等5家国有控股公司、北京经济技术开发区等3个开发区的代表与德方大众、宝马、戴·克等40余家世界著名的汽车生产商及零部件生产和供应商就有关发展目标、投资、合作方式等进行交流洽谈。9月，中国工经联在北京举办有100多个国家和地区的工商协会负责人参加的世界工商协会峰会，工经联与市工业促进局共同策划、筹办了由北京市副市长陆昊和市工业促进局领导与德国、法国、意大利、日本、俄罗斯及巴西6个国家8个工商协会负责人的会面与交流活动，北京部分工业开发区和控股公司的负责人参加了交流。副市长陆昊向外宾介绍了北京的建设发展、2008奥运、投资环境与招商政策等情况，并推出一批招商引资项目，外方也介绍了各自协会的情况，并表示了要加强合作的意向。2004年，工经联还组织相关行业协会、企业参加了在北京举办的中德论坛；组织有关企业及行业协会与来华访问的德国、法国、意大利等国工商企业进行交流、洽谈；组团对澳大利亚、新西兰和南非进行经贸考察；先后为北京工业开发区及北京皮革公司等几个企业提供了外商投资信息。

完成政府委托的各项任务。受市工商局的委托，完成了2004年北京“守信企业”公示活动的指导、协调、服务工作。在市工商局备案的37个行业协会向工商部门推荐了702家企业，参加“守信企业”评审，比上年增加了9.68%；在市工商局网上公示的有663家企业，推荐合格率为94.4%，比上年推荐合格率上升了1.5个百分点。统计表明，行业协会推荐“守信企业”的量和质不断提高。受市工业促进局委托，与有关部门共同组织了“新世纪北京首届职工技能大赛”工业赛区的各项活动，北京机电、汽车、多媒体、玩具等10个行业协会在组织初赛、复赛中，结合生产实际，把比赛作为岗位练兵，以赛促学，培养人才的过程。通过比赛，不但营造了职工、特别是青工学习技术的氛围，涌现了一批职工技术能手、技术标兵，一部分职工在全市决赛中获得了名次。受市工业促进局的委托，完成了2003年《北京工业年鉴》协会组织栏目的组稿工作。20多个行业协会送交了稿件、图片，经过北京工经联整理，送交了24份行业协会的材料、6份企业简介、20多幅照片，还报送了中国工经联“创业奖”获得者阎承宗事迹材料。承办了“全国部分省、市工经联工作经验交流会”，上海、天津、广州、江西、陕西等14个省市工经联的会长、秘书长共38人出席了会议，中国工经联高级顾问董绍华、常务副会长杜金陵、秘书长吴敦廉等参加大会并讲话。市工业促进局局长程连元到会介绍了北京工业发展情况及对北京工经联工作的期望。

（王忠仁）

【北京企业联合会/北京市企业家协会】　2004年是北京企业联合会/北京市企业家协会（简称企联）换届后的第一年，企联围绕会员代表大会提出的目标，发扬与时俱进、改革创新的精神，为政府、为企业，为企业家做好服务工作，积极拓宽服务领域，较好地完成了各项任务。

参加三方机制活动，维护企业和企业家（雇主）的合法权益。中国企业联合会/中国企业家协会致函北京市委书记刘淇、市长王岐山：国际雇主组织于2003年6月2日正式接纳中国企业联合会为该组织成员，中国企业联合会/中国企业家协会是中国企业组织（雇主）的代表，北京企业联合会/北京市企业家协会是北京市企业组织（雇主）的代表。

年内，按照市领导的要求，企联把两年中代表企业组织（雇主）参加三方机制的活动做了书面汇报，市领导明确了企联是北京市企业、企业家（雇主）合法权益的代表。企联在开展三方机制、维护企业和企业家（雇主）合法权益方面做了如下工作：一是提高认识，充实力量。企联把雇主工作摆在首位，并由会长负责，及时调整了维权部组成人员，实现了专业化、年轻化，为开展雇主工作提供了组织保证。二是参加六次三方机制协商会议，企联分别就如何解决三方办案程序，整顿兼职仲裁员队伍，提议起草北京市保护企业、企业家（雇主）合法权益条例；参与建筑业农民工工资支付等议题，并与市劳动和社会保障局、市总工会达成了共识。三是参加劳动立法起草工作，从源头上维护企业、企业家（雇主）的合法权益，代表雇主利益参加了《北京市工资支付规定》的讨论，年内已实施；参加了《北京市集体合同条例》的起草工作，在参会之前召开不同所有制、不同规模企业的座谈会，研究分析草案的条款、征求企业意见，找出法律依据；在起草小组会上提出的数十条建议和修改方案，该条例年内草案进行到14稿。四是整顿劳动争议兼职仲裁员队伍，提高三方办案活动中维护企业合法权益的能力，2002年后，在市一级劳动争议办案中，企联前后共参与近千例案子的裁决，但企联仲裁员在三方合议庭办案时所起到的作用参差不齐，年内企联确定了50名兼职仲裁员，建立了兼职仲裁员管理委员会，全年共办案近400件，兼职仲裁员办案的质量有了进一步提高。五是深入企业调查，了解企业合法权益遭受侵害的情况，为企业提供相应法律咨询和服务，企联先后到海乐食品、精华国际、三环相模和电车巴士公司等60余家企业，了解企业需求并提供相应的法律咨询，指导企业依法用工，正确处理劳动纠纷，吸取经验和教训，对涉及劳动纠纷、无力出席仲裁庭的单位，企联还为企业代理出庭，代理精华国际物业发展公司与陆小华劳动争议案等，取得了很好的效果。六是指导各区县健全三方机制和劳动关系协调工作，完善区县企业组织代表网络，经市三方机制会议下发《关于进一步加强和规范北京市劳动关系三方协商机制的意见》，要求在三年内完善区县级由劳动保障行政部门、工会、企业联合会组成的三方协商机制，年内18个区县和亦庄开发区三方机制企业代表网络已经建立；顺义、通州两区建立了区企联组织。

为政府、为企业、为企业家（雇主）服务。2004年，受市工业促进局委托，企联进行生物工程和医药项目的调研活动，参与北京市企业管理现代化创新成果评选活动；与市商务局和市工业促进局进行沟通，争取到一些出国项目；根据区县政府邀请，就当地企业发展、改制和资产重组开展服务性工作，到密云、平谷、房山、大兴、顺义、通州和昌平等区县开展区域经济服务活动；把服务扩大到企业的发展战略和强强联合中，如对首钢、首钢特钢公司、首钢铁矿、首钢矿山公司，富帛公司、紫竹药业、京松服装公司和北汽福田公司的发展提出建议；促进北京企业强强联合和资产组合，为首钢公司与北京绿创公司牵线搭桥，在环保产业方面实现联合开发。

提高企业和企业家（雇主）素质。企联在提高一刊一网质量和服务水平的基础上，推出了《经济信息参考》（半月刊），形成了两刊一网；《北京企业》杂志由双月刊改为月刊，内容更加充实，栏目更加丰富，有针对性地介绍一些北京企业体制创新、管理创新、机制创新和科技创新的经验；2004年企联推出的《经济信息参考》，向企业和企业家介绍国内外宏观经济发展趋势及情况；北企联合网创办了4年时间，已经成为企联与企业信息快捷联系的平台，点击率最高的栏目是北京市百强企业评选、北京优秀咨询公司、北京优秀创业企业家及各项法律政策。在培训工作方面，企联把讲座系列化，围绕上级精神和当前的热点内容，让企业和企业家学习有关政策和知识；还把系列讲座的内容刊登在《北京企业》杂志上，扩大宣传力度；企联联合几家协会搞培训活动，举办了一期由新加坡专家讲授的“企业战略规划讲座”，许多企业参加了这次讲座。在抓好职业经理人认证工作方面，2004年中国企业联合会把北京地区职业经理人认证资格试点工作授权给北企联之后，企联高度重视，按时向中企联推荐北京地区的高级职业经理候选人，有序地开展职业经理人认证试点工作，有16名特殊贡献人才被中国企业联合会认定为高级职业经理人，59名企业高级经营管理人员被中国企业联合会认定为职业经理人。在建立咨询业委员会平台，搞好企业管理咨询工作上，企联进行了中初级咨询顾问认证和管理工作，并且积极与中企联进行高级咨询顾问、国际注册咨询师培训、认证活动，提高了咨询业队伍的素质，得到了社会和企业的认可；经过咨询业委员会的认真调查、评定，向北京企业推荐了第一批13家优秀咨询公司。开展了大量咨询工作，并搭建了咨询业相互学习和交流的平台，帮助北京紫竹药业公司等企业解决难题，充分发挥了企联咨委会的管理创新和体制创新的作用。开展百强企业排序工作，2004年第二次推出百强企业，北京市副市长陆昊对企联北京百强企业排序工作给予充分肯定，11月30日，在北汽福田公司召开了第二次北京百强企业排序发布会。企联自2002年首次推荐朱新礼、乔俊峰2名全国优秀企业家和评选出第一届北京优秀创业企业家以来，已经向中企联推荐6名全国优秀创业企业家和评选出三届北京优秀创业企业家，2004年评选出北京优秀创业企业家32名，在企业家活动日大会上受到了市领导的表扬和肯定，并交流了经验，产生了较好的社会效应。

企联组织建设有了进一步提高。2004年新发展会员81家，在新发展的会员中，民营企业、高科技企业和股份制企业占到大多数，扩大了不同规模、不同所有制企业的覆盖面，增强企联的凝聚力；企联坚持评选先进管理企业、先进企协单位、企协先进工作者，调动企联系统工作人员的积极性。加强了常设机构的办事程序，制定了驻会会长办公会制度，按时召开常务副会长会议、理事会、监事会研究和决定企联的工作；完善财务管理制度，严格了财务审批程序，建立了对外签约需经维权部审核后，再由会长签字的程序，做到了事前把关，实现了全年财务收支平衡，略有盈余；深入会员单位，了解具体需求，由主管会长带队走访了150家企业，加强了联系，做到了有针对性的服务。

（北京企业联合会）

【北京市女企业家协会】 2004年是北京市女企业家协会（简称女企协）第四次代表大会换届之年，女企协在全体会员单位的努力下，取得了长足的进步，工作务实，内容丰富，活动贴近会员，协会的凝聚力、吸引力和内在活力不断增强。

强化参政议政意识。2004年在女企协换届大会上，两次邀请名誉会长、北京市常务副市长翟鸿祥参加大会，翟鸿祥既肯定了女企协发挥的作用，同时提出在新形势下要与时俱进、开拓进取。5月10日，女企协组织部分民营女企业家参加了北京市促进私营个体经济发展条例座谈会，与会代表充分肯定了党的改革开放的好政策，感谢政府对民营企业的肯定与支持，同时对税费、缴纳社会保险费用、诚信体系的建立，中小企业融资的政策滞后，以及个别政府人员作风、服务态度需要改进的问题等提出了意见和建议。市人大常委会副主任金生官出席座谈会，他充分肯定了女企协发挥政府的参谋、政府与企业的桥梁、纽带，维护女企业家权益的作用。

加强学习交流，开拓视野。在北京、内蒙古两地妇联倡议支持下，8月30日至9月3日女企协赴内蒙古开展了“京蒙姐妹携手行”，与内蒙古的女企业家们进行了座谈、交流和联谊，访问了被称为内蒙古金三角的呼和浩特、鄂尔多斯和包头市，举办了三个座谈会，先后结识了40多位成功女性；三地领导介绍了当地发展的形势，发展远景，对优质企业和产品作了介绍，交流团的成员们也在座谈会上介绍了自己的企业和创业体会；交流团参观了内蒙古乳业有限公司、内蒙古TCL王牌电器公司、泰尔力图医疗保健用品有限公司、鄂尔多斯市伊司米羊绒有限公司、包头市转龙酒业有限公司、内蒙古鹿王羊绒衫厂、华尔大酒店和华尔文化村等企业，这些企业的一把手大都是女性，她们的胆识、创新意识、科学管理及拼搏进取精神令人称道。交流活动得到了自治区党委、人大、政府、政协、妇联和女企协的重视，北京市原副市长，现内蒙古自治区常务副主席岳福洪，副主席乌兰设晚宴欢送了交流团。交流为两地姐妹“牵手前行”打下基础，双方相约2005年进行常务理事间的交流，达成对贫困失学儿童助学的初步协议，会员表示要尽力帮助内蒙古企业家做点事情。女企协组织会员走出国门，10月中旬组团30人参加了在英国格拉斯哥举行的世界女企业家代表第52届年会，是第二届换届以来的第一次组团出国。年会的议题是现代化世界女性协调与沟通；妇女创业与发展，女企业家面临的挑战；全球商业竞争与合作等。来自60多个国家和地区的女企业家参加了大会，女企协会长王淑华发了言，介绍了北京女企业家协会的情况。世界女企业家协会主席丽拉·卡雅特代表大会欢迎女企协参会。与会代表听了各国女企业家的创业经历，并与加拿大、韩国及中国台湾省的代表们进行了交流。9月中旬组织10名女企业家参加全国妇联和中国女企协举办的第十一届全球女企业家会议，了解各国女企业家创业、融资、文化建设等情况，女企协还组织女企业家参观俄罗斯妇女文化周活动，副会长兼秘书长吴秀萍代表中国女企业家作了“中国女企业家的现状和发展”的报告，翠微大厦董事长栾茂茹的创业经历引起了俄罗斯女企业家的兴趣。参加国际交流活动沟通了信息，了解了国外的市场情况，为开辟国际市场打下了基础；学习和了解了各国女企业家的创业经历、经验和管理方法，开拓了经营观念；让世界了解了中国，了解了中国女企业家；学习了国外企业家长年不懈追求品牌的意识。

搭建企业发展的信息平台，不断拓展商机。女企协针对部分女企业家在经营中感到资金短缺，融资难的问题，求助银行和担保公司，并于5月21日举办融资项目培训班，50多名会员单位负责人参加了培训。培训班请市中小企业服务中心主任和银行、担保公司业务负责人、专家讲授贷款种类、程序、支持方向等内容。8月25日女企协在天海大厦召开产品、服务推介会，加强女企业家的交流与合作，甘家口大厦、房山服装集团、国经兆维认证咨询公司等30多个企业在会上介绍了企业的产品、服务和实力。女企协先后两次组织会员参加内蒙古、青海经济洽谈会新闻发布会。女企协加强法律服务工作，发挥协会法律顾问律师蔡英的作用，除对一些具有法律纠纷的企业进行咨询服务外，还推出了为企业建立法律基金，搞好打包式服务项目。

提高会员素质，提倡“四自精神”。年内女企协与市企联等8家协会成立了培训联盟，4月在市委党校共同召开了促进北京经济与发展深化企业改革系列报告会，请国务院发展研究中心党组书记陈清泰、著名经济学家艾丰等作了6场报告。还相继组织参加了全国妇联和中国女企协举办的企业家队伍建设与可持续发展培训班，14名会员参加了培训，国家发展与改革委员会的主要领导、专家、成功企业经理作了促进企业改革与发展的报告。女企协每年坚持开展评优创先活动，一些国家特大企业和知名企业的女领导加入协会，成为其他会员的学习榜样。如北京燕山石化有限公司党委书记王玉英、国药集团药业股份有限公司董事长付明仲、北京医药股份公司董事长陈济生、全聚德集团公司党委书记副董事长付卫红、北京翠微大厦股份有限公司党委书记董事长栾茂茹、北京工美集团有限责任公司总经理高颖维、中国电子进出口北京公司总经理金晓军、北京奥瑞金新美制罐有限公司董事长关玉香、北京西单购物中心有限公司董事长周建虹等。2004年在女企协与市妇联评选的29名北京市优秀创业女性基础上，又评选出了13名优秀创业女性。在与市妇联举行的表彰大会上，北京奥瑞金新美制罐有限公司董事长关玉香、助野日盛袜业有限公司总经理郭秀敏、大华衬衫厂厂长何永洙等讲述了她们的创业经验。“三八”期间，经女企协推荐，赵志红、栾茂茹为全国杰出创业女性，安钟岩获北京市“三八”红旗奖章，助野日盛袜业有限公司为“三八”红旗集体，李青为北京市优秀企业家。协会利用《北京企业》等媒体对北京市优秀创业女性的事迹进行宣传。

加强协会组织发展。女企协充分利用换届契机充实完善新一届理事班子，将一批有知识、有文化、年龄相对年轻、具有一定社会工作经验的人员吸收到理事会、常务理事和副会长中来；女企协进行组织工作创新，创建区县分会，相继在部分区县妇联的支持下，建立了丰台区、门头沟区、怀柔区、大兴区等分会，房山区的分会也已筹备完毕。副市长翟鸿祥、市工业促进局副局长常青充分支持肯定成立分支机构。女企协还关注会员发展工作，年内发展新会员121人，是历年发展会员最多的一年，而且新会员既有国营大企业的领导，也有其他经济成分的成员，来自于股份制企业、民营企业的会员占新发展会员的一半，常务理事、台湾女企业家陈金莓把一些女经营者介绍到女企协中来，经她介绍参加协会的女性经营者有11人之多。

开展公益事业，积极回报社会。年内女企协向全体会员发出“开展春蕾活动，捐助内蒙古失学女童”的倡议，会员纷纷响应，回馈社会爱心，报名捐助80多名女童，关玉香捐助20名，李岩、马国强各助10名，邓慈善捐助5名，市人大常委肖亚平虽不是协会会员，也捐助了5名女童。丰台分会的女企业家还赞助肖培琳开办的丰台区利智职业技能培训中心的残疾学生1.5万元，关玉香也赞助1万元。

开展适合女性的活动，营造家的氛围。针对女企业家工作忙、压力大，无暇顾及身体的状况，安排了几次体检。举办了“礼仪”、“服装色彩搭配”等讲座。新春、中秋等节日，协会举办联谊会、团拜会，成立了女企协合唱团，请专职教员教大家练声、合弦。中秋节协会与《中国妇女》杂志社共同举办邀月共舞，成功女性激情之约联谊会。活动不仅使女企业家得到放松，而且提高了女性的审美水平。此外还组织百余名会员观看了小白玉霜剧团演出的评剧晚会。一年中，协会做了大量的协调、组织、服务、宣传工作，2004年出了7期简报，积累了档案资料，建立了女企协网站。

（女企协）

【北京市中小企业国际合作协会】 2004年，北京市中小企业国际合作协会（简称协会）以服务中小企业、促进中小企业发展为己任，积极推进北京地区中小企业开拓国际市场，开展国际国内经济技术交流与合作，提升中小企业整体素质，取得了一定成果。

加强协会自身建设，提高素质。4月20日北京市中小企业国际合作协会召开了第三届代表大会，大会选举产生了新一届理事会，许多年轻的企业家入选常务理事会，体现了协会成员的年轻化和整体素质的提高：以中小企业为主加盟协会，体现了协会为中小企业服务的特点。新一届理事会秘书处根据自身特点，及时调整工作人员，选拔具有专业知识和开拓精神的人员到办公室工作，并购置了计算机等办公设备，初步实现了办公现代化，理事会注重协会自身建设，抓好协会的基础工作和档案工作，对协会成立以来的所有基础资料，如历年理事会会议、出国考察、简报、政策文件、年度总结等都进行了整理，装订成册并归档，输入计算机，使协会管理科学化。在信息工作中，加强信息交流，把《北京市中小企业合作简报》改成了《北京市中小企业国际合作简报》；简报除了通讯之外，又增加了“协会近期工作”、“首都经济信息”、“各省协会动态”、“会员单位介绍”等，使中小企业能了解到协会所做的工作，了解到首都经济发展情况和外省市动态；增加了协会的办公地点、电话、联系人，便于联系沟通、服务企业，协会简介充实细化，工作内容具体，便于为企业服务。先后与国家和市政府有关部门，全国27个省市级中小企业国际合作协会、北京市行业协会建立了联系，与中国贸促会、中国中小企业国际合作协会建立密切联系，为北京地区的中小企业与国外企业代表团交流合作创造了良好的外部环境与条件。

深入企业搞好调查研究。先后到协会的副会长、常务理事和理事单位北京平谷水泥二厂、北京天利海化工有限公司、北京天福号食品厂、北京稻香村食品集团、北京丰印成科技发展有限公司、北京百泉化纤厂等11个单位进行调研，取得了第一手资料，确立了协会的工作方向和着重点。

开拓国际市场，创造合作商机。协会工作的重点是促进北京中小企业与国外中小企业交流与合作。8月副会长兼秘书长马禄陪同国家发展与改革委员会中小企业对外协调中心副主任、中国中小企业国际合作协会副秘书长秦志辉等组成中国中小企业代表团到马来西亚进行考察，参加了在吉隆坡太子世界贸易中心举办的第五届马来西亚国际中小企业贸易会，参加了马来西亚中小企业金牛奖颁奖晚会，北京市中小企业国际合作协会与吉隆坡马来商会结为友好协会；在“中国中小企业——您新世纪的合作伙伴”专题报告会上，马禄介绍了如何与中国中小企业合作，受到与会的马来西亚中小企业家的欢迎，纷纷表示要与中国中小企业合作。协会还组织了北京天利海化工有限公司、北京丰印成科技发展有限公司、北京中马电泵有限公司、北京二变电器制造股份有限公司、北京国际工程咨询公司等会员单位先后接待俄罗斯、韩国、马来西亚、印度尼西亚、德国等16个国家的企业代表团，进行了同行业和相同产品合资合作、贸易往来的洽谈。10月11日，协会组织北京绅士集团、航天科工机电设备公司、北京长空工业有限公司、北京卫视沸点广告有限公司等单位参加“第二届中俄企业经济论坛”，同俄罗斯企业同行进行交流，马禄向俄罗斯中小企业联合会的30多名企业家介绍了中国中小企业的情况，包括扶持中小企业发展的政策和措施，相互间合作的途径；会后“一切为加油”商业大厦总经理鲍里索夫·亚历山大·列那托维奇到北京长空机械厂参观、洽谈合作，北京绅士集团也和俄罗斯服装企业有了合作意向。协会组织北京二变电器制造股份有限公司、北京中马电泵有限公司等单位参加了“中印合作年会—印中合作年会暨经济论坛”，受到印度尼西亚企业家的欢迎，并促成印尼美罗集团经理吴永升就如何开拓印尼电力变压器市场与北京二变电器制造股份有限公司洽谈，并前往企业参观考察，表达了合作的意向。11月3日在参加中国—罗马尼亚企业家洽谈会中，了解到罗马尼亚企业家有做电线电缆和绝缘材料贸易意向，即与北京二变电器制造股份有限公司联系，促成罗马尼亚企业家参观企业、洽谈合作，并初步达成合作意向。配合国家发改委中小企业对外合作协调中心、中国中小企业国际合作协会的工作，及时转发“关于赴南非、埃及经贸考察”、“赴法国、意大利经贸考察”、“第二届APEC中小企业服务联盟”论坛、举办现代企业管理培训等文件到协会会员单位，给中小企业搭建开拓国际市场创造合作商机的平台。

（北京中小企业国际合作协会）

【北京矿业协会】 2004年，北京矿业协会（简称矿协）坚持服务宗旨，坚持协商办事，重点做了以下五个方面工作。

2月20日召开了第三届会员代表大会；大会一致同意增设砂石分会、黄金分会两个分支机构，选举产生了矿协三届理事会。

成立分会组织。7月16日，北京市民政局批文《关于同意北京市矿业协会增设黄金分会的批复》后，矿协成立了黄金分会，邀请商委、市场监督局等召开了有十几个大企业、大商场领导20余人出席的座谈会，就黄金分会管理办法，黄金行业当前的状况和发展前景发表了建设性意见。黄金分会决心发挥北京科研力量大，老艺人绝活多，市场潜力巨大的各方面优势，打造北京的名牌产品，促进民间企业的发展。在成立砂石分会的申请被批准后，起草了《北京矿业协会砂石分会管理办法》，10月17日至19日，在平谷兴云鑫座宾馆召开了“北京市矿业协会砂石分会成立暨人工砂开发和应用技术研讨会”，北京电视台、晚报等多家新闻单位到会采访、报道。

开展申办资源综合利用企业证工作。协会帮助会员单位从节能、综合部门申办资源综合利用企业证。年内北京首钢石灰石矿、首钢矿业公司、金隅集团凤山矿、金隅集团寨口矿和北京周边地区的30余家企业建厂、建线，人工砂、尾矿砂生产规模已达2000余万吨，销售和应用逐步打开。采用人工砂尾矿砂生产商品混凝土的企业也已开始申请、并取得资源综合利用企业证书，按规定享受免缴矿产资源补偿费和减免征所得税和增值税的待遇；矿协与北京市节能和资源综合利用协会、市工业促进局综合处共同研究对办理减免征税费申请加强监管的办法，促进北京地区尾矿砂、人工砂的开发推广工作。经金隅集团评估，矿协积极促成寨口矿与京河矿业开发有限公司协作，完成了年产尾矿50万吨的建线工作，并积极推动人工砂企业减免赋税工作。

开展非煤矿山生产资格认证工作。矿

协与北京安全生产监督管理局商定，帮助矿山单位主要负责人、安全生产管理人员培训，矿协负责教材的编写和改卷的阅卷评分，帮助矿山负责人掌握和理解相关知识，并承担全部阅卷工作，全年共阅卷了810份。继续推进和引导水泥矿山开展尾矿深加工，凤山矿、琉璃河矿和周口店等石灰石矿山在尾矿综合利用方面取得一定的经济效益，总计生产在170万吨以上。受北京市安全管理局委托，参加了怀柔区非煤矿山的安全检查工作。受北京市建委之聘，秘书长王立成参加了专家检查组，制定了烧结砖验收条件，并对10个区县的32个烧结砖厂逐个核查，完成了核查任务。积极推动北京通达耐火技术公司生产的浇注料在首钢集团矿业公司的窑中得到实际使用，延长了窑内耐火材料的使用寿命。4月16日，在北京领先饮食品工业公司召开了“矿泉水企业经验交流会暨市场准入制度实施经验交流会和参观研讨会”，推进北京市矿泉水企业HACCP认证工作。非金属矿分会开展水泥用石灰石资源开发利用情况调研，深入到基层矿山和边远山区考察，走访有关部门，完成了《北京市水泥矿石资源调研报告》为政府有关方面决策提供了技术支持。会同北京建材行业协会，做好黄金统计工作，包括主要经济指标及主要产品产量。

开展“守信企业”公示活动，有5个会员企业获得“守信企业”的荣誉称号。

加强信息交流。矿协定期向市有关部门、兄弟行业协会、各省、市矿业协会和会员单位发送《北京矿业》季刊，共出版了4期（其中3期为专刊性质）。首次为《北京市工业年鉴》和中国工经联撰写了矿协的概况以及完成的主要工作。8月份组织部分矿山企事业单位共14人去欧洲和台湾考察，为企业提供直接了解市场的机会。参加了中国矿业联合会召开的会长、秘书长各种会议和活动，获得优秀会员单位的奖牌，多次参加中国砂石协会、北京工经联、建材行业协会等召开的会议和活动。由于机构改革和人员变动，北京市矿业协会单位会员通讯地址变化均较多，矿协重新收集整理了比较准确的通讯录，并重新颁发了协会会员证书。

（矿　协）

【北京电力行业协会】 北京电力行业协会（简称电力协会）成立于2000年8月8日。2004年12月28日召开了第二届会员代表大会，修改了电力协会章程，选举产生了二届理事会、监事会，提出了电力协会在新形势下的工作任务和方针。2004年电力协会有团体会员243个，有华能国际、大唐国际、国华电力、北京国投等发电集团，还有在京的各电力设计、施工、科研、教育培训等相关企事业单位及首都钢铁公司、燕山石化公司等一些大用户。第二届会员代表大会上，中电国际、国电电力、ABB公司等有影响、有实力的跨国企业加入了电力协会。

2004年，电力行协贯彻“明确方向、找准位置、开展活动、搞好服务”的指导思想和“强化管理、提高素质、树立形象”要求，加强内部建设，被中电联评为“先进省级电力行业协会”。

行业管理和服务工作。行业统计工作，以基础工作为重点，深入做好行业统计，开展了在京发电企业统计人员培训工作；在电力协会的协调和指导之下，理顺了行业统计的管理和业务关系，北京电力公司在电力协会委托下完成了2004年月度统计报表汇总和上报工作。组织审核北京市承装（修、试）电力设施许可证管理工作，到2004年年底，已有251家企业领取到了电力施工许可证，有78家企业获得承修、试电力设施许可证。进网作业电工培训的基础工作，按照北京市电力办的要求，完成北京市进网作业电工培训试题以及教材编辑工作；委托开发了“北京市进网作业电工考核计算机考试软件库”、“10千伏变（配）电运行仿真教学软件”，编印了《北京市进网作业电工培训考核工作文件汇编》、《北京市进网作业电工培训教学大纲和试题库汇编》。组织完成了2004年度的机电产品鉴定工作，进一步规范鉴定工作程序，明确了预审工作中对产品进行出厂试验项目抽查。2004年完成或进行产品鉴定共10家22个产品，对鉴定合格的产品颁发了产品鉴定验收证书。完成首都北京供电安全可靠性问题战略研究课题，组织有华北电网公司、北京电力公司等单位专家开展了课题研究工作。在2003年调研工作基础上，对有关数据及文字资料进一步收集整理，进行了课题报告的结构研究和内容补充撰写，于10月份提交了课题报告。开展概预算人员培训，配合北京电力公司有关部门，对电力系统概预算人员组织了两期岗位培训班，100余人参加。参加北京电力公司安全培训、安全性评价等方面工作，承担北京电力公司7期领导干部班和3期中青年干部班部分讲课任务，受北京电力公司委托，带领来自河北、山东、天津的有关专家完成了北京朝阳供电公司的安全调研和评估。完成了北京电力行业分析报告，根据北京市政府的要求，负责按年度对行业发展状况进行分析，完成了《2004年北京电力行业发展分析预测分析报告》文件。

为会员单位服务。行业协会开展了守信企业公示活动，对申报企业考核后向北京工商局进行推荐，经工商系统复核，2004年市电力系统110家企业获得北京市守信企业荣誉。加强对电力施工企业开展培训，为施工分会成员开展了两次施工质量管理、安全方面的培训，150多个会员单位200多人参加。开展企业、工程推优、评优，完成了2004年度电力建设火电优质工程项目的申报工作。国华准电工程、大唐盘电二期4号机组通过考核，被评为火优工程，并通过了国家优质工程现场评审。组织会员单位出国考察与行业交流，组织会员单位赴南非参加贸易博览会及招商引资活动，考察国外企业，学习先进的管理技术和管理经验；为加强与社会各会员单位之间的联系和沟通，建立了走访会员单位制度，2004年共走访会员单位30家，了解情况，听取意见，密切了同会员单位之间的关系。

为电力企业服务。完成华北电网所属北京、天津地区施工单位一级建造师评审工作，申报74人、经审查批准59人；完成了二级建造师60人的初审工作。为修编“电力建设工程装置性材料预算价格”和“电力建设综合价数据库”，进行了华北地区的调研和收资工作；为编制“大截面电力电缆安装定额”和“送电线路预算定额”，完成了收资汇总并已上报中电联定额站，配合中电联定额站对补办“电力工程概预算人员资格证”的人员，举办了两期培训班并组织完成了考核。3月首次组织了华北电力企业QC小组活动评审工作，对京津唐地区18家企业推荐的2003年度QC小组等材料进行了评审，经评委会评审，评选出82个优秀QC小组、13个质量信得过班组、13名QC小组活动优秀推进者、14名卓越领导者，6月召开了成果发布会，36个QC小组进行了成果发布，评选出一等奖6个、二等奖30个，同时，向中国水电质协推荐了优秀奖项，有1个企业被评为全国电力行业QC小组活动优秀企业、1个班组被评为质量信得过班组、1名被评为卓越领导者、1名被评为优秀推进者、9个小组被评为优秀QC小组。根据全国电力企业管理现代化成果评审委员会下发的管理办法和通知精神，组织完成了2003年北京电力行业企业管理创新成果的项目申报工作，并组成专家组进行了评审和上报工作，申报项目共6项，经创新成果评审委员会的评审，评出一、二等奖各3项，电力协会进行了通报奖励，并颁发获奖证书。同时，中电联企业管理创新优秀成果分别获得了二、三等奖，两项成果在全国电力企业管理创新成果发布会上发布。《北京工业年鉴》（电力工业部分）作为从华北电力集团综合计划部移交过来的一项重要工作，年初组织了有关会员单位进行组稿工作，由协会进行汇总和编审，按北京市有关部门的要求提交文字和图片资料，10月份组织完成发行和征订工作。

加强交流。与省级行业协会交流沟通，年内，电力协会承办了北方地区15个省市区的电力行业协会工作座谈会，交流了经验，沟通了思想，拓宽了思路。还组织对工作较有特色的省级行协进行了学习考察。先后接待了河北、沈阳行协等来访工作。参加国家多个部委联合组织的首届行业协会工作汇报展，按照北京市社团办的统一部署电力行协在北京展团，接待观众上千人次。　（电力协会）

【北京节能和资源综合利用协会】

北京节能和资源综合利用协会是由北京从事节能和资源综合利用的企业、事业单位、科研院所和个人联合发起成立的跨行业、跨部门，经北京市社团登记机关核准登记的非营利社会团体法人，1988年成立，2004年有会员企业377个。2004年协会开展了以下工作。

推进资源综合利用新模式建设。协会结合开展资源节约综合利用的实践，树立科学发展观和循环经济理念，抓住初步形成的系统产业雏形发展扩大资源的综合利用；一是粉煤灰利用为主的建材产品生产产业链，二是煤矸石利用生产烧结砖等的产业链，三是黄金尾矿生产微晶玻璃等产品的产业链，四是利用尾矿替代天然砂石料掺加商品砼的产业链，五是再生资源回收利用产业链，六是报废汽车回收利用产业链；这些机制的建立，对全市资源综合利用产生影响，取得了显著的经济效益和社会效益，据初步统计，2004年全市资源综合利用实现工业总产值109.5亿元，比2000年的21亿元增长5.2倍；实现利润8.9亿元，比2000年的8800万元增长9倍；固废资源利用量达1900余万吨，比2000年的330万吨增长7.7倍。大量废弃物的综合利用，对减少土地占用，防止对土壤、地下水、大气造成现实和潜在的污染发挥了重要作用。

开展资源综合利用。2004年协会配合市发改委做好资源综合利用企业（项目）认证工作，全市共有153家企业通过认证。到2004年年底全市共有综合利用企业378家，年工业总产值109.5亿元，利润总额6.19亿元，免增值税5.12亿元，免所得税1.41亿元，年利用各种工业废弃物2552.7余万吨。

开展资源节约。贯彻国务院办公厅《关于开展资源节约活动的通知》精神，拓展资源综合利用思路，解决建材行业砂、石料短缺难题，协会及时组织了商品砼企业和尾矿企业的专题研讨会，为会员搭建双赢平台，使产需双方直接沟通，达到了价格平稳下降，货款及时兑现的目的，推动了尾矿资源的健康、快速发展。

做好政府交办的工作。参与政府规划、法规的制定，2004年是国家开展资源节约活动，建设节约型社会的重要一年。协会积极配合政府做了大量实际工作，如北京市开展资源节约活动的安排意见，发展循环经济建设节约型社会的设想，2005~2010年节能目标及措施方案以及节能监察条例、节能监测管理办法的制定等。配合市商务局，继续做好报废汽车回收拆解工作。

开展咨询工作。协会专家组汇集了节能、环保和资源综合利用方面的20多位专家，他们熟知本行业的新技术，构筑了专家咨询信息网络，通过组织技术讲座，推广新产品、新技术，为会员企业的技术创新、新产品的研发发挥了重要作用。

（节能和资源利用协会）

【北京建材行业协会】 北京建材行业协会成立于1986年，是由北京地区有关建材专业协会、建材生产经营单位以及科研、设计、信息等单位组成的行业性社会团体。2004年，建材协会组成专家组，对北京市建材产业的现状进行深入调研，分析了当前影响发展的主要问题，完成了世界500强企业在京投资建材的情况调查和北京市建材应急物资情况调查，提出了建材产业发展的思路和对策，撰写出《北京市建材产业调研报告》。结合国家建材行业的产业政策和北京市大气污染治理要求，建议市政府有关部门停发了12家立窑水泥企业的生产许可证，取缔了能耗高、污染严重的小水泥生产企业，调整了水泥行业的产品结构，使新型干法水泥产量的比重达到80%以上。经市质量技术监督局授权，建材、五金门窗、木材家具质检站分别制定了防水卷材、门窗（幕墙）、人造板（地板）等产品生产许可证的申报和审查等具体实施方案，组织企业举办了换（发）生产许可证《实施细则》宣贯培训班8个700多人次，受理并审查了防水卷材企业40家、门窗（幕墙）企业300家、人造板（地板）企业30家，加强了全市防水卷材行业、门窗行业、人造板和地板行业的管理，规范了企业行为，加强了市场准入管理。水泥协会、水泥质检站对8家水泥企业办理了生产许可证的扩项和更名等工作。对全市26家水泥企业进行了化验室达标验收考核，对考核不合格的限期整改，考核合格的企业，由协会颁发新的水泥化验室验收合格证书。为落实市政府80号令：在北京市行政区域内全面禁止生产黏土砖的规定，以组长单位的身份组织市人大代表、八个委办局和有关行业专家，共同考察、评估了北京市关闭145家烧结砖厂后剩余的32家黏土类砖瓦生产企业，起草了考察报告并提出考察意见；决定保留西六建材工贸公司、砼一厂等19家企业，其余企业全部关停，为北京市禁止黏土类砖瓦企业的生产提供行业意见。建立行业统计系统，发布行业信息，年内已逐步建立起水泥、陶瓷、玻璃、防水材料、人造板、黄金等6个行业的生产、质量统计制度，建立了较为完善的统计网络系统和报表制度，并定期向政府有关部门提供行业信息，通过网站和会刊公布行业情况。建材行业协会连续三年被中国建材行业协会评为统计工作先进单位。在质检站建设方面，建材协会出资帮助建材、水泥、五金门窗、木材家具质检站进行了实验仪器设备的更新改造，4个质检站在调整、改造的基础上，积极扩展检测项目和业务，其中，建材质检站取得民用建筑室内污染物检测资质，五金质检站配合生产许可证审查，新建建筑幕墙检测项目，木材家具质检站还取得了中国轻工业联合会家具质量监督检测北京站的资格，4个质检站都取得了国家实验室资格和国家级检测授权，基本具备了国内先进、国际一流的检测站水平，为加大行业管理提供了保证。

开展名牌产品和守信企业评审。受市质量技术监督局委托，开展北京市建材行业北京名牌产品的评审、推荐工作，根据北京名牌产品管理办法的规定，2004年全市共有23家建材企业生产的33种产品申请北京名牌产品，建材行业协会与有关协会和质检站，积极组织国家和市级行业专家对申报企业产品进行考核、评审，并提出行业推荐意见，首钢、琉璃河等12家建材企业16种产品获得北京名牌产品称号。经市工商局授权，开展推荐建材行业守信企业考核、评审工作。建材行业协会、家具协会、装饰协会、水泥协会、矿业协会和五金门窗协会等按照市工商局规定的六项标准，深入企业、严格考核，经协会推荐，在105家建材企业获得2003年度守信企业称号的基础上，2004年又有104家建材企业获得守信企业称号。

规范市场。按照国家质检总局等9部委整顿建材市场的文件精神，积极与北京市质量技术监督局配合，开展北京市建材市场整治工作。先后召开了全市生产企业“五查”动员布置大会、6种产品的专题质量论坛会、制定行业自律公约、质量月暨整顿建材市场总结表彰大会，全市共有83家企业的117种建材产品被评为质量诚信建材产品；8家建材市场被评为质量诚信建材市场。

服务企业。为企业项目建设和技术发展服务，2004年通过与中国建材协会等上级有关部门协商，为森华人造板公司及三重镜业公司出具先进技术证明，使企业获得国家级立项认可，获得减免税2000多万元。积极为企业办理绿色建材产品和符合国家强制性标准的“符合性信用标志”认证，使40多家企业获得北京绿色建材产品证书；47种产品获得国家十项强制性标准符合性信用评价证书和使用标志。为企业开展质量认证服务，经协会与有关认证中心协商，降低了企业申请认证费用，并且提高了认证工作水平。2004年帮助近50家企业开展ISO9000、ISO 14001和OHSMS18000等70多个项目的体系认证和转换工作，为企业节省了大量的人力和财力。为企业免费赠送会刊，2004年，重新策划设计了《北京建材》会刊的封面，丰富了会刊内容，加大了信息量，提高了会刊质量。同时，为重点会员单位刊登企业简介，宣传优秀企业及优质产品，全年为会员单位赠送会刊数千册。2004年协会工作突出，受到中国建材协会的好评。

（李怀之）

【北京建筑五金门窗协会】 2004年，在北京建材协会和政府部门的统一指导、协调下，按照目标责任制的要求，规范行业自律行为。1月8日协会与建材行业协会市场流通委员会在腾达大厦联合召开了“落实五查，规范自律”大会，贯彻落实北京市技术质量监督局2003年12月5日在腾达大厦召开的北京市建材产品生产、经销企业开展“五查”活动动员大会精神；2月20日在北京兴安门窗装饰有限公司召开了整顿规范门窗秩序座谈会，就整顿规范门窗行业秩序，加强行业自律行为，行业知名品牌维权管理办法，实施集体择优采购等问题进行研讨；40多名门窗企业负责人参加会议。

加强行业知名品牌管理。为加强对已推介的40余种知名品牌的管理，提高其知名度，增强企业维权意识，协会制定了《北京建筑五金门窗行业知名品牌维权自律管理办法》，建立了知名品牌管理档案和知名品牌投诉记录。3月12日，与市场流通委员会等单位在北京科技会堂召开的“规范建材市场秩序，打造放心品牌企业”高峰论坛上，通过了《北京建筑五金门窗行业知名品牌维权自律管理办法》和《北京建筑五金门窗行业知名品牌维权自律公约》。向知名品牌维权企业颁发了铜牌和证书，9月23日在腾达大厦召开北京建材市场专项整治工作总结表彰大会，8个建材市场和83家企业生产的117种产品受到表彰。北京三叶散热器厂、北京门窗发展有限公司、北京兰天大诚新型建材有限公司、北京嘉寓幕墙工程（集团）有限公司、北京鸿恒基幕墙装饰工程公司、北京舒驰美德建筑制品有限公司、北新建塑有限公司、北京建筑五金科研实验厂等企业名列其中。

举办北京门窗质量论坛。6月23日在腾达大厦召开了由北京市质检局主办，北京建材行业协会、北京建筑五金行业协会、北京建筑五金水暖产品质量监督检验站协办，由协会具体运作组织，以门窗质量关系到千家万户的切身利益为主题的北京建材市场专项整治门窗产品质量论坛；北京建筑五金水暖产品质量监督检验站、北新建塑有限公司、北京嘉寓幕墙工程（集团）有限公司、北京门窗发展有限公司、北京舒驰美德建筑制品有限公司、北京房云盛玻璃钢有限公司、北京汉德门窗有限公司、北京市木材厂、北京朗贝尔化学建材有限公司等单位发言，建筑五金门窗行业企业和新闻媒体130余人到会，会后编辑了论坛专集。

完成政府部门交办的任务。参与了北京技术质量监督局交办的门窗生产许可证换发工作；参与了推荐守信企业活动，规范企业守信行为，3月15日，协会组织推荐的13家守信企业参加了全国工商局组织的“全国百万守信企业‘3·15’公示活动”。北京市公示了2810家，北京市工经联41个协会，推荐10家以上全部入选的有7家，协会名列其中。为贯彻落实7月9日北京工商局2004年度“守信企业”公示工作动员大会精神，向会员单位和业内企业发通知600余份。

发挥协会行管作用。协会制定了《北京建筑五金门窗行业质量诚信达标企业验收管理办法》、《北京建筑五金门窗行业自律管理企业准入与清出实行办法》，修改完善了《北京建筑五金门窗行业诚信自律公约》，建立了协会的长效自律服务管理机制。在10月30日第六届会员代表大会上公布了北京首批52家诚信达标企业，对其他北京的建筑五金门窗企业要分期分批达标验收。

对北京建筑五金行业进行调查。建筑五金行业门类多、基础差，年内协会在资料搜集、网上查询的基础上，发出600余份调查通知，对采暖散热器行业进行重点查询，初步调查北京采暖散热器生产和经销企业共111家，其中北京40家，外埠驻京办和分公司35家，国外品牌企业36

家，其他五金企业200家；年内发展了10余家五金企业会员单位，结束了门窗协会更名为五金门窗协会6年来只有门窗没有五金的历史。年内还开始了筹建采暖散热器专业委员会的工作。

为企业进行咨询服务。对会员单位和业内企业进行生产许可证换发咨询服务，协会人员利用休息日整理咨询资料，帮助会员单位达到换发要求。受企业委托进行用户满意度调查，如使用北京嘉寓集团产品的71个工程项目中，经调查显示，用户满意的58项，占总数的81.6%，比较满意的11项占总数的15.6%，使用过程中有些小问题的占2.8%。同时利用会刊等形式及时提供信息服务。

召开第六届会员代表大会。10月30日至31日，召开第六届会员代表大会，将2004年新发展会员中的20余家五金门窗企业吸收进协会领导层，取消长期不履行会员义务的6家单位会员资格。修改了协会章程，聘请了高级顾问，选举了新的领导机构。表彰了首批52家质量诚信达标企业及35名优秀企业家、4名优秀协会工作者，颁发了17名协会工作贡献奖。修订和完善了协会长效自律服务管理机制的3个文件。讨论通过了会员管理、会员发展、会费收缴管理办法和组建采暖散热器、木门窗、特种五金门窗3个专业委员会。充实、加强了秘书处的工作班子。

（北京五金门窗行业协会）

【北京家具行业协会】 北京家具行业协会（简称家具协会）成立于1988年，是由北京市家具和木材加工的生产企业和经营单位、科研、院校、检测机构等相关单位组成的家具专业性组织机构，到2004年已发展为有广东、福建、东北等国内有名的大型家具企业参加的行业内规模较大，知名度较高的家具行业协会，是中国家具协会的副理事长单位。成立以来，协会始终坚持服务宗旨，围绕行业发展这个目标，开展了多种形式的为企业技术进步、质量提高、管理升级的活动，如举办培训班、经验交流会、现场技术咨询、专题研讨会以及组织国内外的参观考察，国内外的家具展览会等经贸、技术交流活动，受到企业的欢迎和认可。

2004年，家具协会开展了行业调研，编制了行业发展规划。通过对上百家企业数据的收集整理分析，重点企业的走访调查，以及个别访谈等形式，编辑了一部比较全面地反映北京市家具行业基本情况的《北京家具行业状况》一书，于元月出版。3月，配合市工商局，市消协“3·15”国际消费者权益日活动，在城外诚家居文化广场举办了北京市百家家具企业诚信公约签名活动，倡导诚实守信的经营意识，推进文明经营、依法经营，规范市场经营行为。4月，配合北京市家具建材市场专项整治，在市质量技术监督局主办的“绿色板材营造温馨家居”板材产品质量论坛会上，作了从落实科学发展观入手探索促进家具行业高速协调发展的思路专题报告，介绍了家具人造板材工业发展的诸多因素，提出了可持续健康发展家具行业的可操作性建议。5月上旬为北京市工业促进局、北京工业经济联合会报送了2003年北京工业年鉴家具行业材料，其中包括北京市家具工业概况、会员单位综合情况、北京市重点企业介绍、协会简介等七部分。

6月受市工商局的委托，开展了北京市守信企业公示活动的宣传和布置，受理了38家企业的申报，家具协会经过初审评议上报37家，经各区工商分局复审，年底获市工商局批准为守信企业35家。

协会与北京市京发招标有限公司共同举办招投标业务高级培训班，企业总经理、项目经理、质量总监90多人参加。对“如何参与政府采购”、“政府采购政策法规”、“招投标实务”等进行培训和指导；使企业编制标书更加科学、合理、完善，适应政府采购的实施和招投标工作的进行，提高中标率。针对北京市办公家具一些企业在产品设计、生产技术、工艺质量、原辅材料使用和设备选用等方面尚存在不适应市场需要的情况，3月至9月，会长、秘书长率有关专家一行10人到生产办公家具的黎明文仪、世纪京洲、国马、泰豪、鹰冠精工、华谛盟、东方万隆、阳光百鹭等20家企业了解情况，在技术、工艺、管理上提出意见和建议，推动企业技术进步。

协会利用组团参加“广州展”的机会，对深圳长江、江门健威、深圳家乐、佛山中泰、珠海励致等7家现代办公家具企业考察学习，进行技术交流。随着奥运工程的启动和北京工业结构调整，有些企业面临外迁，有些企业需要扩大规模，家具协会组织80多家企业总经理，到北京黎明文仪家具有限公司参观考察交流，为正在筹建和扩建中的世纪京洲、凯旋风、泰豪、京泰、高山鹤鸣、傲威环亚等生产企业的经理、厂长开阔了视野，对企业筹划新厂区、工艺、设备和技术路线等方面的选择提供了信息，起到借鉴作用。

家具协会在国家颁布《室内装饰装修材料木家具有害物质限量》等10项国家强制性标准以来，与辽宁、天津、重庆等10省市联合发起共同推出中国10省市环保知名品牌活动，经企业申请，评委会评审，评出中国10省市环保知名品牌企业30家。由10省市家协联合颁发证书和奖牌，并以10省市家协名义在北京晚报及10省市有影响的报刊上刊登，起到培育和宣传名牌的作用。自标准颁布以来北京市家具市场的环保性能有了很大提高，1999年市场抽查合格率为零（按国家现行标准），2003年市场抽查合格率为45%，2004年一季度抽查合格率接近80%，环保指标合格率就全国家具市场来说是最好的。与10省市家协共同开设投诉电话，把企业产品和服务置于社会监督之下，保护了消费者的合法权益，受到社会上的好评。8月国家颁布了《消费品使用说明 第6部分：家具》的国家标准，协会于9月先后举办了二次培训班，集美、城外诚、居然家具城等700多人次参加。

年内，家具协会与中国国际展览中心、中国建筑装饰协会共同主办了第七届中国（北京）国际家具及木工机械展览会。参展面积4万平方米，参展厂家400余家。意大利国家展团首次亮相北京，展出面积近7000平方米，带来了最新的家具设计和时尚精品，国际著名设计师与国内业界同行进行了技术交流，众多国际国内的采购商参观洽谈。展会期间组织了第三届“居然杯”家具设计大奖赛评选活动，评出金、银、铜设计奖。组织了家具业国际策略论坛国际经济一体化——中国家具行业分析和未来发展策略；在美国反倾销压力下——中国家具业的市场调整策略的专题报告会。邀请了中央国家机关、北京市区政府采购中心以及采购团体领导与参展企业见面交流活动，利用北京的区域优势，抓住奥运场馆及配套工程的全面启动，海河两岸改造工程全面开发，环渤海经济圈发展全面提速，东北、华北大型家具建材城的蓬勃崛起，营造中国北方最受欢迎的专业交流贸易型展览盛会。家具协会组织华日、伊力诺依、世纪京洲、诚信万方、爱依瑞斯、伊美佳、东方百盛、诺曼（北方华大）、宜美利嘉、新思钢木等十几家企业组成“北京团”参加广东春、秋季家具展览会。通过参展提升北京品牌形象，扩大市场占有率。是年，家具协会组织近30人赴美国参加国际家具博览会，赴德国科隆考察参观德国豪迈公司和德国VS办公家具公司并进行了市场考察，组织出国考察加强国际信息交流与合作。

加强自身建设，增强协会凝聚力。年内协会健全常务理事会、会员代表大会制度，坚持每年1至2次常务理事会，一次会员代表大会，1月12日召开了北京家具行业协会第六次会员代表大会，总结了五届理事会三年来的主要工作，研究了今后工作的思路，选举产生了第六届理事会和新的领导集体。至2004年，新发展会员60家，会员总数已超600家。是年，协会荣获中国家具协会颁发的2004年度先进协会称号。（北京家具行业协会）

【北京机电行业协会】 北京机电行业协会（简称机电协会）成立于2001年7月，是为北京地区所有从事机电产品生产、科研、检测、经营的企、事业单位服务的社团组织，共有团体会员100余家。会员单位包括北京地区机电行业的企、事业单位、科研院所、大专院校，涉及印刷机械、金属切削机床、工程机械、发电设备、电站锅炉、输变电设备、交直流电机、制冷设备、金属压力容器等专业领域。北京地区现有机电行业企业680余家，年生产总值为400余亿元，年产品销售收入为390余亿元。

按照北京市质量技术监督局的统一部署，组织开展2004年机电类北京名牌产品评审工作。经过北京机电行业协会、北京汽车行业协会、北京仪器仪表行业协会的共同努力，完成了北京名牌产品（机械类）评审工作。机电行业共有北一牌系列数控铣床、330兆瓦汽轮电机组、华德牌液压件、固安祥牌低压断路器、BJ牌三相异步电动机、时代牌逆变焊机、中央液态冷热源环境系统、JP牌钢质无缝气瓶、天鸟（达美）牌电脑刺绣机、北人牌平张纸、卷筒纸系列印刷机、北开牌ZF4－126型组合电器/高压真空开关设备等12项产品被评为北京名牌产品。

组织开展“新世纪北京首届职业技能大赛”机电行业大赛。按照北京市举办职业技能大赛的要求，召开动员大会，落实领导及办事机构，制定实施方案，行业内有14家企业成立了初赛组委会及办公室。参加初赛的人员共计1296人，涉及加工中心操作工、钳工、车工、铣工、维修电工、电焊工、组合机床操作工7个指定参赛工种。初赛选拔出的235名选手参加了复赛。在复赛阶段，机电行业协会组织专家按大赛要求精心设计理论、实操等比赛题目。复赛后产生37人组成赛区代表队，参加了全市的决赛，有19名进入前10名，其中有15名获得表彰、奖励，参加数控车、数控铣、钳工、高低压电器装配工、服装设计制作工的选手都取得第一名的好成绩，有近200人取得市劳动保障部门核发的相应职业（工种）的国家职业资格证书，推动了机械工业高级技能人才的培养和选拔工作的开展。

开展北京市机械工程专业技术资格评审工作。2004年网上申报机械设计专业高级专业技术资格人数为161人，经审核137人符合申报条件，参加答辩评议和评审的共有134人，评审通过人数为90人。申报机械专业技术职务中级122人、初级116人，评审通过中级105人，初级全部通过。2004年进行专业技术人员信息备案599人，其中非社会化评审的副高级9人，中级78人，助师级432人，员级80人。

开展机械行业技师考评工作。自2004年开始，北京市在通用性强，技术含量高、从业人员较多的高新技术产业、现代制造业、现代服务业等39个职业及冶金行业实行技师资格社会化考评。机电协会接受委托，承担机电类相关职业的技师资格评审工作，成立了技师评审委员会并下设技师资格评审办公室和8个专业评审组，按照北京市要求以及评审有关规定，制定出北京机电行业技师评审工作实施方案；市劳动和社会保障局对考评实施办法给予充分肯定，转发全市并在大会上将方案的基本原则、思路和主要做法作了介绍。2004年共评审通过技师、高级技师663人。

组织企业参与"守信企业"公示活动。在会员单位中组织开展参加"守信企业"公示活动的申报、考核活动，共有17家企业对照有关标准，自检合格后，申报"守信企业"，协会严格按"守信企业"标准考核，推荐的17家企业均参加了2004年北京市"守信企业"公示活动，他们是北京第一机床厂、北京天海工业公司、北京重型电机厂、北京北重汽轮电机有限责任公司、北京巴布科克·威尔科克斯有限公司、北京ABB高压开关设备有限公司、北京机床电器有限责任公司、北京第一机床电器厂有限公司、北京长虹开关厂、北京波罗努斯涂装设备有限公司、北京振兴华龙制冷设备有限责任公司、北京机电院高技术股份有限公司、北京安瑞吉电气设备有限公司、北京朝阳新立开关设备有限公司、北京市朝阳北方印刷机电器厂、北京华德伟业液压技术有限公司、北京北缆京研电线电缆有限公司。

开展北京机电行业科学技术奖励申报工作，组织有关企业申报北京市科学技术奖。北京变压器厂有限公司的35千伏级24脉波城市轨道交通用成套牵引整流设备、北京市电线电缆总厂的预制分支电缆、北京京城环保产业发展有限责任公司的小武基垃圾风选系统3个项目，由协会推荐到市科委参加北京市科技技术奖励评审，北京变压器厂有限公司的35千伏级24脉波城市轨道交通用成套牵引整流设备荣获北京市科学技术三等奖。

设立法律维权部，有效地为企业提供法律服务。确定由博缘律师事务所牵头帮助协会设立法律维权部，帮助北京华德液压集团协调了资金担保纠纷问题，并对全体会员单位的法律需求进行调查，组织法律讲座。请高级专家讲解合同法、担保法，并就企业发生的相关问题进行研讨，提供有针对性的法律服务。

加强协会自身建设。7月召开第二届会员代表大会，修改了协会章程，增补新的会员单位，选举产生新一届理事会、监事会，确定新时期协会工作的方针和任务等一系列议程。编辑发行《北京机电行业协会信息》，开展信息交流、政策咨询服务活动。做好发展新会员工作，增加新会员12个；建立协会网站，宣传扩大协会影响，利用网络信息管理平台，加强行业信息发布，促进会员单位之间的交流；更好地发挥协会在企业与政府之间的桥梁和纽带作用。

（机电协会）

【北京汽车行业协会】 北京汽车行业

协会成立于1996年7月。是由北京地区汽车整车制造企业、改装车专用车生产企业、发动机和零部件企业、汽车服务贸易企业、相关行业企业及科研院所、大专院校等48家单位联合发起成立，经北京市政府批准、由北京市社团管理办公室核准登记注册的跨行业、跨所有制、跨地区的社团组织。2004年有会员单位244个，会员覆盖率超过80%，会员企业的销售收入占全行业的95%；会员企业现有总资产达350多亿元，职工8万余人。2004年开展了以下主要工作：

促进北京汽车产业发展。协会把贯彻北京市委书记刘淇、市长王岐山等关于发展北京汽车零部件产业，大力推动汽车零部件本地化和积极引导汽车产业链发展的重要批示，作为一项重要工作，多次与北京现代等主机企业洽谈如何通过主机发展，利用北京零部件企业的优良资产，带动北京零部件企业发展，有了一定实质性的进展；积极为北京现代轿车、北汽福田商用汽车、北京吉普等主机企业牵线搭桥，先后考察了吉信、三纺机、离合器、方向盘、传动轴、起动机、制动泵、减震器、北内、北齿、四季青液压件厂、吉普公司、现代、福田等企业，了解企业的生产经营、改革调整、规划发展等情况及要求，为主机厂与零部件厂合作牵线搭桥。10月协会组团赴欧洲进行考察、学习，寻求合作伙伴；为德国汽车工业协会零部件厂商，寻求合资合作伙伴，提供零部件企业名单及其合作意向；组织部分零部件会员企业考察西郊配件城，商讨零部件招商引资事宜；组织部分会员企业参加山东省第十届鲁台经贸洽谈会暨山东潍坊经贸合作恳谈会。

增强北京汽车信誉，扩大北京汽车影响。3月中旬，组团参加由建设部、交通部等主办的第四届北京国际商用车辆、特种车辆及零部件展览会；展会期间，举办了2004（第一届）全国客车大赛发布会，北京北方华德尼奥普兰客车公司、京华客车公司及交通客车厂参赛的客车，获得3金、1银、2铜及5个单项优胜奖。6月中旬，协会与北汽控股公司联合组成北京汽车展团，参加了在中国国际展览中心和全国农业展览馆举行的2004年北京国际汽车展览会，有来自20个国家和地区的1400余家汽车厂商参展；北京汽车展团有11家企业的24辆整车及多种零部件产品参展，吸引了众多国内外的参观者，显示了北京汽车行业的实力。12月底，协会在国贸中心主办了2004年北京汽车三新展。12月中旬，协会作为北京地方的优秀协会参加了在北京展览馆举办的“全国行业协会成就汇报展览会”，展示了部分会员企业生产的各型汽车车模和北京现代公司生产的汽车发动机。协会在北京现代公司等会员单位资助下，完成了协会宣传册的印制工作，树立北京汽车行业的整体形象。配合中机协、中汽协，积极组织会员企业开展申报中国机械500强活动。按照北京市社会科学院的要求，编写了《北京汽车行业分析报告》，并于12月15日出版。

做好专题调研。协会坚持到会员单位了解情况、研究问题，全年深入基层调研达253人次。开展北京大客车发展专题调研，组织市政府汽车专家顾问和汽车行业专家，重点调研考察了北汽福田欧Ⅴ、中大燕京、北方华德尼奥普兰、客车总厂、交通客车、北旅等企业，整理了有关北京大客车企业资源情况。针对国内专用车市场发展趋势和现状，编写了《专用汽车目前状况及发展建议的调研报告》。提出北京市机动车欧Ⅲ排放检测联合建站的建议报告。

为政府服务。2月底协会受市工商局委托，组织110家会员企业开展2004年北京汽车行业诚信公约签字活动，组织开展守信企业活动，在2003年37家企业获守信企业称号的基础上，2004年度又有42家企业获守信企业称号。受市发改委委托，完成了对北汽有限公司等6家企业改制、更名、迁址审核、报批工作。受航天科技集团委托，为北京晨光天云公司迁址项目，组织专家进行考核及评审工作。配合市质量协会开展第五届北京质量管理优秀企业家活动，经协会推荐、市质协批准，北京吉普公司童志远、三兴汽车厂郭福军、万源金德公司刘凤池入选“第五届北京质量管理优秀企业家名录”。受市工经联和市统计局委托，完成对全市汽车行业经营指标的统计分析，报送市工经联及中汽协并进行发布。召开统计工作会，表彰了何兆芸等40人为2004年度先进统计工作者。受市技监局委托，参与制定“家用汽车产品修理、更换、退货责任规定”。受市政府采购中心委托，派专家参与14项政府采购评标工作。受运输管理局委托，参与修改《北京市出租小客车通用技术条件》工作。与市质协用户委员会、北京用户满意工程联合推进办共同在首创轮胎等8家企业中，组织开展了2004年用户满意企业、产品、服务荣誉称号活动。受市统计局委托，完成了北京汽车交通行业286个企业的编码审核工作。受市工业促进局委托，编制北京汽车行业安全生产评价标准及贯彻标准的工作制度。受市科委委托，为市科委科技规划中拟确立的汽车电子项目前期论证提供咨询服务。为工程技术类高级职称社会评审推荐评审专家。

为企业服务。一是开展信息服务。充分利用“北京汽车信息”，宣传汽车产业政策、会员企业的亮点、协会重大活动，累计出版580期并及时发送到市政府有关领导、有关部门、会员企业、协会专家顾问及全国各省市汽车行业协会；与《北京汽车报》社进一步合作，共同召开宣传信息座谈会，同时充实、调整、扩大了通讯员队伍。4月23日，协会与北汽控股公司、首钢（集团）总公司联合举办了汽车与钢铁产业发展报告会。7月9日，与北汽控股公司联合举办汽车产业发展政策报告会。二是开展技术咨询服务。为首钢机电公司提供该公司规划研讨关于发展汽车零部件项目，提供咨询服务。组团参加了市消协、市质协举办的2004年北京质量月咨询服务日活动，北京吉普公司、北汽福田公司、北京现代公司等企业参加，在咨询活动现场，布置了宣传展板，发放产品样本和纪念品。为解决北京天路通公司、京安汽车改装厂、富春龙公司、京城货厢厂等企业新报汽车公告问题；为重型电机、施工机械、威腾、京驼伟业、电车制配、北电科林、北起、诚志北分、中汽恒兴等公告企业改制重组，提供咨询、协调服务。组织了两期GB/T18305—2003培训班，较好地完成了ZSO/TSl6949的宣贯计划。举办“VIN”标准培训班，培训专业人员。与中国汽车产品认证中心建立全面合作关系，为北京会员企业在产品试验、培训、认证等方面提供服务。三是为企业牵线搭桥。组织日本极东工业开发株式会社与市政中燕公司洽谈成立工贸公司合资项目。邀请香港大洋公司总裁参观方向盘厂，并洽谈合资合作项目。组织广州宝龙专用车公司与北铃、天路通公司合作，通过联合设计，研发新品。组织台湾万禧国际有限公司与北京汽车制动泵厂洽谈合资合作项目。组织德国柴威斯公司总裁一行参观北京市政中燕、北京四清集团，并就环卫改装车合资项目，进行了洽谈，合作有实质性进展。组织汽研所与亚飞公司合作共同投资建立现代化汽车综合维修中心“北京市亚保汽车维修服务公司”。新西兰简能集团到汽车行业协会、北汽有限、北汽福田考察，洽谈汽车改装出口英、美、新等国家事宜。

为社会服务。利用市工业信息中心现有的协会网页，不断充实资料。筹建汽车网站。由协会牵头，组织多方联络商榷，现已与北汽控股公司、中国五矿等单位达成共识，联合筹建网站，网站将买车、卖车、修车、玩车为一体，将整车、专用车、零部件生产、营销、服务为一体，提供信息。

实施名牌战略，促进企业科技进步。根据市质量技术监督局实施名牌产品战略要求，协会组织会员企业申报，并组织专家进行评审。北汽福田公司、北京吉普公司有10个系列和型号的产品，获得北京名牌产品称号；首创轮胎公司生产的无内胎系列子午线轮胎，获得了石化类产品的名牌产品称号。成立汽车专业标准化技术委员会，协会会同北汽控股公司经过近两年的协调争取，已经市技监局批准。受国家商务部、科技部及市科委、市知识产权局委托，组织企业参加第七届中国国际科技产业博览会及“国际资本的中国战略”、知识产权论坛、第二届国际氢能论坛、2004年中国国际新材料产业发展研讨会商务系列论坛、北京国际微电子研讨会、北京汽车零部件产业专题研讨会、企业信息网络建设报告会、诚誉立法座谈会等。推广交流经验。协会组织7个有创新成就的企业，在行业内开展经验交流，分别是北汽福田公司、北京现代公司、北京吉普公司、北京市清洁机械厂、首创轮胎公司、佩特来电器公司、北京合众兴盛公司。

举办职业技能大赛活动。由北京汽车行业协会主办，于2004年4月至11月组织开展了北京汽车行业职业技术比赛，共举办47场比赛。比赛分初赛、复赛、决赛三个阶段，有3659名选手参加，工种覆盖从业人数多达2万余名，通过比赛，有560名选手获得中级工资格证书；158名选手获高级工资格证书；有44人获得技师资格证书，其中21人取得高级技师资格证书。

加强协会自身建设，促进行业协会规范发展。2004年共发展新会员14家。配合市消协在“3·15”消费者权益日，组织开展了诚信公约签字活动，并制定了北京汽车行业六条诚信公约。认真填报年度各项报表，完成财务决算，连续多年一次通过各项年检。协会十分注意向北京及国内同仁学习，交流经验。3月在武汉，与武汉汽车行业协会进行座谈交流。5月在北京，与长春汽车行业协会进行了交流与座谈。9月，参加了全国第六届各省市汽车行业协会联席会，就“在市场经济条件下，协会如何扩大服务领域、拓展协会发展空间”进行了研讨，并交流了办会经验。11月参加了中汽协召开的行业统计工作会议，北京汽车行业有16人被中汽协授予“全国汽车工业先进统计工作者”荣誉称号。协会还先后到北京工业经济联合会、北京化工行业协会、北京服装纺织行业协会、北京电镀协会、北京汽车流通协会、北京机电行业协会等学习取经。

（北京汽车行业协会）

【北京仪器仪表行业协会】 2004年，北京仪器仪表行业协会组织学习了中央领导对中国工业经济联合会的批示和中国工业经济联合会会长徐匡迪《深入学习贯彻十六届三中全会精神加快行业协会规范发展》的讲话，学习了副市长张茅在北京市促进行业协会和市场中介发展工作会议上的讲话。本着继续探索协会改革与发展，拓展职能，强化服务的基本思路，开展各项工作。

年内，协会承办“新世纪北京首届职业技能大赛”工业赛区仪器仪表行业的比赛。根据北京市大赛组委会的要求，由协会和京仪控股公司联合成立了北京仪器仪表行业复赛组委会，负责组织协调指导管理仪器仪表行业和京仪控股公司系统的职业技能比赛。初赛在行业复赛组委会指导下由会员单位、京仪控股公司所属单位及行业有关单位自己主办，14个单位，16个工种，1212人参加初赛。通过初赛，按市里规定取得中级工职业资格证书的332人，进入复赛的选手169人。复赛是由行业复赛组委会主办，复赛工种10个，除本行业的选手之外，还有其他行业的相关工种选手共189人参加。通过复赛，有61人取得高级工职业资格证书。决赛由市大赛组委会主办，由本行业复赛组委会报名进入决赛的选手33人，涉及4个工种，协会承担了电子仪器仪表装调工决赛工作。通过决赛，产生技师4人、高级技师5人、授予北京市劳动技术能手称号1人，北京仪器仪表行业技术能手称号24人；北京远东仪表有限公司、北京敬业电工集团荣获仪器仪表赛区优秀组织单位奖，行业复赛组委会荣获新世纪北京首届职业技能大赛最佳组织奖。

年内，协会职业技能鉴定所组织实施了职业技能鉴定工作，配合北京市“三年百万职业技能培训计划”实施，进一步拓展鉴定的职业（工种）和鉴定对象的覆盖面。组织实施了对20个工种的职业技能鉴定，鉴定人数1357人，其中初级工99人，中级工803人，高级工263人，技师和高级技师192人。鉴定人数较多的工种为计算机文字录入员382人，钳工241人，电工147人，车工112人，维修电工98人，电焊工79人，电子仪表装配工76人。鉴定所申办了电子仪器仪表装配工、电工仪器仪表装配工等行业工种的技师和高级技师社会化考评资格，选送培训考评员和高级考评员10人，并组织专家开发相关工种的试题库。

是年，协会开展了守信企业公示活动的考核推荐工作。受市工商行政管理局委托，协会组织开展这项工作，企业所有的申报材料直接由协会呈递到企业属地工商管理部门。通过广泛发动，重点协调指导，认真考核，严格把关，推荐了18家企业，市工商局批准公示16家。

（孔令球）

【北京电器电材行业协会】 北京电器电材行业协会成立于1988年2月12日，是北京地区高、低压电器元件及成套装置、电线电缆、绝缘材料及电工器材等企业和有关科研院所、大专院校自愿组成的行业组织。在政府和会员单位的支持帮助下，协会得到了不断的发展。会员单位由成立时的80家发展到150家，并设有电线电缆和绝缘材料两个专业分会。协会会员单位可提供的产品有十几大类、近百小类、一千多个品种规格的系列产品。其中有：高低压电器成套开关设备、继电保护及自动控制装置；变压器、互感器、电力电容器；高压断路器、隔离开关、接触器、启动器、空气断路器、继电器、刀开关、熔断器、主令电器、漏电开关、防爆电器及电器附件；机床配套用断路器、行程开关、微动开关等各种机床电器元件、控制柜及自耦减压启动器。还可提供各种电线电缆、铜铝母线及电缆附件；电机、电器、电子配套用各类绝缘材料。协会成立以来多次组织了国内外新产品信息发布会，新技术、新工艺推广会。在行业中开展技术开发、技术转让、技术咨询、技术服务。面向全行业组织产品联销网点、宣传名优新产品，抵制伪劣假冒产品，为地区产品配套和成套服务。为企业举办综合管理、质量、生产、技术、升级等方面培训班以及到厂咨询服务。

年内，行业协会召开了第四届会员代表大会及第四届会员代表大会第一次理事会。修改了协会章程，选举了协会领导成员，布置了下一年的工作和任务。协会组织参加新世纪首届北京市职业技能大赛。所属企业400多名选手参加比赛，有11名选手获得技师证书，16名选手获得高级工证书，63名选手获得中级工证书。协会也获得了大赛组委会颁发的最佳组织奖证书。在名牌产品申报工作方面，行业内共有4个企业的6种产品进行了申报，最终北开电气股份有限公司的北开牌ZF4－126型组合电器、高压真空开关设备被评为2004年度的名牌产品。协会组织了守信企业的评选工作，所属会员单位共有44个企业被评为2004年度的守信企业。协会为50家企业的120余种新产品组织了鉴定工作。并在行业内推广新产品、新技术，协会多次组织新产品、新技术洽谈会。协会开办的电协兴电器电材经营部为生产开关柜的厂家提供了优质、低价的配套产品及电子元件。无偿的技术咨询受到企业的好评。为提高企业内工人及技术人员计算机的应用水平，行业协会与中德北京培训中心联合举办了CAD计算机辅助设计培训班，学员反映良好。协会为及时介绍行业内动态，每季度出版一期《电器电材之窗》。坚持走访会员单位，听取会员单位的意见，已成为协会日常工作的一部分。（李维芷）

【北京模具协会】 2004年，北京模具协会继续坚持积极探索、开拓创新、多办实事，做到政府欢迎、企业受益。

对行业动态开展跟踪调查。中国加入WTO以后，很多外商纷纷在北京市投资建厂，国内企业新产品开发的进度加快，很多产品的生产都需要相应的配套模具，协会及时对客户需求模具情况进行调查，向企业提供有价值的信息，并指导企业调整模具生产结构。通过调查，协会发现全市共有200多家模具企业，但具有制作大型、精密、复杂模具能力的企业只有十二三家，比例不到10%，大量外商和北京市汽车、电子、通讯等行业需要的模具主要靠进口解决，2003年进口模具达3000多万美元。北京市模具行业总体情况是制造水平有所提高，发展仍不平衡，关键模具缺口较大，结构需加快调整。协会建议企业尽快提高自已的管理和技术水平，以适应当前市场需要。整合行业资源，积极搭建制造行业信息化平台。北京模具工业未能充分发挥自身能力，已成为北京制造业发展的一个瓶颈。分析原因除产品结构不合理等因素外，信息化程度低是企业发展的主要症结。用信息化改造模具生产方式提高模具企业竞争力，将会有力地支持北京现代化制造技术和工业发展。协会依靠构建信息化平台建立资源库、数据库、人才库，建立设计服务、项目管理服务、人才服务中心，对资源进行整合，为企业提供社会服务。引导企业加快体制改革，走多元化投资体制。组织一些企业赴浙江、江苏等东南沿海体制改革搞得较好地区进行学习，并组织企业交流，请体制改革较好的迪蒙普瑞等模具公司进行经验介绍，对体制改革工作先进单位进行表彰和奖励。对加快企业体制改革有很大促进作用。为企业争取享受国家对模具行业优惠政策，做好服务工作。国家从 1997 年开始对模具行业实行增值税先征后返的优惠政策。协会根据有关政策对企业进行传达，并协助企业办理各项申请。在调整工作中，积极为企业争取名额，使一些企业能继续享受有关政策，并增加了享受优惠政策的单位。开展多种形式人才培训，和有关院校联合建立模具技工培训中心，与北京二轻工业学校建立模具技工培训基地，重点培训数控机床编程和操作人员、模具钳工装配人员。组织有专业技能的高级技工及高级技术人员到企业进行现场辅导和难题解答。协助企业招聘外地技术人才进京解决企业关键工种人才短缺问题。与化工出版社一起出版数控编程、电加工和冷冲模具实用技术培训教材。

（北京模具协会）

【北京电镀协会】 2004 年是北京市电镀行业发展的一年，但由于原材料价格迅涨，北京市对环保要求越来越严格，也是电镀行业面临挑战的一年。一年来，北京电镀协会在北京市发改委、市工业促进局的领导下，在市工经联的指导下，在行业内进一步节能、降耗、减污、增效，推动清洁生产，加强管理，做了一些工作。由于电镀行业的大多数企业使用有毒有害原料进行生产，并在生产中排放有毒有害物质，属于强制性清洁生产审核的企业，关系到行业在北京市的生存发展，北京电镀协会重点抓了这方面的工作。协会于 4 月 15 至 16 日在北京举办了 2004 年北京推动电镀与精饰清洁生产技术论坛。邀请了国家发改委、国家环保总局、北京市发改委、北京市环保局、北京市工经联的有关领导到会并发表讲话，北京市电镀厂点的负责人和技术骨干、电镀界老专家、兄弟省市电镀协会和全国电镀界的同行近 500 人参加大会。国家有关委、局的领导讲解了国家关于原则淘汰有氰电镀工艺的精神，清洁生产审核暂行办法的精神及主要内容等。北京市有关委、局的领导讲解了北京市环保工作的重要性和紧迫性，对北京市电镀企业的希望和要求，要求北京市电镀企业走科学发展的道路，实施清洁生产，争创环境友好企业。南昌航空工业学院教授魏立安、北京航空航天大学教授朱立群、昆山电镀厂工程师张丙乾、皮革五金厂工程师窦月芝、中科三环总经理姜兵等电镀专家和安美特化学有限公司的杰克·安罗博士和关·基尔斯作了关于电镀行业无氰电镀、无氰镀前处理、代铬电镀工艺、生物除油和清洁生产综合措施等方面的技术报告。与会代表反映论坛活动紧凑，内容重要丰富，颇有收益，对推动北京市乃至全国电镀行业的清洁生产将产生积极的作用。

推动北京电镀行业的清洁生产工作。受北京市发改委和北京市财政局的委托，协会拟订了北京电镀行业清洁生产示范试点方案，已上报市财政局。该方案包括北京电镀行业基本情况、推行清洁生产的必要性与可行性、清洁生产试点工艺技术的选择、投入产出测算和工作进度计划等五个部分。协会希望利用试点方案争取中小企业发展基金帮助资金短缺的小电镀厂推动清洁生产。协会受国家发改委产业政策司的委托与中国表面工程协会、各兄弟协会一起探讨了关于淘汰有氰电镀、实施32号令的具体方案，并给国家发改委产业政策司提供了制定“实施细则”方面的意见。

年内，为青海金龙电力工程有限公司进行质量、环境和职业健康安全三个体系的认证，咨询师在时间短、咨询量大的情况下，深入电力施工现场，与甲方密切合作，按期完成的咨询任务，使企业顺利获得三个体系的认证证书。咨询委员会还应中关村科技园区昌平园管委会要求，使该单位获得了ISO14001环境管理体系的认证。协会还为会员单位北京卓上工艺饰品有限公司进行ISO14001环境管理体系认证咨询，已取得证书。为企业开展清洁生产审核咨询工作，按“清洁生产审核暂行办法”有关规定，为重事达工贸有限公司和韩资企业祐林永磁材料有限公司进行ISO14001环境管理体系和清洁生产的联合审核咨询工作，从已经实施的清洁生产方案来看，对于节约原材料和水效果明显。

北京电镀协会常务副会长马捷在全国表面工程协会常务理事会上提议成立中国表面工程协会清洁生产指导委员会，秘书处设在北京电镀协会，得到中国表面工程协会的大力支持和全国许多省市电镀协会的响应。11月在无锡市召开了中国表面工程协会清洁生产指导委员会成立大会暨首次会议，全国17个省市地方协会约450人参加会议。在2004年北京推动电镀与精饰清洁生产技术论坛会议期间召开了北京市电镀行业年会，会议由会长王迪山主持，常委副会长马捷作了工作报告，对2003年协会工作进行了总结，并布置了电镀行业开展清洁生产工作安排；同时举行了授予双桥电镀厂等16家企业由北京市工商行政管理局颁发的守信企业标牌和证书的仪式。8月2日至4日在承德山庄宾馆召开北京电镀协会四届三次常务理事（扩大）会议，会议主要内容如下：讨论《北京电镀行业公约》，关于淘汰有氰电镀的情况通报，关于政府有关部门对电镀厂点实施强制清洁生产审核的要求，通报主要企业的状况和经验交流，传达北京市工商局关于企业申报“守信企业”公示工作。协会起草了《北京电镀行业公约（讨论稿）》发给各会员单位征求意见，已按意见进行了修改。

国内外技术交流。对国内的技术咨询接待，每天接待大量来电、来访，主要内容是产品生产厂家在产品制造中如何选择电镀层，制定技术要求，寻找协作加工单位。协会热情解答问题，优先介绍会员单位中质量好、信誉好的加工单位。10月13日至25日，北京电镀协会组团18人赴德、法等几个国家，考察电镀行业清洁生产先进经验，参观了4个电镀厂，参观了发达国家的先进电镀技术和设备，团员反映颇有收益，几个团员回国后，制作了投影式教材，给单位领导和技术人员讲课。在德国考察期间还和德国电镀协会进行座谈，学习其行业管理的经验。接待国外表面处理技术公司进行技术交流，了解技术信息，接待了美国、瑞典、日本等国的外商，参加了比利时大使馆组织的与比利时表面处理公司对口技术座谈。

参与国家技术标准及政策的制定。一是应中国标准化研究院的邀请，协会参加了国家发改委提出的国家标准《重点行业清洁生产评价指标体系编制通则》的起草工作，协会结合多年企业工作的经验，为编制标准提供切实可行的意见。二是参与制定国家环保总局组织的《电镀行业污染物排放标准及测量方法》，将现行的企业污染物综合排放标准改为行业排放标准，此标准对企业是强制执行的。协会充分利用自身优势，既要维护企业合法权益，又要使环境得到保护，使国家法令得以执行。这项工作全国有8个参编单位，北京电镀协会作为行业协会参加编制单位之一，年内进行了搜集资料及情况调研工作，计划2005年年底完成。三是参与国家产业政策的制定修改。原国家经贸委于2002年发布了32号令，淘汰落后工艺，其中要求电镀行业淘汰有氰电镀，引起全国同行的反响。由于技术原因不能完全淘汰，特别是航空航天和兵器工业困难较大。协会及时与政府部门沟通，一方面积极在行业内推广无氰技术，减少氰化物使用量，另一方面反映企业的困难，为政府部门提供国内外的工艺现状，考察国内外先进企业采用的技术，证实不能全部淘汰氰化物后，国家发改委产业政策司委托协会组织专家对政策进行了修改。

年内，在贯彻市劳动和社会保障局关于持职业资格证书就业上岗的精神以及电镀行业从业人员持证上岗的规定实施以来，协会加大了培训工作的力度，共举办各类职业技能培训班8期，培训总人数为177人。其中：初级电镀工61人，中级电镀工52人，高级电镀工26人，冲压工14人，初、中级分析化验工24人。培训工作把重点放在企业，除抓好计划内的培训班外，只要企业需要，到企业去培训，4月10日至25日在北开电镀加工分公司举办了一期电镀初级工培训班，有19名操作工参加了学习并通过了考核，取得了职业资格证书；6月11日至7月11日在双桥电镀厂分三期举办了电镀初、中、高级工和冲压工培训班，共有55人参加了学习，54人通过了职业技能的考核，这种培训方式受到企业的欢迎。

参与推荐守信企业活动。北京电镀协会根据企业自愿申报，经过协会考核，北京煤矿机械厂、北京亚林电力器材制造有限公司、北京市宝辰新技术有限公司、北京市王佐振兴电镀厂、北京市大兴县东光电镀厂、北京卓上工艺饰品有限公司6家企业被评为2004年度守信企业，在《中国工商报》、“首都之窗”、“首都工商”、“千龙”网站公示，记入“北京市企业信用信息系统”的“良好行为信息系统”中。

按期编发《北京电镀通讯》。全年按时编发了4期《北京电镀通讯》，介绍了国家和北京市有关行业的政策、法规，协会活动情况，国内外电镀方面先进管理、生产经验，行业信息等等。现已向全国各兄弟协会、关联企业发行，扩大影响。

（北京电镀协会）

【北京电子商会】 北京电子商会成立于1993年2月，是经北京市民政局核准、登记注册，由北京地区生产经营电子产品的单位及团体自愿组成的跨地区、跨部门、跨所有制，不以盈利为目的的社团组织。具有社团法人地位，业务上受市工业促进局指导。北京电子商会有直属会员300多个。商会编辑出版的内部刊物《北京电子信息》面向全国电子行业，并提供电子信息咨询服务。

2004年，北京电子商会围绕服务这一根本宗旨，开展了一系列活动，并取得了一些成绩，得到会员单位的认可。

在为政府服务方面，协助市工业促进局开展电子行业服务管理工作，完成了北京电子信息产业2004年第十八届电子信息百强企业申报的调研和申报工作，共有11家企业入围；完成北京电子产品《关于加强卫星地面接收设施的管理》和《关于加强无线广播发射设备企业生产管理》的月报、信息调研和协调工作，完成北京电子信息产业制造业统计月报和统计年报工作；完成了2005年北京电子信息制造业主要经济指标、调控目标的调研和上报等工作。商会受北京市质量技术监督局的委托，承担2004年北京名牌电子信息产品专业评审的组织工作和评审工作，北京电子信息产品制造业13家企业共16个产品被评为北京名牌产品。协助完成了市质量技术监督局、市工业促进局、北京工业经济联合会联合举办的“2004年北京名优产品展示展销会”的组织工作；组织相关企业参加北京市有关部门举办的2004年北京名牌产品展览会；根据北京市工商行政管理局《关于深入开展“守信企业”公示活动的通知》，商会作为行业组织参与了守信企业推荐活动，受理企业申请，负责对申报企业进行培育、辅导和考核，2004年受理申请的单位30家，最终有26家企业获此殊荣；为12名电工产品营销员颁发国家职业资格证书，参加“新世纪北京首届职业技能大赛”的相关组织工作；参加了2005年全球IT产业发展与回顾研讨会。

在为会员服务方面，举办了企业高级管理人员培训班、推介会，召开了企业管理模拟训练说明会，北京电子信息产业形势报告会等。商会会刊《北京电子信息》于下半年进行了改版，封面改为彩页，信息量也有所增加，更好地宣传了企业。组织国际和地区交流，促进经贸合作。电子商会陪同新加坡物流考察团参观了联想集团和北京兆维集团。9月10日至11日第七届（北）京台（湾）科技论坛暨京台科技合作研讨洽谈会在北京国际饭店举行。北京电子商会负责组织和主办了大中华快闪记忆卡标准论坛、数字电视标准论坛两场分论坛和快闪记忆卡标准圆桌会议。

年内，北京电子商会举行了第三届会员代表大会，以无记名投票方式选出了以何民生为会长、燕军为秘书长的北京电子商会第三届理事会成员172名。

（北京电子商会）

【北京半导体行业协会】 北京半导体行业协会（以下简称协会）成立于2001年8月16日，是由业内主要企业发起，任务是协助政府推动产业发展，开展行业服务工作。协会接受北京市工业促进局的业务指导，同时接受北京市社会团体管理办公室监督、检查和管理。协会常设的办事机构有办公室、认定办公室、交流合作部、技术部、市场推广部及人才交流培训部，是一支老中青结合，以中青年为主，有经验、有知识、有朝气的队伍。

2004年协会以双向服务为宗旨，高效、勤奋、务实、积极地开展行业工作，主要是抓了基础建设工作，举办了2004年国际微电子论坛等重大活动，为政府、为企业提供服务。

北京国际微电子论坛由北京市工业促进局主办，协会从2001年开始承办该项活动。本届论坛于9月23日至24日在北京天鸿科园酒店举行。来自美国、日本、台湾、香港等国家和地区的企业参加了活动，包括华美半导体协会、香港科技园、SEMI、台湾SOC联盟、中日创业培养中心、台湾玉山等，有近百位境外来宾，1500人次国内来宾参加了论坛。论坛的主题是：微电子产业与科技奥运。主会活动包括开幕式、国家“八六三”计划COMIP成果新闻发布会、高峰论坛、微电子技术与北京奥运主题论坛、数字移动通信与多媒体产业主题论坛、汽车电子与智能交通主题论坛及展示会。市工业促进局局长程连元主持开幕式，信息产业部副部长苟仲文、科技部副部长马颂德、副市长陆昊在开幕式上致辞。国内外各知名企业CEO代表在高峰论坛上作了演讲，其中包括中芯国际（SMIC）总裁张汝京、京东方（BOE）董事长王东升、美国科利登科技有限公司（Credence Systems）董事长格雷汉姆·西道尔（Graham siddall）、德州仪器（TI）程天纵、台大创新育成股份有限公司胡定吾、瑞萨半导体管理（中国）公司小仓节生等，他们论析了国际微电子产业的现状与发展趋势及中国市场发展的形势，对在北京地区发展微电子产业充满信心。论坛举办期间，由科技部高新技术发展及产业化司同大唐电信科技股份有限公司举办了国家“十五”、“八六三”计划超大规模集成电路设计专项重点课题“面向通信的综合信息处理SOC平台”（简称COMIP）产品新闻发布会，大唐成功推出COMIP SOC平台产品，将成为大唐电信通信设备的核心芯片。北京半导体行业协会理事长冯海同美国华美半导体协会、香港科技园和北京集成电路设计园管理有限公司签订了“大中华区集成电路应用开发平台联盟”协议。中关村管委会、北京奥组委、北京市工业促进局等领导分别与国内外公司代表探讨了2008北京奥运商机与中国微电子产业的发展。在数字移动通信与多媒体产业主题论坛上共有8位国内外著名企业代表解析了移动多媒体产业发展趋势。在汽车电子与智能交通主题论坛各企业代表就汽车电子与智能交通的现状及国内外发展趋势进行了细致分析，认为中国汽车电子产品应用层次还很落后，汽车电子与智能交通产业的开发和应用，将成为汽车产业和电子信息业的新增长点。论坛附设的精品展示会，无论是规模、内容和形式上比2003年国际微电子论坛都有较大提高。组展从数字高清电视/HDV、通信核心芯片、数字移动多媒体、TFT—LCD显示设备、EDA设计工具、集成电路测试设备、半导体材料、半导体设备及代工生产等8个方面，展示了一年来北京微电子产业的成果，共30多家企业参展。在论坛举办期间国内第一条12英寸集成电路生产线——中芯国际（SMIC）北京12英寸集成电路生产线在北京亦庄经济技术开发区举行了量产仪式。北京市委书记刘淇及中央各部委办、北京市各级政府等领导出席，副市长陆昊主持仪式，北京市市长王岐山和信息产业部娄勤俭副部长分别致辞，各相关外国使馆也派代表出席，美国驻华使馆商务参赞代表参加仪式的各国驻华代表机构向中芯国际12英寸芯片厂量产表示祝贺。该项目的正式投产，使在IC设计、材料、测试和设备等方面具有国内领先优势的北京集成电路产业链更趋完善。

加强行业信息统计，提高协会信息化管理水平。2004年协会继续对北京地区IC企业调查显示：2004年年底北京地区半导体产业的企、事业单位共有145家，从业人员约10300余人，其中集成电路设计企业109家，占总数的75.1%；全行业实现销售总额超过97亿元，比上年同期增长56.5%，设计企业销售总额超过31

亿元，增长 65.78%，占行业总数的 32%。与国内集成电路行业调查情况相比较：全国 2004 年 IC 产业销售收入 545.3 亿元，北京 97 亿元，占全国 17.8%；全国设计企业总数为 470 家，北京 109 家，占全国 23.2%；全国集成电路设计企业实现销售收入 81.5 亿元，北京为 31 亿元，占全国 38%；全国销售额过亿元的设计企业有 17 家，北京 6 家，占全国 35.3%；在 2004 年中国前 10 大集成电路设计企业销售额排名中，北京有 4 家企业入围，其中北京的大唐微电子技术有限公司排名第一。2004 年度中国前 10 大最具成长性集成电路设计企业排名中，北京有 5 家企业入围，其中北京清华同方微电子有限公司增长率排名第一，增长 110 倍。通过调查分析，对北京 IC 产业的现状有了一个量化的描述。2004 年发放了专家情况调查表，协会建立了一个专家数据库，对北京地区集成电路专家进行基本情况的调查，并将统计的 20 多位知名专家基本情况录入到数据库中，提高了协会办事效率和服务质量，为政府、企业提供更好的服务。

发挥协会优势，为政府服务。受北京市政府、市工业促进局、市发改委、中关村管委会等政府部门的委托，编写了关于北京微电子产业发展的相关报告。编写《北京市集成电路设计专项发展基金项目招标书》，编写《2003—2004 年北京集成电路产业发展年度开题报告》，协助组织 2004 年北京市集成电路设计专项资金的项目评审工作，40 多个项目进行评审结果汇总，上报北京市工业促进局电子信息产业发展处；为让北京地区集成电路企业更好地了解政府资金的扶持项目，编写《政府资金支持指南》共计 7000 余字；协会根据对北京地区集成电路产业发展状况的了解作出与上海的集成电路产业状况进行分析，协助市工业促进局编写了《北京半导体产业状况分析——与上海比较》的分析报告，共计 4000 余字；承接中关村管委会《中关村园区产业调研报告》共计 2000 余字。

加强企业对行业的了解。协会年内发行了四期简报，第一期介绍了北方微电子产业基地门户——人才信息服务平台试运行良好，第二期介绍华大集成电路公司副董事长王芹生、中星微电子公司董事长邓中翰、大唐微电子公司董事长魏少军、中芯国际公司总裁张汝京当选为 2003 度中国半导体企业领军人物，第三期介绍中关村集成电路设计及相关企业金融支持暨担贷款绿色通道专场推介会和惠普 Linux 环境与 EDA 技术应用研讨会举办；第四期报道 2004 年北京国际微电子研讨会隆重举行。

开展人才、产品服务工作，建立产品服务平台。2003 年协会本着为会员服务、为企业服务的宗旨，在北京 IC 网上搭建了一个专业人才服务平台，于 9 月份开始试运行。2004 年，此服务平台运行良好，成为企业必不可少的服务平台，已注册会员 500 余个，其中企业注册用户 60 余家，个人注册用户 400 多个；发布招聘信息近百条，登载求职信息逾 200 条。协会与新东方 IC 培训学校和 Cadence 软件学院建立了长期合作关系。通过开展人才服务工作，协会将新东方 IC 培训学校第二、三期培训的 36 名学员，推荐到北京地区的集成电路企业进行实习。年内协会利用在微电子行业中的优势，在北京 IC 网上搭建了一个专业的产品服务平台，为企业产品销售提供多渠道的信息，在试运行的过程中得到各企业的好评。

开展交流服务。协助惠普（HP）公司举办“HP EDA解决方案技术论坛”，发送邀请函570余封，有近100多个单位300余人参加；协助上海福华先进微电子公司邀请业内人士参加“开放式协作，共拓数字媒体新元——2004数字媒体国际研讨会”，共发邀请函150余家；配合信息产业部对北京地区集成电路企业增值税问题进行调查，共发传真130余份；协助中关村——Cadence软件学院邀请业内人士参加“从概念到硅片”SOC设计技术研讨会，共发邀请函200余封；协助北京市台办举办第七届京台科技论坛——暨京台科技合作研讨洽谈会，负责组织京台座谈会和邀请代表参会。（北京半导体行业协会）

【北京软件行业协会】 北京软件行业协会坚持以为政府和企业服务为宗旨，以修炼内功为主，提升协会的工作能力、生存能力与服务能力、同时建设一个国际化的产业协会为目标，积极促进北京软件产业发展。

2004年，北京软件行业协会认真履行政府赋予的职能，以“双软认定”工作为核心，发挥好政府与企业间桥梁作用双软认定、双高奖励数量保持平稳上升。新认定软件企业549家，占全国的27%，累计认定软件企业2298家，占全国的22%；新登记软件产品1238个，占全国的17%，累计登记6058个，占全国的26%。全年有1145家软件企业通过年审。双高人才奖励企业394家，人数5772人，金额5538.5万元；补报2001至2003年奖励企业36家，人数315人，金额570.2万元；2001至2004年累计奖励企业965家，人数13543人次，奖励金额24067.7万元。全年北京市软件产品退增值税14.8亿元。

开展“双软认定”工作。新双软认定平台完成全面测试。2001年6月，“双软认定”工作平台（www.bsia - srrd.org.）开始投用，实现了网上申报、初审，方便了企业申报，提高了协会评审工作的效率和质量，增强了工作的透明度。2004年5月，新工作平台进行全面测试，加强了管理与监督功能，可全程记录企业申报过程及工作日志及工作人员审批信息，能自动打印受理通知单等，为执行ISO9000质量管理体系提供了可靠的原始凭证。年内工作平台运行良好，根据“双软认定”中出现的典型和共性问题，协助政府及时调研并提出可操作的工作建议。多次组织专家进行专项调研，聘请中国软协和政府有关部门的负责人参加研讨和现场考察，完成了中国航空结算中心、冠群电脑（中国）有限公司（经中国软协授权）和港湾网络公司（经中国软协授权）等典型软件企业的认定工作。研究对特殊产品的登记问题。经调查研究并征求政府主管部门的同意，确定以国家科技开发项目任务书或提供自主知识产权保证书及专家现场测试报告、产品开发文档检查报告、产品说明书及源代码前、中、后各30页备查的方式对Linux产品进行登记。

加强政策宣传和培训。根据企业需求和“双软认定”工作需要，2月配合年审工作举办了三期免费培训班，400多家企业近500人参加了培训。配合重点软件企业的申报工作，聘请中国软件行业协会的有关负责人对60多家基本符合申报条件的企业开展免费政策宣讲及培训，提高了申报材料的质量和工作效率，并委派专人对上报中国软件行业协会的42家企业的申报材料进行了初审。配合三资企业协会、丰台科技园区和中关村软件园等其他协会和单位积极宣讲“双软认定”政策，参加培训的企业代表200余人。8月配合双高奖励工作举办了四期免费培训班，70多家企业近100人参加了培训。

管理更加规范严格。结合协会ISO 9000质量管理体系认证工作，按照质量管理体系要求制定了“双软认定”服务控制程序，进一步明确了工作依据和工作目的，确定了适用范围，规定了岗位职责和工作程序，并形成文件，为进一步规范和提高“双软认定”工作管理水平提供了制度上的保证和考核依据。建立了工作人员上岗培训制度，确保服务质量。做好文件归档。2004年初，开始按档案管理规定的要求整理档案，将把历年申报资料送市科委归档，并全部形成可查阅、检索的电子文档。

积极发展会员，并为会员企业提供多种形式的服务。2004年发展团体会员98家，其中外商企业9家、大型企业11家、中型企业60家、中小企业18家。截止到2004年年底，会员数达到580家。4月22日，与软件产业促进中心共同组织了北京市软件产业工作会议并召开四届三次理事会暨会员代表大会，并通过申请单位自荐，选举产生了10家理事，4家常务理事，协会会员200余人参加。会员数据库随时更新，集中安排两次全体会员的注册信息确认，会员单位的注册信息可以达到80%以上的准确率。组织多种形式的会员活动，组织程序员沙龙系列，组织了秘书沙龙系列，开展了“如何建设高效团队”建设及测评系统介绍，青年联谊会，涉外软件企业跨国经营上应了解的法律问题讲座等活动，共有近700人参加。还组织了北京2004软件外包和服务国际化高级研讨会，北京软件产业基地公共技术支撑体系推广交流活动，软件营销论坛，京台科技论坛，承担了中关村电脑节的软件外包大会，先后有162家会员企业400多人参加。

受政府委托和与相关机构合作的工作。受北京市质量技术监督局委托进行北京市名牌产品评选，推荐软件企业6家，用友U8ERP、瑞星杀毒软件被评为2004年北京名牌产品。受市工商行政管理局委托开展守信企业评选活动，共计有29家软件企业被评为2004年度守信企业。与市质量协会等合作进行了用户满意度评选活动，共有清华同方等10余家IT企业被评为企业奖。与软件产业促进中心合作举办了北京第一届优秀软件构件评选活动，并举办了颁奖大会。共有联想、神州数码等10家企业的16个产品分别评选为一、二、三等奖。与市工经联联合推荐参与工业企业信息化的软件企业，推荐软件企业22家。为《中关村科技园区志》的编撰推荐了重点软件企业和典型软件企业。完成协会网站www.bsia.org的改版策划案，新网站于9月7日正式开通，年内访问量49720人次。网站功能得到大幅强化。完成了会员单位在线登记注册和会员数据在线同步更新的功能。提高了工作效率，为会员提供了方便。

以“开放式办会、统一化协调”为原则，加强对分支机构的支持与管理。协会遵循开放办会的原则，成立了测试软件分会，使得分会数量达到8个，并出台了《分会管理办法》，规范了财务等管理制度，建立了季度分会秘书长会议制度，加强了对分会的规范管理。分会开展了系列沙龙活动，主办或承办了多次大型会议或活动，承担了中国软件欧美出口工程企业评估标准、集成化软件工程知识体系、软件标杆数据库建设（benchmarking）、瞪羚计划调研报告、石景山区数字娱乐产业基地发展规划、北京益智软件产业研究报告等课题。组织部分分会成员联合实施CMM和ISO9000认证。通过“打包”认证的形式，降低了企业培训和咨询的费用，推动了企业CMM认证和ISO9000认证工作。此外，还开拓性地完成ISO9001质量管理体系认证。进行了为期两天的ISO9000质量管理体系全员贯标培训，进行了基础知识测试，全体人员通过测试。组织内审员培训，13人取得内审员资格。12月18日外审顺利通过，12月30日获得证书。建立一套标准、完善、可行的工作流程、为协会可持续发展打下坚实的基础。组织编写《双软政策知识问答手册》，解答了47个相关问题。创刊了《软件调研与文摘》内部电子期刊，半月一期，为研究工作积累素材。由于全年工作成绩比较突出，被中国软件行业协会评为全国系统先进协会；被北京市版权局授予首批版权保护工作站；被中关村科技园区服务中心评为一站式服务工作先进。

（北京软件协会）

【北京服装纺织行业协会】 北京服装纺织行业协会按照为企业服务、为行业服务、为政府服务，促进服装纺织行业发展的宗旨，以建设时装之都为目标，不断探索新形势下协会履行服务职能的有效途径，积极开展各项工作，较好地完成了理事会所确定的各项任务，各项工作有新的进展。

搞好行业调研和分析。围绕市委、市政府提出的改造、提升和发展都市工业的决策，协会积极开展行业调查。全行业共有服装制造、家用纺织品、产业用纺织品、棉、印染、毛纺织品等7个产业大类；近年来，化纤、麻纺织、丝绸、纺织机械等产业已基本淘汰；毛纺织、棉纺织、印染企业正在调整搬迁；企业总数2300余家，行业年平均用工人数19.4万人，占全市地方工业用工比重15%左右；其中服装企业数量增加到1900余家，平均用工14.8万人，占行业比重76.3%；2003年全市服装产量3.1亿件，约占全国服装产量（136亿件）比重2.3%，北京已成14个服装产量增幅超过全国平均水平的地区之一。家纺行业、产业用纺织品已成为纺织最终产品的三大领域之一，家纺企业数已占行业中第二位；产业用纺织品出口量已在全国省市中排在第五位。全行业的区域分布正向郊区县转移，郊区县企业占行业总数的53%，平均用工人数达12.7万人，占用工比重65.5%，城区企业以市场营销、品牌设计和形象宣传为重点。在企业所有制方面，全行业非公有制企业增长速度加快，行业主体以集体、民营企业为主，计1600余家，占行业比重2/3。三资企业数量比重为14.25%；股份制企业数量比重为12.6%；服装纺织业国企数量比重已降低到4.7%。与南方及沿海地区的距离在逐步缩小；经过持续的企业改制工作，国有资本一股独大的现象正在加快扭转。全行业企业规模优势增强。服装纺织行业全部国有及非国有规模以上企业380家（其中服装鞋帽企业206家），资产总计152亿元，工业总产值（现价）122亿元、销售收入123亿元，比2000年分别增加26.6%和36.6%；出口额15.94亿美元，贸易顺差12.47亿美元，出口值占全市地方工业出口比重21.6%，在全国服装、纺织行业出口城市中，排列第六位。纺织品及服装全市衣着类商品零售总额211亿元，占全市社会消费品零售比重

11%。全市服装交易市场70个，占全市专业市场成交额比重9%。通过大量的调研资料，协会撰写了《北京服装纺织行业调研报告》，受政府部门委托编制了《2001—2005年北京服装纺织行业发展规划》，参与制定了《促进北京时装产业发展，建设“时装之都”规划》，撰写了《服装展会情况的调查报告》。

推动都市产业发展为重点。协会本着边规划、边推进的办法，采取多种形式，开展以“时尚北京”博览会为重点的各项活动，努力推进规划的实施。与政府有关部门、联合科研院所、大专院校先后举办了新女装“首都科技杯”设计大奖赛，建设北京时装之都招商信息发布会等活动。与市政府相关委办局举办了2004年时尚北京博览会大型系列活动；举办了奥运风采礼仪之星大赛、国际师生设计大奖赛、品牌论坛及国际招商洽谈等活动，整个活动与人文奥运紧密结合，与招商引资项目紧密结合，参会参展的中外客商万余人次；博览会尝试了整体组织、策划、推广，分项活动社会化、市场化运作，工商联手，最大范围吸收社会各方面的资源共同办展，受到了中外宾客的高度评价和赞誉。组织力量制订北京会展方案，并根据企业要求，改变一家一户、散兵参展的状况，先后参加了北京及外省市的服装服饰节、产品展示展销会等活动。集中展示、宣传行业、企业及品牌，树立北京行业整体形象。协会积极帮助国内外企业家来京投资发展、为企业项目的推介，开展牵线搭桥工作，加快了招商引资的力度，一些品牌企业开始来京落户，著名服装设计师在北京设立了工作室，带来了先进的经营管理经验和品牌运作模式，天釜公司以开发设计个性品牌、树立品牌形象为重点，与法国、意大利设计师合作，在经济技术开发区投资建设了服装设计产业园；北京天鸿集团投资建设时尚岛项目前期工作也在推进中；服装商务街及中、高档的面辅料市场正在形成，这些项目的启动开发，对加快“时装之都”建设将起到积极的拉动作用。

发挥行业专家作用。协会组织专家委员会，采用灵活多样的方式在咨询服务、扶植品牌、技术培训等方面积极开展活动。协会组织专家咨询论证，帮助有关区县制定了服装产业园区发展规划；制定了北京“中式服装标准”；承担了全国男西服、马甲和裤子的《加工贸易出口产品单耗标准》的制定等工作。配合市质量技术监督局、市教委学生装管理中心开展了学生装行业标准的宣贯、培训工作；利用区域的优惠政策，帮助企业完成了10个项目的奖励申报工作，从而支持了企业科技项目开发和管理创新的积极性。职业装委员会通过投、招标形式为企业开拓市场，先后为银行、企业、院校等单位开展了技术咨询、推介及职业装定制工作，受到了用户和会员单位的好评。女装推广中心对50个城市148家主要商场，进行了大量的调研工作，建立了成熟女性服装品牌市场、销售数据库，为中小企业女装品牌的推广工作奠定了基础。

开拓信息渠道。协会坚持每周两期《北京服装纺织行业信息》会刊的发行。共出版了83期，设置了30多个栏目，起到了经验交流、信息沟通和舆论引导的作用，2004年改版为《时尚北京——服装纺织》期刊，保证及时性、广泛性和专业性，使其成为协会与会员单位沟通的重要渠道。2002年协会建立并开通了“北京服装纺织网”，搭建了协会网上工作平台，

"时装之都"研讨会的信息在网上发布后，引起了国内外各界人士的重视，加快了协会与业界的信息沟通，加大了优势企业的宣传。

培育宣传企业品牌。协会积极协助政府有关部门做好名牌产品和著名商标推荐工作。开展了2003～2005年北京名牌产品培育调查，建立了数据库，从企业概况、产品概况和信息化建设等方面跟踪生产经营和品牌营销情况，以便于有关部门推荐行业名牌产品和著名商标。协会坚持发挥品牌效应，与北京服装、纺织质量监督检验站合作开展行检、行评及行业产品质量监督工作。对上百家企业的20多个服装、纺织产品，30多个品牌，按照国家标准进行了实物检测。对经检测达到优等品的企业进行了表彰和广泛宣传，对连续四年达到优质产品品牌作为推荐国家及北京市名牌产品的候选单位的依据之一。协会依靠科技创新，实施品牌发展战略，与科研院所举办了新材料、新工艺、新技术信息发布会，全行业4个服装品牌荣获中国名牌产品称号；26个产品荣获北京名牌产品称号；25种产品商标获得北京市著名商标称号；50余家企业获得工商局颁发的守信企业荣誉称号。一些区域性品牌已提升和发展成为全国性品牌。

开展教育培训。协会根据不同时期企业不同需要，先后举办了10余次培训班、讲座、论坛等活动，有400多家企业参加了培训。围绕企业现代化管理，组织了行业、企业标准化、人才培训等专题调研及服装纺织标准的宣贯工作。通过CAD等相关技术培训，IBM软件应用示范会及讲座等多种形式，提高行业整体素质。

开展合作交流。协会分别组织10多个团组，赴世界各地及港、台地区参观、考察、参加展览会或出席专业会议，通过活动，一些企业找到了合作伙伴，扩大了出口定单，签订了新的合作意向，推进了行业引资合作项目的进展。协会邀请国内外的同行来京交流，传授先进技术和经验，如与美国、韩国、意大利、日本、法国等国家及香港、台湾地区开展了多项的交流与合作，发挥了协会的桥梁纽带作用。

维护企业利益。中国入世后，限制纺织品服装出口贸易的保护主义明显加剧，纺织服装行业应对机制亟待改善。协会组织听取相关企业意见，向政府部门提交了行业形势分析、工业反倾销、反补贴及保障措施和对策建议；组织会员企业按季度收集重点服装企业生产经营状况报表，及时分析经济运行情况，为行业安全运行和产业预警机制的建立做好准备。针对京港两地更紧密经贸关系协议签署的生效，进行了涉及此项协议中香港服装、纺织品进口实行零关税对本行业和市场影响的初步分析，并向政府部门提交了具有影响力的分析报告。配合工促局组织了行业重点出口企业进行了改变粗放型出口模式专题调研座谈，共同寻求对策和政府支持。针对品牌企业进商场负担过重等反映，写出调查材料提交市政府有关部门，呼吁采用灵活措施给予企业扶持，并与企业一起研究对策。协会调查核实了7家大中型出口骨干企业出口退税占压高达3亿多元人民币的税款长期不能退回，给企业扩大出口造成的巨大压力的问题，写出了报告，向市经贸委和市国税局的主管部门反映，国税局及时向协会反馈了意见，表示优先解决服装纺织出口退税，当年年底退回了近一半的所欠税款。

加强协会自身建设。协会把发展壮大

会员队伍作为一项重要工作。通过对企业的摸底调查，对破产、合并等会员单位进行了调整，将长期无故不履行会员单位义务的单位，按协会章程规定程序，取消会员资格。为进一步扩大协会的覆盖面，积极发展有规模、有代表性的服装纺织企业入会，400多家会员企业，规模以上企业占80%以上，增补了部分理事、常务理事，增强了协会在行业中的覆盖面和凝聚力。协会坚持在每年召开理事大会上总结行业成就、分析研究行业发展中的问题、探讨行业的发展趋势，并对当年及今后一段时期的行业工作提出指导性意见。

（北京服装纺织行业协会）

【北京塑料工业协会】 北京塑料工业协会是北京地区塑料业的行业组织。会员有塑料业各种经济所有制的生产和加工、原料和辅料、设备和模具、经营和销售、科研和开发、检测和监管的企业与事业单位，有会员近百个。随着北京地区经济的发展和调整，会员结构逐步发生变化，新加入协会的会员大部分是民营企业，外资企业，股份制企业等，包括一些国内塑料业大企业集团在北京的公司。如：北京华源亚太化学建材有限责任公司、北京东明化学工业有限公司、北京市浙江伟星建材有限公司等。

2004年，北京塑料工业协会以面向市场和服务企业为宗旨，尽力为行业的发展做实事，帮助企业、用户和政府相互沟通合作。

塑料新产品的推广应用。北京塑料工业协会工作的重点是推动贯彻国家重要的产业政策——发展化学建材（建筑用塑料）。协会积极参与有关政策、规定和标准的建议、制定、宣传和贯彻工作。协会通过报送建议资料和参加论证会等活动，推动北京市建委和规委在2004年发布了限制使用污染环境的混凝土排水管和灰口铸铁管的文件，推广应用有利环保的塑料埋地排水管；参与了2004～2008年北京市建设工程材料使用发展导向意见的起草；协助建设部科技发展促进中心组织了全国性的推广化学建材会议。协会还直接参加了一批国家级标准和规范的制定工作，是CECS 264：2004埋地聚乙烯排水管道工程技术规程的两个主编单位之一。

参与企业新产品的调研、论证、鉴定和宣传培训活动。重点帮助的企业有燕山石化、北京哈威公司、青云公司等。燕化是北京塑料工业协会最大的会员企业，协会尽力帮助燕化做产品开发和推广工作，燕化根据协会建议开发，并在协会帮助下向全国推广的新产品——聚乙烯埋地排水管专用料目前已经通过鉴定并且成功地打开全国市场，全年产量超过万吨，出现供不应求的局面，还协助燕化开发聚丙烯专用料的工作。按照北京政府和北京工业经济联合会的要求积极开展招商引资，在协会建议和帮助下，上海哈威公司来北京近亿元投资建立的哈威北京工程材料有限公司于年内全面投产。

协会开展对塑料业市场前景和发展动向的调查研究，开展各种信息交流和技术服务，帮助企业确定创新开发和投资建设的方向。2003年起协会建立了网站（www.bpia.cn），已经办了10多年的月刊《塑料信息》改为电子版，直接刊登在网站上，网站上还发布了很多的技术信息和资料。2004年协会发表和出版了《护套管新国际标准资料集》、《塑料管材管件耐化学腐蚀等级表》等技术资料。协会专家经常在各种专业会议和刊物上发表报告，到各地企业去讲课或咨询。协会的信息交流和技术服务工作受到广泛欢迎和好评。通过这些工作与全国塑料业、国外塑料业建立了广泛联系，形成信息收集和传输的良性循环。（张玉川）

【北京工艺美术行业协会】 北京工艺美术行业协会（简称工美行业协会）2004年共有团体会员单位78家，既有生产企业又有营销单位，包括城区和郊区县；个人会员有256人，其中大部分是各级工艺美术大师和高级工艺美术师。工美行业协会自2001年成立后，在工作中不断取得新经验，2004年7月7日，中国轻工业联合会会长陈士能到京城百工坊视察时，肯定了北京市工艺美术行业（协会）做了大量工作，取得了不少成果，对于弘扬民族文化、促进首都文化旅游事业的发展起到推动作用，在全国工艺美术行业中产生了积极影响。希望京城百工坊和北京工艺美术行业（协会）再接再厉，继续加大宣传力度，争取多方面的支持，取得更大的成绩。

2004年1月15日，北京工艺美术行业协会召开2003年北京工艺美术行业工作总结表彰大会。会长李进华作了再接再厉，为振兴北京工美继续努力的工作报告，副会长兼秘书长朱洪宣读了关于授予崇文区经贸委等16个单位庆祝北京市传统工艺美术保护办法颁布一周年活动优秀组织奖的决定和首届北京工艺美术展北京工美杯评选获奖名单，北京市传统工艺美术评审委员会副主任袁运甫宣读了关于2003年度北京工艺美术评出5件珍品的决议，颁发了获奖证书和奖金；还举行10名大师新收31名艺徒的拜师仪式。北京市传统工艺美术评审委员会主任常青肯定了北京工美行业协会的工作，对2004年的工作提出了新的要求。

加强协会组织建设。5月14日，北京工艺美术行业协会召开换届选举大会，选举产生了第二届理事和监事之后，召开了二届一次理事会和监事会，选出了常务理事和监事长。7月9日，工美行业协会召开常务理事会，研讨并通过了协会秘书处设立办事机构负责人，推选副秘书长，增补副会长，聘请名誉顾问、名誉会长和顾问等。9月14日，工美行业协会召开二届二次会员大会，讨论了开展迎奥运产品创新活动、加强会员单位信息情况交流、加强大师带徒和带徒津贴管理以及“德艺双馨”大师评定办法和“关于申报工艺大师资格累计积分制办法”，征求各方面意见。10月15日，北京市民政局批复，同意北京工艺美术行业协会设立玉器、牙雕，景泰蓝、金属工艺品，漆器、古典家具，金银珠宝首饰，织绣，民间艺术，工艺品流通，书画等8个专业委员会。12月17日，工美行业协会召开第二届三次常务理事会。讨论通过了“北京工美‘德艺双馨’大师评定办法”和“关于举办第二届北京工艺美术展的决定”；“关于2004年度评审北京工艺大师办法”的相关实施细则等。

抢救濒危传统工艺品。2月24日，召开工艺美术抢救濒危品种调度会。已经立项的并签订合同书的有北京金属工艺品厂的“金属雕錾”佛塔，资金15万元到位；北京禄颖兰釉艺工艺品有限公司的“景泰蓝釉料材料工艺和设备”，资金15万元到位；北京雕漆工厂的“抢救濒临失传雕漆剔犀技艺”，资金8万元到位；北京北洋旅游工艺品厂“抢救濒临失传的绢花技艺”，资金8万元到位；北京剧装厂“抢救濒临失传的剧装技艺”，资金7万元到位；北京房山区大石窝镇人民政府“抢救濒临失传的汉白玉雕刻技艺”，资金20万元到位；北京东方艺珍花丝镶嵌厂“花丝镶嵌珍品”，资金9万元到位；北京地毯五厂“抢救濒临失传的盘金地毯技艺”，资金15万元到位。会上确定每季度检查一次进度，及时调解存在问题，完成工艺、工序记录和文字图像整理等工作。

参加国内外展销获奖。4月29日至5月10日，由北京工艺美术行业协会与中国国际图书贸易总公司合作组成的中国北京工艺美术品展销团赴法国参加巴黎博览会100周年庆祝活动；北京工美展销团由来自24个单位的53人组成，携带货物有上百个品种，总值100多万元人民币，在亚非馆占地102平方米，设立200多摊位；展出期间考察参观了法兰西、德国、比利时、荷兰、卢森堡、丹麦等国家的名胜古迹及手工业生产企业；北京工美展销团共有15家单位或个人荣获法国巴黎万国博览会100周年特别大奖，分别是：中国工艺美术大师张同禄工作室制作的景泰蓝《吉羊宝灯》、中国工艺美术大师李博生工作室制作的《东方首饰》系列、琢玉艺师王庆珍设计制作的玛瑙《海豚戏潮》、北京金漆镶嵌三级大师柏德元监制的金漆屏风、北京工艺美术一级大师文乾刚和艺师李志刚设计的雕漆制品、北京地毯五厂研制的高道数手工毯、北京民间工艺三级大师滑树林监制的绢人系列、北京金属工艺品厂制作的仿商周铜器、泥陶塑艺师张铁成制作的仿秦兵马俑及仿古陶器、北京工艺美术三级大师马佩坚设计的“卡克图”器具、模型艺人李永宁仿制的古建筑、北京燕都刺绣厂设计师陈冰及民间刺绣艺人蒋丽娟监制的绣鞋、绣衣、绣片，北京库鹏象牙雕刻有限责任公司制作的牙雕工艺品等；颁奖仪式在亚非馆内的中国展台举行，由博览会组委会主席博斯特夫人、副主席胡比夫人和亚非馆主任勒高克小姐颁奖；展出期间北京展销团总销售额为37万元人民币。7月25日至27日，协会组团在新加坡香格里拉大酒店举办了“中国北京玉器精品展”，展出北京琢玉大师及其弟子们制作的玉器200余件。10月28日至11月1日，工美行业协会组织会员单位参加了第五届中国工艺美术大师作品暨工艺美术精品博览会，北京展团共获14项大奖，其中荣获金奖的有北京朝阳雍玺玉器厂生产的白玉薄胎《八宝吉祥炉》、北京库鹏牙雕有限责任公司生产的牙雕《演教图》、《药师佛图》、北京珐琅厂生产的景泰蓝《海底梦幻》（套）和北京雕漆工厂生产的雕漆《梅瓶》等5件；获银奖的有北京库鹏牙雕有限责任公司生产的牙雕《千里走单骑》、《观音应化图》和北京珐琅厂生产的景泰蓝《O系列》（套）等3件；获铜奖的有米福工作室生产的景泰蓝14寸《银河瓶》和北京雕漆工厂生产的雕漆《野生郁金香》等2件；获优秀奖的有北京朝阳雍玺玉器厂生产的青玉《公牛》、北京聚珍坊工艺品有限公司生产的錾铜镶玉《聚珍舫》、北京珐琅厂生产的景泰蓝《春》和北京海成特种模具厂生产的15寸漆艺香炉等4件。

7家评定为守信企业。2月24日，经北京市工商管理局正式批准，协会会员单位中7家被评定为2004年的北京市守信企业。分别是：北京工美集团有限责任公司工艺品分厂、北京工美集团有限责任公司王府井工美大厦、北京工美集团有限责任公司白孔雀艺术世界、北京美亚伟业珠宝首饰有限公司、北京汉艺煌景泰蓝工艺品有限公司、北京玉器二厂、北京市第一绣花厂。

组织会员单位赴台湾考察。10月24日至11月2日，工美行业协会组织会员（单位）共10人参加了赴台湾考察活动。在台湾期间先后拜会、参观了台北市王云五文化艺术基金会，大陆商品台湾展示销售中心，台湾艺术大学，台北市立美术馆，张大千故居，淡江大学文锱艺术中心，华夏工艺品生产公司，日月潭蛇窑陶艺以及高雄市立美术馆，中华民俗文化村和台北故宫博物院等。

《工艺美术家》5月创刊，该刊由北京工美行业协会主办，季刊，主要刊登北京地区工艺美术界人员撰写的文稿和设计创作的手工艺术品图稿等，设有“创作经验”、“博雅画廊”、“留住技艺”、“吉祥文化”、“艺海钩沉”、“理论研究”、“岁月留痕”、“工美精英”、“京华工美群星谱”等栏目，至年末已出版三期。

开展评审北京工美大师活动。2月20日，工美行业协会向全市工艺美术单位及会员发出《关于开展评定北京工艺美术大师、民间工艺大师工作的通知》，至4月15日，共121人提出申请。同日，协会举办的第二期工艺美术专业培训班开学；科目有《中外美术作品鉴赏》、《佛教造像鉴赏》、《梅、兰、竹、菊画法》，并发放了相应的3种教材，参加培训的有51名学员，培训班每周五、周六全日上课，至4月3日结束。5月28日，根据《北京市传统工艺美术保护办法》的有关规定，评审委员会秘书处将所有申报人的名单予以公告，凡对于公告中的申报人有异议者，可在7月18日之前反映给北京传统工艺美术评审委员会秘书处。7月30日，评审委员会秘书处再次公告，仍然欢迎社会各界对申报人有异议者或有其他建议者继续向评审委员会秘书处反映情况。8月28日，新的一期工艺美术专业培训班结业，有54名学员入学，学习科目有《艺术概论》、《中国工艺美术史》、《古代汉语》。9月17日，又一期工艺美术专业培训班结束，有48名学员参加。12月31日，北京市传统工艺美术评审委员会召开专题会议，研究和讨论并通过了《关于2004年评审北京工艺大师的实施办法》、《关于申报、评审、认定北京工艺大师的细则》及《关于授权技术顾问组负责对北京工艺大师初评的决定》。 （李苍彦）

【北京印刷协会】 年内，北京印刷协会在市工业促进局、北京新闻出版局和市社会团体办公室的指导和管理下，在挂靠单位北京隆达轻工控股公司的支持和帮助下，在全体会员单位的共同努力下，较好地发挥了北京印刷协会的桥梁纽带作用，取得了显著的成绩。

举办“北京新印展”。2004年北京印刷协会第一次举办国际印刷展览会“北京新印展”，宣传口号是“新北京、新印刷”，展会于3月16~19日在北京全国农业展览馆举办，展会共设3个展馆，展区6000平方米，参展的企业60个，国内最大的印机制造厂家北人机械股份公司和上海印包机械公司都以强大的阵容参展，日本、美国、德国、葡萄牙、瑞士、丹麦、印度、台湾和香港等国家和地区印刷行业代表性的企业和厂商也有新技术设备在展会上亮相，展会吸引了各方面的观众，其中包括在京的印刷管理部门的领导、专家和学者，河北、天津、辽宁、吉林、山东、山西、内蒙古等省市的印刷界同仁，北京印刷企业及相关单位的管理者和工程技术人员，北京印刷院校的师生，参观展览的观众达1.5万人，现场成交设备40台（套），成交额达5000万元，意向成交额近1亿元。展会期间举办了“印刷发展趋势报告会”，徐世垣、任伟泉、蒲家陵、谭俊峤等专家从不同的层面介绍了印刷业和世界先进印刷科技的发展趋势，引起了印刷界人士的重视。在圣彩虹制版印刷公司北京印刷协会科技委员会组织了科技报告会，圣彩虹制版印刷公司董事长周项立和专家殷幼芳作了报告，介绍了在印刷业色彩管理方面做出的成绩。

完成了守信企业推荐工作。北京印刷协会配合北京市工商管理局完成了“守信企业”公示活动。这项活动是实施企业信用分类监督管理的重要手段，活动由政府组织、企业申报、协会推荐、社会公示，北京印刷协会认真进行了宣传，完成了推荐的各项工作，在2003年推荐25个企业为“守信企业”的基础上，2004年又有13个企业被推荐为“守信企业”。

举办印刷职业技能大赛。6月至10月，北京市组织了“新世纪北京首届职业技能大赛”，北京印刷协会负责承办了北京市印刷行业职业技能大赛的组织工作，与北京隆达印刷包装集团有限公司、北京印刷质量检测站以及北京印刷职工学校共同负责评判工作。比赛工种设有平版四色机印刷、平版对开双面单色机印刷和文图制作3个工种。有150家单位，1120人参加初赛。经筛选有30个单位的102名选手进入了复赛，复赛之前贝司专家对102名选手进行了理论和实际操作考核的培训，经过复赛有20个单位的51名选手进入决赛，决赛于10月初结束，解放军一二〇六印刷厂的钞志宏、北京凌奇印刷公司的谢海涛、北京彩虹制版印刷公司的解金兰分别获得3个工种决赛第一名。比赛得到天津东洋油墨有限公司、金东纸业（江苏）有限责任公司和晨鸣纸业有限公司的赞助。比赛被冠名为“金东杯”。

开展印刷进步奖评选。“北京印刷进步奖”是北京印刷协会的最高荣誉奖，每两年评选一次，以表彰对北京地区印刷工业作出贡献的人员。经严格的审议，2004年第七届印刷进步奖评出12人，分别是北京机工印刷厂厂长王光远、北京京华印刷厂厂长冯燕潮、北京印刷二厂厂长张惠昌、北京印刷技术研究所所长俞向东、一二〇六印刷厂厂长赵鸿盘、北京人卫印刷厂厂长赵辉、北京农业出版社印刷厂厂长周克民、北京市新闻出版局印刷处处长周浩、北京印刷学院职业技术学院副院长武军、海淀区四季青印刷厂厂长贺德林、北京清华园胶印厂厂长周利新、北京圣彩虹制版印刷技术公司总经理周项立。由北京印刷协会负责向中国印刷技术协会推荐了毕升奖、森泽信夫奖获奖人员，共推荐北京地区5位印刷界人士。

召开第六届理事大会。12月3日，北京印刷协会第六届理事大会在北京颐泉山庄召开，大会审议通过了第五届理事会工作报告、财务报告和章程修改报告，选举产生了协会第六届理事会成员，国家新闻出版总署印刷复制管理司司长姜学中，北京市新闻出版局副局长何宁，中国印刷技术协会理事长武文祥、中国印刷及设备器材工业协会常务副理事长王德茂、副会长高永清及北京隆达轻工控股有限责任公司董事长高书平等出席会议，并作重要讲话。170余位北京地区印刷企业的代表和《中国印刷》、《印刷技术》、《印刷经理人》、《今日印刷》、《印贸通》、《印之通》、《中印网》等印刷新闻媒体的代表出席了会议。大会选举产生了北京市印刷协会49位第六届理事会成员，分别来自北京地区的印刷管理部门、各类印刷企业、包装装潢印刷企业、印刷机械器材制造企业和印刷教育科研教育单位，大会推举陈平舟为名誉理事长，孙向东、郭清源、佟庆福为北京印刷协会顾问，林明当选为第六届理事会理事长，任玉成当选为常务副理事长，副理事长有周勋、宋育哲、杭乃树、蔡炜、周浩、张根祥、周平安、高福成、王国华、纪西铭、王光远等。大会上，北京隆达印刷包装有限公司总经理高平安代表北京印刷协会第六届融会以全体理事发出倡议，北京地区印刷企业要带头遵守《北京印刷行业职业道德准则》，要“依法治企、以德兴企”，在行业管理中，要大力加强职业道德建设，加强广大印刷企业的自我约束，坚决抵制含有反动、淫秽、迷信内容和国家明令禁印刷的其他内容的出版物、包装装潢印刷品和其他印刷品的印刷，以诚信精神去经营企业，争做执行《北京印刷行业职业道德准则》的模范。在理事大会上，对“新世纪北京首届职业技能大赛”原获奖单位和个人进行了总结表彰，还进行了第七届“北京印刷进步奖”颁奖仪式。（北京印刷协会）

【北京日用化学工业学会】 北京日用化学工业学会（简称北京日化学会）于1980年5月成立，是以北京地区从事日化工业的企事业单位为主体，同时有国家机关、大专院校、科研开发等单位参加的社会团体组织。北京日化学会涵盖化妆品、美容品、洗涤用品、日化原料、设备包装等行业。有团体会员70个，个人会员850余名，其中具有中高级职称的技术和管理人员占95%以上，学会下设4个分会、7个专业委员会和学会办公室，日常工作由学会秘书长主持。2004年北京日化学会主要进行了以下几项工作。

开展国内外科技交流活动。10月14日至15日北京日化学会在北京举办了第七届国际日用化工学术研讨会。应邀参加本届学术会议的有法国、德国、英国、美国和瑞士等国际知名公司和国内日化行业及有关方面的大专院校、科研院所和企事业单位的领导、专家等共200余人；北京市科协、北京市工业促进局、中国洗涤用品工业协会、北京市工业经济联合会、北京市质量协会等有关部门领导出席会议并讲了话；研讨会共收到学术论文45篇（其中国外论文11篇），大会进行交流的有14篇，法国赛比克、德国默克和德国巴斯夫等国外公司以及国内大专院校、科研单位和企事业的专家在会上宣讲论文，全面阐述了国际化妆品、洗涤用品、新技术、新原料等科技发展信息，提出了化妆品、洗涤用品科技新理念，与会者深受启迪，并看到了新世纪日化工业发展的新趋势、新潮流。

举办第七期化妆品、洗涤用品工艺学习班。8月23日至9月3日，日化学会与北京工商大学，在北京工商大学联合举办了第七期化妆品、洗涤用品工艺学习班。参加培训学习的以北京为重点，还有来自天津、山东、吉林、河北、内蒙古等省市28个单位的技术和管理人员近40人，设置化妆品、洗涤用品、香精香料三门课程。邀请北京工商大学和北京理工大学的教授为培训班授课，学员们普遍反映收获很大，纷纷表示将学习到的知识和技术带回去，运用到工作实践中，使企业的产品技术水平有一个更大的提高。并希望学会经常举办类似的培训班。

开展科普活动。根据北京市科协的安排，参加了5月22日在龙潭湖公园举办的北京市科普游园会。这是北京科技周期间举办的一项大型的科普宣传活动。学会组织首都美容界、化妆品、洗涤用品行业的专家与工程技术人员20余人，参加美容咨询宣传和服务活动。为100多名游园群众进行了美容咨询和示范服务。向群众宣传了关爱生命，健康生活，科学健身、奔向奥运，美容需要科学，科学指导美容，正确掌握科学美容新知识、新理念。北京科力顿、北京金鱼科技、北京凯菲等公司，带来了他们的新产品，并介绍了产品性能和使用效果，吸引了众多游园群众咨询和选购，丰富了科技周活动内容。

编辑出版《北京日化》刊物。2004年共出版《北京日化》4期。在刊物上发表的科技论文和国外技术信息达42篇，对活跃学术交流起到了促进作用。有的读者反映，一些业内杂志商业化了，《北京日化》科技色彩比较浓厚，在全国日化行业具有一定的影响。

做好守信企业和名牌产品的推荐工作。7月22日召开了守信企业公示活动动员会，40个单位参加了会议，崇文区工商局有关领导介绍了开展守信企业活动的意义。22家企业自愿申报，经严格审查，将10家具备公示条件的企业上报到所属地区的工商局审核，大宝、丽源等9家企业获2004年守信企业称号。7月，北京绿伞化学有限公司洗涤系列产品被北京市质监局评为北京名牌产品，使北京日化行业的北京名牌产品由4家增加到5家。

开展产品质量活动。年内学会积极参与北京市质量协会推出的2004年用户满意企业推荐表彰活动，创建北京用户满意服务明星活动，2004年北京质量月宣传活动等3项活动，推荐北京大宝化妆品有限公司总经理杜斌为用户满意杰出管理者；推荐北京宏丽源有限责任公司销售班组和北京盛妆家化有限公司营销中心为用户满意班组服务明星；推荐北京宏丽源有限责任公司刘怡和北京盛妆家化有限公司李玉荣为用户满意个人服务明星，均已被北京市质量协会批准。学会还组织大宝、宏丽源、绿伞、金鱼、日化学会在内的5家单位参加了2004年的质量月宣传咨询服务活动。2004年北京日化行业70个团体会员中，北京丽源公司、北京大宝化妆品有限公司和北京金鱼科技股份有限公司等知名企业合计完成工业总产值17.97亿元，销售收入19.77亿元，比2003年分别增长了21.65%和19.93%。表明北京的日化工业呈现出良好的发展势头。

学会组织建设。2003年学会经过改选换届，理事会得到加强。学会的重大活动首先听取顾问、理事、监事的意见，经过集体讨论决定再予实施，使民主决策、民主监督得到充分发挥，学会工作不断地向前发展。在发展会员中，特别注意吸收多种经济成分企事业单位和外企公司入会，扩大了学会的代表性。2004年发展了16个单位为团体会员，比上年增加30%，现有团体会员70个；个人会员发展11个人，现有个人会员850人，壮大了学会队伍。按照北京市社团办的部署和要求，完成了2004年社团年检工作，通过申报市科协审核后，已被市社团办批准为2004年年检合格单位。

推动学会改革不断深入和有序发展。北京日化学会认真总结承担两个职能作用的经验，继续两个职能优势互补，促进了科技和企业相结合、科技和经济相结合，进一步拓宽了学会工作的空间，增强了学会发展实力。一年多的实践证明，学会配合政府有关部门为行业做了大量的服务工作。工厂企业、科研院所、国外公司及科技工作者与学会联系更加密切了，有不少单位前来洽谈合作事宜，学会的声誉进一步提高，地位得到了加强。学会理事长孙宝国和秘书长刘静安分别在市科协召开的学会工作会议和第四次北京学会学研究会学术年会上介绍了北京日化学会改革的做法和体会。

加强学会与新闻媒体的联系，开展对外宣传报道工作。年内，学会的重大活动都与全国的有关杂志、报纸和北京科技网进行联系，借助新闻媒体把重大活动宣传出去，学会的工作面不断拓宽，学会的社会声誉和影响得到提高。

（北京日用化学工业学会）

【北京包装技术协会】 北京包装技术协会（以下简称包装协会）是具有独立法人地位的社会经济团体。2004年，包装协会以服务为本，求实创新，振兴现代制造业发展都市工业为宗旨，重点做好守信企业公示，危包许可证发放，质量认证，评比交流工作。

守信企业公示活动。年内，包装协会组成专门工作班子，组织好申报企业学好《北京市2004年度“守信企业”公示工作安排》文件及会议精神，结合上年开展守信企业公示活动的经验，遵守守信企业公示工作条件和标准，对申报单位进行上网全面查询，经过筛选，初步确定入围企业名单，对其全面审查，审看书面材料，与企业负责人员面对面交谈，了解申报目的、条件、打算和安排，当场指出存在的问题，建议补救措施，协会领导带队现场考察和考核，查看生产管理状况，查阅制度、档案、文件、合同、台账、财务报表、客户满意度调查资料等，按考核表所规定的6个大项目16个小项目的具体要求逐项打分，经审核确定有14家企业通过考核达标，由市工商管理局正式批准，向社会公示、颁发守信企业证书和匾牌。

危包许可证发放工作。6月22日召开了北京市危包产品生产许可证实施细则宣贯会，北京市质量技术监督局部门主管领导作了动员报告。根据《危险化学品安全管理条例》，全力开展危险化学品包装物、容器产品生产许可证发证工作，大量调查摸底，认真宣贯实施细则，制定实施计划，正式启动北京地区危包生产企业申领许可证工作。制定了可操作的严格工作程序，稳步推进发放生产许可证工作。同时培训了国家专职注册审核员。

坚持质量认证工作。首选了认证机构成立最早、实力强、信誉好、知名度高、服务一流、认证范围全面、资深的中国方圆标志认证中心开展ISO9000质量、ISO14000环境、OHSMS18000职业健康安全管理体系及产品质量认证。对申报认证企业选派专业知识强、管理经验丰富的国家注册咨询师、审核员进行指导，按照国际标准并结合企业具体情况，帮助建立一整套规范化、科学化、完整性强的管理体系，并监督其实施有效运行。2004年有9家新企业申请认证，对其组织内审员培训班，由中心权威认证专家进行授课，使9家企业的20名领导和技术人员受到专业培训，经考试合格取得内审员资格证书，为下一步企业质量认证工作奠定了基础。

包装评比交流工作。积极组织北京包装行业参加在天津举办的第六届华北地区包装装潢设计大奖赛，大赛的主题是：推新人、推新作、推动华北地区包装设计大发展，共设立实用设计奖、创意设计奖、包装装潢印刷奖三大奖项，由华北五省市的专家组成的评委进行评审，北京所推荐参赛的北京王致和食品集团有限公司设计的“王致和腐乳系列”包装作品，荣获金奖；北京和田宽食品有限公司设计的“烧肉のたれ”包装作品、北京虎王和田宽食品有限公司设计的“虎王和田宽酱油商标系列”包装作品及北京六必居食品有限公司设计的“塑料盒”等包装作品均荣获银奖；北京大宝化妆品有限公司设计的“大宝雪肤、雪晶活力护肤品系列”包装作品和赵海军设计的“春和食品公司标识”作品荣获铜奖；赵海军设计的“囡团乳业标识”、“金狮酱油系列”包装作品和吴兴广设计的“一品鲜酱油”、“鱼生寿司酱油”及“时蔬蘸酱、麻婆豆腐调料系列”等包装作品荣获优秀奖。同时组织推荐会员单位参加第五届质量管理优秀企业家评选活动，北京匹比包装制品有限公司总经理徐建忠被评为“第五届北京质量管理优秀企业家”。

建立北京包装资料馆。包装协会与崇文图书馆合作建立北京包装资料馆，是全国唯一的包装专业资料馆，为北京市乃至全国包装和相关行业提供大量信息服务和交流工作，通过国内外包装专业图书、刊物、杂志和技术资料提供国内外最新的包装行业信息资料查询服务，年内为来电来访的读者咨询服务达 300 次以上，接待来馆查阅资料人员多达 1000 人次，查阅资料近万册，上门技术咨询服务为 60 多次。多次主办经贸洽谈研讨会、论坛会、展览会和技术培训等。还通过中国包装报北京记者站的形式，在《中国包装报》上发表会员优秀企业形象、工作业绩和重大活动内容，与报社记者建立定期联合采访制度，及时报道 10 余篇较好文章。

（北京包装技术协会）

【北京市企事业后勤协会】 北京市企事业后勤协会（以下简称后勤协会）的前身是北京市职工生活工作领导小组。1995 年 12 月，根据后勤改革的需要，经北京市人民政府同意，整体置换为北京市企事业后勤协会并正式注册成立，首届会长为时任北京市副市长阳安江。该会是北京市行政辖区内以市属国有大中型企业后勤管理部门和后勤服务部门为主体的后勤工作综合性的社会团体，也是北京市最早成立的后勤系统产业协会。从行业上涵盖餐饮、物业管理、物流、医疗保健、幼教、房管（改）、车管（改）、环卫保洁、绿化等。现有单位会员 76 个，包含工业、城建、建材、市政、商贸、能源等大、中型企业。后勤协会设有职工医疗、后勤基本建设、企业餐饮三个专业委员会和北京供电分会。主要任务是：为政府和政府有关部门，为北京市大、中型企业后勤工作提供改革与管理咨询及协调服务；包括宣传贯彻北京市委、市政府和企业各主管部门的有关精神，深入基层了解后勤工作的情况和问题，提出解决问题的意见和建议并及时向有关部门汇报、反映，充分发挥联系政府与基层的“桥梁”和“纽带”作用。举办各类研讨会，现场会、培训班等形式开展技术改造和专业培训，建全服务产品标准、后勤绩效评估及提供相关招商引资信息等业务活动，推进北京市企业后勤改革与管理向前发展。

开展后勤工作调研。年内，协会先后走访了首钢、燕化、京煤、城建、建工、市政、建材、医疗、供电等所属 12 家企业、到企业食堂、托幼、医院、物业管理等部门听取情况介绍，进行细致的了解与交流。对基层后勤改革与管理的做法和经验进行总结，对其中比较好的做法和经验进行推广交流，对带有较为普遍的难点、焦点问题进行深入调查和综合分析，撰写调查报告，提出解决方案和相关建议。全年共8件次报送市政府和政府各主管部门，有的建议被主管部门吸收采纳，如："国企主辅分离、辅业改制频现房地产流转难值得关注"；"从四川维尼纶厂主辅分离、辅业改制的做法中我们借鉴什么?"；"国企生活后勤体制改革务求实效"等。

加强对企业提供后勤管理与服务专业咨询与指导。针对企业后勤运作现状，总结整理并形成相关管理办法和实施细则，分别制定了企业物业管理收费的指导原则，政策依据及提高收缴率的有效措施；企业物业管理人才发展战略的原则和实施方法；对企业与社会力量签订后勤服务项目合同及建全财务结算制度的规范性要求；企业公用车改革实施方案及公用车拍卖细则范例介绍；职工食堂工作餐的分类，标准、流程和质量成本控制；建立社区卫生服务中心（站、点）相关政策和场所结构、设施的范例介绍；企业防控"鸡流感"有关要求和具体措施等。通过会刊、信息发布、组织观摩、举办现场会等方式进行推广，进一步清理了管理思路，更新了管理理念，较有力地促进了企业后勤管理创新与发展。

对70多名企业从事物业管理干部进行了物业管理企业经理上岗资格培训并经考核取得了合格证书。对30多名在职物业管理企业经理进行了继续教育并通过年审，对企业后勤部门从事餐饮管理的干部进行了"点菜与菜肴营养配伍"的培训，完成企业食堂《热菜100例营养分析与烹任技法》的编写、编辑工作。对后勤服务管理部门信息化工作人员开展了信息化建设与开发的培训。邀请了人大社会系著名教授为常务理事单位的后勤工作领导干部举办了《坚持科学发展观、加强后勤保障能力建设》为题的报告会。

加强自身建设，规范协会行为。按照上级统一要求和协会《章程》在主管部门进行了重新登记，并通过2003年检。后勤协会连续四年获得合格单位。全年按《章程》规定召开两次常务理事会，通告和研究了重大工作；11月召开了2004年后勤协会会员大会暨后勤改革与发展经验交流会，全国后勤管理工作委员会、北京工经联、市国资委、市总工会、市教委等部门的领导和会员单位的代表及荣获北京市企业后勤改革先进开拓者称号的特邀代表共130多人参加了会议。京煤集团副总经理、副会长范路主持了会议，原北京市职工生活工作领导小组办公室副主任、现后勤协会副会长兼秘书长刘岩作了后勤协会工作报告及预决算报告，提出协会领导机构人员调整的建议获得一致通过。会上还宣布了"关于北京市企业后勤改革与发展先进开拓者表彰的决定"并为40名获此殊荣者颁奖。市国资委企业改革重组处王磊作了北京市关于"国有企业主辅分离、辅业改制和分流安置富余人员"有关精神、相关文件背景和要点的讲解；北京燕山石化公司、北京金隅集团作了后勤改革与管理的典型经验介绍；首钢生活服务管理中心作了书面发言。北京市政府办公厅原副主任、后勤协会会长董增元作了总结，重点阐述了后勤改革应遵循"改前清"、"改中扶"、"改后立"的普遍规律，指导后勤改革顺利健康发展。

（北京后勤协会）

重点项目

【综述】 是年，北京市工业完成固定资产投资254.5亿元，比2003年同期增长54.6%，达到10年来最高水平，工业投资增幅高于全市固定资产投资37.7个百分点，工业投资占全市固定资产投资的比重为10.9%，比上年同期高2.7个百分点。

以电子信息、汽车、机电、生物医药产业为代表的现代制造业在全部工业中的比重逐步提高，全市工业已呈现出多点支撑的产业格局，四大产业对工业增长的贡献率达到53.9%。

年内，一批重点投产项目开始发挥作用，成为北京工业新的亮点；一批在建项目顺利实施，成为新的经济增长点；一批重点洽谈项目积极推进。 （布局处）

【中芯国际北京项目】 2004年9月25日中国大陆第一条12英寸0.11μm的芯片生产线——中芯国际北京项目建成投产，该项目的建成标志着中国集成电路制造技术已经跨入300mm的时代，进入国际高端行列。中芯国际北京项目拥有1700多名员工，厂房总占地面积24公顷，其中厂房18万平方米，洁净室1.8万平方米。该项目在北京共建设3条生产线，分别为中芯四厂、中芯五厂、中芯六厂，年内3条生产线厂房已经全部建设完毕，中芯四厂投入生产，设计生产能力2万片/月，年内该生产线生产能力接近设计能力。2004年3月，中芯国际公司在美国和中国香港上市，成功筹集10亿美元。年内中芯国际还在国家“八六三”计划的支持下，与北大、清华、中科院等单位合作，开展自主核心技术的开发，从事90nm－65nm具有自主知识产权的产品研究开发工作。 （布局处）

【京东方TFT—LCD项目】 2004年年底，北京科技集团股份有限公司总投资12亿美元的京东方第五代TFT—LCD项目建成投产，该项目从动工到投产仅用12个月时间，创下世界同水平生产线建厂最快纪录。京东方通过收购韩国现代的TFT—LCD业务，掌握了第五代TFT—LCD生产线的全部生产技术，使国内TFT—LCD产业与国际先进水平缩短了8年。该项目主要生产15英寸、17英寸、19英寸显示器用液晶面板和23英寸、27英寸、32英寸电视用液晶面板。设计产能为玻璃基板6万片/月，初期分两个阶段进行设备的安装和调试，最终达到8.5万片玻璃基板/月。京东方TFT—LCD项目吸引了众多的上下游企业进驻京东方TFT—LCD产业科技园，生产偏光板的LG化学、生产背光模组的纳米高科技、清洗的Komico、生产光阻剂的东进化学等企业已入驻LCD产业园。（布局处）

【SIM卡产业化（永丰基地）项目】 年内，大唐微电子技术有限公司SIM卡产业化（永丰基地）项目开工建设，研发楼、综合楼和相应配套设施已经开建；项目预算资金12662万元，其中移动电话用户身份识别用智能卡（SIM）产业化基本建筑部分7300万元，配套设备部分5362万元，2004年实际获得银行贷款12662万元。该项目符合北京市集成电路产业发展的产业规划。大唐微电子研制生产的SIM卡芯片拥有自主知识产权，是中国第一个顺利通过国家安全测试认证标准的电信智能卡芯片，其技术已达到国际先进水平，已经占据了中国通信领域的高端市场，是一个科技成果产业化成功的范例，其模式值得推广。该项目是大唐微电子公司提出在芯片研发的基础上进行SIM卡成卡的加工发行以及其应用系统平台建设的产业化项目，充分依靠自有的专利技术，在数字移动通讯领域，研制具有自主知识产权的SIM卡产品。（布局处）

【北汽控股扩大合资生产奔驰轿车项目】 2004年4月，国家发展与改革委员会下发了《关于北京吉普汽车有限公司增资生产奔驰轿车项目建议书》的批复，同年10月，《北汽控股公司与戴克公司扩大合资生产奔驰轿车项目可行性研究报告》得到国家发展与改革委员会批复。12月6日，奔驰轿车项目在经济技术开发区的新厂区正式奠基。该项目是在北京吉普项目上增资，新增总投资为14368万欧元，新增注册资金14368万欧元，双方各占50%股份。主要生产奔驰E级、C级轿车及配套发动机和车桥。该项目实设计能力为年产2万辆轿车及53409台发动机产品。奔驰轿车项目的建设进一步完善了北京汽车的产品结构，提升了北京汽车产品的品牌形象，提高了产业技术含量和整体竞争实力，为北京汽车产业适应首都特点，实现良性发展奠定了良好的基础。（布局处）

【现代汽车二期三期技改项目】 2004年4月，北京现代汽车有限公司顺利完成了二期技术改造，形成了15万辆生产能力；全年生产轿车15万辆，销售14.4万辆，实现销售收入173亿元，伊兰特轿车凭借良好的性价比受到广大消费者的喜爱，创造了中国汽车市场上新车上市第一年销售突破10万辆的纪录，北京现代汽车有限公司也晋身全国轿车企业五强。年内该公司三期技改项目开工建设，该项目是在充分利用原有厂房、建筑物的基础上实施，主要包括新增SUV车型及新增15万辆整车生产能力并建设2万平方米厂房，计划总投资34.25亿元人民币，新增注册资金10.6亿元人民币，占总投资额的30%。三期技改项目预计2005年年底前完成，形成生产五种车型，年产25万辆整车和25万台发动机的生产能力。（布局处）

【欧兰德新型越野车技改项目】 北京吉普汽车有限公司投资19987万元，利用现有生产厂房、动力设施装备、运输设备、部分通用装备和专用装备等资产存量进行技术改造，挖掘设备潜能，于2003年12月基本完成欧兰德新型越野车技术改造项目，2004年1月正式投产。欧兰德新型越野车创造了“全时全能”轿车的新概念。产品投放市场后，赢得了消费者欢迎，2004年全年生产1.6万辆，销售1.4万辆，实现销售收入25.52亿元，在全国中高档SUV市场中，占有率排名第一。

（布局处）

【欧曼重型汽车第二条总装线及车辆检测项目】 北汽福田汽车股份有限公司北京欧曼重型汽车厂是福田中重卡车生产基地，拥有冲压、装焊、涂装、总装四大生产工艺，产品有中型平台、中重型平台和重型平台3个系列，拥有固定资产总额9亿元，资产总额23亿元；总占地面积92.7万平方米，有职工人数3096人。2004年，欧曼重型汽车厂完成了第二条总装线、整车检测及道路试验项目的建设，完成投资2.4亿元。全年欧曼重型汽车厂生产中重卡43406辆，市场占有率排名全国第四。欧曼重卡顺应并引导了国内重卡的发展潮流，其基本功能设计与国际接轨，充分体现了欧曼重卡追求“起步，就与世界同步”的经营理念，创造了欧曼品牌在技术上的竞争优势，体现了欧曼高品质、高技术含量的产品定位。（布局处）

【重型电机厂合资生产大型发电设备项目】 2004年11月27日，北京重型电机厂与法国阿尔斯通公司的大型发电设备制造合资项目正式签约。合资企业首期投资2990万美元，全额注册；北京重型电机厂占注册资本40%；阿尔斯通（中国）投资有限公司占注册资本60%。合资公司主要产品为60万千瓦及以上超临界机组、60万千瓦或以上空冷大型机组和其他大型热电机组，均是国家当前鼓励项目，也是中国发电设备市场上的主力机型，使北京的电站设备制造产业一举在国内同行业中达到先进水平，具有良好的市场前景，同时将带动配套产业的发展。

（布局处）

【北一大隈（北京）机床有限公司投产】 中国国内最大的数控机床合资企业——北一大隈（北京）机床有限公司是由北京第一机床厂和日本大隈株式会社共同合资组建的，项目总投资3.3亿元人民币，注册资金为1.088亿元，第一机床厂占股份49%，日本大隈占股份51%。

（布局处）

【北京米勒电气制造有限公司注册成立】 2004年8月，北京米勒电气制造有限公司在亦庄北京经济技术开发区独资注册成立，首期注册资本200万美元，主要生产高端焊接设备。该公司母体美国ITW集团是美国企业500强之一，年销售额100亿美元，其主营产品包括塑料、电子元件以及金属焊接材料及设备（拥有世界著名焊接机品牌“米勒”），食品机械，以及机场地面设备等。北京米勒电气公司前期采用租赁厂房方式生产，厂房改造以及设备安装基本完成，样机已经生产成功，2004年年底以进口散件组装迅速推出产品，目标是发展成为国内最大的高端焊

接设备制造商。 （布局处）

【国家重大集成电路设备北京攻关项目】 2004年，北京科控公司和两个具体承担单位承建的“100nm高密度等离子刻蚀机与大角度离子注入机”项目按节点计划顺利推进，在关键技术上已形成突破，刻蚀机实现了整机全自动控制刻蚀8英寸100nm图形硅片，标志着原理机已经满足了8英寸100nm刻蚀机的设备指标体系的要求，注入机的α机系统集成已完成，并开始进行α机的总装调试，通电进行系统总调。该项目是国家“八六三”计划先进制造与自动化技术领域集成电路制造装备重大专项。 （布局处）

【清大天达建设背光源生产基地项目】 2004年5月，北京清大天达光电设备有限责任公司与韩国ON—NURI电子株式会社共同投资900万美元成立北京世元达电子技术有限公司在北京经济技术开发区建设背光源生产基地，产品为京东方TFT—LCD第五代线提供配套的背光源模块，年内工程进展顺利。清大天达公司是一家以产品经营和资本运营相结合，以清华大学开发部研究人员为依托，以北京量具刃具厂的独资子公司为基础的高新技术企业。下属北京京城清达电子设备有限公司由清大天达公司（股比40%）、北京京城机电控股有限责任公司（股比25%）、日本株式会社饭沼GAVGE制作所（股比32.5%）以及香港邦威科学技术有限公司（股比2.5%）投资建立，是国内主要生产液晶设备的厂家之一，生产的主要设备占国内市场的30%～40%左右。世元达电子公司是为京东方科技集团TFT—LCD板块内第一家国内合资配套企业。 （布局处）

【同仁堂现代化生产加工出口基地项目】 该项目由北京同仁堂股份有限公司出资建设，位于北京经济技术开发区。项目总投资4.9亿元人民币，其中银行贷款2.3亿元，企业自筹2.6亿元，2004年年底，工程全部竣工。工程的建设旨在建立和完善中药系列标准规范，实现与国际市场接轨，提升了中药制造业工装水平，其主要内容是引进部分具有国际先进水平的制剂关键设备，新建质量检测控制中心，建设符合GMP标准的现代化生产车间及出口产品车间。该项目达产后形成年产片剂10亿片、胶囊2亿粒、滴丸6亿粒的生产能力。 （布局处）

【万东公司直接数字化X线诊断装置产业化项目】 北京万东医疗装备股份有限公司直接数字化X线诊断装置产业化项目在万东医疗酒仙桥电子城内实施，总投资7278万元，其中贷款5519万元。项目于2002年9月动工，2004年年底大楼完成土建工程，预计2005年上半年竣工投产。项目达产后，可形成DR—1000数字图像系统50套的生产规模。直接数字化X射线摄影系统（Digital Radiography，简称DR）具有影像质量高，可作功能分析等优点，丰富了形态医学诊断的信息和层次，发展迅速。万东公司开发的DR系统具有部分自主知识产权，产品技术在国内领先并已完成小规模生产，系统的性能价格比好，与国外同类产品相比更具有市场竞争力。 （布局处）

【艾滋病病毒诊断试剂及戊型肝炎疫苗产业化基地项目】 北京万泰生物药业有限公司的第三代艾滋病病毒（HIV）诊断试剂及戊型肝炎疫苗代表了国际一流技术水平。项目总投资16860万元，其中银行贷款5600万元，项目建设在中关村生命园，2004年年底厂房土建工程完工，年内开始进行内部装修，预计2005年竣工投产。该项目通过建设疫苗试剂研发实验室、GMP生产车间及动物房等相关设施，生产第三代艾滋病诊断试剂和戊肝疫苗，其中戊肝疫苗享有自主知识产权，是专利技术产品。项目完成后，第三代艾滋病诊断疫苗可替代进口，戊肝疫苗可形成年产艾滋病诊断试剂1亿人份、重组戊肝病毒疫苗2000万人份的生产能力。

（布局处）

【纳米微球靶向制剂工程产业化项目】 2004年年底，北京泰德制药有限公司纳米微球靶向制剂工程产业化项目厂房土建工程完工，开始进行内部装修并购进设备，预计2005年竣工投产。该项目建设在北京经济技术开发区内，总投资17250万元，新建GMP厂房总建筑面积1.46万平方米，新建注射剂生产线，实现纳米级酯微球靶向镇痛制剂的规模化生产。项目采用世界最先进的纳米级脂微球靶载体技术，使药物聚集在病灶部位，实现药物靶向治疗，既提高药效，又避免口服制剂刺激胃肠道的副作用，该项技术在国内为北京泰德公司独有。项目完成后，填补中度镇痛、无成瘾性注射剂的空白。

（布局处）

【千喜鹤公司生猪屠宰及肉制品加工项目】 北京千喜鹤食品有限公司生猪屠宰及肉制品加工项目位于北京平谷区兴谷开发区，总投资为2.6亿元人民币，项目占地350亩，集生猪屠宰、高低温制品生产、物流配送及销售为一体。项目建筑面积5.1万平方米，具有自动化生猪屠宰生产线1条，自动化分割生产线1条，高温生产设备61台（套），低温生产设备48台（套），单班年生产能力可达到100万头，加工肉制品5万吨。年内生猪屠宰生产线已经建成投产，设计日单班产能3000头，年产能100万头。由于单班生产不能满足市场的需求，2004年11月份改为了双班生产，生产能力和销售收入大幅提高，2004年实现销售收入近8亿元。

（布局处）

【顺美服装公司生产线整合及扩建项目】 北京顺美服装股份有限公司位于北京市顺义区，以产销高档男女西装为主。由于历史原因该公司生产比较分散，在顺义有3个生产厂5条生产线。根据顺义区新城规划和企业自身经营的需要，年内对生产基地进行整合和扩建，将5条生产线搬迁到新的生产基地，新生产基地占地6万平方米，将建设7条生产线。该项目总投资为9000万元，整个项目预计2005年全部完成。（布局处）

【御香苑公司6万头肉牛屠宰技改项目】 2004年11月，北京御香苑畜牧有限公司6万头肉牛屠宰技术改造项目开始实施，项目总投资2000万元，2005年全部完成。御香苑畜牧有限公司位于通州区，是国家农业产业化重点龙头企业。6

万头肉牛屠宰技改项目是在肉牛屠宰3万头的基础上，淘汰落后工艺，引进先进的肉牛屠宰分割设备进行改造，年可提供净牛肉1.2万吨，同时可进行牛肉制品的后续加工，形成冷鲜排酸肉9600吨的生产能力。该项目主要包括改扩建原有屠宰分割生产线，引进先进的肉牛自动屠宰分割生产线，国内配套辅助生产设备和质量、卫生分析检测设备。实施后，将形成以市场为导向，集屠宰、分割深加工为一体的现代食品产业链。 （布局处）

【北新房屋公司薄板钢骨住宅生产线项目】 2004年3月底，中日合资北新房屋有限公司薄板钢骨住宅生产线项目动工兴建，该项目由新日本制铁株式会社规划设计，计划总投资9000万元，分期进行建设。9月29日，一期工程建成投产。年生产能力为1200套标准住宅构件。该生产线的主要设备包括高级万能成型机、专用成型机、高精度木锯床、二次加工设备、多功能楼板屋架组装台、墙板组装流水线、专用物流设备等20多台套，其中高级万能成型机是从国外引进的C型钢成型机，由PC机控制，生产规格可任意变换，生产信息自动喷印在产品上，产品精度高；墙板组装流水线为房屋构件的主要半自动生产线，通过高精度组装单元，自动输送辊道及人工紧固作业实现流水化生产，制造出的建筑构件精度高、品质好。北新房屋有限公司所生产的薄板钢骨低层房屋，产品工厂化程度高、建造速度快，现场5~7天即可完成房屋结构安装，同时具有强度高、耐腐蚀、抗震性能好、保温节能等特点，其居住的健康舒适性全面优于传统建筑，已成功应用于北京、大连、天津、山东等地的部分建设项目。该生产线是国内第一条已建成的薄板钢骨住宅生产线，表明北新国家住宅产业化基地建设迈上了新台阶，标志着国内钢结构住宅工业化制造技术达到了世界先进水平。

（布局处）

【燕山石化苯酚丙酮改造工程项目】 中国石化北京燕山石化股份有限公司化学品事业部原8万吨/年苯酚丙酮装置引进三井油化公司异丙苯和苯酚丙酮生产技术，于1986年建成投产。近年来，由于国内乃至全球市场苯酚的需求量迅速增长，高质量苯酚供不应求。燕山分公司从2003年开始对苯酚丙酮装置进行扩能改造，并于2004年全面完成，开始正式生产。该项目主体投资12746万元，改造工程涉及范围包括：异丙苯单元、氧化提浓分解中和单元、精馏单元、回收单元和装置内部的蒸汽凝水系统、丙烯冷却系统以及相关的控制室和配电室的改造。改造后生产能力达到16万吨/年，生产装置达到世界20世纪90年代末的先进技术水平，物耗能耗下降，产品产量和质量提高，生产负荷大幅度提升，竞争力大大提高，实现了明显的经济和社会效益。2004年苯酚丙酮产量达到16.31万吨，与改造前的2002年相比，苯酚产量增加3.40万吨，丙酮产量增加2.34万吨。全年实现销售利润达1.69亿元。 （布局处）

【首钢热镀锌薄板生产线项目】 2004年8月11日，北京首钢富路仕彩涂板有限公司的热镀锌薄板生产线项目产品试生产下线，生产线开始进入全面调试阶段，至年底试产热镀锌板2342吨。经过对所生产产品规格范围、镀层量进行测试、试验和分析，产品的附着力、机械性能完全符合指标要求，并得到了用户的认可。该项目是从比利时CMI公司引进的技术项目，总投资34659万元。生产能力为18万吨/年，产品规格为厚0.2～1.5毫米，宽750～1530毫米，全部以卷状包装，卷重为20吨，产品品种为双面等厚和差后镀层，镀层量为双面90～450克/平方毫米，表面为无锌花和小锌花，产品广泛应用于建筑、家电、储运等行业。另外，经过在线光整和拉矫，该生产线可以生产出满足彩涂基板需求的具有高级表面的产品。年内鉴于国内钢板材畅销，企业提高生产稳定性，降低能耗，进一步摸索新工艺，优化工艺参数，改进设备，使生产线发挥出最大能效。（布局处）

企　业

2004年北京百强企业排行榜名单

北京企业联合会/北京市企业家协会第二次向社会公布“北京企业100强”年度排行榜。北京百强企业排序工作是在企业自愿报名参加的原则基础上，经审计部门审计，市政府主管部门审核，按照国际通行的排序方式，根据上年度销售收入（或营业收入）指标，决定北京企业100强排序。

序号	企业名称	序号	企业名称
1	首钢总公司	18	大唐国际发电股份有限公司
2	北京铁路局	19	中国恒天集团公司
3	联想控股有限公司	20	北京铁路局北京铁路分局
4	神华集团有限责任公司	21	北京住总集团有限责任公司
5	中国石化集团北京燕山石油化工有限公司	22	北京物美投资集团有限公司
6	北京汽车工业控股有限责任公司	23	华夏银行股份有限公司
7	北京城建集团有限责任公司	24	中国通用技术(集团)控股有限责任公司
8	新华人寿保险股份有限公司	25	北京京城机电控股有限责任公司
9	北京北大方正集团公司	26	北京医药集团有限责任公司
10	京东方科技集团股份有限公司	27	北京首都创业集团有限公司
11	北汽福田汽车股份有限公司	28	中国石油化工股份有限公司北京石油分公司
12	北京建工集团有限责任公司	29	北京市商业银行
13	国美电器有限公司	30	中国诚通控股公司
14	泰康人寿保险股份有限公司	31	清华同方股份有限公司
15	中国北方机车车辆工业集团公司	32	北京爱立信普天移动通信有限公司
16	中谷粮油集团公司	33	北京金隅集团有限责任公司
17	中国石化北京燕化石油化工股份有限公司	34	建龙钢铁控股有限公司

续表

序号	企业名称	序号	企业名称
35	北京燕京啤酒集团公司	68	北京市糖业烟酒公司
36	中国化工供销(集团)总公司	69	瑞萨四通集成电路(北京)有限公司
37	北京汽车修理公司	70	北京大发正大有限公司
38	北京一商集团有限责任公司	71	北京城乡贸易中心股份有限公司
39	北京一轻控股有限责任公司	72	爱芬食品(北京)有限公司
40	北京京客隆超市连锁集团有限公司	73	北人集团公司
41	中国蓝星(集团)总公司	74	北京 ABB 高压开关设备有限公司
42	北京松下普天通信设备有限公司	75	北京化二股份有限公司
43	北京东方石油化工有限公司	76	赛特集团有限公司
44	北京双鹤药业股份有限公司	77	北京三元食品股份有限公司
45	中国国旅集团公司	78	北京印钞厂
46	北京超市发连锁股份有限公司	79	北京中润发汽车销售有限公司
47	中国土木工程集团公司	80	北京巴布科克·威尔科克斯有限公司
48	北京纺织控股有限责任公司		
49	北京京煤集团有限责任公司	81	中国南车集团北京二七车辆厂
50	北京吉普汽车有限公司	82	北京市设备安装工程公司
51	中国新兴建设开发总公司	83	北京蓝岛大厦
52	中国纺织物资(集团)总公司	84	北京北方车辆集团有限公司
53	北京王府井百货(集团)股份有限公司	85	北京航星机器制造公司
		86	中国北京全聚德集团有限责任公司
54	北京东方冠捷电子股份有限公司	87	北京大宝化妆品有限公司
55	北京市公路桥梁建设公司	88	首都航天机械公司
56	北京北辰实业集团公司	89	北京北重汽轮电机有限责任公司
57	北京诺基亚航星通讯系统有限公司	90	北京索鸿电子有限公司
58	北京福田环保动力股份有限公司	91	北京电力设备总厂
59	北京粮食集团有限责任公司	92	中国北车集团北京二七机车厂
60	富士康精密组件(北京)有限公司	93	北京东来顺集团有限责任公司
61	清华紫光股份有限公司	94	中国电子进出口北京公司
62	北新建材(集团)有限公司	95	北京星海钢琴集团有限公司
63	北京同仁堂集团有限责任公司	96	北京铜牛针织集团有限责任公司
64	北京汇源饮料食品集团有限公司	97	时代集团公司
65	中铁建设集团有限公司	98	密云冶金矿山公司
66	北京医药股份有限公司	99	北京第一机床厂
67	大恒新纪元科技股份有限公司	100	北京紫竹药业有限公司

北京市企业管理现代化创新成果获奖名单

北京市第十九届企业管理现代化创新成果获奖名单，在企业自愿申报，各有关单位及部分中央在京企业推荐的基础上，经北京市企业管理现代化创新成果评审委员会审定，由北京市人民政府国有资产监督管理委员会批准，决定对首钢总公司《首钢高级技工工程的构建与实施》等67项管理成果进行表彰。其中一等成果13项，二等成果40项，三等成果14项；对积极参加本届成果申报的其他企业给予表彰鼓励。名单如下：

序号	成果名称	获奖单位
	一等奖13项	
1	首钢高级技工工程的构建与实施	首钢总公司
2	医药流通企业的战略性优化业务流程管理	北京医药股份有限公司
3	繁忙干线大维修施工管理模式再造	北京铁路局供电重点维修处
4	铁路运输企业市场经营链的构建与实施	北京铁路分局企业管理分处
5	实施品牌战略以名牌赢得市场	北京星海乐器有限责任公司
6	雪莲网络化制造工程的构建与实施	北京雪莲羊绒股份有限公司
7	在重组中实施文化整合提升企业核心竞争力	北京铜牛集团有限责任公司
8	完善产品创新管理体系，提高企业综合竞争力	北京东陶有限公司
9	房地产企业以诚信为本的电子商务系统的构建与运行	北京金隅嘉业房地产开发公司
10	树金象品牌，创建以顾客为中心的连锁经营系统	北京金象大药房医药连锁有限责任公司
11	构建以人为本的发展与管理体系	北京奥宇模板有限责任公司
12	配置管理机制在北京奥运会项目管理中的研究与应用	北京奥组委总体策划部
13	安全生产预警系统的建立与实施	北京京煤集团化工厂
	二等奖40项	
14	建立财务预算弹性控制机制，实施责任绩效考核	北京京西发电有限公司
15	企业文化引领北开电器前进	北京北开电器股份有限公司
16	创新物流模式，实施流程再造	北京北开电器股份有限公司
17	个性化服装定制营销模式的研究与应用	北京酷绅服装有限公司

续表

序号	成果名称	获奖单位
18	独立发电企业内部人力资源市场化管理	北京京能热电股份有限公司
19	从财务管理入手以资本运营手段提高企业经济效益	北京全聚德烤鸭股份有限公司
20	建立以市场为导向的营销体系，促进企业快速发展	北京顺鑫农业股份鹏程食品分公司
21	燕化公司供应物流要素的一体化整合	燕化公司物资装备中心
22	引入 TPS 理念，创生产组织方式	北汽福田怀柔汽车厂
23	用 TPS 原理提升制造能力	北汽福田发动机厂
24	加强高级技能人才管理，适应企业跨越式发展	京煤集团化工厂
25	构建科学控制体系，实现结构调整目标	北京市煤炭总公司四厂
26	概算审查新模式在重大结构调整项目中的应用	首钢总公司计财部
27	实施财务集中核算，提高企业经济效益	首钢矿业公司
28	转变观念，创建特色分销型企业	北京佳之兴商业有限公司
29	全面推进管理创新，重铸中华老字号辉煌	北京华天饮食集团公司
30	稳健发展加盟连锁，经营培育民族品牌	北京张一元茶叶有限责任公司
31	建设学习型班组	北京城市排水集团有限责任公司
32	现代污水治理厂优化管理	北京城市排水集团酒仙桥污水处理厂
33	量本利分析的运用	北京天坛股份通达耐火分公司
34	设计开发提升品质，国际合作重塑天坛	北京天坛股份有限公司科研中心
35	发挥品牌资源优势，扩展企业经营规模	北京燕莎友谊商城有限责任公司
36	不确定环境下小企业战略管理	北京海蓝信数据记录科技有限公司
37	建设投资管理预警体系，加强企业投资管理工作	北京建工集团有限公司
38	经济型连锁酒店品牌经营之路	如家和美酒店管理（北京）有限公司
39	调车机车效益指标体系的建立与实施	北京铁路分局财务分处

续表

序号	成果名称	获奖单位
40	建立劳动定额管理系统，实现劳动工资基础管理科学化	北京铁路分局劳动工资分处
41	铁路企业综合信息管理	北京铁路分局石楼车辆段
42	以人为本的企业管理实践	北京铁路分局南口机务段
43	铁路货运站诚信服务体系的建立与管理	北京铁路分局北京东站
44	铁路车辆百年老段科技兴企战略的制定与实践	北京铁路分局丰台车辆段
45	春运旅客运输的组织与管理	北京铁路分局客运营销分处
46	机车安全动态检测系统的建立与管理	北京铁路分局京西机务段
47	铁路运输收入进款管理系统的建立与实施	北京铁路分局收入检查分处
48	加强企业文化建设，提升企业核心竞争力	北京科高大北农饲料有限责任公司
49	以酬薪制度改革为核心，全面建立和完善企业激励约束机制	北京粮食集团有限责任公司
50	信息安全生产体系的构建与实施	北京铁路局信息技术处
51	效益最大化的旅客列车票额分配管理系统	北京铁路局客运营销处
52	华宝公司莲花小区管理创新成果纪实	北京华宝房地产开发有限责任公司
53	天鸿宝威改革发展的创新与实践	北京天鸿宝威土地开发有限责任公司
	三等奖 14 项	
54	科学打造万东医疗营销体系	北京万东医疗装备有限公司市场部
55	深化工资分配制度改革，实现绩效考核创新	北京市燃气集团有限责任公司燃气销售分公司
56	建立学习型组织方法和应用	北京京西发电有限责任公司
57	人力资源的开发、培养和使用	北京京西发电有限责任公司
58	岗位能力评估在车间管理中的应用	燕化公司炼油厂
59	程序化工作法在设备管理中的应用	燕化公司环保事业部
60	汽车客户呼叫中心服务系统建设	北汽福田营销公司

续表

序号	成果名称	获奖单位
61	实施名牌区域代理，优化分销网络	北汽福田营销公司
62	物资供应中资本运营管理新方式	北京昊华能源公司物资分公司
63	污水处理企业中成本管理与控制	北京城市排水集团有限责任公司
64	推行全程信用管理制度，建立应收账款回款机制	北京森华人造板有限公司
65	提高能源利用率	北京水泥厂有限责任公司
66	北京站客运服管理系统	北京铁路分局北京站
67	进行专业化整合，实现资源有效配置	北京京铁实业开发总公司

注：同等级排名不分先后。

鼓励奖 8 家

北京双鹤药业股份有限公司
北京雷波泰克信息技术有限公司
北京中科飞鸿科技有限公司
北京金实泰煤炭经营中心
北京牡丹电子集团有限责任公司
北京四达时代通讯网络技术有限责任公司
北京建国国际酒店管理有限责任公司
北京天竺空港工业开发公司

2004 年北京市级以上企业技术中心名单

序号	中心名称	级别
1	北京燕山石油化工公司技术中心	国家
2	首钢总公司技术中心	国家
3	北大方正集团技术中心	国家
4	联想集团有限公司技术中心	国家
5	中国铝业公司	国家
6	北人集团公司技术中心	国家
7	北京和利时系统工程股份有限公司技术中心	国家
8	中国印钞造币总公司技术中心	国家
9	北京北开电气股份有限公司技术中心	国家
10	北京兆维电子（集团）有限责任公司技术中心	国家

续表

序号	中心名称	级别
11	中国建筑一局（集团）有限公司技术中心	国家
12	北新建材（集团）有限公司技术中心	国家
13	中国长城计算机集团公司技术中心	国家
14	中国建筑第二工程局技术中心	国家
15	中地装备工程集团技术中心	国家
16	中国远洋运输（集团）有限责任公司技术中心	国家
17	巨能实业有限公司技术中心	国家
18	北京城建集团有限责任公司技术中心	国家
19	北京邮电通信设备厂技术中心	国家
20	北京燕京啤酒集团公司技术中心	国家
21	中国石油天然气集团公司技术中心	国家
22	清华同方股份有限公司	国家
23	北京东方电子集团股份有限公司技术中心	国家
24	北汽福田车辆股份有限公司技术中心	国家
25	中国电子信息产业集团公司	国家
26	北京敬业电工集团技术中心	北京市
27	北京汽轮电机有限责任公司技术中心	北京市
28	GE 航卫通用电气医疗系统有限责任公司技术中心	北京市
29	北京工美集团总公司技术中心	北京市
30	时代集团技术中心	北京市
31	清华紫光（集团）总公司技术中心	北京市
32	北京广播器材厂技术中心	北京市
33	北京京城第一数控集团公司技术中心	北京市
34	北京锦绣大地农业股份有限公司技术中心	北京市
35	北内集团总公司技术中心	北京市
36	巨龙信息技术有限责任公司技术中心	北京市
37	北京牡丹电子集团公司技术中心	北京市
38	中石化长城润滑油集团公司技术中心	北京市
39	北京光学仪器厂技术中心	北京市
40	北京第七九七音响股份有限公司技术中心	北京市
41	北京紫竹药业有限公司技术中心	北京市

续表

序号	中心名称	级别
42	北京太洋药业有限公司技术中心	北京市
43	北京益泰电子集团有限责任公司技术中心	北京市
44	北京化二股份有限公司技术中心	北京市
45	北京北电科林电子有限公司技术中心	北京市
46	北京市自动化系统成套工程公司技术中心	北京市
47	北京精工华晖凹印制版有限公司技术中心	北京市
48	北京京煤集团技术中心	北京市
49	北京三元食品有限公司技术中心	北京市
50	中国计算机软件与技术服务总公司技术中心	北京市
51	大唐电信科技股份有限公司技术中心	北京市
52	北京市市政工程总公司技术中心	北京市
53	中国对外贸易运输（集团）总公司技术中心	北京市
54	北京医药集团有限责任公司技术中心	北京市
55	北京纺织控股有限责任公司技术中心	北京市
56	北京双鹤药业股份有限公司技术中心	北京市
57	北京天坛生物制品股份有限公司技术中心	北京市
58	北京华德液压工业集团有限责任公司技术中心	北京市
59	北京天海工业有限公司技术中心	北京市
60	北京毕捷电机股份有限公司技术中心	北京市
61	北京红惠生物制药股份有限公司技术中心	北京市
62	北京泰德制药有限公司技术中心	北京市
63	北京金鱼科技股份有限公司技术中心	北京市
64	北京中科大洋科技发展股份有限公司技术中心	北京市
65	北京雪花电器集团公司技术中心	北京市
66	北京变压器厂技术中心	北京市
67	北京华盾塑料有限责任公司技术中心	北京市
68	北京桑普电器有限公司技术中心	北京市
69	北京远东仪表有限公司技术中心	北京市
70	北京华东开关有限公司技术中心	北京市
71	北京通力环电气股份有限公司技术中心	北京市
72	北京铜牛针织集团有限责任公司技术中心	北京市

续表

序号	中心名称	级别
73	北京大华电子集团公司技术中心	北京市
74	北京双鹭药业股份有限公司技术中心	北京市
75	北京合纵科技有限公司技术中心	北京市
76	北京金卫捷科技发展有限公司技术中心	北京市
77	北京玻璃仪器厂技术中心	北京市
78	北京恒有源科技发展股份有限公司技术中心	北京市
79	广播设备制造技术中心	北京市
80	北京红星股份有限公司技术中心	北京市
81	北京中创信测科技股份有限公司技术中心	北京市
82	北京东方新型墙材技术中心	北京市
83	北京金盛怡科技有限公司科技中心	北京市
84	北京北仪创新真空技术有限责任公司技术中心	北京市
85	北京亚都科技股份有限公司技术中心	北京市
86	北京天利深冷股份有限公司技术中心	北京市
87	北京金隅集团有限责任公司技术中心	北京市
88	中国北京同仁堂集团公司技术中心	北京市
89	北京建中机器厂技术中心	北京市

企业选介

【首钢迁安钢铁有限责任公司】 该

首钢迁安钢铁有限责任公司主厂区

公司于2002年12月成立，2003年3月25日动工建设，2004年10月15日竣工投产。主体设备包括：1座2650立方米的高炉，2座210吨转炉，2台八流弧形方坯连铸机，配有动力、发电、制氧、白灰套筒窑等辅助设施。迁钢公司位于环渤海经济圈内的河北迁安市，与原料基地首钢矿业公司毗邻，所在地距北京215公里，距秦皇岛市90公里，距唐山市50公里，紧依着京秦、京山铁路和京沈高速公路。大量采用了节能、环保新技术和新设备。设计年产200万吨连铸方坯。定员1556人，劳动生产率达到国内同行业先进水平。公司实行董事会领导的总经理负责制，采用短流程、紧凑型工艺和先进的管理模式，体现集成、集合，构建信息共享、业务流程标准化的管理平台。投产后，该公司生产的 HRB335 钢坯已向东南亚市场出口 6000 余吨。

地址：河北省迁安市杨店子镇；邮编：064404；电话：0315 - 7703039；传真：0315 - 7703011；电子邮箱：bgs@sgqg.com.cn；总经理：靳伟　（杨国光）

【北京首钢富路仕彩涂板有限公司】 该公司于 2002 年 4 月由首钢与西萨摩亚的萨摩亚富路仕公司合资成立经营。2003

北京首钢富路仕彩涂板有限公司生产线

年 8 月，由美国法塔公司利用世界最新技术设计制造的“二涂二烘”彩涂高速生产线建成投产，机组最高速度 120 米/分，设计年产建筑用彩涂板 17 万吨，规格为厚度 0.2 毫米至 1.25 毫米，宽度 700 毫米至 1300 毫米，成品卷重 3 吨至 15 吨，可生产可剥性冷覆膜产品。2004 年 8 月，与彩涂板配套的镀锌板生产线建成投产。镀锌机组由比利时 CMI 公司采用先进技术设计制造，年产镀锌板 20 万吨，规格为厚度 0.2 毫米至 1.5 毫米，宽度 750 毫米至 1530 毫米，成品最大卷重 20 吨。双面等厚或差厚镀层，镀层量 90 克/平方毫米至 450 克/平方毫米。表面状态为无锌花或小锌花。机械性能主要为 CQ，少量为 DQ，屈服强度最大为 45daN/mm^2。在线光整和拉矫后，可生产满足彩涂基板需求的高级表面。投产后，产品已销往建筑、家电、储运等行业。

地址：北京石景山首钢厂东门院内；邮编：100041；电话：88290057；传真：88296284；电子邮箱：flourish@sgct.sina.net；总经理：马家骥　（王　娟）

【首钢炼铁厂】 该炼铁厂建于 1919 年。已发展成为国内大型炼铁企业，固定资产原值 69.36 亿元，净值 32.38 亿元。主体设备有：5 座大型现代化高炉，总容积 9934 立方米；7 台机冷式烧结机，总面积 585 平方米。生产全面采用计算机监控，装备实现现代化。2002 年，二高炉引进、消化、吸收国外先进技术，采用了罗德洛基智能专家系统、霍戈文内燃式热风炉、锻铜冷却壁、热压小块碳砖、新型十字测温、炉顶余压发电、除尘系统等 8 项新技术，技术装备、人工智能控制系统达到国际水平，高炉利用系数、燃料消耗一

首钢炼铁厂大楼

直处于国内同类型高炉的先进水平。引进了高炉整体喷涂、硬质压入技术，在高炉长寿方面取得突破。烧结系统同时进行现代化改造。供料系统的设施完善。长期顺

北京市女企业家协会第四次会员代表大会暨表彰大会

北京工业经济联合会第三届第四次理事会

2004 年“北京企业 100 强”发布会

中国北京同仁堂创建335周年

北京市委常委、常务副市长翟鸿祥与出席同仁堂创建 335 周年庆典各界人士合影

北京同仁堂科技公司片剂瓶装生产线实现全自动包装智能化操作

北京同仁堂股份公司真空带式干燥机组

北京同仁堂股份有限公司
亦庄生产基地

北京中融安全印务公司

北京大千金属装饰有限公司

BEIJING DA QIAN METAL DECORATION CO., LTD

工厂揭牌仪式

秦皇岛某娱乐厅铜门

北京大千金属装饰有限公司是一家新兴的台湾省独资企业。是专业金属精装装修工程企业。精湛的技术、优化的管理理念、先进的生产设备、美观实用的设计方案，使公司在业内异军突起。

该公司集开发、研制、生产、制作、加工、销售大型艺术铜门、各种铜饰品及铸铜立体铜雕为一体，拥有高级工程师、工艺美术大师、设计师、电脑三维制作等专业技术人员和工美行业的一批能工巧匠。可按用户需求提供设计、制作、安装等一条龙优质服务。

大千铜饰涉及了高级金属铜装饰品的所有领域，每件产品都是光彩亮丽的艺术品。典雅精致的造型中流露着精湛工艺和卓越品质的完美结合。

日臻完美，不断创新，重诺守信，打造珍品，是公司的追求和宗旨所在。

北京某酒店壁画

秦皇岛某娱乐厅铜门

公司总经理：田瑞和　手机:13681388606

生产部经理：张学春　手机:13501380837

业务部经理：綦志强　手机:13501380733

地址：中国北京通州区西集肖家林　电话:010-61576050　61570433

办事处地址：北京市朝阳区左家庄东里瑞福楼608室（国税局旁）

电话:010-64665338　64616446　传真:010-64665336

邮编:100028　E-mail:dqjs2004@sina.com

上海工业博览会北京展区

市两会代表咨询

北京恩布拉科雪花压缩机有限公司新厂奠基仪式

董事长 黄福水

北京宏福集团

北京宏福集团组建于1996年2月，创业于1986年。是一家拥有上千员工、8亿资产的民营企业集团，具有国家二级资质并通过了ISO质量管理体系及环境健康安全体系认证。现有直属企业15家，参、控股企业25家。主要产业有土石方机械施工、建筑、市政、建材、房地产开发、旅游、教育、电子、生物制药、现代制造等。一个以传统产业为支撑，以高新技术产业为主导，以旅游、教育、商业、服务等为配套的产业格局已经在该集团全面铺开。

北京宏福集团办公大楼

北京宏福集团首经贸大学研究生毕业班合影

宏福苑小区一景

机械设备展示

北京市房山区工业总公司

董事长、总经理 张耀春

北京市房山区工业总公司为资产经营性公司，下属企业25家，总资产2.6亿元，现有职工3500人。工业产品有锻压机床、铝塑门窗、工业用桶、化学试剂、药芯焊丝、防火涂料等20多种，部分产品远销国外。

2003年，该公司与北京第一机床厂进行合作，先后组建了北京一良工机械有限公司、北京一机床良工机床零件制造有限公司、北一良工数控机床有限公司，形成了较强的机械制造和加工能力，使良乡成为了北京地区重要机械加工生产基地。

为集中发展优势产业，做强做大工业企业，工业总公司投资建设良工工业集团，占地510亩，基础设施完备，入驻条件优越，现诚招知名企业合作发展。

工业总公司积极发展房地产开发产业。成功开发了昊天温泉家园、昊文温泉家园、祺兴缘小区，总建筑面积20万平方米，纺织厂小区正在开发建设，地毯厂小区、昊华温泉家园正在规划设计当中。

地址：北京市房山区良乡昊天大街116号

电话：(010)69368558

传真：(010)69368558

邮编：102401

E-mail: gyzgs@bjfsh.gov.cn

北京良工工业集团大门

广东蓝带集团北京蓝宝酒业有限公司

董事长兼总经理 张琪

广东蓝带集团北京蓝宝酒业有限公司坐落于风景秀丽的北京西南郊房山区长沟镇，这里土地肥沃、空气清新、环境优美、是北京的绿色食品区。该公司占地面积104亩，建筑总面积3万余平方米。年生产啤酒能力为10万吨，现有职工600余人，总资产约为1.5亿元人民币。

公司引进德国、捷克先进设备生产蓝带集团“蓝宝”纯生及熟啤酒系列啤酒，达到了高度现代化和自动化，且生产制造工艺符合蓝带啤酒工业检验标准，具有可靠的产品质量保证。

公司实行全国性区域销售，尤以东北、华北、华中、华南等4个区为营运重点，拥有近千家经销商，并不断致力于与经销商形成“网络共建、资源共享”的合作伙伴关系。

公司2003年被房山区政府授予“制造业纳税大户”和“创名牌企业”称号。2004年公司完成销售收入2亿元，利税2000万元，获得了北京市乡镇企业局创名牌重点企业称号。

地址：北京市房山区长沟镇北正村西
电话：(010)61318003
邮编：102407

获质量可信产品称号

灌装生产线

啤酒生产线

北京富泰革基布股份有限公司

北京富泰革基布股份有限公司创立于1992年，前身是北京富帛实业股份有限公司与美、台商共同兴建的中外合资企业。2001年经北京市人民政府批准，整体变更为股份制企业。

富泰公司主要生产、销售PU、PVC革基布，广泛用于制鞋、服装、箱包等领域，40%以上的产品出口到欧、美及东南亚等国家。

公司创立以来，以发展革基布产业为己任，靠"团结、奉献、务实创新"的富泰精神，靠"快速反应、马上行动"的工作作风，靠"超前、敏锐、诚信、服务"的营销策略，通过实施低成本扩张和引进、借力的发展战略，使企业在行业中迅速崛起。该公司拥有3个全资子公司、两个控股子公司，公司年销售收入突破7亿元，利税3000多万元，全国同行业排名第二，产品在全国市场占有率达20%以上；公司已形成了有自己的原材料供应基地、革基布生产基地、全国营销网络健全的产销一条龙集团化运作模式。"富泰"牌革基布在行业中享有很高的信誉，是品牌的象征。

地址：北京市密云县双燕街3号
邮编：101500
电话：(010)89095721
传真：(010)89097774

总经理 裴秀春

革基布生产线

富泰公司大门

密云冶金矿山公司

总经理　王德敏

密云冶金矿山公司成立于1985年，经过二十年的发展，企业不断壮大。现有云冶冯家峪铁矿、威克直接还原材料厂、建昌铁矿、北京首钢铁矿、北京首钢石灰石矿、建华铸钢厂等六个企业。主要产品有高炉精矿粉、溶剂型石灰、球团矿、直接还原铁、铸造产品。到2004年末，公司有在职职工3271人，有专业技术人员320人；总资产9.5亿元，净资产4.9亿元。累计实现销售收入21.2亿元，创利税4.3亿元。取得了显著的经济效益，为区域经济的发展作出了重要贡献，成为密云县的骨干企业。其所属的云冶冯家峪铁矿，2002年被中国冶金矿山企业协会评为"全国十佳矿山企业"，矿山公司2004年被市企业联合会和企业家协会评为"北京企业100强"之一。

注：北京首钢铁矿和北京首钢石灰石矿于2003年7月划转密云冶金矿山公司。

地址：北京市密云县鼓楼东大街三号
邮编：101500
电话：69044227
传真：69021235

公司生产的球团矿

公司厂房

上峪采场

BEIREN 北人

BEIREN300
对开多色平版印刷机

主要技术规格：

最高印刷速度（张／小时）	单面印刷：15000；双面印刷 ：12000
最大纸张幅面（mm）	720×1040
最小纸张尺寸（mm）	单面印刷：360×520；双面印刷：420×520
最大印刷面积（mm）	单面印刷：710×1020；双面印刷：700×1020

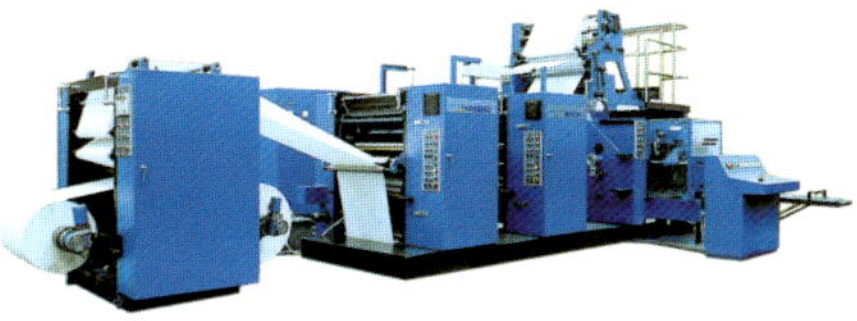

YP890系列
卷筒纸书刊平版印刷机

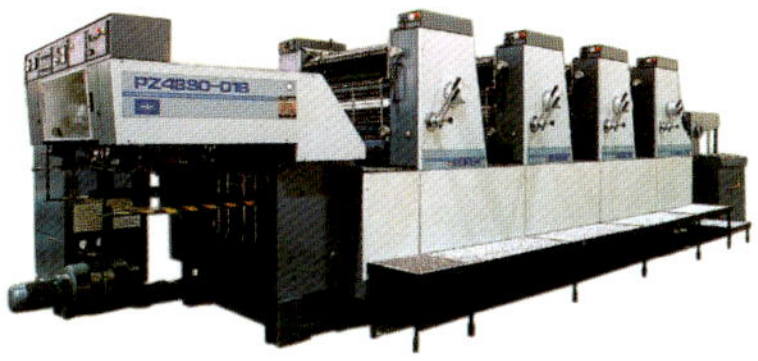

PZ4890-01B
对开四色平版印刷机

YP4787H
卷筒纸平版印刷机

北人集团公司
BEIREN GROUP CORPORATION
地址：北京市朝阳区东三环南路48号　电话：010-67708184　67792037
http://www.beiren.com.cn

第二代 0.5 吨级军用越野汽车研制合同签字仪式

总装备部领导察看
第二代0.5 吨级军用
越野汽车底盘

北汽福田欧曼重卡现代化的总装生产线

行、稳产高产使消耗大幅度降低，2004年产铁793万吨。投资3.2亿元，改造了炉前、料场、皮带运输除尘系统，岗位粉尘、烟尘、废水等指标均达到或好于国家标准。三高炉是工业旅游定点单位，年内接待国内外游客1.3万人。高炉冷却壁水冷管泄漏压力穿管修复法、高炉温控无吹扫多环降温器等6项科技成果获得国家专利。全厂职工争创指标效益、劳动效率、内部管理、环境保护“四个一流”。

地址：北京石景山首钢厂东门院内；邮编：100041；电话：88295696；传真：68872778；厂长：王自亭　（田　祥）

【首钢第三炼钢厂】　该厂于1992年10月成立。主体设备有3座80吨氧气顶吹转炉，1座脱硫扒渣站，2座LF钢包精炼炉，1座VD真空脱气装置，3台高效化八流品种方坯连铸机，1台全自动的四流矩型坯连铸机。建成和完善两条铁水脱硫、转炉冶炼、钢水精炼处理、品种铸机浇注的优质钢生产钱。生产制绳用硬线钢、预应力钢丝用钢、钢绞线用钢、碳素工具钢、冷镦钢、弹簧钢、齿轮钢、软线钢、优质焊线用钢、合金结构线用钢等百余个品种，生产过程全面采用计算机控制，节能环保方面采用了先进的一次、二次除尘系统，有完备的烟尘、废水综合处理和转炉煤气、蒸汽的回收能力，工业水全部闭路循环使用，烟尘及废水外排达到国家和北京市标准，合格率100%。3号转炉炉龄为30788炉，创国内中型转炉炉龄新纪录，达到世界先进水平。严格按照2000版ISO9000标准组织生产，实现了生产经营的市场化运作；2001年改造投产的2号矩型坯连铸机，实现自动上引锭、自动配水、自动浇铸、自动切割的全自动生产工艺，达到国内先进水平。综合成本、连浇炉数等主要技术经济指标创出好水平。2004年产钢306万吨，其中品种钢172.5万吨。高技术含量、高附加值的双高品种占总产量的56.37%；名牌品种和领先开发的拳头品种产量135.38万吨，占双高产品品种产量的78.48%；SAE系列出口钢材等新钢种的产量大幅增长。累计开发品种钢129个，形成以大规格82B等拳头产品为代表的优质钢系列。

首钢第三炼钢厂厂区全景

地址：北京石景山首钢厂东门；邮编：100041；电话：68872916；88295407；传真：88295407；电子邮箱：slg@mail.shougang.com；厂长：罗伯钢　（刘永龙）

【首钢型材厂】　该厂是国内最大的建筑用螺纹钢筋生产厂，有3条现代化的热连轧生产线，生产能力230万吨。首钢型材厂主要产品为直径10毫米至40毫米的Ⅱ、Ⅲ、Ⅳ级螺纹钢筋，并可以按照英国、美国技术标准生产螺纹钢筋和高强度精轧螺纹钢筋。该厂生产的矿用高强度圆环链用圆钢，是首钢传统名牌产品，钢种为25MnV，注册商标“SG”首钢牌，曾获得国家优质产品银奖。生产的HRB400螺纹钢筋，主要用于国家重点工程，率先提供给小浪底水利枢纽、南京长江二桥、京广铁路、三峡工程、国家大剧院等项目使用，常年出口美国、英国、加拿大、日本、韩国、越南、菲律宾、蒙古和中国港澳台地区。该产品是首钢十大名优产品之一，已被建设部混凝土结构设计新规范列为我国建筑工程使用的首选产品。

地址：北京石景山首钢厂东门院内；邮编：100041；电话：88295123；传真：88293331；厂长：孙佳 （型 材）

【首钢中厚板轧钢厂】 该厂建于1986年9月15日，1987年9月投产，设计年产中厚板20万吨。1989年、1996年两次进行改造，2003年1月投资3.42亿元，

首钢中厚板轧钢厂生产线

完成装备升级改造。厂区占地8.8万平方米，装机容量3.87万千瓦，固定资产原值6.57亿元。年产厚度10毫米至60毫米、宽度1.8米至2.9米，长度6米至36米的中厚板60万吨。厂内设四科两室5个作业区，职工474人。主要设备有蓄热式高效节能型加热炉，3500毫米强力高刚度四辊单机架可逆式轧机，高压水自动除鳞系统，ACC加速冷却装置，20辊矫直机，30毫米重型圆盘剪、切头剪、定尺剪等。监控系统有红外测温、X射线测厚、激光测宽、光电测长、激光标线和AGC控制系统，自动控制生产过程，技术装备为国内先进水平。中厚板品种主要有碳素结构钢板、低合金钢板、造船板、锅炉板、容器板、桥梁板、管线钢、汽车大梁板、单面复合板、机械工程板、建筑用板，用于制造桥梁、船舶、汽车、机械并在建筑业使用。在新技术应用和产品开发方面，该厂与国内多家科研院所密切合作，微合金化和TMCP技术得到成功应用。2004年生产中厚板80.01万吨，为产能的133.3%，其中高技术含量、高附加值双高产品产量76.58万吨，占产量的95.72%；名牌和领先开发的拳头产品产量40万吨，占双高产品产量的51.96%。

地址：北京石景山首钢厂东门院内；邮编：100041；电话：88295252；传真：68875794；电子邮箱：scb2000@sohu.com；厂长：刘晶志 （陶 丁）

【首钢高速线材厂】 该厂于2001年7

首钢高速线材厂生产线

月由首钢第二线材厂、第三线材厂合并成立，是国内最大的精品线材生产基地。两个生产区分别设有4个作业区。厂区占地15.8万平方米，设备457台，固定资产原值15亿元。1986年首钢从比利时引进20世纪80年代水平的摩根型第三代高速线材轧机，6条生产线持续改进实现了技术装备创新。生产直径5.5毫米至14毫米、18个规格的65个线材品种，严格按照GB/T19001—2000标准组织生产。高速热

轧盘条评为北京市名牌产品、北京市用户满意产品、全国用户满意产品；低碳钢热轧盘条、低碳钢制丝用热轧盘条、优质碳钢热轧盘条、气体保护电焊用碳钢焊丝盘条、焊接用盘条、预应力PC钢棒热轧盘条获得国家冶金产品实物质量金杯奖。产品多次供给奥运场馆、国家大剧院等重点建设项目使用，出口美国、巴西、意大利、日本、韩国。2004年，线材产量233.8万吨，出口40.98万吨。

地址：北京石景山首钢厂东门院内；邮编：100041；电话：68872508；传真：88293362；厂长：陶仲毅　（高　线）

【北京首钢特殊钢有限公司】 1983年由原北京钢厂、北京特殊钢厂合并成立首钢特殊钢公司，1997年改名北京首钢特殊钢有限公司。经过三次大调整，彻底淘汰落后设备，全面完成搬迁和治理污染任务。设计年产优质钢棒材65万吨，冷轧板材35万吨，还生产锻材、冷拔材、油淬火钢丝和钢丸、钢砂等。公司严格按照GB/T19001—2000、ISO9001—2000标准组织生产，以平立交替的无扭、多活套无张力轧制，保证钢材质量稳定可靠，成为精品。公司主导产品为优质碳素结构钢、优质合金结构钢、齿轮钢、非调质机械用结构钢、易切削结构钢、高碳铬轴承钢、碳素工具钢、弹簧钢，规格主要有直径12毫米至150毫米的热轧材，直径130毫米至400毫米的热锻圆钢及方钢材，厚度8毫米至20毫米、宽度180毫米至400毫米的H型钢翼缘板，直径为16毫米至40毫米的热轧带肋螺纹钢筋，宽度700毫米至1550毫米的冷轧薄板，直径为7毫米至55毫米的冷拔材及异型冷拔材，直径为0.3毫米至10毫米的钢丝及优质异型钢丝，以及钢丸、钢砂等金属制品。该公司大力发展现代服务业、节能环保产业，已成为跨地区、跨行业、多种所有制并存的综合性企业，有子公司和控股、参股企业26家，经营范围涉及节能环保、汽车贸易与服务、旧机动车拆解和综合利用、镁合金精密压铸、房地产开发、冶金工程设计、设备检修、旅游、医疗、运输等，形成了现代制造业、现代服务业、节能环保三大产业。2004年生产钢材51万吨，销售收入18亿元。

北京首钢特殊钢有限公司办公大楼

地址：北京石景山杨庄大街69号；邮编：100043；电话：68878857；传真：68874688；法定代表人：李惠颐　（郝占起）

【北京首钢鲁家山石灰石矿】 该矿位于北京市门头沟区，始建于1951年，由龙泉雾矿和鲁家山矿合并成立，生产石灰石、石灰和冶金辅料。占地面积215.8万平方米，分为南、北两个矿区。北区位于首钢的西北方向约12公里，南区位于首钢的西南方向约18公里。设7个科室、2个车间和5个经济实体、6个独立核算单位，在岗职工419人。主要设备有

北京首钢鲁家山石灰石矿开采现场

KQl50潜孔钻机4台，KQGl00潜孔钻机1台、英格索兰P400－P600型移动式空压机3台。主业为开采石灰石，生产石灰；辅业有机械制造、货物运输、E级锅炉安装、C级低压锅炉化学清洗、内燃设备维修等。2004年开采石灰石124.2万吨，石灰产量9.8万吨，合成渣产量1万吨。销售收入9322万元，实现利润400万元。

地址：北京市门头沟区野溪；邮编：102300；电话：61881058；传真：61881058；电子邮箱：ljsk@mail shougang.com.cn；法定代表人：张竞先　（唐燕军）

【北京首钢资源综合利用科技开发公司】　该公司主要承担首钢炼铁、炼钢冶金渣的加工和利用，是科研、生产、销售一体的冶金固废资源综合利用企业。多年来，公司与国内科研院所合作，对冶金渣综合利用、发展循环经济进行深入研究，成功地开发出用于道路奠基的钢渣二灰拌合料、用作砼添加剂的细磨钢渣粉、以钢渣为主要原料的地面砖、砌墙砖等。2004年销售收入7983万元，实现利润799万元，国有资产保值增值率103%。扩大了与中国建筑材料科学研究院的合作，共同开发项目。并与武汉佳讯绿色环保材料有限公司合资，成立了北京盛世首佳新型建材有限责任公司，建成产能为30万吨的钢渣磨细粉生产线，改变了固体废弃物低水平应用的状况，提高了产品附加值，形成良好的环保效益和经济效益。投资95万元，新建混凝土路，在厂区西北沿渣一线铁路和丰沙铁路线修建680米围墙和护坡墙，基本实现厂区全封闭，改变了厂区环境。新建120平方米洗车池，提高了清洁化生产水平。

地址：北京丰台区卢沟桥北路98号；邮编：100072；电话：83891257；传真：83891700；电子邮箱：zhly@mail.shougang.com.cn；经理：杨圣明　（综合利用公司）

【首钢运输部】　该运输部成立于1950年，主要承担厂区原燃料、半成品、成品的铁路运输，有年1000万吨钢的铁路运输综合能力。2004年在岗职工1814人，其中高级职称5人，中级职称22人，技师52人。固定资产原值10.2亿元，净值3.93亿元。内燃机车66台，车辆940辆，其中有260吨混铁车52辆。厂区铁路专用线155.7公里，装卸设备67台。铁路运输使用调度监督系统，调车作业使用无线调车系统。具备机车、车辆、铁道、信号、装卸设备检修综合能力。2004年运输量4714.7万吨，发送量338.8万吨，装卸量5031万吨，机车运输效率达到4268吨/台日。自行研发运输部局域网，实现了运输管理网络化、信息化，达到信息资源共享，在运输生产和经营管理中发挥了重要作用。

地址：北京石景山区古城南路；邮

编：100043；电话：88296855，88296879；传真：88293318；主任：刘英杰（运输部）

【北京首钢氧气厂】　1975年，首钢炼钢厂制氧车间改为首钢氧气厂，1997年改名为北京首钢氧气厂，注册资金6551万元，固定资产净值3.6亿元。共有中、

北京首钢氧气厂外景

日、德、法等国制造的7套制氧机组在线运行，生产氧气、氮气、氩气、氦气、氖气、氪气、氙气和液氧、液氮、液氩、医用氧11种气体和液体产品。1988年投产的3万立方米/时制氧机组，在国内率先采用全低压、全板式分子筛工艺流程，是计算机自动控制的大型工业气体生产设备，制取的氦气、氖气、氪气、氙气等稀有气体产品获得1994年第五届亚太国际贸易博览会金质奖，多种优质产品在海内外享有较高信誉，向华北、华南的16个省市销售，出口日本、美国、德国。2004年，该厂购置大型液体产品运输车12辆，成立化学危险品汽车运输队，为各地用户提供化学危险品、气体和液体产品的运输服务。经过现代化改造，氪气、氙气纯度由99.99%提高到99.999%，提高了市场竞争力，获得2004年首钢科学技术三等奖。成立北京首钢氧气厂氧通气体设备检修中心，为国内的气体生产企业提供设备维护和检修服务。销售收入3.36亿元，实现利润148万元，利税1495万元，上缴投资回报64万元，国有资产保值增值率100%。

地址：北京石景山路68号首钢厂东门内旁村；邮编：100041；电话：68872451，88294757；传真：88295212，68873456；法定代表人：邱银富（韩广军）

【北京首钢高新技术有限公司】　该公司是以工业自动化和系统集成为核心业务的高新技术公司，并受托管理首钢对外投资控股的电子信息类重点企业。公司与国内外的高新技术企业合作，开发具有高科技含量的新项目，投资半导体、新材料、软件、通信、网络电脑、自动化仪表等，形成了以自动化、半导体制造体系与服务体系为主体的产业架构，在大规模集成电路、工业机器人、触摸电脑、信息技术、自动控制技术、中低压控制柜、智能燃气表和智能电表的研发和制造领域达到国内领先水平，成为享誉业界的产品制造和系统集成的服务商。2004年公司销售收入17.67亿元。受托管理的重点企业中，首钢环星触摸电脑在邓小平纪念园应用；安检系统在中南海应用；首钢凯思软件公司销售NC网络电脑5000多台；首钢莫托曼机器人公司销售工业机器人系统232台套；SGNEC集成电路销售收入同比增长60%；机器人汽车风挡玻璃涂胶系统、环星触摸电脑入选首钢十大名优产品；开发SCE－AES系列交流电子开关，列入北京市金桥工程；拓展智能燃气表、电表的研发制造，销售整表及控制器6.5万台套；5项科技成果获得国家专利。公司有效专利达到22项。与美国罗克韦尔自动化公司合作开发自动化技术；与西班牙英格尔公司合资，开发电子技术；调整股权结

构，成立泉辉科技有限公司；中关村首钢软件园招商引资。

地址：北京石景山区杨家坡2号；邮编：100041；电话：88293417，68872009；传真：88294958；电子邮箱：office@sght.com.on；总裁：董钢　（李彩云）

【北京首钢机电有限公司】　1997年8月由原首钢制造部成立北京首钢机电有限公司。2004年公司管理机电设计研究院、成套设备分公司、重型机械分公司、机械厂、电机厂、设备结构厂、液压中心、环境热力众达公司、兴业达工贸中心等9个独立经营单位，职工4949人，其中有工程技术人员547人，高级职称77人，中级职称371人，技师35人，高级工119人。拥有各种金属切削设备3019台，其中，精密和大型机床280台，机械加工能力3万吨；有铸铁、铸钢、锻造、结构、热处理相配套的设备、完善的理化检验手段和先进的检测仪器。总资产28.6亿元，固定资产原值9.48亿元。严格按照ISO9001或ISO9002国际质量保证体系组织生产，承制冶金成套设备、矿山设备、非标准机械设备、金属结构件、压力容器、液压成套设备、电机和变压器，可提供设计制造、安装调试、技术咨询服务和工程项目总承包，满足用户对不同机械产品和服务的需要。2004年公司销售收入11.6亿元，销售收入劳产率23万元/人年。

地址：北京市石景山区老山西里；邮编：100043；电话：88291354；传真：88295181；电子邮箱：sgjd@263.net.cn；总经理：姜林　（陶晓海）

【首钢长白机械厂】　该厂建于1970年，原为兵器工业部的大型二类企业，曾获国家科技二等奖、机械工业科技一等奖，1988年6月划属首钢。工厂搬迁改造

首钢长白机械厂大门

后开发新产品，成为河北省高新技术企业。厂区45万平方米，建筑面积24万平方米，固定资产原值2亿元。该厂开发的首钢牌方坯连铸结晶器采用多项专有技术，成为高质量、高技术含量、高附加值、高市场占有率的“四高产品”。该厂作为国内结晶器制造业的领跑者，被连铸技术国家工程中心指定为连铸结晶器定点生产单位。首钢牌结晶器适于浇铸普钢、低合金钢、高中碳钢、不锈钢等钢种，可以满足客户在工艺上的多种技术要求；结晶器铜管及总成技术居国内领先水平，并被河北省科技厅认定为高新技术产品。首钢牌连铸方坯结晶器已被宝钢、包钢等130多家钢铁企业使用，并出口德国、印度尼西亚、土耳其、约旦，巴基斯坦、津巴布韦和中国台湾，是首钢十大名牌产品。通过持续的技术创新，长白机械厂已成为国内品种最多、规模最大、技术能力最强的连铸结晶器精品生产基地。

地址：秦皇岛南戴河海滨；邮编：066311；电话：0335－4053859；7970016；传真：0335－4050786；电子邮箱：sgcbjjq@vip.163.com；厂长：王宪龙　（王秀波）

【中国首钢国际贸易工程公司】 该公司于1992年6月经国务院批准成立，是首钢的全资子公司，主要从事进出口贸易、海外工程承包、国际经济技术合作、远洋运输、房地产开发、物流，宾馆公寓、广告策划以及国内贸易，代表首钢对海外投资，经营管理首钢秘鲁铁矿和香港的4家上市公司，为国内客户代理进出

中国首钢国际贸易工程公司大楼

口，是一个多元化、综合性的跨国经营实体。公司除了在香港、美国，欧洲、东南亚、非洲设有分支机构外，还在巴基斯坦、韩国新建经营网点。在秘鲁、阿联酋、东南亚投资经营大型矿山及钢材加工企业。与哈默斯利、罗泊河、CVRD及BHP集团等国际著名铁矿石供应商签订了1000万吨以上的长期供货协议，与蒙古共和国、印度的铁矿供应商建立合作关系，提高了战略资源的控制力。2004年进口铁矿石1333万吨；为国内的钢铁企业代理矿石进口运输127万吨，澳大利亚、秘鲁航线的海运费用明显低于同期市场水平；进口废钢2.2万吨；经营汽车的进口；代理集装箱运输8917标箱；参加了25个项目的国际投标，签订工程、成套设备出口和贸易合同1500万美元。严格按照合同和项目的网络节点，为客户提供技术装备的进口和完备的现场服务。在国内扩大了物流、房地产开发业务。2004年中首公司营业总收入182.6亿元，其中首钢以外国内市场的营业收入达到43.1亿元，占境内营业收入的65.51%。出口创汇2.44亿美元，实现利润2.38亿元。

地址：北京市海淀区西直门北大街60号；邮编：100088；电话：82295002；传真：82295000；总经理：胡斌　（高成禹）

【北京首钢设计院】 成立于1973年，是冶金行业大型甲级综合设计院，有矿、铁、钢、轧和机械设备、建筑结构、自动化、环境保护等30多个设计专业。管理建筑设计分院、工程监理、造价咨询公司、首钢与美国麦斯塔工程公司合资的国际工程公司、首钢与日本新日铁公司合资的节能环保工程公司、首钢与比利时考克利尔公司合资的冶金工程公司。2004年在册职工1059人，其中高工及教授级高工400人。该院在国内冶金设计行业首家获得国际标准质量体系认证，并有涉外经营权。承担首钢及国内外钢铁企业的工厂设计、非标设备设计、成套设备和工程总承包，以及民用建筑、市政工程、环保、娱乐设施等多方面设计，累计完成新建和技术改造项目6000多项，包括在菲律宾、印度尼西亚、朝鲜、秘鲁、印度、津巴布韦的海外工程。与奥钢联、西马克、CMI、达涅利、NSC等公司合作完成多项工程设计。包钢二炼钢工程总承包被业主评价为

“用创奇迹的精神完成了创奇迹的工程”。2004年按照“立足首钢市场，发挥特色优势技术，实施总承包模式，开拓国内外市

北京首钢设计院大楼

场”的经营思路，承揽承包合同7项，13.6亿元，其中首钢以外的总承包合同5项、11.2亿元，包括武钢干熄焦工程、承钢伟源球团、新余钢铁公司球团、重钢高炉等总承包项目。完成标准设计图纸80295张，设计产值1.23亿元，总承包产值3592万元。实现营业收入8.1亿元，净收入1.85亿元，实现利润563万元。

地址：北京石景山路60号；邮编：100043；电话：68872480；传真：88295389；电子邮箱：sgdi@sgdi.com.on；院长：何巍
（白雪松）

【首钢矿业公司】 该公司位于河北省迁安市，始建于1959年，占地面积7.6万亩。主要从事采选矿、烧结、矿用汽车制造、设备修造和建筑安装。2004年矿岩采剥总量1.14亿吨，采矿1830万吨，生产精矿粉576万吨、烧结矿655万吨、氧化球团268万吨。销售收入60.5亿元，同比增长38.41%。外销矿产品133万吨，收入11.17亿元。可比成本降低2.74亿元，盈利2.08亿元，同比增长16.4倍。国有资产保值增值率111.7%。29个科技项目有9项通过部市级鉴定，13项获得北京市、冶金矿山协会和首钢科学技术奖，科技效益占增收节支额的40%以上。开展孟家沟赤铁矿处理、硼铁矿分离、烧结矿多品种配料试验等科研项目。改造项目125个，所属大石河铁矿完成10个系列的流程优化改造。非矿业产值12.15亿元，社会收入4.91亿元，66项建筑安装工程，产值1.8亿元，达到历史最好水平。非矿产业盈利1591万元，在岗职工年均收入26511元。矿用汽车产销78台；制造矿山设备104台套；矿建产值超亿元。合作开发承德、涞源、丹东、蒙古共和国的矿产项目取得进展。发挥依托功能，确保迁钢建设和生产需要。公司围绕“一流矿业、开放矿山”的目标和“做强矿产资源业、发展相关产业、服务钢铁、扩大市场经营”四大任务，以市场化、信息化、自动化和加强管理为主线，通过横向发展、纵向延伸，提升企业的综合实力、市场竞争力、资源和资本运作能力。

地址：河北迁安市；邮编：064404；电话：0315－7710398；传真：0315－7710477；总经理：郝树华　（谷响林）

【北京国际汽车贸易服务园区】 该服务园区2000年由北京首钢特殊钢有限公司、北京市旧机动车有限公司、弘汇泽市场管理中心、北创集团等合资创办。规划利用特钢南区土地24万平方米，一期

项目实际用地5.5万平方米，建成1.2万平方米的交易大厅和停放2000辆的汽车广场，二期、三期建设及招商正在进行。规划建设18个四位一体的汽车专卖店、1个旧机动车交易市场、1座商务博览中心、2个标志塔、1座加油站和润滑油服务中心。主要的经营和服务项目有：新车交易、二手车交易、汽车配件、汽车展销、汽车保养、汽车维修、汽车清洗，汽车美容与装饰、汽车租赁、汽车俱乐部、汽车援救、汽车电子商务、汽车拍卖、汽车广告、汽车解体，提供机电设备、五金交电、百货、信息咨询、技术开发、技术培训、技术转让和物业服务。2004年共有6个汽车专卖店建成营业，新旧车交易17741辆，同比增加8274辆，规模为北京市第三位，盈利100万元。首钢特殊钢有限公司有上海大众专卖店25%股份，涉足汽车服务领域。

北京国际汽车贸易服务园区

地址：北京石景山区古城大街；邮编：100043；电话：88912469；传真：68843515；董事长：李惠颐　　（郝占起）

【北京首钢房地产开发有限公司】

该公司对内承担首钢职工住宅的投资建设和管理，已开发苹果园、西黄村和金顶街危改小区；对外独立或合作进行市场运作，已开发金苹阁、金泰阁、海云轩、军民园、琳琅庄园、万年花城、山东德州夏津等项目，2004年，新开工面积50万平方米。首钢职工的集资建房项目动工，3座楼的结构封顶。琳琅庄园二期3栋330套商品房交工，全部售罄。与万年集团合作开发西南三环万年花城，总面积198万平方米，开工27万平方米，售房2890套28万平方米。与德州房地产公司合作开发山东夏津项目，一期8栋286套37190平方米商品房交工入住，销售率76%，回款率74.6%。控股开发的吉林蛟河首钢·美丽城，一期20万平方米，270套住宅认购39.3%。与宏大兴业房地产公司合作开发金顶街三区，面积50.5万平方米，其中商品房34.3万平方米，首钢集资建房10万平方米，配套设施6.2万平方米，投资15.6亿元。合作开发的山东鲁班·御景园，占地7.3万平方米，计划建筑面积10.2万平方米。该公司与房地产配套的投融资、拆迁、工贸、装饰、物业管理产业链发展顺利。2004年9月获得GB/T19001—2000、ISO9001—2000标准质量体系认证。黄南苑小区被命名为北京市金牌居住区。公司销售收入1.25亿元，实现利润1166万元，上缴投资回报382.5万元。根据国家统计局在第三届中国房地产和建筑业领先企业信息发布会发布，该公司在全国37123家房地产开发商中排名第

北京首钢房地产开发有限公司开发的小区

42位，列为2003年至2004年度中国房地产业领先企业。

地址：北京市石景山区西黄村首钢地质勘察院院内；邮编：100041；电话：88292268；传真：88292104；电子邮箱：www.sg.house.com.cn；法定代表人：徐凝

（贾　琪）

【首钢实业公司旅游公司】　该公司于2000年3月成立，管理首钢旅行社、首钢金石招待所、海研宾馆、首钢印刷厂，提供住宿、旅游、会议、商务和印刷服务。2004年7月，首钢旅行社与中国和平国际有限责任公司合作，获得国际旅游资质，已开发部分国际旅游路线，并获得第二届全国诚信单位称号。组织了双休日、黄金周到密云、怀柔等地的北京周边游项目。2004年首钢工业旅游接待363个团体2.3万人，三年来累计接待国内游客5.3万人，国际游客7600人，被评为全国首批工业旅游示范单位。金石招待所与国内70多家旅行社及社会团体建立业务联系，全年接待宾客19.12万人。首钢印刷厂是北京市书刊定点、国家级秘密载体定点印刷企业，具有印前电脑分色制版系统、胶版印制、装订、烫金、复膜、模切等配套的生产制作能力，引进了四色海德堡印刷机，年印刷产量3万令，部分书刊被评为市优产品。

首钢实业公司旅游公司示范标牌

地址：北京石景山区首钢金石招待所院内；邮编：100041；电话：88296102；88292326－2168；经理：孙长勇（首　旅）

【北京大学首钢医院】　该医院原名首钢总医院，是从事医疗、教学科研和预防保健的三级综合医院。2001年成为北京市基本医疗保险定点医院后，连续3年获全国“百姓放心医院”称号。2002年9月与北京大学医学部合作，改名为北京大学首钢医院。占地8.2万平方米，建筑面积8.1万平方米，有19层综合病房大楼、门诊楼、办公楼、综合楼等，病房大楼编制床位1000张。设有32个临床科室，10个医技科室，在古城、苹果园、老山、模式口社区设卫生服务中心和心血管病防治所，在12个厂区设保健站。在1280名职工中，有博士、硕士和在读博士、硕士48人，大学学历者367人；中级职称462人，主任医师、副主任医师128人。医疗设备有多层螺旋CT、1.5T核磁共振、全数字化X光机（DR、CR）、彩色B超、彩色多普勒、ECT、双能骨密度仪、大型自动化分析仪等。该院外科开展的重要手术有：同种异体肾移植术，劈裂式胆管癌切除术，烟雾病合并颅内动脉瘤动脉痛栓塞术，锥体成形术，鼻内窥镜下脑脊液鼻漏修补术，宫腔镜电切术等。成立北京大学医学部泌尿外科研究所第四病房、北京脑

北京大学首钢医院

血管病研究所京西中心等。2004年10月，该院被北京市卫生局确定为北京奥运会定点医院。

地址：北京市石景山区西黄村；邮编：100041；电话：68875731；电子邮箱：www.sgyy.com.cn；院长：那彦群（医　院）

【北京北仪创新真空技术有限责任公司】 该公司总部位于北京长安街东端的郎家园11号，中央商务区（CBD）的中心位置。生产基地位于大兴工业开发区，占地面积31064平方米，建筑面积45504平方米。2003年通过ISO9000质量体系认证。产品有低真空、高真空、超高真空30多个系列160多个品种。主要核心产品包括真空获得、真空应用设备、真空测量仪表三大类。真空获得类产品有直联式高速真空泵、罗茨真空泵、高真空油扩散泵；真空应用设备类产品有：方箱式电子束光学多层镀膜蒸发设备、DC和RF磁控溅射系统、多弧等离子镀膜设备、平面幕墙玻璃磁控溅射生产线、离子束辅助蒸发系统等。主要产品技术水平处于国际20世纪90年代水平，拥有较强的技术实力。产品广泛应用于航空航天、电子信息、光学产业、建筑装潢、纺织、电力能源、食品、冶金等行业。产品出口到世界多个国家。

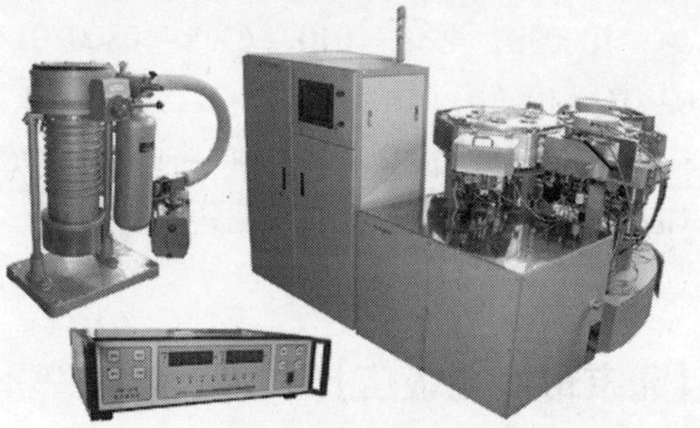

北京北仪创新真空技术有限责任公司产品

地址：北京市大兴工业开发区盛坊路；邮编：102600；电话：60251210；网址：www.bjbyzk.com.cn；法定代表人：张华（北　仪）

【北京市农业机械研究所】 2004年该研究所签订项目工程、产品销售合同300余项，实现产销额8000余万元，年技工贸总收入超1亿元，产值和市场占有率为国内领先。温室工程产业的“京鹏”品牌已成为设施农业工程产业领域的知名品牌，形成了以“京鹏”为核心的设施农业产品体系。2004年京鹏温室共参加大型投标项目40余项，北京南宫生态公园智能温室、西藏高原现代园艺及药用植物栽培示范区工程项目二期项目、承德钢铁集团智能温室项目等一批重大项目先后中标。中标承建的国家级植物检疫隔离温室落成并通过了农业部组织的专家验收。畜牧工程产业新研发了JM/JN系列移动式挤奶机和提桶式挤奶机、新型牛颈枷、新型牛饮水槽、新式犊牛栏、DDC电子动物秤等系列养殖配套装备，初步形成了具有我国特色的畜禽舍工程和畜牧机械养殖设施系列产品，市场拓展到14个省市自治区，全年实现产销额1500万元。该研究所围绕北京市科委提出的“涌泉行动”和“引擎行动”大力实施科技创新工程，努力创建“国家工厂化农业设施工程技术研究中心”。2004年共申报了课题34项，获得课题支持14项，延伸课题11项，技术创新与新产品设计开发上新成果26项。其中隔离检疫温室的技术攻关和关键技术的研究开发为进军P3、P4生物实验室的设计与开发打下了坚实基础。同时在屋顶开启式温室的开发定型、施肥机的开发、环境智能控制系统的创新提高、智能移动喷灌机的创新定型、施肥机的开发、电动采摘车的创新定型、畜禽舍屋顶和侧墙通风系统开发、机动挤奶小车提桶式挤奶系统和管道式挤奶系统等方面进行了一系列创新研究，获得北京市科技进步三等奖1项，北京市农业科技推广二等奖1项，三等奖1项，授权实用新型专利3项，申请专利4项，发表专著2部，起草《节能日光温室建设标准》、《连栋温室骨架设计技术标准》等2项；在国际会议上发表论文8篇，在国内核心期刊上发表论文17篇。该研究中心荣获“北京市专利管理部门先进集体”称号。

地址：北京市德胜门外西三旗；邮编：100096；电话：010－82913004；传真：82913004；电子邮箱：chbnj@263.net；法定代表人：蔡福栋　　（刘大军）

【北京嘉源易润工程技术有限公司】该公司成立于1985年，隶属于北京兴东方实业有限责任公司，主要从事现代农业设施的研发、生产、销售和服务。主要产品有国内同行业著名品牌“易润”牌节水灌溉设备和“大都林”牌系列挤奶机设备。企业严格执行现代企业制度，被北京市科委认证为高新技术企业，被北京市农业银行授予AAA级信用等级，多次被评为“北京市精神文明单位”，是北京市农机企业流通协会和中国奶协的会员单位，是中国灌排协会的副理事长单位，公司已通过了ISO9000质量认证系统认证。“大都林”牌挤奶机是在吸收国际先进技术的基础上，结合中国国情自主研发的具有自主知识产权特色的民族品牌，已连续3年在北京市、山东省政府和伊利实业集团有限公司的设备采购招标中中标，并向“蒙牛”、“汇源”、“三元”等国内各大知名乳业集团提供设备。“易润”牌节水灌溉设备是引进美国和以色列等国家的先进技术，结合中国目前节水灌溉的实际需求，是在实用先进技术上有很大突破的成熟产品，产品适用于城市园林和农业灌溉，增产增收、环保节水效果明显，在全国已经推广各种项目十多万亩，深受各地用户好评。该公司建立了全国第一家节水灌溉设备超市。公司充分利用已有的进出口平台和市场资源成立了进出口部，已实现农业设施产品出口到东南亚等国家和地区。为了公司的可持续发展，该企业入驻中关村科技园区永丰高新技术产业基地，建立了自己的产业研发基地。

地址：北京市海淀区复兴路2号；邮编：100038；电话：010－6328－0800/01/02/03；传真：010－6327－1135；网址：www.yirun.com.on；电子邮件：yirun@yirun.com.cn；法定代表人：冯阳

（嘉　源）

【北京市梅苑饭店】　该饭店素有“宾客之家”美誉，位于北京市海淀区西直门外高梁桥斜街东侧，与北京交通大学相邻，是北京京煤集团有限责任公司（原北京矿务局）与海淀评剧团联建的联营企业。梅苑饭店有建筑面积3820平方米，1991年建成，共有客房62套，写字间17间，中餐厅1个。饭店内设有商务中心、商品部、KTV及咖啡厅、酒吧等，是集食、宿、商务等服务于一体的二星级涉外饭店。该饭店1992年开业时，定为特级旅馆。1997年被评定为一星级饭店，2004年4月升为二星级饭店。有固定资产577万元。自开业以来，在京煤集团公司和北京市、丰台区旅游局的领导下，坚持“宾客至上、服务第一”的宗旨，以“优质服务、特色明显、超值享受”的品牌效应，受到中外宾客的赞誉，连续12年取得良好的经济和社会效益。饭店环境优雅、设施齐全、交通方便，文化蕴味浓。其倡导引领的现代消费时尚——千荷乡素食坊，以其幽雅的就餐环境、浓郁的人文氛围、绿色健康的饮食，深得众多食客的青睐。

梅苑饭店

地址：北京市海淀区高梁桥斜街甲30号；邮编：100081；总机：62241115；前厅电话：62255689；传真：62245985；网址：www.bjmyhotel.com.on；总经理：李民英

（郝富惠　徐贺成）

【北京电力设备总厂】　该总厂（BPEG）隶属于华北电网有限公司，资产总额11亿元，本部设在北京良乡。2004年完成销售收入100215万元。总厂实行多元化产品专业经营。设立有面向市场的6个产品事业部。坚持“市场是硬道理”的理念，以市场为牵引力，促进企业成长。依据市场的变化，适时调整资源配置，确保以市场为平台的集成管理取得满意的效果。企业建立了局域网，实现了管理信息化。该总厂主营产品电力机械、电力电器、电站备品配件。产品有ZGM型中速辊式磨煤机系列、特种工业汽轮机系列、空心电抗器系列、线路阻波器系列、干式变压器系列、铁心干式电抗器系列、高起动力矩特种电动机系列、全连式封闭母线系列。该总厂有为大型火电、水电、核电机组提供辅机、配套产品的能力；有为超高压变电站提供多种电器设备的能力；有自主开发能力的技术力量和电力设备研究所；有设施完善的中心试验室，有按ISO9000—2000版标准建立的质量体系。产品遍及全国30个省（区）市，产品还进入冶金、化工、建材、铁路等行业市场。

地址：北京房山区良乡昊天大街12号；邮编：102401；电话：69372305；传真：69352288；法定代表人：刘太生

（电力设备总厂）

【北京华科同安监控技术有限公司】
该公司由华北电力科学研究院投资创办，注册在北京中关村科技园区的高新技术企业。公司专业从事火电、水电机组及其辅机的状态监测分析与故障诊断系统的研究、产品开发和技术服务。2002年该公司在火电、水电机组状态监测领域取得了可喜的业绩。其开发生产的TN8000机组振动在线监测分析故障诊断系统已成功应用于 100MW、125MW、200MW、300MW、500MW、600MW等不同容量的主流火电机组上，为火电机组的安全稳定运行发挥着重要作用。在水电机组状态监测方面，该公司承担了浙江紧水滩水力发电厂和乌溪江水力发电厂的科技项目——水电机组状态监测与故障诊断系统的研发工作，并正在实施中；2002年年底，又在激烈的市场竞争中，赢得了贵州东风水力发电厂科

技项目——发变组状态监测及故障诊断系

北京华科同安监控技术有限公司
水轮发电机组

统的研发任务，该项目是国家电力公司水电机组状态监测的试点项目，内容涉及水轮机、发电机和主变压器等设务的多子系统在线监测分析与故障诊断。

地址：北京海淀区西三环北路甲105号科原大厦1209；邮编：100037；电话：88415130/60/90、13910996556；传真：88414988；法定代表人：赵鹏（华科同安）

【北京天坛股份有限公司】 该公司前身为创立于1956年的北京天坛家具公司。隶属于北京金隅集团有限责任公司，经营范围涉及木质、软体、金属等各类办公及民用家具、建筑门窗、室内外装饰工程三大领域，拥有从德国、意大利等国引进的20余条自动化程控生产线及设施完备的原材料和产成品质量检测中心。公司注册资本9689万元，总资产4亿元，职工人数1600余人，占地35万平方米，厂房面积20余万平方米。销售遍及全国31个省市自治区和港澳特区，并出口美国、法国、日本等40余个国家和地区。2004年，实现销售收入4亿元。北京天坛股份有限公司在同行业率先通过ISO9001、ISO 14001和英国皇家UKAS认证，同时获得中国Ⅲ型环境标志证书。1999年，天坛牌商标被正式认定为中国驰名商标。2004年，公司连续第四次被中国质量管理协会评为全国质量效益型先进企业和全国用户满意企业；被国家工商总局认定为中国守合同重信用企业；天坛牌系列产品是北京市质量技术监督局评定的北京名牌产品；天坛牌商标连续4届被北京市工商行政管理局认定为北京市著名商标；天坛牌沙发、床垫被国家质检总局评定为国家质量免检产品。

北京天坛股份有限公司办公大楼

地址：北京市东城区安定门外小黄庄路甲9号；邮编：100013；电话：84272631；传真：84285848；网址：http://www.ttjj.com.cn；电子邮箱：best@ttjj.com.cn；法定代表人：陈志达　（贾丽娟）

【北京市琉璃河水泥厂】 该厂隶属于

北京金隅集团有限责任公司。企业占地面积80万平方米，建筑面积20万平方米，主要产品有P.O42.5、P.O32.5、P.S32.5硅酸盐水泥，注册商标“长城”牌。现有职工899人，其中工程技术人员210人。企业拥有现代化的日产2500吨熟料窑外分解生产线两条，已形成了年产高标号水泥260万吨的规模，日供货量最高可达10000吨。是年，北京市琉璃河水泥厂水泥产销量完成228万吨，产品销售收入完成5.4亿元，经营活动现金流入量完成6.3亿元，实现利润5300万元，主要经济技术指标再创历史最好水平。

北京市琉璃河水泥厂生产线

地址：北京市房山区琉璃河（京石高速公路琉璃河出口）；邮编：102403；电话：89382980；传真：89382993；网址：http：//www.liulihe.com；电子邮箱：LiuLiHe@bbmg.com.cn；法定代表人：姜德义

（王 良）

【北京水泥厂有限责任公司】 该厂成立于1992年9月。1999年9月成为全国首家债转股企业后更名为北京水泥厂有限责任公司，由北京金隅集团有限责任公司与中国信达资产管理公司共同控股。公司以生产京都牌P.O42.5、F.O32.5低碱水泥为主，生产线采用DCS集散型计算机控制系统。原设计水泥生产能力74万吨/年。经过改造设备、革新工艺、改善经营管理，是年水泥产量达200万吨。公司遵循“重质量、重信誉、抓服务、抓管理”的理念，贯彻“创造京都牌一流品质，奉献北水人真诚服务”的质量方针，先后通过ISO9002质量体系认证、产品质量认证、ISO10012计量体系认证，ISO14001环境管理体系认证。多年来，诸多国家及北京市重点工程都使用了“京都”牌水泥。2003年起，京都牌水泥被国家大剧院工程项目指定为专用水泥。公司连续多年被授予首都文明单位标兵、守信企业等称号。

北京水泥厂有限责任公司大门

地址：北京市昌平区亭子庄乡北小营村东；邮编：102202；电话：60755269；传真：60755471；网址：www.bcp.com.cn；电子邮箱：beishui1@bbmg.com.cn；负责人：付秋涛

（刘素敏）

【北京市燕山水泥厂】 该厂始建于1958年，隶属于北京金隅集团有限责任公司，是水泥综合年生产能力60万吨的国有大二型企业，占地面积43万平方米，建筑面积16.8万平方米，固定资产原值1.97亿元、净值1.02亿元，全年生产水泥56万吨，销售收入1.52亿元，实现利润261万元，建厂46年来，为首都现代化建设提供了1600万吨优质水泥，上缴国家利税2.5亿元。企业跨入全国建材500强。北京市燕山水泥厂在行业内率先通过了水泥产品质量认证、ISO9002质量体系认证、ISO10012计量体系认证。其产品P.O32.5、P.S32.5获得北京绿色建材产品证书。水泥生产利用“三废”，生产过程无污染，最终产品无公害，成为广大用户放心使用的绿色产品。该厂坚持以调整促发展为目标，大力加强企业精神文明建设，连年被评为首都文明单位，企业内部运作机制协调顺畅，职工队伍稳定，展示出较强的发展后劲。

地址：北京市石景山区京原路68号；邮编：100041；电话：68863171；传真：88957193；网址：www.bycp.com.cn；电子邮箱：yanshan1@bbmg.com.cn；法定代表人：李伟东　（贺路启）

【北京市陶瓷厂】　该厂是1958年建厂的国有企业，隶属于北京金隅集团有限责任公司。企业位于北京中关村高新技术产业开发区内，地处上地信息产业基地东侧，占地面积14.3万平方米。多年来以生产经营建筑卫生陶瓷为主，从20世纪90年代起，企业为寻求新的经济增长点，积极引进先进技术，并促成与日本东陶公司的合资，生产世界知名品牌“TOTO”卫浴产品。在合资企业成立后，企业重新对资源进行了优化配置，扩大了不定型耐火材料的生产规模，使其成为企业的支柱拳头产品。同时，采取代理批发零售“TOTO”产品，为合资企业提供服务，对剩余资产进行了优化配置，使企业进入了新的发展阶段。全年实现营销总收入1.7亿元，实现利润956.3万元，现有固定资产原值390万元，净值2500万元，职工人数342人，其中工程技术人员104名。该企业先后被评为北京市优秀基层党组织、北京市国资委系统和北京金隅集团系统先进党委，并被评为北京金隅集团先进企（事）业单位。

北京市陶瓷厂大门

地址：北京市德胜门外西三旗；邮编：100085；电话：62913731；传真：62915278；电子邮箱：beitao1@bbmg.com.cn；法定代表人：冯运生　（张云朋）

【北京市文体百货工业联合公司】
该公司始建于1956年，是从事体育器械、胶粘带制品、文教办公用品研制开发、生产制造、安装服务的综合性专业公司，也是中国体育用品联合会的理事单位和中国文教用品协会的副理事长单位。该公司的飞鹿牌体育器材和天坛牌胶粘带系列产品，都是在国内较早涉足、自主开发和生产经营的代表性产品。该公司将先进科学技术、现代管理理念与30多年积累的独有经验相融合，培育了在国内外市场和同行业中都具有良好声誉的知名品牌。飞鹿牌体育产品多次入选为奥运会、亚运会和国内大型赛事的比赛器材，国内外运动员使用飞鹿产品多次刷新了比赛纪录。天坛牌胶粘带多次被评选为北京市优质产品，荣获北京市著名商标的光荣称号，是北京市工商行政管理局评为的重合同、守信用单位。

地址：朝阳区三间房东路4号；邮编：100024；电话：65723051；传真：65796200；法定代表人：林丰年（隆 工）

【中电智能卡有限责任公司】 该公司（CESC）是专业从事IC卡模块和IC卡设计、生产、销售和服务的企业，同时开发各种IC卡应用系统。引进世界最先进的生产设备和制造技术，生产高质量的IC卡模块和IC卡。公司拥有6条IC卡模块生产线，年产能达到1.5亿块；15条制卡生产线，年产能达到1.5亿张，生产覆盖

中电智能卡有限责任公司
生产的IC卡模块

所有品种的IC卡模块和IC卡产品，是国内最大的IC卡生产企业。该公司承担了国家第二代身份证卡用非接触IC卡模块生产工艺研究和标准编制等工作，是国内首个通过公安部生产鉴定的加工企业。该公司产品主要为三类，统属高新技术信息产品，主要是：接触式IC卡模块（Contact IC Module），用于接触式IC卡；接触式IC卡（Contact IC card）主要用于电信、广电、金融、社保、石化、电力等行业，主要用于信息存储，身份识别，消费支付的需求，信息存储量大，使用方便，数据保密性好；非接触式IC卡模块（Contactless IC Module），用于非接触式IC卡，主要是第二代身份证，公交卡，门禁卡，就餐卡和高速公路收费卡等需求。

地址：北京市昌平区昌盛路26号F1楼；邮编：102200；电话：010－51508811，010－51508801（总机）转8268；传真：010－51508813；电子邮箱：cescwyh@126.com；法定代表人：苏振明

（钮亚敏）

【北京英斯泰克视频技术有限公司】 该公司创建于1991年，是一家从事广播、电影、电视以及通信领域系统集成、设备制造、产品代理和提供技术服务的高新技术企业。2000年公司改制成功，注册资金10800万元。拥有22600平方米的生产技术基地。作为业界中覆盖最全面的技术公司，英斯泰克一贯致力于为用户提供多种

北京英斯泰克视频技术有限公司
的机架机柜产品

产品以及完整的系统解决方案，并积极将国际上的新技术、新设备、新理念引入国内，介绍给客户。为国内主要电视台、电影制片厂、通信公司及相关业务单位的发展扩建、技术更新和新业务开拓提供了有力的支持。公司建立了覆盖中国大陆的销售网络和完善的售后服务系统，用户日益

增多，现拥有遍布电视、电影、广播、广告、通信、教育、科研和政府机关、厂矿企业、军队等行业和单位的3000多家用户。

地址：北京昌平科技园区超前路35号；邮编：102200；地址：北京市朝阳区裕民路12号中国国际科技会展中心B座C区901；邮编：100029；电话：010－89715471，010－82253535；传真：010－80100030；010－82252968；网址：www.instec－video.com.cn；电子邮箱：market@instec－video.com.cn；法定代表人：李庆

（钮亚敏）

【北京汉业科技有限公司】　该公司是以专业研制、生产、销售水产、畜禽系列预混料、浓缩料、配合饲料为主的高新技术企业，位于密云水库溪翁庄镇华都工业园区内，占地35亩，投资总额2350万元。公司有员工120人，其中本科学历以上12人，专科学历41人；拥有超徽粉、强熟化、制粒后稳定、美国进口膨化机、真空制粒后喷涂等先进设备组成的数条生产线。该公司是北京市销量最大的特种水产饲料生产企业和密云县科技含量最高、产量最大、服务最完善的饲料生产企业。2004年9月公司顺利通过了ISO9001质量管理体系认证。产品销往上海、天津、辽宁、黑龙江、新疆、湖南、广西、云南等20余个省市并出口朝鲜等国家。被北京市科委认定为“北京市高新技术企业”，2002年被授予“北京市星火科技先导型示范企业”称号，连续2年被北京市工商局评为“重合同守信用单位”，连续5年被农行北京市分行评为“AAA”级信用企业。

北京汉业科技有限公司的生产车间

地址：密云县溪翁庄镇华都工业园区；邮编：101500；电话：69015099；传真：69015099－805；网址：www.bjhanye.cn；电子邮箱：hanye@bjhanye.cn；法定代表人：魏宝印

（郑志华）

【北京莲联食品有限公司】　该公司系台资企业，成立于1999年4月8日，投资总额5000万元人民币，注册资金3690万元人民币，企业占地25000平方米，其中建筑面积8000平方米，有职工180人，其中管理人员20人，具有大专以上文化程度15人。该公司所在地紧挨京承高速公路出口，距首都机场40公里，距北京东直门69公里，交通便利。密云县是北京市的水源保护基地，有“绿山、净水、富民”的美誉，是食品企业发展的优美绝佳环境。该公司是以农产品为主要原料的食品加工企业，有三条生产线，主要产品有各种果、蔬汁饮料，各种素食品，主要原料是各种水果、干果、香菇、木耳、大豆和各种蔬菜，自有原料基地2000多亩。原料基地取得14000环保认证，公司取得ISO9001—2000质量体系认证、HACCP认证，产品获得绿色食品标志。公司奉行以健康主张、心灵环保、坚持承诺、人人有责的方针，不断开拓进取，忠诚为消费者

服务。

北京莲联食品有限公司

地址：北京市密云县巨各庄镇蔡家洼村；邮编：101501；电话：010－89091822、69086907；传真：010－89091289，69086901；网址：www. xjsnh. com；法定代表人：林鑫　　（郑志华）

【北京宇航肉联加工有限公司】　该公司是北京市人民政府指定的十家大型生猪屠宰加工企业之一。地处北京市密云巨各庄镇东白岩村，占地面积90亩，总资

北京宇航肉联加工有限公司生产线

产4600万元。拥有国内一流的生猪屠宰生产线，生产、检测设备、工艺流程都严格按照国家《猪屠宰与分割车间设计规范》（GB/50317—2000）和国家建设部、质检总局规定的强制要求屠宰厂设备工艺技术和卫生质量及环保标准进行设计和施工。拥有职工200名，其中各类专业技术人员65名，具有食品卫生专业的检疫检验队伍。公司产品以“绿色、精品、安全”为标准，“科学合理，绿色环保”为原则，建立一套完整的产品安全体系。严格按照国家《肉类加工厂卫生规范》（GB/12694—90）执行，以完成国家让老百姓吃上“放心肉”的计划，完善国务院下达的“放心肉工程”，保证其肉品、肉质，确保人民吃上放心肉。公司生产冷鲜肉系列产品，品种多达上百种。将给消费者提供健康、安全、放心的冷鲜肉。

地址：密云县巨各庄镇东白岩村；邮编：101501；电话：89013928；传真：89013928；网址：99114. com；法人：张全军　　（郑志华）

【SMC（中国）有限公司】　该公司

SMC（中国）有限公司机加工车间

是世界最大的气动元件制造跨国公司——SMC株式会社在中国投资建立的，以生产制造为主，同时提供技术服务的海外子公司。公司自1994年9月在北京经济技术开发区成立后，先后在开发区建设了第一工厂、第二工厂、职工宿舍，研发中心大楼已破土动工，在天竺出口加工区建设的大型气动元件生产出口基地已粗具规模。10多年来SMC公司从最初投资20亿日

元，经过7次增资，投资总额已达209亿日元。主要生产产品有7个系列6000余种汽缸和各种型号的气动三联件。2004年，SMC公司的工业产值11亿元，出口额7.22亿元。公司引进了当今世界同行业最精锐的自动化生产设备：全自动精密压铸设备、精密数控加工机床、程控阳极氧化处理生产线、自动化喷涂装线、冷压成型机、组装生产线、自动检测机、FRL组装生产线，形成了精密铸造—精密加工—表面处理—组装—出厂检测一整套完整的现代化气动元件生产工艺流程。凭借世界先进的气动技术和过硬的产品质量，公司已形成了生产规模，成为了世界气动元件的重要生产、出口基地。该公司被北京市政府评为首批外商投资高新技术企业、外商投资先进技术企业、出口型生产外资企业、全国外商投资双优企业，获北京市政府颁发的北京国际经贸合作奖及北京工业外商投资企业100强企业、工业系统出口50强企业、外商投资企业财务决算先进企业、北京市纳税信誉A级企业等殊荣。曾被北京经济技术开发区评为五大外商实际投资企业、五大出口企业及北京经济技术开发区优秀企业。

地址：北京经济技术开发区万源街7号；邮编：100176；电话：(010) 67882111；传真：(010) 67881837；总经理：赵彤

(SMC公司)

【北京中科飞鸿科技有限公司】 该公司是一家以研究、开发、生产和销售无线通信器件及其相关产品为主的高新技术企业。成立于2000年5月，2001年6月被北京市新技术开发试验区批准为高新技术企业；2002年3月通过了ISO9001质量管理体系认证；2004年11月通过了国军标认证。该公司主营声表面波（SAW）系列产品：SAW滤波器、SAW滤波器组、SAW固定延迟线、SAW抽头延迟线、SAW可编程抽头延迟线、微波功率放大器、微波频率合成器、中频数字化产品等，现已广泛应用于军用和民用等无线通信设备上。现代军事通信系统中通常采用两种保密通信方式，即扩频方式和跳频方式。而通信系统实现抗干扰的关键是可程控多信道滤波器组件。声表面波滤波器组具有良好的矩形系数和带外抑制，并且开

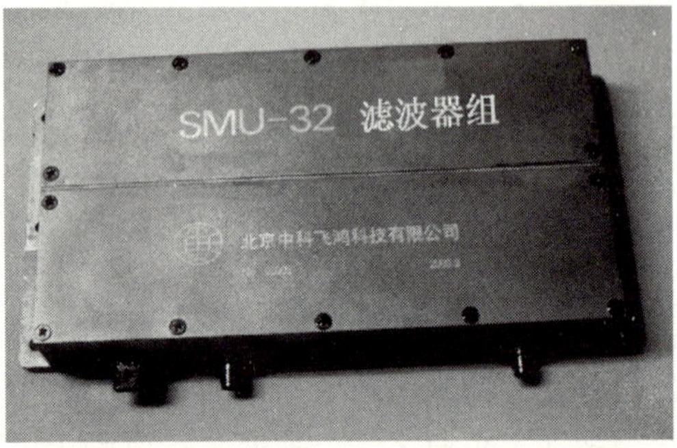

北京中科飞鸿科技有限公司的产品

关速度快，在跳频电台的频率源、抗干扰接收机中成为不可替代的部件。公司已经为许多厂家成功开发了多路滤波器组，性能良好，水平处于国内领先地位。

地址：北京市第95－052信箱；邮编：100095；电话：62406903，62468565，62481640；传真：62407407；网址：www.zkfh.com；电子邮箱：fh01@zkfh.com；法定代表人：桂明强

(飞　鸿)

【北京青云航空仪表有限公司】 该公司成立于1958年，直属中国航空工业第一集团公司，地处中关村科技园区中心区。经过40余年的发展公司已成为涉足多领域、投资多行业的大型企业，成为中关村高新技术产业区骨干企业之一。青云牌商标被评为北京市著名商标。公司曾荣

获国家级、部级科技进步奖近40项。该

北京青云航空仪表有限公司

公司以研制、生产自动飞行控制系统、航空陀螺仪表、速率陀螺、加速度计、无线电高度表及航空电表等系列产品为主业。产品技术处于同行业的领先水平，是航空机载设备飞控专业的重点企业，曾被授予中国航空工业建设有重大贡献单位称号。该公司长期致力于开发、生产中央空调设备及配套产品、液晶显示模块、回流焊机、塑料制品、精密动平衡机、制药机械、取液器等系列民品，曾多次获得质量信得过产品、消费者信得过产品等多种称号。公司还对外提供航空机载设备维修、产品环境试验、理化计量测试、人员培训、系统开发、物业管理等专项服务。为适应高技术产品设计、研发、试验等工作的需要，该公司建立了能够为多种航空及民用产品研发提供服务的飞控系统仿真试验中心、理化计量测试中心、产品环境试验中心、数控加工中心及能够满足高技术电子产品生产的电装生产线。该公司聚集了大批优秀的科技和管理人才，拥有先进的生产技术与完善的质量保证体系，通过了GJB/9001A—2001（ISO9001）质量体系认证，并建有完整的产品开发、研制体系和经营、销售及售后服务体系。公司秉承“质量第一、客户至上”的方针，在全国各个主要城市设有完善的服务营销网络。目前，公司发起的纳入中关村总体规划的“中关村航空科技园”项目已经开始实施。

地址：北京市北三环西路43号；邮编：100086；电话：82134139；传真：82123355；网址：www. keven. com；法定代表人：刘跃珍 （青 云）

产 品

2004年北京名牌产品及生产企业名单

根据《中华人民共和国产品质量法》和《北京市人民政府关于进一步加强产品质量工作若干问题的决定》对我市获中国名牌和北京名牌产品生产企业进行充分宣传，北京市质量技术监督局决定在全市范围内对获得2004年北京名牌产品称号的130家企业通报表彰，并颁发奖牌、证书。

产品名称	企业名称
一、电子信息类产品	
联想牌微型计算机、服务器（中国名牌产品）	联想集团（北京）有限公司
方正 FOUNDER 牌微型计算机、服务器（中国名牌产品）	北京北大方正集团公司
清华同方微型计算机（中国名牌产品）	清华同方股份有限公司
曙光（天阔）牌服务器	曙光信息产业（北京）有限公司
北大方正电子出版系统	北京北大方正集团公司
用友 ERP－U8 软件	用友软件股份有限公司
瑞星杀毒软件	北京瑞星科技股份有限公司
大豪牌 BECS 系列电脑刺绣机控制系统	北京兴大豪科技开发有限公司
汉王笔	北京汉王科技有限公司
爱国者牌 MP3 播放器	北京华旗资讯数码科技有限公司
TP 牌系列微型特种打印机	北京公达数码科技有限公司
方正牌激光打印机	北京北大方正集团公司
八亿时空电脑	北京八亿时空计算机科技有限公司
漫步者多媒体有源音箱	北京爱德发高科技中心
797 牌音响	北京第七九七音响股份有限公司
中创信测（中创）七号信令网集中监测系统	北京中创信测科技股份有限公司

产品名称	企业名称
吉乐牌彩色电视机、显示器用偏转线圈	北京吉乐电子集团有限公司
清华紫光扫描仪	清华紫光股份有限公司
京东方笔记本电脑	京东方科技集团股份有限公司
北广牌广播电视发射设备	北京北广电子集团有限责任公司
二、机电、仪器仪表、汽车类产品	
北一牌系列数控机床	北京第一机床厂
BZD 牌 330MW 汽轮发电机组	北京北重汽轮电机有限责任公司
华德牌液压件	北京华德液压工业集团有限责任公司
固安祥牌低压断路器	北京人民电器厂
BJ 牌三相异步电动机	北京毕捷电机股份有限公司
时代牌检测仪器、逆变焊机	时代集团公司
北分牌成分分析仪器（光谱仪器系列、色谱仪器系列、红外分析仪器系列）	北京北分瑞利分析仪器（集团）有限责任公司
恒有源牌中央液态冷热源环境系统	北京恒有源科技发展有限公司
JP 钢质无缝气瓶	北京天海工业有限公司
北方天鸟（达美）牌电脑刺绣机	北京北方天鸟智能科技股份有限公司
北人牌平张纸、卷筒纸系列印刷机	北人印刷机械股份有限公司
博飞牌大地测量仪器系列产品	北京博飞仪器股份有限公司
北开牌 ZF4－126 型组合电器、高压真空开关设备	北京北开电器股份有限公司
福田牌汽车（时代系列卡车，欧曼中、重型卡车，奥铃系列载货汽车，风景客车）	北汽福田汽车股份有限公司
BJC 牌越野车、客车（BJ2021EB、BJ2021G、BJ2021V8、BJ2025（A）、BJ6420EB、BJ6463）	北京吉普汽车有限公司
三、建材、家具类产品	
天坛牌家具	北京天坛股份有限公司
星牌矿棉装饰吸声（音）板	北京星牌建材有限责任公司
森华牌中、高密度纤维板	北京森华人造板有限公司
克诺森华牌浸渍纸层压木制地板（强化木地板）	北京克诺森华地板有限公司
长城牌普通硅酸盐水泥、矿渣硅酸盐水泥	北京琉璃河水泥厂
京都牌水泥	北京水泥厂有限责任公司
奥宇体系拼装式全钢大模板	北京奥宇模板有限公司
北新龙牌纸面石膏板、北新牌轻钢龙骨	北新集团建材股份有限公司
EA（东亚）牌铝合金建筑型材	北京东亚铝业有限公司
雨虹牌高聚物 SBS/APP 改性沥青防水卷材	北京东方雨虹防水技术股份有限公司

产品名称	企业名称
强力牌木家具、软家具（弹簧软床垫、沙发）	北京强力家具有限公司
首钢牌碳素结构钢和低合金结构钢热轧厚钢板、高速无扭控冷热轧盘条、钢筋混凝土用热轧带肋钢筋	首钢总公司
四、石化、化工类产品	
燕山牌聚丙烯、高密度聚乙烯、低密度聚乙烯、工业用乙二醇、聚苯乙烯、顺丁橡胶、丁基橡胶、热塑性丁苯橡胶、工业用合成苯酚、工业丙酮、精间苯二甲酸	中国石化北京燕化石油化工股份有限公司
燕山牌车用无铅汽油、轻柴油、石蜡	中国石油化工股份有限公司北京燕山分公司
统一牌润滑油	北京统一石油化工有限公司
华表牌乙烯－乙酸乙烯酯共聚树脂（EVA树脂）、聚乙烯醇17－88、17－99树脂、乙酸乙烯酯－乙烯共聚乳液（VAE乳液）	北京东方石油化工有限公司有机化工厂
长城牌烧碱、聚氯乙烯树脂	北京化二股份有限公司
山鹰牌工业辛醇、工业正丁醇	北京东方石油化工有限公司化工四厂
北化牌彩色荧光粉	北京化工厂
梅花牌超高分子量聚乙烯树脂、高密度聚乙烯氯化聚乙烯专用树脂（CPE）	北京东方石油化工有限公司助剂二厂
云燕牌工业丙烯酸、工业用乙二醇、工业用环氧乙烷/工业丙烯酸甲酯、工业丙烯酸乙酯、工业丙烯酸丁酯	北京东方石油化工有限公司东方化工厂
北化机牌电解槽	北京化工机械厂
京轮牌轻型载重及轿车系列无内胎子午线轮胎	北京首创轮胎有限责任公司
华盾牌聚乙烯农用吹塑薄膜、聚乙烯系列土工膜	北京华盾雪花塑料集团有限责任公司
五、医药、医械类产品	
同仁大活络丸、同仁乌鸡白凤系列（同仁乌鸡白凤丸、同仁乌鸡白凤口服液）、同仁牛黄清心丸、安宫牛黄丸、国公酒	北京同仁堂股份有限公司
牛黄解毒片、感冒清热颗粒、六味地黄丸	北京同仁堂科技发展股份有限公司制药厂
双鹤牌降压0号、双鹤牌利复星系列、双鹤牌增效联磺片	北京双鹤药业股份有限公司

产品名称	企业名称
华素片	北京四环医药科技股份有限公司
孚琪	北京四环医药科技股份有限公司
苏诺（盐酸纳洛酮注射液）	北京四环医药科技股份有限公司
紫竹牌毓婷、米非司酮系列产品	北京紫竹药业有限公司
泰力特（阿奇霉素）	北京太洋药业有限公司
威氏克（维生素E烟酸酯胶囊）	北京赛科药业有限责任公司
重组（酵母）乙型肝炎疫苗	北京天坛生物制品股份有限公司
东方牌医用X射线诊断设备	北京万东医疗装备股份有限公司
百奥蚓激酶肠溶胶囊	北京百奥药业有限责任公司
糖适平（格列喹酮片）	北京万辉双鹤药业有限责任公司

六、食品、饮料类产品

产品名称	企业名称
燕京啤酒（中国名牌产品）	北京燕京集团公司
丰收牌葡萄酒（中国名牌产品）	北京丰收葡萄酒有限责任公司
龙徽牌系列葡萄酒	北京龙徽酿酒有限公司
中华牌桂花陈酒	北京龙徽酿酒有限公司
红星牌白酒系列产品	北京红星股份有限公司
牛栏山牌白酒	北京顺鑫农业股份有限公司牛栏山酒厂
华灯牌北京醇白酒	北京顺鑫农业股份有限公司牛栏山酒厂
华都牌系列白酒	北京华都酿酒食品有限责任公司
五星牌啤酒	北京五星青岛啤酒有限公司
汇源牌果汁饮料	北京汇源饮料有限公司
华邦牌低糖果肉果汁	北京华邦食品有限公司
牵手牌果蔬汁	北京顺鑫牵手有限责任公司
王致和牌系列腐乳	北京王致和食品集团有限公司
龙门牌食醋（中国名牌产品）	北京王致和食品集团有限公司
金狮牌酱油（中国名牌产品）	北京王致和食品集团有限公司
六必居酱腌菜系列、酱系列	北京六必居食品有限公司
百花牌蜂产品	北京百花蜂产品有限责任公司
古船牌面粉	北京古船食品有限公司
Gmb小麦粉系列	北京大磨坊面粉有限公司
绿宝牌系列食用油	北京艾森绿宝油脂股份有限公司
张一元牌茶叶	北京张一元茶叶有限责任公司
吴裕泰牌茶叶	北京吴裕泰茶叶公司
庚香牌更香茶叶	北京更香茶叶有限责任公司
同元牌中华乌鸡精口服液	北京同元制药厂
天福号牌熟肉制品	北京市天福号食品厂

产品名称	企业名称
华都牌速冻禽类制品	北京华都集团有限责任公司
全聚德烤鸭	中国北京全聚德集团有限责任公司
义利面包	北京义利面包食品有限公司
摩奇牌红豆馅系列产品	北京神州摩奇食品饮料有限公司
三元牌液态奶（中国名牌产品）、酸奶	北京三元食品股份有限公司
白玉牌系列豆制品	北京市豆制食品工业公司
七、服装、纺织类产品	
雪莲牌羊绒衫（中国名牌产品）及羊绒制品	北京雪莲羊绒股份有限公司
天坛牌衬衫	北京大华天坛服装有限公司
顺美牌西服套装	北京顺美服装股份有限公司
玫而美牌女式服装	北京卓欧制衣有限责任公司
巴比龙牌女装	北京巴比龙时装有限公司
爱慕牌女士内衣	北京爱慕内衣有限公司
铜牛牌中高档针织系列服装	北京铜牛针织集团有限责任公司
金吉列牌男士衬衫	北京金吉列制衣有限公司
雷蒙牌西服套装	北京京工服装集团有限公司
庄子牌皮衣	北京庄子工贸有限责任公司
WuMu 牌西服	北京五木服装有限责任公司
依文牌西服	北京依文服装服饰有限公司
绅士牌男衬衫	北京绅士服装有限公司
杰恩牌防寒服	北京华奈达工贸集团有限公司
坦博牌男女衬衫	北京衬衫厂
溥利牌精纺呢绒	北京清河毛纺织厂
铜亭牌精梳纱	北京京棉集团有限责任公司
花塔牌纯棉中平布	北京富帛实业股份有限公司
滕氏牌女装	北京滕氏制衣有限公司
奥妮尔牌皮衣	北京西比利亚商贸有限公司
八、轻工类产品	
大宝牌系列化妆品（中国名牌产品）	北京大宝化妆品有限公司
欧珀莱系列化妆品	资生堂丽源化妆品有限公司
金鱼牌液体洗涤剂系列	北京金鱼科技股份有限公司
绿伞牌液体洗涤剂	北京绿伞化学有限公司
星海牌钢琴	北京星海乐器有限责任公司
希玛牌全自动保龄设备	北京市希玛保龄设备有限责任公司
晒乐牌全玻璃真空太阳集热管	北京清华阳光能源开发有限责任公司
清华阳光牌全玻璃真空管太阳热水器	北京清华阳光太阳能设备有限责任公司

产品名称	企业名称
天普牌太阳能热水器	北京天普太阳能工业有限公司
鹿牌保温容器	北京鹿牌都市生活用品有限公司
博美牌硼硅耐热玻璃制品	北京玻璃仪器厂
菜百牌黄金首饰	北京菜市口百货股份有限公司
亚都牌系列空气加湿器、空气净化器	北京亚都科技股份有限公司
赞星牌影视照明设备	北京星光影视设备科技股份有限公司
中南海香烟	北京卷烟厂

2004年北京市获全国质量管理先进企业及先进工作者名单

北京同仁堂股份有限公司

北汽福田汽车股份有限公司

北京王府井百货（集团）股份有限公司百货大楼

北京同仁堂股份有限公司	匡桂申
北京翠微大厦股份有限公司	张丽君

2004年第三届中国国际专利技术与产品交易会获奖项目名单

在第三届中国国际专利技术与产品交易会的评奖项目中，北京展团的北京当代复合材料有限公司、北京联飞翔科技有限公司、北京西山除尘器厂、北京志恒达（激光）科技有限公司、北京健尔康生物技术开发有限公司以及北京清华紫光泰和通环保技术有限公司共六家企业的优秀专利项目荣获本届专交会金奖。

单位名称	获奖项目
北京当代复合材料有限公司	新一代轴流通风机
北京联飞翔科技有限公司	“神州世纪”环保节能精灵
北京西山除尘器厂	XSP型喷淋泡沫高效脱硫除尘器
北京志恒达（激光）科技有限公司	镭捷激光喷码（刻标）机
北京健尔康生物技术开发有限公司	20吨/年微波流态化技术提取水溶性壳聚糖（几丁聚糖）
北京清华紫光泰和通环保技术有限公司	武汉经济技术开发区生活垃圾资源化处理项目

2004年度北京市著名商标

根据《北京市著名商标认定与保护办法（暂行）》的规定，北京市工商行政管理局会同北京商标协会、北京市消费者协会等部门对2004年申请北京市著名商标复审的159件商标和首次申请的19件商标进行了认真审核。经广泛征求有关行政主管部门和行业协会的意见，认定“双鹤”等177件商标为2004年度北京市著名商标。自认定之日起有效期为3年。

（排名不分先后）

注册证号 232778	无机涂料	北京市红星泡花碱厂
注册证号 323969	油漆、涂料	北京红狮涂料有限公司
注册证号 236916	润肤膏等	北京丽源公司
注册证号 1224108	化妆品等	北京丽源公司
注册证号 107923	洗衣粉	北京金鱼科技股份有限公司
注册证号 1460350	洗涤剂等	北京金鱼科技股份有限公司
注册证号 632834	化妆品等	资生堂丽源化妆品有限公司
注册证号 738399	化妆品等	北京大宝化妆品有限公司
注册证号 766804	润滑油、润滑脂	北京帝王高级润滑油有限公司
注册证号 1093555	工业用油、润滑剂等	中国石化长城润滑油集团有限公司
注册证号 1569656	卫生巾等	北京倍舒特妇幼用品有限公司
注册证号 40052	中药、成药、药酒	北京市医药保健品进出口公司
注册证号 513706	新药成药、胶丸、胶囊、原料药	北京双鹤药业股份有限公司
注册证号 605352	蜂王精等	北京市医药保健品进出口公司
注册证号 629831	西药	北京双鹤药业股份有限公司
注册证号 171188	中药	中国北京同仁堂（集团）有限责任公司

华素
注册证号 1120125
人用药等
北京四环医药科技股份有限公司

增产牌
注册证号 107723
农药
北京市顺义农药厂

DMI 安心
注册证号 726102
钢钉
北京达瑞兴钉业有限公司

注册证号 1287184
建筑用金属板、金属建筑材料等
北京奥宇模板有限公司

注册证号 668477
普通金属及其合金等
首钢总公司

注册证号 115193
印刷机
北人集团公司

北人
注册证号 380654
印刷机
北人集团公司

BEINEI
注册证号 687595
内燃动力设备
北内集团总公司

利仁 LIREN
注册证号 1371939
厨房用电动机器等
北京利仁科技有限责任公司

多元
注册证号 688666
电子水处理仪等
多元水环保技术产业(中国)有限公司

金吉 JINJI
注册证号 1102535
影视宽带立体化眼镜、眼镜等
北京市京南应用技术研究所

海潮 HAI CHAO
注册证号 115156
灭火器等
北京消防器材厂

联想
注册证号 520416
微机、计算机外部设备等
联想(北京)有限公司

Great Wall 长城
注册证号 551616
电子计算机及其外部设备
中国长城计算机集团公司

用友
注册证号 558108
电子计算机及其外部设备等
北京用友软件股份有限公司

大恒
注册证号 800614
电子计算机及其外部设备等
中国大恒(集团)有限公司

方正 FOUNDER
注册证号 1017984
电子计算机及其外部设备等
北大方正集团有限公司

注册证号 877439
音像设备
北京市大中电器有限公司

CRC
注册证号 946684
录像带、磁带、唱片等
中国唱片总公司

裕兴
注册证号 1145281
计算机、磁盘、光盘等
北京裕兴机械电子研究所

婷美 Tingmei
注册证号 1471011
束服紧身胸衣、腹带等
婷美集团保健科技有限公司

老万
注册证号 914691
锅炉
北京老万生物质能科技有限责任公司

科宝 KEBAO
注册证号 677419
干燥、通风、空调设备等
北京宝藏科技发展中心

金陶 JIN TAO
注册证号 1073330
卫生器械及设备等
北京金陶洁具有限公司

注册证号 228074 管道清理机 北京大力机械有限公司	注册证号 312759 风机盘管、空气处理机等 北京青云航空仪表有限公司	注册证号 622540 空气调节加湿器等 北京市亚都人工环境科技公司	注册证号 959046 采暖炉、太阳能热水器等 北京市太阳能研究所有限公司
注册证号 962746 足浴按摩盆、电暖气、电淋浴器、电热管等 北京桑普电器有限公司	注册证号 202791 窗式空气调节器 北京古桥电器公司	注册证号 586237 旅行车 北京市京华客车有限责任公司	注册证号 1289489 公共汽车等 北京市京华客车有限责任公司
注册证号 1536611 金、银、铂、珠宝首饰、宝石、翡翠等 北京菜市口百货股份有限公司	注册证号 115500 乐器及其附件 北京星海钢琴集团有限公司	注册证号 76443 新闻纸、卫生纸等 北京倍利可轻工进出口有限公司	注册证号 76444 卫生纸、复写纸等 北京倍利可轻工进出口有限公司
注册证号 1081506 卡片、账本等 北京成文厚账簿卡片有限公司	注册证号 209837 墨块、墨汁 北京一得阁墨业有限责任公司	注册证号 132131 塑料胶粘带 北京市文体百货工业联合公司	注册证号 960565 水泥 北京水泥厂有限责任公司
注册证号 1080382 非金属建筑物涂料、建筑用非金属涂墙层等 北京美巢装饰材料有限责任公司	注册证号 1785198 地板等 北京克诺森华地板有限公司	注册证号 1224086 建筑用纤维板 北京森华人造板有限公司	注册证号 1419624 混凝土建筑构件等 北京市燕兴隆新型墙体材料有限公司
注册证号 1664688 胶合板、三合板等 北京市全富木制品有限公司	注册证号 127916 水泥 北京市琉璃河水泥厂	注册证号 1370717 水泥 北京双山水泥集团	注册证号 3125653 石膏板、涂层(建筑材料)等 北新集团建材股份有限公司

曲美 QM
注册证号 1553625
办公家具、家具、沙发等
北京曲美家具有限公司

Jinglan 京兰
注册证号 303228
床垫
京兰床具有限公司

注册证号 127924
家具
北京天坛股份有限公司

集 美
注册证号 1082108
沙发等
北京市五棵松集美家具城

QIANGLI
注册证号 571421
弹簧床垫、沙发、家具等
北京强力家具有限公司

鹿 牌
注册证号 42470
保温瓶
北京鹿牌都市生活用品有限公司

注册证号 327420
毛线
北京雪莲毛纺服装集团公司

WuMu
注册证号 851375
服装
北京五木服装有限责任公司

注册证号 1077239
服装、鞋、帽、手套等
北京铜牛针织集团有限责任公司

华表牌
北京市服装七厂
注册证号 115422
大衣、西服、中山装
北京市华表工贸有限公司

LM 雷蒙
注册证号 342294
服装
北京京工服装集团有限公司

雪莲 Snowlotus
PURE CASHMERE
MADE IN CHINA
注册证号 49377
羊绒衫
北京雪莲羊绒股份有限公司

Temple
注册证号 741972
服装，衬衫
北京衬衫厂

奥妮尔
注册证号 917497
皮衣
北京市西比利亚皮货集团

庄子 Zhuang zi
注册证号 965229
服装
北京庄子工贸有限责任公司

蓝天 北京
注册证号 115427
服装
北京红都集团公司

红都 HONGDU
BEIJING 北京
注册证号 115428
服装
北京红都集团公司

盛锡福
注册证号 511035
帽子
北京盛锡福帽业有限责任公司

同陞和
注册证号 595596
鞋
北京同升和鞋店

造寸
注册证号 693963
服装
北京造寸服装服饰有限公司

aobao 奥豹
注册证号 691909
服装、裘皮服装
北京奥豹制衣有限公司

天坛 Tian Tan
注册证号 1136522
衬衫
北京市大华衬衫厂

Shenshi 绅士
注册证号 1188754
服装
北京绅士服装有限公司

Baihua
注册证号 1192793
皮鞋
北京百花集团有限公司

注册证号 1637182
服装等
北京顺美服装股份有限公司

注册证号 1182736
服装
北京巴比龙时装有限公司

注册证号 125412
鞋
北京内联升鞋业有限公司

注册证号 1095238
鞋
北京步赢斋鞋帽有限责任公司

注册证号 1766606
服装等
北京华奈达工贸集团有限公司

注册证号 544911
台球桌
北京星伟体育用品有限公司

注册证号 1070295
保龄球设备及器械
北京市希玛木业有限责任公司

注册证号 1522707
猪肉食品等
北京金大都食品有限责任公司

注册证号 1125685
牛奶、牛奶制品等
北京妙士乳业有限公司

注册证号 1550485
腐乳等
北京市老才臣食品有限公司

注册证号 505445
烤鸡
北京老唐食品有限公司

注册证号 605513
羊肉片等
北京东来顺集团有限责任公司

注册证号 1108986
腌制蔬菜等
北京靠山居食品有限公司

注册证号 215149
食油等
北京市南苑植物油厂

注册证号 383956
香油
北京市南苑植物油厂

注册证号 1119615
水果蜜饯
北京红螺食品集团

注册证号 915091
加工过的肉等
北京顺鑫农业股份有限公司
鹏程食品分公司

注册证号 1566901
豆腐、豆腐制品等
北京市豆制品二厂

注册证号 214238
酱菜、腌制蔬菜
北京六必居食品有限公司

注册证号 360636
生熟肉食等
北京市天福号食品厂

注册证号 1227173
消毒牛奶、酸牛奶等
北京三元食品股份有限公司

注册证号 3269221
腌制蔬菜等
北京六必居食品有限公司

注册证号 1072961
腐乳
北京王致和食品集团有限公司

注册证号 1211167
糕点等
北京市金天坛食品有限责任公司

巨能 JUNEN
注册证号 1096365
非医用营养粉、非医用营养片
北京巨能新技术产业有限公司

DAOXIANGCHUN 稻香春
注册证号 258984
糕点、饼干等
北京东来顺集团有限责任公司

注册证号 851068
馅饼、饺子、包子等
北京蔬菜食品速冻公司

吴裕泰
注册证号 811092
茶及茶叶代用品
北京吴裕泰茶叶公司

稻香村
注册证号 1011610
饺子、年糕、粽子、元宵等
北京稻香村食品集团

百花
注册证号 1187166
蜂蜜等
北京百花蜂产品有限责任公司

注册证号 1153514
糖等
北京大旺食品有限公司

DASHUNZHAI
注册证号 256863
糕点
北京大顺斋食品有限责任公司

金狮 JIN SHI
注册证号 158991
酱油、味精
北京王致和食品集团有限公司

龙门牌
注册证号 161366
醋
北京王致和食品集团有限公司

丰收
注册证号 328399
调味粉、调味露等
北京同瑞祥食品有限责任公司

义利 YILI
注册证号 672097
糖果、面包、巧克力等
北京义利食品公司

注册证号 1276464
面粉等
北京粮食集团有限责任公司

张一元
注册证号 1387556
茶，茶叶代用品
北京张一元茶叶有限责任公司

龍潭
注册证号 608069
方便面
北京佳乐食品厂

注册证号 1376626
饲料
北京民生牧业有限公司

生茂 SHENG MAO
注册证号 1199796
鲜食用菌
密云县食用菌试验站

京庞 JINGPANG
注册证号 1269736
西瓜、甜瓜等
北京市京南庞各庄西甜瓜销售中心

B.C.T
注册证号 549048
饲料
北京正大饲料有限公司

BAODAO 宝岛
注册证号 1143564
宝岛　鲜水果，新鲜蔬菜等
北京市沿滨果树种植基地

绿名
注册证号 1539288
新鲜蔬菜等
北京市顺义区北务镇种植业联合会

北冰洋
注册证号 1427175
果汁、矿泉水等
百事—北冰洋饮料有限公司

HUIYUAN
注册证号 668129
果汁饮料
北京汇源饮料食品集团有限公司

九龍山
注册证号 546024
矿泉水等
北京市九龙山矿泉饮料公司

注册证号 1623450
果汁等
北京华邦食品有限公司

注册证号 1140906
啤酒等
北京燕京啤酒集团公司

注册证号 115509
啤酒
北京双合盛五星啤酒集团公司

注册证号 70855
葡萄酒等
中国粮油食品进出口(集团)有限公司

注册证号 986746
含酒精的饮料(啤酒除外)
中国华都酿酒食品有限责任公司

注册证号 1247657
白酒
北京市糖业烟酒公司

注册证号 133470
酒
北京二锅头酒业股份有限公司

注册证号 115512
白兰地酒、葡萄酒等
北京龙徽酿酒有限公司

注册证号 115508
二锅头等
北京红星股份有限公司

注册证号 1478468
酒(饮料)等
北京红星股份有限公司

注册证号 248527
含酒精的饮料(啤酒除外)
北京顺鑫农业股份有限公司牛栏山酒厂

注册证号 866912
含酒精的饮料(啤酒除外)
北京顺鑫农业股份有限公司牛栏山酒厂

注册证号 53589
葡萄酒等
北京市粮油食品进出口公司

注册证号 115009
卷烟
北京卷烟厂

注册证号 162059
卷烟
北京卷烟厂

注册证号 808264
卷烟
北京卷烟厂

注册证号 1769491
推销(替他人)等
北京风入松图书有限公司

注册证号 1947127
商业管理和组织咨询、推销(替他人)等
北京燕莎友谊商城有限公司

注册证号 3003163
商业管理和组织咨询、商业专业咨询、饭店管理等
赛特集团有限公司

注册证号 1463878
广告、广告宣传等
北京未来广告公司

注册证号 2001742
推销(替他人)等
北京国美电器有限公司

注册证号 847836
票据交换(金融)、货币兑换等
中国中信集团公司

注册证号 963877
筹集慈善基金,组织募捐
中国青少年发展基金会

注册证号 1163928
室内装潢等
北京东易日盛装饰有限责任公司

注册证号 1115807
建筑等
北京韩建集团有限公司

注册证号 1471549
建筑施工监督等
北京万通地产股份有限公司

注册证号 773302
运输、商品包装、贮藏
北京王府井百货(集团)股份有限公司

注册证号 821876
商品包装
北京元长厚茶叶公司

注册证号 1115042
服装制作等
北京市滕氏制衣有限责任公司

注册证号 1073591
服装制作
罗马世家服装服饰(北京)有限公司

注册证号 1007927
出版服务
中国书店

注册证号 1223874
餐馆等
北京市阳坊胜利涮羊肉食品集团

注册证号 1073792
餐馆
北京市朝阳区金三元酒家

注册证号 1292462
餐馆等
马兰拉面快餐连锁有限责任公司

注册证号 775969
住所(饭店,供膳寄宿处)等
中信国安集团公司

注册证号 769426
眼镜行
北京大明眼镜股份有限公司

注册证号 772476
住所(饭店、供膳寄宿处)等
北京国际饭店

注册证号 778913
住所(饭店、供膳寄宿处)等
北京市北京饭店

注册证号 1201888
眼镜行服务(包括修理和加工)
北京市雪亮眼镜有限公司

注册证号 769979
餐馆,供膳宿、寄宿处等
中国北京全聚德集团有限责任公司

注册证号 1061675
住所(饭店、供膳寄宿处)
密云云湖度假村

产品选介

【首钢牌烧结矿】　首钢矿业公司烧结厂始建于1991年，固定资产原值7.36亿元，设计年产烧结矿675万吨，是首钢炼铁原料主要生产基地。该厂不断开发应用新技术。小球团烧结、除尘灰制粒、乳化及再辐射聚焦点火、烧结机改性橡胶柔性动密封等先进技术已通过国家和北京市技术鉴定，形成自有知识产权，标准化管理获得质量、环境、职业安全管理的一体化认证。首钢牌烧结矿推进产学研结合，与钢铁研究总院等多家研究机构建立稳定的合作关系，产品质量、工艺技术、经济技术指标、环保水平已获得国家、北京市、河北省授予的荣誉称号15个，2002年被命名为首届全国冶金矿山“十佳厂矿”之一。2004年，该厂生产烧结矿655万吨，烧结技术改造应用烧结机自动润滑新技术，确保高效稳产。

首钢牌烧结矿石

地址：河北省迁安市首钢矿业公司；邮编：064404；电话：0315－7713810；传真：0315－7710580；厂长：李洪革

（谷响林）

【首钢牌优质C/D级钢板】　首钢中厚板轧钢厂生产的首钢牌优质C/D级中厚钢板，钢质纯净，控制轧制和控制冷却工艺先进，产品性能稳定优良，实物质量达到了国内先进水平。多年来，三峡工程、缅甸公路桥、连云港至徐州高速路邳县桥、钱塘江四桥、北京市四环和五环公路桥、天津海港、美国GE公司电塔钢结构应用了首钢牌C/D级钢板，用户反映良好。2003年1月首钢投资3.42亿元，完成中厚板技术装备的升级改造。首钢3500毫米中厚板轧机核心轧制技术及关键设备研制，获得中国冶金科技一等奖；微合金化和TMCP技术得到成功应用。该厂产品涵盖GB/T700—1988和GB/T1591—1994国家标准所列的全部钢种，出口美国、日本、韩国。首钢牌C/D级钢板获得国家冶金产品实物质量金杯奖，产品规格厚度10毫米至50毫米，宽度1.8米至2.9米，长度6米至36米，以质量精良、高性能价格比和完善的售后服务，赢得了客户的认同。

首钢牌优质C/D级钢板

地址：北京石景山首钢厂东门院内；邮编：100041；电话：88295252；传真：

68875794；电子邮箱：scb2000@sohu.cn；厂长：刘晶志　　（陶　丁）

【首钢牌 HRB400 钢筋混凝土用热轧带肋钢筋】　“六五”期间，首钢开展 HRB400 热轧钢筋的研究，按照英国标准出口钒微合金化钢筋。1999 年完成钒氮微合金化 HRB400 钢筋的研发，产品强度高，塑性好，性能稳定，成本较低，承诺供货均为新品，无锈无油，表面无细微裂纹，用自动液压打捆机确保包装质量。该

首钢牌 HRB400 钢筋混凝土用热轧带肋钢筋

产品的实物质量达到美国、英国、加拿大等六国标准，有完善的售后服务，2000 年获得中国船级社质量认证。首钢牌 HRB400 钢筋供给国家大剧院、京广铁路、三峡工程、小浪底水利枢纽、南京长江二桥等国家重点工程使用，出口美国、英国、加拿大、日本、韩国、菲律宾、越南、蒙古国和中国港澳台地区，2003 年评为首钢名牌产品。与 HRB335 钢筋相比较，该产品节约用量 14%。建设部出台的混凝土结构设计规范，将 HRB400 钢筋列为建筑工程使用的首选产品。

地址：北京石景山首钢厂东门院内；邮编：100041；电话：88295123；传真：88293331；厂长：孙佳　　（型材厂）

【首钢牌非调质机械用结构钢棒材】国内非调质机械用结构钢，由钢铁研究总院、东北大学、北京航空航天大学、北京内燃机总厂、首钢特殊钢公司率先研发生产，在机械行业推广，是首钢特殊钢有限公司传统优势产品，执行 GB/T15712 国家标准。该产品主要用于制造轿车发动机的凸轮轴和连杆，卡车发动机连杆、机油泵传动齿轮，拖拉机发动机曲轴、驱动轮轴、传动轴和齿轮，柴油机的花键轴、法

首钢牌非调质机械用结构钢棒材

兰盘、连杆和半轴，机床的走刀丝杠、光杠和花键轴，伺服电机的主轴等。产品特点是：节省机加工的工时，省去了热处理工序，避免在调质过程中材料产生变形或淬火裂纹，消除了热处理所造成的污染，是节能环保型的绿色产品。首钢在转炉炼钢、炉外精炼、全保护性连铸后，钢质的纯净度高，杂质含量极低。首钢特殊钢公司采用先进技术，严格按 GB/T19001—2000、ISO9001—2000 标准组织生产，以平立交替的 18 架无扭多活套连轧机进行无张力轧制，确保棒材的质量稳定可靠，

成为精品。棒材规格为直径 12 毫米至 80 毫米，2004 年生产 8650 吨，在江浙、辽宁、山东、河北市场销售。公司以丰富的经验提供技术咨询，售后服务热情周到，深得客户的好评。

地址：北京石景山区杨庄大街 69 号；邮编：100043；电话：68878857；传真：68874688；法定代表人：李惠颐（郝占起）

【首钢牌合金结构钢棒材】 该产品是首钢特殊钢有限公司的主导产品。2002 年，公司开发精炼连铸优质合金结构钢棒材，产品具有较高的淬透性和良好的综合力学性能，在汽车、机械的零配件加工行业使用，制造渗碳的齿轮、小轴、钢套、螺杆、蜗杆、活塞杆、承载螺栓等。2004 年，公司生产合金结构钢 27 万吨，其中有 CrMo 合金系列 12 万吨，Cr 合金系列 9 万吨，CrMnTi 系列 3 万吨，MnB 系列 1 万吨，其他合金系列 2 万吨。以炉外精炼、真空处理和轧制技术创新，提高产品质量，扩大合金结构钢棒材精品的应用。在山东、江浙、东北、西北、中原建立 5 个区域性的现货市场，完善了售后服务，产品深得用户的青睐。

首钢牌合金结构钢棒材

地址：北京石景山区杨庄大街 69 号；邮编：100043；电话：68878857；传真：68874688；法定代表人：李惠颐（郝占起）

【首钢牌齿轮钢棒材】 首钢特殊钢有限公司 1961 年开始生产 20CrMnTiH 为代表的齿轮用钢热轧棒材，经过 40 多年产品研发和科技攻关，产品品种完备，质量优良，直径 18 毫米至 100 毫米规格齐全，年产量 13 万吨，多次被评为北京市、原冶金工业部优质产品，并获得国家优质产品银质奖。首钢牌齿轮钢棒材系列产品，钢种有 20CrH、20CrMoH、42CrMoH、20CrMnTiH、20MnVBH、20MnTiBH、SAE8620H、40MnBH、45H 等。经转炉炼钢、炉外精炼、真空处理后，钢中的 P、S、Cu 等金属和非金属夹杂物含量低，钢质纯净，成分均匀，物理性能稳定，淬透性区间窄，冲击韧性和加工性能良好。北京华纳齿轮有限责任公司、天津天海同步器有限公司、天津汽车齿轮厂等一批客户，选用首钢牌齿轮钢棒材加工齿轮和齿轮轴，主要应用在一汽、二汽、重汽、北京吉普汽车有限公司制造的汽车上。首钢特殊钢有限公司严格执行 GB/T5216《保证淬透性结构钢技术条件》、Q/STG004—2000《汽车用优质齿轮钢技术条件》，同时按照齿轮生产厂家的要求，制定内控技术标准并组织生产。2004 年，公司生产齿轮钢和汽车轴用钢 13.95 万吨，进一步拓展了市场。

地址：北京石景山区杨庄大街 69 号；邮编：100043；电话：68878857；传真：68874688；法定代表人：李惠颐（郝占起）

【首钢牌优质锻材锻件】 首钢特殊钢有限公司生产的优质锻材及锻件，品种规格齐全，品质优良，交货周期短。该公司有研制开发锻材及其制品的丰富经验，形成新技术、新工艺、新材料迅速转化和推广应用的能力。锻材品种有：碳素结构钢、合金结构钢、碳素工具钢、轴承钢、合金工具钢，产品规格为直径130毫米至400毫米的圆钢，130毫米至400毫米方钢，年产量3万吨，可以根据国外标准和用户的特殊要求组织生产。首钢牌优质锻材主要在机械、船舶、汽车、石油开采等行业使用，已在河北、山西、陕西、山东、东北形成紧密层客户300多家，该公司还生产单重0.1千克至2.5吨的碳素结构钢、合金结构钢、碳素工具钢、合金工具钢、轴承钢、齿轮钢、模具钢的锻件，主要在机械、仪表、汽车、石油开采等行业使用，制造轴类、模块、齿轮坯、法兰坯、环型套筒等。

地址：北京石景山区杨庄大街69号；邮编：100043；电话：68878857；传真：68874688；法定代表人：李惠颐（郝占起）

【优质铸钢丸、铸钢砂】 首钢特殊钢有限公司的子公司北京新凌科工贸有限公司，是北京地区唯一年产1600吨优质铸钢丸、铸钢砂的专业厂商。1990年，该公司在国内率先采用世界先进标准SAEJ444标准生产优质铸钢丸、铸钢砂，是国内飞机制造业、汽车制造业和精密铸造、石材加工企业高端用户的可靠供货商。在中国加入WTO后，金属表面的清理、强化技术与世界接轨，对于金属结构加工、金属管材的表面处理、金属器皿防腐前的表面处理、锻材和冷轧板材的表面处理要求更加严格。新凌公司有冶炼、雾化、球选、回火、淬火、筛分完善的生产工艺和先进的技术装备，选用优质碳素结构钢和碳素工具钢的坯头作为原料，严格按照SAEJ444标准组织生产，以完备的化学分析、金相检验、硬度检验、松装比重检验、粒度检验手段进行质量控制，确保铸钢丸、铸钢砂产品的内在质量具有精品特性。产品规格齐全，形状为圆形或多角形，覆盖SAEJ444标准从0.15毫米至3.36毫米的全部粒度范围，共有22个规格。公司还可以对洛氏硬度HRc超过50的铸钢丸，按照用户的特定要求组织生产。产品采用国际通用的吨装袋包装，内装40小袋，每小袋的重量为25千克。

地址：北京石景山区杨庄大街69号；邮编：100043；电话：88916211；传真：68872039；法定代表人：王国荣（郝占起）

【冷拉优质钢材】 首钢特殊钢有限公司的子公司北京燕特商贸有限公司生产冷拉优质钢材40多年，积累了丰富经验。该公司严格按照ISO9002标准质量保证体系组织生产，年产冷拉优质钢材1.5万吨。冷拉钢材品种有优质碳素结构钢、合金结构钢、碳素工具钢、合金工具钢、易切钢、弹簧钢、不锈钢、轴承钢、耐热钢各种规格、形状、尺寸的异型材，主要在汽车制造、矿山、石油开采等行业使用。该公司研制的抽油杆用冷拉材、门轴用异型冷拉材和出口异型钢管等系列新产品，深得国内外客户的赞誉。

地址：北京石景山区杨庄大街69号；邮编：100043；电话：88919599；传真：68874203；法定代表人：邢文波（郝占起）

【油淬火回火弹簧钢丝】 首钢特殊钢公司的子公司首特威尔金属制品有限公司于1973年建成国内第一条油淬火回火弹簧钢丝生产线，并且在国内独家生产该产品20多年。1980年油淬火回火弹簧钢丝被评为北京市优质产品，1982年和1984年两次评为冶金工业部优质产品，1988年

油淬火回火弹簧钢丝

北京市鉴定达到国际先进水平，1989年获国家优质产品银奖。钢种有50CrVA、55CrSiA、60Si2MnA、65Mn等，规格为直径0.5毫米至8.0毫米，用于制造发动机的气门弹簧和索具。国内汽车、摩托车发动机的制造厂和高强韧性弹簧生产厂，几乎都使用过该公司生产的油淬火回火铬钒合金弹簧钢丝。公司严格按照GB/T19001—2000标准组织生产，年产量2000吨。产品特点是：钢质洁净，综合性能优良，尺寸精度高，适于在高应力、高疲劳寿命和高精度要求的条件下使用。经过长时期使用的验证，产品具有可靠的质量和良好的声誉。

地址：北京石景山区杨庄大街69号；邮编：100043；传真电话：68874085，68872455；法定代表人：高铁生（郝占起）

【碳素优质弹簧钢丝】 首钢特殊钢有限公司的子公司首特威尔金属制品有限公司1964年开始生产碳素优质弹簧钢丝。该产品1979年被评为北京市优质产品，1981年和1983年两次被评为冶金工业部优质产品。作为具有传统优势的主要产品，该公司通过工艺技术的不断创新，使直径0.5毫米至12.0毫米的碳素弹簧钢丝形成弹性好、易加工和成本较低的显著特点，年产量为1.2万吨。该产品广泛应用于机械和汽车制造业、轻工业、纺织业、建筑业、家具制造业，产品质量和售后服务有良好的声誉。

地址：北京石景山区杨庄大街69号；邮编：100043；传真：68874085，68872455；法定代表人：高铁生（郝占起）

【连铸成套设备】 连铸成套设备是北京首钢机电有限公司主要产品之一。该公司以国内外先进技术，先后制造了30多套方坯、薄板坯、常规板坯、厚板坯连铸

连铸成套设备

成套设备。其中与德国西马克·德马格公司和意大利达涅利公司合作，为珠钢、邯钢、包钢、马钢、涟钢、本钢制造了6套CSP和FTSR薄板坯连铸机；与奥钢联、

瑞士康卡斯特公司合作，为首钢、杭钢、沙钢、天钢、淮钢、日照钢厂等制造了多套方坯、矩形坯连铸机；与西马克·德马格公司合作，制造了中国最现代化的320毫米×2400毫米大板坯连铸机。采用自有的先进技术，为首钢、濮钢等企业制造了大板坯连铸机。该公司制造的连铸成套设备，包括大包回转台、中间罐车、结晶器总成、扇形段、拉矫机、液压系统等，达到了国内外制造连铸成套设备的当代先进水平。

地址：北京市石景山区老山西里；邮编：100043；电话：88291354；电子邮箱：sgjd@263.net.cn；法定代表人：孙伟伟

（陶晓海）

【高速轧钢设备】　北京首钢机电有限公司承揽制造轧钢设备，包括高速线材轧机、棒材轧机成套设备，可逆式冷轧机、平整机成套设备，热镀锌、酸洗、彩涂成套设备，带钢热连轧机，中厚板轧机精整、冷床和输送设备。该公司拥有先进技术，包括105米/秒高速线材轧机和18米/秒棒材轧机等精密轧钢成套设备的设计制造技术，其中启停式定尺飞剪获得冶金部科技二等奖；设计制造了多套1450毫米和1700毫米单机架可逆冷轧机；与意大利达涅利公司、安德利斯跨国公司、比利时考克利尔公司、日本三菱日立公司合作，设计制造了多套酸洗、镀锌机组和冷轧生产线；与德国西马克·德马格公司合作，设计制造了宽带钢热连轧机和中厚板轧机的主体设备，并可制造包括卷筒主轴在内的开卷机和卷取机；利用自有技术，为首钢、新抚钢、宣钢、楚雄钢厂、南钢、淮钢等设计制造了多套高速线材轧机和棒材轧机。该公司制造的轧钢成套设备已向印度尼西亚、意大利、阿尔及利亚、马来西亚出口，并利用首钢的综合实力承建“交钥匙”工程。

地址：北京市石景山区老山西里；邮编：100043；电话：88291354；电子邮箱：sgjd@263.net.cn；法定代表人：孙伟伟

（陶晓海）

【冶炼设备】　北京首钢机电有限公司承揽制造多种先进适用的冶炼设备。在炼铁设备方面，为首钢及印度、津巴布韦等钢铁企业制造了20多座350立方米至2500立方米的高炉。该公司拥有先进的无料钟炉顶制造技术，全液压泥炮和开口机制造技术，以星型减速机或双包络蜗轮副传动的100吨至300吨鱼雷罐混铁车制造技术，600吨、900吨、1300吨混铁炉制造技术，75平方米至430平方米烧结机和

冶炼设备

年产120万吨至200万吨球团环冷机制造技术。在炼焦设备方面，已为首钢、迁钢、山西煤焦化、海姿、孝义、北京焦化厂制造了4.3米焦炉、6米焦炉的推焦机、装煤机、拦焦机、熄焦机和焦侧除尘设备。在炼钢设备方面，为首钢、湘钢、涟钢、通钢、津西钢厂、酒钢、天钢、柳钢和印度、津巴布韦制造了几十座50吨至

210吨转炉及倾炉机构、烟气回收和除尘设备、精炼炉，以及钢水、铁水、渣罐冶金车辆，采用了炉体宽厚钢板的弯曲及焊接技术，托圈整体制造和分为三体制造的专有技术，LF精炼炉和VD真空处理装置制造技术等。

地址：北京市石景山区老山西里；邮编：100043；电话：88291354；电子邮箱：sgjd@263.net.cn；法定代表人：孙伟伟

（陶晓海）

【矿山和工程机械设备】 北京首钢机电有限公司承揽制造的矿山设备有：排土和排岩成套设备，非金属矿破碎系统。该公司与德国海瑞克公司合作，制造直径为10米以下的盾构机，已用于北京地铁工程；设计制造地下连续墙桩的施工机械和多功能钻孔、顶管等地下施工设备，其中多功能双回转套管钻机是首钢机电公司拥有自主知识产权的一项新产品，为国内首创，已申请了国家发明专利。该产品是地基与基础处理设备，用于灌注桩、CFG桩、预制桩、钢管混凝土复合桩的施工和软土地基深层搅拌加固处理，一机多能，使用范围广，其特点是采用了独特的复合双回转双速动力头驱动装置，钻杆与外钻套同时进行旋转钻削，外钻套护壁，成孔垂直精度高，施工速度快，无噪音，无振动，无环境污染，适用于各种软硬复杂地层的施工。

地址：北京市石景山区老山西里；邮编：100043；电话：88291354；电子邮箱：sgjd@263.net.cn；法定代表人：孙伟伟

（陶晓海）

【重型汽车】 首钢矿业公司与北京科技大学合作建立汽车研究所于1991年研制销售重型汽车。车型有SGA3721型、SGA3722型、SGA3550型、SGA7555B型、SGA75131型矿用自卸车，SGA5650型矿用洒水车，SGA9650型废钢运输车等。采用先进的计算机设计软件，以精良的专用设备、完善的检测系统，严格按照国际标准组织生产。SGA3722重型汽车，额定载重量45吨，全液压动力转向，液压后卸式

矿用汽车

举升，气压蹄式复合制动，油气悬挂减震，以液力机构传动变速，技术性能先进，质量稳定可靠，适于在冶金矿山、露天煤矿、水利电力建设工地使用。2000年以后，首钢重型汽车制造厂研制的以上车型，销往安徽、海南、宁夏、陕西、辽宁、四川、北京、湖北、河北、天津等省区，在国内同类车型的市场占有率达到50%。2004年，该厂销售重型汽车78辆；与白俄罗斯汽车制造厂合作，研制载重55吨的自卸车和130吨电动轮矿车，各组装4辆，已投放市场。新开发的废钢运输车、矿用洒水车运行状况良好，150吨平板拖车设计方案通过专家评审。产品质量、性能及售后服务，深得客户的好评。

地址：北京市石景山区西黄村；邮编：100043；电话：010－68860743（总部），0315－7713010（总装厂）；传真：010－68860743（总部）；0315－7710138

(总装厂)；电子邮箱：webmaster@sghdt.com.cn；法定代表人：张庆志　（重　汽）

【首钢牌稀有气体产品】　北京首钢氧气厂生产的氦气、氖气、氩气、氪气、氙气等稀有气体产品，应用于化工、电子、医疗、航空、国防等领域，作为冶炼气、切割气、焊接气、制灯气、检漏气、保护气、激光用气，或配置混合气体使用。该

首钢牌稀有气体产品

系列产品1994年获得第五届亚洲及太平洋国际贸易博览会金奖。通过现代化改造，2004年生产出纯度为99.999%的高纯氙气和氪气，使首钢稀有气体产品的质量和品牌进一步提升。是年，首钢氧气厂向华北、华南16个省区市销售氦气、氖气、氩气、氪气、氙气稀有气体以及液氧、液氮、液氩、医用氧，销售收入1699万元。产品向日本、美国、德国出口，在海内外享有较高信誉。12辆大型液体产品运输车，为各地用户提供化学危险品、气体和液体产品的运输服务。该厂氧通气体设备检修中心，为国内气体生产企业提供设备维护和检修服务。

地址：北京石景山路68号首钢厂东门内旁村；邮编：100041；电话：68872451，88294757；传真：88295212，68873456；厂长：邱银富　（韩广军）

【万年花城】　万年花城是首钢房地产开发公司、北京万年集团组成项目公司，联手开发的商品住宅区。首钢房地产开发公司投资1.2亿元，占项目公司40%的股份。年内项目融资3.6亿元。万年花城地处北京西南三环，占地81万平方米，总建筑面积198万平方米。社区设计先进，设施配套完善，户型合理，交通便捷，环境幽雅，充分体现了“都市新生活”的特点，深得消费者青睐。2004年4月，一期工程670套商品房开盘后全部售罄。7月二期工程3栋500套商品房开盘十几天销售一空。年内，万年花城开工28万平方米，商品房销售2890套28万平方米，共回款6.44亿元。

地址：北京石景山西黄村首钢地质勘察院内；邮编：100041；电话：88292268；传真：88292104；电子邮箱：www.sg.house.com.cn；法定代表人：徐凝　（首　房）

【WLK小型直读光谱仪】　该产品是北京光学仪器厂采用CCD探测器（电荷耦合器件），作为光谱信号接收器件而精心设计制造的小型光谱仪，可一次完成多元素光谱的快速分析，一次摄谱范围达500nm。该仪器与计算机联机可直接显示

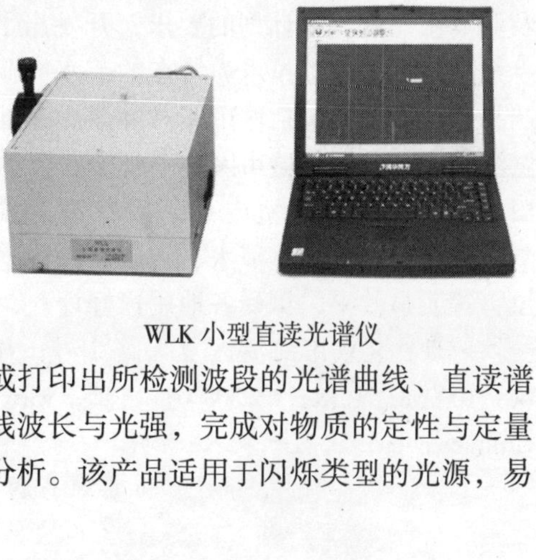

WLK小型直读光谱仪

或打印出所检测波段的光谱曲线、直读谱线波长与光强，完成对物质的定性与定量分析。该产品适用于闪烁类型的光源，易

挥发多元素光谱试样和稀缺微量样品的检测。仪器平面光栅300线/mm，闪耀波长500nm（基本配置），分辨率<0.5nm（300线/mm光栅），一次摄谱500nm，入射狭缝宽度0~3mm连续可调。

地址：北京通州区新华大街157号；邮编：101149；电话：69544601；网址：www.bgch-boif.com；法定代表人：郭闽

（北光）

【“易润”灌溉系统】 “易润”灌溉系统是北京嘉源易润工程技术有限公司注册的国内著名产品，该系统吸收国际先进技术，结合中国用户的实际需求，为各种现代灌溉需求提供了优化解决方案，技术先进，质量可靠，性价比很高，特别是配合北京2008年“绿色奥运”和北京市政府农业节水灌溉3年计划的要求，开发出了一系列以适用先进技术为特点的节水灌溉产品。产品系列包括城市园林灌溉、农业微灌技术，适用于城市园林草坪养护、大田果树、蔬菜及温室内蔬菜及花卉等灌溉，具有增产增收、节水、省肥、减少病虫害等明显效果，深受各地用户好评。

“易润”灌溉系统

地址：北京市海淀区复兴路2号；邮编：100038；电话：63280800；网址：www.yirun.com.cn；法定代表人：冯阳

（嘉源易润）

【“京鹏”检验检疫隔离温室】 该产品是为隔离试种对象提供相应的光照、水分、温度、湿度、压力等可控环境条件的一种安全温室。植物检验检疫隔离温室主要用于对境外引进的可能潜伏危险病虫害的种子、苗木及其他繁殖材料进行隔离试种、繁育及各种检疫试验，并对出口植物进行检疫消毒。产品由北京市农业机械研究所生产。

“京鹏”检验检疫隔离温室

地址：北京市德胜门外西三旗东100米；邮编：100096；电话：010-82913004、010-82913388转878；网址：www.bnj.com.cn；电子邮箱：chbnj@263.ent；法定代表人：蔡福栋

（农业机械研究所）

【移动式挤奶小车】 北京市农业机械研究所研制开发的移动式（汽油发动机）挤奶小车，开创了在国内无电源或电压不稳情况下仍可使用的机械挤奶的先例，从而满足了偏远地区农牧民对挤奶机的需求。同时也解决了使用中在牛棚内牵拉电线对奶牛的干扰，消除了奶牛中电的隐患。该产品配备了额定转速为3500转/分钟，额定功率为2.5千瓦的气油发动机。在实际工作中，单桶发动机的转速为1100转/分钟，发动机工作功率为1千瓦，耗

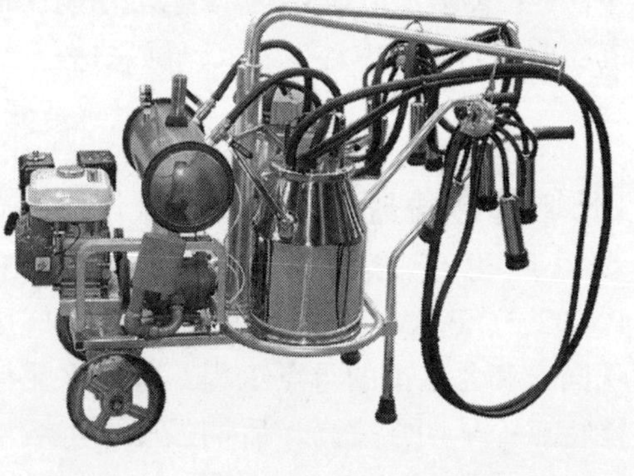

移动式挤奶小车

油为 0.34L/小时，双桶发动机的转速为1200转/分钟，发动机工作功率为1千瓦，耗油为0.34L/小时。较低的耗油费用同偏远地区的耗电费用基本一样，并且该产品在工作中的噪音大约只有70分贝左右，对初次利用机械挤奶的奶牛没有干扰，消除了奶牛惶恐不安，使之正常挤奶。该产品在整体结构上配置合理，结构紧凑，外形美观整齐。在使用上，由于结构小、质量轻、移动灵活、启动操作简单。单桶每小时可以挤奶6~8头，双桶每小时可以挤奶12~16头。经过广大奶牛养殖户的试用，已在全国范围内进行推广。该产品性能稳定可靠，操作方便安全，能够较好地满足客户的要求。

地址：北京市德胜门外西三旗东100米；邮编：100096；电话：010－82913004、010－82913388转878；网址：www.bnj.com. cn；电子邮箱：chbnj@263.ent；法定代表人：蔡福栋

（农业机械研究所）

【鑫华源机械式停车设备】 北京鑫华源机械制造有限责任公司开发制造的机械式停车设备是该公司的主导产品。经过几年的努力已自主设计与合作开发出升降横移式、地坑（垂直升降）式、巷道堆垛式、智能搬运小车、汽车升降机、自动顶头等多种停车设备系列产品及附属产品。其开发生产的机械式停车设备，具有传动

鑫华源机械式停车设备

简单、故障点少、适应性强、成本低、安全性好、外形美观的特点。2004年，该公司先后开发承揽了北京中关村、山西太原、山东济南、北京金泰恒业公司、昊华能源公司木城涧煤矿、宣武区天桥建筑公司等总计700多个泊位的机械式停车设备。其中，设计完成的“地下一层、地下三层直接升降式”立体车库技术，在国内尚属首创。同时，对“地上二层升降横移式”立体车库、“地下一层、地上二层升降横移式”立体车库、“地上多层升降横移式”停车设备进行设计改进，实现了“一机多板”的设计成果，为扩充市场和扩大生产规模奠定了技术基础。

地址：北京市门头沟区门头沟路47号；邮编：102300；电话：61815100；法定代表人：魏连

（刘克军）

【电力设备产品】 北京电力设备总厂主营系列化产品有：ZGM型中速辊式磨煤机（6个品种17个规格）、特种工业汽轮机（6~12MW）、空心电抗器（单相最大容量为20000kVA/66kV）、线路阻波器、干式变压器、铁心干式电抗器（三相最大容

量为 5000kVA/35kV)、高启动力矩特种电动机（最大功率 5500kW)、全连式封闭母线（与 100~1000MW 发电机组配套）等。

地址：北京市房山区良乡昊天大街 12 号；邮编：102401；电话：69372305；传真：69352288；网址：BPEG @ BPEG.CN；电子邮箱：www.BPEG.COM.CN；法定代表人：刘太生（电力设备厂）

【天坛牌“新古典”系列家具】 北京天坛股份有限公司生产的天坛家具，融合了先进的制造工艺与意大利的经典设计，打造出全新精品“新古典”系列是其中的代表，古今结合是这套家具最大的特点。该系列家具采用类古精致工艺，古色

天坛牌“新古典”系列家具

古香的木纹雕饰，明暗交错的方格造型，配以现代大方、实用的设计风格，在独具匠心的款式中凸显生活的绚丽多彩。该系列家具采用性能优异的环保材料，德国“海蒂诗”滑轨等五金配件，以其精美的设计、优良的品质、精湛的工艺深受业内外人士的好评。1999 年，天坛牌商标被正式认定为中国驰名商标。2004 年，天坛牌商标连续 4 届被北京市工商行政管理局认定为“北京市著名商标”；天坛牌系列产品是北京市质量技术监督局评定的北京名牌产品；天坛牌沙发、床垫被国家质检总局评定为家具业首批国家质量免检产品。

地址：北京市东城区安定门外小黄庄路甲 9 号；邮编：100013；电话：84272631；传真：84285848；法定代表人：陈志达

（贾丽娟）

【长城牌硅酸盐水泥】 北京市琉璃河水泥厂生产的产品长城牌 P.O42.5、P.O32.5、P.S32.5 硅酸盐水泥，广泛应用于国家和北京市的重点工程。普通水泥性能特点：早期强度高，后期强度可持续增长，产品质量稳定。抗冻融性、耐磨性、抗渗性、外加剂适应性好。能够大幅度降低混凝土生产的水泥掺合比，对于冬季施工尤其有利。长城牌水泥主要供应北京市各大建筑公司、国防军工、混凝土搅拌站、房地产开发公司等。长城牌水泥 2001 年、2004 年两次获得国家产品质量免检称号，连续 4 次荣获北京市名牌产品荣誉称号，2004 年又荣获北京市质量诚信产品称号。

地址：北京市房山区琉璃河（京石高速公路琉璃河出口）；邮编：102403；电话：89382980；传真：89382993；法人代表：姜德义（王 良）

【京都牌水泥】 京都牌水泥是北京水泥厂有限责任公司的产品，主要为 P.O42.5、P.O32.5 低碱水泥。公司注重应用最新科技成果，遵循“重质量、重信誉、抓服务、抓管理”的理念，贯彻“创造生产京都牌一流品质，奉献北水人真诚服务”的质量方针，从原材料进厂检验，分堆存放，均化使用，到成品、半成品控制，到产品出厂，均严格按质量体系实行科学、规范的管理，做到每个环节可追溯，有保证，保障了京都牌水泥具有高强、低碱、质量稳定、适用性好等优良品质。公司原设计水泥生产能力 74 万吨/年，经过技术改造，是年水泥产量达 200

京都牌水泥生产线

万吨。自 1994 年年底建成投产以来，公司已累计生产京都牌水泥 800 余万吨，全部销往北京建筑市场，产销率达 100%。京都牌水泥广泛应用于国家及北京市重点工程中，2003 年被国家大剧院工程项目指定为专用水泥。2002 年开始，京都牌水泥连续成为北京市名牌产品、绿色建材产品被授予产品质量免检证书。并获得国家产品质量免检和北京市著名商标。

地址：北京市昌平区亭子庄乡北小营村东；邮编：102202；电话：60755269；传真：60755471；网址：www.bcp.com.cn；电子邮箱：beishuil @ bbmg.com.cn；负责人：付秋涛　（刘素敏）

【卢沟桥牌水泥】　北京市燕山水泥厂生产的卢沟桥牌 P.O32.5、P.O42.5 水泥、矿渣 P.S42.5、P.S32.5 水泥（含低碱水泥）和砌筑 M22.5 水泥，均已获得北京市绿色建材产品证书。连续 25 年保持出厂合格率、富裕强度合格率两个 100%。产品被广泛应用于北京西客站、首都机场、燕莎工程、亚运会和奥运会等国家重点工程。其产品的主要特点是：采用先进的微机配料系统和窑外分解煅烧技术，生产出的熟料颗粒均匀、致密，3 天强度达到 26MPa 以上；28 天强度达到 58MPa 以上，企业产品可根据用户需要生产低碱水泥产品。P.O42.5、P.O32.5 水泥、P.S42.5、P.S32.5 水泥继续保持水泥产品质量认证，ISO9001（2000 版）质量体系认证，ISO10012 计量确认体系认证和 ISO14000 环境管理体系认证。产品标准 GB175—1999 和 GB1344—1999 均获采用国际标准证书（双采证书），企业化实验室获北京建材行业协会下发的水泥企业化验室评审考核合格证书，普通水泥和矿渣水泥均获得建材产品放射性检测合格证及中国标准化协会颁发的国家标准符合性信用评价证书，在历年市级以上对水泥产品的监督抽查无论在产品质量、产品包装及放射性检测等各项检测中，合格率均达到 100%。

地址：北京市石景山区京原路 68 号；邮编：100041；电话：68863171；传真：88957193；网址：www.bycp.com.cn；电子邮箱：yanshan1 @ bbmg.com.cn；法人代表：李伟东　（贺路启）

【GT－2AS 型高强耐磨捣打料系列产品】　GT－2AS 型高强耐磨捣打料系列产品是由北京通达耐火技术公司开发生产的高性能耐磨耐火材料，主要用于石化行业催化裂化装置的反应器、再生器、下料腿、清洁煤燃烧 CFB 锅炉电厂炉膛、旋风分离器、回料器及城市垃圾焚烧装置的炉排、燃烧区等关键耐磨部位。其主要特点是：施工和易性好，中温强度高，耐磨性强。产品性能经北京市科委组织的技术鉴定认为：该产品性能优越，达到国际一流、国内领先水平，完全可以替代美国进口材料 AA－22S。该产品于 1996 年研制成功并投入批量生产，已先后服务于国内 20 多套大型炼油装置、全国 50 多家大型电厂及天津、内蒙古、厦门等地多家城市垃圾焚烧厂，年平均销售额在 600 万元以上，并先后获得北京金隅集团科技进步奖、北京市政府科技进步奖、北京市政府科技进步奖及国家经贸委国家新产品等荣誉称号。

地址：北京市德胜门外西三旗；邮编：100085；电话：62914308；传真：62915278；电子邮箱：sales@btvtc.com.cn；法人代表：冯运生　（李　平）

【加气混凝土轻质墙板】 加气混凝土轻质墙板是北京市现代建材公司的产品，以钙质材料（水泥、石灰等）、硅质材料（粉煤灰、砂子等）为主要原料，以铝粉或铝粉膏为发气材料，内配经冷拔、焊接防腐处理的钢筋网片，通过机械切割方式并采用蒸压养护而制成的墙体材料。具有轻质、保温、隔声、隔热、耐火及易加

加气混凝土轻质墙板

工、安装便捷等特点。是国家重点推荐的绿色环保建材产品。执行GB15762—1995《蒸压加气混凝土板》及DBJ01-29—2000《轻隔墙条板质量检验评定标准》，适用于墙体围护、框架填充，实现了传统加气墙板与轻钢结构的良好结合。

地址：北京市石景山区高井；邮编：100042；电话：88902031-355；传真：88902685；电子邮箱：xiandai11@bbmg.com.cn；网址：www.bjxdjc.com；法人代表：黄嘉志　（刘小敏）

【飞赛乐】 飞赛乐（盐酸苯环壬酯）是军事医学科学院毒物药物研究所研制，北京四环医药科技股份有限公司独家生产的国家一类新药，是高选择性中枢抗胆碱药。本品主要作用于中枢神经系统，快速通过血脑屏障进入脑内，能阻断乙酰胆碱对脑内毒蕈碱受体（M受体）和烟碱受体（N受体）的激动作用，且有外周阻断乙

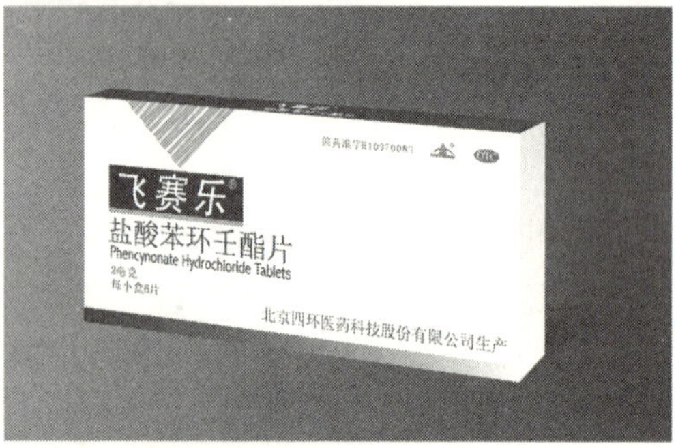

飞赛乐

酰胆碱对M受体的激动作用，有效防治晕动病（晕车、晕船、晕机）引起的头晕及恶心/呕吐等症状。飞赛乐预防晕动病具有快速持久、高效安全、少见嗜睡等特点，已在中国、美国、日本、英国、德国、法国、意大利等7个国家获得专利，飞赛乐1993年获国家一类新药证书；1999年盐酸苯环壬酯的制备方法获国家发明专利；1995年获联合国世界知识产权组织授予的杰出发明奖；四环医药是全球唯一生产厂家。

地址：北京市海淀区复兴路47号天行建商务大厦22层；邮编：100036；电话：51921698；网址：www.sihuan.com.cn；电子邮箱：bjsh@sihuan.com.cn；法定代表人：文鸣旭　（郝　琨）

【博苏】 博苏（富马酸比索洛尔片）由北京四环医药科技股份有限公司生产的国家二类新药。国家基本药物目录品种，用

于原发性高血压、心绞痛、慢性心衰的治疗。具有高选择性、长半衰期、肝肾双通道，平衡清除的特征。口服吸收迅速、完

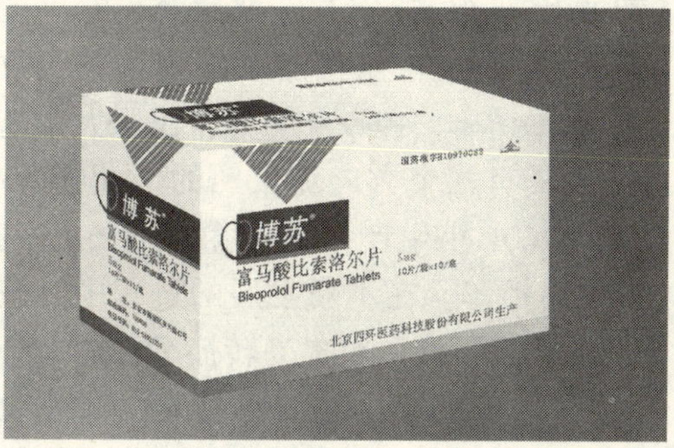

博苏

全。高度博苏具有高度 β_1 受体选择性，平稳降压，长期服用不影响血糖，脂质代谢。

地址：北京市海淀区复兴路 47 号天行建商务大厦 22 层；邮编：100036；电话：51921698；网址：www.sihuan.com.cn；电子邮箱：bjsh@sihuan.com.cn；法定代表人：文鸣旭　　（郝　琨）

【苏诺】　苏诺（盐酸纳洛酮）注射液是北京四环医药科技股份有限公司生产的国家四类新药，盐酸纳洛酮为羟二氢吗啡酮

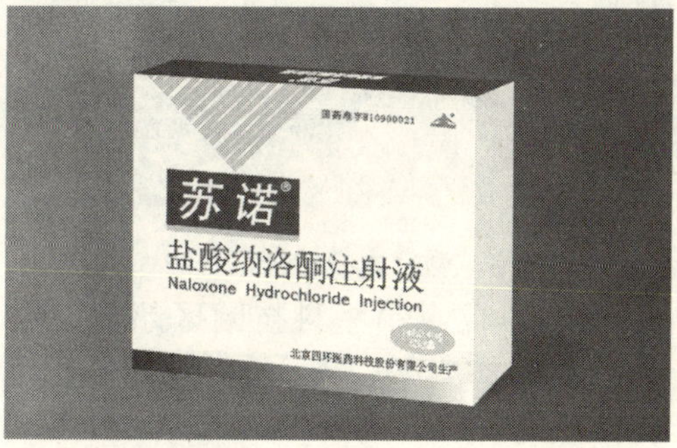

苏诺

的衍生物，阿片受体拮抗剂而无激动活性，与阿片受体的亲和力大于吗啡和脑啡肽，能竞争性地阻断阿片样物质与受体的结合。不仅临床应用于麻醉性镇痛性药中毒的急救和阿片类药物依赖者的诊断，而且在应激性疾病、休克、急性呼吸抑制、心肺复苏、新生儿窒息、酒精中毒、镇静催眠类药物中毒等方面的疗效优异，可以逆转多种原因所致意识障碍、呼吸抑制和微循环障碍。鉴于苏诺应用范围广，疗效确切，副作用小的特性，已被列入中华人民共和国劳动和社会保障部国家基本医疗保险药品甲类目录，并被中国药典收载，成为危急重症抢救的必备药物。1992 年至 1998 年，苏诺连续 7 年被评为北京新技术产业开发试验区拳头产品，2002 年至 2004 年荣获北京市名牌产品和百项拳头产品称号。

地址：北京市海淀区复兴路 47 号天行建商务大厦 22 层；邮编：100036；电话：51921698；网址：www.sihuan.com.cn；电子邮箱：bjsh@sihuan.com.cn；法定代表人：文鸣旭　　（郝　琨）

【盐酸曲马多】　盐酸曲马多片是由北

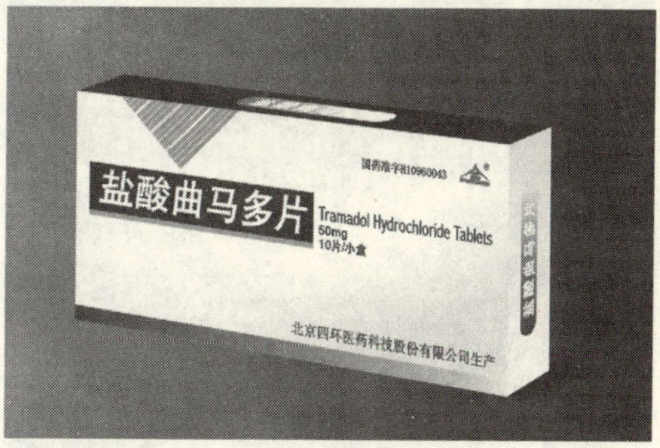

盐酸曲马多

京四环医药科技股份有限公司生产的国家四类新药，属于国家基本药物目录品种，为非吗啡类强效镇痛药。主要作用于中枢神经系统与疼痛相关的特异性受体。无致平滑肌痉挛和呼吸抑制作用，药物依赖性较低。镇痛作用可维持 4～6 小时。可延长巴比妥类药物麻醉持续时间，与安定类药同用可增强镇痛作用。用于癌症疼痛、

骨折或术后疼痛等各种急、慢性疼痛。1992年荣获军队科技进步二等奖。

地址：北京市海淀区复兴路47号天行建商务大厦22层；邮编：100036；电话：51921698；网址：www.sihuan.com.cn；电子邮箱：bjsh@sihuan.com.cn；法定代表人：文鸣旭 （郝 琨）

【机架机柜产品】 北京英斯泰克视频技术公司参考国外产品及机房工程的外观和设计要求，结合本公司加工工艺的实际特点和优势，结构设计思路按人体工程学要求，体现轻巧紧凑、实用美观、功能齐全、便于安装的特点。同时，为充分发挥钣金数控加工的优势，结构设计大多采用零配件集成，全拼装结构的设计方法，一方面有利于数控加工的批量生产，保证产品的一致性，提高产品的质量，另一方面有利于减轻库存和运输的压力。

机架机柜产品

地址：北京昌平科技园区超前路35号；邮编：102200；地址：北京市朝阳区裕民路12号中国国际科技会展中心B座C区901；邮编：100029；电话：010－89715471，010－82253535；传真：010－80100030；010－82252968；网址：www.instec-video.com.cn；电子邮箱：market@instec-video.com.cn；法定代表人：李庆 （钮亚敏）

【数字电视转播车】 北京英斯泰克视频技术公司1998年生产了国内第一辆数字卫星采访车，1999年首先推出了大型拖挂式及具有三个方向侧拉厢的14讯道转播车，2001年生产了国内第一台6讯道HDTV转播车。在不断发展的过程中，该公司还创造了多项对提高转播车性能十分有用的专利技术。由于公司的设计理念新、加工质量高，并且重视配套设备的优选，因此设计生产的各种转播车、卫星采访车等受到一致好评，用户遍及包括中央电视台、上海电视台、广州电视台等在内的全国数十家电视台。车型从3讯道的小型依维柯到14讯道的VOLVO重型拖挂车等一应在内。

数字电视转播车

地址：北京昌平科技园区超前路35号；邮编：102200；地址：北京市朝阳区裕民路12号中国国际科技会展中心B座C区901；邮编：100029；电话：010－89715471，010－82253535；传真：010－80100030；010－82252968；网址：www.instec-video.com.cn；电子邮箱：market@instec-video.com.cn；法定代表人：李庆 （钮亚敏）

工业专利

【综述】　是年，北京市的专利工作在国家知识产权局与北京市领导的重视和支持下，有效地开展了各项工作。2月，国家知识产权局北京专利代办处开业；4月，举办保护知识产权宣传周；北京市市长办公会通过了《北京知识产权发展和保护纲要》；市政府与国家知识产权局共同建立的中关村知识产权制度示范园区成功地开展工作，北京市委书记刘淇、市长王岐山先后视察示范区；百家试点企业专利工作发展迅速；北京市知识产权局承办了“全国专利代理人资格考试”北京考点的考务工作，北京考点有265人通过考试；参加“第二届中国国际专利与名牌博览会”的北京展团振利高新技术公司荣获现场公众评选出的“中国专利十佳企业”称号；10月，发布《北京知识产权发展和保护纲要》；《北京专利保护和促进条例》的立法工作进入尾声。

是年，北京市专利申请量18402件，比上年增长8.23%，申请量位居全国第五，其中工矿企业专利申请量6153件，比上年增长17.13%。专利授权量为9005件，比上年增长9.18%，其中工矿企业专利授权量3135件，比上年增长60.40%。市知识产权局共资助北京地区企事业单位和个人专利申请10088项次，金额总计782.18万元。北京市知识产权局承办了全国专利代理人资格考试北京考点的考务工作，举办保护知识产权宣传周，启动国外专利申请资助工作，发布《北京知识产权发展和保护纲要》。年内，北京市技术合同成交总金额达2.797亿元，其中专利技术合同成交额2.69亿元，创历史新高。

【刘淇视察中关村示范园区】　6月5日，中共中央政治局委员、北京市市委书记刘淇视察中关村国家知识产权制度示范园区，对示范园区所开展的开创性工作给予肯定，指出：“自主知识产权是中关村也是国家跨越式发展最重要的引擎。国家知识产权局与北京市共建示范园区，进行制度、机制创新，大力推进知识产权创造、管理、保护和产业化，正是适应了现时发展迫切之需。”（李金祥）

【王岐山视察中关村示范园区】　7月30日，北京市市长王岐山视察中关村国家知识产权制度示范园区，指出：“中关村的发展，关键是知识产权和软环境建设。软环境建设成为我国发展新时期的重中之重，知识产权制度建设是软环境建设的重中之重。在知识产权问题上，中关村企业应尽早觉醒，大力发展自主知识产权，形成园区的核心竞争力。”他对中关村国家知识产权制度示范园区在知识产权制度创新、推进软环境建设方面的开创性工作和综合试验示范作用给予肯定。

（李金祥）

【张勤、范伯元听取示范园区汇报】 10月27日，中关村国家知识产权制度示范园区成立一周年之际；国家知识产权制度示范园区工作领导小组领导国家知识产权局副局长张勤、北京市副市长范伯元莅临中关村知识产权促进局，听取了促进局关于示范园区暨促进局成立一年的工作汇报，对示范园区暨促进局成立一年来的开创性工作予以肯定。（李金祥）

【专利申请资助】 是年，市知识产权局共资助北京地区企事业单位和个人专利申请10088项次，金额总计782.18万元。其中，资助发明专利申请7282项次，金额744.24万元，占资助总金额的95.15%；实用新型专利申请2078项，金额27.47万元，占资助总金额的3.51%；外观设计专利中请728项，金额10.47万元，占资助总金额的1.34%。2004年，奖励北京市向国外申请专利21件，共计4.20万元。（陈可南）

【启动国外专利申请资助工作】 是年，在市知识产权局的领导下，中关村知识产权促进局联合中关村管委会相关部门在示范园区启动了国外专利申请资助工作，对示范园区企事业单位申请国外专利予以资助。截止2004年年底，示范园区累计对21家企事业单位55项国外专利申请，提供了400693元资助。（李金祥）

【举办全国专利代理人资格考试】 是年，市知识产权局承办了“全国专利代理人资格考试”北京考点的考务工作，专门成立了以局长刘东威、副局长周砚为正副组长的考试工作领导小组，统一领导考试组织工作。在此期间，北京市知识产权局严格按照《专利代理人资格考试实施办法》及其相关规定，承办考试报名、报名资格审查、设置考场、组织考试、发送成绩通知单等各项工作。“全国专利代理人资格考试”北京考点的报名人数达到2924人，比上届翻了一番，占全国报名人数的近40%；通过考试的考生人数为265人，占全国通过考试人数的1/2。（陈可南）

【市委市政府领导关注知识产权】 5月14日下午，市知识产权局与市委宣传部、市政府办公厅共同承担了为北京市委市政府理论学习中心组成员举办知识产权主题学习会的任务，邀请全国人大法律委员会郑成思教授作“知识经济与知识产权”主题报告。北京市委书记刘淇、市政协主席程世峨、市委副书记龙新民、强卫、杜德印等市领导出席，市委市政府理论学习中心组成员、市人大党组成员、市政协党组成员以及市委市政府各有关部门的负责人120余人参加了报告会。《北京电视台》、《北京日报》、《中国知识产权报》对此进行了报道。（张伯友）

【举办保护知识产权宣传周】 4月19日，市知识产权局在东城区科委的协助下，在王府井步行街举行了2004年“保护知识产权宣传周”开幕式，副市长范伯元和国家九部委领导出席了开幕式并讲话。国家知识产权局、北京市知识产权局、工商局、版权局、高级人民法院和北京海关等17个单位的工作人员近百人参加了开幕式，并在当天开展了面向过往行人和观众的知识产权现场咨询活动，30余家新闻媒体进行了集中报道。（张伯友）

【发布《北京知识产权发展和保护纲要》】 10月21日，市知识产权局正式对外发布《北京知识产权发展和保护纲要》（以下简称《纲要》）。该《纲要》于9月27日经第61次市长办公会原则通过。《纲要》以市知识产权在2002～2003年所做的《北京重点行业专利占有状况的调查研究》、《北京市科研机构知识产权状况调查》和《北京地区高等学校知识产权工作调查》、《行业协会知识产权保护状况调查报告》4个调研报告为基础，围绕知识产权的发展与保护，提出“创新战略”、“利用战略”、“保护战略”和“人才战略”等69项措施。（张　亮）

【召开高新技术企业立法座谈会】 4月23日，在市知识产权局召开了中关村园区高新技术企业专利立法调研座谈会。时代集团公司、北京首信股份有限公司、蓝星化工新材料股份有限公司、北大方正电子有限公司等单位的代表参加会议。会议探讨了建立专利预警机制、专利与标准的关系、加强专利宣传等问题。（龚　飒）

【发放专利实施资金205万元】 根据《北京市专利实施资金管理办法》和《北京市专利实施资金申请审批验收程序》，在专家评审打分的基础上，经市国资委、市科委、市工业促进局、市财政局共同审议，我局最终确定对21项专利项目给予资金扶持，共计发放2004年度专利实施资金205万元。（李建荣）

【振利公司获“专利十佳企业”称号】 5月17日至20日，“第二届中国国际专利与名牌博览会”在青岛国际会展中心隆重举行。北京市知识产权局组织了北京振利高新技术公司等12家企业参展。在博览会的评奖项目中，北京展团的振利高新技术公司荣获现场公众评选出的“中国专利十佳企业”称号，另有长城玉鼎动力科技有限公司等4家企业的优秀技术和产品荣获专利金奖，北京市知识产权局获得博览会“最佳组团奖”和“优秀布展奖”。（安跃林　李建荣）

【6家企业优秀专利项目获金奖】 8月18日至21日，第三届中国国际专利技术与产品交易会在大连隆重召开。北京市知识产权局组织17家企业参展，其中有5家为获得国家专利金奖的企业。在展会期间，北京市知识产权局局长刘东威陪同国家知识产权局局长王景川参观了北京市的国家专利金奖展区。在专交会的评奖项目中，北京当代复合材料有限公司、北京联飞翔科技有限公司等6家企业的优秀专利项目荣获本届专交会金奖。北京市知识产权局获得本届专交会“最佳布展奖”和“优秀组团奖”。（安跃林　黄显智）

【首批百家专利试点企业】 年底，市知识产权局首批百家专利试点企业中有94家专利试点企业上报试点工作验收报告书。在试点期间，94家专利试点企业共增设了22个专利管理机构，至此94家试点企业全部建立了专门或兼管的专利管理机构；配备了465名专（兼）职专利管理人员，同比增长135%；制定了335项专利管理制度，同比增长148%；试点期间共申请了1442件专利，同比增长41%；

产品因专利增值额高达25.5964亿元，同比增长44.80%。（黄显智）

【技术合同登记创历史新高】 是年市知识产权局技术合同登记处共登记技术合同121份，技术合同成交总金额达2.797亿元（其中专利技术合同成交额2.69亿元），创历史新高，同比增长70.7%。其中技术交易额2.699亿元，同比增长65.48%。实现合同总金额8987万元，同比增长101.86%。（黄显智）

【专利权质押贷款取得新进展】 上半年市知识产权局组织了由专利代理机构、企业、担保公司、商业银行参加的专利质押贷款座谈会，为下半年的专利质押工作做前期的宣传准备工作。年内，共有11家企业申请质押贷款，其中4家中小民营企业成功利用专利权质押获得贷款金额590万元。2003年度专利质押贷款企业已全部按期、全额还款。（秦灿宏）

【知识产权维权机构进驻展览会】 10月12日，第九届中国国际纺织机械展览会开幕，市知识产权局与展会主办方共同设立了知识产权现场维权办公机构——展会知识产权办公室，在展会现场开展参展项目的专利登记备案；受理专利侵权投诉；接受对冒充专利、假冒他人专利行为的举报等专利现场执法活动，并进行知识产权维权宣传和法律咨询。展会期间知识产权办公室的专利执法人员共受理18起专利侵权投诉，有100余项参展项目进行了专利登记备案。（杨　晋）

【《专利案例评析》出版发行】 年内，由市知识产权局组织编写的《专利案例评析》一书正式出版发行。该书由全国多家地方行政执法部门的执法人员和北京市高级人民法院的审判人员共同组稿而成，是行政、司法专利保护多年实践经验的总结。书中对专利案件中重要或疑难的问题进行了分析、研究和论述，如自由公知技术抗辩、先用权抗辩、间接侵权、平行进口、专利侵权与无效的关系、职务发明与非职务发明的判断、专利许可合同的有效性等等，为广大读者、审判人员、司法人员、代理人提供一定参考和帮助。（杨　晋）

2004年北京市工业企业发明实用新型授权部分专利表

申请号	专利名称	专利权人名称	地　址
2003243295X	移动通信基站的电磁屏蔽装置	UT斯达康(中国)有限公司	东四十条万泰北海大厦B座11层
20001070649	对手机进行定位及提供应急服务的方法及定位业务系统	UT斯达康(中国)有限公司	东城区朝阳门北大街6号
20032671229	大型井式炉多台风机气氛循环装置	爱协林工业炉工程(北京)有限公司	海淀区万泉河路68号紫金庄园7号楼809室

申请号	专利名称	专利权人名称	地址
20032A29786	贵重、有毒有害液体的反吹清洗过滤器装置	安泰科技股份有限公司	学院南路76号
20021312060	铁基非晶软磁合金	安泰科技股份有限公司	学院南路76号
20021288577	铁基块体非晶软磁合金材料	安泰科技股份有限公司	学院南路76号
20011181907	金融支付终端的IP网络通讯适配器	安智金卡电子设备(北京)有限公司	朝阳区花家地甲7号
20032530188	改进的喇叭的振膜基材构件	百富非凡机电设备(北京)有限公司	朝阳区德胜门外北沙滩1号
20032428707	高炉内铜冷却壁	保尔沃特冶金技术(北京)有限公司	东城区东中街9号东环广场A座写字楼4层A室
20032796560	具有石墨导电带的投影管	北京·松下彩色显像管有限公司	朝阳区酒仙桥北路9号
1999110322X	插卡式电度表的控制电路系统	北京ABB低压电器有限公司	丰台区右安门外东滨河路2号
20032384831	电火花线切割机床	北京阿奇夏米尔工业电子有限公司	顺义区马坡镇
20011311444	钴60γ射线源－碘化铯或钨酸镉探测器集装箱检测设备	北京埃索特核电子机械有限公司	房山区新镇
20032038755	多功能计算机	北京艾科多科技有限公司	朝阳区望京新城南湖中园239号
20011362227	珊瑚微末颗粒制剂及其应用	北京艾叶医药技术有限公司	海淀区中关村南大街甲8号1号楼2门301
20032631219	一体化面板组件	北京爱德发高科技中心	海淀区西草场1号硅谷电脑城17层
20032648294	改进的金属卤化物灯启动装置	北京爱华新业照明器材有限公司	朝阳区双桥西里7号
20032A09960	体内在线尿钠监测留置导尿管	北京爱思泰克科技开发有限责任公司	海淀区巴沟南路35号院A座108室
20032572603	平推联动式电磁屏蔽门	北京安方电磁屏蔽技术开发中心	海淀区温泉镇95－035分箱

申请号	专利名称	专利权人名称	地　址
20032645848	振动传感电缆	北京安警技术工程有限公司	海淀区北四环中路229号海泰大厦1616、1618室
20032042582	面向小型数据采集的远程测控终端	北京安控科技发展有限公司	海淀区上地四街1号
20032384696	一种可保护药物稳定性的医/药用胶塞	北京奥星恒迅包装科技有限公司	朝阳区麦子店西路3号新恒基国际大厦603室
20032612281	油田污水除油处理装置	北京百恒达石油技术有限公司	6363信箱
20032370210	挂钩组件	北京百利广装饰工程有限公司	前门东大街23号钓鱼台前门宾馆东二楼
20032430876	食品电热蒸制器	北京半亩园快餐食品有限公司(中外合作)	海淀区双榆树西里11号
20032765053	新型湍切式高效脱硫除尘设备	北京北方汇杰科技发展有限公司	朝阳安外安苑北里26号
20032071183	双排气式免拆线自动脱水干湿两用废旧塑料再生造粒设备	北京北方火车头科技有限公司	西客站西配楼8505
20032515758	无线电发送设备抗负载失配装置	北京北广电子集团有限责任公司	朝阳区酒仙桥中路18号
20032A33781	用于真空断路器的电磁屏蔽罩	北京北开电气股份有限公司	经济技术开发区永昌南路5号
20032508239	轮转式印刷机胶印机组的柔印插件	北京北人富士印刷机械有限公司	朝阳区垡头
20032C6600X	校园短信通系统数据采集处理发送装置	北京北纬通信科技股份有限公司	海淀区首体南路22号国兴大厦五层
20032504969	防渗漏、防侧漏医用卫生床垫	北京倍舒特妇幼用品有限公司	密云县工业开发区内
20001214330	含珍珠粉和抗坏血酸的组合物	北京本元青阳生物科技发展有限公司	宣武区法源寺西里4号楼4门D03
20032C77663	车载空气消毒机	北京宾达同创科技有限公司	西直门南大街16号西楼7层
20011365463	超临界结晶法制造微纳米材料用的高压釜	北京伯联纳米科技有限公司	丰台区万泉寺(红光绝缘材料厂内)
20042006387	测管式流量计	北京博思达新世纪测控技术有限公司	海淀区花园北路30号801室

申请号	专利名称	专利权人名称	地址
2003257035X	电子式电机保护器	北京博鑫东辰电子设备有限公司	密云城南圣水头村北
20021163340	化学性肝损伤作用的中药组合物	北京采瑞医药有限公司	朝阳区樱花园19楼507
20032662807	钢筋直螺纹滚丝机	北京长诚永信工程技术开发有限公司	丰台区丰台路52号北京长诚永信工程技术开发有限公司
20032646569	自毁式一次性使用无菌注射器	北京长川医用技术有限责任公司	房山区长阳镇
20032061579	一种CNG加气机计量检测仪	北京长空机械有限责任公司	9712信箱101分箱
20011451203	一种数字家电网络系统	北京长信嘉信息技术有限公司	海淀区中关村大街40号当代商城写字楼9层
20032398476	热固性玻璃钢与塑料共挤复合门窗型材	北京创业玻璃钢门窗有限公司	房山区良乡镇1452信箱
20032095155	开合式电磁线圈	北京磁通设备制造有限公司	通州区北马庄工业园区
20021007748	植物悬浮培养细胞生产雷公藤总生物碱的方法	北京达科豪科技有限公司	西城区三里河南沙沟3－1－5
20042001082	微米级的粉状物料的洗涤分离装置	北京当升材料科技有限公司	西直门外文兴街1号
20032A16606	电力系统微机保护装置	北京德威特电力系统自动化有限公司	海淀区学清路11号
20032087586	半自动超声波研磨抛光机	北京迪蒙特佳工模具技术有限公司	海淀花园路B3号迪蒙大厦308室
2003249193X	旋转式电容偶合器	北京迪威尔石油天然气技术开发有限公司	延庆莱园南街1号
20032002386	高效复合传热元件油气田站场加热炉	北京迪威尔石油天然气技术开发有限公司	海淀区志新西路8号
20032630263	防水型组合行程开关	北京第一机床电器厂有限公司	海淀区中关村大街32号
20032038801	断路器型电缆分支箱	北京电研华源电力技术有限公司	海淀区清河小营东路15号

申请号	专利名称	专利权人名称	地址
20032064799	户外高压真空负荷开关	北京电研华源电力技术有限公司	海淀区清河小营东路15号
20032A14850	导电轨支架	北京鼎昌复合材料有限责任公司	大兴区福欣路7号
20001207296	洗衣机动力直驱装置	北京东方渴望科技发展有限公司	海淀区香山路15号
20032667515	吸放式纸币分离器	北京东方智明科技有限公司	海淀区罗庄西里5号
20032569653	抗结疤型湿式除尘机组	北京恩菲科技产业集团	海淀区复兴路12号
20011206276	用于建筑物外墙的自动清洗系统	北京二元世纪技术有限公司	海淀区海淀南路30号
20032453493	铜－铝薄壁管摩擦焊机床	北京芳兴多功能机床厂	顺义区赵全营镇忻州营村东
20011021276	带通用串行总线插的微型存储器	北京飞天诚信科技有限公司	海淀区学院路蓟门饭店五号楼三层
20011105534	长效保水复混肥料及其制备方法和专用设备	北京丰霈科技发展有限公司	朝阳区团湖北路6号
20032772432	板坯连铸自动火焰切割机	北京风华工具厂	海淀区阜成路8号
20042001190	减压加湿桶及包含该加湿桶的减压贮藏系统	北京福瑞通科技有限公司	海淀区中关村南大街12号中国农科院信息楼2层
20032405243	垂直送风干式过滤机车车辆喷漆装置	北京福斯达高科技公司	北京交通大学153信箱
20032D17707	隧道式机车车辆喷漆漆雾处理装置	北京福斯达高科技公司	北方交通大学153信箱
20032771606	无线局域网络接入点	北京富华移通技术发展有限公司	朝阳区呼家楼京广中心商务楼5层506室
20032D03475	预热启动型电子镇流器电路	北京富桦明电子有限公司	朝阳区来广营乡清河营村东2号
20032426992	多通道先进先出数据缓冲存储装置	北京港湾网络有限公司	海淀区西三环北路21号久凌大厦13层
20032662556	加温超高压食品处理装置	北京高才科技开发有限公司	海淀区香山南路魏家村甲1号4号楼2门

申请号	专利名称	专利权人名称	地址
20032660138	具有一对可移动钳口夹头的便携式电动拉力试验机	北京高能垫衬工程有限公司	石景山区玉泉路19号(乙)
20032C66160	多路自动系列注墨装置	北京高斯达喷墨墨水有限公司	朝阳区定福庄北街
20032756461	单向热辐射电热膜	北京高校天昱电热科技有限公司	西城区金融大街37号百盛写字楼9013A
20032C97027	户内空气源热泵热水器	北京格瑞那环能技术有限责任公司	海淀区北三环西路43号5区北京青云国际研发中心B座507室
20011203579	面板式特种打印机	北京公达电子有限责任公司	朝阳区平乐园100号
2003263921X	尼龙天销蝶阀	北京冠龙阀门厂	丰台区小屯路
20032C17766	多功能波纹管换热器	北京广厦环能科技有限公司	海淀区中关村东路华清商务会馆601室
20032C17747	改进型波纹管换热器	北京广厦环能科技有限公司	海淀区中关村东路华清商务会馆601室
20032086342	常压低氧发生设备及控制装置	北京国奥之星体育高科技发展有限公司	朝阳区惠新里甲240号通联大厦212室
20032512392	带键盘和鼠标双输入功能的手机	北京国电未来通讯技术有限公司	朝阳区酒仙桥东路1号M7东五层
20032512406	无键盘双屏手机	北京国电未来通讯技术有限公司	朝阳区酒仙桥东路1号M7东五层
20001016679	非侵入式电磁场治疗骨质疏松的方法和装置	北京国际技术合作中心	朝阳区望京中环南路9号
2003204304X	远程加密激光打印签章机	北京国科信达防伪技术有限公司	西城区玉桃园一区甲12号楼301
20032C94137	板式冷凝器	北京海淀永大机电设备制造有限责任公司	海淀区西北旺镇大牛坊村
20022091718	数字硬盘录像机	北京海尔集成电路设计有限公司	海淀区花园路4号通恒大厦
20022934294	箱式螺旋一体化分离机	北京海斯顿环保设备有限公司	通州区马驹桥镇
20012746878	快装式三相分离装置	北京海斯顿环保设备有限公司	通州区马驹桥镇

申请号	专利名称	专利权人名称	地 址
2003257357X	活体滚动指纹采集仪	北京海鑫科金信息技术有限公司	海淀区西三环中路21号邯钢宾馆205室
20032A16767	隔热平开内倒铝合金密封门窗	北京汉德门窗有限公司	通州区小潞邑
20032A00612	带SIM卡读写功能的固定电话	北京汉王科技有限公司	海淀区中关村东路95号8层
2000124969X	具有数字助理、传真及网络功能的电脑电话	北京汉王科技有限公司	海淀区知春路51号慎昌大厦六层
20032361343	高速电梯轿厢减振装置	北京航天金羊电梯有限公司	丰台区南大红门路1号北京9200信箱21分箱
20032671032	移动载体高效可调馈源装置	北京航天天达卫星应用技术有限公司	142信箱30分箱8号
20032671016	移动载体传感器的平台装置	北京航天天达卫星应用技术有限公司	142信箱30分箱8号
2003266088X	非接触搅拌混匀装置	北京航天万新科技有限公司	7029信箱77分箱
20032660901	全自动生化分析仪	北京航天万新科技有限公司	7029信箱77分箱
20032798393	被监测对象"动变静"无线图像监控系统	北京航星网讯技术开发有限公司	海淀区中关村南二街7号
20032B37047	具有PCMCIA接口的图像监控装置	北京航星网讯技术开发有限公司	海淀区中关村南二街7号
20032367074	管道液体密度计	北京豪仪测控工程有限公司	昌平商业街32号
20022534423	垃圾燃料成型机械	北京浩业达高新技术发展有限公司	朝阳区北四环中路北奥大厦15层
20032642873	低压顶杆式压力测量装置	北京合百意生态能源科技开发有限公司	丰台区马连道高楼村49号百业商务会馆C座101室
20032090609	户用沼气稳压器	北京合百意生态能源科技开发有限公司	丰台区马连道高楼村49号百业商务会馆C座101室
20032490186	接线母排板	北京合纵科技有限公司	海淀区上地信息产业基地创业路19号商服中心314厅

申请号	专利名称	专利权人名称	地址
2001134766X	高压抗燃油型直接反馈式电液油动机	北京和利时系统工程股份有限公司	海淀区西三旗建材城中路10号
20032071256	微波手术刀	北京恒福思特科技发展有限责任公司	德外大街11号B座305室
20032060092	微波辐射器冷却介质循环冷却装置	北京恒福思特科技发展有限责任公司	德外大街11号B座305室
20032064039	混流式水轮机转轮	北京红树冠杰科技有限公司	海淀区上地信息中路26号中关村创业大厦1116室
20032003692	双层升降横移吊梁式立体停车装置	北京鸿安停车库制造有限公司	北三环中路3号双全大厦
20032003706	改进的单层升降横移立体停车装置	北京鸿安停车库制造有限公司	北三环中路3号双全大厦
20032A43656	铁路列车专用电气防火安全监测仪	北京鸿都伟业科技发展有限公司	海淀区北蜂窝路22号
20032094566	铁路列车专用电子驱鼠器	北京鸿都伟业科技发展有限公司	海淀区北蜂窝路22号
20032650620	节能温度控制阀	北京华德威尔机电技术有限公司	海淀区西三环北路91号南门F30
20032453302	大型注塑成型机的直接增容增压注塑装置	北京华丰安信科技发展有限公司	海淀区万寿路甲15号院七区13号楼216室
20032C19140	控流无负压供水系统	北京华光太阳能过滤设备厂	西城区月坛西街东里21号
20032C19155	震动式听漏装置	北京华光太阳能过滤设备厂	西城区月坛西街东里21号
20032094051	连接高速以太网与HAPT总线的网络互联单元	北京华控技术有限责任公司	海淀区上地创业路8号3号楼2层
20032070861	用于计算机机箱的负离子空气净化器	北京华旗资讯数码科技有限公司	海淀区中关村硅谷电脑城15层
20032777337	带有分体散热风扇的计算机电源	北京华旗资讯数码科技有限公司	海淀区西草场一号1502室
20011366486	金属陶瓷薄膜	北京华瑞能科技发展有限责任公司	西三环北路11号为公桥商务中心C2座402室
20032063733	太阳能暖风采暖设备	北京华瑞能科技发展有限责任公司	海淀区西三环北路11号为公桥商务中心C2座402室

申请号	专利名称	专利权人名称	地　址
20032A15961	水泥冷却器	北京华泰联科技发展有限公司	通州新华大街157号博飞大厦314室
2003209227X	数字视频录像装置	北京华通为尔广视科技有限公司	海淀区上地信息22号数码大厦B座1门508室
20032429053	流化旋流反冲洗过滤装置	北京华油惠博普科技有限公司	海淀区北三环中路39号
20032430663	嵌入式低压电力载波通讯控制处理器	北京华运电利载波技术公司	海淀区五棵松49号
20021170959	抗菌塑料及其制备方法	北京化大天瑞纳米材料技术有限公司	海淀区北京化工管理干部学院院内(北洼路)
20032062877	新型光固化设备	北京环蔚科技有限公司	朝阳区北京西联国际石材市场1排6号
20032430515	物理隔离器	北京寰龙科技开发有限公司	海淀区中关村南大街12号中作科技楼四层119信箱
20032C68683	用于微波消解中的红外测温装置	北京吉天仪器有限公司	朝阳区酒仙桥东路1号6座4层
20032428944	具有锁紧功能的微调装置	北京集科仪器有限公司	朝阳区朝阳路英家坟6号盛德亚写字楼BA08
20022894497	铜离子电化学治疗仪	北京计然电子科技有限公司	海淀区西八里庄北里56号院西钓鱼台庄园写字楼2B
20022894500	铜离子电化学治疗仪用的铜电极	北京计然电子科技有限公司	海淀区西八里庄北里56号院西钓鱼台庄园写字楼2B
20032427301	工业窑炉衬里	北京嘉邦环保工程技术有限责任公司	北京9322信箱
20031279031	一种致密型陶瓷纤维喷涂衬里及其施工工艺	北京嘉邦环保工程技术有限责任公司	9322信箱
20011153350	铅酸蓄电池电解液添加剂	北京嘉捷恒信能源技术有限责任公司	大兴县北京经济技术开发区宏达北路8号内1号厂房3层
20032609140	电动客车动力装置	北京嘉捷源技术开发有限公司	经济技术开发区宏达北路8号院1号楼3层

申请号	专利名称	专利权人名称	地址
20032A31663	柴液电串联式混合动力车	北京嘉捷源技术开发有限公司	经济技术开发区宏达北路8号院1号楼3层
20032A32191	长螺旋成孔压灌混凝土成桩后插钢盘笼及其输送装置	北京建材地质工程公司	朝阳区东直门外南湖渠
20022945237	带间隙的密封元件	北京建科汇峰科技有限公司	朝阳区管庄东里1号建材院试验区内
20032A20349	可伸缩建筑平台	北京捷安建筑脚手架有限公司	朝阳区管庄乡管庄村口(京通快速路北辅路)
20032067070	一种组合滚动导架轴承	北京金东方科技发展有限公司	西城区百万庄南街12号楼二层
20032454775	改进的大型工业化合成等离子渗硫炉	北京金东方科技发展有限公司	西城区百万庄南街12号楼二层
20032658133	中型汽油车稳态加载工况污染物排放检测装置	北京金铠星科技有限公司	海淀区三里河路1号西苑饭店5号楼3层
20032658109	地上型汽油车稳态加载工况污染物排放检测装置	北京金铠星科技有限公司	海淀区三里河路1号西苑饭店5号楼3层
20032093667	扁平焰双燃料联合燃烧器	北京金瑞华科技有限公司	海淀区上地信息路1号国际科技创业园2号楼1401
20032068883	低热值低压/高压燃气联合燃烧器	北京金瑞华科技有限公司	海淀区上地信息路1号国际科技创业园2号1401
19991193814	针对尿激酶型纤溶酶原激活剂基因的反义核酸的抑癌作用	北京金赛狮生物制药技术开发有限责任公司	海淀区皂君庙乙7号
20032046553	闪存卡数码驱动器	北京金盛怡科技有限公司	海淀区上地信息路2号国际科技创业园1号楼5A
20032439687	畜热式加热炉	北京金信合达能源科技有限公司	丰台区海鹰路3号
20032725809	空、煤气双预热热风炉	北京金信合达能源科技有限公司	丰台区海鹰路3号

申请号	专利名称	专利权人名称	地　址
20032C50054	高温烟气双阀板四通换向阀	北京金信利恒环保科技有限公司	丰台区海鹰路3号
20032361009	可播放大容量影音资料兼外语学习功能的数字化教学产品	北京金裕兴电子技术有限公司	西城区德胜门外大街97号
20032298188	录音带定位装置	北京金远见电脑技术有限公司	海淀区上地信息产业基地信息路1号(1－2号)
20032325630	显示屏回旋限位结构	北京金远见电脑技术有限公司	海淀区上地信息产业基地信息路1号(1－2号)
20032766793	平板型电力电子半导体器件组件	北京金自天正智能控制股份有限公司	丰台区西四环南路72号
20032766807	水冷平板型电力电子半导体器件组件	北京金自天正智能控制股份有限公司	丰台区西四环南路72号
20032757255	带显示窗的电梯门	北京京城中奥电梯有限公司	丰台区卢沟桥南里甲6号
20032802366	杀菌釜智能测控装置	北京京师新雅科技有限公司	海淀区学院南路12号E座
20032069952	包缠纺纱机	北京经纬纺机新技术有限公司	经济技术开发区永昌中路8号
20032046588	发光二极管高亮度航行灯	北京晶辉光电电子有限公司	东城区交道口菊儿胡同33号
20032011342	抗风抑尘网	北京精诚博桑科技有限公司	西直门南大街16号804室
20032066260	电气动工具中具有超强夹紧力的快换装置	北京精微气动工具厂	142信箱81分箱
20032041802	插拔式电度表	北京敬业百花山电表箱有限公司	西什库大街31号
20032041799	插拔式电度表表头	北京敬业百花山电表箱有限公司	西什库大街31号
20011241586	计算机文件的智能压缩和解压缩方法	北京九州计算机网络有限公司	海淀区海淀路52号太平洋大厦1608
20032371403	一种充液式电加热器	北京居然电热膜科技发展有限责任公司	朝阳区垡头西里13号
20032609388	细管径节能多U荧光灯	北京开元宇宸照明技术有限公司	海淀区半壁街南路8号汇景阁501号

申请号	专利名称	专利权人名称	地址
20032651015	自动门控制信号交换装置	北京凯必盛自动门技术有限公司	昌平区水库路57号
20032766319	轻质复合保温墙板	北京凯润天业科技开发有限公司	海淀区三里河路15号中建大厦B座11层
20032647239	医疗废物转运车	北京凯特专用汽车厂	丰台区丰台西路刘庄子北京凯特专用汽车厂
20032449399	涡旋混浆装置	北京康布尔石油技术发展有限公司	西城区德外六铺炕北小街5号
20011345357	光纤光锥拉制技术及设备	北京康海强光电子技术有限责任公司	海淀区上地东路29号留学人员创业园四层406室
20021493898	自动反冲洗过滤器	北京康科环境工程有限公司	石景山区八大处高科技园区海特饭店5839室
20032661800	双活塞气动隔膜阀	北京康拓科技开发总公司	中关村南三街16号
20011096934	纳米β相复合氢氧化镍的工艺	北京科海迈迪生物技术有限责任公司	朝阳区马甸裕民路12号元辰鑫大厦E1座210室
20032A02849	柴油发动机尾气净化器	北京科洛德铨都科技有限公司	海淀区北四环西路68号双桥大厦14层16、17号
20032062435	超声波运动传感器及采用该传感器的实验教学装置	北京科明园技术有限公司	海淀区中关村大街35号
20032510322	三舌多锁扣拼接结构	北京克诺森华地板有限公司	丰台区永外大红门西路4号
20032067275	小型平板扬声器	北京快达通信设备有限公司	丰台区花乡高立庄592号
20011294426	用于社区宽带网络的多频道实时电视节目采集存储系统	北京宽带生活技术发展有限公司	东城区青年湖东里20-6-606号
2003261862X	用于电梯的交互式信息传播装置	北京框架广告有限责任公司	朝阳区西坝河东里18号三元大厦21层2106-2108室
20011349077	含有核酸的化妆品	北京莱福赛茵生物工程技术有限公司	海淀区白石桥路3号友谊宾馆苏园写字楼290室

申请号	专利名称	专利权人名称	地址
20032C50694	组合式长效离子接地电极	北京莱克威通信技术有限公司	宣武区广安门外南滨河路23号立恒名苑楼905室
20032514514	温度补偿电路	北京莱姆电子有限公司	空港工业区3区标准厂房1号楼
20032C46665	一种烟气脱硫的换热装置	北京兰颐特能源环境技术有限公司	海淀区成府路华清嘉园7号楼707B
20032765932	语音留言提示系统的显示终端	北京蓝珀通信技术有限公司	海淀区上地七街1号汇众大厦805室
20011155019	干式真空泵	北京朗禾科技有限公司	崇文区东花市北里小区中区9–7–7号
20032608462	移动式桥接装置	北京朗通环球科技有限公司	朝阳望京利泽中园二区203号洛娃大厦A座8层
20032C95996	输血输液自限温加热器	北京乐普医疗器械有限公司	昌平区科技园白浮泉路10号
20032A21197	快速多目标人像自动识别与跟踪安全防御装置	北京雷波泰克信息技术有限公司	海淀区中关村北二条13号
20032048009	复合腔Q开关–长脉冲双功能高光束质量固体激光器	北京镭宝光电技术有限公司	朝阳区酒仙桥路4号(798厂院内)
20032A27691	光束传输一体化PIV激光器	北京镭宝光电技术有限公司	朝阳区酒仙桥路4号(798厂院内)
20032C99713	具有双散热风机系统的高压大功率变频器	北京利德华福电气技术有限公司	昌平区昌平科技园白浮泉路10号北控大厦10层1003B
20032767099	带有缓冲电路的高压大功率变频器	北京利德华福技术有限公司	海淀区上地七街国际科技创业园C座8层
20032513771	一体化通风室内显示屏结构	北京利亚德电子科技有限公司	海淀颐和园北正红旗西街9号
20011443472	气体辅助注塑设备	北京联发中拓科技发展有限公司	昌平区回龙观镇
2003242907X	外置型计算机故障检测器	北京联飞翔科技有限公司	东城区安定门西滨河路25号
20032611382	带防盗紧固装置带可控续接器的汽车电子控制单元	北京联科通网络信息开发有限公司	东城区安外大街60号
20032A02853	一种液晶数码彩色扩印装置	北京联腾技术开发有限公司	海淀区恩济庄96号院4–1–601

申请号	专利名称	专利权人名称	地址
20032641141	贮热式电暖器	北京联众为民供暖科技有限责任公司	西城区西什库大街31号
20042001970	臭氧消毒垃圾桶	北京林和森环保技术有限公司	石景山区金顶街金春苑社区居委会
20021163820	快速傅立叶变换和反变换的模拟数字混合电路及其在通信系统中的应用	北京六合万通微电子技术有限公司	海淀区上地信息中路20号中关村发展大厦E座401室
20032770200	一种磨轨机	北京龙达科技开发有限公司	西直门外大柳树路2号
20032068964	大型燃油燃气锅炉烟囱消声器	北京绿创环保科技有限责任公司	海淀区苏州街1号绿创大厦5层
20032068980	民用及工业用冷却塔消声降噪装置	北京绿创环保科技有限责任公司	海淀区苏州街1号绿创大厦5层
20032061382	内镶式压力补偿平滴头	北京绿源塑料联合公司	大兴区兴华中路1号
20032707118	塑料包装桶	北京麦尔化工科技有限公司	朝阳区安慧里二区12号楼北辰党校317室
20021556652	新型环保农耕微型垂直旋耕机	北京美科艺数码科技发展有限公司	海淀区花园路4号通恒大厦105室
2003208854X	抽油机智能控制器	北京美兰尼尔电子技术有限公司	海淀区上地信息路2号院1号楼9E
20032043384	新型搅拌轴	北京美农达科技有限公司	海淀区上地七街汇众科技大厦512室
20021164320	多味冻干保鲜水果/蔬菜巧克力的制备方法	北京美味珍食品有限责任公司	建国门外大街1号国贸大厦西楼1层L124A
20021553432	VOIP语音编码的异码桥接装置及方法	北京明瑞智环科技有限公司	海淀区中关村创业大厦606房间
20032C49733	一种用于数控机械设备的传动装置	北京铭龙天同科技有限公司	海淀区人大北路33号2号楼2105室
20032062141	HDTV信号发生器	北京牡丹视源电子有限责任公司	海淀区花园路2号
20032419929	水轮发电机组余热利用补排风装置	北京木联能工程科技有限公司	德外六铺炕北小街2号
20032066384	有毒有害危险废弃物回转窑式焚烧炉	北京钠诺环境工程有限责任公司	安外东后巷28号2号楼
20021219303	语音文本同步播放方法与装置	北京南山高科技有限公司	中关村南大街2号数码大厦A座22层

申请号	专利名称	专利权人名称	地址
20032650914	直线式金属拉丝机自动控制装置	北京南望世纪科技发展有限公司	宣武区育新街47号清芷园8楼103室
20032087489	支票打印定位夹	北京念元极科技发展有限公司	海淀区四季青曙光花园望河园9号楼1002室
20001034952	生产复合菌肥的固氮菌和钾细菌混合发酵培养基	北京农人乐生物科技开发有限责任公司	白石桥路30号中国农科院(中农招017室)
20022899979	电涡流测功器	北京欧林特汽车设备高科技有限公司	海淀区车公庄西路35号花园写字楼一层
20032071973	一种内置式液压油缸位移传感器	北京欧特科新技术有限公司	海淀区上地信息路26号
20032659377	光学自动显微镜	北京普利生仪器有限公司	海淀区上地群英科技园5号楼2层东
20032455992	微量样品光度检测装置	北京普析通用仪器有限责任公司	海淀区清华东路17号79信箱
20032094671	原子吸收分光光度计	北京普析通用仪器有限责任公司	海淀区清华东路17号79号
20032725345	立式炉的净化装置	北京七星华创电子股份有限公司	朝阳区酒仙桥东路1号
20032A17030	扩散系统中的双杆式推拉装置	北京七星华创电子股份有限公司	朝阳区酒仙桥东路1号
20021042888	内联网计算机与因特网未授权连接监测系统及方法	北京启明星辰信息技术有限公司	中关村南大街12号综合科技楼3-4层
20031047866	低功耗化学气体传感器芯片及其制备方法	北京青鸟元芯微系统科技有限责任公司	海淀区海淀路5号燕园三区青鸟楼3层C座
20031019552	大容量呼叫中心系统	北京青牛软件技术有限责任公司	海淀区车道沟1号滨河大厦9层
20021169772	废水净化处理系统	北京青森环保技术开发有限公司	朝阳区西大望路27号
20032512902	表面贴装电子元件贴片台	北京青云创新科技发展有限公司	海淀区北三环西路43号
20011081376	激光共焦扫描显微镜	北京清大德人显微数字技术有限公司	海淀区中关村南大街3号海淀科技大厦9层
20011081147	基因芯片共焦扫描仪	北京清大德人显微数字技术有限公司	海淀区中关村南大街3号海淀科技大厦9层

申请号	专利名称	专利权人名称	地址
20032A04238	远程电量数据自动采集控制系统	北京清大科技股份有限公司	海淀区徐庄甲58号
20032767188	生物空气净化器	北京清大正源环保工程技术有限公司	海淀清华东门创新大厦B座405室
20032C20720	局部复膜重离子微孔防伪标识	北京清华试金石新技术有限公司	海淀区清华大学校内
20032432879	卫星数据广播接收装置	北京清华永新电子有限公司	中国
20032A33993	一种固液分流式铁路客车集便器	北京清华紫光泰和通环保技术有限公司	通州区潞苑南大街25号
20032644760	中高温燃油燃气热泵装置	北京清源世纪科技有限公司	宣武区广安门鸭子桥北里24号金翔大厦A502
20032A0388X	微型断路器电路标识装置	北京人民电器厂	大兴工业开发区金苑路29号
20032A13839	无框双用视保屏	北京人因展业科技有限公司	海淀区万泉庄68号紫金庄园6号楼305号
20032506228	环境数据在线采集传输装置	北京人宇合一系统集成技术有限公司	海淀区上地信息路2号创业园D栋710
20032631324	水、电、气三表室外近距离调频采集传输装置	北京人宇合一系统集成技术有限公司	海淀区上地信息产业基地创业路2号创业园D栋710室
20032D03827	POS数据过滤分发的装置	北京锐安科技有限公司	海淀区阜成路16号航天科技大厦407室
20032490143	可释放热应力的整体式炉缸内衬	北京瑞尔非金属材料有限公司	海淀区海淀南路甲21号
20032798261	智能气动脉冲反应调合系统分气盘总成	北京瑞丰派克科技发展有限责任公司	朝阳区酒仙桥2号工美楼401室
20032086180	紫外可见分光光度计换灯机构	北京瑞利分析仪器公司	东直门外西八间房
20011199636	铝硅系大型耐火制品及制备工艺	北京瑞泰高温材料科技股份有限公司	朝阳区管庄
20011177268	检测和清除已知及未知计算机病毒的方法、系统和介质	北京瑞星科技股份有限公司	海淀区中关村大厦22号中科大厦1305室
20011177306	硬盘数据保护与恢复方法	北京瑞星科技股份有限公司	海淀区中关村大街22号中科大厦1305室

申请号	专利名称	专利权人名称	地 址
20042071009	电话报警电子锁	北京赛隆世纪科技发展有限公司	朝阳区将台路2号爱都大厦416室
20042070792	门磁报警电子锁	北京赛隆世纪科技发展有限公司	朝阳区将台路2号爱都大厦416室
20032091877	防毒面具送风器	北京三方杰科技有限公司	海淀区花园东路30号花园商务会馆5104房间
20032A19394	防毒面具电声通话器	北京三方杰科技有限公司	海淀区花园东路30号花园商务会馆5104房间
2001109222X	静态密封遥控阀	北京三金智能仪表有限公司	海淀区厂洼中街66号
19998166340	三维成像系统	北京三维世界科技有限公司	海淀区上地信息中路2号创业园D栋610室
20032452705	变频器无功功率补偿装置	北京三义电力电子公司	丰台区莱户营东街甲88号鹏润家园静苑A座2501室
20032054238	低速外转子永磁同步电动机	北京三易同创新技术有限公司	海淀区翠微路2号院主楼419室
20032054246	分体式内嵌位置传感器的永磁同步电动机	北京三易同创新技术有限公司	海淀区翠微路2号楼主楼419室
20032062419	碘盐标识专用检测仪	北京三友防伪商标印刷有限公司	昌平科技园区超前路5号
20042008452	新型直流式太阳能真空管集热器	北京桑达太阳能技术有限公司	海淀区花园路3号
20032461038	双循环回路太阳能热水器	北京桑达阳光科技有限公司	大兴县开发区B区北京桑达阳光科技有限公司
20032A02923	太阳热水器储水箱	北京桑尼玻璃制品有限责任公司	大兴区榆垡镇工业区
20032A02181	无烟化燃煤装置	北京桑普阳光技术有限公司	海淀区花园路3号
20032706847	带有单向阻流部件的散热器	北京森德散热器有限公司	通州区北京森德散热器有限公司
20021003386	生产纯香蕉粉的技术工艺	北京山宝新技术开发中心	朝阳区大屯路3号
20032398131	流量仪表的无极性接线装置	北京山鑫海达科技发展有限公司	海淀区车公庄西路甲19号华通大厦837室

申请号	专利名称	专利权人名称	地址
20032060106	一种高效真空加热炉	北京熵悦达能源科技有限公司	朝阳区安慧北里龙都国际公寓905室
20032491891	高速公路桁架式活动护栏	北京深华达交通工程技术开发有限公司	丰台区科学城海鹰路3号
20021466513	基质金属蛋白酶组织抑制剂在制备预防和治疗关节炎病药的应用	北京深文科技开发有限责任公司	海淀区学清路18号
2003264549X	滚刷刷毛紧固装置	北京胜科翔机电设备有限公司	朝阳区京顺路四元桥1号
20021235767	雪参保健茶	北京圣德莱宝制药有限公司	密云县密云工业开发区内M16-3
20021002916	一种微晶玻璃板材的生产方法	北京盛康宁科技开发有限公司	海淀区清华园华业大厦2606
20032722648	中央空调循环水系统运行监控节能控制装置	北京时代嘉华环境控制科技有限公司	海淀区清华东门(清华科技园)创新大厦B座1201室
20032A31428	非接触红外温度故障预警装置	北京时代金泓系统工程有限公司	海淀区西外大街168号腾达大厦601室
20032041446	铁路行包数据采集处理装置	北京时代金泓系统工程有限公司	海淀区西外大街168号腾达大厦601室
2003237013X	交直流氩弧焊机	北京时代科技股份有限公司	海淀区上地信息产业基地开拓路17号
20032825927	数字式超声波探伤仪	北京时代之峰科技有限公司	海淀区上地信息产业基地开拓路17号
20032635796	基于通用串行总线接口的安全加密和存储装置	北京时代卓易科技发展有限公司	朝阳区酒仙桥路10号京东方科技园C3座1层
20032729944	置物箱	北京世博科脉生物技术有限公司	德胜门外甲11号美江大厦502
2003207168X	一种用于列车尾部传送风压报警信息的装置	北京世纪东方国铁电讯科技有限公司	丰台区科学城星火路10号
20001243802	微型燃料电池的导流板结构	北京世纪富原燃料电池有限公司	左安门外小羊坊中街2号
20032397216	脉冲超细干粉自动灭火装置用的感温自发启动器	北京世纪联保消防新技术有限公司	丰台区莱户营东街甲88号(鹏润豪苑B座19层)

申请号	专利名称	专利权人名称	地　址
20012662127	可实现电视画面与互动内容画面叠加显示的模块	北京世纪民科资讯有限公司	朝阳区宵云路26号鹏润大厦A807室
20021174075	多酶组合胶囊	北京世诺医药科技有限公司	海淀区学院路38号药学院楼二楼207房
20032360827	铌酸锂多功能集成光学器件	北京世维通光通讯技术有限公司	朝阳区建国路88号SOHO现代城B座1705号/1706号
20021004536	钢模板组合焊接设备	奥宇模板有限公司	大兴区工业开发区金星路21号奥宇模板公司
20001076019	自适应色度补偿法及其补偿装置	北大集软计算机应用工程公司	海淀区西苑操场路乙二号集软公司
20011402334	纤维抗渗防裂混凝土	城昌商品混凝土联营公司	海淀区田村山南路8号
20022573399	脊柱内固定器	春立正达科技开发有限公司	海淀区大柳树路6号
20011098503	一种用于防水卷材的沥青基冷黏合剂	大运防水材料厂	通州区永顺地区范庄路西
20032428790	全自动磁化冷热水电开水器	海淀京西厨房设备有限公司	海淀区永定路采石路18号
20032094418	高效生物除臭装置	海淀区六五垃圾压缩卫生填埋场	海淀区郑王坟甲37号
20032769865	多节自动定位锁紧及快速开启装置	海淀区永昌渔具厂	海淀区廖公庄96号
20032424841	电子过滤器	康孚环境控制公司	海淀区清华大学科技园学研大厦B座508
20032446586	冶练炉渣层厚度测量传感器	科海龙华工业自动化仪器有限公司	朝阳区东直门外南皋
20022533079	空气差压自动控制装置	科海龙华工业自动化仪器有限公司	朝阳区东直门外南皋
2003251316X	喷码机用冷凝器	科诺华电子技术有限公司	石景山区苹果园北路海特花园44楼305室
20032664257	管道阻尼减振结构	劳保所科技发展公司	宣武区陶然亭路55号
20032662963	泵用螺旋密封装置	凌怡科技公司	海淀区938信箱
20032043775	自承式数字铜芯用户引入线	南郊瀛海电信器材厂	大兴区瀛海镇中兴兴东街

申请号	专利名称	专利权人名称	地址
20032423551	二尖瓣成形环	普惠生物医学工程公司	海淀区学院路北口三建公司仓库院内
20032C81851	双线制仔猪电热板	人和机械厂	红星区德茂庄人和机械厂
20032C78064	具有电量显示及保护电路的组合电池	世纪博纳能源技术有限公司	昌平区北七家镇高科技工业园企业孵化器中心区101
20032655215	一种多用途便携电源	世纪博纳能源技术有限责任公司	海淀区双清路68号
20032043422	阻尼运动健康作业机	体科健体育科技有限公司	体育馆路11号
20032067143	带电动控制关闭单向止回阀的水表	天河水水利工程投资管理有限公司	宣武区南线阁10号基业大厦408室
20032398409	四自由度运动装置	星光凯明动感仿真模拟器中心	大兴区西红门星光工业社区C区
20032643535	立管用电磁式燃气紧急切断阀	燕山工业燃气设备有限公司	安定门外外馆东后街35号
20032634463	食渣处理机	益友公用设备公司	通州区张家湾镇施园村
20032426593	复合厌氧反应器	肇麟环境技术开发公司	西客站莲花池东路132号肇麟大厦
20032825129	城市生活垃圾卫生填埋渗滤液脱除氨氮装置	肇麟环境技术开发公司	莲花池东路132号西客站肇麟大厦
20032670206	具有外置式变压器室的箱式变电站	中电开关厂	大兴区金星工业开发区金大路10号
20032609051	智能一体化多媒体讲台	北京视通直真科技有限公司	朝阳区裕民路12号中国国际科技会展中心10层C1002
20011306653	综合排序存储电话号码的移动电话机	北京首信股份有限公司	朝阳区东直门外将台路5号
20032428375	多功能显微成像仪	北京舒尔德科技发展有限公司	海淀区板井路69号世纪金源国际公寓西区2－10D
20032A29610	防盗型压力传感装置	北京数传电子科技有限公司	海淀区学院路20号实验楼2区205室
20032040709	无线音视收放计算机遥控设备	北京数维时空科技发展有限公司	朝阳区北辰东路8号辰运大厦B215
20001228668	以胡萝卜为主要原料的系列果蔬汁及其制造方法	北京顺鑫牵手有限责任公司	顺义区牛栏山工业区

申请号	专利名称	专利权人名称	地址
20032362625	杵臼式转动关节双叶人工心脏瓣膜	北京思达医用装置有限公司	丰台区9218信箱(思达公司)
20032534019	白光LED照明器	北京思优特科技发展有限公司	海淀区上地信息路12号中关村发展大厦A区419室
20011106212	轨道式屏柜转运装置	北京四方同创保护与控制设备有限公司	海淀区上地信息产业基地四街9号
20011293284	微机保护装置开入、开出硬件检测装置	北京四方同创保护与控制设备有限公司	海淀区上地信息产业基地四街9号
20032370873	旋转传递装置锁死机构	北京四维－约翰逊保安器材有限公司	怀柔雁栖湖工业开发区66号
20032720335	风机盘管	北京松下精工有限公司	顺义区天竺空港工业区天柱路5号
20032610742	数字图像设备的视频输出连接器	北京算通数字技术研究中心有限公司	2704信箱JDL联合实验室
20021599971	一种发泡水泥复合板及其生产制造方法	北京太空板业股份有限公司	丰台区桥南中核路1号北楼五层
20032423977	荧光灯/气体放电灯两用电子镇流器	北京泰格丰联科技发展有限公司	海淀区学清路11号2877信箱北京泰格丰联科技发展有限公司
20011367385	全开放磁共振成像仪	北京泰杰燕园医学工程技术有限公司	海淀区罗庄西里碧兴园7号北京泰杰燕园医学工程技术有限公司
20032451849	一种压力流屋面雨水排放管悬吊装置	北京泰宁科创科技有限公司	西城区德外大街12号541室
19991239946	特氟伦膜的硅橡胶压力辊生产方法及其装置	北京天宝办公设备有限公司	朝阳区酒仙桥路4号院内
20032645880	动力电池均充模块用安装装置	北京天成伟业科技有限责任公司	海淀区上地信息中路32号中关村创业大厦717室
20032664605	隔膜压缩机的压力补油装置	北京天高隔膜压缩机有限公司	平谷区新平南路124号
20032C99361	智能射击成绩记录装置	北京天惠人控制设备技术有限公司	昌平区西环路56号钰阳阁商业楼F号

申请号	专利名称	专利权人名称	地址
20032366949	一种冻干机制冷控制装置	北京天利深冷设备股份有限公司	朝阳区望京利泽中园101
20032366167	一种太阳能船	北京天普新源电力科技有限公司	大兴区芦城工业区1号
20032092393	用于检测激活码道数及其扩频码的检测器	北京天碁科技有限公司	海淀区花园路1号高鸿大厦
20011346825	水煤浆燃烧装置	北京天融环保设备中心	昌平区东小口镇霍营
20032C78581	可调式楼梯模板	北京天元伟业模板有限公司	大兴区魏善庄镇半壁店工业开发区
20032765665	铁路与公路平面交叉道口的快速安装铺面	北京铁达技术开发有限责任公司	西城区真武庙4条2号
20032449836	轮对端轴螺栓紧固扳机	北京铁科合力科技有限责任公司	西直门外大柳树2号
20032425007	制动梁自动检测机	北京铁科合力科技有限责任公司	西直门外大柳树2号
20032407165	一种超薄型一体化全向天线	北京通力环电气股份有限公司	通州区东关芙蓉西路1号
20032A2120X	电子皮带称动态链码循环校验装置	北京通尼科技有限公司	朝阳区望京新兴产业区南湖中园129号楼9920信箱
20032061358	雷管清除装置	北京通尼科技有限公司	朝阳区望京新兴产业区南湖中园129号楼9920信箱
20032447086	纳米光催化空气净化器	北京同方洁净技术有限公司	海淀区上地东路9号得实大厦6层
20032084528	用于车辆动态称重的装置	北京万集科技有限责任公司	海淀区万寿路西街14号
20032C67360	飞机维修专用移动空调车	北京万众新世纪空调制冷设备有限公司	昌平区东三旗548号万众工业园
20032405553	插装式液控单向阀	北京威力清矿山控制技术有限公司	海淀区清华东路甲1号写字楼205－207室
20032405138	液控截止阀	北京威力清矿山控制技术有限公司	海淀区清华东路甲1号写字楼205－207室

申请号	专利名称	专利权人名称	地址
20032530196	水平连续铸造用拉坯仪	北京威远达工业控制工程有限公司	中关村南大街46号卫星中心409－412室
20032C06579	套式散热片电热板	北京惟思得电气技术有限公司	海淀区中关村28号
20032402406	六氟化硫负荷开关组合式安全装置	北京维益埃电气有限公司	顺义区天竺空港工业区B区安祥大街甲3号
20032453094	车载图像监测仪	北京伟航新技术开发有限公司	朝阳区亚运村安翔路2号
20001020218	用鸵鸟血液及鞭丸提取物制造的保健品	北京伟力邦保健食品有限公司	北京经济技术开发区万源街11号五楼
20032655525	具有防划伤保护层的印刷工作台台板	北京文洲丝网印刷机械有限公司	昌平区德外朱辛庄工业区323号
20032490364	浮动定位式全自动玻璃印刷机	北京文洲丝网印刷机械有限公司	昌平区德外朱辛庄工业区323号
20011400471	重组人工胰岛素复合物、其制备方法及包含该复合物的药物组合物	北京沃华生物科技股份有限公司	通州区永顺地区北马庄
20032C65280	分段输出多光源接触式图像传感器	北京五岳鑫信息技术有限公司	海淀区上地信息路22号上地科技综合楼B座五层
20032C95322	脱硫除尘净化装置	北京西山除尘器厂	海淀区杏石口路52号
20032397534	机车信号双路接收线圈	北京希格诺科技有限公司	大兴区西红门镇宏都东路1号
20022889582	直观通用计时销售设备	北京矽科华星科技有限公司	海淀区中关村软件园2号楼2321室
20032063172	一种新型包装箱盒用彩印复合纸板	北京先基合成纸业有限公司	朝阳区西坝河东里18号三元大厦1306室
20021174326	益母草总碱的提取工艺及其新用途	北京现代国立医药科技有限公司	海淀区白石桥路30号1区农科院生长箱楼一层
20032573391	一种弱磁性细粉物料磁化率的测量装置	北京欣博通石油化工设备有限公司	海淀区北四环中路229号海泰大厦1707号

申请号	专利名称	专利权人名称	地址
20032A30660	一种用于炼厂气脱胺净化的水洗装置	北京欣博通石油化工设备有限公司	海淀区北四环中路229号海泰大厦1707号
20032D07705	无机布基复合防火卷帘	北京新辰陶瓷纤维制品公司	房山区窦店火车站东侧亚新路16号
20032772521	带有募捐箱的触摸屏一体机	北京新创三明科技有限公司	海淀区长椿桥路5号新起点2号楼501号
20032A13241	层压制品废物处理系统	北京新福润达绝缘材料有限责任公司	通州区次渠光机电一体化产业基地
20032420412	带有频率前馈补偿电路的PWM脉宽调制同步整流直流变换器	北京新雷能有限责任公司	西三旗东路新雷能大厦
20032093292	带有缝合导线的面状发热体	北京新宇阳科技有限公司	海淀区上地信息路12号中关村发展大厦D407
2003244639X	一种真空熔炼设备	北京鑫化嘉业技术有限责任公司	海淀区海淀南路9号海乾大厦401B室
20032094256	电子遥控车位锁	北京兴达奇机电技术有限责任公司	宣武区广安门南街36号天缘公寓A座2201室
20032662734	一种用于测井的动调式陀螺测斜仪	北京兴捷科技发展有限公司	海淀区学院路37号
20021039720	具有光导纤维检测器的振动测量装置	北京星迪震洋光纤科技发展有限公司	朝阳区安定门外北苑五号院四区
20032427808	图书无边距扫描仪	北京星震同源数字系统有限公司	海淀区中关村大街22号中科大厦
20032A04030	多功能全自动钻杆气动卡瓦	北京雅丹石油技术开发有限公司	昌平区科技园区振兴路9号
20032430175	具有前置反射器的照明灯具	北京雅新石光照明器材有限公司	顺义区南法信镇十里堡中学北侧
20032A01032	全自动档案装订机	北京亚博通科技发展有限公司	石景山区古城北街甲4号
20032757166	便携式正压洁净空气防护服	北京亚都科技股份有限公司	海淀区上地信息路1号院2号楼15层
20032A01738	带有冷却装置的超声筛	北京亚富乐科技发展有限公司	海淀区青云里满庭芳园D座606号
20032A01723	带有场平衡装置的超声筛	北京亚富乐科技发展有限公司	海淀区青云里满庭芳园D座606号

申请号	专利名称	专利权人名称	地　址
20001324330	玫瑰啤酒及其生产工艺	北京燕京啤酒股份有限公司	顺义向阳西街6号
20032639805	一种夹持和提升飞机机轮的装置	北京阳光之路特种车辆技术有限公司	海淀区清华大学中08楼302房间
20042476363	滴水计量水表	北京业诺科技有限公司	宣武区广安门内大街315号信息大厦A-707室
20011018860	大型客体无损断层成像检测系统及检测方法	北京一体通探测技术有限公司	顺义区天竺空港工业开发区B区裕华路乙27号
20022895906	快接气体终端阀门	北京伊陆科技有限责任公司	崇文区三元西巷甲12号
20032361831	宽动态范围预失真电路	北京依斯康光电技术有限责任公司	朝阳区左家庄前街1号百灵大厦西楼
20032445164	户式中央空调远程控制器	北京铱尔世纪信息科技有限公司	朝阳区西坝河东里77号楼底商5号
20032063709	轻质混凝土保温空心砌块	北京亿力通达科技发展有限责任公司	海淀区白石桥路甲48号2号楼3层301室
20011038683	一种网络互通业务仿真器	北京亿阳巨龙智能网技术有限公司	海淀区海淀南路19号时代网络大厦6018室
20011202203	同轴长距离以太网接入方法及其设备	北京艺盛网联科技有限公司	丰台区广莲路13号京铁大酒店C座604
20032063725	应用于塑封机的防卷片装置	北京意高科技有限公司	门头沟区石龙工业区美安路3号
20032643446	便携式手术用切削工具	北京茵普兰人工关节有限公司	海淀区上地信息中路32号中关村创业大厦1105室
20042035375	自动恒温电饼铛的发热铛体结构	北京银谷机电有限公司	大兴区西红门金大路16号
20042030009	四画面分割数字视频处理装置	北京银河伟业数字技术有限公司	海淀区中关村南三街8号
20032B25213	身份识别电子腕带	北京银鑫联科技有限公司	朝阳区安立路68号阳光广场D2-705室
2000132652X	羰基α-取代含氮化合物的制备方法	北京英力科技发展有限公司	北京清华大学紫光大楼四层
20032081650	Bi系高温超导磁体双饼线圈绕线机	北京英纳超导技术有限公司	经济技术开发区荣昌东街7号隆盛工业园103单元

申请号	专利名称	专利权人名称	地　址
20032610548	自动生物显微镜	北京永新诺华科技有限公司	海淀区学院南路70号613室
20032661290	一种两床式陶粒生物滤池	北京永新双益环保设备有限公司	海淀区清华大学东门学研大厦A807
20032053754	立式加油站	北京优孚尔新型容器设备有限责任公司	经济技术开发区宏达北路10号C座611
20032454805	自动温度流量控制阀	北京昱创伟业温控消防新技术有限公司	宣武区南菜园49号北京昱创伟业温控消防新技术有限公司
20032444974	一种阻断危险流体的磁性安全阀	北京昱创伟业温控消防新技术有限公司	宣武区南菜园49号
20011344830	用于体外高能聚焦超声波治疗机波源的传导介质容纳结构	北京源德生物医学工程股份有限公司	北京经济技术开发区永昌北路24号
20032654219	一种自动采集储物柜	北京远光通联科技有限公司	丰台区科兴路9号
20021592942	含有头孢唑啉和β-内酰胺酶抑制剂的药物组合物	北京悦康药业有限公司	大兴区亦庄开发区宏达中路6号
20032671334	超导电缆带材绕制装置	北京云电英纳超导电缆有限公司	经济技术开发区荣昌东街7号隆盛工业园
20022057471	振荡流絮凝装置	北京云顿环境技术有限责任公司	朝阳区亚运村卧龙花园229楼1701
20011160926	用于废纸制浆的氧化剂疏解方法	北京造纸七厂	通州区滨河路126号
20021599289	一种三导向阀塔盘	北京泽华化学工程有限公司	海淀区上地信息路11号彩虹大厦南楼315室
20021257264	物质指纹的图像采集方法	北京兆日科技有限责任公司	海淀区西三环北路11号B座2层
20032446497	增强图像轮廓清晰度的电子枪结构	北京真美视听技术有限责任公司	北京749信箱
20032777892	振动沉管碎石桩气冲法施工工艺的设备	北京振冲工程股份有限公司	朝阳区定福庄西街1号

申请号	专利名称	专利权人名称	地　址
20032A67148	多头小直径地下连续墙深层截渗施工设备	北京振冲江河截渗技术开发有限公司	朝阳区定福庄西街1号
20032644329	抗裂内保温墙体	北京振利高新技术公司	丰台区西局西街乙88号
20032666071	设备点检仪	北京正朝科技发展中心	海淀区清河镇永泰园新地标24栋1010
20032089163	摩擦传动式圆筒回转装置	北京正时捷工程技术有限公司	石景山区石景山路40号信安大厦三层
20032037783	一种共挤复合材料托盘	北京至柔科技发展有限公司	海淀区上地信息路2号创业园D栋705室
20021599262	正电子断层扫描中热源高分辨快速图像迭代重建方法	北京质子科技开发有限公司	复兴路83号质子科技
20032665458	防伪胶带	北京中标方圆防伪技术集团	朝阳区安立路66号安立花园写字楼B座十层
20032370571	温室型牛舍	北京中博农畜牧科技有限公司	海淀区上地信息中路2号创业园D栋7层
20032491883	轻型车载转盘式潜孔锤水井钻机	北京中昊项目管理服务有限公司	朝阳区北土城西路11号
20001248979	污水处理过程的自动控制装置	北京中环康裕环保工程技术有限公司	朝阳区朝外大街1号金麟大厦1508室
20032A03979	整板压轧“几”字型材	北京中建柏利工程技术发展有限公司	顺义区林河工业开发区林河大街15号中建柏利公司
20022386246	凸轮轴形面误差综合测量仪	北京中科恒业中自技术有限公司	海淀区中关村北一条3号
20032A26913	无线载波射频收发装置	北京中庆现代技术有限公司	上地信息产业基地信息路38号上地数码大厦A座1门4层
20022854428	一种测量液体温度的传感器安装结构及使用这种结构的容器	北京中日新自动化系统有限公司	海淀区上地信息路26号,中关村创业大厦
20011402164	纳米聚氨酯防静电涂料及其制备方法	北京中商世纪纳米塑胶材料有限公司	海淀区西三旗中关村科技园北新材料园孵化器207室

申请号	专利名称	专利权人名称	地址
20032467710	油层高频电感加热器	北京中石吉通石油工程技术开发有限公司	263 信箱
20011296208	微波类发夹形滤波器	北京中数威利超导技术有限公司	朝阳区麦子店西路 3 号
20032666446	柔性填料挤出机	北京中水科海利工程技术有限公司	复兴路甲一号北京科海利公司
20032756046	螺旋式可调钢构梁卡具	北京中铁建设有限公司	丰台区吴家村路1号
20032667140	具有遥控功能的便携式卡拉 OK 机	北京中铁联合物流有限公司	西城区德外大街 11 号
20011402970	直角定位的手写输入超声波检测方法及装置	北京中文之星数码科技有限公司	海淀区北洼路 4 号华澳公寓 2 号楼 9 层 G 室
20001247891	城市交通控制信号无线传输方法	北京中兴智能交通系统工程有限公司	海淀区复兴路甲 65 – A 号 11 层
20032612524	一种用于出租车上的远程监控系统	北京中星微电子有限公司	中关村南大街 3 号海淀科学大厦5层
20032C46773	一种可对图形图像进行视频缩放的移动设备	北京中星微电子有限公司	中关村南大街 3 号海淀科技大厦5层
20022887709	远程多媒体自动监控系统	北京中星微电子有限公司	中关村南大街 3 号海淀科技大厦5层
20022954228	多功能数码摄像装置	北京中星微电子有限公司	中关村南大街 3 号海淀科技大厦5层
2001145105X	塑料用超细填充材料及其应用	北京中宣绿环科技发展有限公司	宣武区右安门内西街 1 号
20032645414	一种诊断或治疗恶性肿瘤的装置	北京中亚深蓝生物技术开发有限公司	宣武区马莲道南 1 号依莲轩 C 座 1101 号
20011295376	纳米反应器制备纳米钴酸锂的新工艺	北京中阳德安医药科技有限公司	西城区木樨地北里甲 11 号国宏大厦 C 座 502 室
20022892117	采油厂联合站污水余热回收利用热泵装置	北京中油华能科技发展有限公司	西城区六铺炕街 6 号
20032796099	GPRS 消防无线网络用户报警器	北京众大永泰科技有限公司	海淀区上地信息路 11 号彩虹大厦北楼一层
20032671997	快速检测装置	北京庄笛浩禾生物医学科技有限公司	石景山区八大处科技园实兴东街3号

申请号	专利名称	专利权人名称	地　址
20022858148	轻型客车正面碰撞装置	北汽福田汽车股份有限公司	昌平区沙河镇沙阳路
20032622724	一种用于加工箱体内侧孔的刀具	北人印刷机械股份有限公司	朝阳区广渠路南侧44号
20032011121	一种可燃气体焚烧炉	北新建材(集团)有限公司	海淀区西三旗建材城西路16号
20011203595	一种具有静音功能的矿棉吸声板及其制备方法	北新建材(集团)有限公司	海淀区德胜门外西三旗
20022359567	冷轧精密超窄钢带包装的单盘收卷装置	北新建材(集团)有限公司	德外西三旗东黄土店
20011005793	一种重组单纯疱疹病毒的构建及用途	本元正阳基因技术股份有限公司	宣武区宣武门外大街6号庄胜广场616
19991220676	一种重组I型单纯疱疹病毒及其用途	本元正阳基因技术股份有限公司	北京经济技术开发区永昌中路6号
20032427662	防护人体受手机辐射的音频装置	比特联创电子(北京)有限公司	丰台区丰台北路甲79号冠京写字楼9层
20021146403	交流气体放电显示屏	彩虹集团公司	海淀区上地信息路11号
20021393044	交流气体放电显示屏及其控制方法	彩虹集团公司	海淀区上地信息路11号
20011235403	外墙体保温系统及其施工工艺方法	大连丽美顺涂料树脂有限公司北京分公司	朝阳区安定路39号长新大厦203号
20032421028	热量表检定系统装置	大庆联谊伟华高科技有限公司	朝阳区酒仙桥路2号工美写字楼4F
20011022515	用于智能网的存储用户账号的IC卡及其实现方法	大唐电信科技股份有限公司微电子分公司	学院路40号
20011044179	作为其程序存储器的智能卡	大唐电信科技股份有限公司微电子分公司	学院路40号
2003256404X	一种多媒体编解码传输装置	大唐微电子技术有限公司	海淀区学院路40号
20032644787	一种供微小区或微微小区使用的基站设备	大唐移动通信设备有限公司	海淀区学院路40号

申请号	专利名称	专利权人名称	地址
20021489076	移动电话用户“一卡多号”业务的实现方法	得实信息科技(北京)有限公司	海淀区上地东路9号得实大厦4层南部
2004200657X	温度控制器	狄诺合众(北京)电子设备有限公司	朝阳区亚运村安慧里三区华侨公寓9-1-803
20032635117	多光源印刷成像设备中的独立光纤密排线阵结构	多元数码印刷技术产业(中国)有限公司	大兴工业开发区金苑路3号
20032623283	真空室吸纸输纸装置	多元数码印刷技术产业(中国)有限公司	大兴工业开发区金苑路3号
2004201876X	电连接器	飞利浦(中国)投资有限公司	建国门北大街8号华润大厦15-17层
20021493103	一种利用低温热源、低谷电蓄冰和太阳能的空调系统	富尔达(北京)高新技术有限公司	海淀区东北旺乡安宁庄东路银燕大厦101房
20032C6470X	一种同步数字体系设备的以太网端口支路保护倒换装置	港湾网络有限公司	海淀区西三环北路21号久凌大厦13层
20032C64697	数字同步体系设备的以太网端口支路保护倒换装置	港湾网络有限公司	海淀区西三环北路21号久凌大厦13层
20032432666	一种平板式富氧膜组件	海尔科化工程塑料国家工程研究中心股份有限公司	朝阳区大屯路甲3号
20032A27174	防伪税控主机共享服务器	航天信息股份有限公司	海淀区中关村南大街2号数码大厦A座30层
20011422920	电信设备告警集中监视系统	和记奥普泰通信技术有限公司	新街口外大街28号
20001302345	粉煤灰快装式分选系统	华电环保系统工程有限公司	西城区西直门内大街273号
20032726309	曲轴中心孔修正机	机科发展科技股份有限公司	海淀区首体南路二号
20032053347	无动力自清污格栅	机科发展科技股份有限公司	海淀区首体南路2号
2003277012X	锚具式钢铰线连接器	建研科技股份有限公司	朝阳区北三环东路30号

申请号	专利名称	专利权人名称	地　址
20032707398	预应力双向叠合楼盖	建研科技股份有限公司	朝阳区北三环东路30号
20032431562	连接状态可控的可充电电池单元及组合电池	京东方科技集团股份有限公司	朝阳区酒仙桥路10号
20011295546	集成化多极纵向磁场电力开关触头	京东方科技集团股份有限公司	朝阳区酒仙桥路10号
20032490224	用钢化玻璃制造的真空玻璃	京东方科技集团股份有限公司	朝阳区酒仙桥路10号
20001207970	可自制钥匙卡的感应式电子门锁	科思达计算机系统(北京)有限公司	建国门外大街24号华侨村6-5-1室李存进
20011347929	具有凸足装置的碾压机滚轮	蓝派冲击压实技术开发(北京)有限公司	北京经济技术开发区永昌北路3号714楼
20022858075	计算机CPU多变量控温装置	联想(北京)有限公司	海淀区上地信息产业基地创业路6号
20032490984	一种非对称数字用户环线设备	联想(北京)有限公司	海淀区上地信息产业基地创业路6号
20032608217	计算机主板和板卡的测试台	联想(北京)有限公司	海淀区上地信息产业基地创业路6号
20032608209	计算机硬盘测试装置	联想(北京)有限公司	海淀区上地信息产业基地创业路6号
20032C79616	通用串行总线插头引出机构	联想(北京)有限公司	海淀区上地信息产业基地创业路6号
20032512333	计算机网络安全隔离的装置	联想(北京)有限公司	海淀区上地信息产业基地创业路6号
20032506937	具有可拆卸式输入面板的电子装置	联想(北京)有限公司	海淀区上地信息产业基地创业路6号
20022824081	无线外设接收增强装置	联想(北京)有限公司	海淀区上地信息产业基地创业路6号
20022927166	引出式热管散热器和机箱的联结固定装置	联想(北京)有限公司	海淀区上地信息产业基地创业路6号
20022927174	热管散热器的固定装置	联想(北京)有限公司	海淀区上地信息产业基地创业路6号
20032065876	一种电压拉偏模块	联想(北京)有限公司	海淀区上地信息产业基地创业路6号
20022927158	集成式并路热管散热器	联想(北京)有限公司	海淀区上地信息产业基地创业路6号

申请号	专利名称	专利权人名称	地址
20032808976	手机摄像头转轴的阻尼装置	联想(北京)有限公司	海淀区上地信息产业基地创业路6号
20032C19136	PDA或手机用的智能充电底座	联想(北京)有限公司	海淀区上地信息产业基地创业路6号
20032361319	改进电路的多用总线终端调整器	联想(北京)有限公司	海淀区上地信息产业基地创业路6号
20011091789	网关级计算机网络病毒防范的方法及其装置	联想(北京)有限公司	海淀区上地信息产业基地创业路6号
2003251221X	可以自动调温的鼠标	联想(北京)有限公司	海淀区上地信息产业基地创业路6号
20022568131	CPU散热器用风扇的转速控制装置	联想(北京)有限公司	海淀区上地信息产业基地创业路6号
20022307710	笔记本计算机的多功能保护夹	联想(北京)有限公司	海淀区上地信息产业基地创业路6号
20022896171	具有可旋转键盘的设备	联想(北京)有限公司	海淀区上地信息产业基地创业路6号
20022518371	带保护控制的温控风扇	联想(北京)有限公司	海淀区上地信息产业基地创业路6号
20032447930	红外数据收发器的测试检验装置	联想(北京)有限公司	海淀区上地信息产业基地创业路6号
2003240168X	一种串行ATA转接电路板	联想(北京)有限公司	海淀区上地信息产业基地创业路6号
2002295435X	计算机主机自动门机构	联想(北京)有限公司	海淀区上地信息产业基地创业路6号
20021543925	动态迁移数据的方法及其存储系统	联想(北京)有限公司	海淀区上地信息产业基地创业路6号
20021440816	网络信息家电远程控制及安全认证装置和方法	联想(北京)有限公司	海淀区上地信息产业基地创业路6号
20021434018	动态生成网络信息家电控制界面的装置和方法	联想(北京)有限公司	海淀区上地信息产业基地创业路6号
20021254982	多路数字显示信号智能切换装置	联想(北京)有限公司	海淀区上地信息产业基地创业路6号
20011040610	西洋参无农药残留提取物(CNT-2000)制造工艺	灵素(北京)药业有限公司	海淀区西四环北路63号馨雅大厦中厅三层

申请号	专利名称	专利权人名称	地　址
20042002333	风机百叶窗自动开关装置	蒙特空气处理设备(北京)有限公司	顺义区天竺空港工业区 B 区裕华路 12 号
20042002352	除湿机组	蒙特空气处理设备(北京)有限公司	顺义区天竺空港工业区 B 区裕化路 12 号
20022947620	双极化天线组合振子	普天首信通信设备厂(集团)	东直门外将台路 5 号
20022398546	紫外光子消毒灭菌器	清华德人生物科技有限公司	海淀区中关村南大街 3 号海淀科技大厦 910 室
20022374981	脑健康仪	清华德人生物科技有限公司	海淀区中关村南大街 3 号海淀科技大厦 910 室
20022946020	一键开启的计算机主机壳体结构	清华同方股份有限公司	2670 信箱
20022380256	数字化家庭控制网络装置	清华同方股份有限公司	2670 信箱
20022947981	测量脱硫塔液位的取源装置	清华同方股份有限公司	2670 信箱
20032646224	上向流可压缩的过滤装置	清华同方股份有限公司	2670 信箱
20032756143	阻容式含冰率传感器	清华同方股份有限公司	2670 信箱
2001134461X	分布式控制系统的现场控制机	清华同方股份有限公司	清华同方科技广场 A 座 2907 室
20032A04505	用于集装箱检查系统的双辐射源框架结构的双探测器臂	清华同方威视技术股份有限公司	清华同方科技广场 A 座 2907 室
20032C66391	高能射线 X 光照相自动换片装置	清华同方威视技术股份有限公司	清化同方科技广场 A 座 2907 室
20032668074	一种机械结构模块化的集装货物/车辆检查装置	清化同方威视技术股份有限公司	2670 信箱
20032664591	潜水轴流泵行车吸泥机	清华紫光环保有限公司	海淀区西王庄清华大学东门外双清路紫光大厦五层
20032663625	一种悬浮式垃圾焚烧炉	清华紫光环保有限公司	海淀区西王庄清华大学东门外双清路紫光大厦五层

申请号	专利名称	专利权人名称	地址
20032A01615	床内均化热解医疗垃圾焚烧炉	清华紫光环保有限公司	海淀区西王庄清华大学东门外双清路紫光大厦五层
20032797397	多模块插拔式交换机机箱	三一通讯技术有限公司	西长安街 88 号首都时代广场 602 室
20032655908	抗干扰的打印机并行接口控制系统	上海北大方正科技电脑系统有限公司	海淀区上地五街九号方正大厦辅楼 204 室
20032B37831	一种 BIOS 防写开关	上海北大方正科技电脑系统有限公司	海淀区成府路 298 号中关村方正大厦 8 层
20031370802	一种对打印机控制器进行硬件逻辑配置的方法	上海北大方正科技电脑系统有限公司	海淀区上地五街九号方正大厦辅楼 204 楼
20001031996	一种电子失眠治疗仪	上海橡果网络商务有限公司	海淀区亮甲店 130 号恩济大厦三层
20032A35931	一种厨房用含油烟气的净化装置	深圳市嘉纳尔科技有限公司北京分公司	通州区永乐开发区
20022531912	可读写多种标准卡的 USB 快闪电子盘	深圳市中数信技术开发有限公司北京分公司	海淀区上地信息路 2 号国际科技创业园 2－17－E
2003244446X	工业消防专用中压细水雾喷头	首安工业消防股份有限公司	顺义区李桥镇南半壁店工业区李天路 22 号
20032405197	工业用火灾报警联动控制器	首安工业消防股份有限公司	顺义区李桥镇南半壁店工业区李天路 22 号
20032423543	可进行温度实时监视模拟量线型感温探测器	首安工业消防股份有限公司	顺义区李桥镇南半壁店工业区李天路 22 号
20032651066	球面万向支撑装置	首钢莫托曼机器人有限公司	经济技术开发区永昌北路 7 号
20032659164	一种高压阀门装置	首钢日电电子有限公司	石景山区八大处 45 号
20032659199	一种封装外引线加工用凸模冲头	首钢日电电子有限公司	石景山区八大处 45 号
20032066503	一种处理轧钢含油铁鳞的设备系统	首钢总公司	石景山首钢技术研究院
20032A14992	流态化喷煤混合器	首钢总公司	石景山区首钢总公司

申请号	专利名称	专利权人名称	地　址
20032C50887	半刚性铰接型流体输送管路	首钢总公司	石景山区首钢总公司
20032C46646	高炉降料面用炉顶雾化喷水装置	首钢总公司	石景山区首钢总公司
20032C46650	高炉无冷区水箱	首钢总公司	石景山区首钢总公司
20032490550	顶燃式热风炉组合式燃烧口装置	首钢总公司	石景山区首钢公司
2003242048X	快速比色反应测定盒	舒泰神(北京)药业有限公司	经济技术开发区宏达北路12号A座423室
20032008821	一种机群系统的串口切换登陆装置	曙光信息产业(北京)有限公司	海淀区中关村科学院南路6号
20011350962	基于短消息服务的无线增值业务的实现方法和系统	斯伦贝谢(北京)智能卡科技有限公司	朝阳区机场路丽都广场丽都商业大厦3层
20032570228	小孔径水压致裂地应力测试装置	天地科技股份有限公司开采所事业部	朝阳区和平街青年沟路5号
19991224825	在码分多址移动通信系统中保持上链同步的方法和系统	西门子(中国)有限公司	朝阳区望京中环南路7号8543信箱
20032620632	复合盖包装罐	希杰(青岛)食品有限公司	朝阳区三环北路东方东路9号东方国际大厦9层
20001207326	远程无线自动控制抄表系统及数据监控单元	亚联电信网络有限公司	西长安街88号首都时代广场1007－1009
2002293569X	带可拆卸显示面板的电冰箱	伊莱克斯电器(杭州)有限公司	建国门内大街8号中粮广场A座2层

人 物

北京市工业主要领导干部

《北京工业年鉴》每年记载工业有关部门（包括中央部分在京工业企业）的主要领导名单，名单以上年年末为准。为了规范，各工业控股（集团）公司只列党、政正副职领导，区县和其他工业只列主管工业的领导，领导的职务变化标明任职、离任时间，以市委组织部批文为准。

市、局、委、办领导

北京市人民政府副市长（主管工业）
陆 昊

北京市工业促进局
局 长 程连元
副局长 冯 海
常 青
纪检组组长 彭福旺
巡视员 丁镇宽（5月离任）
樊 健

北京市国防科学技术工业办公室
主 任 冯 海
副主任 解铁疆

北京首钢总公司
董事长 朱继民
副董事长 王青海
总经理 王青海
常务副总经理 徐 凝
副总经理 王 毅
刘水洋
（2003年11月任职）
孙伟伟
（2003年11月任职）
党委书记 朱继民
党委副书记 王青海 霍光来
姜兴宏

北京京城机电控股有限责任公司
董事长 李崇璞
总经理 林抚生
副总经理 任亚光 李济生
侯子波 邱山明
党委书记 李崇璞
党委副书记 林抚生 任亚光

北京电子控股有限责任公司
董事长 鲍玉桐

总 经 理　王东升
常务副总经理
　韩燕生
副总经理　李松平　张伯旭
党委书记　鲍玉桐
党委副书记　王东升　陈积贵

北京京仪控股有限责任公司

董 事 长　马士华
总 经 理　王　岩（7月任职）
副总经理　卞援朝　傅之威　吴振山
党委书记　马士华
党委副书记　王　岩
　徐　辉（11月任职）

中国北车集团北京二七机车厂

厂　长　王东明
副 厂 长　张建中　闫建华　马建勋
　高维寅　刘纯义
党委书记　刘晓平
党委副书记　王东明　魏尚志　杨少波

中国南车集团北京二七车辆厂

厂　长　赵恒山
副 厂 长　杜向东　史硕致　安　卫
　杨瑞欣
党委书记　王永进
党委副书记　赵恒山　杜向东

中国北车集团北京南口机车车辆机械厂

厂　长　宋治贵
副 厂 长　谢传军　耿　刚　曾建平
　杨银刚
党委书记　王振雄
党委副书记　宋治贵　陶振德

北京兴东方实业有限责任公司

总 经 理　吕振清
副总经理　郭德昌　尹　杰　段义绵
　蔡福栋
党委书记　张朝星
党委副书记　吕振清　毛东山

北京汽车工业控股有限责任公司

董 事 长　安庆衡
副董事长　徐和谊
总 经 理　董　扬
副总经理　郭新民
　郭　谦（12月离任）
　刘　伟（2月离任）
　周　榕　袁汉同
　韩永贵（9月任职）
党委书记　安庆衡
党委副书记　徐和谊　董　扬　吴淑文

中国石化集团北京燕山石油化工有限公司

董 事 长　杜国盛（7月离任）
　王永健（7月任职）
副董事长　王玉英
总 经 理　王永健
副总经理　王瑞华　吕常钦　乔宪一
党委书记　王玉英
党委副书记　尚　勃

中国石化股份公司北京燕山分公司

经　理　杜国盛（7月离任）
　许红星（7月任职）
副 经 理　杨清雨　赵起超

北京化学工业集团有限责任公司

董 事 长　蔡德军
副董事长　项大北
总 经 理　项大北
副总经理　刘文超　王德铺　田振清
　夏庆安
党委书记　蔡德军
党委副书记　项大北　张荣立

北京京煤集团有限责任公司

董 事 长　倪文驹
总 经 理　于新华
副总经理　范　路　潘振芳　李京来
党委书记　倪文驹
党委副书记　于新华　付合年　白书元

华北电网有限公司

总　经　理　朱国桢（12月离任）
　　　　　　庄虎卿（11月任职）
副总经理　钱遵培　孙正运　刘铭刚
　　　　　　郭要斌（12月离任）
　　　　　　张一士
　　　　　　叶延生（12月任职）
　　　　　　崔吉峰（12月任职）

北京电力公司

总　经　理　李一凡
　　　　　　（2003年9月任职）
副总经理　郭要斌（12月任职）
　　　　　　陈　当
　　　　　　（2003年9月任职）
　　　　　　侯清国
　　　　　　（2003年9月任职）
　　　　　　任静夫
　　　　　　（2003年9月任职）
　　　　　　王守东（4月任职）
　　　　　　石　路（12月任职）
党委书记　郭要斌（12月任职）
党委副书记　李一凡
　　　　　　（2003年9月任职）

北京金隅集团有限责任公司

董　事　长　王　东
总　经　理　陈志达
副总经理　王孝群　陈志民　蒋卫平
党委书记　王　东
党委副书记　陈志达　张秀荣

北京纺织控股有限责任公司

董　事　长　杨文华
总　经　理　龙云泽
副总经理　冷　克　吴　立　林士昌
党委书记　杨文华
党委副书记　龙云泽　王玉川

北京一轻控股有限责任公司

董　事　长　刘　渊
副董事长　陈天宝
总　经　理　陈天宝
副总经理　郭秀健　彭　林　肖宇航
党委书记　刘　渊
党委副书记　陈天宝　郭秀健

北京隆达轻工控股有限责任公司

董　事　长　高书平
总　经　理　孙燕昌
副总经理　任玉成　张德华　李　玎
党委书记　高书平
党委副书记　孙燕昌　刘庆志

北京工美集团有限责任公司

董　事　长　郭泰来
总　经　理　高颖维
常务副总经理
　　　　　　李　节
副总经理　马　辉　吴文学
党委书记　郭泰来
党委副书记　高颖维　侯金成

北京医药集团有限责任公司

董　事　长　卫华诚
总　经　理　贺　旋
副总经理　王杰扬　刘立津　王志勉
党委书记　卫华诚
党委副书记　贺　旋　谢　颖

中国北京同仁堂（集团）有限责任公司

董　事　长　殷顺海
副董事长　田大方
总　经　理　梅　群
副总经理　王　泉　谢占忠　丁永玲
　　　　　　张庆增
党委书记　田大方
党委副书记　殷顺海　王　泉

北京同仁堂股份有限公司

董　事　长　殷顺海
副董事长　田大方　梅　群
总　经　理　匡桂申

副总经理　李正华
王志举（3月离任）
宋卫清　李兴毅
李大鸣（8月任职）

北京四环医药科技股份有限公司

董　事　长　文鸣旭
总　经　理　张润宁

华北京海实业总公司

总　经　理　张建国
副总经理　贾云涛　冯长辉
吴厚发（9月离任）
范铁栋
郝秀清（8月离任）
党委书记　张建国
党委副书记　郑世明

区、县及其他单位领导

东城区

常务副区长　岳　鹏
经委主任　卢　仪（7月离任）
发改委主任　赵北平（8月任职）

西城区

常务副区长　白云生
经贸委主任　王　新（5月离任）
商务局局长　王　新（5月任职）

崇文区

副　区　长　李文玉（1月离任）
宋甘澍（1月任职）
经贸委主任　仲万升（7月离任）
发改委主任　丁茂战（7月任职）

宣武区

常务副区长　王永新（8月任职）
副　区　长　袁双梅（7月离任）
经贸委主任　王　佐（7月离任）
发改委主任　王　佐（8月任职）

朝阳区

副　区　长　佟克克
经委主任　闫学锋（1月离任）
发改委主任　张春秀（8月任职）

海淀区

副　区　长　张宗林
经委主任　臧桂武（3月离任）
发改委主任　赖　东（7月任职）

丰台区

副　区　长　沙松平（11月离任）
闫小彦（11月任职）
经贸委主任　徐鸣凤（7月离任）
发改委主任　何燕卿（7月任职）

石景山区

常务副区长　张力兵（1月任职）
副　区　长　赵　琦
经贸委主任　侯建设（8月离任）
发改委主任　万新恒（3月任职）

门头沟区

副　区　长　王兰栋（1月离任）
李建军（1月任职）
经委主任　高增明（6月离任）
工业局局长　张庆伍（6月任职）

房山区

副　区　长　刘顺林（1月离任）
高言杰（1月任职）
经委主任　高言杰（1月离任）
工业局局长　赵　军（7月任职）

通州区

副　区　长　张树森
经委主任　高志禄（6月离任）
工业局局长　陈国庆（6月任职）

顺义区

副　区　长　李树藩

经委主任　王玉奇（3月离任）
工业局局长　吴建国（10月任职）

昌平区

常务副区长　杨旭明（1月离任）
副　区　长　洪起忠（1月任职）
经委主任　刘凤才（6月离任）
工业局局长　任鹏举（6月任职）

大兴区

副　区　长　黄伟荣（1月离任）
潘新胜（1月任职）
经委主任　邱国占（7月离任）
工业局局长　李书深（7月任职）

平谷区

副　区　长　王颖光（1月离任）
李宝峰（1月任职）
经委主任　王建忠（7月离任）
晏志和（7月任职）

怀柔区

副　区　长　祝自河
经委主任　董　林（2月离任）
工业局局长　张宝珍（7月任职）

密云县

常务副县长　李和平（1月离任）
副　县　长　钱福生（1月任职）
经委主任　孔令昌（9月离任）
姜　博（9月任职）

延庆县

副　县　长　龚　善
经委主任　党　良

北京乡镇企业局

局　　长　雷占泉
副　局　长　汪进军　陈志峰
王颖光
（2003年11月任职）

北京市工商业联合会

会　　长　孙安民
第一副会长　宁长庆
常务副会长　吴　杰（2月任职）
副　会　长　李　姝（9月离任）
李燕平（2月任职）
王正在　郝如玉　张本正
许昌平　蒯英海　张大中
陈立群　张杰庭　李少华
张文中　聂启明　胡克勤
张征宇　严望佳　刘　彬

北京经济技术开发区管理委员会

主　　任　鲁　勇
副　主　任　王金玲
陈文申（12月离任）
顾宝华（6月离任）
马利生（6月离任）
贲　勇（6月任职）
赵昕昕（9月任职）

中关村科技园区管理委员会

常务副主任　戴　卫
副　主　任　任冉齐
张贵林
（2003年12月26日离任）
夏颖奇
郭　洪（5月任职）

北京市教育委员会

副　主　任　杜松澎
校办产业管理中心主任
翟士良

北京市民政工业总公司

总　经　理　杜　斌
党委书记　王九华（6月离任）
吕　新（6月任职）

京工人物

【全国归侨侨眷先进个人王亦和】

现任北京市侨联委员、丰台区侨联副主席、丰台区政协委员的王亦和，1987年临危受命，担任全年收入仅38万元、累计亏损39万元、处于倒闭边缘的乡镇企业北京市丰台丰华印刷厂厂长。在企业极其困难而市场竞争又非常激烈的情况下，他认真分析市场形势，积极推进企业改制，加大技术改造力度，采取多种营销措施，使企业起死回生。2004年，企业完成总收入1900万元，与1987年相比，增长了50倍；实现增加值530万元，上缴税金120万元。1991年，王亦和带领厂领导班子和职工，开始了企业的第一次技术改造，购置了第一台“国产对开胶印机”，逐步淘汰了铅印作业。告别铅与火、迎来光与电，降低了污染，提高了产品质量和生产效率，同年企业就被评为了“北京市星火示范企业”，并被农业银行评为“特级信用企业”。1999年企业引进了德国海德堡对开四色印刷生产线后，结束了企业一度停滞不前的局面，适应了客户的要求，跟上了市场的发展步伐。至2004年企业进行第六次技术改造，引进了德国海德堡全自动SM－52彩印生产线。王亦和不但注重企业的技术改造，更注重企业的文化教育。企业每年都对全厂职工进行分期分批的岗位培训，请专家教授对中层以上干部进行素质教育和技能培训，并坚持开展全员参加的“5S”（5种管理方式：整理、整顿、清扫、清洁、素养）活动。2001年，王亦和带领厂领导班子，认真学习现代企业管理知识，引进先进管理理念，对企业进行了股份制改造；成立了北京鑫丰华彩印有限责任公司。从2001年开始，该企业进行企业信息化建设，全厂26台微机联网，组成了企业的局域网，由原来的MIS系统（信息管理）逐步向ERP系统（企业资源管理）发展。同年通过了ISO9001—2000版的国际质量体系认证。2000年王亦和被丰台区委命名为“1997～1999年度优秀共产党员”，被评为“北京市劳动模范”；2003年被评为“丰台区统战系统防治非典工作先进个人”；2004年荣获“全国归侨侨眷先进个人”称号。

（姜新华　武莎莉）

【在偏僻贫困农村创大业的王刚】

北京维根制衣有限公司董事长王刚，37岁，毕业于北京联合大学经济管理学院工业企业管理营销专业。现为北京市人大代表、市工商联委员会执行委员、市消协委员、区消协执委。1996年，王刚放弃了中国纺织进出口总公司的优越条件，引进外资200余万美元到北京郊区比较偏僻、贫困的大孙各庄小段村承包经营停业两年的村办服装厂，开始了自己的创业。经过8年的艰苦努力，维根公司的发展已经粗具规模。公司在北京、上海拥有现代化的业务中心，在东京、香港等地设有办事处，在北京、无锡两地拥有现代化生产基地，每年能组织生产服装800万件（套），还兴建了大型的物流中心。公司在2004年开始涉足餐饮行业及投资业。截止到年底，企业拥有员工约2000人，公司年出口额达到2000万美元以上；在全国各大城市建立了近200家各类销售点，形成了较大规模的自有销售网络，年销售额超过

1亿元人民币。曾在全市服装企业评比中，利税名列第一，获得“纳税先进会员企业”称号。在多年的奋斗中，王刚带领公司广大职工多次先后获得“区域经济50强”，市农委授予的“市郊区优秀出口创汇企业”，市总工会授予的“北京市双爱双评先进企业”，顺义区授予的“巾帼建功先进集体”，被市工商局评为“守信企业”，被消协认证为“信得过单位”、海关认证为“A类企业”、“全国工商联上规模企业”等荣誉称号。王刚始终坚持以人为本的经营理念，在一手抓对领导队伍教育的同时，不忘提高全体员工队伍的素质教育。公司成立后，每年投入数十万元对员工进行培训。除对员工进行专业知识的培训外，还定期派出员工到海外学习、积累工作经验。为了学习国际上先进的管理经验，提高企业管理水平，企业特聘了多位日本顾问。从新员工入职开始，通过培训不断提高员工的能力，鼓励学习与创新，积极建立学习型组织。在抓经济建设的同时，不忘企业、个人对社会的责任，王刚与乡镇政府合作投资扩建了文化活动广场，捐赠电脑给学校、资助设立社区医疗中心，通过各种方式协助社区发展。

（董昌国）

【锐意进取的企业改革者牛进猛】

京煤集团金泰恒业公司四厂厂长、高级经济师牛进猛，是一个敢作为、勤思考、重实践和锐意进取的企业改革者。1997年4月，牛进猛到四厂任厂长。当时厂区垛存着滞销的低质高硫煤13.92万吨，银行存款只有50万元。贷款高达2650万元，全年费用支出1800万元，年亏损达150万元。厂内管理杂乱，人心涣散。面临这种濒于破产的企业状况，牛进猛这个46岁的共产党员，怀着要干好社会主义企业的事业心和责任感，迎难而上，大胆改革。他立足于“谋事在人，成事在干”的理念，团结带领新领导班子，按照“强化管理、降低费用、盘活资产、调整结构”的路子，很快从厂内管理到厂外经营，雷厉风行地进行改革。在夯实企业基础的“工资、人事、分配”三项改革中，以政治思想工作先行，大力推行岗位聘任制，不合格者下岗分流，自谋职业，使企业减少冗员幅度达70%。仅此就压缩成本1000多万元。在劳动人事制度上，破除旧观念，打破干部工人界限，实行一科一长，唯才是举，使中层干部由30多人减至11人，而且留下的多是年富力强者。在分配制度上，实行岗位薪金制，薪随岗变，易岗易薪。在企业经营上，他果敢地进行调整转换，及时将在首都城区没有发展前景的老煤炭经销业，转变调整为方兴未艾的房地产与城市服务业。在短短的三四年里，使企业不仅还清贷款2650万元，还进入赢利大户之列。四年累计上缴利润和综合资产管理费共2903.49万元，员工收入平均年增长10%。企业现已利用积累的雄厚资金直接投资2.1亿元，置房地产业5.44万平方米，资产总量市值达3.3亿元。四厂形成了涉足房地产、物业、健身、饭店等多业发展的格局，整体实力发生了巨大变化。牛进猛勤于思考，在锐意改革的同时，还将改革实践与体会写成企业改革论文，发表在《学习与实践》、《北京物资流通》和《中国现代化建设研究》等杂志上，先后荣获2003年和2004年“北京企业管理创新成果一、二等奖”。2004年牛进猛荣获“北京市优秀共产党员”称号。

（杨清旭　徐贺成）

【魂牵梦绕“牡丹情”的带头人田明】 田明是北京牡丹电子集团有限责任公司总经理、党委书记。2000年底，牡丹集团实施债转股的关键时刻，已经50岁的田明担起了总经理兼党委书记这副重担。她一上任，就对集团公司的生产经营、资产状况、内外环境进行了深入的分析，决定实施“东迁南移、盘活资产”的战略调整。对此企业上下内外众说纷纭，在这种情况下，她四处奔走，多方协调，取得了上级和董事会的理解和支持，同时又在企业内部通过各种形式，反复宣传动员，终于统一了职工的思想认识，使战略调整得以顺利实施。几年来，田明领导牡丹集团深化改革，实现了将科研主体和投资管理主体东迁电子城、彩色电视机规模化生产主体南移江苏镇江、盘活花园路等地的房地产资源的产业结构区域性布局战略调整，初步形成了“一个整体，两个区域，三个平台”新的经营格局，逐步摆脱了亏损的困境。2003年牡丹集团的主营业务收入15亿元，比2000年增长70%，利润总额3000万元，比2000年增长18倍。

在深化改革过程中，田明始终注重发挥党组织的政治核心作用。组织领导班子和干部队伍的政治理论学习，为调整改革提供理论指导，促进观念的转变和思维方式的更新；坚持由党组织主持对中层以上干部的任前考察和任期民主测评、业绩考核，及时调整、健全党的各级基层组织，在各项重点工程中发挥党组织的特有作用和党员的模范先锋作用。同时积极倡导适应市场经济要求的“牡丹”新文化，促进职工队伍素质的提高。在田明的带领下，牡丹集团在调整改革不断深化的情况下，始终保持了党组织机构健全，运转有效。田明以广大职工群众的利益为重，时刻把职工冷暖放在心上。在组织下岗分流和职工再就业的工作中，经常深入基层有重点地走访困难职工和孤寡病残职工，千方百计解决职工的各种实际问题。通过不懈努力，使几百名职工在调整中走上新的工作岗位。在企业提高效益的基础上，职工的各种福利待遇逐步得到落实，收入水平得到提高。田明有着忘我的工作精神，被人们称为“工作狂”。在她的日程表上，没有双休日的概念，为了工作，她办公室的灯光常常亮到深夜，与同志们一起不分昼夜地加班加点更是家常便饭，有时身体不适，就一边打着点滴一边工作。作为曾经从事了近30年财务工作的她，始终保持着“艰苦奋斗，勤俭办企业”的工作理念。她带头节支降耗，从点滴做起。在她的办公室白天很少开灯，光线不好时，一般只开台灯。在牡丹集团，楼道的灯、办公区的灯都是根据自然光线明暗开启的。她为了提高经营管理水平，经常与相关行业的管理者交流经验，还利用业余时间到经贸大学念起了企业管理、工商管理方面专业课程。田明不仅自己学，还鼓励员工们学习，尤其是各级领导干部和管理人员。在她的带动下，牡丹集团掀起了学习的热潮。她原任集团总会计师，有多年积累的丰富的高级财务管理经验，曾有单位用非常优厚的待遇聘请她，但为了企业能尽快走出困境，她毅然放弃个人发展的极好机会，感动了大家，正是在她的影响下，有的管理骨干和科技带头人，谢绝了外单位的聘请，留在了牡丹集团。田明在企业高级经营管理者的岗位上带领着曾经严重亏损的牡丹集团走出了困境，被评为电控系统优秀共产党员，并获得“首都劳动奖章”。

（电　控）

【在竞争中开创“新天地”的刘九江】　北京北重汽轮电机有限责任公司汽机技术部高级工程师刘九江是主机设计室主任。在首台捷克200MW汽轮机通流改造项目中，他担任主任设计工作。原机组运行中存在很多问题，但原设计图纸，资料不全，没有原加工记录，而且通流改造工程要在机组大修时进行，如果设计制造上出现较大差错，将影响到机组的按时发电。他日复一日，起早贪黑，在现场一住就是90多天。春节长假休息7天，他初三就回到了工作现场，长时间的劳累和风寒使他不停地咳嗽，嗓子内的毛细血管破裂咳血，血压高得始终降不下来，现场的工作人员都为他的身体担心，但他从现场的初期测绘和后期的安装工作中，始终坚守在岗位上，认真指导完成测量和技术服务工作，直到机组稳定运行，运行状态良好。在内蒙古通辽200MW汽轮机通流改造项目中，刘九江担任主任设计。当原机组高压转子由于损坏不能使用时，为尽量减少电厂的停机损失，他放弃休息日连续工作，不顾自己身体的劳累和病痛，以最快的速度修改设计，与其他同志一道查阅资料，潜心钻研，设计出了国内先进的结构形式，为汽轮机的成功改造立下了汗马功劳，也为企业在激烈的市场竞争中开创了一片“新天地”。多年来，刘九江先后获得许多荣誉称号。1998年荣获“首都劳动奖章”荣誉称号；1999年被北京市总工会授予“北京市劳动模范”荣誉称号。2004年被评为北京市优秀共产党员。

（京城控股）

【北京汽车的领军人安庆衡】　安庆衡毕业于清华大学汽车拖拉机及发动机专业。1998年任北京汽车工业集团总公司总经理。2000年任北京汽车工业控股有限责任公司董事长、党委书记，并兼任北京吉普公司、北汽福田公司董事长。2002、2003年被评为“中国汽车十大新闻人物”；2003年荣获“中国汽车工业50年”50位杰出人物之一；2004年被授予首都劳动奖章和全国“五一”劳动奖章；同年被评为“华夏银行杯”首届北京影响力评选活动“最具北京影响力的十大经济人物”之一。安庆衡自担任北汽控股公司董事长后，从主持制定战略入手，着力在根本上解决北京汽车工业的持续发展问题。1998年面对北京汽车产销连续下滑，提出了“死拼99”、“决战2000”的奋斗口号，全系统干部职工振奋精神，艰苦奋斗，止住了下滑；2000年北汽控股公司成立后，他主持制定了“三年大变样”的发展战略，并亲自组织实施；从2002年3月开始，亲自领导参加了构筑“三大板块”的全过程；2002年底，他提出了“三年腾飞”规划中到2005年北汽控股公司产销汽车50万辆、销售收入500亿元的目标，在2004年已基本实现；2003年下半年“三年大变样”目标胜利实现后，安庆衡提出“做大、做强、做优”北京汽车工业的新理念，确立到2008年产销汽车100万辆，销售收入1000亿元的“百万千亿”目标。面对北京汽车工业生产经营的重重困难，安庆衡提出了“以发展带动调整，以调整促进发展”的指导思想，坚持一手抓发展，一手抓调整，先后完成了北汽摩、北轻汽、润宇、北内等一批大中型国有企业的战略调整和重组，使北京汽车工业的产业布局发生了根本的变化。安庆衡利用北汽摩的存量资产，发起成立北汽福田公司，进行股份制改造，实现福田公司上市。在他的支持下，成功打造出奥铃、风景、时代、欧曼、欧 V 等五大自主品牌，轻型卡车产销连续 5 年保持全国第一。两年时间福田的重卡产量已位居全国第三。2004 年又建成投产了大型客车生产基地，形成了全系列生产商用车的格局，成功地打造了商用车板块。安庆衡力主对北轻汽公司的存量和优良资产进行调整，亲自领导了与韩国现代谈判的全过程，当年建厂、当年投产，实现北京现代一年开发一个新车型的设想，索纳塔、伊兰特等轿车相继上市，仅两年时间，北京现代已实现产销 20 万辆，产量跃居全国轿车第五位。他主持完成签订北京吉普汽车有限公司与戴姆勒·克莱斯勒公司延长 30 年合资合同的协议，使北京吉普公司相继引进开发了大切诺基、帕杰罗、欧蓝德等具有世界一流技术的产品，自主开发了二代军车、Jeep2500 等产品，结束了长期亏损局面，重新夺得全国 SUV 领军者的地位，打造了越野车板块。安庆衡积极支持“北内”的调整、重组和重塑，落实“整体搬迁、异地改造”。2003 年 10 月组建了一批投资主体多元化的有限责任公司，为北内走出困境，有效利用国有资产创造了条件。安庆衡坚持“不求所有，但求所在”、“不求控股，但求发展”的思想，调整了零部件企业，组建了江森、延锋伟世通、伟世通空调等零部件“小巨人”企业。安庆衡从 1998 年开始，亲自担任项目组长，先后领导了法国雷诺、韩国现代、美国克莱斯勒、德国奔驰四大合资项目的谈判工作，在安庆衡领导之下，以北汽控股公司与戴姆勒·克莱斯勒签订合资合作协议和北京奔驰—戴姆勒·克莱斯勒公司奠基为标志，世界汽车的第一品牌奔驰轿车落户北京，为振兴北京现代制造业再一次作出突出贡献。（牧　梦）

【以现代管理开拓市场的冯燕潮】

冯燕潮现任北京隆达印刷包装集团有限责任公司副总经理、京华印刷厂厂长。他早年从事业务员、业务科长工作，自 1997 年担任该厂厂长后，带领一班人深入研究企业市场定位，确定企业发展方向，建立新产品研发队伍，指导业务人员有组织地进行市场开拓，在激烈的市场竞争中取得了较好业绩。1998 年调整了企业内部管理结构，理顺生产环节的衔接。1999 年改进机制，完善制度，建立二级核算，抓实成本，清理整顿对外投资，逐步规范投资行为，加强对投资收益的管理。2000 年在二级核算网络化的基础上重点推行资金控制计划，管好现金流量，当年经营性现金净流入 823 万元。2001 年企业经营性现金净流入 1400 万元。在完善企业内部管理的同时，通过了 ISO9001 质量体系认证、HACCP 认证。2002 年冯燕潮抓住北京市地税局税票改革的机遇，积极参与试制、研讨、论证、推广等工作，带领企业一班人试制新版发票、制定新票印制标准、加强同行间的交流，有效地保障了发票改革的成功，为企业赢得了良好的社会信誉。2003 年冯燕潮主持开发了京华 ERP 资源计划管理系统，对企业管理流程进行了再造，大大提高了管理效率。冯燕潮主持开发了京华 MIS 系统，在业务科、生产车间、物资科、财务科之间搭建了数据传输渠道，理顺管理程序，通过二级核算的网上搭建，实现了网络化管理，主营业务利润由每年 40 ~ 50 万元提升至 150 ~ 160 万元。该项目被原市经委评为“企业管理现代化创新成果三等奖”。2002 年，他主持开发了印刷企业资源管理计划系统，该项目引入 ERP 管理思想，对管理网络进行重新设计，对企业管理流程进行再造。在对管理程序又一次再造过程中，将企业的客户资源、工艺技术信息、人力资源进行综合管理与控制，解决资金管理、预算控制等方面的统一管理。经过数轮系统调研、反复论证，已完成软件设计、测试及试运行，于2004年5月31日成功地完成了新老系统的切换。该项目已列入市工业促进局信息化建设重点项目，拨款50万元。几年来，企业各项经济指标一直保持着持续增长的态势，1999年实现销售收入3464万元、利润260万元；2000年实现销售收入4636万元、利润300万元；2001年实现销售收入5122万元、利润350万元；2002年实现销售收入5060万元、利润351万元；2003年实现销售收入5891万元、利润501.9万元；2004年实现销售收入8170.7万元、利润1135.1万元。

（京　印）

【为象牙雕刻奉献终生的杨士俊】

杨士俊1928年5月8日出生于北京。其叔爷杨启元、父亲杨呈永及堂兄杨士惠、杨士忠等均从事牙雕，1941年他12岁时拜杨士惠为师，进杨士惠象牙雕刻作坊学徒，1945年出师，1948年起独立，与张玉华合作雕刻象牙。1951年首创成功一件高约30多厘米的立体圆雕花卉《月季插花》，1952年12月加入北京象牙雕刻第一生产合作社，1958年4月转入北京象牙雕刻厂。1959年研究出省料显活的牙雕“套料开料法”，制作出两件《荷花洗子》。同年完成立体花卉《百花篮》（孙博平设计），由全国人大常委会副委员长李济深为作品题词“百花齐开放，祖国万年春”，该作品获创作奖。1961年6月与张玉华、高文英合作完成立体花卉牙雕《七一颂》。1966年当选崇文区人大代表。1979年4月评定为工艺美术师。1988年9月9日由北京市工艺美术品总公司授予工艺美术一级大师称号。1989年评为高级工艺美术师，1992年4月退休。2003年1月由北京市政府认定为北京工艺美术一级大师。其设计制作的牙雕代表作和获奖作品有：1972年（合作）大型牙雕《百花篮》参加了全国工艺美术展览；1982年《寿带荣华》获北京工艺美术展览二等奖；1984年《喜闹梅雪》（孙博平设计）获全国工艺美术品百花奖金杯奖；1988年《梅花蝶舞》赴香港参展。其为中国美术家协会、中国工艺美术学会雕刻专业委员会、北京工艺美术行业协会和北京美术家协会会员，传略辑入《中国美术年鉴》、《中国当代美术家名人录》、《中国当代工艺美术名人辞典》等。

（工　美）

【首都劳动奖章获得者杨中保】 杨中保是SMC（中国）有限公司的一名技术负责人。他带领生产技术课的全体员工，在工作中摸索设备管理方法，给每一台设备建立档案，对重点设备进行重点管理。他根据现场总结出的经验，学习国内外的先进管理经验，在公司内推行TPM（设备的全员保全与维护）和设备的视情管理，既确保了设备的运转率，又降低了设备的管理维护成本。每当设备出现问题的时候，杨中保都要及时赶到现场和相关人员一起分析原因，采取措施，确保生产的顺利进行。有时设备在夜间出了问题，他就骑近一个小时的自行车赶到公司，及时采取措施。一些零部件需要从国外订购，如果订购不及时就会造成设备停机，而大量备品备件的积压又会造成资源的浪费。为了解决这个问题，他结合ABC管理法和货筐式管理方法，建立起一套适合SMC

(中国)有限公司实际情况的备品备件管理方法。杨中保通过讲习会、现场指导等方式对员工进行培训,不但教他们技术,还培养他们脚踏实地的工作作风和勇于进取、不断创新的工作精神。他开创了岗位细分法,在人员培训时要求各部门对工作内容进行分析,把原来一个人负责的工作根据难易程度进行细分,缩短人员的培训时间。公司引进了很多先进的数控加工设备,他利用自己所掌握的技术对设备进行改造,使设备效率不断提高,不仅为企业创造了生产效益,也节约了资源。数控机床在生产中产生的冷却液雾化物,影响环境,对职工的身体不利,但处理起来又比较困难。通过对国内外相关技术的调查,杨中保找到了基本上能解决切削加工中的油雾问题的可行方法。他在努力掌握国外先进技术的基础上,积极寻找国内替代设备、替代工艺。对于每一个替代项目,他都要反复试验,从工艺、现场管理等各个方面给厂家提出建议和要求。通过他的努力,不仅满足了本公司的需求,同时对国内相关企业在技术、工艺和生产管理方面的进步起到积极作用。1999年公司成立了技术等级考核委员会,他任主任委员。根据公司的实际情况,杨中保建立公司内的技术等级考核标准,通过标准的导向作用,使员工知道应该掌握什么,往什么方向去努力。他严格遵守公司的相关制度,不但对自己严格要求,而且事事处处为公司利益着想,是公司课长中唯一被评为优秀职工的干部,获得公司的特别奖励,并获得“首都劳动奖章”。　(王玉婵)

【林河工业开发区的“好班长”张东生】　张东生是北京林河工业开发区管委会主任、党委书记,林河工业开发总公司总经理。自1997年担任林河开发区党政一把手以来,带领班子成员,牢固树立科学发展观,广泛、深入学习其他开发区的先进经验,精心营造投资环境,全力搞好招商引资,积极引进科技含量高、投资规模大、产出效益高的企业入区,吸引国内外知名企业60余家,投资总额逾100亿元,在开发区内逐步形成了微电子、光机电一体化、汽车及零配件制造、生物医药四大产业的基本格局。2000年10月,林河开发区被市政府确定为中国北方微电子产业基地,同年11月,被市政府批准为市级工业开发区。经济发展连续5年以60%以上的速度递增,成为顺义区的五大产业群落之一及顺义区六大经济增长点之一,形成了以林河开发区为核心的现代制造业产业群落。2004年,林河开发区各项经济指标再创新高,共实现总产值204.3亿元,国内生产总值44.1亿元,销售收入196.3亿元,上缴税金16.1亿元,实际利用外资1137万美元,利润20.1亿元。张东生在开发区的党建工作中,不断探索党建新思路,丰富党组织的工作内容和活动方式,为林河开发区的改革发展创造了安定团结的环境。在领导班子建设上,坚持中心组学习制度和民主生活会制度,提高了领导班子的业务素质和政治素质。在组织建设上,以党员先进性教育活动为载体,开展树典型、学先进活动,力求教育活动的实效。通过各类卓有成效的活动,增强了党组织的凝聚力和战斗力。在人才队伍建设上,张东生结合开发区实际,提出了建设“小机关,大实体”的工作思路,连续两年开展了人事制度改革,建立了公开招聘、竞争上岗、任职试用等制度,形成了各类优秀人才脱颖而出的选人用人新机制,造就了一支富有敬业和创新精神、精干高效的人才队伍。同时，加强对干部员工业务及政治素质培训，使员工的综合素质得到了明显的提高，促进了各项工作的进展。近年来，林河开发区先后获得了首都文明单位、创建学习型组织先进单位等10余项先进称号。（董昌国）

【做新时代知识女性的张志红】 张志红自1986年被分配到北京大华无线电仪器厂，一直在电源产品开发一线，从事定型产品技术支持和新产品开发工作，从一个实习生成长为独当一面的产品主持设计师。由于工作努力，成绩突出，张志红荣获“北京市三八红旗手”称号。在当今电源产品竞争激烈的形势下，为了提高电源产品的市场竞争力，张志红走访用户，接触销售人员，听取他们对电源产品的意见，认真分析原有产品的优势和不足，对部分老产品进行技术改进。比如：经了解分析发现原DH1715、DH1719电源系列，控制单元印制板属于焊线引出，对装配、调试工作非常不便。还有原DH1715系列电源面板的加工需要十几道工序才能完工，且故障率高等。如果这些问题不能及时解决，产品质量就得不到保证，相应的维修、服务成本就会增加。张志红采用优化设计，将控制单元规格化、标准化、简化了加工工艺，缩短了生产周期，使生产效率提高。但是小批量生产后，发现技术指标不稳定，经过细致地检测、摸索、试验，发现出现问题的器件，她采取更换高精度、性能好的器件等措施，彻底解决了技术难题，生产周期缩短20%。为了整合机箱、降低成本，张志红又对nH1720、DH1724系列产品进行改造。使电源产品具有了竞争力，对拓展市场打下了良好的基础。经过十几年的努力，张志红所在的设计所电源室已经发展成为每年产值1000多万的电源分厂。张志红还承担了空军专用的雷达聚焦电源的试制任务。她与空军有关人员密切协作，在3个月内完成了样机制造任务，但在测试中，其开机性能不符合指标要求，张志红对电路进行反复试验和改进，使全部技术指标终于达到要求，实现了雷达聚焦电源的国产化。海军舰载系统是一个非常庞大、复杂的系统，需要不同规格的电源设备。按照客户要求，张志红开发和研制了多路组合电源，具有体积小移动灵活，功能多等特点。在产品开发期间，正赶上“非典”时期，整整一个多月，张志红把孩子放在父母那里，全身心地投入到产品的开发中。为了完成产品研制任务，张志红刻苦学习、钻研，废寝忘食，加班加点，甚至节假日都不休息。儿子多次对张志红说“妈妈，你怎么总是加班呀?”张志红回答说：“妈妈单位活儿忙。”每当这时张志红心里有种说不出的心酸，眼泪在眼睛里打转，从心底何尝不想休整两天陪陪孩子呢？父母年事已高，张志红没有更多的时间去照顾他们，反倒因为工作还要把孩子放在他们那里让他们帮助照顾，并且还要他们为张志红的身体牵挂和担心，想起这些就充满了内疚。当张志红完成海军任务时，两个月下来，体重下降了近15斤，头上又添了几多白发。近十年来张志红负责的在线产品每年创产值100多万元，协议产品每年产值也都在百万元以上。张志红是过敏体质，有时变压器和焊剂的味道都会让张志红喷嚏不止。凭着一种不怕苦和敢于胜利的精神，张志红忘我地奋战在科研开发的第一线。（电　控）

【自学成才的标兵张永江】 张永江是

北京永江岳峰环保设备有限公司董事长、东城区政协委员。1992年获全国“五一”劳动奖章；1994年获北京市劳模、全国十佳职业道德标兵、全国建设部劳模；1995年被评为全国先进工作者；1996年评为全国自学成才标兵，发明创造过26项环卫技术。张永江自1974年走进东城区环卫局二队的大门，就一直干着“地撮儿工”的活儿，而且一干就是4年多。从1977年开始，由垃圾桶组成的垃圾站陆续出现在北京的大街小巷。一个垃圾桶价值200多元，为了延长其使用寿命，给国家节约开支，张永江就担负起带领几个老弱病残人员维修、保养全区1.2万个垃圾桶和30多座封闭式清洁站内的设备设施的维修任务。垃圾桶使用一段时间后，漆皮脱落、生锈，工人们要手持好几公斤重的砂轮，将半个身子探进臭味扑鼻的桶内进行清理。0.85公尺高的垃圾桶，胳膊短的老工人够不着底，只能整个人蹲进去，铁锈粉尘、污垢和臭气，连熏带呛，让人头昏脑胀，喘不过气来，吐痰吐出的都是一个个泥球，严重地危害了工人的健康，而且工作效率特别低。一个人拼命干一天，勉强处理完一个垃圾桶。年龄大点儿、手脚慢点的老工人，还完不成任务。需要维修的垃圾桶越来越多，任务越来越重，把具有高度工作责任心的张永江急得吃不下饭，睡不着觉。于是，他就产生了能不能发明个机器代替人进行除锈工作的想法。在得到主管领导的支持后，他开始了这个复杂的研究。一个只有小学六年级文化水平的工人，不懂得机械原理、车、钳、焊技术知识，没有机械制图，遇到的阻力和困难可想而知，但是，张永江却一个个地克服了。1980年，全自动垃圾桶除锈机问世了，平均5分钟完成一个垃圾桶的除锈工作，是人工的50倍，并且质量也是人工所无法相比的。开弓没有回头箭。垃圾桶底自动除锈机、间歇式自动翻转三画面显示装置（获国家专利）、W—A型起重设备平衡定向装置（获国家专利）等一系列成果相继问世并投入使用。道路中间隔离护栏设施的设立，给清扫工作带来很多不便，且多起交通事故发生在隔离护栏旁的快速道上，环卫工人的生命安全受到严重危害。东城环卫局的领导想到了张永江，第一次正式给他下达了科研任务——研制隔离墩清扫机。为了环卫兄弟姐妹的生命安全，为了早日实现环卫机械化的目标，张永江毅然接受了这个艰巨的任务，夜以继日地全身心投入到研制工作中。经过50多次试验，连续4个多月的奋战，他终于研制出专门清扫隔离墩护栏下面垃圾污物的多功能障碍清扫装置。现已大批量生产，销售到全国各地大、中城市。

（金立新）

【为首钢作出突出贡献的专家张继文】 张继文参加工作已经50多年。从钳工、技术员、工程师到高工、教授级高工，成为首钢的工程专家。在技术素质要求高的工程管理岗位上，他当过两任修理厂厂长，炼钢厂厂长，两任机动部长，工程指挥，北京钢铁公司总经理，首钢副总工。无论在哪个岗位，他都以恪尽职守、勇挑重担、大胆负责、忘我工作赢得上上下下的尊敬。1985年第二炼钢厂工期吃紧，公司派他到比利时接任拆迁赛兰钢厂总指挥，带领300多名职工拆运4.9万吨设备厂房。他组织施工用7个月20天完成了15个月的工作量，第二年4月，将年产300万吨的赛兰钢厂夷为平地，连生锈的高强螺栓都运回祖国。比利时报纸感叹：中国工人工作得如此神速，实为罕见，不知被注入了什么伟大的灵魂？江泽民在视察首钢时听说这件事，也很感叹地说："伟大的灵魂就是中国工人阶级的主人翁精神。"1997年，张继文主持开发"焦炉焦侧除尘新技术"，获北京市科技进步二等奖，1999年他组织研制"全烧高炉煤气高温高压电站锅炉"，既回收利用低热值的煤气又改善环境，年效益4000万元以上，获国家专利金奖。2000年他组织开发"转炉溅渣护炉研究与应用"，使首钢的转炉炉龄大幅提高并达到国内先进水平，年效益1亿元以上，获北京市科技进步一等奖。他组织开发"高炉拨风保护装置"获国家专利，"煤粉锅炉掺烧高炉煤气技术"获北京市科技进步二等奖。张继文获北京市"有突出贡献的科学、技术、管理专家"称号和市总工会颁发的"首都五一劳动奖章"。在首钢结构调整、转移北京钢铁产能的关键时刻，张继文出任了重点工程的副总指挥。按照总公司确定的原则，组织炼铁、炼钢、动力、制氧、自动化、物流等8个项目经理部研究建设方案，制定和落实施工措施，为重点项目顺利竣工投产作出了突出贡献。2004年12月，在首钢总公司的科技大会上，张继文获"首钢科学技术特殊贡献奖"及奖金30万元。（李淑萍）

【扎根纺织的务工青年赵月娟】 赵月娟是1997年来京务工的青年农民工，现为北京北毛纺织集团金羊毛纺有限公司织造车间织机挡车工，她深知要想干好工作，光凭良好的愿望是不行的，必须有过硬的技术做保证，她虚心向师傅请教，并利用业余时间，在宿舍练习机下打结，与姐妹切磋技艺。功夫不负有心人，进厂后的第一个年头就在金羊公司第一届操作大比武中获得织机挡车第三名，达到纺织局级操作能手水平；1998年跃居织机挡车操作比赛第一名；1999年蝉联全能操作第一名，被评为金羊公司岗位之星和纺织系统青年岗位能手；2000年，在北京市第九届工人技术比武中获北京市技术比武第三名、北京市操作能手称号；2001年，获北京市工业系统青年技术能手称号、局级青年岗位能手；2002年，获公司操作大比武第一名、集团青年岗位能手标兵等荣誉称号。赵月娟不仅是生产的排头兵，而且积极要求进步，只有初中文化水平的她，在偏僻的小山村度过自己的童年，她渴望学习和进步，利用业余时间看书学习，参加电脑知识学习班，并自费参加业余大专班学习，进厂的第三个年头，她就向党组织递交了入党申请书，并时时在工作生活中用共产党员的标准严格要求自己的言行；工作中吃苦在前享受在后，不断提高自己的政治思想素质，由于她业绩突出，2002年她光荣地加入了党组织。织造车间执行全额计件，织多少布拿多少钱。每个挡车工都愿意开齐车，拿高收入，而赵月娟所挡的四台车中有一台长期计划停台，这无疑要影响到个人的收入。但她却从没有向领导提出过调换机台的要求，而是千方百计地在提高织机效率上下功夫，做到主动换纱减少被动停车，谨防停机或出差错。她细心钻研操作法，通过眼看、手摸、腿勤的巡回操作，确保了优质高产低耗。在与"非典"作斗争的日子里，作为骨干的赵月娟，经受住了考验，她除了努力完成生产任务外，积极响应企业就地休息号召，青工出现思想波动时，她协助领导工作，积极组织青工开展文体活动，成为领导的得力助手。2003年7月20日，她作为产业工人中唯一的代表，以普通纺织女工的身份，被北京团市委评为第四届北京市“十佳”进京创业青年。2004年在北京市青年创业者协会成立大会上，赵月娟被推选为北京市青年创业者协会第一届理事会成员。由于她的业绩突出，成为来京务工青年的先进典型，2004年年底，按照市人才引进的有关规定，赵月娟户口由河北正式迁入北京，拿到北京市居民第二代身份证。（纺织控股公司团委）

【屡获殊荣的普通工人赵健刚】 赵健刚是北京青云航空仪表有限公司的一名普通工人。30多年一线生产的实践使他熟练地掌握了冲模、塑压模、压铸模等各种模具的加工技术，还能根据不同零件的要求，干任意一种类型的铣床、插床。而且面对难活儿，他总能有新鲜的点子，并亲手把它变成现实。赵健刚肯干、苦干，还爱巧干、爱钻研。1992年参加航空航天工业部举行京区技术工人劳动技能比赛，获得了“技术能手”。1994年，他参加第六届北京市工业系统工人技术比赛，取得了高级铣工第18名。他先后设计、自制了上百项成型的夹具和刀具，解决了加工过程中的各种难题，提高了工作效率，还节省了大量材料费和外协加工费。赵健刚只有初中毕业的文化程度，工作之余通过不懈的学习，已经获得了高级技师的资格。1999年他被公司派到美国学习数控铣床的操作技术。全英文的操作界面是一个拦路虎，做笔记，背单词，他靠着一股子不学到手不罢休的劲头，把计算机编程和实际操作两项技能拿下。赵健刚始终保持着工人的本色，勤勤恳恳地工作，年年超额完成生产任务，一直占据着铣工班工时排行榜第一的位置。每年工时完成量总能占上班组里的半壁江山。仅2000年，他完成工时11732个，相当于定额工时的603%。由于长年忘我地工作，刚步入中年，疾病早早找上门来。夜阑人静，他只得趴在床上，忍受腰椎骨质增生带来的剧烈疼痛，难以入眠。天亮了，为了不耽误上班，强吞下几片止痛药，又拖着病体来到车床前。2003年最后一季度，青云公司为确保全年军品生产任务的完成，发出了“决战四季度”的号召。赵健刚带头响应，全身心地投入生产。每天早来晚走加班加点，还放弃了周六周日的休息，只要任务需要，他就出现在生产车间。11月上旬的一天，他原打算去医院拿点药，没想到让医生给留下了。经医院检查发现，他出现了严重的胸积水，先后三次抽水。医生分析，从最初出现炎症到发现积水，至少已经一个月了，他以他的无私的行为带动和鼓舞了他所在的分厂干部、职工，使他们在四季度的决战中取得了突出成绩。随着制造业的发展，在现如今的人才市场中，出现了“求研究生易，寻高级技师难”的现象，像赵健刚这样拥有娴熟技术的高级技工，曾有人试图用高薪来挖走他，被他婉言谢绝。还有许多人看上他的技术，纷纷找上门来请他帮忙干活，面对金钱的诱惑，赵健刚总是一口回绝。2004年，一场大病使他离开了传统铣床岗位，分厂考虑到他的身体状况，安排他走上了劳动强度低一些的数控设备操作岗位。而其中的编程工作领导原本安排由年轻人承担，可是他硬是用一个月时间啃完机床的技术资料，自己进行编程。赵健刚在本职工作中作出了突出奉献，1990年被评为“航空航天部劳模”；1995年被评为“北京市劳动模范”；1997年被评为“北京市工业系统百名优秀员工”；2002年被评为

“中航一集团质量优秀员工”；2003年被评为“航空技术能手”和“国防科技工业技术能手”，连续19年被评为国防工办级先进和青云公司先进。2004年他被中华全国总工会授予“五一”劳动奖章。（青　云）

【在“外企”更要为国增光的姜海霞】　姜海霞是北京松下电工有限公司的一线职工。由于她注重业务学习，勤勤恳恳、任劳任怨、尽职尽责，比较快地掌握了生产线上各工序的操作技术，很快被提升为线长。2001年她被提升为照明部商品制造课制造三班代理班长后，大多数周六是在工作岗位上度过的。这个班的员工分两个班次，有时下了班以后她还要接听正在生产的班次大量的询问电话，甚至在自己的婚礼上还要通过电话对生产线的有关工作进行安排。一次，已经入睡的姜海霞接到夜班生产线打来的电话，为了解决生产上的问题，她连夜赶回公司使生产问题得以解决。姜海霞能够独立制定各项产品质量的检查基准和班内管理基准。她所带的班有很强的凝聚力，员工之间相处融洽，总能在保证质量的前提下，超额完成工作任务。2003年8月，她所在的班因发展需要招聘了40多名新员工。这些员工年龄参差不齐，小的十七八岁，大的四十多岁，没有生产经验和现代化企业的工作经验，培训难度非常大。姜海霞迎难而上，制定出一整套切实可行的新员工培训方案，并付诸实施。经过一个月的培训，这些新员工较好地掌握了工作技能，并很快地树立起了质量意识，在加工产品的过程中没有出现过任何质量问题。姜海霞很注重改善和创新工作，积极推动所在班组的各项改善提案活动，在2003年的生产效率提高改善中，针对FAC41080P系列灯具进行LOSE时间的分析改善、治工具的改善、动手能力的培训，节拍测定的调整由原八工序操作改为六工序操作，人均产量也由原八工序的121台提高到了六工序的145台。她所在的班组2003年同2002年相比，产量增加352934台，人均效率提高了39.35%。姜海霞认为，引进外资是国家的改革开放的政策，可以学到国外先进的技术和管理经验。在外企工作，就要让人家看到，中国的员工，特别是年轻的中国的员工，工作质量并不比别人差。她多次被公司评为先进个人，并于2004年获得“首都劳动奖章”。（王玉婵）

【全国“五一”劳动奖章获得者钟连盛】　钟连盛，1962年生于北京。满族。高级工艺美术师、北京工艺美术三级大师，现任北京市珐琅厂有限责任公司总工艺美术师。中国民主建国会会员，中国工艺美术学会会员，北京工艺美术大师、专家联谊会会员，崇文区青联委员，崇文区第十三届人大代表。1983年获北京市技校“先进教师”称号。钟连盛从1987年从事景泰蓝设计工作后，作品《牧归》获“1999北京优秀工业设计竞赛”概念设计入围奖，“北京市政府礼品系列”获产品类入围奖。作品《华夏文化》系列产品（合作）获“2000年云南国际旅游节·旅游商品开发设计大赛”一等奖。“景泰蓝二代产品的工业设计”项目（合作）获1999年北京市科技进步奖三等奖和崇文区科技进步奖三等奖。2001年《以市场为导向的工业设计管理体系》（合作）课题获“北京市第十六届企业管理现代化创新成果”二等奖。系列作品《荷梦》获“2001年西湖博览会·第二届中国工艺美术大师作品暨工艺美术精品博览会”金奖。系列挂盘

《故宫饰物》和《北京北海九龙壁》荣获“2002年首届中国旅游纪念品设计大赛”两项金奖，《江山永固》系列挂盘荣获银奖。《荷梦》系列珐琅瓶获2002年5月“首届北京工美旅游创新产品展览会”二等奖，《九龙珐琅盘》获三等奖。2002年10月，获“北京市崇文区第四批专业技术拔尖人才”称号。2003年8月，系列挂盘《明城墙遗址》获“北京市第四届旅游商品设计大赛”银奖，《故宫饰物》获铜奖。9月，获“北京市十大能工巧匠”称号。10月，作品《岁月》获“百工坊杯明城墙文化旅游纪念品大赛”二等奖。系列作品《清韵》获“2003年西湖博览会·第四届中国工艺美术大师作品暨国际艺术精品博览会”金奖。11月，获崇文区第六届“十大优秀青年”称号。12月，作品《远古的遐想》获2003首届北京工艺美术展“北京工美杯”金奖。2004年4月，钟连盛被授予“全国五一劳动奖章”和“首都五一劳动奖章”。8月，作品“0”系列荣获“首届中国现代工艺美术展”银奖及“2004年西湖博览会·第五届中国工艺美术大师作品暨国际艺术精品博览会”银奖。　（曹志强）

【被聘为专家的钳工顾德明】　顾德明是北京电力设备总厂特种工业汽轮机厂汽轮机车间的一名工人。自进厂后，他一直从事钳工工作，对工业汽轮机本体和转子组装以及电站汽轮机转子检修、行星齿轮减速机组装等造诣颇深。2004年大年二十九，内蒙古丰泰热电厂200MW高压汽机转子需要校直（内行称直轴），来厂抢修。汽轮机转子长6米，直径为430毫米，8吨多重。电站汽轮机转子的轴，水平弯曲值在0.10毫米以上就要产生晃动，机组就要停机。丰泰热电厂200MW高压汽机转子的轴弯曲在0.15毫米以上。当时汽轮机车间是刚成立的，对转子校直等工作流程还不熟悉，而且工具和设备紧缺，就是连场地都是和电力机械厂借用的。在这种情况下，顾德明放弃了春节的休息日，勇挑重担，现场抽调了几名从来没有参加过转子校直工作的工人，在他的带领下，连续4天团结奋战了96个小时，在大年初二圆满地完成了任务，将转子轴的弯曲公差校直到0.035毫米。顾德明刻苦钻研业务知识，连续打破由他保持的工业汽轮机转子组装的工期记录，由原来的35天组装一台提高到每9天组装一台。特种工业汽轮机厂主要从事工业汽轮机的生产，电源建设的市场火爆，订货量急剧增加。他每天工作12小时，每台转子组装都在10天内完成。2004年，厂里产出21台工业汽轮机，在21个转子中他就组装了18个，参与转子校直2根。为加强厂里后备力量的培养，他培养出2名转子的组装骨干。顾德明于1998年被评为厂级先进职工。2000年、2001年被评为厂级标兵职工。2000年、2002年和2004年被评为厂优秀共产党员。1999年、2001年和2003年分获华北电力集团优秀共产党员等多种荣誉称号。2004年被华北电力技术院聘为生产技能专家。　（电力设备）

【勤于奉献老当益壮的徐锋】　徐锋原名吉婧湘，女，满族。1922年4月11日出生于北京。1940年入学北平艺术专科学校图案科。其在校期间于1941年参加中共党组织的北平剧社绘制布景和日本归国留学生读书会地下交通站等活动，学业期满继修研究生并任助教，1943年投奔解放区参加革命，1945年8月10日加入中国共产党后受党组织委派返回北平从事学潮运动，为便于活动更名为徐锋。1948年又到解放区，之后跟随中国人民解放军回到北平，1949年1月31日北平和平解放后曾在北平市军管会任秘书。1953年，徐锋被分配到北京市东单区任区委工业部部长。1961年调任北京市特种工艺工业公司副总经理，1980年8月北京市工艺美术品总公司成立后任副总经理、总工艺美术师。自1981年开始，徐锋深人研究收藏民间手工艺品，任北京市玩具协会副理事长。1982年后，徐锋和助手一起相继为110余名老艺人、工艺美术大师等完成录音、整理出文字资料几十万字。1983年任中国工艺美术学会民间工艺美术专业委员会副主任。1989年评定为高级工艺美术师。主编出版有《王仲元玉器设计》、《王树森玉器设计》、《北京扎花图案》、《中国工艺美术大师杨士惠》、《老北京民间玩具歌谣》等，其收集的一百余种数千件民间玩具于1984年、1987年举办过专题展览。

（杭　雪）

【脚踏实地的开拓者高言杰】　高言杰，1959年11月出生，北京房山人，1979年4月参加工作。1985年11月加入中国共产党，现任房山区政府主管工业的副区长。他虚心向领导和同志们学习，取长补短，减少不必要的活动和应酬，挤出时间静下心来学习，不断用新知识、新观念武装自己的头脑。他坚持每个月至少抽出三分之一的时间到基层实地调查研究，在调研中完善发展思路和发展重点。相继建立“区领导联系重大工业项目”、工业园区统一协调管理、工业、外经、招商联动等工作机制，强化财政支持工业强区力度。针对国家整顿土地市场秩序、撤销工业区、清理固定资产投资项目，工业发展空间严重不足的实际，结合全区工业产业功能定位，分析了全区工业发展的潜在优势，积极主动与驻区中央、市属企业加强联系与合作，取得了新进展。与中国原子能科学研究院签署了全面合作框架协议，与燕化公司全面合作，启动了北京石油化工和新材料产业基地的规划建设工作。此外，针对该区建材资源丰富、品种繁多、储量大的得天独厚的条件，依托原良乡工业开发区B区的基础设施，确定了构筑新型建材产业基地的思路。针对区域内有数家国有大型机械企业雄厚的加工基础的有利条件，构筑北京市机电装备制造产业群的工作也开始起步。2004年，石油化工和新材料产业基地取得了可喜的进展，首创轮胎、华源生命等一批大企业、大项目纷至沓来。并与北新集团、金隅集团两大建材龙头企业达成协议入驻；引来了北京一机床作为龙头企业，逐步整合全区机电制造产业，形成强大产业聚集区。通过改革和调整，房山工业初步形成了以三大基地为构架，以石化新材料、现代装备制造、新型建材、生物工程与新医药和都市工业五大产业为主导的新型工业体系，全区上下形成了工业强区、工业立区的浓重氛围。2004年，区域工业全年完成产值571.2亿元，销售收入614.2亿元，增加值123.1亿元，利润51.4亿元，税金41亿元，同比分别增长34.7%、35%、23.6%、207.5%、85.7%，工业企业综合效益指数为270.34%，比上年提高92.12个百分点。在全区GDP增量中，工业增长贡献率达到64.9%，对全区经济的贡献率显著提高。

（孙学东）

【勇克难关的工人技师高和平】　高

和平是北京光电技术研究所玻璃灯工工人技师，高中文化程度，1971年参加工作。他勤奋好学、刻苦钻研技术，被我国著名玻璃工艺专家杜继录收为关门弟子。在杜继录的悉心指导下，高和平很快成为了国内二氧化碳激光管研制和生产领域顶尖的专门人才。由他主持建立的二氧化碳激光器生产车间，研制成功了多种型号和规格的二氧化碳激光管产品。其技术水平居当时国内前列。随着单位工作重点的调整，高和平被调到激光检测事业部从事激光功率计、激光能量计等激光参量测试仪器和室内高尔夫球测量系统等激光应用项目的研究和开发工作。高和平解决了众多关键性工艺难题，为该所激光检测产品的技术水平和销售额长期保持国内领先地位作出了重要贡献。在室内高尔夫球测量系统研制中，他设计了特殊的工艺夹具，解决了大幅面探测器阵列的加工难题，提高了测量精度、降低了成本。在高能激光能量测试仪器研制中，他对普通的等离子喷涂工艺参数和控制方式进行了改进创新，使该所产品具有非常高的抗激光破坏水平和良好的稳定性。该项改进使我国打破了国外的技术封锁，研制成功了军工急需的强激光测试仪器，也使该所在军用强激光测试领域具有了领先的技术优势，得到了军工主管部门大量的经费支持。在为国防现代化作出贡献的同时，也为所里创造了可观的经济效益。在激光功率计、能量计产品开发中，高和平利用自己设计的工艺装备和自己摸索的电火花焊接工艺参数，解决了直径微米量级的热电堆材料的焊接难题，得到了小巧、均匀、光滑，可靠性高、一致性好、成品率高的热电堆产品。随着瓶颈技术的突破，使该所在很短时间内开发了一系列激光参量测试仪器产品。该产品销量跃居国内首位。20多年来，高和平作为主要技术骨干先后完成了总装备部军工型号项目10项、国家重点科技攻关项目1项、北京市自然科学基金项目2项、开发了激光功率计/能量计产品16种、室内高尔夫球测量系统娱乐产品5种、二氧化碳激光器产品10多种。目前这些产品已经成为该所的主导产品和主要利润来源。高和平曾获北京市科技进步二等奖2次、三等奖1次、国家实用新型专利2项、先进生产（工作）者称号多次。

（人　力）

【技术、管理双创新的厂长曹文俊】

北京京煤集团公司化工厂厂长曹文俊，1986年从淮南矿业学院毕业后分配到化工厂，主要从事技术研发与企业管理工作。1996年，年仅30岁的他担任了化工厂厂长。这个厂位于房山区青龙湖镇境内，是国家定点生产民用爆破器材的中型企业，拥有资产总额7000万元，现有职工695人，主要产品为工业炸药、工业雷管、导爆索、导爆管及导爆雷管等。曹文俊接任厂长后，凭借多年的经验和丰富的专业技术知识，明确提出了“科技创新、管理创新”的治厂、兴厂战略，解决企业技术滞后、设备陈旧、产品单一、管理薄弱等问题。在技术创新方面，上任伊始，曹文俊果断地确定了以技术改造、设备仿制、新产品开发、制造火工机械设备为核心的具体实施方略，按照“以调整工业炸药和工业雷管两大产品为主，以开发、研制其他‘民爆产品’为辅”的原则，进行技术创新和产品结构调整。几年下来，该厂先后建成了具有国内先进水平的乳化炸药生产线、刚性药头生产线、金属壳毫秒雷管生产线、导爆管和导爆索生产线，开发研制成功了新型的GTG起爆药、球形糊精叠氮化铅起爆药，完成了雷管编码机的研制，引入4号铵梯油炸药生产技术等，实现了产品的更新换代和提高了产品的科技含量。在科研技术创新的热潮中，曹文俊事事以身作则，积极投入和参与了众多的科研技改项目。其中，他主抓的3个科研项目获得了国家技术进步奖。“民爆企业”技术创新固然重要，但其产品的特殊性决定其管理工作必须跟上到位。化工厂的管理工作不仅关系到企业的发展，而且直接关系到首都安全和社会稳定。曹文俊面对企业薄弱的管理现状，继续增强创新意识和改革精神，积极采取新工艺、新技术、新设备，以保证安全生产和消除职业安全健康隐患，2002年，化工厂通过了国家质量和职业安全健康管理体系认证。围绕企业管理，曹文俊还十分注重制度建设，充分利用现代管理手段，积极推进企业信息化建设。几年间，化工厂实施了办公自动化网络系统、实现了无纸化办公。还相继开发了员工绩效考核网络系统、安全监控网络系统、党务管理网络系统、雷管编码信息采集系统。特别是以财务为核心的ERP工程的实施，使企业信息化建设达到了一个新的水平，企业管理发生了革命性的变化。管理的创新，使曹文俊领导的化工厂在经营上取得了丰硕成果，连续5年获得了北京市首都精神文明建设先进单位称号。曹文俊也多次被评为优秀企业家。2004年被授予“首都五一劳动奖章”。

（吴兆文　徐贺成）

【为科技攻关作奉献的黄志齐】

1980年黄志齐同志从北京市化工学校毕业，分配到北京化学试剂研究所（以下简称试剂所），他在工作中坚持读书，1989年取得硕士学位，2000年获教授级高工职称。现任试剂所主管科技工作的副所长兼总工程师，还兼任国家化学试剂检测中心主任、全国化学标准化技术委员会化学试剂分会主任委员、中国感光学会理事等职务。黄志齐在科研工作中，与其他科研人员合作，在国内率先开发出系列铝型材表面处理剂替代进口产品，获得了北京市科技进步三等奖。他参与国家光刻胶攻关项目研究，开发出3～5微米线宽集成电路用BN－310系列紫外负型光刻胶（获得化工部科技进步二等奖）、0.8微米线宽集成电路用BP－215系列紫外正型光刻胶（获得化工部科技进步三等奖）、TN型和STN型液晶显示器生产所用BP－218系列紫外正型光刻胶等产品，性能达到了国外同类产品的水平，实现了国产化，并成为该所支柱产品。1996年，黄志齐获电子工业部颁发的“八五”科技攻关突出成绩奖。1997年美国微电子化学品公司提供资金合作研制安全溶剂型紫外负胶，通过反复试验，研制成功。不到一年他即解决了国际上近20年未解决的难题。2002年，他被国家科技部聘为“十五”国家重大科技专项超大规模集成电路用电子配套材料总体专家组成员。2004年被国家信息产业部聘为“十一五”计划和2020年中长期规划（纲要）研究与编制工作电子材料技术组组员。黄志齐还多次负责组织国防科工委下达的急需军品配套化学品的研制，先后研制出金属表面处理剂系列产品、反转光刻胶、表面活化剂等数十个产品。黄志齐在我国电子化学品领域跟踪世界科技前沿，带领技术人员建立了年产20吨紫外光刻胶的生产车间，实现了科技成果的产业化，产品广泛应用于集成电路行业，获化工部和北京市科技进步奖。黄志齐在承担市科委超净高纯试剂扩产的项目中，应用多年经验，多方调查研究，充分听取专家意见和利用有限资金，指导青年技术人员在仪器的选型、验收、功能开发等方面和超净环境建设中严格把关，圆满解决了超净高纯试剂分析中的技术问题，使国家科技攻关成果超净高纯试剂的检测水平大大提高。其中有些新技术的应用在国内化学分析行业中是首次应用，为制备工作提供了可靠的分析数据。受到国防科工委等上级部门的好评。走上管理岗位后，黄志齐既注意继续发挥个人的技术特长，也在科研院所向企业转制中注重管理创新。他积极学习先进技术，深入科研一线，试剂所近年研制开发的印刷电路版用电子化工材料、军工新材料、功能性精细化学品他都参与了具体技术工作。在技术管理方面，他注意学习现代管理理论和政策法规，主持了百余种精细化工产品确定分析方法，制定企业标准，完善管理制度，健全质量管理体系，确立质量工作方针和目标。试剂所已于2002年通过了ISO9001—2000质量体系认证和换版，并被批准为高新技术企业。黄志齐严格要求自己，注意发挥党员的先锋模范作用，热情参与文体活动和社会公益活动，曾多次被评为各级先进工作者和优秀共产党员。 （蔡玲红）

【经济技术创新标兵温智勇】 温智勇原来是北京天坛医院核磁室主任，2002年12月调到北京电力医院放射科，因工作出色，半年后担任了放射科主任。2002年之前，该科每日平均摄片量不过30人次，CT日平均勉强做到10人次。而核磁的每日的平均量只有几人次，整个放射科每月的总收入只有50多万元，温智勇经过调查研究，感到放射科现有的陈旧机械设备与旧的行政管理模式，根本不能与拥有518张住院床位的三级医院相匹配。2003年年底，温智勇申请引进了医学影像存档与通讯系统、放射信息系统、CR机及激光洗片机。将老式X线机并入CR机的使用中，使得普通X线摄片全部改为CR片，提高了诊断准确率和设备利用率，节省了消耗，降低了成本。先进的设备不仅改善了工作环境，还增加了经济效益。温智勇首创病人终身唯一标识号制度，简化了原有的普通X线检查、CT检查及核磁检查分别编号的繁琐流程。随着PACS技术的引进与开发，使该院在医学数字化应用方面达到了国内先进水平。在工作中，温智勇将国外先进的检查方法与自身多年的临床经验相结合，在原有的核磁机上设置新的扫描参数与最佳的扫描序列，使图像达到了最优化的效果，北大口腔医院等多家大型综合医院纷纷与该科建立合作关系，放射科的工作量增加两倍以上。温智勇指导科室成员进行了多项科研工作。2004年温智勇带领全科人员申报并开展包括“动态MR检查在垂体瘤诊断中的应用”等17项新业务项目。他取得的区级科研立项“弥漫性轴索损伤的临床研究”已进行了50多例临床试验，并取得了阶段性成果。区级科研立项“胃肠肿瘤的核磁CT及B超的对比性研究”已进行了20多例临床实验。自2003年后，他先后在中华级的医学杂志上发表9篇论文，主编专著一部，副主编一部，编委一部。全科在他的指导下全年发表或待发表论文共30余篇，科研项目4项。自行研究发明的“弧形摇床”取得了区级科技进步奖，并申请获得专利认证。2004年11月，在水电医学论文交流会上，全科共提交论文18篇皆被大会录用。2004年华北电网公司优秀论文评选中，他的“恶性淋巴瘤的MRI诊断”评为优秀论文，在电力医院第二届科技论文交流会上，放射科共提交论文31篇，其中获一等奖的两篇、二等奖的5篇、三等奖的5篇，科室还获得“特别贡献奖”。温智勇在工作中充分发挥自己的专业技术特长，全年共为40436位病人提供检查，比去年增加22%。普通X线病人26618例，CT病人9591例，MR病人4227例。截止到2004年12月31日，已经完成1323.60万元的工作量，比计划增收463.60万元，与去年同期比较收入提高了54%，仅核磁收入比去年同期增加了60%多，创造了纯利润850万元左右的好成绩。为了给患者酿造一个良好的就医环境，温智勇带领大家以绿色植物点缀科室，让患者心情愉悦。他在工作中引进新观念，为女性患者提供消毒投照衣，这样既保证投照质量，又保护了患者的隐私。为了给患者就医提供方便，制定出相关措施：普通摄片一小时内取结果；CT两小时内出报告；24小时工作制，不分节假日，做到患者随到随看病，当天就能得到诊断报告，大幅度地方便了患者，这一举措得到了一致好评，也使就诊的患者数量明显增加。　（电力医院）

【以身作则的青年作业班长彭新立】

彭新立现为密云供电公司带电作业班班长。为全面提高班组质量管理水平，提高班组整体素质，带电作业班成立了以他为组长的QC质量活动小组，定期组织质量管理活动，认真细致地分析班组管理、施工工艺和带电施工工具方面存在的问题，严格遵循PDCA原则，逐步研究、探讨解决问题的有效方法。从2001年到2003年共完成四项QC成果：并钩拆装器的改造、10kV间接带电作业绑扎器的研制、绝缘梯晃绳的改造、绝缘挡板的改造，并将成果运用到实际工作中，加大了带电作业的安全保障系数，提高了工作效率。彭新立在日常工作和生活中严格要求自己，将自己掌握的知识和技术合理地运用到实际工作中。如：2003年11月7日河南寨10kV中平路24支7号变压器保险器损坏，为满足客户急需用电的要求，他迅速到现场查活，发现此杆（直线）边相线在陶瓷担处导线断股严重，在更换保险器的过程中，经震动可能会发生断线事故，威胁到工作人员的人身安全，于是他立即决定采取在上一级耐张杆处进行带电断、接火措施，及时地消除了事故隐患，避免了一次可能发生的人身触电事故。随时警觉地安全生产和自保互保意识确保带电作业班在完成繁重工作量的同时也保证了职工的人身和设备的安全。在中共党的十六大胜利闭幕之际，彭新立与其他两位同志组队代表华北电力集团公司赴上海参加“全国电力系统配电线路带电作业青年技能创新创效大赛”，以优异的成绩取得了第一名。

（北京电力）

法规政策文件

国务院关于进一步加强安全生产工作的决定

国发［2004］2号

安全生产关系人民群众的生命财产安全，关系改革发展和社会稳定大局。党中央、国务院高度重视安全生产工作，建国以来特别是改革开放以来，采取了一系列重大举措加强安全生产工作。颁布实施了《中华人民共和国安全生产法》（以下简称《安全生产法》）等法律法规，明确了安全生产责任；初步建立了安全生产监管体系，安全生产监督管理得到加强；对重点行业和领域集中开展了安全生产专项整治，生产经营秩序和安全生产条件有所改善，安全生产状况总体上趋于稳定好转。但是，目前全国的安全生产形势依然严峻，煤矿、道路交通运输、建筑等领域伤亡事故多发的状况尚未根本扭转；安全生产基础比较薄弱，保障体系和机制不健全；部分地方和生产经营单位安全意识不强，责任不落实，投入不足；安全生产监督管理机构、队伍建设以及监管工作亟待加强。为了进一步加强安全生产工作，尽快实现我国安全生产局面的根本好转，特作如下决定。

一、提高认识，明确指导思想和奋斗目标

1．充分认识安全生产工作的重要性。搞好安全生产工作，切实保障人民群众的生命财产安全，体现了最广大人民群众的根本利益，反映了先进生产力的发展要求和先进文化的前进方向。做好安全生产工作是全面建设小康社会、统筹经济社会全面发展的重要内容，是实施可持续发展战略的组成部分，是政府履行社会管理和市场监管职能的基本任务，是企业生存发展的基本要求。我国目前尚处于社会主义初级阶段，要实现安全生产状况的根本好转，必须付出持续不懈的努力。各地区、各部门要把安全生产作为一项长期艰巨的任务，警钟长鸣，常抓不懈，从全面贯彻落实“三个代表”重要思想，维护人民群众生命财产安全的高度，充分认识加强安全生产工作的重要意义和现实紧迫

性，动员全社会力量，齐抓共管，全力推进。

2．指导思想。认真贯彻“三个代表”重要思想，适应全面建设小康社会的要求和完善社会主义市场经济体制的新形势，坚持“安全第一、预防为主”的基本方针，进一步强化政府对安全生产工作的领导，大力推进安全生产各项工作，落实生产经营单位安全生产主体责任，加强安全生产监督管理；大力推进安全生产监管体制、安全生产法制和执法队伍“三项建设”，建立安全生产长效机制，实施科技兴安战略，积极采用先进的安全管理方法和安全生产技术，努力实现全国安全生产状况的根本好转。

3．奋斗目标。到2007年，建立起较为完善的安全生产监管体系，全国安全生产状况稳定好转，矿山、危险化学品、建筑等重点行业和领域事故多发状况得到扭转，工矿企业事故死亡人数、煤矿百万吨死亡率、道路交通运输万车死亡率等指标均有一定幅度的下降。到2010年，初步形成规范完善的安全生产法治秩序，全国安全生产状况明显好转，重特大事故得到有效遏制，各类生产安全事故和死亡人数有较大幅度的下降。力争到2020年，我国安全生产状况实现根本性好转，亿元国内生产总值死亡率、十万人死亡率等指标达到或者接近世界中等发达国家水平。

二、完善政策，大力推进安全生产各项工作

4．加强产业政策的引导。制定和完善产业政策，调整和优化产业结构。逐步淘汰技术落后、浪费资源和环境污染严重的工艺技术、装备及不具备安全生产条件的企业。通过兼并、联合、重组等措施，积极发展跨区域、跨行业经营的大公司、大集团和大型生产供应基地，提高有安全生产保障企业的生产能力。

5．加大政府对安全生产的投入。加强安全生产基础设施建设和支撑体系建设，加大对企业安全生产技术改造的支持力度。运用长期建设国债和预算内基本建设投资，支持大中型国有煤炭企业的安全生产技术改造。各级地方人民政府要重视安全生产基础设施建设资金的投入，并积极支持企业安全技术改造，对国家安排的安全生产专项资金，地方政府要加强监督管理，确保专款专用，并安排配套资金予以保障。

6．深化安全生产专项整治。坚持把矿山、道路和水上交通运输、危险化学品、民用爆破器材和烟花爆竹、人员密集场所消防安全等方面的安全生产专项整治，作为整顿和规范社会主义市场经济秩序的一项重要任务，持续不懈地抓下去。继续关闭取缔非法和不具备安全生产条件的小矿小厂、经营网点，遏制低水平重复建设。开展公路货车超限超载治理，保障道路交通运输安全。把安全生产专项整治与依法落实生产经营单位安全生产保障制度、加强日常监督管理以及建立安全生产长效机制结合起来，确保整治工作取得实效。

7．健全完善安全生产法制。对《安全生产法》确立的各项法律制度，要抓紧制定配套法规规章。认真做好各项安全生产技术规范、标准的制定修订工作。各地区要结合本地实际，制定和完善《安全生产法》配套实施办法和措施。加大安全生产法律法规的学习宣传和贯彻力度，普及安全生产法律知识，增强全民安全生产法制观念。

8．建立生产安全应急救援体系。加快全国生产安全应急救援体系建设，尽快建立国家生产安全应急救援指挥中心，充分利用现有的应急救援资源，建设具有快速反应能

力的专业化救援队伍，提高救援装备水平，增强生产安全事故的抢险救援能力。加强区域性生产安全应急救援基地建设。搞好重大危险源的普查登记，加强国家、省（区、市）、市（地）、县（市）四级重大危险源监控工作，建立应急救援预案和生产安全预警机制。

9．加强安全生产科研和技术开发。加强安全生产科学学科建设，积极发展安全生产普通高等教育，培养和造就更多的安全生产科技和管理人才。加大科技投入力度，充分利用高等院校、科研机构、社会团体等安全生产科研资源，加强安全生产基础研究和应用研究。建立国家安全生产信息管理系统，提高安全生产信息统计的准确性、科学性和权威性。积极开展安全生产领域的国际交流与合作，加快先进的生产安全技术引进、消化、吸收和自主创新步伐。

三、强化管理，落实生产经营单位安全生产主体责任

10．依法加强和改进生产经营单位安全管理。强化生产经营单位安全生产主体地位，进一步明确安全生产责任，全面落实安全保障的各项法律法规。生产经营单位要根据《安全生产法》等有关法律规定，设置安全生产管理机构或者配备专职（或兼职）安全生产管理人员。保证安全生产的必要投入，积极采用安全性能可靠的新技术、新工艺、新设备和新材料，不断改善安全生产条件。改进生产经营单位安全管理，积极采用职业安全健康管理体系认证、风险评估、安全评价等方法，落实各项安全防范措施，提高安全生产管理水平。

11．开展安全质量标准化活动。制定和颁布重点行业、领域安全生产技术规范和安全生产质量工作标准，在全国所有工矿、商贸、交通运输、建筑施工等企业普遍开展安全质量标准化活动。企业生产流程的各环节、各岗位要建立严格的安全生产质量责任制。生产经营活动和行为，必须符合安全生产有关法律法规和安全生产技术规范的要求，做到规范化和标准化。

12．搞好安全生产技术培训。加强安全生产培训工作，整合培训资源，完善培训网络，加大培训力度，提高培训质量。生产经营单位必须对所有从业人员进行必要的安全生产技术培训，其主要负责人及有关经营管理人员、重要工种人员必须按照有关法律、法规的规定，接受规范的安全生产培训，经考试合格，持证上岗。完善注册安全工程师考试、任职、考核制度。

13．建立企业提取安全费用制度。为保证安全生产所需资金投入，形成企业安全生产投入的长效机制，借鉴煤矿提取安全费用的经验，在条件成熟后，逐步建立对高危行业生产企业提取安全费用制度。企业安全费用的提取，要根据地区和行业的特点，分别确定提取标准，由企业自行提取，专户储存，专项用于安全生产。

14．依法加大生产经营单位对伤亡事故的经济赔偿。生产经营单位必须认真执行工伤保险制度，依法参加工伤保险，及时为从业人员缴纳保险费。同时，依据《安全生产法》等有关法律法规，向受到生产安全事故伤害的员工或家属支付赔偿金。进一步提高企业生产安全事故伤亡赔偿标准，建立企业负责人自觉保障安全投入，努力减少事故的机制。

四、完善制度，加强安全生产监督管理

15．加强地方各级安全生产监管机构和执法队伍建设。县级以上各级地方人民政府要依照《安全生产法》的规定，建立健全安全生产监管机构，充实必要的人员，加强安全生产监管队伍建设，提高安全生产监管工作的权威，切实履行安全生产监管职能。完善煤矿安全生产监察体制，进一步加强煤矿安全生产监察队伍建设和监察执法工作。

16．建立安全生产控制指标体系。要制定全国安全生产中长期发展规划，明确年度安全生产控制指标，建立全国和分省（区、市）的控制指标体系，对安全生产情况实行定量控制和考核。从2004年起，国家向各省（区、市）人民政府下达年度安全生产各项控制指标，并进行跟踪检查和监督考核。对各省（区、市）安全生产控制指标完成情况，国家安全生产监督管理部门将通过新闻发布会、政府公告、简报等形式，每季度公布一次。

17．建立安全生产行政许可制度。把安全生产纳入国家行政许可的范围，在各行业的行政许可制度中，把安全生产作为一项重要内容，从源头上制止不具备安全生产条件的企业进入市场。开办企业必须具备法律规定的安全生产条件，依法向政府有关部门申请、办理安全生产许可证，持证生产经营。新建、改建、扩建项目的安全设施必须与主体工程同时设计、同时施工、同时投入生产和使用（简称“三同时”），对未通过“三同时”审查的建设项目，有关部门不予办理行政许可手续，企业不准开工投产。

18．建立企业安全生产风险抵押金制度。为强化生产经营单位的安全生产责任，各地区可结合实际，依法对矿山、道路交通运输、建筑施工、危险化学品、烟花爆竹等领域从事生产经营活动的企业，收取一定数额的安全生产风险抵押金，企业生产经营期间发生生产安全事故的，转作事故抢险救灾和善后处理所需资金。具体办法由国家安全生产监督管理部门会同财政部研究制定。

19．强化安全生产监管监察行政执法。各级安全生产监管监察机构要增强执法意识，做到严格、公正、文明执法。依法对生产经营单位安全生产情况进行监督检查，指导督促生产经营单位建立健全安全生产责任制，落实各项防范措施。组织开展好企业安全评估，搞好分类指导和重点监管。对严重忽视安全生产的企业及其负责人或业主，要依法加大行政执法和经济处罚的力度。认真查处各类事故，坚持事故原因未查清不放过、责任人员未处理不放过、整改措施未落实不放过、有关人员未受到教育不放过的“四不放过”原则，不仅要追究事故直接责任人的责任，同时要追究有关负责人的领导责任。

20．加强对小企业的安全生产监管。小企业是安全生产管理的薄弱环节，各地要高度重视小企业的安全生产工作，切实加强监督管理。从组织领导、工作机制和安全投入等方面入手，逐步探索出一套行之有效的监管办法。坚持寓监督管理于服务之中，积极为小企业提供安全技术、人才、政策咨询等方面的服务，加强检查指导，督促帮助小企业搞好安全生产。要重视解决小煤矿安全生产投入问题，对乡镇及个体煤矿，要严格监督其按照有关规定提取安全费用。

五、加强领导，形成齐抓共管的合力

21．认真落实各级领导安全生产责任。地方各级人民政府要建立健全领导干部安全生产责任制，把安全生产作为干部政绩考核的重要内容，逐级抓好落实。特别要加强县乡两级领导干部安全生产责任制的落实。加强对地方领导干部的安全知识培训和安全生产监管人员的执法业务培训。国家组织对市（地）、县（市）两级政府分管安全生产工作的领导干部进行培训；各省（区、市）要对县级以上安全生产监管部门负责人，分期分批进行执法能力培训。依法严肃查处事故责任，对存在失职、渎职行为，或对事故发生负有领导责任的地方政府、企业领导人，要依照有关法律法规严格追究责任。严厉惩治安全生产领域的腐败现象和黑恶势力。

22．构建全社会齐抓共管的安全生产工作格局。地方各级人民政府每季度至少召开一次安全生产例会，分析、部署、督促和检查本地区的安全生产工作；大力支持并帮助解决安全生产监管部门在行政执法中遇到的困难和问题。各级安全生产委员会及其办公室要积极发挥综合协调作用。安全生产综合监管及其他负有安全生产监督管理职责的部门要在政府的统一领导下，依照有关法律法规的规定，各负其责，密切配合，切实履行安全监管职能。各级工会、共青团组织要围绕安全生产，发挥各自优势，开展群众性安全生产活动。充分发挥各类协会、学会、中心等中介机构和社团组织的作用，构建信息、法律、技术装备、宣传教育、培训和应急救援等安全生产支撑体系。强化社会监督、群众监督和新闻媒体监督，丰富全国“安全生产月”、“安全生产万里行”等活动内容，努力构建“政府统一领导、部门依法监管、企业全面负责、群众参与监督、全社会广泛支持”的安全生产工作格局。

23．做好宣传教育和舆论引导工作。把安全生产宣传教育纳入宣传思想工作的总体布局，坚持正确的舆论导向，大力宣传党和国家安全生产方针政策、法律法规和加强安全生产工作的重大举措，宣传安全生产工作的先进典型和经验；对严重忽视安全生产、导致重特大事故发生的典型事例要予以曝光。在大中专院校和中小学开设安全知识课程，提高青少年在道路交通、消防、城市燃气等方面的识灾和防灾能力。通过广泛深入的宣传教育，不断增强群众依法自我安全保护的意识。

各地区、各部门和各单位要加强调查研究，注意发现安全生产工作中出现的新情况，研究新问题，推进安全生产理论、监管体制和机制、监管方式和手段、安全科技、安全文化等方面的创新，不断增强安全生产工作的针对性和实效性，努力开创我国安全生产工作的新局面，为完善社会主义市场经济体制，实现党的十六大提出的全面建设小康社会的宏伟目标创造安全稳定的环境。

二〇〇四年一月九日

国务院关于推进资本市场改革开放和稳定发展的若干意见

国发［2004］3号

《国务院关于进一步加强证券市场宏观管理的通知》（国发［1992］68号）下发以来，我国资本市场发展迅速，取得了举世瞩目的成就。资本市场粗具规模，市场基础设施不断改善，法律法规体系逐步健全，市场规范化程度进一步提高，已经成为社会主义市场经济体系的重要组成部分，为国有企业、金融市场改革和发展，优化资源配置，促进经济结构调整和经济发展，作出了重要贡献。为贯彻落实党的十六大和十六届三中全会精神，围绕全面建设小康社会的战略目标，积极推进资本市场改革开放和稳定发展，现提出如下意见。

一、充分认识大力发展资本市场的重要意义

大力发展资本市场是一项重要的战略任务，对我国实现本世纪头20年国民经济翻两番的战略目标具有重要意义。一是有利于完善社会主义市场经济体制，更大程度地发挥资本市场优化资源配置的功能，将社会资金有效转化为长期投资。二是有利于国有经济的结构调整和战略性改组，加快非国有经济发展。三是有利于提高直接融资比例，完善金融市场结构，提高金融市场效率，维护金融安全。

我国资本市场是伴随着经济体制改革的进程逐步发展起来的。由于建立初期改革不配套和制度设计上的局限，资本市场还存在一些深层次问题和结构性矛盾，制约了市场功能的有效发挥。这些问题是资本市场发展中遇到的问题，也只有在发展中逐步加以解决。党的十六大提出了全面建设小康社会的战略目标，十六届三中全会通过了《中共中央关于完善社会主义市场经济体制若干问题的决定》，对资本市场发展作出了部署，为我国资本市场改革开放和稳定发展指明了方向。要认清形势，抓住机遇，转变观念，大力发展资本市场，提高直接融资比例，创造和培育良好的投资环境，充分发挥资本市场在促进资本形成、优化资源配置、推动经济结构调整、完善公司治理结构等方面的作用，为国民经济持续快速协调健康发展和全面建设小康社会作出新的贡献。

二、推进资本市场改革开放和稳定发展的指导思想和任务

推进资本市场改革开放和稳定发展的指导思想是：以邓小平理论和“三个代表”重要思想为指导，全面落实党的十六大和十六届三中全会精神，遵循“公开、公平、公正”原则和“法制、监管、自律、规范”的方针，坚持服务于国民经济全局，实现与国民经济协调发展；坚持依法治市，保护投资者特别是社会公众投资者的合法权益；坚持资本市场改革的市场化取向，充分发挥市场机制的作用；坚持改革的力度、发展的速度与市场可承受程度的统一，处理好改革、发展、稳定的关系；坚持用发展的办法解决前进中的问题，处理好加快资本市场发展与防范市场风险的关系；坚持循序渐进，不断提

高对外开放水平。

推进资本市场改革开放和稳定发展的任务是：以扩大直接融资、完善现代市场体系、更大程度地发挥市场在资源配置中的基础性作用为目标，建设透明高效、结构合理、机制健全、功能完善、运行安全的资本市场。要围绕这一目标，建立有利于各类企业筹集资金、满足多种投资需求和富有效率的资本市场体系；完善以市场为主导的产品创新机制，形成价格发现和风险管理并举、股票融资与债券融资相协调的资本市场产品结构；培育诚实守信、运作规范、治理机制健全的上市公司和市场中介群体，强化市场主体约束和优胜劣汰机制；健全职责定位明确、风险控制有效、协调配合到位的市场监管体制，切实保护投资者合法权益。

三、进一步完善相关政策，促进资本市场稳定发展

资本市场的稳定发展需要相应的政策引导和支持。各部门要进一步完善相关政策，为资本市场稳定发展营造良好环境。

完善证券发行上市核准制度。健全有利于各类优质企业平等利用资本市场的机制，提高资源配置效率。

重视资本市场的投资回报。要采取切实措施，改变部分上市公司重上市、轻转制、重筹资、轻回报的状况，提高上市公司的整体质量，为投资者提供分享经济增长成果、增加财富的机会。

鼓励合规资金入市。继续大力发展证券投资基金。支持保险资金以多种方式直接投资资本市场，逐步提高社会保障基金、企业补充养老基金、商业保险资金等投入资本市场的资金比例。要培养一批诚信、守法、专业的机构投资者，使基金管理公司和保险公司为主的机构投资者成为资本市场的主导力量。

拓宽证券公司融资渠道。继续支持符合条件的证券公司公开发行股票或发行债券筹集长期资金。完善证券公司质押贷款及进入银行间同业市场管理办法，制定证券公司收购兼并和证券承销业务贷款的审核标准，在健全风险控制机制的前提下，为证券公司使用贷款融通资金创造有利条件。稳步开展基金管理公司融资试点。

积极稳妥解决股权分置问题。规范上市公司非流通股份的转让行为，防止国有资产流失。稳步解决目前上市公司股份中尚不能上市流通股份的流通问题。在解决这一问题时要尊重市场规律，有利于市场的稳定和发展，切实保护投资者特别是公众投资者的合法权益。

完善资本市场税收政策。研究制定鼓励社会公众投资的税收政策，完善证券、期货公司的流转税和所得税征收管理办法，对具备条件的证券、期货公司实行所得税集中征管。

四、健全资本市场体系，丰富证券投资品种

建立多层次股票市场体系。在统筹考虑资本市场合理布局和功能定位的基础上，逐步建立满足不同类型企业融资需求的多层次资本市场体系，研究提出相应的证券发行上市条件并建立配套的公司选择机制。继续规范和发展主板市场，逐步改善主板市场上市公司结构。分步推进创业板市场建设，完善风险投资机制，拓展中小企业融资渠道。积

极探索和完善统一监管下的股份转让制度。

积极稳妥发展债券市场。在严格控制风险的基础上，鼓励符合条件的企业通过发行公司债券筹集资金，改变债券融资发展相对滞后的状况，丰富债券市场品种，促进资本市场协调发展。制定和完善公司债券发行、交易、信息披露、信用评级等规章制度，建立健全资产抵押、信用担保等偿债保障机制。逐步建立集中监管、统一互联的债券市场。

稳步发展期货市场。在严格控制风险的前提下，逐步推出为大宗商品生产者和消费者提供发现价格和套期保值功能的商品期货品种。

建立以市场为主导的品种创新机制。研究开发与股票和债券相关的新品种及其衍生产品。加大风险较低的固定收益类证券产品的开发力度，为投资者提供储蓄替代型证券投资品种。积极探索并开发资产证券化品种。

五、进一步提高上市公司质量，推进上市公司规范运作

提高上市公司质量。上市公司的质量是证券市场投资价值的源泉。上市公司董事和高级管理人员要把股东利益最大化和不断提高盈利水平作为工作的出发点和落脚点。要进一步完善股票发行管理体制，推行证券发行上市保荐制度，支持竞争力强、运作规范、效益良好的公司发行上市，从源头上提高上市公司质量。鼓励已上市公司进行以市场为主导的、有利于公司持续发展的并购重组。进一步完善再融资政策，支持优质上市公司利用资本市场加快发展，做优做强。

规范上市公司运作。完善上市公司法人治理结构，按照现代企业制度要求，真正形成权力机构、决策机构、监督机构和经营管理者之间的制衡机制。强化董事和高管人员的诚信责任，进一步完善独立董事制度。规范控股股东行为，对损害上市公司和中小股东利益的控股股东进行责任追究。强化上市公司及其他信息披露义务人的责任，切实保证信息披露的真实性、准确性、完整性和及时性。建立健全上市公司高管人员的激励约束机制。

完善市场退出机制。要采取有效措施，结合多层次市场体系建设，进一步完善市场退出机制。在实现上市公司优胜劣汰的同时，建立对退市公司高管人员失职的责任追究机制，切实保护投资者的合法权益。

六、促进资本市场中介服务机构规范发展，提高执业水平

把证券、期货公司建设成为具有竞争力的现代金融企业。根据审慎监管原则，健全证券、期货公司的市场准入制度。督促证券、期货公司完善治理结构，规范其股东行为，强化董事会和经理人员的诚信责任。改革证券、期货客户交易结算资金管理制度，研究健全客户交易结算资金存管机制。严禁挪用客户资产，切实维护投资者合法权益。证券、期货公司要完善内控机制，加强对分支机构的集中统一管理。完善以净资本为核心的风险监控指标体系，督促证券、期货公司实施稳健的财务政策。鼓励证券、期货公司通过兼并重组、优化整合做优做强。建立健全证券、期货公司市场退出机制。

加强对其他中介服务机构的管理。规范发展证券期货投资咨询机构、证券资信评级机构，加强对会计师事务所、律师事务所和资产评估机构的管理，提高中介机构的专业

化服务水平。

七、加强法制和诚信建设，提高资本市场监管水平

健全资本市场法规体系，加强诚信建设。按照大力发展资本市场的总体部署，健全有利于资本市场稳定发展和投资者权益保护的法规体系。要清理阻碍市场发展的行政法规、地方性法规、部门规章以及政策性文件，为大力发展资本市场创建良好的法制环境。要按照健全现代市场经济社会信用体系的要求，制定资本市场诚信准则，维护诚信秩序，对严重违法违规、严重失信的机构和个人坚决实施市场禁入措施。

推进依法行政，加强资本市场监管。按照深化行政审批制度改革和贯彻实施《行政许可法》的要求，提高执法人员的自身素质和执法水平。树立与时俱进的监管理念，建立健全与资本市场发展阶段相适应的监管方式，完善监管手段，提高监管效率。进一步充实监管力量，整合监管资源，培养一支政治素质和专业素质过硬的监管队伍。通过实施有效的市场监管，努力提高市场的公正性、透明度和效率，降低市场系统风险，保障市场参与者的合法权益。

发挥行业自律和舆论监督作用。要发挥证券期货交易所、登记结算公司、证券期货业协会、律师、会计师、资产评估等行业协会的自律管理作用。要引导和加强新闻媒体对证券期货市场的宣传和监督。

八、加强协调配合，防范和化解市场风险

营造良好的资本市场发展环境。资本市场的风险防范关系到国家的金融安全和国民经济的健康发展。各地区、各部门都要关心和支持资本市场的规范发展，在出台涉及资本市场的政策措施时，要充分考虑资本市场的敏感性、复杂性和特殊性，并建立信息共享、沟通便捷、职责明确的协调配合机制，为市场稳定发展创造良好的环境和条件。

共同防范和化解市场风险。各地区、各部门要切实履行《公司法》等有关法律法规规定的职责，采取有效措施防止和及时纠正发起人虚假出资、大股东或实际控制人侵占上市公司资产的行为；各地区和有关主管部门要依法加强对退市公司的管理，确保退市工作平稳顺利。对有重大经营风险必须退出资本市场或采取其他行政处置措施的证券、期货公司，地方人民政府、金融监管部门以及公安、司法等部门，要加强协调配合，按照法律法规和有关政策规定，采取积极有效措施做好风险处置工作。各地区、各部门必须建立应对资本市场突发事件的快速反应机制和防范化解风险的长效机制。

严厉打击证券期货市场违法活动。各地区要贯彻落实国务院关于整顿和规范市场经济秩序的有关精神，严格禁止本地区非法发行证券、非法设立证券期货经营机构、非法代理证券期货买卖、非法或变相设立证券期货交易场所及其他证券期货违法活动。财政、公安、审计、工商等政府部门和国有资产监督管理机构要加强协调配合，加大打击力度，维护资本市场秩序。

九、认真总结经验，积极稳妥地推进对外开放

严格履行我国加入世贸组织关于证券服务业对外开放的承诺。鼓励具备条件的境外证券机构参股证券公司和基金管理公司，继续试行合格的境外机构投资者制度。

积极利用境外资本市场。遵循市场规律和国际惯例，支持符合条件的内地企业到境

外发行证券并上市。支持符合条件的内地机构和人员到境外从事与资本市场投资相关的服务业务和期货套期保值业务。认真研究合格的境内机构投资者制度。

加强交流与合作。落实与香港、澳门更紧密经贸合作安排。进一步加强与相关国际组织及境外证券监管机构的联系与合作。

大力发展资本市场是党中央、国务院从全局和战略出发作出的重要决策，各地区、各部门务必高度重视，树立全局观念，充分认识发展资本市场的重要性，坚定信心、抓住机遇、开拓创新，共同为资本市场发展创造条件，积极推动我国资本市场的改革开放和稳定发展，为实现全面建设小康社会的宏伟目标作出贡献。

二〇〇四年一月三十一日

国务院关于进一步加强
食品安全工作的决定

国发［2004］23号

食品安全关系到广大人民群众的身体健康和生命安全，关系到经济健康发展和社会稳定，关系到政府和国家的形象。党中央、国务院历来高度重视食品安全，近几年一直把打击制售假冒伪劣食品等违法犯罪活动作为整顿和规范市场经济秩序的重点，采取了一系列措施加强食品安全工作。各地区、各部门做了大量工作，取得一定成效。总的看，生产销售假冒伪劣食品案件多发的势头有所遏制，食品安全形势趋于好转。但是食品安全问题仍然比较严重，种植养殖、生产加工、市场流通、餐饮消费等方面存在的问题还很突出，食品安全监管体制、法制、标准等方面存在缺陷，地方保护、有法不依、执法不严、监管不力的现象时有发生。为恢复和提高我国食品信誉，确保人民身体健康和生命安全，国务院决定采取切实有效措施，进一步加强食品安全工作。

一、指导思想、工作原则和工作目标

（一）指导思想和工作原则。坚持以邓小平理论和“三个代表”重要思想为指导，认真贯彻党的十六大精神，牢固树立以人为本、执政为民的思想，全面履行人民政府的职责，切实把食品安全工作放在突出位置抓紧抓好。继继坚持“全国统一领导、地方政府负责、部门指导协调、各方联合行动”的食品安全工作机制，加强协调配合，落实责任，加大执法力度；坚持集中整治与制度建设、严格执法与科学管理、打假治劣与扶优扶强相结合，突出重点，在注重抓好专项整治的同时，强化日常监管；建立食品安全信用体系和失信惩戒机制，引导企业诚信守法；强化舆论监督，加大正面宣传力度，加强社会监督，保障人民群众的饮食安全和身体健康。

（二）工作目标。通过艰苦细致的工作，使食品生产经营秩序得到明显好转，生产、销售假冒伪劣和有毒有害食品的违法犯罪活动得到有效遏制，大案要案得到及时查处，食品安全事故大幅度下降，人民群众食品消费安全感增强，我国食品信誉得到恢复和提高。在此基础上，经过不懈努力，使食品安全法律法规和监管体制更加完善，标准体系、检验检测体系、信用体系更加科学有效，行业协会和中介组织的作用充分发挥，企业的安全责任和意识进一步增强，食品产业持续健康快速发展，人民群众日益增长的食品安全和健康需求不断得到满足。

二、近期工作重点

（一）大力整顿食品生产加工业，切实提高食品工业水平。按照食品专项整治确定的重点食品，严厉查处无卫生许可证、无营业执照、无生产许可证的生产经营行为，不具备生产条件的要坚决予以取缔；严格实施食品质量安全市场准入制度，严格审查企业生产条件，严格按标准组织生产，严格产品出厂检验，今年基本完成肉制品、乳制品、饮料、调味品、冷冻饮品、方便面、饼干、罐头、速冻米面食品、膨化食品等10类产品实施食品质量安全市场准入工作，启动其余13类食品市场准入工作；加强食品生产加工企业监管，实行生产企业巡查、回访、年审、监督抽查等监管制度；强化企业法人作为食品安全第一责任人的责任；强化新资源食品、食品添加剂和食品包装材料等的安全性评价，严厉打击滥用添加剂、使用非食品原料生产加工食品、保健食品添加违禁药物等违法行为。

食品生产加工业的整顿由地方政府统一组织实施。通过整顿，扶持一批名优企业，关闭一批不具备产品质量安全条件的食品生产加工企业，严厉惩处一批制售假冒劣质食品的违法犯罪分子。

（二）加大农业投入品专项整治力度，从源头上防止农产品污染。继续推进“无公害食品行动计划”，深入开展农药残留、禽畜产品违禁药物滥用、水产品药物残留专项整治，向农民普及安全使用化肥、农药、兽药、饲料添加剂和动植物生长激素等知识，推广使用低残高效农药、兽药和无污染添加剂，规范种植、养殖行为；建立统一规范的农产品质量安全标准体系，建立农产品质量安全例行监测制度和农产品质量安全追溯制度，开展农产品产地环境、农业投入品和农产品质量安全状况的检测；推进无公害农产品标准化生产综合示范区、养殖小区、示范农场、无规定动物疫病区和出口产品生产基地的建设，积极开展农产品和食品认证工作，推广“公司 + 基地”模式，加快对高毒、高残留农业投入品禁用、限用和淘汰进程。

（三）狠抓薄弱环节，进一步加强食品流通、消费领域的监管。深入实施以“提倡绿色消费、培育绿色市场、开辟绿色通道”为主要内容的“三绿工程”，倡导现代流通组织方式和经营方式，大力发展连锁经营和物流配送；积极推进经销企业落实进货检查验收、索证索票、购销台账和质量承诺制度，以及市场开办者质量责任制，继续推行“厂场挂钩”、“场地挂钩”等有效办法；全面落实市场巡查制度，完善监督抽查和食品卫生例行监测制度，严格实行不合格食品的退市、召回、销毁、公布制度；推进餐饮业、食堂全面实施食品卫生监督量化分级管理制度，完善和加强食品污染物监测和食源性疾病监测体系建设；加强畜禽屠宰行业管理，打破地方封锁，鼓励质量优、信誉好、品牌知名度高的食品在全国流通；健全社区食品加工流通服务体系。强化食品安全标识和包装管理，集中力量整治食品假包装、假标识、假商标印制品。

（四）把儿童及农村食品市场整治作为重中之重，切实维护未成年人、农民和低收入者的利益。采取综合措施，有效遏制制售假冒伪劣儿童食品行为。将监管的重点和工作重心下移，加强农村市场监管，加大对分散在社区、城乡结合部和村镇的各类食品批发市场、集贸市场、个体商贩、小加工作坊、小食品店、小餐馆的监管力度，强化对餐饮业、学校食堂和建筑工地食堂的检查监督。

（五）依法彻查大案要案，震慑违法犯罪分子。集中力量及时查处食品安全大案要案，依法严惩违法犯罪团伙和首恶分子。对发案率高、重大案件久拖不结的地区和单位，上级政府和有关行政执法、司法部门要组织力量直接查办，严肃追究有关人员责任。重大典型案件查处结果及时向社会公布。

（六）搞好食品安全宣传，服务发展大局。大力宣传党中央、国务院有关加强食品安全工作的精神，充分报道各地区、各有关部门加强食品安全所做的工作，宣传法律法规和食品安全知识，继续揭露、曝光食品安全方面的违法犯罪行为，及时跟踪报道采取的措施及效果；报道重视质量、讲求信誉的典型，大力宣传优质食品、优良品牌和优秀企业，增强群众消费信心，提高我国食品信誉；对外积极宣传介绍我国食品监管工作及其取得的实效。适时组织编写《中国食品安全状况》白皮书。

各地区、各有关部门要狠抓落实，明确任务和责任，实行“首问负责制”，确保各项重点工作有序开展。食品药品监管部门要进一步强化食品安全管理的综合监督、组织协调和组织开展对重大事故查处的职能，努力提高食品安全综合监管工作水平。

三、几项重要措施

加强食品安全管理是一项长期艰巨的任务，必须立足当前，规划长远，标本兼治，着力治本，建立健全监管制度和长效机制。

（一）进一步理顺有关监管部门的职责。按照一个监管环节由一个部门监管的原则，采取分段监管为主、品种监管为辅的方式，进一步理顺食品安全监管职能，明确责任。农业部门负责初级农产品生产环节的监管；质检部门负责食品生产加工环节的监管，将现由卫生部门承担的食品生产加工环节的卫生监管职责划归质检部门；工商部门负责食品流通环节的监管；卫生部门负责餐饮业和食堂等消费环节的监管；食品药品监管部门负责对食品安全的综合监督、组织协调和依法组织查处重大事故。按照责权一致的原则，建立食品安全监管责任制和责任追究制。具体由中央编办会同有关部门组织落实。这次职责调整任务繁重，各有关部门要从大局出发，认真细致地做好各项准备工作，确保2005年1月1日顺利实施。

农业、发展改革和商务等部门按照各自职责，做好种养殖、食品加工、流通、消费环节的行业管理工作。进一步发挥行业协会和中介组织的作用。

（二）强化地方政府对食品安全监管的责任。地方各级人民政府对当地食品安全负总责，统一领导、协调本地区的食品安全监管和整治工作。建立健全食品安全组织协调机制，统一组织开展食品安全专项整治和全面整顿食品生产加工业；进一步搞好与有关监管执法部门的协调和配合，加强综合执法、联合执法和日常监管，尤其要解决执法监督中的不作为和乱作为问题；切实落实责任制和责任追究制，明确直接责任人和有关负责人的责任，一级抓一级，层层抓落实，责任到人；坚决克服地方保护主义，增强大局意识，不得以任何形式阻碍监管执法，绝不能充当不法企业和不法分子的“保护伞”。

（三）加强基层执法队伍建设。基层食品安全监管是基础和重点，直接关系着食品安全监管的法律法规和各项工作部署能否落到实处。要加强基层执法队伍的思想建设、业务建设和作风建设，强化法律法规培训，提高队伍整体素质和依法行政的能力，做到严格执法、公正执法、文明执法；充实基层执法人员力量，严把人员“入口”，畅通“出口”，加强监督，严肃法纪；地方政府要切实改善执法装备和检验监测技术条件，保证办公办案和监督抽查等经费。

（四）完善食品安全法律法规和部门规章。国务院法制办要抓紧组织修订《食品卫生法》和《工业产品生产许可证管理条例》，加快《农产品质量安全法（送审稿）》的审查工作。商务部要研究修订《生猪屠宰管理条例》，农业部、商务部、卫生部、工商总局、质检总局等部门要根据职责调整，尽快清理、修订涉及食品安全方面的部门规章，力争2004年年底前完成。

（五）建立健全食品安全标准和检验检测体系。尽快清理与食品安全有关的产品和卫生标准，构建食品安全标准体系，由质检总局会同发展改革委、农业部、卫生部、商务部、食品药品监管局等部门，提出制定和修订意见并抓紧实施。充分发挥农业、质检、卫生、商务等部门检测机构的作用，完善检验检测体系，严格资质审核，逐步面向社会，实现资源共享，不搞重复建设；实现检测信息共享，避免不必要的重复检测。食品检验检测体系建设由质检总局会同农业部、卫生部、商务部、工商总局等部门研究提出具体意见。

（六）加快食品安全信用体系和信息化建设。以加强食品生产经营企业信用建设为核心，通过政府监管、行业自律和社会监督，加大失信惩戒力度，综合抓好食品安全制度规范、管理服务系统与运行机制建设。继续抓好厦门、辽源、大庆、常德、银川5个城市，肉类、粮食、儿童食品3个行业的食品安全信用建设试点，建立健全食品生产、经营企业质量档案和食品安全监管信用档案，强化食品生产经营者的责任意识。力争用5年左右时间，逐步建立起我国食品安全信用体系的基本框架和运行机制。

加强食品安全信息管理和综合利用，构建部门间信息沟通平台，实现互联互通和资源共享。农业部门发布有关初级农产品农药残留、兽药残留等检测信息。质检、工商、卫生和食品药品监管4个部门联合发布市场食品质量监督检查信息。食品药品监管局负责收集汇总、及时传递、分析整理，定期向社会发布食品安全综合信息。建立畅通的信息监测和通报网络体系，逐步形成统一、科学的食品安全信息评估和预警指标体系，及时研究分析食品安全形势，对食品安全问题做到早发现、早预防、早整治、早解决。食品药品监管局要会同有关部门，拟订《食品安全监管信息发布暂行管理办法》，选择奶制品和蔬菜两个品种作为规范信息发布的试点。

国务院责成食品药品监管局会同有关部门抓好本决定的落实工作，并于2005年春节前组织开展一次食品安全工作综合检查，适时将检查情况向国务院汇报。

二〇〇四年九月一日

国务院办公厅关于加强生物物种资源保护和管理的通知

国办发［2004］25号

近几年来，我国生物物种资源保护和管理工作取得了一定成效，一批具有重要经济、科研和生态价值的生物物种资源得到了保护。但由于多种原因，我国生物物种资源丧失和流失的问题还很突出。为全面加强生物物种资源保护和管理，经国务院同意，现就有关问题通知如下：

（一）充分认识生物物种资源保护和管理的重要性。

生物物种资源（包括生物遗传资源，下同）是维持人类生存、维护国家生态安全的物质基础，是实现可持续发展战略的重要资源。各地区、各有关部门要充分认识生物物种资源保护和管理的重要性和紧迫性，站在国家和民族长远利益的高度，以对子孙后代高度负责的态度，将生物物种资源保护和管理工作列入重要议事日程，确定工作重点，采取有力措施，切实抓紧抓好。

要通过广播、电视、报刊、杂志等新闻媒体，开展生物物种资源保护和管理宣传教育，广泛普及科学知识，树立生物物种资源保护意识。要针对突出问题，抓住典型案例，深入开展警示教育，不断提高全社会生物物种资源保护和管理的责任感。

（二）开展生物物种资源调查。我国生物物种资源种类多、数量大、分布广，是世界生物物种资源最丰富的国家之一。为全面掌握我国生物物种资源状况，要迅速开展一次全国生物物种资源调查，争取用二到三年的时间，基本查清我国栽培植物、家畜家禽种质资源和水生生物、观赏植物、药用植物等物种资源的状况。

（三）做好生物物种资源编目工作。开展动植物特有种、我国起源的栽培植物、家畜家禽及其野生亲缘种、变种、品种和品系，以及具有重要经济、科研价值或潜在用途的野生药用、观赏动植物和微生物等物种资源的整理和编目。要研究制定生物物种资源评价指标和等级标准，完善重点保护生物物种目录，建立国家生物物种资源协调交流机制、全国统一的数据库系统，实现信息网络联通和信息资源共享。

全国生物物种资源调查和编目工作，由环保总局会同国务院有关行政主管部门负责组织落实，各地区、各部门要积极支持和配合。

（四）制定生物物种资源保护利用规划。在开展生物物种资源调查的基础上，环保总局要会同发展改革委、科技部、财政部、农业部、林业局、中科院、中医药局等部门制定全国生物物种资源保护利用规划。各地区、各有关部门要分别编制本行政区和相关领域的保护利用规划。各级保护利用规划要纳入国家和地方国民经济和社会发展计划并认真组织实施。

（五）加强生物物种资源保护基础能力建设。加强野生动植物物种资源及其原生境、栽培植物野生近缘种、家畜家禽近缘种的就地保护和生物物种资源收集保存库（圃）、植物园、动物园、野生动物园、种源繁育中心（基地）建设，做好生物物种资源迁地保护和保存；建设一批离体保护设施和生物物种资源基因核心库，加强动物基因、细胞、组织及器官的保存和特异优质基因的保护。

（六）健全生物物种资源对外输出审批制度。进一步建立审批责任制和责任追究制，强化生物物种资源对外输出的管理和监督。建立国家生物物种资源联络机制，对外提供及国外机构和个人在我国境内获取生物物种资源，必须按程序报经国务院有关行政主管部门同意，并将有关进出口资料信息抄报国务院环境保护部门。

（七）建立生物物种资源出入境查验制度。建立生物物种资源出入境查验制度，加强对生物物种资源出入境的监管。携带、邮寄、运输生物物种资源出境的，必须提供有关部门签发的批准证明，并向出入境检验检疫机构申报。海关凭出入境检验检疫机构签发的《出境货物通关单》验放。涉及濒危物种进出口和国家保护的野生动植物及其产品出口的，须取得国家濒危物种进出口管理机构签发的允许进出口证明书。出入境检验检疫机构、海关要按各自职责对出入境的生物物种资源严格检验、查验，对非法出入境的生物物种资源，要依法予以没收。

（八）加强生物物种资源对外合作管理。对外提供生物物种资源，涉及生物物种资源的对外合作项目，要签订有关协议书，明确双方的权利、责任和义务，确保知识产权等研发利用的成果和利益共享，切实维护国家利益。对外合作项目必须严格遵守我国有关规定，应有我国研究人员的充分参与，所涉及的研发活动主要在我国境内进行。对于申请有关知识产权保护的生物物种资源研究开发成果，知识产权主管部门要按照有关规定加强审查，对符合条件的要予以保护。

（九）加强科学研究和技术开发。要制定专项科研计划，加强生物物种资源基础理论、保护技术和开发利用研究，开展生物物种资源遗传分析和综合鉴定，为科学保护和利用生物物种资源提供技术支撑。

（十）加强人才培养。要针对当前生物物种资源保护人才流失和业务骨干缺乏的实际，积极采取措施，创造必要条件，吸引和稳定专业技术人才，积极引进科技骨干人才，开展技术培训，切实加强专业和管理队伍建设。

（十一）加大资金投入。要建立稳定的投入机制，将所需经费列入中央和地方财政预算，不断加大投入力度，切实加强和完善生物物种资源保护基础设施建设，完善技术手段，提高生物物种资源保护和管理水平。

（十二）强化预警监督。建立生物物种资源监测预警体系，及时掌握重要生物物种资源的动态变化，科学预测近期、中期和长期发展趋势，为科学决策提供依据。开发建设项目要严格进行环境影响评价，对生物物种资源及其生长环境产生不利影响的，应制定和落实补救措施。

（十三）完善立法工作。抓紧起草生物物种资源保护法律法规，规范生物物种资源的保护、采集、收集、研究、开发、贸易、交换、进出口、出入境等活动。严格控制直接商品化利用野生资源，鼓励优先使用人工培育的生物物种资源。

（十四）加大执法力度。要明确职责，强化责任，严格执法，认真查找存在的问题并采取有力措施加以解决。当前要重点检查现有有关法律法规的执行情况，加强对有关部门和单位持有、对外交换和提供生物物种资源情况的监督检查。

（十五）加强领导和协调。生物物种资源的保护和管理涉及多部门和多领域，为避免工作重复和疏漏，国务院决定建立生物物种资源保护部际联席会议制度，统一组织、协调国家生物物种资源的保护和管理工作，部际联席会议由环保总局牵头，国务院有关部门参加。环保总局负责生物物种资源保护和管理的组织协调，会同监察部加强监督检查。教育、建设、农业、卫生、林业和中医药等部门负责本行业生物物种资源的保护和管理工作；工商、商务、海关、质检等部门负责市场和出入境管理；科技、知识产权等部门负责科研开发和知识产权管理；发展改革、财政等部门负责制定经济政策并落实所需资金。各有关部门要加强协调，密切配合，通力合作，共同做好我国生物物种资源保护和管理工作。

二〇〇四年三月三十一日

国务院办公厅关于开展资源节约活动的通知

国办发［2004］30号

为深入贯彻落实党的十六大和十六届三中全会精神，加快建设资源节约型社会，推动循环经济发展，解决全面建设小康社会面临的资源约束和环境压力问题，保障国民经济持续快速协调健康发展，经国务院同意，2004年至2006年在全国范围内组织开展资源节约活动，全面推进能源、原材料、水、土地等资源节约和综合利用工作。现就有关问题通知如下：

一、充分认识开展资源节约活动的重要意义

能源、原材料、水、土地等自然资源是人类赖以生存和发展的基础，是经济社会可持续发展的重要物质保障。我国人均资源占有量不足，耕地、淡水、森林、石油、天然气和煤炭等资源的人均占有量远低于世界平均水平，铁、铜、铝等重要矿产的国内保障程度低。资源供给不足已经成为经济社会发展和实现全面建设小康社会目标的重要制约因素。同时，由于我国许多行业和地区资源利用效率低、浪费大、污染重，目前我国单

位国内生产总值能源、原材料和水资源消耗大大高于世界平均水平。靠大量消耗资源支撑经济增长，不仅使资源约束矛盾更加突出，环境压力加大，也制约了经济增长质量和效益的进一步提高。

组织开展资源节约活动，推进资源节约工作，加快建设资源节约型社会，是缓解资源瓶颈制约，实现国民经济持续快速协调健康发展的有效途径；是转变经济增长方式，走新型工业化道路，实现全面建设小康社会目标的重要措施；是落实全面协调可持续的科学发展观、促进人与自然和谐发展的必然要求。各地区、各部门特别是各级领导干部，要从战略和全局的高度，充分认识开展资源节约活动的重要意义，牢固树立和落实科学的发展观和正确的政绩观，采取有效措施，扎扎实实地推进资源节约工作。

二、资源节约活动的目标和基本要求

（一）目标：经过三年努力，使全民特别是各级领导干部的资源意识和节约意识显著增强，部分行业盲目发展、低水平重复建设和严重浪费资源现象得到有效遏制，资源节约技术和管理水平有较大提高，资源节约政策、法规和标准不断完善并得到较好实施，市场配置资源的基础性作用进一步发挥，资源利用效率明显提高，万元国内生产总值能耗下降5%，万元国内生产总值取水量下降1.0%，水的重复利用率提高5个百分点，再生资源回收利用率显著提高，耕地减少趋势得到遏制，资源瓶颈制约得到有效缓解，全社会自觉节约资源的机制初步形成，建设资源节约型社会迈出坚实步伐。

（二）基本要求：一是开展资源节约活动要与转变经济增长方式、提高经济增长质量和效益相结合。在研究制定“十一五”国民经济和社会发展规划、确定土地利用总体规划、城市总体规划和重大项目等各项工作中，要按照转变经济增长方式，走资源消耗低、环境污染少、经济效益好的新型工业化道路的要求，把节约资源、降低消耗放在突出位置，全面推行清洁生产，加快循环经济发展。二是开展资源节约活动要与调整经济结构相结合。加快发展高新技术产业和服务业；抓紧完善并严格执行钢铁、电解铝、水泥等行业准入条件，坚决制止盲目投资和低水平重复建设；完善产业政策，扶优扶强，促进优胜劣汰。三是开展资源节约活动要与技术进步相结合。要推动资源节约科技开发，加快科技成果转化，组织实施资源节约重大技术示范，推广应用先进高效的节能、节水设备和器具，运用高新技术和先进适用技术改造传统产业，提高资源节约的整体技术水平。四是开展资源节约活动要与缓解经济社会发展面临的资源瓶颈制约相结合。要优化电力生产调度，加强电力需求侧管理，以高耗能行业为重点，在强化负荷管理的同时，大力节约用电；加快大型灌区和北方缺水城市节水工程和城市污水再生利用设施建设，加大企业节水技术改造力度，推进城市节约用水。加快土地管理体制改革，实施最严格的耕地保护制度并采取有效的节地措施。

三、采取综合措施，扎实推进资源节约工作

（一）建立健全资源节约责任制。各级政府、各有关部门、各单位要从树立和落实科学发展观和政绩观的高度，明确责任。要建立健全资源节约责任制，明确一位领导干部负责资源节约工作。要完善能源、水、原材料使用的计量、记录、报告、奖惩等管理制度，把资源节约的责任纳入各工作岗位的职责之中，纳入各单位日常管理和工作考核

之中，做到层层有责任，逐级抓落实。政府机构要在资源节约活动中发挥表率作用，制定节能实施方案和能耗水耗定额、支出标准，深化政府采购制度改革，降低费用支出，带头节约资源。

（二）加强规划指导，完善法规标准。发展改革委要会同有关部门抓紧编制节能、节水、资源综合利用等专项规划，提出目标、发展重点和政策措施。要抓紧完善资源节约法规和规章，完善节能节水配套法规，制定汽车燃油经济性标准和设备能效标准、重点行业取水定额标准，修订节能设计规范。扩大节能节水产品认证范围，建立强制性能效标识制度，把好市场准入关。各地区、有关部门要结合本地区、本行业实际，抓紧制定配套法规和相关规划。

（三）研究制定财政、税收、价格等激励政策。发展改革委要会同财政、税务部门抓紧制定并不断完善节能、节水设备（产品）目录，并研究采取优惠政策，鼓励生产、销售和使用节能、节水设备（产品），鼓励开发和利用可再生能源。要充分运用价格调节机制，促进节能、节水、节约原材料和资源综合利用。各级财政要支持资源节约和资源综合利用，并将节能、节水设备（产品）纳入政府采购目录。有关部门和地方各级政府要对重大节能技术开发、示范和改造项目加大投资力度。

（四）加快资源节约技术的开发和推广应用。各地区、有关部门要重点支持一批资源节约和综合利用技术开发、技术改造项目，通过发布目录、组织现场会、举办展览、技术交流等方式，加快先进成熟技术的推广应用；重点推广洁净煤，节约和替代石油，高效节能锅炉、风机、水泵、电动机及拖动系统调速和建筑节能技术；推广空调节电技术、绿色照明和高耗能行业能量系统优化技术；推广农业节水灌溉技术、废水资源化和“零”排放技术、中水回用和海水利用技术；推广“三废”综合利用、再生资源回收利用技术、新能源和可再生能源利用技术。

（五）推行适应市场经济要求的节约新机制。建立信息发布制度，及时发布国内外各类能耗、水耗、先进技术和管理信息，加快资源节约新技术、新设备、新产品的推广应用；推行合同能源管理、节能融资担保等新机制，培育和发展节能节水技术服务体系，为企业提供节能节水技术服务；推行综合资源规划和需求侧管理方法，引导资源合理配置和利用；积极稳妥地推进供热和物业管理体制改革，努力降低资源费用支出。

（六）组织资源节约专项检查。发展改革委要会同有关部门，组织对严重缺电、缺水地区，重点城市、重点行业和企业节能、节水情况的监督检查。各地发展改革委（经贸委）要会同有关部门，依法组织节能、节水执法和监测机构，对本地区煤炭、电力、钢铁、有色、石化、建材、化工、造纸等高耗能（水）企业以及宾馆、商厦、写字楼等公共设施节能、节水情况进行检查；对能效标准、高耗电产品限额标准、建筑节能标准及行业节能设计规范执行情况进行检查；对固定资产投资项目可行性研究报告增列节能篇（章）的规定执行情况进行检查。对检查中发现的问题，要采取措施及时整改。坚决关闭或淘汰技术落后、浪费资源、污染严重的企业或项目。

四、加强组织领导，加大宣传教育力度

（一）加强资源节约活动的组织领导。开展资源节约活动要明确各方责任，中央制定原则，地方负责落实，部门指导协调，加强监督检查，共同做好工作。地方人民政府要积极贯彻落实资源节约活动的工作部署和各项要求，结合本地区实际，制定方案，扎实推进。有关部门要合理分工，加强协调，督促检查。发展改革委要会同教育部、科技部、财政部、国土资源部、建设部、水利部、农业部、商务部、国资委、税务总局、工商总局、质检总局、环保总局、广电总局、法制办、全国总工会、共青团中央等部门和单位，建立资源节约活动协调机制，研究制定政策措施，协调、指导和推动资源节约工作的深入开展。

（二）做好资源节约的教育培训工作。各地区、有关部门要将资源节约纳入中小学教育、高等教育、职业教育和技术培训体系，制定培训规划，编写培训教材，加强资源节约教育；要对企事业单位负责人、节能节水管理人员进行不同层次的教育和培训，并加强节能节水执法监督人员和检测机构人员的培训工作，不断提高资源节约的技术水平、执法监督和服务水平。

（三）广泛开展对全社会的资源节约宣传。各地区、有关部门要组织开展形式多样的宣传活动。新闻出版、广播影视、文化等部门和社会团体要广泛宣传我国资源形势，宣传节约资源、建立节约型社会的重要意义，宣传国家资源节约法律法规和方针政策，弘扬先进典型，曝光资源浪费行为，倡导节俭文明的生活方式，形成“节约光荣，浪费可耻”的良好社会风尚，不断提高公众的资源忧患意识和节约意识。共青团组织要在青少年中开展资源节约宣传和实践活动，教育青少年从小养成节约资源的良好习惯。大力开展群众性的资源节约合理化建议、技术革新等活动。在每年夏季用电高峰，积极组织开展全国节能宣传周活动。

二〇〇四年四月一日

国务院办公厅关于印发食品安全专项整治工作方案的通知

国办发［2004］43号

《食品安全专项整治工作方案》已经国务院同意，现印发给你们，请结合实际，认真贯彻执行。

二〇〇四年五月十七日

食品安全专项整治工作方案

近期，安徽省阜阳市发生的劣质奶粉事件震惊全国，教训深刻，暴露了当前我国食品安全监管工作还存在一些薄弱环节，也充分说明食品安全整治任务重、难度大。为此，国务院决定，在继续实施食品药品放心工程的基础上，针对当前食品安全工作中的突出问题，在全国范围内深入开展食品安全专项整治。

一、指导思想与工作重点

（一）指导思想：以邓小平理论和“三个代表”重要思想为指导，认真贯彻党的十六大和十六届三中全会精神，树立科学的发展观和正确的政绩观，紧紧围绕群众反映强烈、社会危害严重的食品安全问题，深入开展食品安全专项整治，把整治与建设、打劣与扶优结合起来，努力提高我国食品安全的保障水平。

（二）工作重点：以粮、肉、蔬菜、水果、奶制品、豆制品、水产品为重点品种，以广大农村为重点区域，重点抓好食品源头污染治理、生产加工、流通以及消费四个环节，严厉打击生产、销售假冒伪劣和有毒有害食品的违法犯罪行为。

二、工作原则与主要目标

继续按照“全国统一领导，地方政府负责，部门指导协调，各方联合行动”的工作格局和“标本兼治，着力治本”的方针，突出重点，带动全面，因地制宜，分类指导，整合执法力量，下移监管重心，强化地方政府责任，加大打击力度，努力使全国食品安全状况有明显改观。

通过食品安全专项整治，使生产、销售假冒伪劣和有毒有害食品的违法犯罪活动得到有效遏制，大案要案得到及时查处，市场经营秩序有所好转，监管水平有所提高，人民群众食品消费安全感增强。具体目标为：37个城市蔬菜农药残留平均超标率下降3~5个百分点；16个城市畜产品“瘦肉精”平均检出率下降1个百分点；10大类大中型食品生产企业获生产许可证的力争达到90%；500个食品商场（超市）的散装食品经营行为得到规范；市（地级）以上大型市场、超市进货索票索证率达90%以上；省会城市和计划单列市至少建立1个食品绿色市场；大中城市基本实现5类食品安全准入上市；37个城市学校食堂、餐饮业量化分级达到90%以上；注水肉和病害肉现象得到全面遏制；面粉、肉类、儿童食品加工企业基本消除滥用食品添加剂行为；稳步推进食品安全信用体系建设试点工作。

三、主要任务与具体措施

（一）整治食品源头污染。加强农业投入品的监管，开展农业生产资料打假，加大对种植业产品农药残留超标、畜产品违禁药物滥用和兽药残留超标、水产品药物残留超标的整治。定期发布全国大中城市蔬菜农药残留例行监测结果。对例行监测不合格率较高的城市和所在省的农产品安全进行跟踪督导。加大对滥用食品添加剂和使用非食品原料加工食品行为的整治。

（二）整治食品生产加工环节。加强农产品标准化生产示范区、无公害农产品生产示范基地、养殖小区、示范农场、出口产品生产基地的建设，推进产地环境污染监控工作。严格审查和发放许可证，加强食品生产加工环节监管。以查处食品生产过程中使用非食用原料、病死畜禽、回收的过期食品等违法行为为重点，加强对调味品、米面制品、食用油、肉及肉制品、乳制品、保健食品等食品生产企业的监管，并强化食品生产环节的日常监督和检查。清理整顿已获得卫生许可证的食品生产企业，对不符合卫生条件的企业要吊销或收回卫生许可证。审查肉制品、乳制品、饮料、调味品、冷冻饮品、方便面、饼干、罐头、速冻米面食品、膨化食品10类企业生产条件，不具备条件的企业不发给食品生产许可证。对生产集中地和产品质量不稳定的企业要加大监督抽查力度。对不合格的产品要坚决曝光，问题严重的要立即责令停止产销，多次抽查不合格、不具备生产条件的要吊销相关证照，退出市场。加强生猪屠宰管理，整顿和规范肉品流通秩序，积极推进牛、羊、家禽的定点集中屠宰工作，严厉查处和打击私屠滥宰、加工注水肉和病害肉的违法行为。

（三）整治食品流通环节。督促经营企业落实食品进货查验制度，把好市场准入关。强化对重点食品定期质量监督抽查和强制检验。组织、协调并逐步整合检验检测资源，发挥各类检验检测机构作用。对在市场抽查和检验中发现的影响或危及人体健康的不合格食品，在坚决清除出市场的同时，要查清其生产源头、进货渠道和销售场所，追根溯源，一查到底。强化食品进出口的监管力度，进一步加强对入境动植物及食品的检验检疫。要教育和督促企业对已销售的不安全食品主动召回，及时消除隐患。督促和指导食品经营企业建立健全质量追溯、封存报告、依法销毁和重要大宗食品安全购销档案等制度，积极探索农产品产地编码和标签追溯的质量监控模式，推广食品产销场厂挂钩、场地挂钩、连锁经营和物流配送等有效经营方式。鼓励各类市场主办者与其承包、租赁摊位、柜台经营者之间以及食品批发商和经销商之间签订食品安全保障协议。

（四）整治食品消费环节。强化对学校食堂、餐饮业及建筑工地食堂，特别是小餐馆、个体门店的检查和监督。全面实施食品卫生监督量化分级管理制度。

（五）突出整治儿童食品。对全国儿童食品的生产、加工、销售企业进行一次全面普查，加大清仓查库力度，摸清底数；对未经批准生产儿童食品的加工点要坚决取缔，对不法分子依法从严从重从快惩处；要进一步完善儿童食品的准入条件，建立健全既能确保食品安全、又有利于经济发展的儿童食品企业的管理规范，实行严格的市场准入，对不符合条件的要坚决清除出市场。

（六）整治食品包装、标识印制业。对合法的包装标识印制企业要加大其承印验证、承印登记的检查力度。对擅自设立印刷点从事印刷活动的，要坚决取缔，进一步规范印刷行业管理。

（七）积极推进食品安全信用体系建设。进一步发挥行业协会作用，加强行业自律和行规行风建设，引导、监督企业模范遵守法律法规，生产经营安全食品。按照政府推动、部门联动、市场化运作、全社会广泛参与的原则，积极开展食品安全信用体系建设试点工作，运用信用惩戒机制，使生产、销售假冒伪劣和有毒有害食品的违法犯罪分子寸步难行。

（八）认真抓好农村食品安全监管和销售网络建设。行政执法部门要加强对基层食品流通的监管，建立食品安全义务信息员队伍，形成严密的食品安全监管网络，保证农村食品安全。积极探索农村食品销售网络建设，鼓励大型食品经营企业到农村建立网点，形成食品供应的主渠道。

（九）依法及时查处大案要案。行政执法部门要严格执行国务院《行政执法机关移送涉嫌犯罪案件的规定》，及时移送涉嫌食品犯罪案件，切实解决以罚代刑的问题。对应当移交而不移交的，要严肃处理。为确保办案效率，防止涉嫌犯罪人员逃匿，对涉嫌犯罪的食品案件，行政执法部门应当及时与公安部门取得联系。当前要紧紧抓住阜阳劣质奶粉事件和玉环县私屠滥宰人员暴力抗法事件，举一反三，查源头，端窝点，堵漏洞，重拳出击，依法从严从重从快处理一批大案要案，狠狠打击犯罪分子的嚣张气焰，形成强大的震慑力。

四、工作要求与保障措施

（一）强化地方政府的责任。地方各级人民政府要从立党为公、执政为民的高度出发，将食品安全专项整治作为当前整顿和规范市场经济秩序工作的重中之重，结合近年来群众反映强烈、社会危害严重的突出问题，对食品安全专项整治进行全面部署，狠抓薄弱环节，落实监管重心下移，强化农村市场监管。建立食品安全专项整治责任制，明确一名分管领导，强化主要负责人的责任。发生食品安全事故，给当地人民群众身体健康和生命安全造成重大损害的，要依法依纪追究地方政府和行政主管部门负责人的责任。

（二）建立健全食品安全协调机制。食品安全专项整治涉及多个监管部门，需要各方面协同配合，应加快食品安全方面法律法规的制定和修订工作，尽快理顺食品安全监管体制。建立有效的食品安全协调机制，整合执法力量，推进综合执法和联合执法。食品安全监管部门在各司其职的同时，应加强沟通与协作，切实解决各自为政、多头执法、重复执法问题。地方各级人民政府要统筹协调各执法部门对食品市场的监管，做到共认或者互认抽查结果。食品安全专项整治牵头部门，要切实发挥好组织协调作用，通过综合监督资源，综合监督力量，将分散的监管力量集中起来，将具体的监管内容统一起来，形成统一、协调、权威、高效的食品监管机制。

（三）强化行政执法部门监管责任。严格行政执法责任制，不能简单地以文件贯彻文件，以会议落实会议。严惩行政执法中滥用职权、玩忽职守、徇私舞弊等违法犯罪行为以及地方保护主义和各种形式的保护伞，扭转有法不依、执法不严、违法不究以及重审批、轻监管，甚至乱审批、不监管的局面。

（四）加强食品安全的社会监督。切实加强对食品安全的舆论监督和群众监督，努力营造人人关注食品安全、人人重视食品安全的社会氛围。新闻媒体对生产、销售假冒伪劣和有毒有害食品的违法犯罪行为要给予曝光，揭露丑恶，警示违规；同时要大力宣传食品放心工程实施情况和开展食品专项整治所取得的成绩，加强正面引导。普及食品安全知识，提高广大人民群众的自我保护能力。

（五）开展食品安全专项整治工作综合评价。为确保食品安全专项整治工作抓细、抓实，食品药品监管局要会同有关部门对专项整治工作开展综合评价，并对先进单位给予表彰。

五、工作步骤与时间安排

食品安全专项整治分为三个阶段：第一阶段（2004 年 5 月至 6 月）为动员部署阶段。各地要认真做好专项整治的动员部署工作，对整治工作作出周密安排。第二阶段（2004 年 7 月至 12 月）为组织实施阶段。各地要针对突出问题和薄弱环节，采取坚决果断的措施，全面开展整治工作。国务院有关部门要切实加强对整治工作的指导；各省级食品放心工程牵头单位组织有关部门采取明查暗访等方式进行抽查；食品药品监管局会同有关部门组成督查组进行督查。重要情况及时报告全国整顿和规范市场经济秩序领导小组办公室。第三阶段（2004 年年底至 2005 年春节前）为总结验收阶段。各省级食品放心工程牵头单位要认真做好专项整治工作总结，并报国家食品药品监管局。国家食品药品监管局汇总后报国务院。

食品安全专项整治任务艰巨、责任重大。各地区和有关部门一定要以“三个代表”重要思想为指导，从全面建设小康社会、维护广大人民群众根本利益出发，齐心协力，扎实工作，确保食品专项整治工作取得明显成效。

北京市人民政府令

第 143 号

《北京市消防安全责任监督管理办法》已经 2004 年 3 月 11 日市人民政府第 20 次常务会议审议通过，现予公布，自 2004 年 4 月 20 日起施行。

市　长　王岐山

二〇〇四年三月十八日

北京市消防安全责任监督管理办法

第一条　为了加强对单位消防安全工作的监督管理，预防火灾和减少火灾危害，保护公共财产和公民人身、财产安全，根据国家和本市有关法律、法规，结合本市实际情况，制定本办法。

第二条　本办法所称单位，是指本市行政区域内的机关、团体、企业、事业单位、个体工商户以及其他组织。

第三条　本市行政区域内的单位消防安全管理工作，由市和区、县人民政府统一领导；市和区、县防火安全委员会具体负责对本辖区内单位消防安全管理工作的组织、协调；公安消防机构和公安派出所负责对单位消防安全工作的日常监督检查。

市和区、县人民政府有关部门负责督促、检查本系统、行业各单位消防安全工作的落实。

第四条 本市对单位消防安全工作实行责任制度。

第五条 法人单位的法定代表人或者非法人单位的主要负责人，是单位的消防安全责任人，对本单位的消防安全工作全面负责。

第六条 单位应当逐级落实消防安全责任制和岗位消防安全责任制，明确逐级和岗位消防安全职责，确定各级和各岗位的消防安全责任人。

第七条 单位可以根据需要确定本单位的消防安全管理人。消防安全管理人对单位的消防安全责任人负责，具体组织、落实本单位的消防安全工作。

消防安全重点单位应当设置或者确定本单位消防安全工作管理的责任部门，并确定专职或者兼职的消防安全管理人员。消防安全工作人员经本单位考核合格后，方可上岗。

第八条 单位应当履行下列消防安全义务：

（一）制定并落实消防安全管理措施和消防安全操作规程。

（二）建立本单位消防安全责任考核、奖惩制度。

（三）开展消防安全宣传教育和消防知识培训，定期进行灭火技术训练。

（四）进行经常性的内部防火安全检查，及时制止、纠正违法、违章行为，发现并消除火灾隐患。

（五）按规定配置消防设施、器材并指定专人维护管理，保证消防设施、器材的正常、有效使用。

（六）按规定设置安全疏散指示标志和应急照明设施，保证防火门、防火卷帘、消防安全疏散指示标志、应急照明、机械排烟送风、火灾事故广播等设施处于正常状态。

（七）保证疏散通道、安全出口的畅通。不得占用疏散通道或者在疏散通道、安全出口上设置影响疏散的障碍物，不得在营业、生产、教学、工作期间封闭安全出口，不得遮挡安全疏散指示标志。

（八）消防值班人员、巡逻人员坚守岗位，不得擅离职守。

（九）火灾发生后，及时报警、迅速组织扑救和人员疏散。不得不报、迟报、谎报火警，或者隐瞒火灾情况。

（十）火灾扑灭后，及时保护现场，接受事故调查并如实提供火灾事故情况。未经公安消防机构许可，不得进入、撤除、清理火灾现场。

（十一）法律、法规和规章规定的其他消防安全义务。

第九条 商场、市场、宾馆、饭店、歌舞厅、影剧院、体育场（馆）、医院、学校以及其他公众聚集场所和发生火灾可能性较大或者一旦发生火灾可能造成人身重大伤亡、财产重大损失的单位是消防安全重点单位。

消防安全重点单位除遵守本办法第八条规定外，还应当履行下列消防安全义务：

（一）制定并完善火灾扑救和应急疏散预案，并至少每半年进行一次演练。

（二）将单位消防安全管理措施和落实方案以及消防安全责任人、消防安全管理人等情况向单位所在地公安消防机构备案。

（三）对本单位工作人员至少每年进行一次消防安全培训。公众聚集场所至少每半年培训一次。

（四）建立健全并统一保管消防档案。消防档案应当详实和全面反映本单位消防安全工作的基本情况，并根据情况变化及时补充、更新。

（五）严格落实有关动用明火的管理制度。公众聚集场所在营业期间禁止动火施工；在非营业期间施工需要使用明火时，施工单位和使用单位应当共同采取措施，将施工区和使用区进行防火分隔，清除动火区域的易燃物、可燃物，配置消防器材，专人监护，保证施工和使用范围的消防安全。

（六）在消防安全重点部位设置明显的防火标志，实行严格管理。

第十条 实行承包、租赁或者委托经营、管理的，产权单位应当提供符合消防安全要求的建筑物。

当事人在订立的合同中，可以依法明确各方的消防安全责任；当事人未订立合同或者在合同中未明确消防安全责任的，承包、承租或者受委托经营、管理的单位应当承担消防安全责任。

第十一条 城镇居民居住区（含居住小区）的消防安全责任由产权管理单位负责；产权管理单位委托物业管理企业等单位管理的，由受委托的管理单位负责。

城镇居民居住区（含居住小区）的消防安全责任单位应当履行下列义务：

（一）制定消防安全制度，落实消防安全责任。

（二）开展消防安全宣传教育。

（三）进行经常性的消防安全检查，及时消除火灾隐患。

（四）划定和设置停车泊位及设施时，不得占用、堵塞消防车通道。对占用、堵塞消防车通道的行为，及时制止、纠正。

（五）保障公共消防设施和器材、消防安全标志、疏散通道、安全出口等设施符合消防安全要求。

第十二条 单位应当定期进行内部消防安全检查；其中，公众聚集场所在营业期间应当至少每两小时进行一次防火巡查，营业开始前和结束后，应当对营业现场进行全面检查。

单位应当填写消防安全检查记录，对消防设施和器材的状况、是否存在火灾隐患以及对火灾隐患的整改措施等作出记载，并由检查人员和有关责任人员签字。单位应当建立消防安全检查记录档案，妥善保管消防安全记录，以备查验。

第十三条 单位应当对存在的火灾隐患及时予以消除。

在火灾隐患排除前，单位应当采取消防安全防范措施；对随时可能引发火灾或者一旦发生火灾将严重危及人身、财产安全的，应当立即停止对危险部位、设施的使用。

第十四条 公安消防机构应当依法履行下列职责：

（一）建立监督检查制度，对单位贯彻落实消防安全责任制度的情况进行定期的监督检查，对消防安全重点单位实行重点检查。

（二）对发现火灾隐患以及单位不落实消防安全责任制度的，立即通知有关单位或者个人改正。

（三）对火灾事故及时进行调查，并按照国家有关规定上报火灾事故情况，不得隐瞒不报、谎报或者拖延不报。

（四）对涉及消防安全需要审查批准或者验收的事项，必须严格依法办理；对不符合消防安全要求的，不得批准或者验收通过。

（五）对群众举报的火灾隐患和违反消防法律、法规和规章的行为进行调查、处理。

第十五条 公安消防机构依法对单位进行消防安全监督检查时，应当将监督检查的情况和处理结果予以记录，并由监督检查人员签字后归档。公众有权查阅公安消防机构的监督检查记录。

公安消防机构对发现单位中随时有可能发生火灾危险的部位或者设施，有权责令有关单位立即改正或者立即停止使用相关部位、设施。

对严重存在火灾隐患的公众聚集场所，公安消防机构有权向社会公告。

第十六条 公安消防机构依法对生产经营单位进行消防安全监督检查时，可以行使下列职权：

（一）进入单位进行检查，调阅有关资料，向有关单位和人员了解情况。

（二）对检查中发现的消防安全违法行为，当场予以纠正或者要求限期改正；对依法应当给予行政处罚的行为，依法作出行政处罚决定。

（三）对检查中发现的能够即时排除的火灾隐患，应当责令立即排除；重大火灾隐患排除前或者排除过程中无法保证安全的，应当责令从危险区域内撤出作业人员，责令暂时停产停业或者停止使用；重大火灾隐患排除后，经公安消防机构审查同意，方可生产经营和使用。

（四）对有根据认为不符合消防安全要求的设施、设备、器材予以查封或者扣押，并应当在15日内依法作出处理决定。

第十七条 公安消防机构对在监督检查中发现的应当由其他有关部门处理的安全生产隐患问题，应当及时移送其他有关部门并形成记录备查，接受移送的部门应当及时进行处理。

第十八条 违反本办法第八条、第九条、第十一条、第十二条、第十三条规定的，对从事经营活动的单位，由公安消防机构处1万元以上3万元以下罚款；对其他单位，由公安消防机构处1000元罚款。法律、法规另有规定的，从其规定。

除依照前款规定处罚外，公安消防机构可以并对单位直接负责的主管人员和其他直接责任人员处警告或者500元以上1000元以下罚款。

第十九条 对违反本办法，存在火灾隐患，经公安消防机构通知逾期不改正，发生火灾的，由公安消防机构处警告或者2万元以上20万元以下罚款。

除依照前款规定处罚外，公安消防机构可以并对单位直接负责的主管人员和其他直接责任人员处警告或者500元以上5000元以下罚款。

第二十条 公安消防机构工作人员违反本办法，不履行或者不依法履行消防安全监督检查职责的，由有关部门给予行政处分；构成犯罪的，依照刑法有关规定追究刑事责任。

第二十一条 本办法自2004年4月20日起施行。

2000年3月13日市人民政府第53号令发布的《北京市防火安全工作管理规定》同时废止。

北京市人民政府关于
加强首都食品安全管理的若干意见

京政发［2004］14号

近年来，本市大力推进食用农产品安全生产体系建设，深入实施食品放心工程，加强食品卫生监督管理，严厉打击制售假冒伪劣食品违法犯罪行为，首都食品安全状况总体上是好的。为适应实现“新北京、新奥运”战略构想和率先基本实现现代化目标要求，全面提升本市食品安全控制水平，保障人民群众的身体健康和生命安全，现就加强食品安全管理工作提出以下意见：

一、指导思想和工作目标

以“三个代表”重要思想为指导，以人民群众的身体健康和生命安全高于一切为出发点，以构建首都食品安全控制体系为目标，进一步加强对食品安全工作的领导，健全食品安全监督管理体制，明确食品安全综合监管责任和部门、属地监管责任，完善食品安全管理制度和措施，形成统一协调、责任明确、齐抓共管、运行高效的首都食品安全管理工作机制，整顿和规范市场经济秩序，加大对食品生产经营活动的监管和执法力度，坚决遏制制售假冒伪劣食品违法犯罪行为，最大限度地预防、减轻和消除食品安全危害与风险，防止重特大食品安全事件发生，确保首都食品安全。

二、加强对食品安全工作的领导

食品安全管理工作是政府一项重要职责。各级政府要高度重视食品安全管理工作，对本行政区域内的食品安全负总责。市、区县政府每年至少研究一次食品安全工作，分析食品安全形势，部署食品安全管理工作。市食品安全领导小组统一领导和协调全市食品安全管理工作。领导小组建立例会制度，定期通报食品安全总体情况，听取各区县政府和市政府各有关部门工作汇报，检查监管责任落实情况，研究食品安全管理工作的重大问题，制定和完善有关政策措施，布置食品安全管理工作任务。

各区县政府要健全食品安全监督管理体制，成立食品安全协调领导小组，统一领导并组织协调本地区的食品安全管理工作。工商、质量技术监督、药品监督等垂直管理的部门设在区县的机构，在食品安全管理工作方面要接受区县政府和上级主管部门的双重领导，加强配合和沟通，共同做好所在区县的食品安全监督管理工作。

三、落实食品生产经营单位安全管理主体责任

从事食品生产经营的单位或个人（以下称食品生产经营者）对食品安全负有主体责任。从事食品生产经营活动，必须依法取得行政许可。食品生产经营者必须全面落实《中华人民共和国食品卫生法》、《中华人民共和国产品质量法》、《中华人民共和国动物防疫法》等法律、法规以及《北京市食品安全监督管理规定》，依法从事食品生产、采集、收购、加工、储存、运输、陈列、供应、销售等活动，严格执行食品安全国家标准、行业标准以及地方标准，加强和改进安全管理，强化管理责任，建立健全安全管理责任制和有关操作规程，及时消除食品生产经营活动中的危害与风险。

四、明确食品安全工作管理责任

（一）加强食品安全综合监管。市政府食品安全监督协调办公室（以下简称市食品安全办公室）对全市食品安全负有综合监管责任，负责食品安全综合监督和组织协调工作，依法组织对突发食品安全事件进行查处。市食品安全办公室要充分发挥综合监督和组织协调作用，抓紧建立食品安全管理工作制度，不断完善有关管理措施并认真组织实施，加强对负有食品安全监管责任的区县政府和市政府各有关部门的指导、协调和监督，切实履行好市政府赋予的食品安全综合监管职责。

（二）落实部门食品安全监管责任。农业部门负责食用农产品生产领域生产环境、农业投入品使用和食用农产品安全以及与食品有关的动植物疫病的监督管理；质量技术监督部门负责制定食品安全标准，监督生产领域食品安全标准的执行和被许可的食品生产单位从事食品生产活动的情况；卫生部门负责食品生产经营资格、食源性疾患以及食品生产、经营、消费场所，食品添加剂、容器、包装材料，食品用工具、设备，洗涤剂、消毒剂安全卫生状况的监督管理；工商部门负责监督流通领域食品安全标准的执行，查处取缔无照经营座商；商务部门负责对生猪屠宰和食盐加工、销售行业的监督管理；药品监督部门负责保健食品的初审和监督执法；城管执法部门负责查处取缔无照经营游商；出入境检验检疫部门负责对进口食品的检验检疫和监督管理；教育部门负责建立健全幼儿园、学校食品安全管理制度并督促落实；建设部门负责建立健全建筑工地食品安全管理制度并督促落实；其他负有食品安全管理责任的部门也要按各自职责，做好食品安全监管工作。

（三）落实食品安全属地监管责任。各区县政府要高度重视食品安全工作，切实履行属地监管责任。要明确本地区食品安全综合监管和部门监管责任，加大食品安全监督管理力度，强化对食品生产经营者的宣传教育，采取有效措施控制和消除食品安全的危害和风险。要加强对街道、乡镇食品安全管理工作的领导，广泛动员基层组织和广大人民群众参与食品安全工作。

（四）加强考核和责任追究工作。市食品安全办公室依据食品安全评估结果、监测与监督抽查结果、监督举报情况，对各区县政府、市政府各有关部门落实食品安全监管责任情况进行综合评价和考核。要按照行政责任追究的有关规定，对未能认真履行职责，致使食品安全管理状况不好的区县和部门，予以通报批评；对发生重大食品安全事件并导致严重后果的，要追究监管责任。

五、完善食品安全管理的有关措施

（一）建立食品安全科学评估制度。

食品安全评估是掌握食品安全状况，采取相应对策和措施的重要基础工作。依据有关法律、法规、标准和程序，借鉴国际通行做法，建立科学、规范的食品安全评估制度。采取部门与专家评估相结合的方式，对重点食品的安全状况、重点污染物的危害水平以及与食品有关的新技术、新资源、新材料的安全性进行评价，对食品安全监测与监督抽查结果、消费者申诉举报数据，以及突发食品安全事件的起因、危害程度和影响等进行分析评估，并视情况建立危害预测模型或食品安全评价指数。各有关部门应当运用评估成果确定管理重点，修订食品安全标准，加强监督和执法，发布食品安全预警信息，依法采取责令停止购进、销售、限期追回等食品安全控制措施。

（二）深入实施以市场准入为核心的食品放心工程。

进一步加强食品生产经营资格管理，严格按法定标准和条件实施卫生许可、生产许可等与食品生产经营活动相关的行政许可。坚决取缔无证、无照生产经营食品的违法行为。农业、卫生、质量技术监督等部门要在食品生产加工企业中逐步推行良好农业规范（GAP）、良好生产规范（GMP）、危害分析关键控制点（HACCP）、ISO9000、ISO14000认证等有效的管理和控制危害措施。推动农业标准化生产，认真实施食用农产品标志制度。严格食品安全标准管理，无标食品不得销售。深入推行进货检查验收制度以及“场厂（场）挂钩”、“场地挂钩”等协议准入制度。抓紧落实鲜冻畜禽产品冷藏运输措施。加强行政许可后的日常监管，加大对严重危害人体健康和人身安全的食品或具有潜在严重危害的食品及其生产经营者的市场退出力度。健全食品安全信用体系，完善食品安全信用监督和失信惩戒制度，建立食品卫生量化分级管理制度。

（三）建立食品安全监测与监督抽查制度。

健全覆盖食品生产、流通、消费等环节的食品安全监测网络，对食品的化学性污染、生物性污染和以食物中毒为主的食源性疾患进行全面、系统、持续监测。整合全市监测资源，制定统一的监测与监督抽查计划，确定监督抽查重点，形成统一的监测与监督抽查结果。加大对检测检验设施设备投入力度，加快关键检测技术，特别是以现场控制为目的的快速检测技术和设备的研究、开发和应用。

（四）建立突发食品安全事件应急处理机制。

突发食品安全事件，是指重大食物中毒，食用染疫动植物及其产品引发或可能引发重大食源性疾患，食用被污染食品引发或可能引发严重的传染病暴发与流行，食品含有有毒、有害物质或食品在生产、流通、消费等过程中被有毒、有害物质污染，引发或可能引发严重食源性疾患等其他事件。

要抓紧制定全市突发食品安全事件应急救援预案，建立分工明确的突发事件防范与应急处理责任制。应急救援预案按危害和风险程度对事件实行分级管理，严格规定报告时限、程序和控制消除措施。全市突发食品安全事件应急救援预案由市食品安全办公室组织制定并负责管理。各区县政府、市政府各有关部门也要制定突发食品安全事件应急预案。

（五）规范食品安全信息归集和发布制度。

建立信息归集制度。各区县政府、市政府各有关部门要按照监管职责，及时向市食品安全办公室提供食品安全信息和监管情况。食品安全综合监督、动物防疫、出入境检验检疫等部门要建立联系制度，保持信息沟通，共同严防与食品有关的染疫动植物及其制品流入市场。

建立食品安全信息发布制度。对消费者申诉举报和案件统计分析，监测、监督抽查和食品安全评估结果，突发食品安全事件的调查结论，以及全市范围内的食品安全预警、警示信息等，由市食品安全办公室统一组织每月发布一次。建立交流食品安全信息的统一平台，实现信息资源的整合和共享。建立食品安全信息库，存储经归集、整理的食品安全信息。面向社会建立食品安全网，发布信息并提供查询服务。

二〇〇四年四月十二日

北京市人民政府贯彻落实国务院关于进一步加强安全生产工作决定的若干意见

京政发［2004］24号

为进一步加强本市安全生产工作，维护首都安全和稳定，保障人民群众的生命财产安全，现就贯彻落实《国务院关于进一步加强安全生产工作的决定》（国发［2004］2号）提出如下意见。

一、提高认识，明确指导思想和奋斗目标

各地区、各部门、各单位要从全面贯彻落实“三个代表”重要思想，切实维护最广大人民群众根本利益的高度，充分认识安全生产工作的重要性和紧迫性，坚持以人为本，牢固树立人民群众的身体健康和生命安全高于一切和安全生产“责任重于泰山”的思想观念，牢固树立首都安全意识，坚持“安全第一、预防为主”的方针，坚持科学的发展观，进一步加强政府对安全生产工作的领导，落实安全生产综合监管、行业（领域）监管、行业（领域）管理和属地监管责任，落实生产经营单位安全生产的主体责任，不断完善和全面落实安全生产管理的各项制度和措施，求真务实，齐抓共管，加强对各类生产经营单位安全生产的监督检查，加大事故隐患查处和治理力度，形成安全生产监管和执法触及企业核心利益机制，严防重、特大事故发生，促进安全生产与经济社会同步协调发展，确保首都的安全和稳定。

到2008年，健全完善适应首都经济社会发展的安全生产监管体系，全市安全生产状况继续保持稳定并进一步好转，工矿企业和建筑施工企业生产安全事故死亡人数、煤矿

百万吨死亡率、道路交通运输万车死亡率等指标有较大幅度下降，初步形成完善的安全生产法规体系和规范的安全生产法治秩序，为成功举办第29届奥运会创造良好的环境。到2015年，全市安全生产状况实现根本性好转，亿元国内生产总值死亡率、10万人死亡率等指标达到或者接近世界中等发达国家水平。

二、加强领导，抓好各级安全生产监管机构和执法队伍建设

各级政府必须依照《中华人民共和国安全生产法》的规定，加强对本地区安全生产工作的领导。各级政府主要领导人和政府有关部门正职负责人对本地区、本部门安全生产工作负全面领导责任；各级政府其他领导人和政府有关部门其他负责人在分管范围内对安全生产工作负领导责任。要建立健全领导干部安全生产责任制，加强监督，严格考核。各级政府要把安全生产工作列入重要议事日程，每季度组织召开一次安全生产例会，分析本地区安全生产形势，研究安全生产的重大问题，部署安全生产工作，检查安全生产管理责任落实情况。

各级政府的安全生产委员会统一组织和指导协调本地区安全生产工作。

各区县政府都要健全安全生产监管机构，建立安全生产专业执法队伍，落实编制、人员和经费，为开展安全生产监管和执法工作提供必要的条件，保障安全生产监管机构和执法队伍有效履行职责。街道办事处、乡镇政府也要明确安全生产监管工作机构或人员，具体负责本辖区安全生产工作。

三、落实安全生产综合监管、行业（领域）监管（管理）和属地监管责任

市和区、县安全生产监督管理部门对本行政区域内安全生产工作实施综合监督管理，指导、协调和监督政府有关部门履行安全生产监督和管理职责。组织实施本地区安全生产规划，组织安全生产联合检查，指导和督促重大事故隐患治理工作，组织制定和管理本地区生产安全事故应急救援预案，依法组织生产安全事故调查处理。

公安、建设、质量技术监督、国土资源、煤炭、国防科技工业等负有安全生产监督管理职责的政府有关部门，依照有关法律、法规规定，分别对消防、道路交通、建筑施工、特种设备、煤矿、非煤矿山、民用爆破器材生产等方面的安全生产工作实施监督管理；其他政府部门依照有关法律、法规、规章和《北京市人民政府关于印发市政府工作部门安全监管（管理）职责的通知》（京政发［2004］22号）确定的职责，负责有关行业（领域）的安全生产管理工作。制定安全生产质量工作标准并组织实施，掌握重大事故隐患情况，督促和指导隐患治理工作，广泛深入开展安全宣传教育活动。

各区县政府以及街道办事处、乡镇政府要对本地区的安全生产工作全面负起责任，高度重视并切实加强安全生产管理工作，层层建立责任制，全面落实属地监管责任。要进一步明确本地区安全生产综合监管部门和行业（领域）监管（管理）部门的职责，加强对本地区安全生产的综合监管和行业（领域）监管（管理），要加大安全生产监督检查和执法工作力度，加强对本地区重大事故隐患治理工作的组织、指导、协调和监督。

四、完善目标管理，加强监督考核

按照国家下达的年度安全生产各项控制指标和考核要求，结合本市实际情况，市安全生产委员会将年度安全生产控制指标分解下达，由相关部门和区县政府分别承担安全

生产控制指标及其监管责任。各责任单位要强化各项控制措施，确保不突破控制指标。各级安全生产委员会负责安全生产控制指标的管理和考核工作。

认真落实各级安全生产责任。各级政府要建立安全生产综合监管、行业（领域）监管（管理）和属地监管责任制，安全生产委员会负责制定年度考核目标和考核办法，以"折子工程"方式明确完成标准和时限，分解落实到责任单位和责任人。安全生产委员会负责定期检查目标责任落实情况，督促落实不力的责任单位和责任人抓紧改进，年终对责任制完成情况进行全面评价和考核，向本级政府报告。因工作不力，造成突破年度安全生产控制指标和目标责任未落实的，要严厉追究责任单位和责任人的责任。

五、强化管理，落实生产经营单位安全生产主体责任

生产经营单位是安全生产责任主体，主要负责人必须履行法定的安全生产职责，对本单位的安全生产工作全面负责。在生产经营活动中，必须保证对本单位职工的安全教育到位、安全管理机构和人员到位、安全工作标准到位、安全管理机制到位和处罚到位。各类生产经营单位要全面贯彻落实安全生产的法律法规，建立健全安全生产各项规章制度，完善安全生产各项防范措施，保证安全生产的必要投入，依靠科技进步，积极采用安全性能可靠的新技术、新工艺、新设备和新材料，不断改进安全生产条件，提高安全生产管理水平，加强对职工安全生产意识教育和安全生产技能教育，及时消除生产经营活动中的事故隐患，确保安全生产。

生产经营单位举办大型社会活动，应当制定符合规定要求的活动方案和突发事件的应急预案，并按照国家和本市有关规定履行审批手续。活动举办期间，举办单位应当落实各项安全措施，保证活动场所的设备、设施安全运转，配备足够的工作人员维持现场秩序，必要时可以申请公安机关协助。在人员相对聚集时，举办单位应当采取控制和疏散措施，确保参加活动的人数在安全条件允许的范围内。

各类生产经营单位必须依法设置安全生产管理机构或者配备专、兼职安全生产管理人员。煤矿的专职安全生产管理人员不得少于3人，占从业人员总数的比例不得低于2.5%。建筑施工单位专职安全生产管理人员的配备按国家有关规定执行。非煤矿山、城市轨道交通运营单位和危险物品的生产、经营、储存单位以及从业人员超过300人的其他生产经营单位，专职安全生产管理人员的数量不得低于从业人员总数的1%。出租摊位在100个以上的小商品批发市场、建材市场、家具市场、集贸市场等经营单位，也要设立安全生产管理机构或配备专职安全生产管理人员。

六、消除事故隐患，防范重、特大生产安全事故发生

生产经营单位是事故隐患治理和消除的责任主体，要及时发现存在的事故隐患，立即进行治理并予以消除。对不能立即消除的隐患，要有确保安全的防范措施，要有落实责任、人员和资金的治理方案，限期予以消除。对重大事故隐患，要向所在的区县政府和行业（领域）监管（管理）部门报告。生产经营单位未履行法律、法规规定职责，造成重大事故隐患的，对责任单位和责任人要依法给予处罚。

建立重大生产安全事故隐患管理制度，明确安全生产综合监管、行业（领域）监管（管理）和属地监管责任。各级政府要了解本地区生产经营单位存在的重大事故隐患情

况，组织、指导、协调、监督隐患治理工作，对难以及时消除的事故隐患要逐级报告。行业（领域）监管（管理）部门要了解本行业（领域）的重大事故隐患情况，督促和指导生产经营单位积极消除事故隐患，每半年要向同级安全生产委员会报告一次重大事故隐患治理和消除情况。安全生产综合监管部门对本地区重大事故隐患进行综合分析和评价，提出事故隐患控制和消除的指导意见，组织、协调和督促、检查重大事故隐患治理工作。政府有关部门不履行或者不正确履行有关职责，使重大事故隐患不能及时消除或者造成重大事故隐患的，要追究有关责任单位和责任人的责任。

七、实施安全生产许可制度，强化安全生产行政执法

政府部门在履行行政许可职责中，要把安全生产作为一项重要内容，关口前移，从源头上制止不具备安全生产条件的企业进入市场。

依照《安全生产许可证条例》的规定，负责矿山企业、建筑施工企业和危险化学品、烟花爆竹、民用爆破器材生产企业安全生产许可的部门，要结合本市实际，制定安全生产许可的具体办法，在规定时限内向已经进行生产且具备安全生产条件的企业颁发安全生产许可证。开办企业必须具备法律、行政法规和国家标准或者行业标准规定的安全生产条件，依法向政府有关部门申请、办理安全生产许可证，持证生产经营。新建、改建、扩建项目的安全设施必须与主体工程同时设计、同时施工、同时投入生产和使用（简称“三同时”），对未通过“三同时”审查的建设项目，有关部门不予办理行政许可手续，企业不准开工投产。

负有安全生产监管职责的部门要增强执法意识，认真履行监管职责，加强对生产经营单位特别是容易发生重大生产安全事故单位的监督检查。对不依法履行安全生产职责、存在事故隐患又不采取坚决治理措施、发生生产安全事故或者造成其他严重后果的生产经营单位及其主要负责人，要依法给予责令停产停业整顿、降低资质、暂扣或吊销有关证照、撤职、降级等处罚，记入企业信用信息系统，触及其核心利益。

八、继续深化安全生产专项整治工作

继续深化矿山、道路交通运输、危险化学品、民用爆破器材和烟花爆竹、人员密集场所消防安全等方面的安全生产专项整治。各级政府要进一步加强对专项整治工作的领导，紧密结合本地区实际，突出重点，有的放矢，确保取得实效。负有安全生产监管职责的部门具体组织和指导专项整治工作，各部门要积极配合，通力协作，搞好联合执法，提高专项整治工作的效率。各级安全生产委员会负责监督协调专项整治工作。

九、全面开展安全质量标准化活动

开展安全质量标准化活动，提高生产经营单位安全生产管理水平。工矿、商贸、交通运输、建筑施工、旅游、餐饮、娱乐等行业（领域）监管（管理）部门要制定本行业（领域）的安全生产质量工作标准，细化生产经营流程各环节、各岗位的安全生产质量工作标准。2004年内，完成本行业（领域）和生产经营单位迫切需要的安全生产质量工作标准的制定工作。安全生产质量工作标准要根据实际情况及时修改和完善。各类生产经营单位要建立各环节、各岗位的安全生产质量责任制，生产经营活动和行为必须符合安全生产有关法律法规和安全生产技术规范要求，做到规范化和标准化。

十、建立生产安全应急救援体系

建立全市生产安全应急救援指挥中心，充分利用现有的应急救援资源，建设具有快速反应能力的专业化救援队伍，提高救援装备水平，增强生产安全事故的抢险救援能力。建立矿山、危险化学品生产安全救援基地，组建建筑、危险化学品应急救援队伍。按照《北京市特大生产安全事故应急救援预案》、《北京市危险化学品事故应急救援预案》要求，定期组织开展工程抢险、人员疏散、现场医疗救治、紧急处置等应急救援演练和培训。各行业（领域）监管（管理）部门、区县政府以及生产经营单位也要制定生产安全事故应急救援预案。

十一、建立并实施安全生产投入保障和风险抵押金制度

本市对矿山、建筑施工、危险化学品、烟花爆竹、民用爆破器材等高危行业生产企业实行提取安全费用制度，先在煤炭生产企业和建筑施工企业试行。煤炭生产企业安全费用的提取按财政部、发展改革委、国家煤矿安全监察局印发的《煤炭生产安全费用提取和使用管理办法》（财建［2004］119号）有关规定执行；建筑施工单位按不低于建筑施工产值6‰的比例提取安全费用。企业安全费用由企业自行提取，专户储存，专项用于安全生产。具体办法由市安全生产监督局会同市财政局、市国税局、市地税局、市发展改革委、市建委等有关部门研究制定，报市政府批准后实施。

生产经营单位必须认真执行工伤保险制度，依法参加工伤保险，及时为从业人员缴纳保险费。同时，依据《中华人民共和国安全生产法》等有关法律法规，向受到生产安全事故伤害的员工或家属支付赔偿金。进一步提高企业生产安全事故伤亡赔偿标准，建立企业负责人自觉保障安全投入，努力减少事故的机制。

为强化生产经营单位的安全生产责任，本市对矿山、道路交通运输、建筑施工、危险化学品、烟花爆竹等生产经营单位实行风险抵押金制度，收取一定数额的安全生产风险抵押金，用于生产经营单位发生生产安全事故后的事故抢险救灾和善后处理。风险抵押金制度待国家具体办法出台后实施。

十二、加强安全生产宣传教育

坚持正确的舆论导向，大力宣传国家安全生产法律法规、方针政策和加强安全生产工作的重大举措，宣传安全生产工作的先进典型和经验；加强安全文化建设，普及各种安全常识及自我保护、紧急救助知识，提高社会公众的安全意识，增强市民安全防范和紧急避险的能力。认真组织开展“安全生产月”、“安康杯竞赛”等活动，加强对生产经营单位主要负责人、安全生产管理人员、特种作业人员的培训和考核。

建立安全生产新闻发布制度。定期向全社会公布安全生产形势，增加安全生产工作的透明度。对重大事故隐患和严重忽视安全生产、导致重特大事故的典型案例，坚决给予曝光。

市安全生产委员会组织有关部门，每两年对区县政府主要领导人进行一次安全生产教育；各区县安全生产委员会组织有关部门，每两年对街道办事处、乡镇政府主要领导人进行一次安全生产教育；市安全生产监督局负责每年对安全生产执法人员进行一次安全生产教育。

市、区县政府每年安排一定的经费，专项用于安全生产宣传教育和法律法规规定的考核。

二〇〇四年七月七日

北京市信息化工作领导小组关于加强信息安全保障工作的实施意见

（2003年12月3日）

为贯彻落实《中共中央办公厅国务院办公厅转发〈国家信息化领导小组关于加强信息安全保障工作的意见〉的通知》（中办发［2003］27号）精神，加强本市信息安全保障工作，现提出如下实施意见。

一、本市各级党政机关的网络与信息系统实行安全等级保护制度

本市各级党政机关要综合考虑其网络与信息系统的重要性、涉密程度和面临的信息安全风险等因素，按照有关法律法规及技术标准，确定其网络与信息系统的安全保护等级，并落实安全管理责任。

（一）各级党政机关要对其网络与信息系统进行风险评估和确定安全保护等级，并将风险评估和确定的安全保护等级结果报同级信息化主管部门备案。

（二）由市信息办组织有资质的信息安全测评机构对本市党政机关的重要信息系统统一进行安全等级测评，未达到相应安全保护等级要求的，应限期整改。今后凡新建网络与信息系统，必须在立项前进行风险分析并确定安全保护等级，报同级信息化主管部门审查，正式运行前必须进行安全测评，未达到安全保护等级要求的不得运行。

（三）通过安全保护等级测评的网络与信息系统，投入运行后要按照等级保护的原则，定期进行安全性评估。具体评估办法由市信息办制定。

（四）涉及国家秘密的信息系统，要按照党和国家有关保密规定进行保护，具体实施计划由市保密局会同有关部门制定。

二、加强以密码技术为基础的信息保护和网络信任体系建设

充分发挥密码在保障全市电子政务、电子商务安全和保护公民个人信息等方面的重要作用。在北京市密码管理委员会的统一领导下，按照满足需求、方便使用、加强管理的原则，加快密码基础设施建设，建立健全适合全市信息化发展的密码管理体制和科学的密钥管理体系。

统筹规划本市网络信任体系，建立全市网络信任的协调管理机制，规范和加强以身份认证、授权管理、责任认定等为主要内容的网络信任体系建设。

推动全市数字证书的应用工作，并积极探索政务数字证书和公共服务数字证书之间

互通互用的机制。在本市重大信息化项目中，也要推行数字证书的应用。

访问涉密信息所需的数字证书问题，由市委办公厅机要局、市保密局、市信息办等部门另行研究。

三、加强公共信息网络的监控和电子政务专网的安全保障工作

基础信息网络和各重要信息系统的运营单位和主管部门要根据实际情况建立和完善信息安全监控系统，提高对网络攻击、病毒入侵、网络失窃密的防范能力，防止有害信息传播。全市信息安全监控工作要在市信息化工作领导小组的统一领导下，市信息办、市国家安全局、市公安局、市通信管理局、市保密局和市委办公厅机要局等单位根据各自职责对基础信息网络和重要信息系统实施安全监管。其中，电子政务外网的安全监控和保障由市信息办牵头，各单位配合实施；公共网络的安全监控和保障由市公安局牵头，各单位配合实施；涉及国家秘密的网络由市保密局牵头，各单位配合实施。

四、启动信息安全应急保障体系建设

加强信息安全应急处理工作的组织协调，研究制定全市的信息安全应急处置预案。鼓励社会力量参与灾难备份设施建设和提供技术服务，提高信息安全应急响应能力。进一步完善北京市信息安全应急工作体系的方案，经市信息化工作领导小组批准后实施。

加强信息安全应急基础设施的建设。统筹规划全市的容灾备份体系，建设一个区域性的、同城异地的信息安全容灾备份中心，为全市党政机关提供集中、统一的容灾备份服务。由市信息办提出容灾备份中心建设的方案，报市信息化领导小组批准后实施。

建立健全信息安全通报制度。各基础信息网络和重要信息系统的建设要充分考虑抗毁性与灾难恢复，制定并不断完善信息安全应急处置预案。

五、加强信息安全技术科研和产业发展工作

加强信息安全关键技术和相关核心技术的研究开发，提高自主创新能力，促进信息安全技术转化，加快产业化进程。由市科委牵头，会同有关部门组织研究开发密码、安全隔离与审计、病毒防范、网络监控、检测与应急处理、信息安全测试与评估等信息安全关键技术和核心技术，加大对自主知识产权关键安全技术的研发投入。

使用财政资金建设的信息化项目要按照有关规定进行政府采购，市财政局会同市信息办等有关部门要将信息安全软件、设备和服务列入政府采购目录。

六、进一步完善信息安全法规政策和标准体系

坚持依法保障和促进信息化健康发展，进一步完善信息安全法规政策体系，明确保障信息安全的责任和义务。尽快制定涉及政务与公共服务信息安全管理、信息安全等级保护、数字证书管理、信息安全应急管理、促进信息安全产业等方面的法规和政策。

进一步加强信息安全标准化工作。针对全市信息安全产业及信息化建设的需求，研究制定地方标准，逐步构建起由国家、行业、地方标准组成的全市信息安全标准体系。由市信息办负责，尽快研究制定信息系统安全定级指南、电子政务专网安全技术要求、电子政务内网（涉密）安全技术要求、电子政务信息安全保障技术框架等相关技术标准。

在市信息化工作领导小组的统一领导下，加强对全市信息安全的监督和管理，保证信息安全相关法规政策和技术标准得到贯彻和执行。

七、加快信息安全人才培养和队伍建设

加强信息安全保障工作，必须建设一支政治可靠、技术过硬的信息安全专业队伍。将信息安全相关内容的培训纳入全市信息化与电子政务人才培训计划中，特别要加强对党政机关信息安全管理和技术人员的培训工作；教育部门要采取措施加强对信息安全专业人才的培养；逐步推行信息安全工作人员的资格岗位制度。

八、加强信息安全宣传教育工作

有针对性、有重点、有计划地组织开展各种宣传活动，大力普及信息安全的基础知识和基本技能，特别是加强对青少年的信息安全教育和法律法规教育，不断增强全民信息安全意识。

九、保证信息安全资金

由市信息办会同有关部门制定与信息系统安全等级相对应的资金投入标准。各级发展改革、财政、科技、信息化等部门要调整信息化建设资金使用结构和支出方向，保证信息安全基本建设、运行维护和关键技术研发等资金的投入。本着资源共享、功能互补、节约投资的原则，集中力量，重点支持信息安全测评实验室、信息安全应急响应与异地容灾备份中心、计算机犯罪勘察鉴定中心等信息安全基础设施建设。

十、加强对信息安全保障工作的领导，建立健全信息安全责任制

各级党委和政府要充分认识加强信息安全保障工作的重要性和紧迫性，以高度的政治责任感，切实加强对信息安全保障工作的领导。在推进信息化过程中，要始终坚持一手抓信息化发展，一手抓信息安全保障工作。

各单位要建立健全信息安全领导责任制，落实信息安全保障工作的机构和人员。全市的信息安全工作在市信息化工作领导小组的领导下，由市网络与信息安全协调小组统筹规划、统一指挥协调。协调小组各成员单位之间应加强联系和沟通，理顺工作机制，形成合力，推动全市信息安全保障工作。

附　录

联络指南

单位名称	地　址	网址或电子邮箱	电话	邮编
北京市工业促进局	北京市朝阳区工体北路6号	www.bjid.gov.cn	85235626	100027
北京市发展和改革委员会	北京市西城区复兴门大街2号	www.bjpc.gov.cn	66410901	100031
北京市商务局	北京市东城区朝阳门内大街190号	www.bjmbc.gov.cn	65248780	100010
北京市科学技术委员会	北京市西城区西直门南大街16号	www.bestinfo.net.cn	66153389	100035
北京市财政局	北京市海淀区阜成路15号	www.bjcz.gov.cn	68423868	100037
北京市质量技术监督局	北京市朝阳区育慧南路3号	www.bjtsp.gov.cn	84611177	100029
北京市工商行政管理局	北京市海淀区倒座庙9号甲	www.hd315.gon.cn	82690900	100080
北京市安全生产监督管理局	北京市宣武区枣林前街70号	webmastey@bjsafety	83970889	100053
北京市人民政府国有资产监督管理委员会	北京市宣武区枣林前街70号	bjgzw@bjgzw.gov.cn	83560755	100053
北京市交通管理委员会	北京市宣武区广安门内大街317号	www.bjjtw.gov.cn	63032255－6507	100053

单位名称	地　址	网址或电子邮箱	电话	邮编
北京市药品监督管理委员会	北京市宣武区枣林前街70号	webmastey@bjda.gov.cn	83979401 83560780	100053
北京京城机电控股有限责任公司	北京市朝阳区东三环南路48号	www.jcmeh.com	67756668	100022
北京京仪控股有限责任公司	北京市东城区安定门西滨河路25号	bjbiic@263.net	84138506	100011
北京电子控股有限责任公司	北京市朝阳区三里屯西六街6号	www.behc.com.cn	84544207	100027
北京市有色金属工业总公司	北京市宣武区槐柏树街2号		63021987 63021350	100005
北京化学工业集团有限责任公司	北京市亦庄经济技术开发区西环北路23号华腾发展大厦	www.bjhgjt.com.cn	67860685	100176
北京纺织控股有限责任公司	北京市东城区东单三条33号	www.bthc.com.cn	65127929 65129861	100005
北京一轻控股集团有限责任公司	北京市宣武区东经路5号	www.bjyq.com.cn	63157942	100050
北京隆达轻工控股有限责任公司	北京市西城区德胜门东滨河路5号	219.232.201.222	62371567	100011
北京医药集团有限责任公司	北京市朝阳区白家庄西里5号	www.bpgc.com.cn	65001117	100020
中国北京同仁堂集团有限责任公司	北京市崇文区东兴隆街52号	www.tongrentang.com	67171762 67171755	100062
北京兴东方实业有限责任公司	北京市海淀区复兴路2号	www.boomeast.com.cn	63273336 63466193	100038
首钢总公司	北京市石景山区石景山路	www.shougang.com.cn	88293520 68873606	100041
北京京煤集团有限责任公司	北京市门头沟区新桥路南大街2号	www.beijingcoal.com.cn	69842461 69842126	102300
北内集团总公司	北京市朝阳区东三环中路		67714072 67719557	100022
中国石化集团北京燕山石油化工有限公司	北京市房山区燕山岗南路1号	office@yspgc.yanshanpcgc.com.cn	69342295 69342736	102500
华北电网有限公司	北京市宣武区广安门大街482号	122.33.23/hcpg/default.asp	83583114	100051

单位名称	地　址	网址或电子邮箱	电话	邮编
北京电力公司	北京市西城区前门西大街	www.bpsb.com.cn	63128201	100053
北京汽车工业控股有限责任公司	北京市朝阳区东三环南路25号	www.bj－auto.com.cn	67699888	100021
北京金隅集团有限责任公司	北京市西城区宣武门西大街甲129号	www. bbmg. com.cn	66411587 66412086	100031
北京工美集团有限责任公司	北京市东城区王府井大街200号	www.gongmeigroup.com.cn	65140165	100005
华北京海实业总公司	北京市朝阳区东土城路8号林达大厦B座5H室	jinghai@citiz.net	64462917 64462937	100013
北京四环医药科技股份有限公司	北京市海淀区复兴路47号天行建商务大厦22层	www. sihuan. com.cn	51921698 51921456	100036
北新集团建材股份有限公司	北京市海淀区德胜门外西三旗东	www. bnbn. com.cn	82913831 66932678	100096
中国北车集团北京二七机车厂	北京市丰台区长辛店杨公庄1号	www. 27rail. com.cn	83306001 83306125	100072
中国南车集团北京二七车辆厂	北京市丰台区张郭庄甲1号	www.eqc	83804015 83876184	100072
中国北车集团北京南口机车车辆机械厂	北京市昌平区南口镇道北	www.nkgc.com.cn	51013161 69771809	102202
北京工业经济联合会	北京市崇文区好景胡同33号	zhangky328 @ sohu.com	65114383	100051
北京企业联合会	北京市朝阳区潘家园东里21号	yyx0315@sing.com	87783847	100021
北京市中小企业服务中心	北京市海淀区中关村南大街中关村科技发展大厦	www. blsme. OAG/new	62140459	100081
北京市工业经济研究所	北京市朝阳区团结湖北三条瑞博写字楼	briie@263.net	85983019 85987281	100026
北京市技术创新服务中心	北京市海淀区知春路111号理想大厦		82665796	100086
北京市东城区发展和改革委员会	北京市东城区钱粮胡同3号	dgyk2005 @ yahoo.com.cn	64031118 －4412 64079927	100010
北京市西城区商务局	北京市西城区真武庙六里甲6号	jingmaowei @ sina.com.cn	68012353 68012342	100045

单位名称	地址	网址或电子邮箱	电话	邮编
北京市宣武区发展和改革委员会	北京市宣武区南菜园街51号	masongli169@yahoo.com.cn	83975339	100054
北京市崇文区发展和改革委员会	北京市崇文区幸福大街32号	jwbgs@cwi.gov.cn	67110088-5917	100061
北京市朝阳区发展和改革委员会	北京市朝阳区团结湖南里12号	cyjhw@chy.egov.cn	65925576	100026
北京市海淀区发展和改革委员会	北京市海淀区中关村东路100号	hdjhw@bjhd.gov.cn	62533347	100080
北京市丰台区发展和改革委员会	北京市丰台区文体路2号	admin@fgw.bjft.gov.cn	83656378	100071
北京市石景山区发展和改革委员会	北京市石景山区石景山路18号	athene8877@sohu.com	88699333	100043
北京市门头沟区工业局	北京市门头沟区城子大街56号	tjk-jw@sina.com	69842584-23	102300
北京市房山区工业局	北京市房山区良乡政通路1号	org.bjfsh.gov.cn	89351450	102488
北京市通州区工业局	北京市通州区新华大街140号	www.bjtzgyj.gov.cn	69546276	101100
北京市顺义区工业局	北京市顺义区新顺南大街9号	www.gongy.bjshy.gov.cn	69441064 69444406	101300
北京市昌平区工业局	北京市昌平区城区镇西环路15号院		69742365	102200
北京市大兴区工业局	北京市大兴区黄村兴政街东里甲5号	www.bjdx.gov.cn	69243537	102600
北京市平谷区经济委员会	北京市平谷区乐园西小区7号	cyfzk@51uc.com	69986796	101200
北京市怀柔区工业局	北京市怀柔区青春路42号	gyj@bjhr.gov.cn	69623774 69644311	101400
北京市密云县经济委员会	北京市密云县古楼东大街育才路	yjsh1@sohu.com	69055880	101500
北京市延庆县经济委员会	北京市延庆县阪泉路建业胡同2号	yqjw@163.com	69103310	102100
北京市乡镇企业局	北京市朝阳区惠新东街6号	www.bte.gov.cn	84638314	100029
北京市工商业联合会	北京市崇文区广渠门内白桥大街22号	bjsh1@yahoo.com.cn	67123591	100062

单位名称	地址	网址或电子邮箱	电话	邮编
北京市民政工业总公司	北京市西城区西直门外南路4号	www.biflqy.com	68338899 68355545	100004
北京经济技术开发区管理委员会	北京经济开发区荣华中路15号博大大厦	www.bda.gov.cn	67881240 67881210	100176
中关村科技园区管理委员会	北京海淀区苏州街36号		82691722	100080

企业名录

单位名称	办公地点	联系电话	邮政编码	主要产品	销售收入（万元）
电子、通讯行业					
北京飞宇微电子有限责任公司	北京市朝阳区三里屯五街5号	64652346	100027	薄膜集成电路、厚膜电路	2691.21
北京方略信息科技有限公司	北京市东城区北河沿大街79号	64028301	100009	电子工程	169.17
北京燕东微电子有限公司	北京市东直门外西八间房万红西街2号	64364865	100015	半导体分力器件、半导体集成电路	7024.14
北京东光微电子有限责任公司	北京市朝阳区酒仙桥路12号(北京九〇三信箱)	64370289	100016	声表电路、集成电路、制版	2059.73
北京电控久益实业发展公司	北京市朝阳区酒仙桥中路18号	64389908	100016	电源、VCD电源、失真测量仪、焊接焊剂材料	7559.61
北京市半导体器件六厂	北京市宣武区南菜园2号	63540606	100054	手机、电器总成、电子元器件、场效、电阻、开关管、稳压管、整流管	2757.51
北京市电控恒星经贸有限公司	北京市东城区东直门外新中街11号(北京建工集团培训中心)院内5号楼2层	64179013	100027	商品销售、工程	2425.67
北京市电子技术咨询服务中心	北京市宣武区校场3条27号	63170766	100053	服务类	7.84
北京宇翔电子有限公司	北京市崇文区龙潭路3号	67111067	100061	集成电路、电子秤	2158.85
北京吉乐电子集团有限公司	北京市朝阳区酒仙桥南路5号	64354808	100016	彩偏、音圈、端子板、磁条、帧线圈、紧固圈	46067.95

续表

单位名称	办公地点	联系电话	邮政编码	主要产品	销售收入(万元)
北京七星华电科技集团有限责任公司	北京市朝阳区酒仙桥东路1号	64311193	100016	微电子设备及其他设备、电子元器件、磁性材料及制品、工业窑炉、工业炉、偏转线圈、流量计	62363.27
北京飞达电子集团公司	北京市海淀区苏州街75号	62553751	100080	二极管	1679.26
北京易亨电子集团有限责任公司	北京市北三环东路28号	64405566	100013	恒生电脑、打印机、计算器、电能表设备、ATM、小型机、存款机	25645.80
北京京东方投资发展有限公司	北京市朝阳区酒仙桥路10号	64363589	100016	显示器终端产品、薄膜晶体管液晶显示器件	1242404.70
北京大华无线电仪器厂	北京2452信箱	62921294	100083	仪器、电源、电子元器件	10609.17
北京正东电子动力集团有限公司	北京市朝阳区酒仙桥路4号	64377041	100015	电、热力、冷凝水、灯具	11064.83
北京半导体器件五厂	北京市西城区德胜门外五路通14号	62018308	100011	集成电路、晶体管、模块、石英金属制品、电子产品	4360.39
北京兆维电子(集团)有限责任公司	北京市朝阳区酒仙桥路14号	64361361	100016	背投彩色电视机、程控交换机、计算机产品、网络布线产品、通信设备、金融设备、X-KEY、视频显示系统、漏电保护器、包装箱、电子元器件、印刷材料、控制器	76268.16

续表

单位名称	办公地点	联系电话	邮政编码	主要产品	销售收入（万元）
北京北电科林电子有限公司	北京市朝阳区酒仙桥中路18号	64325445	100016	转播车、数字产品、数据产品、放大器、数字卫星接收机、工业电视	10640
北京牡丹电子集团有限责任公司	北京市朝阳区酒仙桥东路1号南门（8号楼）	64325778 64325927	100016	彩色电视机、终端、显示器、显示屏、调谐器、压控震荡器、扬声器	59841.71
北京北广电子集团有限责任公司	北京市西城区黄寺大街23号	62018319	100011	广播电视发射机、电视转播车、机顶盒	44768.32
北京无线电厂	北京市海淀区北洼路4号	68419348	100089	集成电路、音响、调制器、组合音响、弱电系统工程、监控器件、弱电系统集成、金丽可视对讲系统、摄影机、DEL屏	24280.07
北京诺基亚航星通讯系统有限公司	北京市东城区和平里东街11号	64212288	100013	通讯设备	555109
北京航星机机器制造公司	北京市东城区和平里东街11号	84221131	100013	通讯设备	79734
北京博彦科技发展有限公司	北京市海淀区上地6街17号康德大厦4层	62985533	100085	软件	3000
北京华旗资讯科技发展有限公司	北京市中关村硅谷电脑城15层	62566688	100080	计算机、显示器、移动存储器	130000
北京汇民科技有限公司	北京市中关村数码大厦12层	62510153	100086	杀毒软件	2000
大唐微电子技术有限公司	北京市海淀区学院路40号	62301484	100083	SIM/UIM卡	53255
爱立信移动通信有限公司	北京市顺义区天竺空港工业区	64571188	101312	移动电话	

续表

单位名称	办公地点	联系电话	邮政编码	主要产品	销售收入(万元)
松下通信设备有限公司	北京市顺义区天竺空港工业区	80480000	101312	移动电话	
JVC电子产业有限公司	北京市顺义区天竺空港工业区	80486066	101312	电子元件	
索鸿电子有限公司	北京市顺义区天竺空港工业区	80486868	101312	电子元件	
村田电子有限公司	北京市顺义区天竺空港工业区	80486622	101312	电子元件	
松下精密电容有限公司	北京市顺义区天竺空港工业区	80486718	101312	电子元件	
北京市半导体器件六厂	北京市宣武区南菜园甲2号	63540833	100054		
北京东方冠捷电子有限公司	北京市朝阳区酒仙桥路10号	64326699	100016	显示器	
北京·松下彩色显像管有限公司	北京市朝阳区酒仙桥北路9号	64363355	100015	彩色显像管	
北京首信股份有限公司	北京市朝阳区将台路5号	64338899	100016	移动电话	
北京国际交换系统有限公司	北京市朝阳区酒仙桥路14号	64346228	100016	EWSD	
京东方现代(北京)显示技术有限公司	北京市朝阳区酒仙桥路10号	64316698	100016	液晶显示屏	
北京松下电子部品有限公司	北京市朝阳区利泽中园1区1号	64392345	100102	扬声器	
崇新通信	北京市石景山区西井路3号	88794993－207	100043		
理光电子	北京市石景山区创业园中区E1号	88797580	100043	办工用品及耗材	
通美晶体技术有限公司	北京市通州区工业开发区	61562241	101113	单晶硅	8218
中电智能卡有限责任公司	北京市昌平科技园区昌盛路26号F1	51508811	102200	接触式IC卡、非接触式IC卡	

续表

单位名称	办公地点	联系电话	邮政编码	主要产品	销售收入（万元）
二六三网络通信股份有限公司	北京市昌平科技园区超前路13号	84291263	102200	互联网接入服务、数据中心服务、网络服务	
高德软件有限公司	北京市昌平科技园区火炬街23号	62648482	102200	汽车卫星导航定位系统	
北京英斯泰克视频技术有限公司	北京市昌平科技园区超前路35号	89715471	102200	电视转播车、通讯车、新闻采访车	
北京瀚翔沐泽科技有限公司	北京市昌平科技园区创新路9号	62963518	102200	沐泽库存管理系统软件、微型计算机系列	
机械、仪表、小五金行业					
北人集团公司	北京市朝阳区广渠路南侧44号	67714032	100022	印刷机	26021.1
北人印刷机械股份有限公司	北京经济技术开发区荣昌东街6号	67714032	100176	印刷机	95111.6
北京第一机床厂	北京市朝阳区建国门外大街4号	65670987	100022	金属切削机床、地质钻机	34847.8
北京北一数控机床有限责任公司	北京市朝阳区建国门外大街4号	65670987	100022	金属切削机床	43558.3
北一大隈（北京）机床有限公司	北京市顺义区林河工业开发区双河大街16号	65670987	101300	数控机床、加工中心	4646
北京第二机床厂	北京市丰台区卢沟桥南里4号	65670987	100072	磨床	9295
北京市机电院高技术股份有限公司	北京市朝阳区工体北路4号	65945638	100027	数控机床	14754
北京京城重工机械有限责任公司	北京市崇文区光明东路1号	67195535	100061		
中环动力北京重型汽车有限公司	北京市通州区台湖镇北神树村	67195535	101000	矿用汽车	3573.9
北京现代京城工程机械有限公司	北京市丰台区卢沟桥南里2号	83213377－3605	100072	挖掘机、叉车	69348

续表

单位名称	办公地点	联系电话	邮政编码	主要产品	销售收入(万元)
京城环保产业发展有限责任公司	北京市崇文区光明东路1号	67184909	100061	气体压缩机	27884.6
巴布科克·威尔科克斯有限公司	北京市石景山区石景山路36号	68875881	100043	电站锅炉	123189
北京重型电机厂	北京市石景山区吴家村	68639674	100040	金属结构件、热力供应	15980.4
北京北重汽轮电机有限责任公司	北京市石景山区吴家村	68639674	100040	汽轮发电机、电站汽轮机	140649.8
北京ABB高压开关设备有限公司	北京市丰台区永定门外石榴庄南里7号	67640055	100075	高压断路器、高压开关板	143717
北京北开电气股份有限公司	北京市经济技术开发区永昌南路5号	67802628	100176	六氟化硫断路器、六氟化硫全封闭组合电器	53801
北开日新电机高压开关设备有限公司	北京经济技术开发区宏达南路8号	67802628	100176	六氟化硫全封闭组合电器	13201
北京天海工业有限公司	北京市朝阳区黄厂路	87391800	100023	钢质无缝气瓶	58021.5
天津天海高压容器有限责任公司	天津市天津港保税区	87391800	300456	高压气瓶	15762.1
北京毕捷电机股份有限公司	北京市朝阳区酒仙桥北路7号	64382312	100015	交、直流电动机	31074.9
华德液压工业集团有限责任公司	北京经济技术开发区同济北路5号	67881998	100176	液压件	28932.1
北京西海工贸公司	北京市西城区德内大街103号	64054536	100035	其他未列明的服务业	
北京市机电研究院	北京市朝阳区工体北路4号	85236755	100027	金属切削机床制造	
北京市机械局技术开发所	北京市崇文区东四块玉南街28号	67174587	100061	专业技术服务	
北京市照相机总厂	北京市海淀区北环西路25号	62632021	100086	胶片相机、数码相机	101311
北京北分瑞利分析仪器(集团)有限责任公司	北京市海淀区温泉	62456608	100095	智能型色谱、光谱系列仪器,红外分析仪器	30664

续表

单位名称	办公地点	联系电话	邮政编码	主要产品	销售收入（万元）
北京光学仪器厂	北京市通州区新华大街157号	69544601	101149	太阳光谱辐射计,单色仪,光谱仪	2545
北京博飞仪器股份有限公司	北京市通州区新华大街157号	69544601	101149	光学、电子经纬仪系列产品水准仪系列产品	10202
北京敬业电工集团	北京市西城区西什库大街31号	66175725	100034	配电装置,控制电机、微电机,分马力电机	52772
北京北仪创新真空技术有限责任公司	北京市朝阳区建外郎家园1号	65813041	100022	真空获得系列,真空镀膜机系列,真空检测仪	6204
北京远东仪表有限公司	北京市东城区和平里北街6号	64212531	100013	智能差压压力变送器系列	51783
北京远东仪表公司	北京市东城区和平里北街6号	64212531	100013	数字式兆欧表,多媒体教学装备	503
北京检测仪器有限公司	北京市宣武区广外鸭子桥39号	63461608	100055	火焰光度计、风速计	396
北京京仪世纪自动化设备有限公司	北京市丰台区苇子坑2号	67616014	100078	智能化执行器、风阀、仪表、数控铣床	4234
北京模具厂	北京市崇文区敬业西里2号	67116702	100061	模具及压铸件	999
北京京仪椿树整流器有限责任公司	北京市西城区北新华街45号	66055231	100031	电源系列,晶体管、晶闸管、整流管及模块	3646
北京市自动化系统成套工程公司	北京市东城区安外地兴居9号	64253225	100011	工业自动化系统成套工程	6724
北京自动化技术研究院	北京市西城区鼓楼西大街41号	64040576	100009	集散系统	29233
北京ABB电气传动有限公司	北京市朝阳区酒仙桥路10号	84566688	100016	变频调速装置	88906

续表

单位名称	办公地点	联系电话	邮政编码	主要产品	销售收入（万元）
北京自动化仪表三厂	北京市朝阳区成寿寺威仪路6号	67633531	100078	普通及特殊压力表,压力开关	8080
北京京仪海福尔自动化仪表有限公司	北京市大兴工业开发区盛坊路	60250310	102600	流量及物位仪表、磁致伸缩液位计	1960
北京京仪北方自动化仪器仪表公司	北京市大兴工业开发区盛坊路	60250333	102600	长寿命和普通电度表	3549.7
北京自动化系统工程研究设计院	北京市西城区百万庄16号	68993328	100037	工业自动化系统成套工程	2274
北京光电技术研究所	北京市东城区东皇城根北街甲20号	64045440	100010	激光医疗、激光检测系列,激光全息制品	2096
北京电影机械研究所	北京市朝阳区团结湖北路2号	65825237	100026	光引擎及光学识别器件,电影制片及微缩设备	1260
北京市农业机械研究所	北京市昌平区德外西三旗	82913004	100096	生产、开发设施农业产品,温室大棚、畜禽养殖机械、园田管理机械	7502
北京嘉源易润工程技术有限公司	北京市海淀区复兴路2号	63280805	100038	挤奶机、节水产品	2250
北京市小型动力机械厂	北京市丰台区马家堡路88号	67562447	100077	小汽油机	704
北京市动力机械配件厂	北京市西城区大木仓北一巷	66032266	100031	汽缸垫、交通管理设施	530.5
北京市机械设备厂	北京市丰台区南苑大泡子	67979705	100076	玉米收获机	12
北京拖拉机公司	北京市西城区德胜门外新风街	82272090	100088	小型拖拉机	1005
北京联合收割机发展集团	北京市朝阳区双桥中路	65895354	100024	联合收割机	
北京市化油器厂	北京市丰台区大红门西路22号	61280269	100075	化油器产品	370

续表

单位名称	办公地点	联系电话	邮政编码	主要产品	销售收入（万元）
北京森力技术发展公司	北京市海淀区复兴路2号	63273336－3505	100038	奥森润滑油	171.5
北京福田汽车股份有限公司	北京市昌平区沙河镇沙阳路	80716405	102206	商用汽车	2171213
北京吉普汽车有限公司	北京市朝阳区广渠门36号	67712233	100022	乘用车(SUV)	504322
北京现代汽车有限公司	北京市顺义区林河开发区顺通路18号	89490815	101300	乘用车(基本型)	1739361
北京汽车制造厂有限公司	北京市朝阳区广渠门东路方家村51号	87743332	100022	乘用车、商用车	135804
北京轻型汽车有限公司	北京市顺义区林河开发区顺通路16号	89496100	100044	商用汽车	1248
北京汽车摩托车联合制造公司	北京市朝阳区呼家楼南里1号	65861017	100020	散热器	6846
司达旅行车公司	北京市丰台区西马场北里13号	67568989	100075		76
北京北旅汽车制造有限公司	北京市丰台区大红门西街26号	67577788	100075	商用汽车	4844
北内集团	北京市朝阳区广渠路31号	67715588	100022	内燃机	15398
北京齿轮总厂	北京市朝阳区定福庄西里2号	65744653	100024	变速器	20857
北京亚新科天纬油泵油嘴股份有限公司	北京市丰台区程庄路3号	83693085	100071	高压油泵	32687
北京市海拉汽车灯具有限公司	北京市顺义区林河大街32号	89492600	101300	汽车灯具	3721
北京蒙诺汽车减振器有限公司	北京市宣武区广外鸭子桥25号	63273331	100055	汽车减振器	8417
北京汽车工业集团总公司第一弹簧厂	北京市顺义区张辛庄	89427551	101300	钢板弹簧	4318
北京汽车传动轴厂	北京市朝阳区广顺北大街5号	84903453	100012	传动轴	5473
北京市汽车制动泵厂	北京市丰台区永外宋家庄路41号	67622363	100078	制动泵	1050

续表

单位名称	办公地点	联系电话	邮政编码	主要产品	销售收入（万元）
北京市汽车起动机厂	北京市东城区安定门内车辇店街21号	69748647	100028	起动机	2046
北京福达汽车部件有限公司	北京市昌平区东小口乡中滩村105号	84820481	102209	离合器	2775
北京润宇汽车内饰件厂	北京市朝阳区德胜门外南沙滩甲3号	64871499	100101	内饰件	259
北京因派克汽车部件有限公司	北京市顺义区后沙峪街14号	80483978	101300	汽车软轴	4772
北京福田建材有限责任公司	北京市通州区通湖大街70号	89522265	101100	建筑材料	5953
北京第二汽车制造厂	北京市昌平区东小口镇中滩村6号	84812981	102209		24
北京计华汽车仪表有限公司	北京市西城区西四北二条21号	66164476	100034	汽车仪表	724
北京市汽车方向盘厂	北京市大兴区南四环东路	67649086	100075	汽车方向盘	86
延锋伟世通（北京）汽车饰件系统公司	北京市顺义区林河开发区顺通路55号	89407766	101300	汽车内饰件	20240
北京江森汽车部件有限公司	北京市顺义区林河开发区林河南大街1号	89407755	101300	汽车坐椅	83876
中国南车集团北京二七车辆厂	北京市丰台区张郭庄甲1号	83879277	100072	新造、检修铁路货车及配件，铸造产品	80300
北京市丰台区宏业科工贸公司	北京市丰台区张郭庄甲1号	83804201	100072	机械设备制造、修理、安装，罐车检测	6037
北京隆长泰工程机械有限公司	北京市丰台区张郭庄甲2号	83883806	100072	轴承辅件、金属冲压件	2922
北京丰华实机械有限公司	北京市丰台区张郭庄甲1号	83804592	100072	铁路货车配件，陶瓷复合钢管及管件，聚合物复合管	1911

续表

单位名称	办公地点	联系电话	邮政编码	主要产品	销售收入（万元）
北京长铁车辆工业公司	北京市丰台区张郭庄5号	83804561	100072	货车检修、零件加工、土建工程、汽车修理	7249
北京隆达轻工控股有限责任公司	北京市西城区德胜门东滨河路5号	62371586	100011	家电、商业票据、农膜、塑料轻工建材、有色新材料、体育器械、皮革制品	384166.3
北京雪花电器集团公司	北京市大兴黄村兴华中路1号	69241477	102600	空调器、电冰箱	107437.9
北京白菊电器集团公司	北京市朝阳区安苑东里一区4号	64960378	100029	洗衣机、电机制造、加工业	5665.2
北京厨房设备集团	北京市西城区西内大街132号	66185638	100032	不锈钢制品	9252.3
北京恩布拉科雪花压缩机有限责任公司	北京市丰台区永外贾家花园15号	67252244	100075	冰箱压缩机	47217.4
海信（北京）电器有限公司	北京市大兴清源路34号	69251331	102600	电冰箱	52193.7
北京市文百工业公司	北京市朝阳区三间房东路4号	65723051	100024	文体器材	20230.3
北京远东罗斯蒙特仪表有限公司	北京市东城区和平里6号	64282233	100013	仪器仪表	37676
北京起重设备厂	北京市宣武区南线阁38号	63540561	100053		
北京市科通电子继电器总厂	北京市宣武区白纸坊东街31号	63521790	100054		
北京渡边英华食品机械有限公司	北京市宣武区北纬路52号	83153383	100050		
北京五洲中兴机电设备开发有限公司	北京市宣武区西便门内大街85号	63043167	100053		
北京中电联汽车服务有限责任公司	北京市宣武区右安门西城根3号	63126405	100054		

续表

单位名称	办公地点	联系电话	邮政编码	主要产品	销售收入（万元）
北京北方长城光电仪器有限公司	北京市宣武区西便门内大街85号	83171089	100053		
北京三四零一汽车服务有限公司	北京市宣武区太平街8号	63186432	100050		
北京海拉车灯有限公司	北京市宣武区陶然亭路12号	89492600	100054		
北京宣房楼宇设备公司	北京市宣武区红土店小区南里5号楼	63542077	100054		
北京第三纺织机械有限公司	北京市宣武区马连道东街14号、30号	63437918	100055		
北京蒙诺汽车减振器有限公司	北京市宣武区广安门外鸭子桥路25号	63273331	100055		
北京赛瑞斯机电设备科技开发有限公司	北京市宣武区白广路4号	83587314	100053		
奥博汽车	北京市石景山区五里坨隆府路	88902280－361	100043	发电机及发电机组	
铁通康达	北京市石景山区创业园C座	88797012	100043	铁路专用设备及器材	
中科金马科技	北京市石景山区鲁谷路74号	68631769	100043	配电开关控制设备	
北京市鑫源弹簧厂	北京市石景山区京源路口	68875086	100043	弹簧	
北京忠致环保设备有限公司	北京市石景山区衙门口村东	68654908	100043	环境保护仪器仪表	
北京江南建筑机械配件厂	北京市石景山区苹果园东口	68874212	100043	建筑机械	
北京市石景山向阳环保设备厂	北京市石景山区衙门口	68668972	100043	环境保护仪器仪表	
北京市春海技术开发有限责任公司	北京市石景山区琅山村西口	62599299	100043	衡器	

续表

单位名称	办公地点	联系电话	邮政编码	主要产品	销售收入（万元）
北京五环仪器仪表厂	北京市石景山区广宁村新立街	88993895	100043	工业自动化仪表	
北京福昊达科技开发有限公司	北京市石景山区石景山路22号万商大厦708室	68666322	100043	广播电视设备	
北京市双利环保设备厂	北京市石景山区西黄村	88965683	100043	炊事用具制造业	
北京摩比斯变速器有限公司	北京市通州区光机电一体化产业基地	69500963	101111	汽车变速器	97699
北京博飞仪器股份有限公司	北京市通州区新华大街157号	69544601	101149	光学、电子经纬仪水准仪系列产品	10202
北京变压器二厂	北京市通州区环保园区	60526704	101102	电力变压器	2825
北京桑德环境工程股份有限公司	北京市通州区马驹桥镇	60505545	101102	环保设备、环保工程	20000
比泽尔压缩机公司	北京市通州区工业开发区	69574545	101113	制冷设备	29786
北京现代汽车有限公司	北京市顺义区林河工业区	89490022	101300	汽车	
西铁城钟表有限公司	北京市顺义区天竺空港工业区	80486655	101312	钟表	
吉祥德尔格安全设备有限公司	北京市顺义区天竺空港工业区	80498071	101312	安全设备	
汇能亚澳通讯设备厂	北京市顺义区林河工业区	89495901	101312	通讯设备	
长城松下精工空调设备有限公司	北京市顺义区天竺空港工业区	80489772	101312	空调器	
威乐山姆逊（北京）水泵系统公司	北京市顺义区天竺空港工业区	80493900	101312	水泵	
北京冶金工程技术联合开发研究中心	北京市顺义区天竺镇	64560446	101312	冶金设备	
北京罗森伯格电子有限公司	北京市顺义区天竺空港工业区	80481995	101312	电容	

续表

单位名称	办公地点	联系电话	邮政编码	主要产品	销售收入（万元）
北京阿奇夏米尔工业电子有限公司	北京市顺义区马坡镇	69403355	101300	电容	
北汽福田北京欧曼重型汽车厂	北京市怀柔区怀柔镇迎宾中路	69643280	101400	汽车	894184
北京天威瑞恒电子有限责任公司	北京市怀柔区雁栖工业开发区	61668880	101407	高压互感器	4522
北京福斯汽车电线有限公司	北京市怀柔区雁栖工业开发区	61667047	101407	电线	7538
北京金运通大型轮胎翻修厂	北京市怀柔区雁栖工业开发区	61667046	101407	轮胎翻新	4252
北京燕松宏达电子配件有限公司	北京市怀柔区怀柔镇大中富乐村东	89685572	101400	防爆带	25390
北京科锐电力设备有限公司	北京市怀柔区北房镇龙云路2号	61684488	101400	箱式变压器	9808
北京富春龙汽车货厢有限公司	北京市怀柔区庙城镇高两河村	89610688	101400	汽车货箱	13438
北京和合拉链有限公司	北京市延庆县康庄镇政通路12号	69131175	102101	各种拉链	2097.3
北京市时润技术发展公司	北京市海淀区西北旺黑龙潭路58号	62896260	100094	火化设备、金属结构加工、汽车维修等	
北京北科合作仪器厂	北京市东城区北池子大街49号（办公）、丰台区岳各庄371号（生产、服务）	63810135 63814052	100006 100071	料位仪、皮带秤、板带测厚仪、对位仪、氡检测仪等	
北京电器仪表技术服务公司	北京市西城区西直门如意里小区1号楼	62217535	100035	水处理设备、手表、热工仪表、舞台音响设备	
北京吉普汽车有限公司	北京市朝阳区广渠路36号	67712233	100022	轻型越野汽车	
北京飞机维修工程有限公司	北京首都机场563信箱	64561122	100621	飞机维修	
北京汽车制造厂有限公司	北京市朝阳区方家村	87743332	100022	汽车	

续表

单位名称	办公地点	联系电话	邮政编码	主要产品	销售收入（万元）
北京ABB电气传动系统有限公司	北京市朝阳区酒仙桥10号恒通广厦	84566688	100016	变频器	
北京市汽车修理公司	北京市朝阳区东直门外左家庄路2号	64604579	100028	汽车修理	
北京龙源开关设备有限责任公司	北京市海淀区香山南路魏家村甲97号	62593380	100093	高低压开关设备、组合箱式变电站	2822
北京东升塑料电器厂	北京市海淀区学院路皇亭子	62015277	100088	开关、插座配电箱等	2300
北京东升铁心厂	北京市海淀区清河永泰庄甲15号	62948762	100085	铁心、电力变压器	3800
北京第一机床电器有限公司	北京市海淀区海淀路86号	62551090	100086	行程开关	2000
北京市碧华汽车附件有限公司	北京市海淀区香山四王府西南	62599381	100093	离合器、水泵、机油泵	4500
北京凝华实业有限公司	北京市海淀区西四环中路39号	68278618	100036	超声波抛光机、电火花切割机等	1000
北京恒有源科技发有限公司	北京市海淀区四季青杏石口路	62598595	100089	中央液态冷热源环境系统	6013
北京风机二厂	北京市海淀区西三旗东路	82902148	100096	离心、轴流风机	1800
北京和利时电机技术有限公司	北京市海淀区学清路11号	62927938	100085	运动控制电机及驱动系统	1900
北京西山风机有限公司	北京市海淀区杏石口路50号	62590436	100089	锅炉通引风机等	2200
北京东升电焊机厂	北京市海淀区西直门外高梁桥斜街19号	62172832	100044	电焊机	1100
北京通达交通设施器材厂	北京市海淀区闵庄路5号	88450423	100089	交通设施及交通标志	700
北京市进联汽刹车泵厂	北京市房山区琉璃河地区平各庄	89381589	102403	汽刹车泵	1935

续表

单位名称	办公地点	联系电话	邮政编码	主要产品	销售收入(万元)
北京市四方变压器厂	北京市房山区城东铁路桥东侧	69313986	102400	变压器	1115
北京钰荣滚刷制造厂	北京市房山区窦店镇交道村西	80318034	102433	滚刷	1098
北一良工机械有限公司	北京市房山区良乡中路2号	69352699	102488	机床零件	2747.7
北京金太阳药心焊丝公司	北京市房山区窦店镇大高舍村2区50号	80318812	102402	电焊条	1043.9
燕山开关厂	北京市房山区科技工业园	89331062	102400	开关柜	3297
北京弘大汽车空调散热器有限公司	北京市昌平镇西环路北口弘大路1号	89782089	102200	汽车空调、散热器	4128.53
北京汇通诺尔机电有限公司	北京市海淀区温泉西路南安河5号	62455617	100095	电力屏及各式异型机柜	2800
北京西山除尘器厂	北京市海淀区杏石口路79号	62590569	100089	旋风除尘器、脱硫除尘器等	1800
北京北铃专用汽车有限公司	北京市海淀区四季青南坞村10号	88438125	100089	专用厢式汽车	3195
北京当代复合材料有限公司	北京市海淀区香山普安店220号	62590588	100093	通风机系列产品	1850
北京国实电器有限公司	北京市海淀区温泉科技园区	62488553	100095	机械加工与表面处理	2000
北京华都换热设备厂	北京市海淀区永丰六里屯北口	62472941	100094	板式换热器	1000
北京四季青汽车液压件厂	北京市海淀区四季青中坞村	62859701	100089	汽车自动离合传动系统	4100
北京市海淀区燕西金属铸造厂	北京市海淀区温泉镇白家疃村南	62465569	100095	有色金属铸造及加工	1000
北京西山塑料制品厂	北京市海淀区杏石口路23号	88441102	100089	注塑制品的生产、设计开发	3170
北京威龙电机有限公司	北京市延庆县妫水南街7号	81196286	102100	微型电机	162

续表

单位名称	办公地点	联系电话	邮政编码	主要产品	销售收入（万元）
化工、石油化工、医药行业					
北京化学工业集团有限责任公司	北京亦庄经济技术开发区西环北路23号	67860685	100176	试剂、塑料、橡胶制品、化工设备、气体产品、包装材料	154772
北京化工厂	北京市朝阳区广渠路5号	67782931	100022	彩粉、化学试剂、502胶	13934
北京普莱克斯实用气体有限公司	北京市朝阳区东郊大郊亭	67715544	100022	氮气、氧气、氩气	20899
北京染料厂	北京市朝阳区豆各庄乡	67385089	100023	染料、颜料、硫酸	3
北京华腾橡塑乳胶制品有限公司	北京市通州区次渠工业开发区	81501509	101111	再生胶、工业胶板、跑道胶板、乳胶制品、家用手套	27674
北京北搪化工设备厂	北京市通州区次渠工业开发区	81501947	101111	化工设备、搪瓷浴盆	1599
北京化工实验厂	北京市朝阳区西大望路23号	67712050	100022	氮肥	3686
北京市氧气厂	北京市朝阳区劲松南路5号2层	67753723	100021	氮气、氧气、氩气	1335
北京化学工业集团进出口公司	北京市朝阳区十里河大羊坊路79号	67324263	100021	化工材料批发进出口	19
北京市工业技师学院	北京市朝阳区化工路甲1号	67387521	100023	技工学校	6466
北京化学试剂研究所	北京市朝阳区九龙山西大望路17号	67711342	100022	光刻胶、高纯试剂、感光液	3164
北京市化工职业病防治院（北京化工医院）	北京市海淀区香山一棵松50号	62591713	100093	化工职业病预防治疗、监测	1341
北京化学工业集团经营实业总公司	北京市朝阳区中纺街乙30号	65024406	100020	化工、生物、橡胶	275
北京化学工业集团公司供销公司	北京市朝阳区劲松南路9号	67714610	100021	化工产品批发	213

续表

单位名称	办公地点	联系电话	邮政编码	主要产品	销售收入（万元）
北京市化学工业研究院	北京市海淀区成府街2653信箱	62573311	100084	塑料助剂、科研开发、技术开发	7148
北京京工化工投资咨询中心	北京市朝阳区东三环南路54号院	67762672	100022	资金调剂管理、投资咨询服务	76
北京化学工业集团仪器仪表公司	北京市朝阳区南磨房四环路大郊亭	87779201	100022	技术咨询、开发、计量、鉴定	299
北京市建设工程质量监督总站化工工程监督站	北京市崇文区广渠门南水关14号	87735312	100021	技术监督	60
北京化学工业集团公司锅炉压力容器检测站	北京市朝阳区大郊亭	67715545	100022	技术监督、设备检测	77
北京华新发展公司	北京市朝阳区劲松南路5号1层	67753475	100021	开发技术、发展化工产品	44
北京化工三厂	北京市丰台区永定门外宋家庄	67633388	100078	多元醇、抗氧剂、增塑剂	0
北京市环球橡胶厂	北京市丰台区永外海慧寺1号	67221250	100075	轮胎	0
北京橡胶五厂	北京市丰台区东铁匠营南方庄68号	67662602	100078		0
北京瑞京乳胶制品有限公司	北京市通州区次渠工业开发区	81501309	101111	乳胶手套	8003
北京宜刚鞋业有限公司	北京市通州区次渠工业开发区	81501429	101111	全胶鞋	292
北京金鱼科技股份有限公司	北京市通州区玉带河大街12号	60562546	101149	金鱼牌洗涤产品	
北京丽源公司	北京市崇文区天坛东路66号	67145298	100061	奥琪、宝贝化妆品、欧珀莱化妆品	
北京乐金日用化学有限公司	北京市丰台区石榴庄南里8号	67644544	100075	竹盐牙膏	

续表

单位名称	办公地点	联系电话	邮政编码	主要产品	销售收入（万元）
双鹤药业股份有限公司	北京市朝阳区望京利泽东二路1号	65015567	100020	北京降压零号维生素EC复合剂、大输液系列、北京蜂王精等	
北京赛科药业有限责任公司	北京市朝阳区光渠路21号	67784558	100022	威士克、磺胺二甲嘧啶等	
北京紫竹药业有限责任公司	北京市朝阳区三间房东路	65791170	100020	米非司酮、替勃龙左旋甲基炔诺酮等	
北京万辉药业集团	北京市宣武区宣武门西大街129号	66012380	100031	糖适平、科泰新（双氢青素）、利佳片、素客同、胃速乐、野菊花栓、环利软膏	
北京万东医疗装备公司	北京市朝阳区建国门外郎家园6号	65682238	100022	医用X射线机	
北京医药股份有限公司	北京市东城区安定门大街257号		100009	药品销售及医疗器械产品的销售	
北京医疗器械研究所	北京市朝阳区北三环中路	62016365		医用加速器	
中国医药研究开发中心	北京市昌平区沙河展思门路27号	69731747	100206	从事国家科研任务	
北京同仁堂股份有限公司	北京市崇文区崇外大街42号	67179817	100062	同仁牛黄清心丸、同仁乌鸡白凤丸、同仁大活络丸、安宫牛黄丸、国公酒等	216908.54
北京同仁堂科技发展股份有限公司	北京市丰台区南三环中路20号	67619724	100075	六味地黄丸系列产品、感冒清热颗粒、牛黄解毒片、生脉饮口服液等	98400

续表

单位名称	办公地点	联系电话	邮政编码	主要产品	销售收入（万元）
中国北京同仁堂（集团）有限责任公司	北京市崇文区东兴隆街52号	67171761	100062	皮肤病血毒丸、久强脑立清、香砂和胃丸、龙胆泻肝丸、清肺抑火丸等	6455
北京四环医药科技股份有限公司	北京市海淀区复兴路47号天行建商务大夏22层	51921698	100036	飞赛乐、博苏、苏诺、盐酸曲马多	
北京大宝化妆品有限公司	北京经济技术开发区荣华中路12号	67875588	100176	大宝牌天然植物系列化妆品	
北京同元制药厂	北京市朝阳区平房路69号	85512668	100025	中华乌鸡精、龙威口服液、花好口服液	
北京民福实业总公司	北京市宣武区教子胡同65号	83511764	100053	寝具、衬衫、眼镜、保健品、食品、装潢印刷、五金、纸制品、汽车配件、玩具、电子材料等	
北京市非凡制药厂	北京市丰台区岳各庄甲371号	63855792	100071	皮炎宁酊、醋酸氯已定溶液（0.02%～0.05%）开塞露、苯扎溴铵溶液、甲酚皂溶液、复方白芷酊	
北京市大宝日用化学制品厂	北京市丰台区岳各庄371号甲	63893231 63812382	100071	PVC增塑糊，大宝牌五洁粉如“贝贝熊”系列洗涤用品	
北京市红叶齿科医用器材厂	北京市朝阳区中纺街28号	65007529	100020	粉状藻酸盐印模材、独家代理德国梅卡公司的玻璃离子系列、高强度光固化树脂以及修复系列材料	

续表

单位名称	办公地点	联系电话	邮政编码	主要产品	销售收入（万元）
贺利氏古莎齿科有限公司北京分公司	北京市朝阳区平房路甲240号	85767652	100025	牙医产品系列	
北京章光101集团公司	北京市朝阳区核桃园北里10号楼地下室	65302538	100020	迷奇牌系列化妆品	
北京东方石油化工有限公司	北京市朝阳区大郊亭4号	67712255	100022	乙烯	
北京炼焦化学厂	北京市朝阳区化工路东路口	67364088	100023	焦炭	
北京化二股份有限公司	北京市朝阳区大郊亭	67783884	100022	聚氯乙烯树脂	
北京双鹤药业股份有限公司	北京市朝阳区利泽东二路1号	64742227	100102	片剂	
北京华塑工业有限责任公司	北京市顺义区军营村东	69424663	101300	塑料制品	
益顺乙炔气体有限公司	北京市顺义区后俸伯村北	89477955	101300	乙炔气	
茂源防火材料厂	北京市顺义区李桥镇	81473293	101304	防火材料	
北京首儿药厂	北京市顺义区李天路李桥段5号	81473286	101304		
祥云药业有限责任公司	北京市顺义区顺通路西侧	89492575	101300	化学原料药	
北京中顺制药厂	北京市顺义区光明南街	69444071	101300	化学原料药	
北京韩美药品有限公司	北京市天竺空港工业区	80489271	101312		
北京双鹤高科天然药物有限公司	北京市延庆县妫水南街11号	81192559	102100	天然药制造	4938.1
北京清华紫光制药厂	北京市八达岭工业开发区(康庄)	61163659	102101	头孢系列	627

续表

单位名称	办公地点	联系电话	邮政编码	主要产品	销售收入（万元）
北京匡达制药厂	北京市延庆县经济技术开发区（南菜园）	81191394	102100	健骨生丸	1015.3
北京九龙制药厂	北京市延庆县经济技术开发区（南菜园）	69182080－103	102100	中成药	1462
北京现代金属防腐剂研制中心	北京市丰台区恒富中街1号楼4A	63710193	100070	钢铁表面处理液	3.90
伏尔特技术	北京市石景山区创业园A座	88795658	100043	卫生材料及医药产品	
科力中科贸	北京市石景山区八角中里	62567545	100043	耐火陶瓷制品	
天山新材料	北京市石景山区双园路7号	88795588	100043	专项化学用品制造	
益田润石化工	北京市石景山区古城西街19号中小工业园区	88926294	100043	润滑油	
北京雁栖中央化学有限公司	北京市怀柔区雁栖工业开发区	61669507	101407	餐盒	4861
北京耀华生物技术有限公司	北京市怀柔区雁栖工业开发区	61621637	101407	试剂	19215
北京雷力化学农用有限公司	北京市怀柔区雁栖工业开发区	61667963	101407	生物肥	8572
北京展辰化工有限公司	北京市通州区永乐店镇	69568655	101105	木器漆、内外墙涂料	13097
北京华腾橡塑乳胶制品有限公司	北京市通州区次渠工业开发区	81501509	101111	再生胶、胶版、乳胶制品	27680
北京瑞京乳胶制品有限公司	北京市通州区次渠工业开发区	81501309	101111	乳胶手套	8003
北京金鱼科技股份有限公司	北京市通州区玉带河大街12号	60562546	101149	金鱼牌洗涤产品	12030
北京人卫中药饮片厂	北京市通州区潞城镇	89585299	101117	中药饮片	1397
北京恒聚油田化学剂有限公司	北京市通州区漷县镇	80589588	101109	聚丙烯酰胺	23615

续表

单位名称	办公地点	联系电话	邮政编码	主要产品	销售收入(万元)
北京康仁堂药业责任有限公司	北京市房山区长沟镇	64047506	102407	中药饮片	1922
北京东华强盛生物技术有限公司	北京市房山区窦店镇交道镇大高舍村南	80318047	102434	酶制剂	1552
北京市瑞星石化有限责任公司	北京市房山区阎村镇大董村	89345678	102412	润滑油	924
北京长川医用技术有限公司	北京市房山区长阳镇	80353562	102445	针管	722.9
北京高盟化工有限公司	北京市房山区燕山东流水工业区	80342309	102502	黏合剂	6714
北京迪龙化工有限公司	北京市房山区燕山东流水工业区	69344297	102500	抗氧剂	5620
北京极易化工有限公司	北京市房山区石楼镇	89385032	102422	酚	3200
北京诺华制药有限公司	北京市昌平科技园区永安路30号	65058833	102200	双氯芬酸二乙胺(扶他林)乳胶剂、洛汀新片剂、氟伐他汀胶囊、代文胶囊、兰美抒片剂	
北京东华原医疗设备有限责任公司	北京市昌平北七家镇白庙村轧钢厂院内	89718103	102209	中药煎药机、液体包装机及相关耗材	
北京亚东生物制药有限公司	北京市昌平科技园区振兴路8号	69712425	102200	茵莲清肝颗粒、乳块消颗粒	
北京蒙太因医疗器械有限公司	北京市昌平科技园区超前路12号	69721862	102200	骨水泥型吉坦系列髋关节假体、金枪鱼型髋关节假体、骨水泥型吉坦系列髋关节假体	
北京巨能新技术产业有限公司	北京市中关村南大街2号数码大厦27层	82511155	100081	巨能钙系列产品	

续表

单位名称	办公地点	联系电话	邮政编码	主要产品	销售收入（万元）
北京长城高效有机肥料有限公司	北京市延庆县大榆树镇簸箕营	81193222	102100	高效有机肥料	1301
建材、装饰行业					
北京天坛股份有限公司	北京市东城区安定门外小黄庄路9号	84272631	100013	各种家具	46538
北京嘉寓门窗有限公司	北京市顺义区牛栏山工业区	69412265	101301	门窗	
顺义牛栏山水泥厂	北京市顺义区牛栏山环岛西侧	69411120	101301	水泥	
宏利钢管有限公司	北京市顺义区潮白河大桥东	89470373	101300	钢管	
北京太行前景水泥有限公司	北京市房山区青龙湖镇坨里村	80370363	102413	水泥	28690
北京多维联合轻钢板材有限公司	北京市房山区长阳环岛西侧	80355185	102445	彩板钢构	9991
北京建宝页岩砖有限责任公司	北京市房山区韩村河镇西周各庄	89307866	102406	页岩砖	804
北京同创建筑工程有限责任公司	北京市东城区锡拉胡同21号	65128111	100006	建筑安装工程	1098.63
北京北泡塑料集团公司	北京市丰台区永外顺四条1号	67612929	100078	PU、PS泡沫塑料新型建材	22241.8
北京市精佳园机械厂	北京市丰台区大红门久敬庄路57号	67993088	100076	凹印印版及原辅材料	
北京兴发水泥有限公司	北京市怀柔区怀北镇防口村	69661301	101408	水泥	22684
北京东亚铝业有限公司	北京市通州区张家湾镇	69572238 69572235	101113	建筑用铝型材	47285
北京强力家具有限公司	北京市通州区梨园镇	60521503	101101	家具系列产品	5294
吉林森工北京分公司	北京市通州工业开发区	61568686	101113	木地板、木门	19105
北京福田建材机械有限责任公司	北京市通州区通胡大街70号	89522392	101117	塑机建材	5953

续表

单位名称	办公地点	联系电话	邮政编码	主要产品	销售收入（万元）
北京北泡轻钢建材有限公司	北京市通州区张家湾镇	61565702	101113	轻钢结构	16343
北京秦昌玻璃有限公司	北京市昌平区南口镇东大街52号	89791524	102202	玻璃	17442.56
北京市平板玻璃工业公司	北京市昌平区南口镇东大街52号	69771308	102202	玻璃	6605.84
北京纽曼帝莱蒙膜建筑技术有限公司	北京市海淀区中关村北二条13号	89283508	100080	膜结构	4000
北京华源亚太化学建材有限责任公司	北京市延庆县妫水南街5号	81191754	102100	PEC管、绞联聚乙稀管	3950
北京奈特铝塑复合管有限公司	北京市延庆县莲花池村	63896823	100073	铝塑复合管	1756.5
北京市京辰工贸公司	北京市延庆县城西农场	61111647	102100	油毡卷材	1153
北京圣戈班维特克斯玻璃纤维有限公司	北京市房山区窦店镇	80332785	102402	玻璃纤维	6404
北京金美玻璃制品有限公司	北京市房山区长阳镇北广阳城村南	80351548	102445	玻璃钢窗	1826.4
纺织、服装行业					
北京中絮棉纺厂	北京市顺义区仁和镇新顺北大街10号	69449064	101300	服装	
北京美富时装公司	北京市顺义区仁和镇五里仓	69449191	101300	服装	
北京泛美时装公司	北京市顺义区仁和镇平各庄	89492868	101300	服装	
顺美时装股份有限公司	北京市顺义区仁和镇	69441618	101300	服装	
北京亿都川服装有限公司	北京顺义区仁和镇小东庄村北	69440348	101300	服装	
北京丽华纺织有限公司	北京顺义区高丽营镇	69455559	101302	纱	
北京楠辰皮革有限公司	北京市丰台区南三环东路29号	67666085	100078	革皮箱包、革皮服装	6304.1
北京玥思华服装有限公司	北京市宣武区老墙根133号	63181885	100053		

续表

单位名称	办公地点	联系电话	邮政编码	主要产品	销售收入（万元）
北京布恋服装服饰有限公司	北京市宣武区马连道南楼2号院2号楼B座0003室	51939230	100055		
北京中丽制机化纤工程技术有限公司	北京市朝阳区延静里中街3号	65014466	100025	纺织专用设备	
北京市古针工贸公司	北京市石景山区古城西路	68878029	100043	印染	
北京为民得康床上用品厂	北京市石景山区八角	68840783	100043	棉制品	
北京顺思童服装有限公司	北京市怀柔区北房经纬工业区	61682896－8023	101400	服装	6398
北京辛营服装有限公司	北京市怀柔区渤海镇马道峪村	61642264	101406	衬衫	6866
北京中纺三昌纺织有限公司	北京市通州区台湖镇	61535548－3208	101116	棉布	2219
北京帮维光华纺织有限公司	北京市通州区马驹桥镇	60501041	101102	阻燃布	1629
北京铜牛股份有限公司	北京市通州区张家湾镇	61502482	101113	针织服装	18628
北京月季红线业有限公司	北京市通州区梨园镇	69572782	101010	纱	3110
北京铜牛经编有限责任公司	北京市通州区梨园镇	81530284	101149	经编针织坯布	1762
北京佐田雷蒙服装有限公司	北京市通州区西集镇	61557016	101108	西服套装	2710
北京市东方叶杨羊绒企业有限公司	北京市通州区漷县镇	80580846	101109	羊绒制品、毛棉针织品	14756
北京快鹿织造有限公司	北京市房山区良乡镇长虹西路	61357109	102488	袜子	8574
北京助野日盛袜业有限公司	北京市房山区阎村镇大董村	89319688	102412	袜子	3080
北京三益皮革制品有限公司	北京市房山区窦店镇望楚村北100米处	69393294	102433	皮衣	1452

续表

单位名称	办公地点	联系电话	邮政编码	主要产品	销售收入（万元）
北京绅士服装有限公司	北京市海淀区永丰乡亮甲店村	62456618	100094	“绅士”服装系列产品	9500
北京卓欧制衣有限责任公司	北京八达岭经济技术开发区	62962018	100084	服装	4654
北京桂诚信毛针织品有限公司	北京市延庆县大榆树镇村北	61182018	102100	毛衣	910
北京亚龙羊毛衫厂	北京市延庆县延庆镇妫水南街14号	81191192	102100	羊绒衫、裤	831
北京约克斯毛针织品有限公司	北京市延庆县永宁镇左所屯村	60171238	102104	手套、袜子	210
食品、饮料行业					
北京五星青岛啤酒有限公司	北京市海淀区西三旗建材城中路2号	82912308	100096	五星啤酒	
北京百事可乐饮料有限公司	北京市丰台区马连道11号一商大厦12层	63281177	100055	百事可乐饮料	
北京红星股份有限公司	北京市怀柔区红星路1号	65683106	101400	红星牌系列白酒、夜光杯葡萄酒	
北京义利食品股份有限公司	北京市大兴工业开发区广阳大街2号	60241457	102600	巧克力、糖果	
北京龙徽酿酒公司	北京市海淀区玉泉路2号	68219243	100039	龙徽葡萄酒	
北京稻香村食品工厂	北京市朝阳区小营路2号	64915644	100101	糕点	29975
燕京啤酒集团公司	北京市顺义区双河路9号	89492201	101300	清爽、特制干啤系列啤酒	
北京牵手果蔬饮品有限责任公司	北京市顺义区牛栏山金牛工业区	69410081	101301	软饮料	
北京汇源食品饮料有限公司	北京市顺义区北小营镇	60483388	101305	软饮料	
北京鲲鹏食品集团	北京市顺义区南法信镇	69472617	101300	熟肉	
顺鑫农业牛栏山酒厂	北京市顺义区牛栏山地区办事处	69412531	101301	“华灯”牌北京醇、二锅头	

续表

单位名称	办公地点	联系电话	邮政编码	主要产品	销售收入（万元）
北京庆和食品有限责任公司	北京市延庆县沈家营镇中鲁科技园区1号	69141582－8016	102100	腐乳	5711.7
北京天润食品厂	北京市朝阳区十八里店乡十八里店村	67474606	100023	藕粉、葡萄糖	1546.8
北京市延庆华庆乳品厂	北京市延庆县城西	61112353	102100	奶粉、炼乳	890.9
北京京都银龙食品有限公司	北京市延庆县京张路口南	69141934	102100	高档系列挂面	574.5
北京市奥京果脯有限公司	北京市延庆县大庄科乡大庄科村东	60189061	102106	果脯	501.8
北京长城酿造有限公司	北京市延庆县沈家营镇八里店村东	69104277	102100	醋、酱油制造	31
北京佐竹精麦面粉有限公司	北京市宣武区马连道路13号	63458779	100055		
义利－纳贝斯克饼干食品有限公司	北京市宣武区南线阁60号	63541188	100053		
北京纳贝斯克食品有限公司	北京市宣武区南线阁60号	63541188	100053		
北京王致和食品集团公司	北京市宣武区枣林前街19号310室	63522160	100059		
北京市合洋乳品厂	北京市石景山区衙门口南	68842248	100043	乳制品	
北京市西黄村牧业食品有限公司	北京市石景山区晋元庄	88701287	100043	屠宰业	
北京市金禾源食品有限责任公司	北京市石景山区八大处高科技园区	88905886	100043	方便主食品	
广东健力宝饮料有限公司	北京市怀柔区雁栖镇	61641485	101407	饮料	5483
红牛维他命饮料有限公司	北京市怀柔区雁栖工业开发区	61667062	101407	红牛维他命饮料	80060
爱芬食品（北京）有限公司	北京市怀柔区雁栖工业开发区	61667410	101407	宠物食品、巧克力、糖果	154594

续表

单位名称	办公地点	联系电话	邮政编码	主要产品	销售收入（万元）
朝日啤酒北京有限公司	北京市怀柔区雁栖工业开发区	65663835	101407	啤酒及无酒精饮料	3872
北京奥特奇生物制品有限公司	北京市怀柔区雁栖工业开发区	61669171	101407	饲料添加剂	4905
北京红星股份有限公司	北京市怀柔区雁栖工业开发区	61697890	101407	二锅头酒	48461
北京红螺食品集团	北京市怀柔区庙城镇郑重庄村	60697644	101401	果脯	3865
北京统一饮品有限公司	北京市怀柔区镇富乐工业园区	89671966	101400	饮料	45048
北京天惠参业股份有限公司	北京市怀柔区北房经纬工业区	61681056	101400	西洋参	8062
北京新源食品饮料有限公司	北京市怀柔区庙城镇工业开发区	61676671	101400	汇源果汁	28870
北京科高大北农饲料有限公司	北京市怀柔区雁栖镇范各庄村	87782779	101407	混合饲料	41271
北京古船食品有限公司	北京市通州区运河东大街99号	81527020	101100	富强粉	48846
北京雨润食品有限公司	北京市通州区台湖镇	61533128	101116	西式火腿、烤肠	6468
广东蓝带集团北京蓝宝酒业有限公司	北京市房山区长沟镇北正村西	61318003	102407	啤酒	16612
北京卓宸畜牧有限公司	北京市房山区官道乡侯庄村	60332068	102446	排酸牛羊肉	16342
北京市忠和酒业有限公司	北京市房山区长阳镇保合庄村南	60352486	102445	料酒	2274.1
北京中原肉联厂	北京市房山区琉璃河镇中原大街1号	89381637	102401	熟食制品	2127
北京强大浓缩饲料有限责任公司	北京市房山区窦店镇政府北	69393682	102433	浓缩饲料	4059
北京市皇城粮油总公司	北京市昌平区政府街14号	69746033	102200	面粉	5020.56
北京市昌平区自来水公司	北京市昌平区南环中路	69746788	102200	自来水	4881.91
北京领先食品工业有限公司	北京市海淀区温泉镇太舟坞408号	62456132	100095	矿泉水	800

续表

单位名称	办公地点	联系电话	邮政编码	主要产品	销售收入(万元)
		能源行业			
北京京煤集团有限责任公司	北京市门头沟区新桥南大街2号	69842626	102300	煤炭	
北京昊华能源股份有限公司	北京市门头沟区新桥南大街2号	69849418	102300	煤炭	
北京昊煜工贸有限责任公司	北京市门头沟区新桥南大街2号	69867542	102300	水泥、发电、矿泉水、铸件、复合板	
北京金泰恒业有限责任公司	北京市宣武区广内街登莱胡同4号	63548162	100053		
北京京煤集团有限责任公司物业管理公司	北京市门头沟区黑山北小街13号	69832011	102300		
北京矿建建筑安装有限责任公司	北京市门头沟区黑山大街32号	69844497	102300		
北京水煤浆厂	北京市门头沟区城子市场街31号	59842461－2297	102300	水煤浆、洗精煤	1907.04
北京京煤集团有限责任公司液压支架厂	北京市门头沟区中门寺37号	61890345	102300	矿井液压支架	4118.89
北京矿务局杨坨煤矿	北京市门头沟区军庄	60811401	102300		
北京京煤集团有限责任公司化工厂	北京市房山区坨里镇	80374040	102471	雷管、火药	6308.73
北京莱勒克食品有限公司	北京市门头沟区门头沟路10号	69843715	102300	巧克力食品	
京西晨光饭店	北京市门头沟区双峪路1号	69858383	102300		
北京市西达房地产开发有限责任公司	北京市门头沟区黑山北小街13号	69838212	102300		
北京矿务局综合地质工程公司	北京市门头沟区门头沟路24号	69842472	102300		
北京矿条局三河煤矿	河北省三河市齐心庄镇	0361－3710343	065205	煤炭、塑料编织袋	2649.28
北京昊亚工贸有限责任公司	北京市门头沟区门头沟路10号	69844092	102300		301.2
北京京西建筑勘察设计院有限公司	北京市门头沟区新桥南大街2号	69846714	102300		

续表

单位名称	办公地点	联系电话	邮政编码	主要产品	销售收入（万元）
北京鑫华源机械制造有限责任公司	北京市门头沟区门头沟路47号	61814331－32868	102300	立体平车库、矿用产品、塑钢窗、渣浆泵、热风炉	
北京昊泰建筑材料有限公司	北京市门头沟区军庄镇杨坨	60813376－2025	102300	矸石砖	
北京昊星建筑材料有限公司	北京市门头沟区王平镇西村老四楼	69842461－33368	102301	矸石砖	
北京市煤碳总公司顺义区公司	北京市顺义区火车站西	69443986	101300	煤炭	
龙威发电技术服务有限公司	北京市宣武区白广路二条1号综合楼11层	63416599	100761		
中国华电集团公司北京第二热电厂	北京市宣武区莲花池东路16号	63267711	100055		
华北电网有限公司	北京市宣武区广安门内大街482号	83583114	100053		
北京市热力集团有限责任公司	北京市朝阳区西坝河南路2号	84551872	100028	自制蒸汽	
中电国华电力股份有限公司	北京市朝阳区力源里3号	65589276	100025	火力发电	
北京金鸡煤炭集团	北京市房山区史家营乡	60391376	102461	原煤	22514
华北电力科学研究院有限责任公司	北京市西城区复兴门外地藏庵南巷1号	68029946	100045	电力	17530
金属行业					
首钢矿业公司	河北省迁安市杨店子镇	0315－7710802	064404	铁精矿粉、球团矿、烧结矿	605445
北京首钢鲁家山石灰石矿	北京市门头沟区野溪	61881058	102300	白灰石、冶金用白灰	9324
北京首钢铁合金厂	北京市朝阳区西直河	67364330	100023	复合合金	13280
北京首钢炼铁厂	北京市石景山区首钢厂东门内	88295696	100041	烧结矿生铁	

续表

单位名称	办公地点	联系电话	邮政编码	主要产品	销售收入（万元）
首钢钢丝厂	北京市昌平区沙河镇富生路9号	80713667	102206	特殊合金材料	877
北京首钢股份有限公司第二炼钢厂	北京市石景山区首钢厂东门内	88293097	100043	连铸方坯 连铸板坯	
北京首钢新钢有限责任公司第三炼钢厂	北京市石景山区首钢厂东门内	88295407	100041	连铸方坯 矩形坯	
北京首钢新钢有限责任公司型材厂	北京市石景山区首钢厂东门内	88295123	100041	螺纹钢筋	
北京首钢股份有限公司第一线材厂	北京市昌平区沙河镇沙阳路	69731883	102206	线材	421700
北京首钢股份有限公司高速线材厂	北京市石景山区首钢厂东门内	88293362	100043	线材	
北京首钢新钢有限责任公司中厚板轧钢厂	北京市石景山区首钢厂东门内	88295252	100041	中厚钢板	
北京首钢富路仕彩涂板有限公司	北京市石景山区首钢厂东门内	88290057	100041	连铸板坯	
首钢日电电子有限公司	北京市石景山区八大处路45号	88701188	100041	集成电路	90118
首钢莫托曼机器人有限公司	北京市经济技术开发区永昌北路7号	67880557	100176	工业机器人	7710
北京首钢特殊钢公司	北京市石景山区古城大街	88917608	100043	成品钢材	26394
北京首钢氧气厂	北京市石景山区石景山路（旁村）	68872451	100041	氧气、氮气、氩气	33650
北京首钢电力厂	北京市石景山区首钢厂东门内	88295269	100041	电、蒸汽、热水	137487
北京首钢第一耐火材料厂	北京市丰台区卢沟桥北小郭庄西路46号	83844466－262	100072	耐火砖、特种耐火材料	9360
北京首钢第二耐火材料厂	北京市石景山区首钢厂东门内	88294300	100041	冶金、石灰、特种耐火材料	19516
皇冠制罐有限公司	北京市顺义区天竺空港工业区	80497999	101312	金属罐	
北京燕达皇冠盖有限公司	北京市顺义区新顺南大街路西	69443132	101300	金属包装	

续表

单位名称	办公地点	联系电话	邮政编码	主要产品	销售收入（万元）
北京首钢资源综合利用科技开发公司	北京市丰台区卢沟桥北路96号	83891700	100072	渣钢	7983
北京标准件工业集团公司	北京市朝阳区建外永安里中街25号	65679752	100022	紧固件、弹簧	2903.64
北京市有色金属工业总公司	北京市宣武区槐柏树街2号	63021987	100053	有色金属材料冶炼、加工	64503.3
北京超塑新技术公司	北京市丰台区永外双庙125号	67689166	100078	超塑槽筒、合金材料	743
北京冶金设备自动化研究所	北京市东城区纳福胡同13号	64043102	100009	冶金工程机械自动化设计	
北京金鹰铜业公司	北京市通州区梨园小街	60526450	101101	精密铜带、框架材料	20230.3
北京达博焊料公司	北京市朝阳区安外大羊坊2号	84922575	100012	金丝、硅铝丝、导电浆料	9105.6
北京市通路矿产加工厂	北京市石景山区衙门口	68864356	100043	其他耐火材料制品	
北京国中实业集团公司石景山压力容器制造厂	北京市石景山区鲁谷村东头	68862845	100043	金属结构制品	
北京雅力新保温材料厂	北京市石景山区西井1栋西侧	68633530	100043	隔热保温材料	
北京金鹰铜业公司	北京市通州区梨园镇	60526450	101101	精密铜带、框架	24668
北京通州宋庄铸造厂	北京市通州区宋庄镇	69596970	101118	铸铁压力管件及配件	13964
北京汽车玻璃钢制品总公司	北京市八达岭经济技术开发区	61163638	102101	玻璃钢制品	5460.5
其他行业					
北京中天纸业集团公司	北京市西城区西四北八条9号	66519131	100034	复印纸、环保再生系列信息用纸、复合包装	
北京星海乐器有限责任公司	北京市朝阳区九龙山黄木场6号	67783927	100022	钢琴、管乐、民乐	

续表

单位名称	办公地点	联系电话	邮政编码	主要产品	销售收入(万元)
北京兴大豪科技开发有限公司	北京市朝阳区酒仙桥东路1号	64358866	100016	电脑刺锈机电子控制系统	
北京玻璃集团公司	北京市崇文区崇外东大地1号	67180003	100062	日用玻璃制品、眼镜片、眼镜架	
北京工美集团有限责任公司	北京市东城区王府井大街200号	65140165	100005	工艺美术品	1175.1
北京工美集团有限责任公司工艺品分厂	北京市朝阳区和平里南口砖角楼13号	64201522	100013	挑花、补花、绣花	1202.5
北京工美集团有限责任公司王府井工美大厦	北京市东城区王府井大街200号	65288866－5611	100005	工艺美术品	22682.9
北京工艺美术博物馆	北京市东城区王府井大街200号	65289326	100005	工艺美术品	18.9
北京工美集团有限责任公司白孔雀艺术世界	北京市西城区德外滨河东路3号	62013008	100011	工艺美术品	1394.5
北京工美集团有限责任公司技术开发中心	北京市朝阳区农光东里34楼4层	67330524	100021	工艺美术品	169.9
北京丽星工艺美术品销售中心	北京市宣武区前门外廊房头条43号	63048717	100051	工艺美术品	83.6
北京握拉菲装饰品有限公司	北京市朝阳区德外北沙滩大屯路2号	64873902	100101	工艺美术品	1878
北京工美进出口有限责任公司	北京市朝阳区和平里南口砖角楼13号	64218134	100013	工艺美术品	19562.1
北京阔步体育器材有限责任公司	北京市顺义区仁和镇五里仓	69442304	101300	体育器材	
北京中艺彩印包装有限公司	北京市顺义区后沙峪镇铁匠营村西	80496020	101300	多色印刷品	

续表

单位名称	办公地点	联系电话	邮政编码	主要产品	销售收入(万元)
北京银牡丹印务有限公司	北京市顺义区天竺空港工业区	80482333	101312	多色印刷品	
北京市丽水嘉园房地产开发中心	北京市朝阳区甜水园北里1号楼	65930875	100026	商品房	9111.57
北京京城工业物流有限公司	北京市西城区德内大街西海东沿甲1号	64052016	100035	物流	41247.9
北京机械工业管理局党校	北京市朝阳区潘家园东里21号	67767997	100021	其他未列明的教育培训	
北京市农机公司	北京市宣武区广外红居南街	63260787	100055	物流商贸	22868
北京优力凯置业有限责任公司	北京市朝阳区大黄庄	65746390	100024	房地产开发	2010
北京市农机物资供应公司	北京市朝阳区双桥中路	65893043	100024	仓储	3650
北京市农业机械总公司干部学校	北京市昌平区二拨子	81794481	100054		
北京市华成建筑设计事务所	北京市海淀区复兴路2号	63273336－3503	100038		
北京市农机总公司培训中心	北京市昌平区二拨子	81795608	100096		
北京市兴东方实业有限责任公司离休干部管理服务中心	北京市宣武区核桃园东街1号	63161266	100053		
北京市长辆物业管理中心	北京市丰台区张郭庄甲1号	83804534	100072	小区物业管理房屋维修、糕点熟食、花卉出租、旅游、餐饮	459
北京印刷集团有限责任公司	北京市西城区西黄城根北街10号	66172554	100034	书刊印刷	87707.4
北京轻联集团有限责任公司	北京市西城区东滨河路5号	62371590	100011	物业、旅游、餐饮、房地产	37242
北京利丰雅高长城印刷有限公司	北京市宣武区永内西顺城街甲2号	63011108	100050	胶印印刷、照相制版	9253.2

续表

单位名称	办公地点	联系电话	邮政编码	主要产品	销售收入（万元）
北京市纸箱厂	北京市大兴县工业开发区金星路18号	60213404	100021	纸制品	5011.5
北京华盾雪花塑料集团有限责任公司	北京市丰台区黄土岗马家楼19号	63568283	100071	塑料薄膜、中空制品	20686.2
北京北人羽新胶印印刷有限公司	北京市东城区美术馆后街78号	64023734	100010	胶印印刷、照相制版	2557.1
北京包装装潢制品厂	北京市朝阳区左安门外左安东路	67629433	100021	彩色瓦楞纸版、纸盒、纸箱	362.8
北京联合印刷纸器有限公司	北京市朝阳区左安门外左安东路	67628533	100021	彩色瓦楞纸版、纸盒、纸箱	7471.2
北京胶印厂	北京市东城区美术馆后街78号	64023734	100010	胶印印刷、照相制版	119.3
北京德宝商三包装印刷有限公司	北京市亦庄工业园区如意路1号	67372860	100023	包装印刷	12988.2
北京宝岛包装印刷有限公司	北京大兴区旧宫工业园区富华街北东区甲19号	68179416	100039	包装印刷、书刊印刷	4869.9
北京皮件三厂	北京市丰台区永外南顶村4号	67226710	100075	革皮箱包	524.7
北京惠鼎皮业有限公司	北京市丰台区永外宋家庄顺八条4号	67622181	100078	轻革、重革	316.1
北京京海纸制品有限责任公司	北京市朝阳区定福庄路1号	65487182	100024	生产各种五裱、三裱、单裱、牛皮纸箱	
北京市香山橡胶制品厂	北京市海淀区香山买卖街1号	62591324	100093	宝怡山庄住宿、餐饮服务，老年公寓开发	
北京市民政局劳动服务公司	北京市东城区北官厅2号院3号楼地下室	84049077	100007	工艺美术品、印刷、金属材料、汽车修理、电器安装	
北京天福物业管理有限公司	北京市朝阳区核桃园北里10号楼地下室	65064549	100020	物业管理服务	
北京一得阁墨业有限责任公司	北京市宣武区南新华街25号	63033220	100052		

续表

单位名称	办公地点	联系电话	邮政编码	主要产品	销售收入(万元)
协茂纸业(北京)有限公司	北京市宣武区广内大街338号704室	83830080	100053		
北京嘉彩印刷有限公司	北京市宣武区马连道16号	63286861	100055		
经济日报印刷厂	北京市宣武区白纸坊东街2号	58393206	100054		
北京中融安全印务公司	北京市宣武区白纸坊西街10号	63569471	100054		
北京邮票厂	北京市宣武区右内大街8号	63524455	100054		
北京印钞厂	北京市宣武区白纸坊大街23号	63543344	100054		
北京卷烟厂	北京市朝阳区管庄西里42号	65762922	100024	卷烟	
北京利乐包包装有限公司	北京市朝阳区广渠路29号	67739355	100022	利乐包装盒	
北京市虹艺玩具厂	北京市石景山区衙门口村西	68878492	100043	玩具	
太平洋制罐北京有限公司	北京市怀柔区雁栖镇下庄村	61642566	101407	铝制两片罐	43060
北京奥星恒迅包装科技有限公司	北京市怀柔区雁栖工业开发区	61667065	101407	医药包装用品	11368
北京刮拉瓶盖有限公司	北京市怀柔区雁栖工业开发区	61668866	101407	防伪瓶盖	4001
波尔亚太包装容器北京有限公司	北京市怀柔区雁栖工业开发区	61668288	101407	铝制易拉罐	27084
上海紫江集团北京分公司	北京市怀柔区富乐工业园区	89683127	101400		7064
北京奥瑞金新美制罐有限公司	北京市怀柔区雁栖工业开发区	61667973	101407	易拉罐	31565
北京宜刚鞋业有限公司	北京市通州区次渠工业开发区	81501429	101111	全胶鞋	2923
北京市通州次渠印刷厂	北京市通州区次渠工业开发区	81501256	101111	会计账册系列产品	1931

续表

单位名称	办公地点	联系电话	邮政编码	主要产品	销售收入（万元）
北京清华紫光泰和通环保技术有限公司	北京市通州区潞苑南大街25号	89592043	101100	免冲厕所、融雪剂、垃圾处理、项目施工	2183
北京华泰仿瓷制品有限公司	北京市通州区西关大街104号	69547477	101149	密胺餐具	1818
北京崇民防伪印刷集团	北京市房山区崇各庄乡豆各庄村	69351446	102401	印刷品	634
北京市兴河纸业有限公司	北京市房山区琉璃河二街村	89389912	102403	纸张	2230
北京燕利包装制品有限公司	北京市房山区房山街道后朱各庄村	69345299	102400	编织袋	3440
北京鹿牌都市生活用品有限公司	北京市昌平区南口镇东街22号	69771061	102202	保温系列产品	21799.17
北京市昌平房地产开发总公司	北京市昌平区东环路99号	69746898	102200	房地产开发	11762.53
北京四季青双青印刷厂	北京市海淀区佟家坟9号	88441244	100089	书刊印刷	1750
北京海淀区四季青印刷厂	北京市海淀区门头村48号	62591144	1000093	书刊印刷	1050
北京皮件厂	北京市海淀区花园北路20号	82075707	100083	皮包、箱、袋等	1940
北京东升新型盒子房厂	北京市海淀区清河南镇	62919373	100085	标准、异型盒子房等	1150
东升砂布实业公司	北京市海淀区学清路11号	62915108	100085	砂布、砂带、砂盘等	3234
北京漫步者科技有限公司	北京市延庆县妫水南街14号	81192110	102100	多媒体音箱	3463.9
北京康拓饲料公司	北京市延庆县京张路口南	69102827	102100	配合饲料	2377.4
北京三川纸业有限公司	北京市延庆县香营乡村东	60161188	102104	瓦楞原纸	1920.6
北京恒利电缆实业有限公司	北京市延庆县经济技术开发区（南莱园）	81193663	102100	电线、电缆	2685
北京市梅苑饭店	北京市海淀区高梁桥斜街甲30号	62241115	100081		

续表

单位名称	办公地点	联系电话	邮政编码	主要产品	销售收入（万元）
日达服饰有限公司	北京市石景山园区西井路5号	88798548	100043	包装装潢及其他印刷	
北京北化房地产开放有限公司	北京市崇文区广渠门南水关14号	67149649	100061	房地产开发与经营商品房销售	54882
北京市工业技师学院	北京市朝阳区化工路甲1号	67387521	100023	技工培训	6466
中共北京化学工业集团公司委员会党校(干部学校)	北京市东城区北池子38号	65121315	100006	大学学历教育岗位培训继续教育	506
北京化学工业集团有限责任公司教育培训中心	北京市朝阳区化工路甲1号	67382049	100023	管理经营学校国有资产、化工教育综合管理	146

北京市校（院）办企业名录

企业名称	所属院校	地址	邮政编码	电话	主要产品
北京大学校办产业管理办公室	北京大学	北京市海淀区颐和园路5号	100871	62751373	
北京北大未名生物工程集团	北京大学	北京市海淀区上地生物城	100085	82890919	生物工程
北京北大方正集团公司	北京大学	北京市海淀区成府路298号中关村方正大厦九F	100871	82529988	计算机
北京北大资源集团	北京大学	北京市海淀区资源宾馆北配楼	100871	62750998	房地产
北京北大维信生物科技有限公司	北京大学	北京市海淀区航天长城大厦619室	100080	68748040	医药
北京北大青鸟有限责任公司	北京大学	北京市海淀区成府路207号北大青鸟楼	100871	62759861	IT教育培训
清华大学清华控股有限公司	清华大学	北京市海淀区清华大学华业大厦	100084	62782156	
北京清华紫光股份公司	清华大学	北京市海淀区清华紫光大厦	100084	62789898	IT产业
北京清华兴业投资管理有限公司	清华大学	北京市海淀区清华园1号	100084	62780269	
北京清华科技创业投资有限公司	清华大学	北京市海淀区清华园1号	100084	62791195－614	企业投资及管理
航天清华卫星技术有限公司	清华大学	北京市海淀区清华紫光大厦5层	100084	68370793	卫星技术
浦华控股有限公司	清华大学	北京市海淀区清华园1号	100084	62772476	环保
北京邮电大学校办产业集团	北京邮电大学	北京邮电大学178信箱	100876	62281485	
北京市北邮通信技术公司	北京邮电大学	北京市海淀区西土城路10号	100876	62282009	通信技术
北京北邮信息谷科技园有限责任公司	北京邮电大学	北京市昌平区北七家镇宏福创业园	102209	62281497	
北邮电信科技股份有限公司	北京邮电大学	北京市海淀区西土城路10号	100876	62258866－1139	IT产业
北京科技大学科技产业集团	北京科技大学	北京市海淀区学院路30号	100083	62332975	

续表

企业名称	所属院校	地址	邮政编码	电话	主要产品
北京北科麦思科自动化工程技术有限公司	北京科技大学	北京市昌平区振兴路5号	102200	89717409	自动化工程技术
北京科大方兴科技孵化器有限责任公司	北京科技大学	北京市海淀区学院路30号方兴大厦607室	100083	62334968	科技孵化
北京科大联创冶金技术有限公司	北京科技大学	北京市海淀区学院路30号	100083	62313468	冶金技术
北京化工大学校办产业办公室	北京化工大学	北京市朝阳区北三环东路15号	100029	64416570	
北京化大化新科技股份有限公司	北京化工大学	北京市朝阳区北三环东路15号	100029	58650102	化工
北京化大光明科技有限公司	北京化工大学	北京市朝阳区北三环东路15号	100029	64439010	化工
华北电力大学产业集团(北京)	华北电力大学	北京市德外朱辛庄56号信箱	102206	80793105	
北京华电大通环保科技有限公司	华北电力大学	北京市海淀区冠城园6号楼5单元11层B座	100088	82086112	能源与环境产业和电气自动化
北京华电立德自动化设备有限公司	华北电力大学	北京市海淀区上地四街1号院5号楼3层	100085	82899651	开关柜
北京华电纳鑫科技股份有限公司	华北电力大学	北京市昌平区马池口镇上念头村北	102200	89748148	高热响应速度耐磨热电偶保护管
北京理工大学校办产业办公室	北京理工大学	北京市海淀区中关村南大街5号	100081	68911624	
北京理工中兴科技股份有限公司	北京理工大学	北京市海淀区中关村南大街5号	100081	68912402	BDM灭火剂、BMT滤波器、安全工程、网络工程
北京超现代有限责任公司	北京理工大学	北京市海淀区中关村南大街5号	100081	68911320	网络工程、系统集成、电子产品技术开发、服务、销售

续表

企业名称	所属院校	地址	邮政编码	电话	主要产品
北京优思自动化系统有限公司	北京理工大学	北京市海淀区中关村南大街5号	100081	68912467	自动化控制工程
中国地质大学(北京)校办产业办公室	中国地质大学(北京)	北京市海淀区成府路20号	100083	82322347	
北京地大地质科技公司	中国地质大学(北京)	北京市海淀区学院路29号	100083	82321419	地质勘探
北京地大彩印厂	中国地质大学(北京)	北京市海淀区学院路29号	100083	82322675	彩印
北京农业大学校办产业办公室	中国农业大学	北京市海淀区清华东路17号	100083	62337026	
北京中农大生物技术股份有限公司	中国农业大学(北京)	北京市海淀区圆明园西路2号	100083	82375379	农业生物
北京中农大康科技开发有限公司	中国农业大学(北京)	北京市海淀区圆明园西路2号	100083	82893682	农业种子
北农(海利)涿州种衣剂有限公司	中国农业大学(北京)	北京市海淀区圆明园西路2号	100083	0312－3792900	农药
北京北航天华产业集团	北京航天大学	北京市海淀区学院路37号	100083	82316179	
北京北航天汇孵化器有限公司	北京航天大学	北京市海淀区北四环中路238号柏彦大厦401B	100083	82316118	科技孵化
北京北航龙圣飞行器技术有限公司	北京航天大学	北京市海淀区北四环中路238号	100083	82316126	飞行器
北航天华自动控制科技有限公司	北京航天大学	北京市海淀区学院路37号	100083	8231564	自动化控制
北京工大智源科技发展有限公司	北京工业大学	北京市朝阳区平乐园100号	100022	67392753	
北京公达数码科技有限公司	北京工业大学	北京经济技术开发区地盛北1号A区1号楼	100176	67855151	打印机
北京北工软件园发展有限责任公司	北京工业大学	北京经济技术开发区地盛北街1号	100176	67862507	科技园
北京建工学院校办产业办公室	北京建工学院	北京市西城区展览路1号	100044	68322324	

续表

企业名称	所属院校	地址	邮政编码	电话	主要产品
北京建工京精大房建设监理公司	北京建工学院	北京市西城区展览路1号	100044	68319009	建设监理
北京农学院科技产业集团	北京农学院	北京市海淀区德胜门外朱辛庄	102206	80795025	
北京都城园林公司	北京农学院			80799155	园林
北京石油化工学院科学技术处	北京石油化工学院	北京市大兴区黄村清源北路19号	102617	69230302	
北京石油化工学院石光技术公司	北京石油化工学院	北京市大兴区清源北路19号	102617	81292101	油井用复合射孔防砂弹
北京市阳光彩虹教育服务有限公司		北京市西城区三里河路38号	100037	68997717	学校后勤服务
北京市育荣投资管理有限公司		北京市西城区三里河路38号	100037	68992059	教育服务

北京市工业开发区名录

开发区名称	地址	邮编	电话	传真（Fax）
北京中关村科技园区	北京市海淀区苏州街36号	100080	82690522	82690506
北京经济技术开发区	北京市经济技术开发区万源街4号	100176	67880186	67881435 67880267
北京天竺出口加工区	北京首都国际机场西侧	101312	80489568	80489266
通州工业开发区	北京市通州区张家湾镇	101113	61568338	69573459 69574843
北京光机电一体化产业基地	北京市通州区次渠镇	101111	69505500	69506288
北京国家环保产业园	北京市通州区马驹桥	101102	60502330	60502329
北京永乐工业开发区	北京市通州区永乐店	101105	80511459	80511573
北京通州轻纺服装服饰园区	北京市通州区西集镇	101106	61570516	61570503
顺义林河工业开发区	北京市顺义林河开发区	101300	89492548	89494873
顺义天竺空港工业区	北京市顺义天竺空港	101312	80489501	80489575
顺义高丽营金马工业区	北京市顺义区高丽营镇	101113	69491303	69497036
大兴工业开发区	北京市大兴工业开发区广茂大街	102600	61272995	61252869
大兴生物医药基地	北京市大兴天河西路	102600	61252884	61252869
大兴区采育工业区	北京市大兴采育镇	102606	80274962	80274961/4962
平谷兴谷工业开发区	北京市平谷区平谷北街15号	101200	69963542	69964071/3464
平谷滨河工业开发区	北京市平谷区府前街西22号	101200	69963791	69963791
平谷区马坊镇工业小区	北京市平谷区马坊镇	101204	60995867	60996072
中国开发区协会	北京市朝阳区东直门外胡家园23号	100027	64626215 64626249	60996072
怀柔雁栖工业开发区	北京市怀柔区雁栖镇	101407	61667108	61667431
怀柔凤翔科技开发示范区	北京市怀柔区凤翔科技开发区凤翔东大街	101400	61678426	61679488
怀柔区北房经纬工业小区	北京市怀柔区北房镇幸福西街	101400	61681687	61681712
房山良乡工业开发区	北京市房山区良乡凯旋大街铁路2号	102488	89360793	89360867

续表

开发区名称	地址	邮编	电话	传真（Fax）
房山区科技工业园区	北京市房山区城关街道马各庄村	102400	89337189	89337189
延庆八达岭工业开发区	北京市开发区紫光东路1号	102101	61164938	61164927
延庆县经济技术开发区	北京市延庆县湖南东路1号	102100	69181349	69142562
密云工业开发区	北京市密云县城西五里井	101500	69044661	89099929
石景山八大处科技园	北京市石景山区石景山路22号万商大厦	100043	68686667	68686665/6668
门头沟石龙工业开发区	北京市门头沟区石龙南路6号	102308	69803474	69803414
昌平区小汤山镇工业区	北京市昌平区小汤山镇工业园区	102211	61714201	61714202